Horst Janssen
Leben und Werk

STEFAN BLESSIN

Horst Janssen
Leben und Werk

B.S. LILO

Abbildung auf dem Schutzumschlag:
Selbstbildnis 17. 4. 1985

Copyright und alle Rechte beim Autor 1999
Lektorat: Gerd Hüsener, Bremen
Buchgestaltung: Gernot Braatz, Bremen

Das Buch ist zu beziehen über
B.S. LILO-Verlag, Postfach 20 25 11, 20218 Hamburg
oder über den Gesamthersteller
H. M. Hauschild GmbH, Hans-Bredow-Straße 7, 28307 Bremen

ISBN 3-89757-010-6

Horst Janssen
zum 70. Geburtstag

Inhalt

Vorwort	9
Einleitung	11
Das Gefängnis – mehr als eine Metapher	21
Mit und ohne Mahlau	53
Die 60er Jahre: Mimesis an das Medium	78
Die 70er Jahre: Natur und Geschichte	116
Inszenierungen	135
Moderne und Modernismus	163
Macht und Übermacht	185
Das Plakat	199
Die 80er Jahre im Überblick	210
Das Selbstbildnis	220
Erotika	258
Die Lithographie	310
Die Zeit der Annette	320
Die Radierung	347
Hartmut Frielinghaus	371
Der Schriftsteller	399
Der Witz	470
Scheitern	476
19. Mai 1990	509
Die Farbradierung	541
Lamme	551
65. Geburtstag und Tod	575
Schluß	607
Anmerkungen	611
Bibliographie	631
Register	651

Vorwort

Es war ein guter Einfall, zu Lebzeiten damit zu beginnen, seine Biographie zu schreiben. „Der Biograph hält jung", stellte Janssen fest, nachdem er sich lange an dem Erfolg des Buches gerieben hatte, das im Eigenverlag – gleichsam eigenmächtig – erschienen war. Die Biographie ist darin authentisch, daß sie unter dem lebendigen Eindruck von Janssen, im Banne seines überaus reizbaren Naturells, entstanden ist. Die Detailbesessenheit, eine die Extreme strapazierende Ausgewogenheit, die Rücksichtslosigkeit, ja, der Mut, in die Schatten hineinzuleuchten, sind ein Spiegel der Intensität, mit der Janssen gelebt hat. Um so mehr schien es geboten, mich selbst aus dem Text herauszuhalten.
Heute kann ich auf die Rolle zurückschauen, die ich in seinem Haus – neben anderen – gespielt habe. Janssen ist seit einigen Jahren tot. Mit der Distanz wächst die Möglichkeit, einen ersten Überblick zu gewinnen. Das Anbranden immer neuer Epochen in seinem Werk hatte uns jedesmal wie in einem Strudel mitgerissen, in den wir Hals über Kopf hineinverschlungen waren. Deshalb das gewaltige Wort vom Epochenwechsel bloß auf einen einzelnen Künstler und seine Arbeitsschübe bezogen. Im Rückblick sind es Phasen gewesen und besondere Bauabschnitte, hinter denen die Architektur eines Lebenswerkes und Strategien sichtbar werden, mit denen es in die Breite und Höhe geführt wurde. Dieses Monument durchgehaltener Anspannung so gut es geht auszumessen, ist Sache eines gründlichen Studiums, das mit der Biographie begann und mit dieser Leben und Werk umfassenden Gesamtdarstellung fortgesetzt wird.
Die beiden Bücher ergänzen sich. In der Biographie wird die frühe und mittlere Zeit bis 1980 auf mehr als Dreiviertel der Seiten ausführlich erzählt. Alle nachfolgenden Jahre finden nur wie im Zeitraffer kursorisch Erwähnung. In diesem Buch nehmen die späten Jahre – die 80er und 90er – mit ihren Umbrüchen und Weiterungen den größten Raum ein. Sie werden zum ersten Mal eingehend geschildert. Dazu kommt die systematische und überblickhafte Erarbeitung solcher Themen, die wie die Selbstbildnisse oder die Erotika, wie das Radieren oder das Schreiben für Janssen zentral sind. Die systematischen Kapitel sind in den historischen Horizont der Lebensgeschichte so eingerückt, daß die sich fortschreibende Biographie immer wieder daran anschließen kann.

Biographie ist für das Verständnis von Janssen besonders aufschlußreich, ja, unerläßlich. Denn für jedes seiner Werke hat er eine Welt in Bewegung gesetzt. Sei es Frau oder Freund, seien es die wechselnden Landschaften oder Zeitläufte – er war darin jedesmal so heftig wie möglich involviert. Auf weniger als eine Welt hätte sich Janssen gar nicht eingelassen; weshalb es auch weniger Einflüsse und Umstände sind, die den Künstler hervorgebracht haben, als eine auf allen Altersstufen erneuerte, inszenatorische Eigenleistung.

Mein Dank für vielfältige Unterstützung geht besonders an Lamme Janssen und den Verlag St. Gertrude, an Friedrich Steinmeyer vom Druckhaus Hauschild in Bremen und an Karlheinz Grünke.

Hamburg 1999 Stefan Blessin

Einleitung

Horst Janssen ist 65 Jahre alt geworden und am 31. August 1995 gestorben. Er wollte 91 werden und hat seinen Tod auf das Jahr 2020 datiert. Als er merkte, daß es solange nicht mehr dauern würde, mußte er dem hundertjährigen Ernst Jünger das hohe Alter neiden. Überrascht hat ihn der Verfall der eigenen Kräfte nicht. Er hatte Vorsorge für das Ende getroffen, wenn es auch anders kam als gedacht. Sein ganzes Leben war ein unablässiges Vorrennen in den Tod. Diese letzte Gewißheit sollte ihn nicht eines plötzlichen Tages überrumpeln. Er hat den Tod mit seinen eigenen Mitteln herausgefordert. Aber die einschlägigen Gifte haben ihm sein Werk nicht verkürzt. Im Gegenteil. Janssen hat sich vollendet. Mit seinen Themen und mit dem, was er wollte, war er durch – mit dem Leben nicht.
Welt und Geschichte waren ihm vorzugsweise Chaos, und um sich das zu bestätigen, hat er mit Vorliebe immer wieder Chaos um sich verbreitet. Dem setzte er eine „selbstverfügte Ordnung" entgegen. Er fand sie beim Zeichnen, wenn er das bis zuletzt umkämpfte Spiel der Kräfte in eine spannungsreiche Balance bringen konnte. Nur hat er sich diese Konzentration nicht allein und schon gar nicht ausschließlich von den vier Seiten seiner selten mehr als eine Elle messenden Papiere vorschreiben lassen. Er wäre sonst auf einen der Ismen abgefahren, die dieses Jahrhundert unter ihre Fuchtel genommen haben. Janssen hat die Linien, die ihn begrenzen sollten, weit ins Leben hinein gezogen. Mehr als sein überbordendes Temperament ahnen läßt, war er auf Ökonomie bedacht. Mit seinen vielen Talenten hat er haushälterisch gewirtschaftet. In allem war Plan, und schon aus seinen Vorausplanungen konnte er einen so unbändigen Genuß ziehen, daß er sich, mochte kommen, was wolle, daran schadlos hielt. Was ihm auch begegnete, was ihm widerfuhr – er machte es zu einer Bühne, auf der ein Drama, das seinesgleichen nicht hat, wieder und wieder zur Aufführung kam: Janssen.

Auch ich bin ein Teil der Inszenierung Janssen – der Inszenierung, die Janssen aus seinem Leben gemacht hat. Ob es neben dieser Inszenierung noch einen wirklichen Janssen gibt, weiß ich nicht. Ich bezweifle, daß es sinnvoll ist, überhaupt danach zu fragen. Ich bezweifle das – auch wenn ich den Janssen gesehen habe, der sich nicht inszeniert hat, weil er viel zu kraftlos dazu war und erst einmal seine Verletzung auskurieren mußte. Dieser Janssen trank keinen

Tropfen Alkohol. Er saß nicht am Zeichentisch. Fast hatte er aufgehört zu reden.

Es war Janssen, und es war nicht Janssen. Mitten im Leben war er dem Tod begegnet. Der Tod hatte ihm für kurze Zeit die Regie aus der Hand genommen. Für einen Maler hat dieser Tod nur einen Namen: nicht mehr sehen können. Erblinden – das ist noch zu Lebzeiten den wenigsten Augenmenschen passiert. Janssen hat mehr gesehen, als selbst für einen wie ihn vorherzusehen war. Die beiderseitige Verätzung der Hornhaut am 19. Mai 1990, als die Bretter des Balkons unter seinen Füßen nachgaben und die Schalen mit Salpetersäure über seinem Kopf zusammenschlugen, war mehr als ein Unfall und mehr als der Vorbote eines irgendwann fälligen Endes.

Janssen brauchte nicht mich, aber einen wie mich – einen, der mitschrieb und Notizen machte. Daß ich in diese Rolle geschlüpft bin – dagegen hat er sich zur Wehr gesetzt und auch Protest eingelegt. Joachim Fest hätte sich zu seinen Hallodris von Freunden nicht herbeigelassen. Er wäre ihnen nicht nachgereist, er hätte sie nicht interviewt und um Nachricht aus früheren Tagen gebeten. Joachim Fest – das war Janssens Wunschbiograph. Ein eleganter Schreiber und Zeithistoriker von Rang. Noch dazu hätte es Janssen sehr gefallen, als biographischer Gegenstand gleichsam die Nachfolge von Adolf Hitler anzutreten. Als Fest von einer Reise durch Italien zurückgekehrt sei, habe er mit sich gerungen, ob er nun zuerst mit einer Biographie über Richard Wagner oder Horst Janssen beginnen solle. Diese am Telefon aufgeschnappte Bemerkung mußte Janssen sogleich an meine Adresse weiterleiten. Aus Enttäuschung, daß Fest nicht sein Biograph wurde, hat er mich dann mit kleiner Munition gegen den großen Freund ausgestattet. Und ich habe ihm den Gefallen getan und, ohne geradezu einen Auftrag zu haben, manche Stichelei weitergegeben. Ich war mir nicht zu schade.

Den einen gegen den anderen ausspielen, diesen begünstigen, damit jenem die Enttäuschung ins Gesicht geschrieben steht, auf dem nächsten besten herumhacken und damit gezielt einen Dritten treffen, vernichtender treffen, als wenn es direkt auf ihn gegangen wäre – das alles sind Spielchen, die Janssen aus dem Effeff beherrschte. Und in der Freundschaft war er erst recht nicht zu übertreffen. Er besaß ein untrügliches Gespür, wie Vertrauen zu gewinnen ist. Mit demselben Instinkt füllte er schon die Arsenale seines Gedächtnisses mit solchen Waffen auf, die für künftige Abrechnungen die schmerzhaftesten Verletzungen in Aussicht stellten. Er machte sich Feinde, wie er sich Abhängige schuf, Süchtige und in ihn Vernarrte, Verschworene und Verräter. Aber in der Liebe suchte er den Punkt, von dem er wußte, daß es um ihn geschehen ist, auch wenn er bis dahin jeden einzelnen Schritt vorausberechnet und selbst das Unabsehbare wie ein ewig wiederkehrendes Ritual eingefädelt hatte. Am Ende wollte er nur noch lieb sein – nichts als lieb. Es wäre nicht Janssen gewesen, wenn es ihm nicht mit letzter Glaubwürdigkeit gelungen wäre und er nicht noch den Moment zu fassen bekommen hätte, wo er diesen Satz – „Horst ist lieb!" – mit einer schon aus der Gruft herauftönenden Stimme noch aufs laufende Tonband gesprochen hätte.

So einem ist die Schauspielerei und wohl auch ein Hang zum Herrschen in die Wiege gelegt. Man nennt das den Charakter eines Menschen und meint, daß einer damit auf die Welt gekommen sei. So ist es aber nicht. Es reicht auch nicht aus, zusätzlich die Umstände, das Elternhaus und die Kindheit sowie verschiedene Einflüsse zu benennen, die den Künstler hervorgebracht haben. Das alles reicht zur Erklärung nicht aus. Denn es ist weder etwas Unabänderliches noch etwas Gewordenes und auch nichts, was sich herausgebildet hätte. Jedenfalls nicht bei Janssen, der immer mehr gewollt hat, als erreichbar gewesen wäre – „mehr als alles".

Es war Wille und Anstrengung. Denn von Natur aus zog Janssen die Menschen ebenso an, wie er sich vor ihnen zurückzog. Seine Schuldgefühle waren mindestens so groß wie die Brutalitäten, für die er berüchtigt war. Er, der so manchen vor den Kopf gestoßen hat, war viel zu skrupulös, um allein und ungeschützt auch nur einen Fuß auf die Straße zu setzen. Und wenn er sich in seinen späten Tagen doch mal aufmachte in „sein Dorf" und uneskortiert in die Blankeneser Bahnhofstraße stiefelte, dann war das eine Strafexpedition. Aber nicht gegen den, der ihm diesen Dienst verweigert hätte, sondern gegen einen, der es nicht wert sein sollte, daß er ihm diesen kleinen Gefallen hätte bereiten dürfen.

Janssen – das ist, auch wenn es mehr als eine Tautologie, mehr als ein weißer Schimmel nicht ist, die Inszenierung seiner selbst. Es ist nicht so sehr die Darstellung einer Künstlerpersönlichkeit, eines Typus' oder eines besonderen Falles. Was bei Janssen deutlicher als bei jedem anderen hervortritt, ist das Inszenatorische als solches. Nennen wir es vorläufig das Bewußtsein, daß das Werk nicht mit Papier und Bleistift begonnen wird, sondern mit dem Leben. Es ist die Einsicht, daß aus Papier und Bleistift Lebensmittel werden müssen, damit es am Ende nicht bloß Papier und Bleistift gewesen ist.

Das Ich – so meinen wir gewöhnlich – ist nur das eigene unvordenkliche Selbst. In einem Anflug von Bescheidenheit wollen wir vorläufig auch nicht besonders von uns Reden machen. Bloß das nicht. Dieses Ich soll ein leeres

Stück Papier sein, auf dem erst das Leben seine Spuren hinterläßt – das Leben, das uns schon zeichnen wird. Denn natürlich sind wir nicht allein da, sondern in Gesellschaft und unter Bedingungen, die nicht nur von uns abhängen, sondern uns beeinflussen und prägen. So werden aus uns mit der Zeit vom Leben Gezeichnete. Nicht so der Zeichner Janssen.

Er entsteht damit, daß er solchen Zwangsläufigkeiten sein Ich entgegenstellt – ein inszeniertes Ich, das gleichbedeutend damit ist, daß er zu zeichnen beginnt. Nicht überhaupt und nicht erst jetzt und voraussetzungslos. Denn er ist inzwischen weit über zwanzig Jahre alt und hat seine Kunstschulzeit schon hinter sich. Aber zum ersten Mal versucht er, in der Zeichnung einen Anfang zu machen. Das fällt in die Jahre, als immer deutlicher wird, daß es mit ihm nicht weitergehen kann wie bisher, daß er ins Bodenlose abzustürzen droht, wenn er nicht Vorkehrungen trifft, die ihn auffangen und halten. Er muß einen Anfang machen, wenn es ihn denn als Künstler geben soll.

Diese den Künstler hervorbringende Inszenierung des Ich ist eine Leistung – eine Leistung vor aller Leistung. Es ist die vielleicht größte Vorleistung, aus der alles weitere folgt. Daraus läßt sich dann erklären, was nun allerdings in vielen einzelnen Schritten, in immer neuen Anläufen, in einer die Welt und mehr als eine Welt in Bewegung setzenden Anstrengung aus Janssen geworden ist. Denn dieses schier grenzenlos wandlungsfähige Ich, das uns aus allen seinen Werken und nicht bloß aus den Selbstbildnissen anblickt, das ist ihm nicht in die Wiege gelegt: Es ist durchaus erarbeitet. Es ist sein Haupt- und Lebenswerk und, wenn der Begriff nicht so unter seiner Künstlichkeit zu leiden hätte, ein die Grenzen des bloß Artifiziellen in jeder Hinsicht sprengendes Gesamtkunstwerk.

Niemand soll glauben, daß die vielen Korrespondenzen, die Janssen angezettelt und auf Abertausenden von Papieren um sich verbreitet hat, vom Himmel gefallen sind. Mit den modernen Entwicklungen der Neurologie auf ebenso vertrautem Fuß zu stehen wie mit den Gestalten der europäischen Aufklärung von Lichtenberg bis Dostojewski, mit einem Rembrandt, einem Guardi oder Goya in einen ebenso innigen Kontakt zu treten wie mit Madame und Mylord, mit dem Bundespräsidenten oder dem Bürgermeister seiner Stadt – das alles ist nicht verbrieftes Geburtsrecht. Diese enorme Weltläufigkeit ist hergestellt, gemacht und auf nachvollziehbare Weise angebahnt. Wie überhaupt das Bild, das da vom Künstler erscheint und ihn in tiefster Vertrautheit sowohl mit den Abgründen unserer Existenz wie mit den selbstverlorenen Seligkeiten unseres Größenwahns zeigt, ein von Janssen noch einmal erlittenes und fortentwickeltes ist. Das alles ist gewollt. Zu dem Zweck ist aber erst mal ein

Rücken an Rücken mit dem Tod, Zeichnung 2. 5. 1993.
Bleistift und Aquarell (42 x 44 cm; Ausschnitt)

Standpunkt zu gewinnen – sozusagen ein ins Nichts verortetes Zentrum –, ein Ich, von dem aus diese Fäden noch einmal nach allen Richtungen und Weltgegenden zu ziehen sind. Und das zu einer Zeit, die einem Gigantismus ganz anderer Art frönt – dem Gigantismus überdimensionaler Acrylformate und Museumsmauern sprengender Großinstallationen. Weshalb Janssen – schon aus Opposition und wachem Mißtrauen gegen alles Heldische – nur noch Krimskrams und Spielsachen um sich versammelt. Denn nichts anderes sind auch die Buntstifte, die Aquarellfarben und Kindertuschen, mit denen er nun freilich erst recht das ganze Welttheater wieder zur Aufführung bringen möchte – barocker als barock und luziferischer als weiland *Ritter, Tod und Teufel*.

Dem Wicht, der wichtig tut, dem mit der Narrenschelle bewehrten Schelm, dem kindlichen Gralssucher, der von zu Hause unerschrocken ins Land hinauszieht, sind die Rollen auf den ersten Blick anzusehen, die Janssen am liebsten spielt, wenn er sich durch die Hintertür in die große Welt einführen will. Aber nicht immer war das Rollenspiel so offensichtlich. Wer würde in einer Laune, die uns von ungefähr anweht und so plötzlich kommt, wie sie geht – wer würde in solch einer spontanen Verrücktheit ein Kalkül, ein strategisches Moment in einem übergreifenden Plan vermuten? Selbst etwas so ganz und gar Unvorsätzliches wie unsere Gesundheit – wir sind gesund oder auch nicht – mußte sich Janssen „zurechtbasteln". Er hat seine Krankheiten gepflegt, allem voran die Abhängigkeit vom Alkohol, um selbst bestimmen zu können, wann und zu welchem Zweck er gesund sein wollte. So wurde ihm Gesundheit zur Feier und zum Fest der Sinne. Nur so konnte er den Augenblick völliger Gesundung für den Aufbruch in sein Werk nutzen. Diese totale Gesundheit als sekundengenaues Timing ist weit entfernt von allem, was wir meinen, wenn wir bestätigen, daß wir uns gesund fühlen, was schon eine Frage voraussetzt, für die es normalerweise keinen Grund gibt – wir *sind* gesund. Nicht einmal Nietzsche wäre eingefallen, die Selbstermächtigung des Künstlers so weit zu treiben.

Gutlaunigkeit war ihm weniger Geschenk als Leistung, die er von sich forderte und die oft genug den drohenden Depressionen abgerungen war. Gutlaunig war er in seiner Kunst nicht zu schlagen und nicht zu überbieten in seinem die Dunkelheiten aufhellenden Witz. Im Auge dieses den Staub der Geschichte aufwirbelnden Witzes steckte er und zog wie ein Sturmwind über die Welt her; wenn er nicht die Spinne war, die ihre Netze ausgelegt hat und allem auflauert, was sich darin verfängt. In solchen und vielen anderen Rollen gewann er dem Tag das Seine ab. Nur war er überhaupt nicht dafür geschaffen, es ein-

fach so gehen und sich auch mal mittreiben zu lassen. Er mußte immer Mittelpunkt sein.
Mit diesem Anspruch hat Janssen nicht nur sich selbst – er hat auch seine Frauen und Freunde, seine ganze Umgebung andauernd damit überanstrengt. Das war seine Manie und mehr als eine Manie: der immer wieder unerhörte Versuch, für die Zeit dieses Erdenlebens, für diese kurz bemessene Spanne sich selbst – dem eigenen Ich – die größtmögliche Fülle zu geben.
Die ganze Welt dem Ich aufladen – das und nichts weniger als das ist der abendländische Weg. Unsere Passion. Janssen hat diesen Weg eingeschlagen. Dem Ziel hat er alles verfügbar gemacht, was in seiner Macht stand. Mit Stift und Pinsel – mit seinen Spielsachen – ist er dann selbst zu einer Großmacht geworden. Er – der Enkel von Schneidermeister Fritz Janßen, das uneheliche Kind seiner Mutter, der Halbwaise und Napola-Schüler, Tantchens Adoptivsohn, der Bastard und das Kuckucksei in der Hamburger Gesellschaft –, er ist mit kleinem Gepäck losmarschiert in Richtung Weltmittelpunkt, von dem er wußte, daß es ihn nicht gibt – es sei denn als Behauptung; weshalb er ihn, mit seinem Ich auftrumpfend, mehr als ausgefüllt und überaus eifersüchtig verteidigt hat: „ichiger geht's nicht".[1] Dabei vergaß er nicht die Provinz, aus der er kam. Die Federn, die er hat lassen müssen, sollten ihm das Nest wärmen. Das ist ihm Oldenburg gewesen, wo er auch begraben liegt.

Janssen ist nicht in Oldenburg zur Welt gekommen, sondern in Hamburg, wohin Martha zu ihrer Schwester Anna geflüchtet war, als sie mit sechsunddreißig Jahren ihr erstes und einziges Kind erwartete. Die Ankunft dieses Kindes hatte sie vor ihren Eltern geheim gehalten, und auch als sie nach Oldenburg in die enge, von der elterlichen Wohnung ein paar Straßenzüge entfernte Nähstube zurückgekehrt war, versteckte sie ihren unehelichen Sohn. Der Vater – ein gewisser Gerhard Bauder aus dem Schwäbischen – war schon von der Bildfläche verschwunden. In der ehemaligen Residenzstadt zwischen Weser und Ems ließ sich das Malheur aber nicht verbergen. Als es dem aufrechten Schneidermeister und seiner in die Jahre gekommenen Frau hintertragen wurde, entschlossen sie sich kurzerhand, obwohl sie selbst schon fünf Kinder groß gemacht hatten, dieses Enkelkind in ihrem Haushalt auch noch aufzuziehen. Denn Martha mußte ihren Lebensunterhalt als selbständige Schneiderin verdienen. So kam es, daß der kleine Horst bei seinen Großeltern in der Lerchenstraße aufwuchs – im Erdgeschoß eines schmucklosen Spitzdachhauses, das typisch für die Oldenburger Gartenstadt war und im Volks-

Mit Oma und Opa

mund, weil es sich von einem der frühesten sozialen Wohnungsbaupläne herschrieb, „Hundehütte" genannt wurde.
In Omas und Opas Haushalt herrschte die für den Schneider sprichwörtliche Kargheit. Aber der Garten und sein Spielplatz direkt unter dem Schneidertisch in Großvaters Werkstatt machten das mehr als wett. In der Schule, auf die er als Siebenjähriger kam, weil er leicht kränkelte, faßte er rasch auf und folgte dem Unterricht mühelos. So oft es ihre Arbeit erlaubte, kümmerte sich Martha um ihren Sohn, den sie auch auf Reisen bis nach Ruhpolding mitnahm, auf denen sie sich als Schneiderin verdingte. Er hatte eine behütete Kindheit, und bei aller Eingeschränktheit der halb kleinstädtischen, halb ländlichen Lebensweise wuchs er in ordentlichen Verhältnissen auf, bis sein Großvater mit Ausbruch des Krieges an Altersschwindsucht starb. Er hatte seinen Enkel adoptiert. Das Vormundschaftsgericht trat die Nachfolge an. 1941 wurde der Elfjährige von einer staatlichen Kommission ausgewählt und von der Mittel-

schule auf die NPEA Emsland, eine Nationalpolitische Erziehungsanstalt in Haselünne, geschickt. Bevor er noch das Auseinanderbrechen der Familie zu spüren bekam, weil auch seine Mutter Martha an Tbc erkrankte und am 27. Januar 1943 verstarb, hatte er einen Platz in dem schulisch anspruchsvollen, aber paramilitärischen Ausbildungs- und Eliteförderungsprogramm des nationalsozialistischen Deutschland gefunden, das gerade einen Weltkrieg führte. Nach dem Krieg war er auf sich gestellt und ging 1945 nach Hamburg, zur Schwester seiner verstorbenen Mutter, zu Tante Anna – seinem Tantchen, die ihn auch adoptiert hat und Wohnung gab. Sie war Bilanzbuchhalterin, und es gelang ihr, „ihren Horst" auf die Landeskunstschule zu bringen.[2]
Es war ein langer Weg, auf dem das Gepäck eher weniger als mehr wurde. Denn ein richtiges Abgangszeugnis hatte er mit der Kapitulation auch nicht erwerben können. Geboren im Jahr der Weltwirtschaftskrise – 1929 –, ist Janssen mit so wenig aufgebrochen, daß er nicht, wie dieses Jahrhundert, von der Idee besessen war, Ballast abwerfen zu müssen, um von vorn zu beginnen. Auch hat ihm der verlorene Krieg nicht die Vergangenheit und nicht die Geschichte ein für allemal verleidet. Was er in Opas Schneiderwerkstatt und in Omas Waschküche – in der guten Stube nach vorn zur Lerchenstraße heraus wohnte der Herr Student – hatte aufschnappen können, was er vorbei am Lehrplan der Nationalpolitischen Erziehungsanstalt heimlich zu sehen bekam, darunter „entartete Kunst" von Alfred Kubin, das hat ihm nur Appetit gemacht. Er war hungrig wie nur irgendeiner in der Nachkriegszeit – hungrig nach Bildung. Deshalb mußte er auch die Traditionen nicht gleich über Bord werfen. Die Nullpunktexistenz war seine Sache nicht. Er wollte lernen und hat schon bald das Malen und Zeichnen als eine Kunst begriffen, in der es ohne zu lernen keine Meisterschaft gibt. Wenn es nicht überhaupt seine überragende Begabung zum Lernen und eine durch Krieg und Not ungestillte Sehnsucht danach waren, die ihn zur Zeichnung gebracht haben. In Frage kam nur ein Metier, in dem er es zum Meister bringen konnte.
Die kleinbürgerliche Herkunft, die durch den Krieg erzwungene Verspätung einer ganzen Generation, der Hunger der Not- und Nachkriegsjahre – erklären sie das Phänomen? Andere haben unter gleichen Voraussetzungen einen Bruch vollzogen und in einer Art existentieller Entscheidung den Neuanfang gesucht, den es – wie wir heute wissen – bedingungslos nicht gab und nicht gibt. Dagegen hat Janssen in dem Spiel mit wechselnden Rollen gleich einen solchen Halt gefunden, daß ihm keine Bühne zu klein und kein Part zu gering war. Hauptsache er konnte sich zeigen – mehr von sich zeigen, als jedem anderen in der Rolle möglich gewesen wäre. Ob er zum Kronprinzen

herausgeputzt an Mutter Marthas Hand durch den Oldenburger Schloßpark stolzierte, ob er als plietsches Kerlchen in der Erwachsenenwelt herumkasperte, ob er auf der Napola die Prinzessin in „König Drosselbart" spielte, ob er Ludwig Richter oder frühgenialisch dem Leibl nacheiferte oder wie Munch und Kirchner in Holz schnitt – jedesmal wuchsen ihm ungeahnte Kräfte zu. Ja, es gab ihn erst, wenn er einen Spiegel gefunden hatte. Solche Spiegel schuf er sich bald auch selbst: in der Klasse an der Landeskunstschule, die ihn als den Meisterschüler ihres Lehrers Mahlau akzeptierte; in den Hamburger Familien, die wohl oder übel auch seine Ungezogenheiten decken sollten; in dem Kreis seiner Freunde, die ohne diesen Unruhestifter nicht auskamen.

Endlich wollte er ein eigenes Werk haben. Die Frage ist nur, wann es anfing, was wie das Talent keinen Anfang hat, weil es ihm im Blut steckte, und doch wie jede Entscheidung und jeder Durchbruch angebahnt und endlich vollzogen sein will. Wann fing das an?

Das Gefängnis – mehr als eine Metapher

Im Gefängnis. Da dämmerte es ihm. Er mußte endlich ernst machen mit dem Künstler. Es dämmerte ihm merkwürdigerweise in einem Gefängnis, das mehr in seinem Kopf existierte, als es das wirklich gab. Janssen hat zweimal eingesessen: im Herbst 1953 in Untersuchungshaft und im Frühjahr 1955 in der offenen Vollzugsanstalt in Glasmoor. Er saß richtig hinter Schloß und Riegel in Einzelhaft am Holstenglacis, als in der Mordsache Judith Schlottau gegen ihn ermittelt wurde, und er büßte eine Gefängnisstrafe von drei Wochen ab, als er wegen Trunkenheit am Steuer und Fahrens ohne Führerschein zur Verantwortung gezogen wurde. Ein Gnadengesuch war abgelehnt worden, weil das Verkehrsdelikt in die Zeit der Bewährung fiel, zu der er verurteilt worden war, nachdem das Gericht die Anklage auf versuchten Mord fallengelassen und ihn nur der Körperverletzung im Zustand der Volltrunkenheit für schuldig befunden hatte. Bis nach Absitzen der dreiwöchigen Gefängnisstrafe in Glasmoor war offengeblieben, ob Janssen nicht doch noch die zur Bewährung ausgesetzte erste Strafe von sieben Monaten antreten mußte. Diese Ungewißheit war die Hölle.
Janssen hat im Alter von 24 und 26 Jahren das Gefängnis von innen kennengelernt. Aber noch schlimmer spukte es als Drohung in seinem Kopf herum. Es war die handfeste Drohung, doch nicht freizukommen und wegen seiner früheren Verurteilung noch länger einsitzen zu müssen. Es war die Drohung, sein Leben überhaupt nicht in den Griff zu kriegen. Jeder unkontrollierte Ausbruch, jeder Anfall von Jähzorn, jede ihn anwandelnde Leidenschaft konnte ihn zurück ins Gefängnis bringen – vom Alkohol gar nicht zu reden. Ja, wie er gerade am eigenen Leib erfahren hatte, setzte schon der nächstbeste Unfug seiner Freiheit ein Ende. Er brauchte sich bloß ans Steuer eines Autos zu setzen und aus lauter Jux und Tollerei loszufahren. Schon machte er sich strafbar, weil er keinen Führerschein besaß. Zu diesem Blödsinn hätte er sich wiederum nicht hinreißen lassen, wäre er nicht angetrunken gewesen. Wenn er sich dann erwischen ließ und die Polizei auch noch feststellen mußte, daß der Wagen eher durch Bindfäden als durch eine intakte Karosserie zusammengehalten wurde, dann gab es für ihn kein Pardon mehr. Bei seiner Vorstrafe mußte die Spritztour mit dem Auto seines Freundes Ludwig Runne durch den Hamburger Stadtpark im Gefängnis enden. Jede noch so übermütig begonnene Posse lieferte ihn ab jetzt den Behörden aus. Er fühlte sich

wie in Geiselhaft. Die Drohung war schlimmer als das Gefängnis selbst, das ihm schon wieder Anlaß zum Witzemachen gab.

So sind es denn auch vor allem Witze, die Janssen von seinem Gefängnisaufenthalt erzählt hat. Witze von dem knarrenden Bett, von seiner Tätigkeit als Schildermaler, von den Kulturveranstaltungen im Knast, von dem mit Handschweiß durchfeuchteten Blumenstrauß, der für die Beethoven-Pianistin bestimmt war.

Später hat er für diese Zeit seines Lebens die Überschrift gefunden: „Sieben Jahre Spielen einschließlich Gefängnis". Aber so verspielt und, abgesehen von den beiden folgenreichen Ausrutschern, unbekümmert waren diese Jahre nicht. Wenn es auch lange so ausgesehen hatte, als würde er die Treppe immer nur hinauffallen. 1946 war er mit siebzehn Jahren eigentlich noch zu jung, und dennoch hatte ihn Alfred Mahlau in seine Klasse für freie und angewandte Grafik in der Landeskunstschule am Lerchenfeld aufgenommen. Obwohl noch sehr zart und ziemlich unbedarft wirkend, hat Janssen die Anerkennung seiner Mitstudenten, die teilweise im Krieg gedient hatten, schon bald gewonnen und sich bei seinem Lehrer in der Rolle des Meisterschülers hochgearbeitet. Er war der aufgeweckteste Junge, übersprudelnd von Witz und Einfällen. Er wohnte in der Warburgstraße nahe der Außenalster bei seinem Tantchen, die in einer Hausverwaltung das Geld verdiente und für sie beide sorgte. Weil er sonst fast keinen familiären Rückhalt mehr besaß, suchte er Anschluß bei reiferen Freunden und Mitstudenten wie Günter Schlottau und Peter Voigt sowie Michael Hauptmann und später bei Reinhard Drenkhahn. Besonders zog es ihn seit 1947 in den Bergedorfer Haushalt von Fritz Gutsche, der als Verleger in der Welt des Buches zu Hause war. Dorthin ist er seiner Mitschülerin Francis Schwimmer gefolgt, die er zuerst umwarb, bis er ihre Schwester Gabriele kennenlernte, die mit dem älteren Fritz Gutsche verheiratet war, der damals schon wie Fontane aussah oder dem noch sehr jugendhaften Janssen wenigstens so vorkam. Die Ehefrau fing mit dem Kunststudenten ein Verhältnis an, das sich bis zum Ende der Schulzeit hinzog – bis 1951, bis Judith, die er unter dem bekannten Verlegernamen Claassen schon am Lerchenfeld kennengelernt hatte, mit ihrem Mann Günter Schlottau wieder nach Hamburg zurückgekehrt war.

Janssen wäre gern länger auf der Kunstschule geblieben. Gerade hatte er ein Stipendium von der Studienstiftung des deutschen Volkes erhalten, was damals eine besondere Auszeichnung war. Gern hätte er die Hand Alfred Mahlaus weiter über sich gespürt. Aber Direktor Hassenpflug bereitete seiner Schülerrolle ein Ende. Er hatte „ausgespielt" und sollte 1952 auf eigene Beine

Das Gefängnis – mehr als eine Metapher

Janssen 1947 während der Kunstschulzeit (Foto Ingeborg Sello)

zu stehen kommen. Das brachte ihn in die Krise – es nahm ihm den Halt. Binnen weniger Jahre drohte er in einen Teufelskreis von Urteilen und Vorverurteilungen zu geraten, in den er sich immer tiefer hineinverstrickte: Im Oktober 1953 hatte er Judith Schlottau stark blutende Wunden mit einem Messer beigebracht. In der Zeit vom 14. Oktober bis zum 12. Dezember 1953 befand er sich in Polizei- und Untersuchungshaft. Am 25. März 1954 wurde das Urteil im Namen des Volkes gegen den Angeklagten gesprochen: sieben Monate Freiheitsstrafe mit Bewährung, für die eine Frist von drei Jahren festgesetzt wurde, innerhalb derer er sich einwandfrei führen und keine neuen Straftaten begehen sollte. Schon im November 1954 – im Anschluß an die Feier zu seinem 25. Geburtstag – verstieß Janssen wiederum gegen das Gesetz, diesmal gegen die Straßenverkehrsordnung. Am 10. Februar 1955 wurde er vom Amtsgericht zu drei Wochen Gefängnis verurteilt: wegen Fahrens ohne Führerschein, noch dazu unter Einwirkung von Alkohol.

Rechtsanwalt Dr. Müller blieb nichts anderes übrig, als für seinen Mandanten ein Gnadengesuch zu schreiben.[1] Er bat für den „Kunstmaler Horst Janssen" um Aussetzung der Strafe zur Bewährung. Janssen wollte auch selbst um jeden Preis vom Strafvollzug verschont bleiben. Um seine Entwicklung der letzten Monate zu dokumentieren, überließ er dem Gericht beispielhafte Arbeiten aus diesem Zeitraum: dekorative Malerei für das Volkswagenwerk, ein Werbeblatt für die Buntpapierfabrik in Aschaffenburg, einen Ausschnitt aus einem Wandbild sowie zwei in einem Buch veröffentlichte Aquarelle. Sein alter Lehrer Alfred Mahlau legte einen Brief bei, in dem er schrieb: „Janssen gehört ohne Zweifel zu den stärksten Begabungen, zu den intensivsten Studierenden." Das Gericht wollte den künstlerischen Fortschritt nicht anerkennen, sondern antwortete süffisant: „Der Gesuchsteller mag ein Gebrauchsgrafiker sein, ein Künstler ist er nicht." – Wie tief ist einer gesunken, wenn er die Rechtsprechung in die Lage versetzt, ein Urteil auch noch über das eigene Künstlertum zu fällen!

Auch die im engeren Sinne juristische Argumentation blieb erfolglos. Janssen sei „bislang als betrunkener Kraftfahrer oder unzuverlässiger Verkehrsteilnehmer noch nicht in Erscheinung getreten".[2] Er sei zwar „wegen einer im Rausch begangenen gefährlichen Körperverletzung" verurteilt. Aber im Hinblick auf seinen Verstoß gegen das Straßenverkehrsgesetz sei er ein „Erstbestrafter". Deshalb gehe die Bitte der Verteidigung dahin, „den Angeklagten als Erstgestrauchelten in diesem Verfahren zu behandeln und ihm insoweit Strafaussetzung zu gewähren."[3]

Darüber setzte sich das Gericht ohne Nennung von Gründen hinweg. Weitaus schlimmer war jedoch, daß Janssen durch das in seinem Namen aufgesetzte Gnadengesuch wieder mit seiner früheren Straftat konfrontiert wurde. Der Eindruck, den er damit hervorgerufen hatte, stellte sich erneut ein. Sollte er der labile Charakter geblieben sein, der ihm damals von dem zu einer psychiatrischen Untersuchung bestellten Nervenarzt Dr. Lungwitz attestiert worden war? Rechtsanwalt Dr. Müller ließ den haltlosen jungen Mann wieder aufleben, der von „Affekthandlungen" beherrscht wurde, die „Ausdruck seiner Bremsungsschwäche und Labilität sind".[4] Alle diese Auszüge zitierte die Verteidigung aus dem Gutachten des Psychiaters, um für den Fall, daß Janssen die Haftstrafe antreten sollte, die Gefahren an die Wand zu malen, der eine „Gesamtpersönlichkeit" ausgesetzt ist, die sich erst finden muß und noch „in keiner Weise dem Lebensalter entsprechend gereift ist, wie die mannigfaltigen Infantilismen beweisen".[5]

Da war er wieder: der instabile, unausgereifte Charakter. Ein gleich nach der

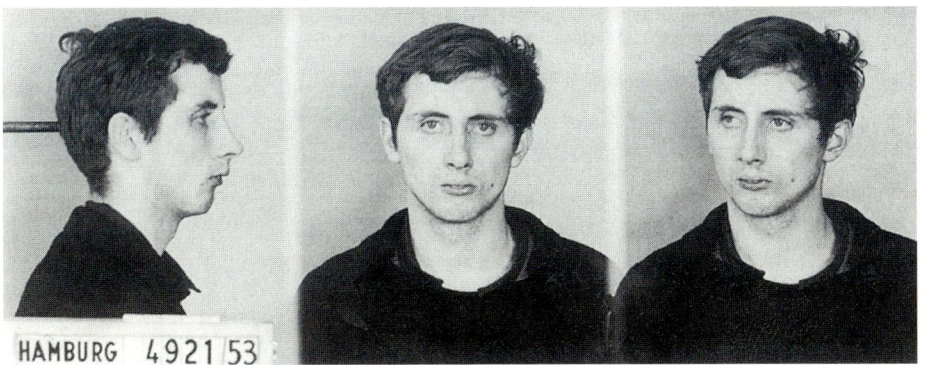
Polizeilicher Erkennungsdienst 1953

Messerattacke zur Blutentnahme hinzugezogener Mediziner hatte seinerzeit im Handumdrehen sein Urteil über den verwirrten Janssen gefällt und definitiv zu Protokoll gegeben: „Ich möchte ihn als sensitiven, auf jeden Fall abnormen Menschen bezeichnen, der in die Gruppe der Schizoiden einzureihen wäre."[6] Nur dreizehn Monate nach dem Gerangel mit Judith Schlottau hatte ihn die Vergangenheit eingeholt.

Was im ersten Strafprozeß gerechtfertigt war, um der Anklage auf versuchten Mord wirksam entgegenzutreten – die Schilderung eines im Verhältnis zur vitaleren und aktiveren Frau in Abhängigkeit geratenen affektlabilen Jüngeren –, das klebte an ihm wie Pech und Schwefel. Die Übertreibungen schienen sich im nachhinein erst richtig zu bestätigen. Die Bitte um Strafaussetzung brachte es an den Tag. Ja, mit der Ablehnung des Gnadengesuchs kehrten sogar die schon aus der Welt geschafften Vorwürfe zurück. Die alten Gespenster verfolgten ihn. Janssen galt mit einemmal wieder „wegen versuchten Mordes" als „einschlägig vorbestraft". Das sind zwei Verurteilungen, die zwar höchstrichterlich so nie ausgesprochen worden waren, die aber auch Rechtsanwalt Dr. Müller von nun an nicht mehr ganz aus den Papieren tilgen konnte.[7] Gerade daß sich noch erwirken ließ, daß die Bewährung, die sich immerhin auf eine Strafe von sieben Monaten bezog, nicht widerrufen wurde; eine Nachricht, die für Janssen unerträglich lange hatte auf sich warten lassen – bis zum 24. Mai 1955.[8] Da hatte er seine Strafe in Glasmoor abgebüßt immer in der Angst, noch weitere Monate absitzen zu müssen.

Auch nachdem ihn Tantchen wieder in der Warburgstraße aufgenommen hatte, lief die Bewährungsfrist weiter. Das zog sich hin. Bevor es mit ihm als Künstler richtig angefangen hatte, war er in Gefahr, wieder eingesperrt zu werden. Fast zwei Jahre dauerte es nun schon, und noch immer hing ihm der Mordfall an. Davon hatte er die kürzeste Zeit im Gefängnis gesessen. Aber er wurde den Mörder nicht los, den man ihm auf offener Straße nachgerufen hatte, als die Anklage erhoben und auch noch als sie entkräftet war. Vor allem wurde er die Drohung nicht los, daß er nur über die Stränge zu schlagen brauchte, und unweigerlich würde die zur Bewährung ausgesetzte Strafe an ihm vollstreckt. Nach der dummen Autotour erst recht. Das bei seinem überschießenden Temperament und dem schon notorischen Alkoholmißbrauch! Er spürte den Hals in der Schlinge. Daraus gab es nur eine Rettung: Er mußte heiraten, regelmäßig arbeiten und ein ordentliches Leben führen. Ihm schwebte nicht nur die Ehe vor, sondern eine richtige Familie, wie er sie selbst nie kennengelernt hatte. Aber als sich herausstellte, daß seine Wahl auf ein junges Mädchen aus der angesehenen Familie eines Hamburger Arztes gefallen war, wollte der Vater zuerst auf den gemeingefährlichen Kerl losgehen und seine noch die Schule besuchende Tochter aus den Klauen des Wüstlings befreien.

Dennoch entwickelte sich daraus schon im November 1955 – nur sechs Monate nach der Entlassung aus der Vollzugsanstalt Glasmoor – Janssens erste Ehe mit Marie Knauer. Sie brachte im April 1956 eine Tochter zur Welt, die süße Lamme, die eigentlich Katrin heißt, die für ihren Vater in seinen letzten Lebensjahren eine so überaus wichtige Rolle spielen sollte und von der Paul Wunderlich sein erstes Ölbild malte, als sie noch der kleine Pausback mit zwei erstaunten Knopfaugen war. Im Schoße dieser Familie fing Janssen richtig zu arbeiten an. Während das Kind gefüttert und gewickelt wurde, schnitt er in Holz. Die mit dem Eisen ausgehobenen Späne fielen in das Bett, in dem Mutter und Tochter lagen. Mit der Zeit – es waren die ruhigsten, arbeitsamsten Wochen und Monate – entstand eine ganze Serie von Holzschnitten. Womit hätte Janssen beginnen sollen, wenn nicht mit dem Anfang: Oldenburg war das Thema. Oldenburg und die vor der Hamburger Innenstadt liegende, fast schon wieder dörfliche Warburgstraße mit den damals noch in langen Nonnengewändern und steifen Kapuzen gehüllten Lehrerinnen der katholischen Sophie-Barat-Schule. Oldenburg war das Paradies. Daran erinnerte sich Janssen gern zurück – an *Oma und Opa* und an die *Holzsammler* und *Schlittschuhläufer,* wie einige der Farbholzschnitte heißen.

So etwas konnte nur das Gefängnis fertigbringen: einen gelösten, innigen vor sich hin pusselnden, des Alkohols fast ganz entwöhnten Janssen, der alles um sich herum so geordnet hatte, daß er aus diesem Nest heraus die Welt erobern konnte. Die Welt war freilich spröde und ablehnend. Keine Galerie in Ham-

burg wollte seine Farbholzschnitte zeigen. Auch keine Buchhandlung. Dann stellte er sie eben zu Hause aus, in dem oberen Treppenhausumlauf der Warburgstraße 33, wo er mit Marie und Lamme wohnte.
Der in gedämpften Farben leuchtende Himmel, den er mit seinen Holzschnitten im Lichtschacht des Bürgerhauses über seiner kleinen Familie ausgespannt hatte, läßt fast schon wieder vergessen, daß wir es hier mit einem Lebensmuster zu tun haben, zu dem er immer wieder zurückkehren wird, nachdem er erkannt hat, daß darin seine Chance liegt. Er mußte der Frau sicher sein und ein geordnetes Haus im Rücken haben, dann konnte er in seine Kunst aufbrechen. Erst das Ende der Ehe mit Marie und 1959 die Trennung von Frau und Kind rufen in die Erinnerung zurück, wie rasant er gelernt hatte, sein Leben selbst in die Hand zu nehmen. Er war getrieben davon, auch dort die Initiative zu behalten, wo sie ihm bloß dem Anschein nach entgleiten könnte. Um dem zuvorzukommen, schuf er sogar Fakten, auch wenn es sie gar nicht gab. Vor dem Gefängnis flüchtete er in die Ehe, bis ihm die Ehe wie ein Gefängnis vorkam und er daraus floh. Er fuhr mit Etta Garrels, einer Freundin aus dem Bekanntenkreis, die er eigens zu diesem Zweck ausgeguckt hatte, nach Worpswede, um dort mit ihr den Ehebruch zu vollziehen. Selbst als das eigene schlechte Gewissen ihn daran hinderte – das Zimmer war schon angemietet – und er unverrichteter Dinge nach Hause zurückkehrte, mußte er sich vor Marie hinstellen und erklären: „Unsere Ehe ist beendet. Ich habe dich betrogen." Ohne das theatralische Kino der fünfziger Jahre hätte er sich diesen Scheidungsgrund wohl kaum ausdenken können.

Janssen wollte um keinen Preis Opfer sein. Von ihm sollte die Initiative ausgehen. Das muß schon früh in ihm angelegt gewesen sein. Seinerzeit – im Falle Judith Schlottau – wäre es ihm fast zum Verhängnis geworden. Er hatte sich mit allen Konsequenzen in die Idee verrannt, daß er Judith Schlottau wirklich habe töten wollen. Er fand es deshalb nur folgerichtig, als man ihm das auf den Kopf zu sagte, auch wenn er sich gleich nach der blutigen Rauferei nicht daran erinnern konnte. Die Verteidigung und dann auch das Gericht hatten später die größte Last damit, dieses voreilige Geständnis zu widerlegen und die darin behauptete Vorsätzlichkeit der Tat anzufechten. Doch dazu später der Reihe nach, wenn die Folgen dieses merkwürdigen Verhaltens deutlicher geworden sind.
Anfang 1959, als er Marie mutwillig verließ, hatte Janssen schon gelernt, wie es richtig anzustellen wäre: Er gab den Versuch bereits für die Tat aus. Er schützte den fremdgehenden Ehemann vor, nur um einer womöglich

schleichenden Ermüdung in der Ehe vorzugreifen. Seine Freunde fingen gerade an, ihn langweilig zu finden. Er wollte auf alle Fälle die Oberhand behalten und die Bedingungen bestimmen. War ihm das gelungen, richtete er sich mit Vorliebe in der Rolle des Opfers ein. Ja, er fühlte sich überhaupt erst richtig als Opfer, wenn er selbst das Ende herbeigeführt und nun auch seinerseits darunter zu leiden hatte. Das Opfer, als welches er sich selbst am liebsten sah, konnte keiner so wie er beklagen. Denn als Marie ihn tatsächlich kurzentschlossen verließ und mit ihrer Tochter erst nach Schweden, dann nach Kanada auswanderte, da war er der Verlassene und bejammerte das ausgiebig bis an den Rand der Verzweiflung.

In seiner Ehe mit Verena, die dann fast die ganzen sechziger Jahre hielt, suchte er am Ende wieder Zuflucht bei der verdrehten Täter-Opfer-Rolle. Er hatte Verena gezwungen, das Haus zu verlassen und zu ihren Eltern aufs Land zurückzukehren. Deshalb konnte die Scheidung nur von dort angebahnt werden. Das diente ihm zum Beweis: Die ganze Familie Bethmann Hollweg hatte es darauf abgesehen, ein Kesseltreiben gegen ihn zu veranstalten. Er war das „arme Schwein", das von seiten der Familie den unerhörtesten Peinigungen ausgesetzt wurde. Er war es, den die „Landjunker" bei lebendigem Leibe mit siedendem Wasser abbrühten und mit spitzer Nadel aufspießten. *Über die Trauer + Hoffnung. Für Verena Janssen* heißt die selbstquälerische Litanei, die Janssen schrieb und zu einer Folge von Bildern – einem bei Laatzen 1969 publizierten Bilderbogen – ausdehnte:

> Nun endlich, sofern eben weil Eber, stülp ihm die Hoden nach innen wie einem umgekehrten Handschuh + und fixiere sie in dieser Stellung, indem du eine der längeren Stricknadeln durch das Arschloch einführst. Und brühe es im allgemeinen etwas zwischendurch. Das Schwein soll leben!!![9]

Dabei war niemand anderes als er aus der Ehe mit Verena ausgestiegen. Er wechselte zu Gesche Tiedjens hinüber. Aber das Gegenteil mußte er in die Welt hinausposaunen: „Verena hat mich verlassen!" Um das zu verbreiten, ließ er ausnahmsweise die Presse an sich herankommen, die er sonst immer vor der Tür stehen ließ.

Wenn schon Opfer – dann richtig. Aber nicht, wie die Maus vor der Schlange erstarrt, sondern von Schmerzen gepeinigt und so, daß es auch denen wehtut, die das mit ansehen müssen, und nicht nur ihm. Glaubwürdigkeit – das war die Forderung, die er unbedingt an sich richtete und die es herzustellen galt mit allen Mitteln der Kunst und einer zu diesem Zweck herbeigerufenen

Öffentlichkeit. Bei seiner Trennung von Verena war ihm das schon besser gelungen als bei seinem Abschied von Marie. Später sollte er darin noch erfolgreicher sein. Er sollte es fertigbringen, diesen Schmerz mit seiner bildnerischen Gestaltung kurzzuschließen. Aus diesem von ihm selbst verfügten Grund sollten die schönsten Bilder entstehen. Mit jeder Frau wurde ihm die Welt neu erschaffen und mit jeder der Riß in der Schöpfung unüberwindlicher. Auch das sind Muster, die eingeübt und erst erlernt sein wollen. Und ganz am Anfang, da machte er noch alles verkehrt. Wegen Judith Schlottau wäre er fast für mehrere Jahre ins Gefängnis gekommen.

Judith Schlottau war seine erste leidenschaftliche Liebe. Mit ihren exotisch hochgestellten Wangenknochen und ihrer dunklen Haarkapuze – er nannte sie Indianerin – hatte sie sein zartes Nervenkostüm völlig aufgewühlt. Von ihr ging eine überwältigende Sinnlichkeit aus. Gabriele Gutsche hatte er auch geliebt. Sie hatte ihn in das heimliche und unheimliche Spiel der Geschlechter eingeführt, ihm sogar neben ihrer Ehe 1950 ein Kind geboren, dem gerade zwanzigjährigen Janssen einen Sohn. Als sich der Kunststudent jedoch vor ihr aufbaute und energisch erklärte: „Ich kann uns ernähren! Laß uns heiraten!" – da lachte ihn die verheiratete Frau aus. Damals war er nicht dagegen Sturm gelaufen. Die Situation war zu paradox gewesen. Aber als sich dann wenige Jahre später das leidenschaftliche Verhältnis mit Judith abzukühlen begann, als aus der heftigen Umklammerung nach kaum einem Jahr ein künstlerisches Nebeneinanderhergammeln wurde, da wollte er die sich abzeichnende Trennung nicht wahrhaben. Um keinen Preis. Besinnungslos rannte er dagegen an. Es sollte nicht zu Ende sein, was noch während der Kunstschulzeit begonnen hatte, was auch durch die Verheiratung der Judith Claassen mit dem befreundeten Mahlau-Schüler Günter Schlottau und durch das Kind aus dieser Ehe nur aufgeschoben, nicht aufgehoben war – es sollte diese an so vielen Hindernissen stets neu entzündete erste große Liebe nicht ein für allemal aufhören. Janssen wollte es nicht glauben. Der Boden brach ihm unter den Füßen weg. Ihm war, als gäbe es überhaupt keinen Halt mehr.
In der Situation kam es am 14. Oktober 1953 zu einem blindwütigen Amoklauf mit dem Messer in der Hand. Nicht plötzlich, nicht von einer auf die andere Sekunde. Der Ausbruch hatte sich angebahnt, eine maßlose innere Erregung und die Anwandlungen einer nicht auszulotenden Niedergeschlagenheit waren ihm vorausgegangen, bis sich an einer nur spaltbreit geöffneten Wohnungstür der Unmut derart aufstaute, daß er, als er sich daran entzündete, alles erdrutschartig mit sich fortriß.

Judith und Günter Schlottau mit Kind

Das am 25. März 1954 erlassene Urteil holt in seiner Begründung weit aus und schildert die Vorgeschichte detailliert.[10] Darin heißt es, daß der Angeklagte – Horst Janssen – 1951 am Ende seiner Kunstschulzeit die Beziehung zu den Eheleuten Schlottau wieder aufnahm.

> Sein Verhältnis zu der Zeugin Schlottau wurde immer enger, bis er sie schließlich fragte, ob sie nicht ihren Mann verlassen und zu ihm ziehen wolle. Die Zeugin Schlottau willigte hierin ein. Am nächsten Abend suchte der Angeklagte das Ehepaar auf und eröffnete dem Zeugen Schlottau, daß er seine Frau zu heiraten beabsichtige und ihn, den Zeugen Schlottau, bäte, seine Frau freizugeben. Zu dieser Zeit war es zwischen dem Ehepaar Schlottau zu gelegentlichen Meinungsverschiedenheiten und Auseinandersetzungen gekommen. Der Zeuge Schlottau widersetzte sich dem Verlangen des Angeklagten nicht. Er hoffte, seine Frau würde bald wieder zu ihm zurückkehren. Am folgenden Tage zog die Zeugin Schlottau mit ihrem Sohn in die Wohnung des Angeklagten, mit dem sie fortan in wilder Ehe lebte. Das Kind übergab sie nach kurzer Zeit ihren in Hamburg lebenden Eltern. Den Angeklagten und die Zeugin Schlottau verband eine gewisse

Übereinstimmung ihrer künstlerischen Auffassungen. Sie hatten den Wunsch, sich in ihrer künstlerischen Entwicklung gegenseitig zu fördern. Im Sommer 1953 verschlechterten sich jedoch die Beziehungen der beiden zueinander. Im September 1953 malte der Angeklagte in der Neuen Rabenstraße 16 ein Kellerlokal aus, in dem die beiden mit ihren Bekannten, die sich überwiegend aus Freunden der Landeskunstschule zusammensetzten, zu verkehren pflegten und das in ihren Kreisen unter dem Namen „Handtuch" bekannt war. Der Inhaber der Gaststätte vereinbarte mit dem Angeklagten, daß dieser als Entgelt für seine Arbeit Getränke im Werte von DM 300,– bis 500,– entnehmen durfte. In den folgenden Wochen waren dann der Angeklagte und die Zeugin Schlottau Tag für Tag in diesem Lokal und zechten jeden Abend bis zur hochgradigen Trunkenheit. Sie aßen nur sehr unregelmäßig, da ihnen hierzu häufig das Geld fehlte. Sie bestritten ihren Lebensunterhalt aus den Einkünften des Angeklagten aus gelegentlichen Malaufträgen und aus einem monatlichen Unterhaltsbeitrag von DM 100,–, den der Zeuge Schlottau damals an die Zeugin Schlottau zahlte. Besonders in dieser Zeit ergaben sich zwischen dem Angeklagten und der Zeugin Schlottau immer häufiger Streitigkeiten, in deren Verlauf es auch zu Tätlichkeiten kam.[11]

Die Urteilsbegründung geht dann ausführlich auf einen Vorfall vom 3. Oktober ein, der zeigen soll, wie solche Tätlichkeiten ausgetragen und auch wieder im Bett beigelegt wurden, wenn auch nur für kurze Zeit:

Die Zeugin versprach dem Angeklagten, sich die Frage der Trennung noch einmal zu überlegen. Nach dieser Unterredung zerriß der Angeklagte eine Reihe seiner Arbeiten, um der Zeugin zu zeigen, welche Opfer er für seine Geliebte zu bringen in der Lage sei. Dann schliefen beide zusammen im Atelier. Am folgenden Morgen gegen 10 Uhr packte die Zeugin Schlottau ihre Sachen und verließ das Atelier, als der Angeklagte noch schlief. Sie ging in die Wohnung ihrer zu dieser Zeit verreisten Eltern, Hamburg 39, Körnerstraße 21, und wurde dort von ihrem Ehemann, dem Zeugen Schlottau, der von seinen Schwiegereltern den Auftrag hatte, die Wohnung zu hüten, aufgenommen. [...]
Am 13. 10. 53 nachmittags bat der Angeklagte die Zeugin wieder einmal, mit ihm einen Spaziergang zu machen. Sie willigte ein und machte mit dem Angeklagten und ihrem Kind einen Gang um die Alster. Sie trennten sich gegen 15 Uhr 45, da sich die Zeugin Schlottau mit ihrem neuen

Freund, dem Zeugen Madlung, zu einem Treffen um 16 Uhr am Sievekingplatz verabredet hatte. Diesen Zeugen Madlung kannte auch der Angeklagte. Er wußte jedoch nicht, daß Madlung in der Zwischenzeit der intime Freund seiner ehemaligen Geliebten geworden war.
Der Angeklagte ging, nachdem er sich von der Zeugin Schlottau verabschiedet hatte, in sein Atelier und arbeitete dort. Gegen 21 Uhr besuchten ihn seine Freunde Drenkhahn und Severin. Man trank zusammen Kaffee und ging dann gegen 23 Uhr 30 in das „Handtuch". Dort hielt sich zu dieser Zeit auch der Zeuge Madlung auf. Dieser hatte schon einige Zeit auf den Angeklagten gewartet, da er, Madlung, nach der nachmittäglichen Begegnung mit der Zeugin Schlottau den Entschluß gefaßt hatte, sich mit dem Angeklagten auszusprechen. Er wollte dem Angeklagten mitteilen, wie sich sein, Madlungs, Verhältnis zur Zeugin Schlottau entwickelt hätte. Madlung hoffte, den Angeklagten dahin zu bringen, daß er, der Angeklagte, sich künftig gegenüber der Zeugin Schlottau zurückhaltend verhalten und von seinen Bemühungen um Wiederherstellung der früheren Beziehungen ablassen würde. Er sagte u. a. dem Angeklagten, daß er sich am Nachmittag mit der Zeugin Schlottau getroffen habe und daß „man" eine Flasche Parfüm, die der Angeklagte seiner früheren Geliebten kurze Zeit vorher geschenkt hatte, weggeworfen habe. Mit diesem Geschenk hatte der Angeklagte der Zeugin Schlottau einen besonderen Wunsch erfüllt. Um sich das für die Anschaffung erforderliche Geld zu besorgen, hatte der Angeklagte einige Bücher, von denen er sich nur schwer trennen mochte, verkauft.
Der Angeklagte, der diese Mitteilung zunächst ruhig aufnahm, wurde dadurch allmählich in steigendem Maße eifersüchtig. Während der weiteren Unterhaltung wurde fortlaufend getrunken und zwar verschiedene Gläser Bier, Steinhäger und Aquavit. Nach Mitternacht verließen beide das Lokal und gingen zur Adoptivmutter des Angeklagten. Der Angeklagte erbat sich DM 20,–, die er auch erhielt. Als seine Adoptivmutter das Geld aus dem Nebenraum holte, trank der Angeklagte einen Rest Rum aus einer Flasche, die sich auf einem Bord befand. Ein daneben liegendes Tafelmesser steckte er in die Tasche.
[…] Als der Angeklagte gegen 3 Uhr die Wohnung der Eltern der Zeugin Schlottau in der Körnerstaße 21 erreichte, klingelte er an der Hausglocke. Das Hausmädchen, die Zeugin Borowski, ging an die Tür und fragte, wer dort sei. Als der Angeklagte seinen Namen genannt hatte, lehnte sie es ab, die Tür zu öffnen und wollte wieder in ihr Zimmer gehen. In diesem

Augenblick kam aber der Ehemann Schlottau, der durch das Klingeln geweckt worden war, hinzu und öffnete die Tür, um den Angeklagten mit Rücksicht auf die übrigen Hausbewohner zu beruhigen und fortzuschicken. Der Angeklagte drängte ihn aber, als die Tür einen Spalt weit geöffnet war, beiseite und schlug ihm mit dem Messer, das er jetzt in der Hand hielt, auf den Kopf. Zwischen den beiden Männern entspann sich eine Rangelei. Die Zeugin Schlottau, die den Lärm hörte, kam im Nachthemd hinzu und versuchte, die Ringenden zu trennen und vor allem dem Angeklagten das Messer zu entwinden. Dieser rief nun: „Ihr zwei, Malte und du (gemeint war die Zeugin Schlottau), ihr entgeht mir nicht" und „Du entgehst mir nicht!"
Der Angeklagte wurde in Richtung auf die Wohnungstür gedrängt. Er versuchte jetzt, die Zeugin Schlottau aus der Wohnung zu zerren. Das Messer hatte er inzwischen auf eine Truhe gelegt. Als der Zeuge Schlottau den Angeklagten weiter aus der Wohnung drängen wollte, ergriff der Angeklagte wieder das Messer und stürzte sich auf den Zeugen Schlottau. Die Schlägerei nahm auf der Diele, im Eßzimmer und in der Bibliothek ihren Fortgang. Die Zeugin Schlottau bearbeitete den Angeklagten mit Metalleuchtern, einer Tonvase und anderen Gegenständen. Sie warf sich zwischen die Kämpfenden und erhielt einige Hiebe über den Kopf, wodurch sie 2 Schnittwunden und verschiedene Kratzwunden davontrug. Die immer noch kämpfenden Männer trennte sie dadurch, daß sie dem Angeklagten 2 Schläge mit einem schweren Messing-Aschenbecher auf den Kopf versetzte. Der Angeklagte sagte daraufhin: „Es ist genug."
Nunmehr erschien die zwischendurch von dem Zeugen Schlottau telefonisch alarmierte Polizei, nahm den Angeklagten fest und brachte ihn zur Polizeiwache. Dort führte der Arzt Dr. Thedens eine Blutentnahme zur Ermittlung des Blutalkoholgehaltes des Angeklagten durch. Zwischen dem Angeklagten und dem Arzt ergab sich ein Gespräch, das von dem Zeugen Pol.Wachtm. Pietzsch [...] mit angehört wurde. Im Verlauf dieses Gespräches erklärte der Angeklagte mehrfach, er habe die Zeugin Schlottau töten wollen.[12]

Von da an stand das Bekenntnis, daß er mit einer vorsätzlichen Tötungsabsicht in die Wohnung eingedrungen sei, im Raum. Alle wollten ihn davon abbringen: der Rechtsanwalt, die Zeugen und schließlich auch das Gericht. Aber Janssen bestand darauf. Er konnte nicht einsehen, daß er nicht einmal den Willen zur Tat gehabt haben soll. Auch als er schon begriffen hatte, daß ihm das Geständnis nur schaden konnte, wollte er wenigstens zu seiner Absicht stehen. Sie schien ihm logisch und folgerecht, wenn er auch sonst in allem gescheitert war.

Der Arzt Dr. Thedens, obwohl zu keinem Verhör berechtigt, spielte nichts lieber als den Kriminalkommissar. Mit seiner eilfertigen Frage wollte er den Täter durch ein Schuldeingeständnis im voraus und ein für allemal überführen. Er gab zu Protokoll: „Ich fragte ihn: ‚Was haben Sie sich dabei gedacht, als Sie gleich ein Messer mitnahmen?' Herr Janssen antwortete mir darauf: ‚Ich habe den Vorsatz gehabt, Frau Schlottau zu töten.'"[13]

Diese überfallartige Vernehmung durch den behandelnden Arzt hatte zur Folge, daß sich Janssen gleich nach der Tat nicht weiter über seine Motive äußern wollte. Nur daß er „in der Absicht, Frau Judith Schlottau umzubringen, in die Wohnung gegangen sei" und „daß diese Angaben unwiderruflich sind" – daran ließ er keinen Zweifel. Die längste Zeit hielt er daran fest.[14]

Janssen mußte gegen seine spontane Überzeugung vom Mordversuch freigesprochen werden. Zum Glück sprach alles gegen ihn: Das abgebrochene Tafelmesser war ein untaugliches Mordinstrument. Auch konnte er sich nicht erinnern, wie es in seine Tasche kam und daß er es seiner Adoptivmutter entwendet hatte. Außerdem waren die Schnittverletzungen nicht erheblich und ungezielt, aus dem Handgemenge heraus, entstanden. Wie andere Zeugen auch wiegelte Judith Schlottau ab und erklärte vor Gericht, daß ihre früheren Aussagen nicht frei von Rachemotiven gewesen seien. Das Sachverständigengutachten von Dr. Lungwitz verfehlte schließlich seine Wirkung nicht und wurde von dem fieberhaft um Entlastung bemühten Gericht entsprechend hoch bewertet. Der als uneheliches Kind aufgewachsene Horst Janssen habe nie die erzieherische und charakterlich festigende Kraft einer Familie erfahren und sei deshalb eine zügellose und unausgereifte Persönlichkeit geblieben. Am meisten half ihm, daß er sich zur Tatzeit „durch Alkoholgenuß schuldhaft in einen Zustand versetzt hatte, der seine strafrechtliche Verantwortung ausschloß".[15] Der Alkohol entlastete ihn weitgehend, wenn er auch wegen Volltrunkenheit gem. § 330a StGB bestraft werden mußte.

Weil die Strafe von sieben Monaten Gefängnis zur Bewährung ausgesetzt war, verließ Janssen den Gerichtssaal als freier Mann. Aber was er bis dahin für selbstverständlich oder einfach für einen Rest persönlicher Integrität gehalten hatte, das war erschüttert worden. Er sollte nicht entscheiden dürfen, was sein Wille und was seine Absicht gewesen waren. Das mußte er als Einmischung in seine inneren Angelegenheiten auffassen. Kannte er sich selbst nicht am besten? Wer konnte ihm vorschreiben, wie es in ihm aussah?

Soviel hatte er inzwischen gelernt: Der Vorsatz wiegt schwerer als die Tat, von der es immerhin hieß, daß ihr „nur durch Zufall kein Menschenleben zum Opfer gefallen ist". Fortan wollte er sich nur noch bei dem Vorsatz aufhalten; die Tat war zu vernachlässigen. Alle Morde, die noch vor ihm lagen, sollten gezeichnete Morde sein – mit Stift und Feder in allen Einzelheiten aufgezeichnete Morde. Das Gericht hat ihn auf die Spur gebracht.

Tatsächlich gibt es auf Janssens Lebensweg keine Leichen, worauf er am Ende nicht wenig stolz war. Denn bei seinem Jähzorn und seiner Unberechenbarkeit hätte es immer geschehen können, daß er über die Grenze hinausgeschossen wäre, hinter der es kein Zurück gibt. Dann ist es passiert, und kein Wenn und Aber hilft mehr. Aber soweit ließ er es nicht kommen. Er konnte sich so völlig vergessen, daß nicht wenige Opfer ihrem Tod direkt ins Auge geblickt haben. Sein Vernichtungswille war total, und von seiner Raserei ließ er nicht eher ab, bis der letzte Zweifel erloschen war, daß es ihm diesmal ohne Rücksicht auf die Folgen todernst wäre. Nur – zum Äußersten kam es nicht.

Janssen scheute davor nicht eigentlich zurück. Es gibt niemanden, der in solchen Exzessen hätte darauf wetten mögen, daß er vor dem gewaltsamen letzten Schritt zurückschreckte. Niemand mochte sich darauf verlassen. Alle waren in dem Alptraum restlos gefangen. Und wie es sie erschöpfte, so erschöpfte es wohl auch ihn. Janssen mußte dann den Mord nicht mehr begehen, zu dem er eben alle Anstalten gemacht hatte. Für sein Verständnis – zur Befriedigung seiner Rache – hatte er ihn schon begangen, und dazu trug nicht unerheblich bei, daß er gesehen hatte, was er sehen wollte: die bis an den Rand der Selbstaufgabe getriebene Kreatur.

Janssen hat sich nie damit abfinden können, daß irgendein Gericht der Welt ihn wegen seiner Absichten belangen durfte. Willen und Vorsatz nahm er uneingeschränkt für sich in Anspruch. Natürlich war er dankbar, daß ihn 1954 das Gericht aus der Verantwortung herausgenommen und nur wegen Körperverletzung im Zustand der Volltrunkenheit verurteilt hatte. Er war damals über alle Maßen erleichtert. Aber noch fünfunddreißig Jahre später fand er die Mordanschuldigungen nicht etwa deshalb irreführend, weil er zur Tatzeit gar nicht zurechnungsfähig war. Nein – er mußte den Staatsanwalt nachträglich korrigieren und überbieten. Aus der Kurzschlußhandlung, die ihm schließlich mildernde Umstände eingebracht hatte, machte er eine Anklage „wegen versuchten Mordes, was natürlich »mißlungenen« Mordes heißen müßte".[16] Noch Jahrzehnte nach den Attacken auf Judith Schlottau war er der Meinung, daß ihm die Tat bloß mißlungen war. Er konnte sich um so leichter dazu bekennen, als er den Verlust seiner ersten großen Liebe zu seinen schwärzesten Stunden rechnete ebenso wie die Trennung von der geliebten Verena. Damals attackierte er Mutter und Sohn. 1989, als er sich in seiner Autobiographie daran erinnerte, vollzog er zwischen dem Gedanken und der Tat die sorgfältigste Trennung.

Die Tat war die eines Amokläufers, eines in Panik Geratenen, bei dem alle Sicherungen durchgebrannt sind. Eigentlich ist es – wie bei einem elektrischen Kurzschluß – die Tat eines mit sich überworfenen Menschen, der wie der Wahnsinnige in ein System von Vorstellungen eingesperrt ist und in einem martialischen Ausbruch die einzige, ihm übrigbleibende Chance sieht. So geschehen 1953 und 1968, als sich Janssen von Judith und Verena trennen sollte. Das waren seine finstersten Zeiten.

Die Passagen in *Hinkepott II*, die sich darauf beziehen, sind – eingestanden oder nicht – durchaus eine Entschuldigung für seine immer auch durch den Alkohol gedeckte Flucht in die Gewalt. Besonders vor Verena und dem Sohn Philip war dieses Rechtfertigungsbedürfnis nach Jahrzehnten noch riesengroß.[17] Und das, obwohl Janssen keinen stärkeren Ekel empfand als den vor einem schlechten Gewissen. Begründungen haßte er sowieso.

Nicht aus Reue, sondern aus dem Wunsch heraus, seinen schlimmsten Unarten ein Gegengewicht zu verschaffen, setzte er in dem zweiten Band seiner Autobiographie zu einem groß angelegten Erklärungsversuch an. Wenn er schon immer wieder ausrastete, wenn er Amok lief und tollwütig drauflos schlug, dann hatte das auch eine andere Seite – eine Seite, die seine Unbeherrschtheit womöglich aufwiegen konnte. Er trennte die Tat vom Gedanken zur Tat. Jene nannte er, eben weil der Täter außer sich und alles andere als mit sich identisch ist, geistlos. „Der GEISTLOSE TATsächliche Mord" galt ihm nichts – den „GEDANKEN-Mord" wertete er dagegen unerhört auf.

> Die »mordende« Gedankenreihe, die sich in sich selbst zur Planung macht – IST der Mord. Die absichtsvollste PLANUNG über Stunden und Tage! – was ist dagegen die fast NICHT-Sekunde der gemeinen geistlosen Tat. Ich meine: um wieviel rachegefüllter, um wieviel »genüßlicher« im Bösen, um wieviel bewußter, geistreicher und damit verantwortungsträchtiger ist der GEDANKE – der Gedankenturm, der sich KUNSTVOLL aufbaut![18]

Die Argumentation zielt darauf, den in Gedanken vollzogenen, klug kalkulierten, über viele einzelne Schritte raffiniert eingefädelten Mord über die Tat zu stellen – nicht zuletzt, weil sie dadurch „überflüssig" wird.[19] Es fällt nicht schwer, in diesem die gemeine Tat überwindenden „GEDANKEN-Mord" eine Domäne des Künstlers zu erkennen, der zeichnend und schreibend wahre Vernichtungsfeldzüge geführt hat. Die besten Einfälle sind ihm dabei gekommen. Der Motivationsschub setzte jedesmal eine akribisch ausgetüftelte Strategie der Peinigung frei. Hier war der Scharfsinn in seinem Element. Jede Verzögerung hebt den Genuß. Das Blutgerüst wird zu einer erbaulichen Konstruktion und dient der auf den äußersten Grad der Demütigung zielenden Hinrichtung. Janssen hat solche Greueltaten lustvoll inszeniert und perfide Techniken ersonnen, um an seinen eingebildeten Feinden die Höchststrafe zu vollstrecken. Er hat seine Morde regelrecht zelebriert – nicht orgiastisch und wie im Blutrausch, sondern mit spitzer Feder, die jede Bösartigkeit bis ins einzelne ausmalt.

Tageszettel nannte er eine Reihe kleiner Federzeichnungen, in denen er 1986 die in Jahrhunderten aufgelaufenen Niederträchtigkeiten versammelte.[20] Exerzitien der Gemeinheit. Mit Vorliebe vollzog er sie an den von ihm selbst in diese Rolle gepreßten Gegnern: an den Kunstmachern und denen, die den Kunstbetrieb beherrschen und mit ihren Visionen die Zukunft verstopfen; an der „Journaille", wie er den Neuigkeiten heckenden und pausenlos dem Vergessen vorarbeitenden „Zeitgeist" nannte. Auch an den Emsigen und Gewieften aller Couleur. Der Normalbürger konnte ihm ein solcher Dorn im Auge sein, daß er sich ein ganz gewöhnliches Exemplar herausgreifen mußte, um an ihm eine nicht zu überbietende Untat zu exekutieren. Er ließ in einer Geschichte, die er sich schon in den 50er Jahren nach einer durchsoffenen Nacht mit seinem alten Freund Reinhard Drenkhahn in den frühen Stunden des anbrechenden Tages ausgedacht haben will, einen Architekten auftreten: erfolgreich in seinem Beruf und der stolze Vater einer fünfjährigen Rosi. Dieser Vater muß seiner Tochter vormachen, wie man auf der Rutsche ins Wasser gleitet. Dazu läßt er sich – so die Geschichte, die Janssen erzählt[21] – vornüber in den Liegestütz fallen und rutscht auf dem Bauch mit wachsender Geschwindigkeit dem Nagel entgegen, der von unten so durch den Kunststoffbelag getrieben wurde, daß er 5 cm heraussteht. Die lange Liste der bei dieser Höllenfahrt aus ihrer angestammten Anatomie herausgerissenen Organe füllt in der Erzählung einen ganzen Stremel lateinischer Fachausdrücke. Latein – die Sprache der Inquisition. Badeanstalten waren für Janssen immer ein zutiefst verhaßter Ort sich quietschvergnügt spreizender Gesundheit.

In einer anderen *Fünf Tage Fünf Nächte* betitelten Geschichte schlachtet Janssen als Vorspiel für eine letzte verzehrende Umarmung mit seiner Geliebten alle Einwohner der Ferieninsel Sylt und die dort zu Gast weilende „Festlandschickeria" ab.[22] Nur fünf Gestalten sind von dem Massaker ausgenommen: der Minister, der »Visionär« (Kunstmanager), die Gattin des Visionärs, der Playboy und der Redliche. Sie werden vor ein Tribunal gezerrt, das die grausame Hinrichtung mit nichts weiter rechtfertigt als der Durchschnittlichkeit ihrer Erfolgsbiographien. Der in Kampen ansässige Galerist Josef Peerlings war entsetzt, als er für ein schön geplantes Sylt-Buch die erste Fassung dieser Geschichte als literarischen Leitfaden mit aufnehmen sollte. Janssen hat sich damit nicht eben Freunde geschaffen. Viele haben bedauert, daß er seine Feder ausgerechnet der Ausmalung solcher blutrünstigen Szenerien geliehen hat. Aber er wollte darauf nicht verzichten. Wie es aussieht, hatte er sich das für das Alter nur aufgespart, um die Messer nun erst richtig zu wetzen. Keine Anerkennung und kein sich noch so reichlich einstellender Erfolg sollten ihn mit seinem pubertären Schmerz versöhnen. Das ohnmächtige Gefühl, einer Übermacht hilflos ausgeliefert zu sein, ist die Quelle solcher sich gegen die Welt schlechthin richtenden Rachephantasien. Es hat Jahre gedauert, bis Janssen sicher war, sich als Künstler endlich so viel Bedeutung gegeben zu haben, daß er diese seine Wunde öffentlich vorzeigen konnte.

Als es dann soweit war, hat er seine „GEDANKEN-Morde" ausgestaltet nach allen Regeln der Kunst und genüßlich zur Aufführung gebracht. Er hat an ihnen gefeilt und aus ihrer minutiösen Ausarbeitung eine tiefe Genugtuung gezogen. Es war Mord – aber nur in Gedanken. Und was am wichtigsten war: Er brauchte ihn nicht zu bereuen. Keine Verzweiflung im nachhinein. Ein schlechtes Gewissen stellt sich gar nicht erst ein. Das Vergnügen ist ungeteilt, denn es gibt nichts, was den Täter an sich selbst irre werden läßt. „In ihm ist Gelassenheit, ein willkürliches Selbst-Verständnis von Recht, das von keinem Recht der Gesellschaft berührt oder eingeschränkt wird."[23]

Es ist schon auffallend, wie Janssen nach vielen Buchseiten sprunghaften Philosophierens, das sich von der Schulweisheit betont entfernt hält, obgleich unterschwellig bohrend und immer dringlich, hier plötzlich an dem Punkt ankommt, wo es ihm unübersehbar ernst ist. In der Unterscheidung von Mord und „GEDANKEN-Mord" hat Janssen sein Thema am Wickel. Hier läßt er nicht locker und weicht keine Handbreit zurück.[24] Wenn es eine Leistung gibt, die er uneingeschränkt für sich in Anspruch nimmt, dann ist es diese Spezialisierung auf den von keinen Zweifeln getrübten und von keiner Reue beeinträchtigten – auf den lustvoll inszenierten „GEDANKEN-Mord", der das vulgäre Morden überflüssig macht. Ins Gefängnis mußte er deshalb jedenfalls nicht.

Janssen hat das Buch *Johannes*, den zweiten Band seiner Autobiographie, in einer Phase knapper werdender Lebenszeit 1989 vor allem auch deshalb in Angriff genommen, weil er sich in dieser Frage noch einmal völlig aussprechen wollte. Die alten Probleme waren nicht erledigt. Dem 23jährigen hatte das Gericht streitig gemacht, daß er wirklich gewußt habe, was er tun wollte. Die Tötungsabsicht, zu der er sich schon bekannt hatte, ließ es nicht gelten. Das Gericht hat ihn gegen sich selbst verteidigt. Janssen konnte von Glück sagen, daß da eine schützende Hand über ihm war. Das hat diesem Staat und seinen Institutionen bei ihm einen Bonus verschafft, den sie zeitlebens nicht verspielen konnten. Nie ist er mit letzter Konsequenz in Opposition gegangen. Wenn er später den Künstler einen „Parasiten" nannte,[25] schwingt darin eine zuweilen ans Sentimentale grenzende Dankbarkeit für den Wirt mit, der ihn gewähren läßt.

Auf der anderen Seite hat es ihn gepiesackt und nicht ruhen lassen, daß er nicht seinen Willen haben sollte. Aus seinen Oldenburger Tagen ist Omas beschwichtigendes Wort überliefert: „Der Junge will ja nur seinen Willen haben." Dafür hat er dann selbst gesorgt und seinen Absichten, seinem heftigen und ungestümen Wollen um so mehr Raum gegeben, als er die Tat gänzlich davon abkoppelte. Alles, was ihn jemals hätte verhindern können, hat er hervorgezogen, ans Licht gerissen und bloßgestellt. Seine analytischen, alle Dunkelheiten durchdringenden Fähigkeiten sind an den Hindernissen gewachsen – nicht an den Hindernissen, die im Wege standen, nein, an denen, die sich ihm in den Weg hätten stellen können. Er mußte sie antizipieren, und alles und jedes konte ihm zur Verhinderung seiner selbst werden. Wenn er nicht das Nachsehen haben wollte, mußte er genau hinschauen. Ob es nun die spitze Feder des Zeichners oder des Schreibers ist – der sezierende Verstand zerrte alles hervor.

Janssens Paranoia besteht darin, daß er zwanghaft antizipieren muß, was das Bild verfinstert, das er von sich selbst hat und das ihm um so klarer vor Augen steht, je mehr er sich verfolgt fühlt. Davon ist sein Sehen beherrscht – in einer Hinsicht. Seine mordende Phantasie hat förmlich die Bilder angesogen, die sich andere von ihm machten; Bilder, die einen Schatten auf ihn warfen. Dem galt es zuvorzukommen. Seine vermeintlichen Widersacher hatten noch nicht die unterste Stufe erreicht, da zerrte er sie auf die Bühne und setzte sie ins grelle Licht – mit einem Scharfblick, der entwaffnend, ja, vernichtend war.

Es gibt eine Erzählung, die besser als andere zeigt, daß sich Janssen solcher Antizipationen gar nicht zu erwehren vermochte. Nie war er mehr er selbst, als

wenn er seinen Gegnern vorauseilen konnte. Es gibt einen Feind, der größer, unerbittlicher, in seinen Folgen endgültiger als alle übrigen ist – einen letzten Feind: den Tod. Wann immer er eintritt, ist es um uns geschehen. Kein Leben kann ihm entrinnen. Was aber wäre, wenn man ihm zuvorkommen – ihn buchstäblichen kommen sehen könnte? Für einen Schritt beiseite wäre dann immer noch Zeit.
Was wie eine Eulenspiegelei aussieht, gestaltet Janssen 1975 zu einer für ihn typischen Geschichte aus.[26] Sie ist typisch für den Augenmenschen, der alles – „mehr als alles" – sehen will. Sehen heißt Leben; Gesehenwerden macht uns den toten Dingen gleich. Das Unvorhersehbare schlechthin ist der Tod. Er sieht uns, wir nicht ihn. Was wäre, wenn wir den Tod voraussehen könnten? Janssen nennt in seiner Geschichte aus dem *November*-Buch den unbedingten Augenmenschen *Jean Patou*. Er will beobachtet haben, daß eine Eule so schnell auf ein Blitzlicht reagieren kann, daß sie auf dem Foto die Augen geschlossen hat.

> Wenn man, so dachte er, aus dem Mechanismus dieser Eule nun jene Reaktionsfähigkeit herausdestillieren könnte – mein Gott –, man würde zumindest den Tod schon sehen, bevor er uns erreicht; und würden wir auch einen Wettlauf mit ihm, so er uns wirklich und persönlich meinte, verlieren, so bliebe doch immer noch die Hoffnung auf die Möglichkeit, daß er uns gar nicht persönlich meinte, daß er uns statt eines anderen nahm, nur weil wir ihm just im Wege standen; und für einen solchen Fall könnten wir dann doch bei rechtzeitigem Erkennen einen Schritt beiseite treten. Wenn wir's so hätten wie diese Eule.[27]

Zwar will die Geschichte uns sagen, daß schon diese Frage eine ausgedachte ist, weshalb zu ihrer Beantwortung auch die Eule getötet werden muß, damit sich ihr zylindrischer Sehmechanismus untersuchen läßt. Aber unverkennbar ist die Not des Augenmenschen: Was er nicht sehen kann, macht ihm angst und treibt ihn um. Seine Sehnsucht ist die vollkommen ersichtliche Welt. Daran hängt er wie an seinem Leben. Am liebsten möchte er den Tod, wenn er denn kommen sollte, vorhersehen. Überall, wo er im dunkeln tappt, wird er von einer Phantasie gesteigt, die das Schlimmste voraussieht – in Bildern, die das Grauen überdeutlich an die Oberfläche zerrt.
Die Psychologie des Sehens hat viele Facetten. Eine davon verkörpert Janssen in ihrer extremen Form. Sehen ist bei ihm elementarster Lebensvollzug. Es ist ein von Tod und Finsternis bedrängtes Sehen, das sich nicht damit begnügt,

das Dunkel ein Stück weit aufzuhellen. Ständig muß es sich der Schatten und blinden Flecken erwehren, es muß ihnen zuvorkommen und die Nacht mit scharfem Riß zerteilen. Es ist ein den schwärzesten Befürchtungen abgerungenes, ein eingreifendes und erfinderisches Sehen – eines, das über ein ganzes Register von Inszenierungen verfügt, um mit nicht zu überbietender Deutlichkeit an den Tag zu bringen, was es sehen will.
So einer muß auch dann den Umriß treffen und für seine Ängste Szenerien ersinnen und auf das Papier bannen, wenn das ganze Jahrhundert sich gerade davon losgesagt hat und ins Ungefähr abdriftet. So einer ist *gegenständlich*, weil er sich anders nicht behaupten kann. Er will sehen, was ihn bedroht – so genau wie möglich.

Das Gefängnis ist eine Metapher und mehr als eine Metapher. Es ist die Drohung, in eine Sackgasse zu geraten und da nicht wieder herauszukommen. Das Leben steckt voll solcher Endstationen. Das kann eine Freundschaft sein, wenn sie keine Aussichten mehr bietet. Auch eine Ehe kann zum Gefängnis werden, und es gibt keine Liebe, die nicht mit der größten aller Ängste zu ringen hätte – der Angst, sich selbst zu verlieren, was zugleich unser heimlicher Wunsch ist.
Jeder sichere Hafen, den wir ansteuern, wird mit der Zeit zum Gefängnis. Die Weltanschauung, die wir uns im Kopf zurechtbasteln, schließt zuletzt mehr aus als ein. In der Kunst kann eine Manier oder ein Stil die ganze Person so überformen, daß ihre Möglichkeiten beschnitten sind. Selbst der schnelle Ruhm und der eifrig gesuchte Erfolg verhindern und verkümmern mehr, als die erste Befriedigung ahnen läßt. Es gibt nichts, was nicht zum Gefängnis werden kann – ganz zu schweigen von Geld, Krankheit, Sucht und Tod. Sie können uns völlig gefangen nehmen. Janssen hat das alles an sich selbst erfahren und sein ganzes Leben Vorkehrungen getroffen, nicht endgültig in die Falle zu tappen. Er hatte die feinste Witterung dafür, was ihm mit der Zeit zum Gefängnis werden könnte. Das Aufspüren solcher Verhinderungen seiner selbst war ihm dringendstes Bedürfnis – ja, bei ihm war es Struktur. Seine Nerven eilten ihm gleichsam wie Antennen und seismographische Fühler voraus, die alles daraufhin abtasteten, ob es ihn einschränken oder über sich hinausführen könnte.
In jeder Leidenschaft sah er das Gefängnis. Deshalb ist er trotzdem keiner der großen Faszinationen aus dem Weg gegangen. Im Gegenteil, er hat sich jedesmal restlos darauf eingelassen. In der Liebe wollte er die Bindung – er wollte sie bis zur Fesselung seiner ganzen Aufmerksamkeit an den einen ausschließ-

lichen Gegenstand seiner Begeisterung. Er suchte das Gefängnis, um sich daraus wieder zu befreien. Sein Begehren entzündete sich erst richtig an einer ihn erdrückenden Übermacht, der gegenüber er nur verlieren konnte. Allein das verlangte ihm ab, seine ganze Kunst aufzubieten und sich dagegen zu behaupten. Ja, er machte die Kunst zu dem einzigen Rettungsmittel, das ihm da wieder heraushelfen konnte.

So wurde ihm schier der Kampf ums Überleben zum Initial für seine Kunst, für einen Schub von Bildern, für eine neue Stufe in seinem Werk. Die Motivationen dafür beschaffte er sich an den Quellen. Nichts überließ er dem Zufall. Er mußte sie selbst zum Sprudeln bringen, selbst herstellen – inszenieren. Zu dem Zweck schuf er Abhängigkeiten, in die er sich Hals über Kopf stürzte, nur um unter allergrößter Anstrengung daraus wieder aufzutauchen und den Zipfel Leben zu fassen zu bekommen, der als einziger und letzter es wert war, noch einmal von vorn anzufangen.

Mit Vorliebe preßte er das Geld in die Rolle, solche äußersten Abhängigkeiten zu stiften. Er selbst hat, irgendwann in den 80er Jahren, einmal Gold gehortet, unter seiner Matratze angehäuft und nachts darauf geschlafen, um dieser gewaltigen Leidenschaft Energien abzugewinnen, die anders nicht freizumachen wären. Das Gold ist ihm zwischen den Fingern zerronnen, ohne seine sagenhafte Magie zu entfalten. Er hat den Krügerrand schließlich im Dutzend verschenkt. Daß sich alles immer nur ums Geld dreht, war gleichwohl seine festeste Überzeugung. Diesem Geldtick frönte er hartnäckig. Durch Jahre gewachsene, womöglich in gemeinsamer Arbeit gefestigte Freundschaften mußte er aufs Geld reduzieren. Geld wurde zum springenden Punkt; Geld war das einzige, was zählt, und natürlich war es der Künstler, der draufzahlte. Seinen Freunden würde es immer nur ums Geld gehen. In diesen Vorwurf sperrte er sie, aber auch sich selbst ein, denn damit beendete er eine Zeit produktiver Gemeinsamkeit. Mit einem Schlag gab es keine Zuneigung mehr und kein gegenseitiges Sich-Anstiften zu neuen Taten. Alles sollte nur des Geldes wegen gewesen sein.

Er wollte das Gefängnis, weil er instinktiv wußte, nur das Gefängnis würde ihm die Kräfte abverlangen, sich jedesmal wieder zu befreien. Dieses Muster wiederholte sich in seinem Leben. Er schuf sich seinen eigenen Käfig. Er ließ sich in die tiefsten Dunkelheiten fallen, er konnte ganze Nächte und sogar wochenlang versacken. Selbst seinen Körper richtete er zu einem solchen Gefängnis her. Er, der wie kein anderer die Schönheit suchte, sperrte sich für wenigstens zwei Epochen seines Lebens in einen Berg wabernden Fleisches ein, der von Schweißausbrüchen heimgesucht wurde.

Alles wurde ihm zum Gefängnis. Auch das Chaos, das er um sich zog, und die Müllhalde, zu der er viele Jahre lang seinen Arbeitsplatz verkommen ließ. Die Besucher empfanden ihn als pittoresken Schauplatz exzentrischer Einfälle. Aber Janssen litt genauso unter der Unordnung, wie er dieses Labyrinth liebte und nach Motiven durchstreifte, die nur der Zufall zu einem Puzzle unvorhersehbarer Bilder ordnen konnte.
Aber sein ganz persönliches Gefängnis, für das er sich immer eine Tür offen hielt und wohin er sich jederzeit flüchten konnte, das war der Alkohol. Wenn er sich in die Flasche fallen ließ, sperrte er alles aus, was ihm hätte zu nahe kommen können. Er zog um sich eine Mauer gegen die Zudringlichkeit der Leute, und selbst seine Freunde konnte er oft nur hinter dieser Wand ertragen. Der Alkohol war noch innerhalb des Hauses, das er zu seiner „Burg" erklärt hatte, das selbstgewählte Exil. Er verstand die Peter Weiss und Enzensberger nicht, die extra in die skandinavischen Länder emigrieren mußten. Um den Feindseligkeiten des Alltags zu entkommen, hatte Janssen den Alkohol. „Das Gefängnis hört doch nicht an der Landesgrenze auf."
Er mußte sich sein eigenes Gefängnis schaffen, um selbst darüber verfügen zu können, wann er es verlassen wollte. Dabei half ihm der Alkohol, der freilich der trueloseste Freund ist. Denn immer noch handelt es sich um die am schwersten zu bändigende Abhängigkeit – um eine Sucht. Die lebenslange Auseinandersetzung mit dem „Feind No. 1" läßt ermessen, in welchem Grad die Freiheit erkämpft sein wollte, die er für seine Arbeit in Anspruch nahm. Einfach drauflozeichnen – daraus wäre nichts geworden.
Alles, was ihn vereinnahmen konnte, zog ihn gewaltsam an. Damit mußte er sein gefährliches Spiel treiben. Wenn es sich auf die Probe stellen ließ, hatte er schon gewonnen. Es gibt keine Endgültigkeit, die unverrückbarer ist als der Tod. Mit ihm ist nicht zu spaßen. Wir hätten nicht diese vielen unter die Haut gehenden Bilder vom Tod, wenn Janssen ihn nicht so oft versucht hätte.
Das Gefängnis ist eine Metapher und mehr als eine Metapher. Es ist eine der Formen, unter denen Janssen seine Wahrnehmungen organisiert hat. Deshalb stilisierte er sich nicht zum Eingeschlossenen, und schon gar nicht fand er darin sein Genüge. Aber alles konnte ihm zum Gefängnis werden. Ja, er suchte und versuchte das Gefängnis, weil er anders als auf diesem Wege nicht hätte zu sich selbst finden können. Es war der Widerstand, den er brauchte, um überhaupt zu spüren, wer er ist und welchen Spielraum einer wie er hat und ob er sich, so weit so gut, frei darin bewegen kann.

Diese Inszenierung seiner selbst lebte er auch im Großen. Gewöhnlich schloß er sich an seinem Arbeitsplatz ein. Jahrzehntelang werkelte er in solcher Zurückgezogenheit vor sich hin. Auch äußerlich gab er seinem Blankeneser Haus, das eher einer gemütlichen Eremitenklause glich, den Charakter einer schwer einnehmbaren Festung, indem er den Treppenaufgang mit einer zusätzlichen Tür absperrte und gegen unerwünschte Besucher und nächtliche Eindringlinge später ein über mannshohes Gitter errichten ließ. Für alle Welt war er der unzugängliche Künstler. Er wollte in seinem Gefängnis nicht gestört werden. Denn all die Jahre über war es ein Gefängnis, wie er sich immer dann schmerzlich bewußt wurde, wenn es ihm gelungen war auszubrechen und er wirklich mal auf Reisen ging. „Warum »muß« ich eigentlich immer zuhaus »gefesselt« arbeiten – zeichnen?" fragte er sich 1986 in der Eisenbahn nach Pforzheim. „Im Moment könnte ich diese Zug-Freiheiten endlos dehnen."[28] – Im Moment – aber auf Dauer?

Das Gefängnis war für ihn eine Erfahrung, die ihn geprägt hat. Er wußte, was das Gefängnis war. Er hatte es von innen kennengelernt. Als er in der Vollzugsanstalt Glasmoor einsaß und ihm auch noch eine längere Inhaftierung bevorstand, hatte er darauf die einzig passende Antwort gefunden: Er wollte endlich der Künstler werden, der in ihm steckte. Er wollte ein eigenes Werk haben. Buchstäblich mit der Entlassung, in weniger als sechs Monaten, war er verheiratet und schuf eine Folge von Farbholzschnitten, mit der er seine erste Ausstellung bestritt. Es waren nicht seine frühesten Arbeiten in Holz und schon gar nicht seine ersten künstlerischen Hervorbringungen. Aber es war die Geburtsstunde des Künstlers, der sich seiner selbst vergewissern und sich endlich auch öffentlich beweisen wollte, nachdem er fast schon auf die Dreißig zuging. Wohl selten ist eine Gefängnisstrafe jemandem so zum Vorteil ausgeschlagen.
Daraus hat er für sein Leben gelernt. Allein schon die Drohung spornte ihn an. Er verinnerlichte das Gefängnis dergestalt, daß er ein besonderes untrügliches Gespür dafür entwickelte, wann die Tür hinter ihm zuschlägt und er im Loch sitzt. Der Röntgenblick, mit dem er das vorhersehen konnte, wurde ihm mit der Zeit zu seinem angeborenen Talent. Damit prüfte er alles und gerade auch diejenigen, die er nahe genug an sich heranließ. Daß sie seinem antizipatorischen Scharfblick nicht gleich zu erkennen gaben, wie sie ihn auf ihre eigene Art gefangen nehmen würden und in welche Falle er laufen sollte, das rechnete er seinen Feinden hoch an und erklärte sie vorsorglich zu Freunden.

Hochzeitsanzeige Horst Janssen und Marie Janssen, geb. Knauer, 1955.
Ein Kind kündigt sich auch schon an

Ins Gefängnis zu kommen, war für Janssen eine wirkliche Gefahr. Vielleicht war es eine der wenigen Traumata, die er nie ganz auflösen konnte. Wenn er selten auf seine zweite Ehe ausführlich zu sprechen kam, dann nicht deshalb, weil sie, im Dezember 1959 geschlossen, nur wenige Wochen dauerte. Schon zu Silvester hat er sie in Blut erstickt. Hans Brockstedt, der das mit ansehen mußte, wendet sich mit Grausen ab und erinnert nur, daß am Neujahrsmorgen in der Warburgstraße 33 eine Blutspur die Stufen herabführte. Janssen hatte seine neue Ehefrau Absatz für Absatz die Treppe heruntergeprügelt. Aus Angst, sie in diesem Anfall tollwütigen Jähzorns umgebracht zu haben und gleich ins Gefängnis zu müssen, hat er die ganze Ehe verdrängt. Der Schock saß tief und hielt lange vor. Denn es war nicht Scham und nicht das Entsetzen über seine eigene maßlose Unbeherrschtheit – es war das Gefängnis, in das er sich schon eingesperrt sah, das ihn seine zweite Ehe vergessen ließ – mit Birgit Sandner.
Sich so völlig zu vergessen, daß er erst hinter Gittern erfuhr, was er getan hatte, war für Janssen eine traumatische Vorstellung. Als er sich einmal selbst darüber Klarheit verschaffte, warum er ausgerechnet Kerstin Schlüter, nicht aber anderen Verflossenen seit den späten 70er Jahren ein ganzes Museum zusam-

mengezeichnet hat, fiel ihm nur ein: Er hatte sie einmal so heftig mit dem Kopf auf das Pflaster geschlagen, daß er das Schlimmste auf sich zukommen sah: ab in den Knast. An alles konnte sich Kerstin erinnern – daran nicht.

Gefängnis heißt, fremden Gewalten ausgeliefert zu sein und das ohnmächtig mit ansehen zu müssen. Für solche Fälle hatte Janssen immer Vorsorge getroffen. Freundschaften besiegelte er mit der vertrauenheischenden Frage: „Du holst mich doch da wieder heraus? Kann ich darauf bauen?" Solche Verliese, in denen er zu verschwinden fürchtete, waren die Psychiatrien im Lande. Er hat selbst die anschaulichste Schilderung davon gegeben, wie er gleich nach dem Erwachen in das Klick-Klack tischtennisspielender Mitpatienten eingesperrt war. Joachim Fest befreite ihn aus der psychiatrischen Beobachtungsstation der Universitätsklinik Hamburg, in die er sich Ende 1974 begeben hatte, um endlich seine Alkoholkrankheit behandeln zu lassen. Janssen fand nur eine Erklärung dafür, daß er in dieser „Endlos-Hölle"[29] gelandet war: Birgit Jacobsen hatte ihm zu dem Schritt geraten, weil sie einmal ungestört fremdgehen wollte. Wenn er erst mal in der geschlossenen Abteilung säße, wäre sie wohl sicher vor ihm.

Die Hintergedanken anderer drängten sich ihm immer zuerst auf. Er rechnete mit dem Ärgsten. Was gewöhnlich Gesellschaft heißt, das weite Feld des Sozialen – das mußte ihm in den 60er Jahren eine kleine Gemeinde von Eingeweihten und Sammlern ersetzen, die er im ständigen Dialog an sich band. In den 70er Jahren waren ihm das nacheinander seine Frauen und Freunde. Was überhaupt nur zwischen Menschen möglich ist, preßte er in diese Intimität. Die Fesseln, die er sich selbst angelegt hatte, lockerte er erst wieder in der zweiten Hälfte der 80er Jahre, als der Verlag St. Gertrude Räume in Altona bezog und Janssen auch zum Arbeiten dorthin fuhr. Selbst dann blieb es für ihn der böseste Alptraum, auf den Marktplatz gezerrt zu werden und das Gesetz des Handelns aus den Händen zu verlieren.

Die lebenslang durchgehaltenen Muster bilden sich am frühesten aus. Schon das Kind konnte nicht stillhalten! Wenn ihm Mutter Martha den Mund abwischen wollte, hielt er absolut nicht still. Er wollte nicht an sich herummachen lassen. Die Unruhe steckte in ihm und verließ ihn nie ganz. Am 24. Dezember 1954, am Heiligen Abend und genau zwischen seinen beiden Gefängnisaufenthalten, schrieb er sich seine Unruhe von der Seele:

> Ein Tier ist „unruhiger" als ein Stein. Der Mensch ist unruhiger als das Tier. Das Unruhige steigerte sich dermaßen, daß sich der entstehende Mensch

auf zwei „Beine" stellte, um zwei Hände zu erlangen, die die Unruhe dieses Ausmaßes alleine „auszudrücken" imstande waren. [...]
Das „Werkzeug" der Unruhe aber sind die Hände.[30]

Diese Hände hatte das kurze Traktat schon zu Anfang in einem Bildvergleich zwischen dem spätmittelalterlichen Maler Stephan Lochner und Paul Klee als „Unruhe-Träger im Formalen" analysiert. Wer nun glaubt, daß der verunsicherte Janssen eine anthropologische Erklärung für seinen künftigen Beruf sucht, wird eines anderen belehrt: Nicht zum Zeichnen oder zum Malen sind die Hände da, um „aus der Unruhe herauszugelangen in die Ruhe" – nein, zum Beten. Der Mensch „faltet die Hände. Er betet. Wenn er betet, ruft er Gott."[31]
Fast hätte das Gefängnis aus Janssen einen frommen Menschen gemacht. Mit solchen Bekehrungsversuchen schielte er auch nach Aschaffenburg, wo in diesen frühen Jahren sein erster Gönner und Mäzen wohnte: der Buntpapierfabrikant Guido Dessauer. Seit 1952 arbeitete Janssen daran, ihn mit seiner katholischen Familie auf repräsentativen Gemälden zu verewigen. Ihn wollte er nicht enttäuschen und auf keinen Fall verlieren. Als Huldigung an seinen Katholizismus malte er ihm ein Marienstück, ein Ölbild, das schließlich unvollendet geblieben ist. Ziemlich in der Mitte des überlangen Querformats thront Maria mit dem Kind. Darunter erstreckt sich eine vielfältig verschachtelte Stadt, die auch den Blick ins Innere der Häuser freigibt. Die Tastatur eines Klaviers ist zugleich Tonleiter und Fortsetzung der Außentreppe. In solchen virtuos verschränkten Mustern kündigt sich bereits an, daß hier nicht nur der Gebrauchsgrafiker am Werk ist, der für die Papierfabrik Motive entwirft. Hinter einem vergitterten Fenster guckt Janssen selbst heraus.
Als ihm dieses Bild fast vierzig Jahre später zum Signieren vorgelegt wurde, holte er mich dazu. Wie das Ölbild noch in seiner Verpackung dastand, schwante ihm nichts Gutes. Da meldete sich ein Stück Vergangenheit zurück, worin er auf keinen Fall eingesperrt sein wollte. Als wir das Bild ausgepackt hatten, nannte er es den „reinen Opportunismus". Er sei damals gerade aus dem Gefängnis gekommen. Er habe ein furchtbar schlechtes Gewissen gehabt und sei unendlich dankbar gewesen, als Dessauer auf seine Sofortbeichte souverän geantwortet habe. Deshalb wollte er ihm von Herzen gut sein, und da sei er auf dieses Marienstück verfallen.
Solche Bekenntnisse in Öl sind auch sonst die Ausnahme und zeigen an, wie tief Janssen in der Patsche saß. Deshalb steht die Zeit besser unter einem Motto, das sich leitmotivisch durch seine 50er Jahre zieht und sich gerade

auch gegen solche metaphysischen Ausflüchte richtet: „Es gibt keine Erlösung."[32]

Das Gefängnis war mehr als eine handfeste Drohung. Jeder Unfug konnte ihn da hineinreißen. Wenn er einmal über die Stränge schlug, war er gleich geliefert. Nach seiner zur Bewährung ausgesetzten Freiheitsstrafe genügte ein Verkehrsdelikt, und schon verschwand er hinter Gittern. Ausgerechnet er, der nicht stillhalten konnte, die Unruhe in Person – er geriet immer wieder in Situationen, in denen er alles so hinnehmen sollte, wie es kam. Das war ihm nicht möglich. Er mußte reagieren. Am besten kam er dem zuvor, was er kommen sah. Das war ein Reflex und stellte sich schon damals so automatisch ein, daß sein innerstes Wesen sich darin ausspricht. Es gibt ein Ereignis, das darauf ein helles Licht wirft. Es ist eine kleine beiläufige, aber um so aufschlußreichere Szene, die sich abspielte, bevor er Judith und Günter Schlottau aus dem Gerangel heraus mit dem Messer verletzte und von der Polizei verhaftet wurde. Genau elf Tage davor – an jenem 3. Oktober 1953 – hatte Janssen frisch erfahren, daß ein anderer Mann in das Leben seiner Geliebten getreten war. Er mußte fürchten, daß Judith für ihn verloren ist:

Am 3. 10. 1953 machte die Zeugin Schlottau dem Angeklagten den Vorschlag, sich in Anbetracht dieser veränderten Verhältnisse zu trennen. Da der Angeklagte sie aber inständig bat, doch bei ihm zu bleiben, versprach sie ihm, dies zu tun. Am Abend dieses Tages gingen sie gemeinsam mit einigen ihrer Freunde in ein Jazzkonzert in die Ernst-Merck-Halle. Im Anschluß hieran begaben sie sich in die Wohnung ihres gemeinsamen Bekannten Hudwalcker, Alte Rabenstraße 29. Der Angeklagte holte einige Flaschen Bier. Nachdem sie diese ausgetrunken hatten, brachen sie gegen 1 Uhr nachts auf, um das „Handtuch" aufzusuchen. Unterwegs kauften sie sich in einem Geschäft, in dem zufällig noch Licht brannte, eine Flasche Wein, die gleich auf der Straße ausgetrunken wurde. Als sie im „Handtuch" ankamen, bestellten sie gleich etwas zu trinken. Nach der Strichliste der Wirtin, der Zeugin Schröder, wurden auf Konto des Angeklagten 23 Aquavit, 2 Flaschen Coca-Cola und 3 Flaschen Bier angeschrieben. Zwischendurch verließ der Angeklagte einmal das Lokal, um für die Wirtin und für sich aus einem in der Nähe befindlichen Zigaretten-Automaten Zigaretten zu holen. Bei dieser Gelegenheit ließ er sich im Vorgarten mit einem bis dahin unbekannten Mädchen geschlechtlich ein. Als er in das Lokal zurückgekehrt war, bat er seinen Freund Severin heraus, teilte ihm das Geschehene mit und daß er darüber Gewissensbisse empfinde und den Vorfall sofort seiner Geliebten, der Zeugin Schlottau, beichten müsse. Obwohl Severin ihm davon abriet, erzählte der zerknirschte Angeklagte der Zeugin Schlottau doch sogleich den Vorfall.[33]

Janssen legt eine erstaunliche Bekennerwut an den Tag. Er läßt sich auch durch den Freund nicht davon abbringen zu beichten – und zwar sofort. Er ist so geständnisfreudig, daß der Eindruck entstehen muß, er hätte den Zwischenfall provoziert, um seinerseits eine Situation herbeizuführen, in der er fremdgeht, noch bevor seine Geliebte ihn mit dem anderen Mann betrügen kann. Judith reagiert sofort und wie erwartet: „Die Zeugin Schlottau fühlte sich hierdurch verletzt, da sie sich beide gegenseitige Treue gelobt hatten. Sie äußerte, daß sie sich von dem Angeklagten trennen wolle."[34]

Damit hat Janssen erreicht, was er offensichtlich erreichen wollte. Er hatte seinerseits das Treuegelöbnis gebrochen. Der Grund lag nun bei ihm. Er hatte die Trennung unumgänglich gemacht. Wie es aussah, hatte er sie auch schon vollzogen. Die Initiative, die ihm schon entglitten war, hatte er auf die Weise zurückgewonnen. Er hat Tatsachen geschaffen, die es womöglich gar nicht gab, nur um das Heft wieder in die Hand zu bekommen. Denn es ist unwahrscheinlich, daß Janssen auf dem Weg zum Zigaretten-Automaten das Mädchen gefunden hat, das sich mit ihm auf der Stelle geschlechtlich einläßt, nur um ihm den passenden Vorwand zu liefern, schnurstracks sein schlechtes Gewissen zu erleichtern. Es ist um so unwahrscheinlicher, als auf Janssens Rechnung 23 Aquavit zuzüglich 3 Flaschen Bier gingen, auch wenn er sie nicht allein, sondern mit Judith zusammen getrunken hatte.

Dieses Mädchen, das da keine besonderen Umstände gemacht haben will, ist eine aus der Not geborene Erfindung; genauso wie Janssen später in Worpswede einen Ehebruch vorgegaukelt hat, um von Marie loszukommen. Später hat ihm dann Gesche Tietjens von sich aus den Vorwand geliefert und die Fakten eine eigene Sprache reden lassen, so daß er sich nicht mehr selbst der ehelichen Untreue zu bezichtigen brauchte. Gesche hatte das künstliche Gebiß des über Nacht ausgebliebenen Ehemannes an den häuslichen Türpfosten am Mühlenberger Weg geheftet, wo es Verena finden mußte. Passiert war auch in jener Nacht nichts. Das Besäufnis hatte sich endlos hingezogen. Der morgendliche Brummschädel war gleich gegen einen Deckenbalken gestoßen, als er in fremder Umgebung erwachte und sich orientieren wollte, wie Janssen in seinen Erinnerungen schrieb.[35]

Ob Erfindung oder nicht – schon bei Judith Schlottau konnte er nicht stillhalten. Er wollte es getan haben: Er wollte das Treueversprechen verletzt, das Vertrauen gebrochen und die Trennung unwiderruflich gemacht haben. Bei Judith Schlottau war es ein eher verzweifelter Versuch – eine Art Überlebensreflex, bei Marie war es ein ausgeklügeltes Kalkül. Und um aus der Ehe mit Verena freizukommen, konnte er schon Anleihen bei der Wirklichkeit machen. Die Lektion hatte er gelernt, das Muster blieb sich gleich. Dem unausweichlichen Ende mußte er zuvorkommen. Den Wettlauf mit dem Opfer, das er um keinen Preis werden wollte, mußte er gewinnen.

Mehr als dreißig Jahre waren seitdem vergangen – Janssen hatte seinen Weg gemacht. Nicht als Opfer. Davor war er immer auf der Hut gewesen. Aber auch nicht als strahlender Sieger. Dafür sah er wieder mal zu mitgenommen aus. Auch war er gesundheitlich angeschlagen. Schon zwei Wochen lang steckt ihm etwas im Hals. Er wollte gleich alles herausschneiden lassen. Aber ohne Kehlkopf kein Reden und eigentlich auch kein Janssen mehr. Die Aussichten waren so furchtbar, daß es ihn schon beruhigte, wenn er nur hörte, er sei nicht der Typ für Krebs. Was ihn am Leben erhielt, waren Zeichnungen von Gerippen, die er neu angefangen hatte und die so groß waren, daß sie einmal den Weg ins Museum finden sollten. Mit solchen Hoffnungen konnte er wenigstens die hypochondrischen Anfälle in Schach halten. Und so zeichnete er in diesen Tagen, den Tod vor Augen, gegen den Tod an, der in Gestalt einiger dekorierter Skelette in die unteren Atelierräume seines Blankeneser Hauses eingezogen war. Es war eine in ihren Extremen ausbalancierte Situation – für Janssen normal.
Als er mich am 15. Juli 1985 vormittags anrief, schärfte er mir noch am Telefon ein, daß ich unbedingt Sauerkraut und Bratwurst mitbringen solle. „Frag' nicht soviel. Komm her." Wie ich oben in seiner Tür stehe, sitzt drei Schritte vor mir in der Schlafkoje auf der Bettkante Judith, die ich nie gesehen habe, und da ich nichts begreife, warte ich artig, bis sie ihre Kleidung geordnet hat. Janssen hat ihr seine Koje zum Schlafen überlassen. Sie ist an die 60 Jahre und derangiert. Wie es aussieht, braucht sie morgens etwas anderes als Bratwurst mit Sauerkraut. Aber Janssen will ihr sein von ihm selbst zur Berühmtheit erklärtes Frühstück zelebrieren. Seine Bücher, auch noch von ihm signiert und mit einer Widmungszeichnung versehen, lehnt Judith ab. Sie ist selbst Künstlerin. Auch wenn man sich über dreißig Jahre nicht gesehen hat, steht das unausgesprochen im Raum. Zwei Dinosaurier sind sich noch einmal über den Weg gelaufen, nachdem schon die ganze Art ausgestorben ist; zwei versprengte Exemplare, von denen das eine in einen Sack aus Haut und

Knochen eingesperrt ist, während Janssen, ohne zu triumphieren oder auch nur einmal zu feixen, einen leidlichen Tag vor sich hat. Er weiß, daß er sich unten eine kleine Hölle aus Skeletten und Mädchenwäsche aufgebaut hat. Wenn er zum Zeichnen da heruntersteigt – das ahnt er voraus, wird er heute in brauchbarer Verfassung sein.
Wenn es über diese Genugtuung hinaus noch einen zusätzlichen Kitzel gab, dann hat ihn sich Janssen mit dem Anblick seines Biographen verschafft. Denn der blickte ziemlich irritiert drein – dazu war er ja auch bestellt –, als er Judith Madlung aus dem Bett herauskrabbeln sah, in dem noch vor wenigen Monaten der alte Faun mit ihrer Tochter gelegen hatte. Nein, er – Janssen – war noch lange nicht am Ende. Gerade wuchs ihm die Generation der Töchter entgegen. Sie waren nicht so schlagfest wie die Alten. Aber darauf würde er sich schon einstellen. Mirjam Madlung sollte an diesem Tag ihre Mutter mit dem Auto von Blankenese abholen.

Das Gefängnis war im Leben von Janssen mehr als eine Episode. Alles und jedes konnte ihm zum Gefängnis werden. Deshalb zerrte er hinter dem Vorhang hervor und zog er ans Licht und an die Rampe, was ihn bedrängte, was ihn bedrohte. Die Fußangeln, die nur ausgelegt waren, damit er darüber stolpert – diese Angeln mußte er antizipieren. Jedem Hinterhalt mußte er zuvorkommen. Das war ihm Struktur bis in die Wahrnehmung hinein, die auch den Tod nicht anders als kommen sieht.

> Horst Janssen saß auf einem Pferd
> das er nicht bändigen konnte.
> Das Pferd genannt Genie ging mit
> ihm durch. Das kommt nur einmal
> alle hundert Jahre vor.
> Was immer er auch mit Bleistift
> und Pinsel berührte erhielt den
> Ritterschlag des Meisterwerkes.
> Wie von Furien gehetzt
> war er dazu verdammt
> keine Fehler zu machen.[36]

Das ist der Zeichner Horst Janssen, wie Hundertwasser treffend überlieferte, der ihn aus seinen Anfängen kannte. Er durfte keinen Fehler machen. Eine Unaufmerksamkeit – und die Strafe würde auf dem Fuß folgen. Alles und

jedes konnte ihn verhindern. Er mußte auf der Hut sein. Keiner machte es ihm recht. Je später desto weniger die Journalisten und Presseleute mit ihren flinken Zuschreibungen – den Etiketten, die sie jedem anhängen, damit sie schnell mit ihm fertig sind – und die Welt auch. Ab in die Schublade! Um diesem letzten Gefängnis – dem Gefängnis speziell für die Zeichnung – zu entrinnen, hat Janssen seine vielen Bücher gemacht.
Er wollte Zeugnis ablegen von sich und hat auch immer wieder seine Frauen aufgefordert zu schreiben – natürlich mit Argumenten, die auf ihn gemünzt sind: „Stellt euch vor, die Welt ist ein Gefängnis und ihr sitzt drin. Dann müßt ihr schreiben ..."

Wenn hier das Gefängnis Mitte der 50er Jahre zum Dreh- und Angelpunkt für sein Leben gemacht wird, dann heißt das auch: Der Krieg war es nicht. Im Gegensatz zu den meisten seines Jahrgangs 1929 waren Nationalsozialismus, Weltkrieg und Nachkriegszeit für Janssen nicht das vordringliche Thema. Seine Interessen ließ er sich nicht von einem historischen Großereignis diktieren, wie das für Lenz, Grass und andere seiner Generation gilt. Allerdings waren sie oft auch wenige entscheidende Jahre älter als er.
Janssen hatte auf der Nationalpolitischen Erziehungsanstalt in Haselünne gerade soviel mitbekommen, daß er sich den Hitler später nicht verkneifen wollte.

Mit und ohne Mahlau

Als Janssen im Januar 1957 mit 25 farbigen Holzschnitten seine erste Ausstellung in den eigenen Räumen im oberen Treppenhausumlauf des von seiner Adoptivmutter verwalteten Mehretagenhauses in der Warburgstraße machte, war das ein Anfang. Er wollte endlich sein Leben in die eigenen Hände nehmen. Es sollten noch viele Anfänge folgen. Einen Anfang machen – das wurde für ihn zu einer treibenden Kraft.
Die Geschichte der Neuzeit seit der Renaissance und der Reformation ist eine Aneinanderreihung von sich wiederholenden und sich gegenseitig überbietenden Anfängen. Die Moderne, die das im engeren Sinne für sich in Anspruch nimmt und sich auf ihre Radikalität und darauf, zu den Wurzeln zurückzukehren, wer weiß wieviel einbildet, ist in dieser Reihe von Neuanfängen nur eine Spielart unter anderen – eine Variante. In allen Fällen geht es darum, daß es nicht so weitergehen soll wie bisher. Eine Rückbesinnung ist notwendig; die Rückbesinnung auf ein Erstes, auf einen tragenden Grund – fragt sich nur, was der Anfang sei. Für die Renaissance war es das Bild, das sie sich von dem antiken Menschen machte. Für die Reformation war es der ursprüngliche Wortlaut der Heiligen Schrift, die auch ins Deutsche übersetzt wurde. Für Goethe war es mit unüberhörbarem Selbstbewußtsein dann schon das eigene Ich. Denn wie er gesagt haben soll, fing mit ihm das Jahrhundert an. Das ist nicht überheblich, sondern eine Folge daraus, daß nicht erst für den „neuen Menschen", sondern buchstäblich mit jedem die Welt von vorn anfängt. Das Ich ist Anfang und Grund in einem. Dem folgen die Selbstbegründungszweifel der Philosophen hinterdrein. Künstler haben die Wege gebahnt, die aus dem Zirkel herausführen können, darunter wieder Goethe, der erkannt hat: Ein Anfang allein genügt nicht. Immer wieder muß ein neuer Anfang her – mit allem, was original ist: mit dem Volkstum, mit Natur und Antike, mit dem Orient usw. Je mehr Anfang, desto mehr Geschichte – Geschichte der Welt und des Ich. Denn darauf läuft es hinaus: den Lebensfaden weit ausziehen und immer wieder so in den Anfang zurückschlingen, daß alles zufällige Beginnen für das Nachfolgende der Grund sei, wie auch umgekehrt die Folgen ohne den beherzten Anfang undenkbar wären. Das ergibt noch keinen Sinn, aber es entsteht ein Muster, bei dem sich alles wie Schuß und Kette gegenseitig hält und ineinander verwoben ist; ein Muster, das sich zu einer Biographie, zu der unverwechselbaren Signatur eines Lebens ausschreibt.

Nichts ist so belastet wie der Anfang. Der Mythos, die Archaik, das Naive, das Japoneske, der Reflex im Auge, die Negerplastik – alles ist bemüht worden. Seit sich die Anfänge nur so jagen, ist es nicht leichter geworden. Wie und wo beginnen? Für den Maler stellt sich dieses Problem besonders. Horror vacui ist die Angst vor der Leere, vor dem weißen Blatt Papier, vor der frisch aufgezogenen Leinwand. Es sieht jedesmal so aus, als müßte Gott noch einmal die Welt erschaffen. Ein erschreckender und vor allem auch akademischer Gedanke, der Janssen so nie gekommen ist. Ihm genügte später ein Kaffeefleck, ein Wasserschaden am Rand, eine ausgerissene Ecke oder eine Knickfalte im Papier, und schon konnte er loslegen.

Janssen hat nicht nur immer wieder von vorn angefangen – er hat das gelebt. Seine Abstürze, seine Krisen waren so verheerend, daß er jedesmal wieder einen Anfang machen mußte, damit es überhaupt weitergehen konnte. Mit der Zeit hat er darin seinen produktiven Rhythmus gefunden und in Schüben gearbeitet, die thematisch so weit auseinanderliegen, daß es auch von der Seite einem Neubeginn gleichkommt. Was die Moderne für sich behauptet, das wurde ihm wie Ein- und Ausatmen zur Natur. Deshalb mußte er aus dem Neuanfang keine Ideologie machen. Es war ihm existentielles Erfordernis: ein der schwärzesten Nacht, dem Alkohol und der Verzweiflung abgerungener neuer Tag.

Als er 1956 mit seinen großen Farbholzschnitten anfing, hatte er zum ersten Mal am Boden gelegen. Er war im Gefängnis gewesen. Der Ruf des Mörders, der ihm anhing, kam ihm nicht eher aus dem Ohr, als bis er mit seiner Kunst von sich reden gemacht hatte. Da endlich verlor sich auch die üble Nachrede. Damals hatte sich Phönix zum ersten Mal aus der Asche erhoben. Die Selbstzerstörung wurde zu seinem Zeichen. Später war dann jedesmal das Erstaunen darüber groß, wie er sich aus dem Abgrund wieder hatte herausziehen können. Jeder Serie von Meisterzeichnungen, jedem neuen Sujet, jeder künstlerischen Eroberung ging der Untergang des ganzen gesitteten Europa voraus. Niemand hätte glauben mögen, daß aus diesem Gift und Galle spuckenden Ekelpaket ausgerechnet die Schönheit neu auferstehen würde.

Damit hat er aber auch nur gelebt, was die Zeichnung von sich aus nahelegt. Wenn die repräsentativen Werke vor allem Stehvermögen und beharrlichen Fleiß erfordern, dann rückt die Zeichnung dicht an den Moment heran, wo der erste Funke zündet und ein Einfall die Dunkelheit blitzartig erhellt. Immer fängt es mit der Zeichnung an – mit einer Bleistiftnotiz, einer Skizze, einem Entwurf, und erst dann geht es ans Werk, das ein Ölgemälde, ein Fresko oder noch Großartigeres sein kann. So gesehen, hat sich Janssen der Zeichnung völlig anverwandelt, ihren Lebensnerv mit seinem kurzgeschlossen. Dazu gehört, daß die Zeichnung in aller Regel noch am selben Tag fertig und gleichsam in einem Zug niedergeschrieben wird – im Gegensatz zu den Wochen und Monate verschlingenden Großproduktionen. Die Zeichnung kann vieles sein, es gibt ein Universum von Möglichkeiten, Gelegenheiten und Anlässen zur Zeichnung. Aber im wesentlichen ist sie die auf eine überschaubare Zeitspanne zusammengedrängte Konzentration auf etwas, was bald beendet ist und nach einem neuen Anfang verlangt. Wie zu zeigen wäre, kommt in der Zeichnung die europäische Kunst zu sich selbst zurück – zurück zu dem Anfang, den sie sucht, um sich zu erneuern.

Wie kaum ein anderer hat uns Janssen den Phönix aus der Asche vorgelebt. Nie war mehr Anfang. Aber auch einer wie er, der darin das Zeichen der Zeit erkannt, das Muster tief ins Leben hineinverfolgt und sich auf die Weise eine Existenz gegeben hat – auch so einer fängt einmal an. Wie alles will auch das gelernt sein. Es sind bei Janssen im großen und ganzen drei Anfänge zu unterscheiden. Erstens die Schulzeit bei Alfred Mahlau – das frische Beginnen. Zweitens der Künstler, der sich Ende der 50er Jahre mit Holzschnitten und Radierungen und zögerlich auch mit ersten Zeichnungen vorstellt – ein gar nicht mehr unbelasteter Anfang. Schließlich folgt auf der Wende zu den 70er Jahren die Inszenierung eines Neuanfangs, wie es das in der Kunstgeschichte selten gegeben hat.
Das ist nicht der klassische Dreischritt, der zur Synthese führt. Eher ist es ein Wachsen über Fundamenten, die immer tiefer und breiter gelegt werden. Wieviel Vergessen das voraussetzt, wieviel Verdrängung notwendig ist, um so weit zu kommen, das war die Angst von Janssen, als er in der zweiten Hälfte der 80er Jahre sich selbst historisch wurde und für die nach Themen geordneten großen Werkübersichtsbände[1] die ganze Vergangenheit auf der Waagschale lag. Was wiegt nicht schwer genug und ist von vornherein auszuscheiden? Zu seiner Erleichterung konnte sich alles sehen lassen. Auch die Arbeiten der Schulzeit.
Um es gleich vorwegzunehmen: Janssen war kein Frühvollendeter und kein junges Genie, nicht zu Hause in Oldenburg, nicht auf der Napola und nicht auf der „Akademie", wie Tantchen die Landeskunstschule am Lerchenfeld nannte. Obwohl Meisterschüler seines Lehrers Alfred Mahlau und in der Klasse fast der Jüngste, war er kein Wunderkind. Wenn überhaupt, war er ein Genie im Lernen, und das schließt, mehr als man denkt, auf allen Stufen das Verlernen ein.

Was er sich selbst sehr früh abgewöhnt hat, obwohl jeder so beginnt und auch seine ersten Erfolge damit einheimst, gerade auch bei der eigenen Familie und der Nachbarschaft, das war das Akkurate. Wenn einer genau abzeichnet, was jeder mit einem Blick erkennen kann, dann ist er in aller Augen eine Begabung. Die Kogge mit der Takelage und den verwinkelten Aufbauten war solch ein Exerzierfeld des Fleißes. Janssen hat sie pingelig zu Ende gezeichnet und damit auch bei seinen Kameraden auf der Napola Eindruck geschunden. Als er mit Kriegsende nach Hamburg kam, war das vorbei. Endgültig mit dem Eintritt in die Landeskunstschule im Herbst 1946 hatte er diese Art von Akkuratesse ein für allemal abgelegt.

Das gilt auch für die Welt von Ludwig Richter[2] und Moritz von Schwind, in die Janssen noch in den ersten Friedensmonaten eingesponnen war. Die Vorlagen dafür hatte er sich aus der Bücherei am Mönckebrunnen besorgt. Das Pusselige liegt hier in der Sache selbst – in den vielen erzählenden Details, die liebevoll ausgestaltet sein wollen bis in die wie gestochen erscheinende Sütterlinschrift. Unter Mahlau war das sofort beendet. Die romantischen Sympathien für das Volkstümliche und Sagenhafte, die aus den jugendbündischen Zügen des Nationalsozialismus stammen, wurden dann von Wilhelm Busch beerbt, für den Janssen eine Vorliebe behielt und der in vielen anekdotischen Bildergeschichten immer wieder auftaucht.

Dagegen mußte er sich nie von dem lossagen, was eine ganze Generation in den Krieg gelockt hatte: die Technikbegeisterung für Flugzeuge und Marinestücke, die Idolisierung historischer Persönlichkeiten wie Bismarck und die Preußenkönige. Hier war nichts zu verlernen, weil es das bei Janssen nicht gab. Er hat dem nie in der Zeichnung gehuldigt.

Alfred Mahlau war für den jungen Janssen, der nach dem Krieg ohne Eltern dastand und mit seiner Adoptivmutter zuerst in einem engen Garagenhaus im Innenhof der Warburgstraße wohnte, der kein richtiges Schulabschlußzeugnis und keine Berufsausbildung besaß, ein Glücksfall, wie er sich selten im Leben eines Menschen ereignet. Für den neuen Schüler, der mit dem zweiten Semester in die Kunstschulklasse kam, war Alfred Mahlau eine Schule des Sehens. Er lehrte ihn das Kucken, und – was noch wichtiger war – er gab ihm die Sicherheit, der Welt, wie sie sich auch zeigen würde, gewachsen zu sein. Mit den Augen von Mahlau war er in der Lage, in das große Durcheinander, das nach dem Krieg herrschte, einzutauchen und es in seinen drei oder vier wesentlichen Elementen so zu ordnen, daß er sich ein Bild davon machen konnte. Das war eine Orientierungshilfe nur vom Auge aus. Eine größere Hilfe konnte ihm nicht in dieser Zeit werden, in der ganze Straßenzüge in

Alfred Mahlau (1894–1967)

Schutt und Asche lagen, Hafenkräne umgestürzt, Eisenbahngleise ineinander verknäult waren und das Leben sich wildwüchsig nach allen Seiten neu organisierte.
Mahlau schickte seine Schüler zum Zeichnen in die zerbombte Stadt. Er verpflichtete sie nicht, die Ruinen im Bild festzuhalten. Aber er ließ sie doch spüren, daß er eine Vorliebe für das Ungeordnete und Gegenstrebige hatte – für das Gewirr elektrischer Oberleitungen am Hauptbahnhof oder für das verschachtelte Gestänge einer Brückenkonstruktion[3] oder für die schwierige Optik eines sich schräg in den Elbgrund bohrenden Schiffswracks. Die Unübersichtlichkeit war mit leichter Hand zu entflechten und das Hinter- und Nebeneinander auf dem Papier so auszubalancieren, daß in dem Chaos wenigstens für das Auge eine wohltuende Entspannung eintrat. In seinen eigenen Aquarellen und Zeichnungen versuchte Mahlau immer wieder, die in ihre einzelnen Elemente auseinandertretende Welt – eine Kiste voll keimender Blumenzwiebeln oder eine sich in lauter Steine, Winkel und Wände auflösende Architektur – im Gleichgewicht zu halten. Es war ein unmittelbar durch das Auge gestifteter Ordnungssinn, der Alfred Mahlau zu allen Gegenständen seiner Kunst in das ausgewogenste Verhältnis brachte.

Er wurde 1894 in Berlin geboren und ist 1967 in Hamburg gestorben. Weit über Lübeck hinaus, wo er zu arbeiten anfing, erwarb er sich den größten Ruf mit einer einprägsamen und monumentalen Plakatgestaltung, die er in den Dienst der Werbung für die „Nordische Woche" oder den Ostseehafen, für die Schiffahrt oder das Lübecker Marzipan stellte.[4] Auf diesem Gebiet angewandter Kunst hat er vorbildliche Leistungen vollbracht, deren sachbezogene, strenge Formensprache er als freier Grafiker mit zarten und luftigen Aquarellen auspendelte. Auch in diesen anmutigen Gebilden suchte er einen Ausgleich, diesmal zwischen der „nahen" und der „weiten Welt". Er war in seinen Arbeiten gegenständlich geblieben in einer Zeit, in der die hinter die deutschen Grenzen verbannte Avantgarde wieder ins Land zurückkehrte und einen neuen Aufbruch versprach.

Ohne ein Weltbild vor sich herzutragen, war Alfred Mahlau die Contenance und das Maß in Person. Das verschaffte nicht nur einen Halt gegen die Nachkriegswirren, es half auch gegen die vielen verschiedenen Kunstströmungen, die sich nach zwölf Jahren Nationalsozialismus machtvoll zurückmeldeten und die Schülerschaft der Landeskunstschule regelrecht in eine Klassengesellschaft teilten. Die Hartmann, Tietze, Marcks, Grimm verfolgten jeweils eine Richtung. Sie vertraten – auf moderate Weise – „ihre" Kunst, der die Schüler um so lieber anhingen, als damit auch Spielarten der Weltkunst wie Kubismus, russische Avantgarde oder Surrealismus wieder zugelassen waren. Alle suchten Anschluß an die internationale Szene. Bei Mahlau genügte es, wenn einer vom Auge ausging und „sehen" konnte.

Obwohl es immer hieß: „Zeichne einfach, was du siehst" und obwohl es auch in den „Farbtreffübungen" nur um das Auge und den Gegenstand ging – die ganze Klasse „mahlauerte". Im nachhinein ist es deutlich zu erkennen. Janssen konnte das auch. Besonders wenn er in den von Erich Lüth ab 1949 herausgegebenen Heften *Neues Hamburg*[5] seine ersten Bilder veröffentlichte, wurden solche Arbeiten von ihm ausgewählt, in denen er seinem Lehrer auffällig nahesteht. Der Blick vom Hamburger Michel herunter zerlegt das Stadt- und Hafenbild zu seinen Füßen in ein pittoreskes Gewimmel kleinteiliger Bauten, Fahr- und Wasserstraßen. Das engmaschige Netz, mit dem Mahlau alle seine Motive auffing und über die Fläche spannte, diente auch Janssen dazu, einen Autofriedhof oder die gegenstrebige Stahlkonstruktion eines Schiffsanlegers zur Darstellung zu bringen.[6] Er übertraf seine mahlauernden Mitschüler nur darin, daß er das Chaos besser organisieren konnte und sogar in der perspektivischen Tiefenstaffelung den Eindruck wahrte, das Durcheinander sei heillos.

Janssen 1951. Werbung für BP Deutschland.
Aus: *Neues Hamburg. Zeugnisse vom Wiederaufbau der Stadt IV.* Hrsg. von Erich Lüth 1951

Janssen beherrschte das, ohne dabei stehenzubleiben. Und das von Anfang an. Die Monumentalisierung, die er später seinem verehrten Lehrer angedeihen ließ, kann nicht darüber hinwegtäuschen, daß er auch immer über Mahlau hinaus war. Wenn er nicht unter seinen Augen arbeitete, setzte er sich schon mal über ihn hinweg. Auf solchen abseits gelegenen Schauplätzen konnte er ihn sogar provozieren und ausgesprochen eigensinnig gegen das Gelernte vorgehen. Es brachte ihm Spaß, auch wieder zu verlernen. Ja, darin erkannte er sich oft besser wieder als in dem engen Rahmen, der ihm durch die Malklasse vorgegeben war. Deshalb hat er doch nie mit Mahlau gebrochen. Nichts charakterisiert den zurückhaltenden Pädagogen so wie die Freiheit, die er seinem Lieblingsschüler ließ; eine Freiheit, die diesen über sich hinaustrug – dorthin, wo er sonst nicht hingefunden hätte. Alles war Mahlau, jedoch nie Mahlau genug. Janssen wollte schon damals auf die Rückendeckung genauso wenig verzichten wie auf die Provokation – darauf, die Grenzen auf die Probe zu stellen und gelegentlich darüber hinauszuschießen. Das freie Verhältnis, das er Jahrzehnte später zur *Kopie* gewinnen sollte – unter Mahlau hat er es eingeübt und gelebt.

Noch vor dem Eintritt in die Kunstschule hatte der locker gesetzte Pinselstrich à la Leibl die akkurate Zeichnung verdrängt. Die mit wenigen Schlägen rasch aufs Papier geworfene Skizze eines *Zickleins*[7] oder eines geigespielenden Virtuosen lebt aus dem Moment heraus. Abbreviatur und Schnappschuß in einem. Die physiognomisierende Linie, die mit einer einzigen Gebärde den Charakter eines Tieres einfängt[8] – spontaner, treffender als jede Feinzeichnung es vermocht hätte –, war eine besondere Begabung, die bei den zahlreichen Besuchen zum Zuge kam, die die Malklasse in Hagenbecks Tierpark machte.
Janssen spielte dieses Talent aber auch außerhalb der Schule weiter: in den vielen Bildergeschichten, in denen er um Verständnis für seine Person warb. Er schlüpfte in die Gestalt eines Tieres, verteilte die übrigen Rollen, und schon konnte er zur Aufführung bringen, was sich anders nicht als in der Verkleidung einer solchen Tiergeschichte hätte aussprechen lassen.[9] Besonders im Haushalt von Fritz Gutsche war er gezwungen, viele Umwege zu nehmen. Er war seiner Mitschülerin Francis 1947 nach Bergedorf gefolgt. Malen war dort ein geselliges Vergnügen. Man porträtierte sich gegenseitig, und die Unterhaltung lieferte immer neuen Stoff zum Zeichnen. Als sich Janssen, der eh schon in die zierliche Francis verliebt war, dann zur Schwester hingezogen fühlte, war das Malen ein Gesellschaftsspiel voller Signale. In aller Unschuld probte man Hase und Igel auf dem Papier und ließ den Pudel, den Bären, den Tiger tanzen, bis es eines überraschenden Tages ernst geworden war. Gabriele Gutsche machte den Achtzehnjährigen zu ihrem Geliebten. Das Verhältnis wurde von dem Ehemann entdeckt, gar ein Kind – der Sohn Clemens – geboren, aber das Versteckspiel ging weiter. Wäre Janssen nicht längst in die Rolle eines Pudels oder eines Tigers[10] hineingeschlüpft – er hätte solche Maskeraden erfinden müssen. Man hatte sich so daran gewöhnt, daß die Zeichnung ein Vehikel der Mitteilung war, familienöffentlich und heimlich zugleich, daß es am klügsten schien weiterzumalen. Das gemeinsame Zeichnen blieb noch lange der äußere Anlaß, sich ein über das andere Mal zu treffen. Was dem fordernden, leidenschaftlichen Jüngling vorzuwerfen gewesen wäre, konnte man dem drolligen Bären mit seinem artigen Kratzfuß nicht übelnehmen.

Das erzählende Zeichnen gehörte nicht in die Klasse, war aber aus einer Situation heraus entstanden, die zwingender als alles Schulische war. Not macht erfinderisch. Als er unbedingt der hinreißenden Judith Claassen aus der Nachbarklasse gefallen wollte, bastelte Janssen aus vierzehn bemalten Postkarten 1948 ein Büchlein zurecht: *Freitag 14. Mai.*[11] Darin drehte sich alles um

Babusch, wie er Judith nannte. Ihr machte er das Buch zum Geschenk – statt eines Blumenstraußes zu Pfingsten. Um nicht so aufdringlich zu erscheinen, gab er sich in den einzelnen aquarellierten Zeichnungen betont kunstlos. Sie sehen aus wie die Kritzelei eines jungen Mannes, der nie eine Kunstschule von innen gesehen hat – der alles, nur kein Künstler ist. Aber ein übersprudelndes Herz hat er, eines, das von einer gewissen Babusch so völlig eingenommen ist, daß er zwanghaft ihren Namen buchstabieren muß und von ihrer exotischen Herkunft phantasiert, doch ohne jedes künstlerische Kalkül.

Diese Kunstlosigkeit aus Prinzip ist eine Attitüde, die Janssen erstaunlich gut beherrscht. Sie setzt allerhand voraus: den Mut, über Bord zu werfen, was wie Kunst aussehen könnte. Also Mut zum Verlernen und Vergessen. Gedeckt ist das durch die Situation, durch ein zur Mitteilung drängendes Bedürfnis, das keine Krakelei, kein Klischee, kein Gekleckse scheut, nur um sich Erleichterung zu verschaffen. So einer muß sich ein Bild von dem Mädchen machen, auch wenn er nicht über die passenden Mittel verfügt. In der Situation ist alles erlaubt: Judith verwandelt sich in eine unbeholfen aus dunklen Strichen geformte Haarkapuze. Janssen spielt virtuos auf dieser Klaviatur.

Auf jeder Seite dieses kleinen Buches wird Mahlau mehr als einmal verraten. Aber mehr als alles andere ist dieses Büchlein Mahlau. Es ist seine Ästhetik, die das herrlich geschluderte Durcheinander immer wieder ins Gleichgewicht bringt. Es ist seine Aufteilung der Fläche, seine Art, Akzente zu setzen und die Gewichte zu verteilen. Es ist sogar seine Art zu erzählen – nämlich betont undramatisch und ohne Höhepunkt. Nur daß Janssen mit dieser von ihm verinnerlichten Ästhetik über alles hinausgeht, was Mahlau seiner Kunst je zugemutet hätte.

Freitag 14. Mai ist wie ein Prospekt, der schon 1948 den ganzen Janssen zeigt – alles, was er einmal richtig beherrschen wollte: Malen und Schreiben – wie in einem Zug. Überaus gekonnt war schon damals, wie er es verstand, sich betont kunstlos zu geben. Alle Möglichkeiten, die daraus folgen, hatte er sofort begriffen und auch nicht wieder aus dem Gedächtnis verloren. Am Ende der 50er Jahre, als er mit seinen ersten großen Radierungen der „Neuen Figuration" auf den Weg geholfen hatte und dieser Erfolg nicht so leicht zu wiederholen war, wollte er abermals einen Anfang machen. Er ließ sich zurückfallen – dorthin, wo wir alle ohne den Anspruch, Kunst zu schaffen, automatisch und wie unter einem geheimen Zwang zu zeichnen beginnen. In der Telefonkritzelei bringen wir, den Hörer am Kopf, mit der freien Hand auf einem Stück Papier ein paar Krakeleien unter. Dieser Anfang war dann schon ein klug kalkulierter Anfang. Denn das hatte er inzwischen an sich selbst erfahren:

Immer wieder war eine Situation neu zu schaffen, in der er zeichnen mußte – wie einer, um nicht zu ersticken, atmen muß. Aus solchen Situationen entspringt eine Motivation, die geradewegs zum Handeln anstiftet und seiner Kunst eine Qualität gibt, die durch nichts anderes zu ersetzen ist. Das ist es denn auch, was über Mahlau hinausgeht, der – wie Janssen beschrieben hat[12] – in seinem weißgetünchten Zimmer saß, mit wenig Mobiliar und ohne Bilder an den Wänden, um sich möglichst voraussetzungslos in ein ausgeglichenes Verhältnis zu den Gegenständen auf seinem Schreibtisch zu bringen. Janssen sollte – je später desto heftiger – ein ganzes Leben um die Zeichnung herum organisieren; ein Leben, das ihn immer wieder bis an den Rand der Erschöpfung brachte. Aus solchen Bedrängnissen konnte ihn nur das Zeichnen retten.

Situationen, die zwanglos und spielerisch zum Malen hinführten, gab es damals während und neben der Schulzeit viele. Es mußte nicht Judith sein, die ihn zu Feder und Tusche greifen ließ. Janssen suchte solche Gelegenheiten, die zu geselligem Zeichnen anregten. In der Zeit entstanden die Frauenbildnisse, die wieder ans Licht kamen, als Janssen 1988 die Werkübersicht zu diesem Thema zusammenstellte.[13] Francis, Gabriele, ein Au-pair-Mädchen aus dem Bergedorfer Haushalt und immer wieder Judith sind die Hauptakteure dieser frühen, meist den Halbakt ins Bild rückenden Porträtkunst. Es sind sehr freie, häufig mit Deckweiß untermischte Aquarelle. Die immer nur kurz ausgezogenen Pinselstriche ersetzen die Zeichnung und sind so über das Blatt verteilt, daß sich, ohne im ganzen Porträtähnlichkeit zu suchen, eine charakteristische Haltung, eine typische Stellung des Kopfes oder der Schultern ergeben. Schmierereien, die durch das Übereinanderlegen von Farben entstehen, werden nicht unterdrückt, sondern ausgependelt durch an anderer Stelle genau gesehene Einzelzüge. Das alles ist Mahlau und ist nicht Mahlau. Das Porträt ist an sich kein Feld, auf dem er besonders hervorgetreten wäre. Deshalb war es auch nicht durch den Lehrer besetzt. Auf der anderen Seite zeichnete man sich in der Klasse oft gegenseitig, weshalb es viele Studien von weiblicher Hand gibt, die den schüchternen, unbedarften Jungen zeigen, als er frisch in die Mahlau-Klasse kam. Mit seinen Bildnissen hat Janssen die Frauen umworben, die er mochte. Vor allem war es eine Gelegenheit, Mittel auszuprobieren, mit denen er sich wohl kaum bei seinem Lehrer für das „Bild der Woche" angestellt hätte. Wenn er sich damit gleichwohl nicht weit von Mahlau entfernte, so liegt es daran, daß er auch bei diesen frühen Bildnissen vom Auge ausgeht und sich überhaupt nicht darum zu kümmern scheint, ob das auch mit einem vor-

Mit und ohne Mahlau 63

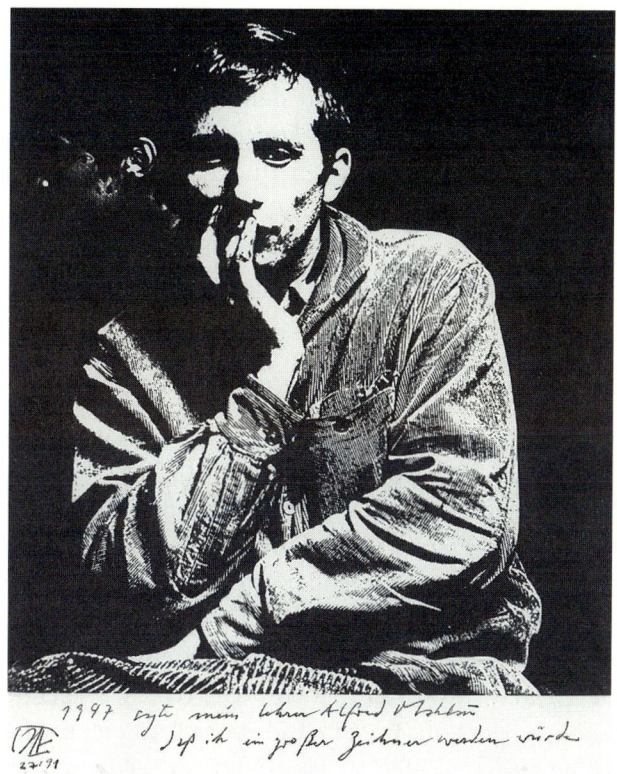

„1947 sagte mein Lehrer Alfred Mahlau, daß ich ein großer Zeichner werden würde".
Fotokopie untertitelt

gefaßten Begriff von Kunst übereinstimmt. Es ist die Situation des gesellig-spontanen Malens mit all ihren Augenblicksbezügen, die den Gedanken an Kunst nicht aufkommen läßt. Dieses unvoreingenommene Sehen ist gleichsam die lange Leine, an der Mahlau seinen Schüler auch dann noch führte, wenn die Schule am Lerchenfeld weit weg war.
Das läßt sich auch an den Landschaften beobachten.[14] Wo sie sich über Mahlau und seine kleinteilige Äquilibristik souverän hinwegsetzen, in den breit hingestrichenen Aquarellfarben und in dem rhythmischen Gekleckse – immer kommt Janssen vom Auge her. Das Auge ermächtigt ihn, auch gegen seinen Lehrer so zu tuschen, daß auf dem Papier Grün auf Grün, Weiß auf Weiß zu stehen kommt. Die Farbigkeit ist damals schon viel reicher ausgeprägt, als noch Jahrzehnte später die in Schwarz und Weiß gehaltene Grafik ahnen läßt. Ein Zug ins Malerische bahnt sich bereits an, der sich anders, als es Mahlau je möglich gewesen wäre, gegenüber der Zeichnung verselbständigen und beson-

ders in den letzten Lebensjahren ein eigenes Gegengewicht bilden wird. Das Auge ist das A und O all dieser über den engeren Schulrahmen hinausgehenden Exkursionen und gleichbedeutend damit, daß Kunst zu vermeiden ist. Das war aber wiederum einer der zentralen Lehrsätze von Mahlau, womit Janssen erneut bei seinem Lehrer jenen Rückhalt gefunden hätte, den er so brauchte. Wenn alle wußten, was Kunst ist – all die Schüler aus den Nachbarklassen –, er wußte es nicht und brauchte es auch nicht zu wissen. Es gab ja Mahlau, der das Primat des Auges sanktioniert hatte.

Kunstlosigkeit ist eine Attitüde, und darauf verstand sich Janssen besser als jeder andere, als nach dem Krieg die verschiedenen Ismen und besonders die gevierteilten Tonkrüge und Gitarren ins Land zogen und die um internationalen Anschluß ringende deutsche Kunstszene eroberten. Was er machte, sollte schon deshalb nicht wie Kunst aussehen, weil dieses Terrain von den Nachfolgern der Braques und Juan Gris besetzt war. Janssen wollte lieber durch eine Situation gedeckt sein, in der er zeichnen mußte. Er wollte gefallen – und das in jedem Kreis, zu dem er sich hingezogen fühlte. Am besten, er konnte sich eines starken Eindrucks gar nicht anders als mit einer Zeichnung erwehren. Das war seine Art zu antworten. Auch wenn er in Hagenbecks Tierpark ging, malte er keine Tiere ab. Er verwandelte sich in einen Affen, und wenn ein Affe die Nähe anderer Affen suchte, dann war er dieser Affe, und wenn einer sich abseits hielt und für sich allein hockte, dann war er das auch.[15] Ob das mit Kunst zu tun hatte – daran verschwendete man am besten keinen Gedanken.

Was wir hier mit Worten umkreisen, hat Janssen 1986 in einem Essay beschrieben, der die Form des Bildungsromans parodiert und den Titel trägt: *Der ausgedachte Schüler*.[16] Der Schüler, den Janssen sich ausdenkt, um ihn zu belehren, ist niemand anderes als er selbst, wie er von seinem Lehrer Alfred Mahlau in die Kunst eingeführt wird. Kunst ist womöglich das, was der Schüler will. Er will ja Künstler werden. Nun heißt es aber ausdrücklich, diesen seinen Willen soll der „Schüler" solange wie möglich aus seinen Arbeiten heraushalten. Er soll sich nur seinem Talent überlassen. Das Talent besteht gerade darin, daß es sich von allem ansprechen läßt. Es ist absichtslos und hat vorerst gar nichts zu wollen. Es läßt sich einfach von der Welt verführen, die es – buchstäblich – vor Augen hat.

An anderer Stelle – der Schüler heißt dort *Der kleine Künstler* – wird Janssen sagen: „Ein solcher Mensch musiziert nicht, falls er musiziert – ein solcher Mensch IST Musik. Ein solcher zeichnet nicht, falls er zeichnet – er IST Zeichnung."¹⁷ In solchen Sätzen erinnert sich Janssen an seine eigenen Anfänge unter Alfred Mahlau. Natürlich ist das eine Stilisierung seiner Schülerrolle in didaktischer Absicht – mit einem Schuß Selbstironie. Aber soviel ist richtig: Mahlau hat ihn sehen gelehrt. Er hat ihn angehalten, erst zu kucken. Er hat dem Auge uneingeschränkt den Vorrang gegeben und Janssen davor bewahrt, gleich mit Kunst anzufangen. Das hat ihn gegen Kunst vorläufig immun gemacht. Jedenfalls hat sein Schüler diese Lehre daraus gezogen, und es hat ihm eigentümlich den Rücken gestärkt gegen alles, was als Kunst daherkam – besonders unter dem Banner einer neu zurückzugewinnenden Internationalität. Es hat Janssen aber auch über seinen Lehrer hinausgeführt, der sich zum Malen gewöhnlich in sein weißes Arbeitszimmer am Lerchenfeld zurückzog, wenn er sich nicht draußen in der Landschaft ein Passepartout vor Augen führte, um den passenden Ausschnitt zu finden. Sein Schüler hatte früh begriffen, daß sich Kunst am besten vermeiden ließ, wenn sie sich aus einer Situation heraus ereignete, wenn sie einem zustieß. Anders als sein Lehrer würde er sein Leben und seine Biographie da nicht heraushalten. Das Zeichnen war ihm die Fortsetzung der Unterhaltung mit anderen Mitteln und zugleich mehr als bloß Unterhaltung. Denn wie schnell es ernst werden konnte, hatte er erst mit Gabriele und dann mit Judith erfahren.

Da Janssen auf jeden Fall vom Auge ausging und sich auch vom Auge verführen ließ, erfolgten alle Grenzüberschreitungen im Namen des Lehrers. Alles war Mahlau; er schöpfte nur aus, was durch jenen möglich geworden war. Er war leidenschaftlich Schüler; eine Rolle, die er noch einmal und ungleich freier an sich ziehen sollte, als er zwanzig Jahre später in das *Zeichnen nach der Natur* und in die *Kopie* aufbrach. Daß sich beides ergänzen sollte und nicht etwa widersprach – Natur *und* Kunst, Landschaft *und* Kopie –, das hat seinen tieferen Grund in Mahlau. Wie mit einem geliebten Lehrer umzugehen war – wie er sich da hineinfinden und auch darüber hinausgehen konnte –, das hat er unter Alfred Mahlau gelernt.

Es sollte aber noch zwei Jahrzehnte dauern. Solange lag das auf Eis. Solange hat er nicht in vollem Umfang realisiert, was in Mahlau steckte und was mit ihm anzufangen wäre. Es war da, aber erst noch zu entwickeln. Statt dessen hatte er einem anderen Janssen den Vortritt gelassen – einem Janssen, der auch seine Wurzeln in der Schulzeit hat, der aber über die Mauern zwischen den Klassen hinwegschauen mußte, um dort zu lernen, was er ebenso dringend brauchte. Merkwürdigerweise wurden in der Klasse für freie und angewandte Grafik, die Mahlau leitete, keine im engeren Sinne grafischen Techniken

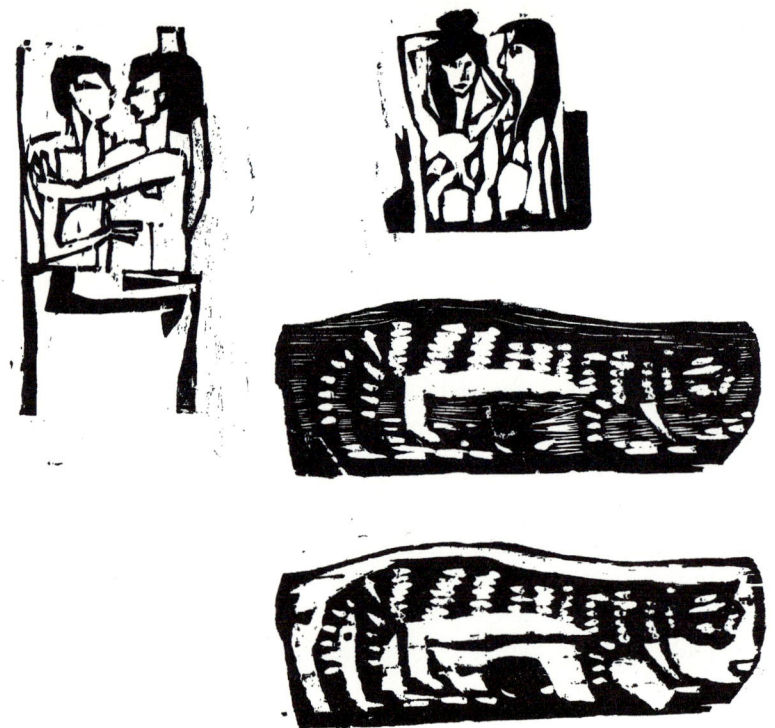
Frühe Holzschnitte 1950/51. *Paare. Katze* mit weiter gearbeitetem Zustand

unterrichtet. Von Mahlau ist sogar die gutgemeinte Warnung überliefert: „Fangen Sie bloß nicht mit Druckgrafik an. Das sieht immer gut aus!" So überließ er es seinem Schüler, sich bei Willem Grimm umzusehen und dort zu erkunden, wie eigentlich ein Holzschnitt herzustellen wäre. Der Holzschnitt hat Janssen auf Anhieb beflügelt. Es gibt von den frühen Holzschnitten um 1950 herum keinen, der mißlungen wäre oder auch nur langweilig. Mahlau wußte offenbar, wovon er sprach und daß es für seinen Schüler die stärkste Verführung darstellen würde.

Dabei ging es nicht um die Reproduzierbarkeit seiner Kunst, nicht um Auflagen und überhaupt nicht um Geld. Das zeigt seine Vorliebe für Monotypien, die in die gleiche Zeit Ende der 40er und Anfang der 50er Jahre fällt. Von der gewöhnlich mit Ruß vorbehandelten Glasscheibe wird immer nur *ein* Abdruck gezogen. Die Monotypie macht weniger Umstände, ist schneller herzustellen und sprengt auch nicht den geselligen Rahmen, den Janssen damals so gern um seine Arbeit zog. Deshalb sind die meisten Monotypien in dem Haushalt von Gabriele Gutsche entstanden. Eine zeichnerische Begabung, wie sie Janssen besaß, versucht sich automatisch im freistehenden Strich. Da aber ein konturierendes, den menschlichen Körper im Umriß modulierendes Zeichnen von Mahlau nicht gelehrt wurde – zum Aktzeichnen besuchte man schon mal die Nachbarklasse –, standen solche Linien körperlos im Raum, und alles, was auf die Weise auf dem blanken Stück Papier zu stehen kam, war tot. Es fehlte das Volumen. Dafür sorgte die rußbeschichtete Scheibe Glas. Sie gibt den Ton, sie druckt den Körper mit, der nicht – das hatte Janssen sofort herausgefunden – mit dem der Darstellung übereinstimmen muß. Als hätte Schlemihl seinen Schatten wiedergefunden, entdeckt Janssen in der Monotypie die Zeichnung aus dem Umriß, die ohne die mitdruckenden Schwärzen bloß dürftig dagestanden hätte. Selbst wenn er sich auf den kunstlosen Schlenker einläßt und den weiblichen Körper aus nichts als umeinander herumkurvenden Schlangenlinien entstehen läßt – die Monotypie macht daraus ein Bild.[18] Erst recht, wenn mit dem Pinsel nachgeholfen wird. Das beste Beispiel sind zwölf aquarellierte Monotypien von 1947.[19] Mahlau hat es geahnt: Es sieht immer nach etwas aus! Endlich brauchte Janssen auch die Tiere, die er liebte, nicht mehr in Farbe zu verstecken wie den Pfau, er konnte sie im Umriß erfassen und sich mehr denn je in der physiognomisch treffenden Linie üben.[20] Den Körper schuf die Monotypie.

Das Spiel von Volumen und Zeichnung ist eigentlich die Domäne des Holzschnitts. Der Körper – das Material des Holzes ist so mächtig, daß darunter die Zeichnung regelrecht verkümmern kann. Es ist die hohe Stunde der Vereinfachung – der roh aus dem Holz geschnittenen Form, der rabiaten Verkürzung, des simplifizierenden Umrisses. Der Expressionismus hat daraus eine eigene Sprache entwickelt und der deutschen Kunst für diese Sternstunde Weltgeltung verschafft. Janssen ist mit der Entdeckung des Holzes sofort auf die Kirchner und Heckel, auf Nolde und Munch abgefahren. Aber er hat nicht eine durch den Zeitabstand verdünnte Fassung geliefert. Er hat *wie* Kirchner, *wie* Munch, *wie* Masereel in Holz geschnitten, ohne dabei halt zu machen. Es gibt zwei Zustände einer Katze,[21] die zeigen, wie Janssen – ganz im Sinne seiner Vorbilder – das Volumen erspürt hat und sich vom Holz inspirieren ließ. In dem ersten Zustand gibt es nur die Binnenzeichnung – das getigerte Fell. Den Umriß der Katze bildet mit einer buckelartigen Wölbung das Stück Holz nach. Erst in dem zweiten Zustand wird der Umriß ausgehoben, womit jeder andere zu Zeiten des schon halb in Vergessenheit geratenen Originals begonnen hätte.

Der Holzschnitt bindet die Linie an eine Körperlichkeit zurück, die weniger von der Anatomie als vom Material, vom kernigen Holzstock, bestimmt wird.

In gegeneinander bewegliche Felder unterteilt, spannt sich die Darstellung über die Fläche. Innere und äußere Form wechseln einander ab und bringen einen urtümlichen Rhythmus hervor, der in den frühesten Drucken von archaischer Gewalt ist und später auch erzählende Elemente aufnimmt. Ohne lästiges Experimentieren hat Janssen das alles sogleich heraus. Er hat einen Nerv dafür. Unter seinen Händen entfaltet das mitdruckende Holz schon 1950 eine Skala unterschiedlicher Töne. Negative und positive Form – er kann sofort damit spielen, und im Wechsel von Seiten- und Frontalansicht fliegt ihm auch schon das entsprechende Thema zu: Adam und Eva, Mann und Frau, er und Gabriele. Mit Mahlau hat das alles nichts, aber auch gar nichts zu tun.

Das Wichtigste ist: Am Ende seiner Schulzeit hat Janssen ein Gebiet betreten, auf dem er weiterarbeiten kann. Sein Weg in die Kunst führt über die Grafik, nicht über das Spiel der Farben, nicht über das Auge und das Kucken, nicht über Mahlau, der gerade seinen künstlerischen Zenit überschreitet, in immer längere Depressionen verfällt und für seine Zeichnungen nicht mehr die Spannkraft von früher aufzubringen vermag. Der Kontakt zu dem Lehrer bleibt bestehen, wie sich auch die Schulfreundschaften aus der Nachkriegszeit bis tief in die 50er Jahre frisch erhalten. Mahlau wird ihm zu seiner ersten Ausstellung gratulieren. Zeitlebens wird er bei seinem Schüler für die Ästhetik zuständig bleiben. Wenn es aber darum geht, den eigenen Weg zu finden, dann entwickelt sich der geborene Grafiker aus dem Medium heraus, das ihm gleich wie auf den Leib geschneidert scheint. Hier ist er nicht wie in den Auftragsarbeiten, die ihn meistens noch über seinen alten Lehrer erreichen, anfällig für Modisches. Hier ist er gefordert und konzentriert an der Arbeit. Er ist so in seinem Element, daß er sich gar nicht erinnern wird, gelernt zu haben. Die Schulzeit: Das ist Mahlau – Mahlau über alles. Es geht Janssen wie den meisten, wenn ihnen etwas in die Wiege gelegt ist und leicht fällt: Sie können – sie beherrschen es einfach. Kein Wort darüber, was ihm geschenkt ist.

In dem Sinne gehört das Grafische mit zu Janssens Grundausstattung. Aber das Kucken – sein „unverbildetes Kucken" – mußte er lernen. Es wird ein langer Weg dorthin sein. Erst zwanzig Jahre später wird er wieder – wie zu Anfang seiner Schulzeit – nach der Natur zeichnen. Er wird noch einmal bei Mahlau in die Lehre gehen, wenn dieser schon gestorben ist. Weil die Lektion so schwierig ist und ihn einen so langen Umweg kostete, wird er seinen Lehrer für das Gelernte in den Himmel heben. Mahlau wird die größte Karriere in den Schriften seines Lieblingsschülers machen.

Die Entwicklung vollzieht sich vorläufig in der Grafik. Hier lassen sich die Entdeckungen schrittweise zurückverfolgen. Seit seinem Verhältnis mit Gabriele Gutsche, erst recht seit Sohn Clemens dort in der Familie aufwächst, ist die Gesellschaft für Janssen ein Thema. Die Gesellschaft weiß nicht, daß er der Vater ist. Sie soll es nicht wissen und auch nicht, daß nach der Geburt des Kindes das außereheliche Verhältnis weiterbesteht. Die Gesellschaft hat tausend Augen, aber sie ist auch blind. Der damals vielgelesene spanische Kulturphilosoph Ortega y Gasset redet von der Masse. Wer nicht in der Masse untergehen will, muß sich behaupten. Sie kann aber auch in die Vereinzelung treiben. Die Gesellschaft trennt und bindet. Sie bietet Schutz und weist Rollen zu, spricht aber auch schuldig. Nichts ist zwiespältiger als die Gesellschaft.
Als Janssen auf einem der Klassenausflüge wieder einmal in Hagenbecks Tierpark war, zeichnete er Affen. Affen bilden Gruppen, aus denen sich immer wieder einzelne Affen herauslösen. Das faszinierte ihn. Für die in Gruppen zusammenhockenden Affen erfand er ein Verfahren, das nicht jeden Körper einzeln hervorhob, sondern deutlich machte, daß es *ein* Körper mit mehreren Gesichtern war – die Gruppe. Je mehr die vielen umeinander herum waren, desto mehr stach ein einzelner davon ab. Solche Blätter zeichnete er 1947.[22] Seitdem kehrt dieses Thema immer wieder. 1950 steckte er seine Affen in Anzüge. *Affen im Frack* heißt ein Linolschnitt,[23] in dem er die immer gleichen Gesichter mit Stempeln eintrug. Diese Szenerie verlegte er 1951 in ein Restaurant. Hamburg hatte damals noch ein chinesisches Viertel. Das Restaurant hieß „Pazific", und so sind es lauter schlitzäugige Chinesen, die um einen Tisch herum sitzen.[24] Zwei solche Tische, mit Chinesen vollbesetzt, schnitt er 1953 in Holz.[25] Der Gang zwischen den Tischen trennt die Gruppen. Ins Leere greifende Hände versuchen, den Abstand zu überwinden. Solche getrennten Gruppen hatte er schon früher auf einem Holzschnitt plaziert.[26] Dort, wo der Gang die Gruppen spaltet, wird er einen Redner hinstellen. *Der Redner* gehört zu jenen Zweiplattendrucken, mit denen Janssen 1961 eine zweite Serie von Farbholzschnitten auflegen wird.
Der Redner von 1961, der seine Zuhörerschaft in zwei Fraktionen teilt, ist die späte Fassung eines Themas, das Janssen anderthalb Jahrzehnte auf den Nägeln brannte: der einzelne und die Gesellschaft. Als seine Beziehung zu Gabriele von dem sehr viel älteren Ehemann entdeckt wurde, war das Verhältnis Ende der 40er Jahre gesellschaftlich nicht akzeptabel. Der alte Gutsche hätte sich wohl arrangiert, wie auch Fontane seiner Effi Briest nichts nachgetragen hätte. Aber unmöglich durfte es öffentlich werden. Das ungleiche Liebespaar sollte sich trennen. *Paar vor den Menschen* heißen zwei Holz-

Versammlung, Holzschnitt 1950/51 (33,5 x 35,4 cm)
Pazific, Holzschnitt 1953 (33,8 x 50,3 cm)

Redner vor Backsteinmauer, Farbholzschnitt von zwei Platten 1961 (47 x 63,5 cm)

schnitte,[27] die aus jenen Tagen stammen. Mann und Frau werden auseinandergerissen von einer in dunkle Anzüge gehüllten Gesellschaft, die wie eine drohende Kulisse die in ihrer Nacktheit vereinsamten Liebenden hinterfängt. Vollends untragbar wurde das Verhältnis, als im September 1950 Sohn Clemens zur Welt kam. Das Kind bringt auf dem Holzschnitt des gleichen Jahres das Paar auseinander. Es drängt sich förmlich dazwischen und schiebt die Liebenden auseinander – eine Rolle, die es dann auch in Kompositionen weiterspielt, die unter dem Titel *Späte Gesellschaft* als Zeichnungen und Lithographien – 1952, 1954 und 1956 – entstehen werden.[28] *Die Störende*[29] setzt dieses Thema 1958 in der Radierung fort.

In der Grafik hat Janssen Schritt für Schritt die Arbeit geleistet, die, wenn es nach ihm gegangen wäre, Talent gar nicht nötig gehabt hätte – so flüssig und erfindungsreich lief sie ihm aus der Hand. Die Grafik holte ihn auch wieder aus dem Loch heraus, als er schon darin gesessen hatte und abermals da hineinzugeraten drohte. Seine Verehrung gehörte zu allen Zeiten Mahlau, aber die Grafik war sein Rückhalt und seine Rettung. Bei aller Liebe zur Farbe und den schwelgerischen Reizen, die sich dem Auge bieten, war Janssen analytisch genug, seine Chance in dem strengeren Medium der Grafik zu suchen. Mahlau sollte noch für viele Jahre eine unerfüllte Sehnsucht bleiben. Als sich Janssen endlich mit der Hand bis dahin vorgearbeitet hatte, wo er sich ganz dem Auge überlassen konnte, war er um so glücklicher, am Ziel seines Weges Alfred Mahlau wiederzuentdecken. Dem inzwischen Verstorbenen setzte er ein Denkmal. Am liebsten wollte er ihm alles verdanken, was aus ihm geworden war. Aber der Sieg hat viele Väter – nicht nur Mahlau. Und zu allererst war es eine auch von seinem Lehrer nicht zu unterdrückende grafische Begabung, die Janssen zum Durchbruch verhalf. Das wußte er auch selbst. Nur wollte er nicht davon lassen, seine Erfolge dem „Glücksfall Mahlau" zuzuschreiben – und natürlich seinem geliebten Tantchen, die den Pförtner mit einem Korb Obst bestochen hatte, damit der allzu junge Bewerber seine Arbeiten dem Lehrer auf der Kunstschule überhaupt vorlegen durfte. Wenn es schon nicht einfach ist, den eigenen Vater nie gesehen zu haben, wieviel schwerer ist es, auch noch darauf zu verzichten, den verehrten Lehrer die Rolle des Vaters spielen zu lassen.

Mahlau blieb immer gegenwärtig. So oft Janssen in späteren Jahren eine Zeichnung beenden sollte, richtete er sich unmerklich im Stuhl auf und, den Kopf leicht zur Seite geneigt, kehrte er mit einem letzten prüfenden Blick auf das Papier zurück: Wie sind die Gewichte verteilt? Mahlau war sein ästhetisches Gewissen. Mit Mahlau kämpfte er auch gegen die Ignoranz der Zeitgenossen: „Ein Schieferdach kann atmosphärisch zum grauleuchtenden Abendhimmel aufschließen. Hinter einem blühenden Kirschbaum erscheint das Fugenwerk eines Backsteinhauses von gleicher Konsistenz: weiß getupft." Das seien die Lehren von Mahlau gewesen. Nur – heute könne das keiner mehr nachvollziehen: kein Maler, kein Kritiker. Deshalb sei alles umsonst. Auch was er mache – „umsonst!" –, meinte Janssen gegen Ende seines Lebens mit einer der vielen Stimmen, die aus ihm sprachen.

Wie bei allen Söhnen wächst die Sympathie für den Vater mit der Einsicht, daß dieser eigentlich der tragische Fall sei, der sich in ihm – dem Sohn – nicht wiederholen soll. Um keinen Preis wollte Janssen am Ende wie Mahlau dastehen: mit eingetrübtem Horizont und ohne den verdienten Respekt für seine Lebensleistung. Das hat er geschafft und gerade in der Aufmerksamkeit, die er immer für seine Kunst und seine Person zu erregen vermochte, den Lehrer weit übertroffen. Janssen wirbelte ungleich mehr Leben auf, um sein großes Werk zu vollbringen. Wenn er im Sturm die Richtung zu verlieren drohte, war Mahlau der Kompaß.

Die Krise, die seinem ersten Auftreten als selbständiger Künstler vorausging, war kein einstürzendes Weltgebäude, kein Verlust der Mitte, nicht die unbewältigte Vergangenheit – es war das Gefängnis, das ihm drohte. Das Gefängnis war mehr als eine Metapher, auch wenn Janssen sich immer schon in eine kaum zu bändigende innere Unruhe eingesperrt sah. Sein leicht erregbares Naturell stiftete ihn zu jedem nur erdenklichen Unfug an. Da er als vorbestraft galt, konnte er aufgrund eines Ausrutschers, wegen jeder Ordnungswidrigkeit, hinter Gitter kommen. Aus diesem drohenden Verhängnis gab es keine Erlösung, es sei denn, er entschloß sich, einen ordentlichen Anfang zu machen. Das geschah in der Ehe mit Marie – mit dem Farbholzschnitt ab 1956.
Ausschlaggebend war, daß gerade niemand wie er in Holz schnitt und daß er sich darin auskannte, früher schon erfolgreich war und inzwischen viel gelernt hatte. Auch gab ihm das urige Material eine Sicherheit, die er für seine Person um so mehr brauchte, als er nach wie vor ein lang aufgeschossener, schmalgliedriger Jüngling mit eingebogenen Schultern war, der es auf der Brust zu haben schien. Das Holz würde ihm eine urwüchsige und einnehmende Körperlichkeit verleihen, die er selbst nicht besaß.
Sicherheit kam ihm aber auch aus einem Namen, der damals in der Kunstszene viel genannt wurde und heute mehr oder weniger vergessen ist: Ben Shahn. Der amerikanische Künstler machte ihm vor, wie aus Backsteinen ein beweglicher Hintergrund zu schaffen sei – ein tragendes Gerüst für die Geschichten, die er erzählen wollte: aus Oldenburg, der Warburgstraße, vom Hafen und aus dem Zoo. Um sicherzugehen, griff Janssen auf das Nächstliegende – auf Orte seiner Herkunft – zurück. Er wollte sich partout nicht in der Welt verlaufen, nicht die heimische Sprache gegen das neue Esperanto vertauschen und der Weltsprache des Informel folgen.
Dem Expressionismus verweigerte er sich in Form und Farbe, obwohl ihm Kirchner und Munch seinerzeit den Holzschnitt erschlossen hatten. Von den expressiven Verkürzungen, die er 1950 liebte, blieben nur solche, die unbefangen naiv waren – fast kunstlos, nur daß der scheinbar einfache Duktus nirgends verbergen konnte, daß hier ein Erzähltalent am Werk ist. Die Pointen sind allerdings bloß angedeutet – nie ausformuliert oder dramatisch zugespitzt. Aber gerade das gehört zu der gekonnt naiven Form des Vortrags, die er im Holzschnitt noch besser beherrschte als in der Lithographie. Die Vereinfachungen zielen nicht auf das Wesentliche, wie es der Expressionismus mit dem ihm eigenen Pathos beschworen hat. Sie sind genau beobachtet und fangen von sich aus zu reden an. Jeder andere müßte die Geschichten aus-

Oma und Opa, Farbholzschnitt von drei Platten 1957 (80 x 52 cm)

führlich erzählen, die in der mimetisch verknappten Figur eines Raben, eines Fuchses, eines Fußgängers unausgesprochen stecken.

Oft bildet die Fassade aus Backstein den Korpus, in dem die figürliche Szene eingebunden ist. Aus unverputztem Backstein waren die vielen Brandmauern, die nach dem Krieg überall zum Vorschein kamen, weil die Bomben große Lücken in die Häuserzeilen gerissen hatten. Aus Backstein waren öffentliche Gebäude der Stadt, vor allem auch das Untersuchungsgefängnis am Holstenglacis, das sich mit seinen Mauern und vergitterten Fenstern wie ein breites Band vom Dammtor bis zum Heiligengeistfeld hinzog. Das Backsteinmuster beherrschte in der Nachkriegszeit das Stadtbild. Das ineinandergeschachtelte Fugenwerk gab Janssen den Halt, den er für seine Geschichten brauchte – für die *Feuerwehrleute, Schlittschuhläufer, Nonnen* und sogar für die *Hühner* auf dem Hof.[30]

In seinen frühen Holzschnitten – aus der Zeit mit Gabriele Gutsche – waren es die Menschen, die wie eine Wand den Hintergrund bilden. Der einzelne trat daraus hervor: nackt, vereinsamt und bedrängt. Das Paar oder der einzelne *vor der Gesellschaft* war ein Thema, das Mitte der 50er Jahre wiederkehrte und auch in der Lithographie bis in die karnevalesken Aufzüge viele Variationen erfuhr. Grafisch übernimmt der Backstein in den Farbholzschnitten die Funktion, die einmal die „Menschenwand" innehatte. Die Menschen hören auf, wie Mauern dazustehen. *Oma und Opa,* die *Witwen, zwei Schwestern*[31] – sie können sich endlich in den großformatigen Platten zu selbständigen Figuren entfalten. Das ist die Geburtsstunde dessen, was später einmal die „Neue Figuration" heißen wird[32] und als eine der wenigen künstlerischen Innovationen von Hamburg ausging. Reinhard Drenkhahn, Georg Gresko, Paul Wunderlich waren in derselben Richtung tätig. Als im Zeichen der Abstraktion ein grenzenloser Internationalismus um sich griff, entdeckten sie die Figur neu und Janssen besonders die Geschichten, die sich damit erzählen ließen.

Natürlich hat er daran zuletzt gedacht, und erst recht wurden seine Holzschnitte nicht deshalb gekauft. Sie kosteten um die 50 Mark und machten ihn mit einem Schlag unabhängig von den Zuwendungen, die er immer noch von seiner Adoptivmutter erhielt, oder von Aufträgen, die nach wie vor Mahlau vermittelte. Die Holzschnitte gefielen wegen ihrer gedämpften und zuweilen malerischen Farbigkeit. Die Farbe steht griffig-porös, wie Samt, auf dem dunklen Untergrund. Das grafische Talent war unverkennbar. Wenn sich ein Muster wie in den Backsteinmauern zu wiederholen schien, wurde es durch eine nicht endende Folge ingeniöser Abwandlungen hindurchgeführt. Das schuf den Eindruck stupenden Fleißes. Darauf hatte es Janssen abgesehen, auch wenn er selbst von vielen Vereinfachungen Gebrauch machte. Wo eine dritte Platte nötig gewesen wäre, um eine zusätzliche Farbe einzuführen, benutzte er schon mal den Korken als Stempel, oder er schnitt kleine Dreiecke aus, die er dann einzeln auflegte. So kamen Abweichungen und Unterschiede zustande, die zusammen mit dem individuellen Handdruck dafür sorgten, daß gleichsam lauter Unikate von den Platten gezogen wurden. Den Clou bildete allerdings ein Verfahren, das Janssen schon früher dem alten Willem Grimm auf der Kunstschule abgeschaut hatte. Statt jeden Backstein einzeln aus dem Holz herauszuschneiden, was bei dem vielen Mauerwerk eine Heidenarbeit gewesen wäre, ging er umgekehrt vor: Auf einen schwarz vorgedruckten Grund legte er den eingefärbten Holzstock, aus dem er vorher nur die Fugen und das Motiv mit dem scharfen Messer ausgehoben hatte. Auch das war noch aufwendig genug. Es sollte überaus fleißig aussehen, und das ist Janssen gelungen. Damit reüssierte er. Wie er überhaupt das Handwerkliche vorschob, um sicher zu gehen, daß seine Geschichten aus Stadt und Land wenigstens von der Seite Anklang fanden.

Die großen Farbholzschnitte sind als ein Bollwerk gegen die Unsicherheit der voraufgegangenen Jahre entstanden. Sie bilden einen Damm gegen den Abgrund, in den er geblickt hat. Mit den Holzschnitten konnte er sich sehen lassen. Er stand mit seiner Person gleich ganz anders da. Rein körperlich machte er zwischen der ersten und zweiten Serie seiner Holzschnitte, zwischen 1956 und 1961, eine enorme Entwicklung. Alles Schlaksige, alles Schülerhafte in seiner Gestalt wich einer in sich gegründeten, kompakten Erscheinung. Er gewann förmlich an Statur. Die Schultern begannen sich zu spannen und bildeten einen mächtigen Schild gegen alle, die ihm bloß noch den Buckel herunterrutschen sollten. Selten ist einer mit seinem ersten Erfolg so sichtlich gewachsen. Die Unruhe in den feinnervigen Fingern trat hinter der geballten Konzentration zurück, die er zu verkörpern begann. Und gleich fing er an, für sich zu trommeln!

Drei solche Trommler schickte er als Plakat oder Einladung[33] seinen Ausstellungen in der Warburgstraße und in der Galerie für Moderne Kunst voraus, die der junge Hans Brockstedt 1956 in Hannover eröffnet hatte. Noch bevor Oskar Matzerat für Günter Grass die *Blechtrommel* zu rühren begann, trommelte Janssen für sich. Was für den einen die Danziger Herkunft ist, ist für den anderen Oldenburg. Beide gaben der Provinz den Vorzug und sind in ihren Schilderungen farbig und knorrig, mit einem Hang zur skurrilen Überzeichnung. Während jedoch bei Grass die Geschichten nie ganz aus dem Großschatten heraustraten, den Hitler immer noch warf, kämpfte Janssen mit einem über die Breit- und Längsseite seiner Holzstöcke bizarr gespannten Gitterwerk. Aus naheliegenden Gründen. Das sperrigste, undurchdringlichste Gitterwerk löste er in ein Spiel von Mustern und Formen auf. Das war sein Durchbruch als Künstler. Alfred Mahlau kam gratulieren. Sein Lieblingsschüler hatte den Weg nach draußen, er hatte die erste öffentliche Anerkennung gefunden, wenn auch mit anderen Mitteln, als er – Mahlau – gelehrt hatte.

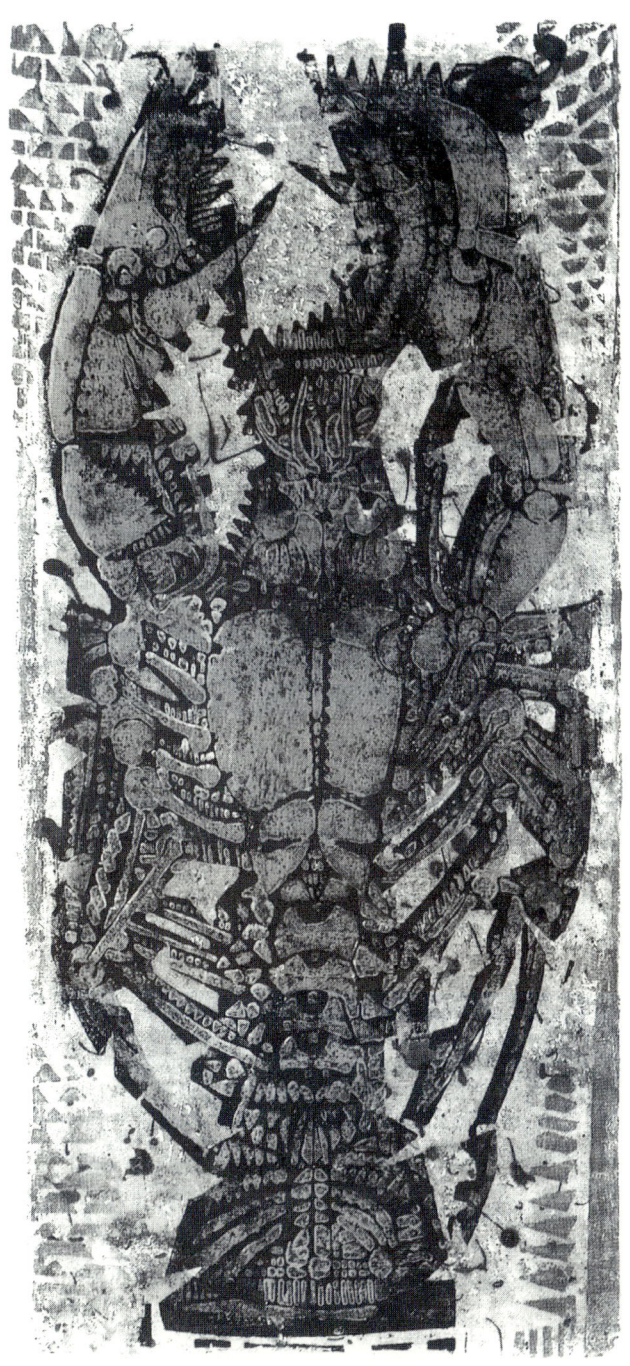

Großer Krebs, Farbholzschnitt von zwei Platten 1957 (80 x 36,5 cm)

Die 60er Jahre: Mimesis an das Medium

Zink und Säure waren für Janssen eine Befreiung. Als er das Radieren entdeckte, gab es kein Halten mehr. Alles, was er in den Aschaffenburger Lithos gesucht und nicht gefunden hat – plötzlich fügte es sich zu seinem Besten. Gleich die ersten tastenden Schritte wurden zur Vorgeschichte eines durchschlagenden Erfolgs. Da haben sich zwei gefunden, die zusammengehören: Janssen und die Radierung.
Paul Wunderlich hat die Verbindung gestiftet, die ein Leben lang halten sollte. Er leitete an der Kunstschule am Lerchenfeld eine Werkstatt für Grafik. In Janssens lithographischen Versuchen, die noch zu kontrastarm waren, um verkäuflich zu sein, sah er die schon geleistete Vorarbeit für das, was mit dem Säurebad und einer Tiefenätzung daraus zu machen wäre. Erst recht bestätigte ihn der Holzschnitt darin. Er führte Janssen in die Technik des Radierens ein und gab ohne viel Umstände auch seine handwerklichen Geheimnisse preis.[1] Obwohl die wenigen Lehrstunden, die nötig waren, in den Herbst fielen – bis dahin druckte Janssen die Bestellungen auf seine Holzschnitte aus –, wurden bis zum Jahresende 1957 schon siebzehn zum Teil aufwendig gearbeitete Radierungen fertig.
Im Figürlichen konnte Janssen an Erprobtes anschließen – an seine Lithographien und Holzschnitte. Das machte es leichter. Wie aus den von weiten Kapuzen umhüllten Nonnengesichtern seiner Holzschnitte abzulesen wäre, ist der figürliche Umriß frei – oft eine naiv in die Fläche gestellte Uniform. Erst die in parallelen Linien von unterschiedlicher Dichte gebündelten Schraffen lassen so etwas wie einen Körper mit an- und abschwellenden Partien entstehen. In den ersten Radierungen kehren die gleichen parallelen Schraffuren wieder, sind aber schon abwechslungs- und spannungsreicher. Was sie zu erzählen haben, entbinden physiognomische Details, die – als Auge, Nase, Mund – mittig gesetzt oder als viel zu kleines Gesichtchen pointiert an den Rand gedrückt sind. Janssen ist sogleich ein Meister der hinausgezögerten, durch unendliche Wiederholung gleichsam ins Muster eingesperrten Effekte. Keiner kann sich so wie er endlos wiederholen und daraus einen schier unerschöpflichen Vorrat abgewandelter Formen entspringen lassen.
Der *Oma* genannte Holzschnitt[2] macht die Entwicklung deutlich: Das Leben hat in dem Gesicht der alten Frau seine Spuren hinterlassen. Die Altersfalten sind auch in Arme und Hände eingegraben. Das aus dem Holz heraus-

Janssen mit Lithographien (von 1956) an der Wand

geschnittene Kerbenmuster wird von der Radierung überboten. *Knopfoma*³ heißt das nur aus Garnrollen und Knöpfen gefügte Monument der Nähkunst. Die materiale Botschaft, die dem Holzschnitt seine naive Würde gibt, spielt die Radierung ins Groteske hinüber. Die viel beweglichere Radiernadel kommt ins Fabulieren und nistet sich überall mit kleinen Geschichten ein. Sie spinnt den Faden der Erzählung weiter, der im Holzschnitt noch Rune und Runzel ist. Im Medium der Radierung hat Janssen gleich viel mehr Möglichkeiten, seiner Phantasie freien Lauf zu lassen. Er kann ein Muster solange abwandeln, bis es sich durch alle analogen Gestalten hindurch wieder einem gegenständlichen Bezug nähert.

Abstraktion und Erzählung, Materialstruktur und Zeichnung – das sind die Gegensätze, die von Anfang an in der Radierung arbeiten und einander durchdringen. An den ersten Radierungen ist gut zu beobachten, wie sich Janssen auf jeweils eine Verfahrensweise – auf *eine* Technik – beschränkt und sie so lange variiert, bis ihr aus dem Gegenständlichen eine Korrespondenz erwächst, die das technische Verfahren zur Figur, das Medium zur Botschaft macht. Jedesmal, wenn Paul Wunderlich seinen Schüler in eine neue Art von Ätzung eingewiesen hat, sehen wir diesen solange experimentieren, bis er dazu die passende Erzählung gefunden hat. Aus den technisch-materialen Vorgaben entbindet Janssen die Gestalt. Das ist die künstlerische Urszene, die sich so oft wiederholt, wie er radieren und zeichnen wird. Ein Leben lang. Nur daß bei ihm zusätzlich der Witz in der Rolle eines Geburtshelfers seinen Auftritt hat. Bei allen figürlichen Erfindungen, die Janssen gleich zu Beginn in der Radierung zufliegen, steckt mehr Witz, als er je vorher hat zeigen können. Auch von der Seite hilft ihm die Radierung sich selbst entdecken.

Es ist der Witz – der Janssen eigene Witz –, der aus der Materie, aus einer Struktur die Gestalt entbindet. Er ist der zündende Funke, der die Brücke schlägt und gleichsam noch um Verzeihung bittet, wenn manches vorläufig naiv, sogar kindlich und allzu simpel gestrickt erscheint. Denn der gegenständliche Bezug bedurfte damals durchaus noch der Entschuldigung. Befinden wir uns doch am Ende der 50er Jahre gerade auf dem Höhepunkt der Abstraktion. Tachismus, Informel, konstruktive Kunst, abstrakter Expressionismus waren die herrschende Weltsprache. Figur sollte es gar nicht mehr geben.

Im Laufe des Jahrhunderts hatte sich die Meinung durchsetzen können, daß Kunst nicht Mimesis ist und nicht die Wirklichkeit nachahmt. In vielen einzelnen Schritten, die jedesmal einer Revolution gleichkamen, hatte man sich der Erkenntnis genähert, daß alle Bedeutungen nur Vereinbarungen sind. Wir nehmen nur Strukturen und farbige Reflexe wahr, und das Bild geht aus nichts als Form und Farbe hervor. Die Rückkehr zu den materialen Grundlagen der Malerei besaß für die Zeitgenossen eine nicht zu überbietende Überzeugungskraft. Der freie Künstler stand mehr denn je im Zentrum der Schöpfungsgeschichte. Allein mit dem Gestus der Radikalität behauptete er sich gegen das andrängende Chaos.

Damals hatte es ein Picasso bei den Kritikern schwer, weil er nicht abstrakt genug war. Da tat sich mit einemmal einer hervor, der wieder etwas zu erzählen hatte, der es nicht lassen konnte, die Bilder, die in der Elementarschule des Radierens angelegt sind, zum Sprechen zu bringen. Wenn Radieren heißt, Zink- und Kupferplatten ins Säurebad zu legen und zu ätzen, dann war Janssen ätzend, und gleich ging er unter die Haut. Es gehört Witz dazu, um solche gegen die Zeit gerichteten Geschichten dennoch weiterzuspinnen. Über diesen hintergründigen Witz verfügte Janssen in dem Augenblick, als er zu radieren begann. Damit fing er alle Einwände auf. Er wickelte sie gleichsam in den Faden seiner sich endlos über die Platten ziehenden Radiernadel wie in einen Kokon ein, und überhaupt vermied er es, zum Höhepunkt oder zu einem irgendwie eindeutigen Schluß zu kommen. Schon bald war klar: Mit dem Radieren würde er nicht so schnell wie mit dem Holzschnitt an ein Ende gelangen.

Janssen lernte das ABC der Radierung in Windeseile. Er lernte es von der Pike auf und nicht für sich im stillen Kämmerlein, sondern als Künstler, der seit seiner Ausstellung mit den Holzschnitten unter den Augen der Öffentlichkeit arbeitet. Deshalb ist es auch ein Anfang im doppelten und dreifachen Sinne. Denn damit ist er mehr als ein Anfänger – einer, der auch schon damit kokettiert, und bereits seine ersten Radierungen spielen das genüßlich aus. Es ist ein bewußter Anfang, was ja nur heißt, daß alle Beschränkungen im Technischen und alle Erfindungen im Figürlichen, wie naiv oder burlesk sie auch daherkommen, gleich sehr geschickt in den Dienst dieses Anfangs in der Radierung gestellt werden, der deshalb der erste von Janssen kunstvoll inszenierte Anfang ist. Die eigentliche Vorstellung des Künstlers. Das Ätzende, das Beißende, der Witz, die Erzählung, der spielerische Dialog mit dem Publikum, alles, worauf Janssen sein Leben lang nicht mehr wird verzichten wollen, sind mit der Radierung gleich da.

Janssen ist von Anfang an in der Radierung so erfolgreich, weil sie wie ein zündender Funke bei ihm einschlägt. Sie ist das Medium, in dem er die Kunst richtig entdeckt. Als wäre es das Selbstverständlichste von der Welt, geht er von der materiellen Textur aus, er verfolgt sie weiter und läßt sie Gestalt werden. Wie weit er sich auch in seinen Erzählungen vorwagt, immer wird er Fühlung zum Material halten – es nicht verleugnen. Die Radierung schlechthin gibt es nicht, wie es überhaupt einen letzten Grund für Malerei und die bildenden Künste nicht gibt. Er wird sich den Spielraum zu eigen machen und zwischen dem materiellen Substrat und seiner unendlichen Ausdeutung hin- und herwandern. Wie gleich der Anfang in der Radierung zeigt, schließt das auf jeder Stufe höchste Vollendung im Gebrauch der technischen Mittel ein.

Die Radierung hat Janssen in einen Sog figürlicher Neuschöpfungen hineingerissen, wie es sie vorher in seinem Werk nicht gab. Mit einemmal stand er an der Spitze der „Neuen Figuration".[4] Ja – man wurde erst durch seine Radierungen darauf aufmerksam, daß es eine solche auf mehrere Hamburger Künstler verteilte Bewegung gab. Gresko, Drenkhahn, Wunderlich – alle schienen in die gleiche Richtung aufzubrechen wie auch in anderen Teilen des Landes. Dabei mußte sich Janssen die Grundlagen – so etwas wie die Anatomie – erst wieder neu erfinden. Anatomie hatte es unter Mahlau nicht gegeben. Anatomie war als akademische Fleißarbeit verpönt und so völlig in den Hintergrund geraten, daß er sie sich regelrecht ausdenken mußte. „Die ausgedachte Frau"[5] ist denn auch die Überschrift für ein Kapitel, das Janssen mit der Radierung und wir besonders mit dem Blatt *Promenade*[6] beginnen lassen. Janssen wollte ein gefallsüchtiges Mädchen zeigen, für das alle anderen bloß Kulisse sind. So eine gespreizt Daherschreitende stellt ihren Körper zur Schau: *Promenade* 1958. Aber wie läßt sich Nacktheit darstellen, wenn sie noch völlig außerhalb der Möglichkeiten des Radierers liegt? Er muß sie sich in eine passende Sprache übersetzen. Wahrscheinlich hat ihn dazu der frühe Paul Klee angeregt, als er noch von Segantini beeinflußt war. Janssen filetierte gleichsam den menschlichen Körper. Er teilte ihn in Stücke: in Schenkel, in Waden, in Ober- und Unterarm etc. Mit Anatomie hat es nur entfernt zu tun, eher mit den Schautafeln im Schlachterladen, die er aus Oldenburg kannte. Es ist eine unter Zuhilfenahme dieser witzigen Anspielungen ganz und gar künstlich hergestellte Nacktheit. Janssen ist von seiner Erfindung gleich so angetan, daß er sie in der Radierung *Hansaplatz*[7] wiederholt. Darauf folgt wenig später *Susi*,[8] deren organisches Innenleben dann schon subtiler und reicher entfaltet ist. Schon der Janssen von 1958 möchte nicht darauf verzichten, den Körper der Frau darzustellen. Auch die Weltsprache der Abstraktion kann diese Vorliebe nicht unterdrücken. Aber er muß sich die weibliche Gestalt völlig neu erarbeiten und sie aus ihren Einzelteilen wie einen Homunkulus künstlich zusammensetzen. So entstanden die „ausgedachten Frauen". Auch wenn sie schon keß und fast lüstern aussehen, sind sie es nicht von sich aus. Sie stellen ihre Körper aus wie die käuflichen Mädchen am Hansaplatz in St. Georg. Der erotisch aufgeladene Körper wird noch lange eine Sehnsucht bleiben, die sich Janssen erst in der Zeichnung wird erfüllen können. Einer der Wege, die dorthin führen, ist schon an *Susi* abzulesen: Wie Janssen zwischen Strumpfhalter und hervorquellendem Schenkel mit der Radiernadel herumkurvt, läßt das den Liebhaber ahnen, der seine Lust auf den weiblichen Körper durch Genauigkeit im Detail zu befriedigen sucht. Es ist der Weg des Erotikers, der sich seine Sehnsüchte auch dann nicht verbieten läßt, wenn sein Jahrhundert gerade dabei ist, Anatomie aus der Kunst zu vertreiben. Es ist ein Weg von elementarer Gewalt und will doch jedesmal wieder entdeckt sein. Janssen ist der Radiernadel gefolgt – dorthin, wo sie ins Fleisch schneidet. So und nicht anders wollte er zeichnen können.

Seine Farbholzschnitte waren gleich sehr nachgefragt, aber seine Radierungen machten Furore. Sie weckten schlagartig ein Interesse an seiner Person, das der Holzschneider schon nicht mehr bedienen konnte. Dazu war er zu naivverspielt und noch zu sehr eingesponnen in das Oldenburg seiner Kindertage. So wurde Janssen ein anderer – einer, dem man all die boshaften Spiele auch

Promenade, Radierung 1958 (59,7 x 39,7 cm)

zutrauen mochte, die er koboldhaft und in überschießender Laune auf seinen Platten trieb. Die Radierungen machten aus ihm den Janssen, den wir kennen. So einen wünschte sich auch die Hamburger Gesellschaft zu ihrer Unterhaltung. Aber er wurde ihr unbequemster Gast und rückte ihr mehr als einmal peinlich dicht auf die Pelle. Es war nie ganz klar, ob man sich von ihm mehr angezogen oder abgestoßen fühlte. Rudolf Augstein – der SPIEGEL-Herausgeber – ist der unbestechliche Zeitzeuge für solche Sympathieschwankungen. Als Gastgeber einer von ihm ausgerichteten Geburtstagsparty hätte er Janssen – bei aller Zuneigung – am liebsten gleich wieder an der Tür abgewimmelt. Als Gratulant war er willkommen, als Gast zu unbequem – einfach zu unberechenbar, und so konnte Augstein erst wieder aufatmen, als das Fest vorüber war und er mit dem trinkfesten Künstler noch bei einer Flasche Wein sitzen blieb.[9] Janssen begann damals, in Hamburg – wie man so sagt – eine Rolle zu spielen. Nur war das nicht die Rolle, die er spielen sollte. Er war nun wer. Aber den er da zur Darstellung brachte, das war jedesmal ein anderer, als man sich gewünscht hätte. Das ist das Phänomen Janssen, das mit der Radierung neu auf den Plan tritt.

Nicht der Erfolg mit dem Schwarzweiß-Gelichter seiner großen Radierplatten hat aus Janssen einen anderen gemacht, und schon gar nicht ist ihm der Erfolg zu Kopfe gestiegen. Er hat vielmehr seinen Erfolg dazu benutzt, jemand zu werden. Den Unterschied hat er sofort erkannt und für sich verbucht. Darin sah er seine Chance. Er wollte die Gesellschaft – aber nicht so, wie sie ihn wollte, sondern wie er sie für seine künstlerische Entwicklung brauchte, die sich gerade erst abzuzeichnen begann und von der er sich zum ersten Mal eigene Vorstellungen machte.

Allen Zuschreibungen mußte er zuvorkommen. Deshalb ersetzte er das Bild, das er von sich preisgab, jedesmal wieder durch ein anderes. Damals – mit der Radierung – fing es an. Das hat Janssen in die lange Reihe seiner Verwandlungen hineingezogen – in die Metamorphose seiner selbst. Es ist der Nerv seines Künstlertums. Auf jedes Bild, das man sich von ihm machte, reagierte er sofort, und seine Kunst half ihm dabei.

Nachdem er seine ersten blattfüllenden Radierungen 1958 wieder in den eigenen Räumen ausgestellt hatte, waren seine Versprechungen für die Zukunft gleich riesengroß: „Ganz viel Farbiges" stellte er in Aussicht. Aber womit er dann wiederkehrte, das waren 1959 sehr kleine Formate und ausschließlich in Schwarzweiß. Ein Neuanfang – wider Erwarten –, der fast einer Verweigerung gleichkam.

In der Sache hatte er gute Gründe, von vorn zu beginnen. Denn die vor einen gegliederten Hintergrund gestellte Einzelfigur war nicht mehr zu steigern. Für sich allein konnte er solche Figuren nicht stehen lassen, sie hätten das Blatt nicht ausgefüllt. Die bildmäßige Radierung von 1957/58 war ihrer inneren Logik nach an ein Ende gekommen. Es fehlte ein Korpus, der die Figur besser, als das bisher der Fall war, einbindet. Nicht mehr Figur und Kulisse getrennt, sondern ineinandergewirkt. Gestalt und Volumen im Wechsel, sich gegenseitig durchdringend. Daraus würde sich dann die freistehende Figur entwickeln lassen. Es ist, als müßte Janssen die Kunstgeschichte unter den besonderen Bedingungen seines Mediums – der Radierung – noch einmal Schritt für Schritt erfinden. Tatsächlich sah es Anfang 1959 so aus, als käme er aus einer anderen Welt, aus einer Epoche ungelenker Kritzelei, in unsere Zeit zurück.

Der Umweg war nötig, um wieder Anschluß an Vergangenes und Verlorenes zu finden. Janssen zeichnete sich aus einer besonderen Perspektive in seine

Telefonradierung I 1959 (24,9 x 17,6 cm)

Geschichten zurück – aus der Perspektive der Kinder und Irren, die mit ihren Kritzeleien Papier und Wände füllen. *Telefonradierung* heißen zwei Platten aus diesen Tagen.[10] Man muß kein kleines Kind sein, um parallel zum Telefongespräch solche Kritzeleien nebenher laufen zu lassen. Janssen sucht die authentische Situation, in der sich ein spontaner Zeichentrieb Luft verschafft – spielerisch, obsessiv und fahrig die Gestalt umkreisend. Es ist schon merkwürdig, wie in dieser kunstlosesten aller Künste eine geheime und unbewußte Motorik am Werk ist und sich in endlosen Mustern ergeht, aus denen hier und da Figürliches entspringt, auch wenn es gegen alle Regeln der Komposition an den Rand gedrängt erscheint. Diese Art von Kritzelzeichnung gehört in den größeren Zusammenhang der art brut, die der Franzose Dubuffet damals für das europäische Kunstverständnis erschlossen hat. Die art brut mit den Zeichnungen der Wahnsinnigen und den von Krakeleien übersäten Pissoirwänden ist eine der Quellen, aus denen damals die Moderne schöpfte.

Janssen ist nicht eigentlich von Jean Dubuffet beeinflußt, aber beim Übergang von den großen zu den kleinen Platten erkennt er die Möglichkeit, mit dieser Art von écriture automatique seine Radierungen vollzukritzeln. Sofort sprudelt er von Geschichten über. Sie jagen sich nur so und lösen eine die andere ab. Unter dem Druck sich mitzuteilen bleibt nie genug Zeit, eine feste Gestalt oder einen sicheren Umriß zu gewinnen. Wie absichtslos diese Erfindungen auch daherkommen – in dem Gedränge einer irrwitzig wuchernden Phantasie behauptet sich der bizarre Einfall neben dem kindlich naiven Gestrichel und dieser neben dem karikierenden Kürzel. Vorder- und Hintergrund sind nicht mehr unterschieden. Alles greift wie in einer einzigen sprechenden Gebärde ineinander. Nie wieder wird sich Janssen so auf der Höhe der Avantgarde und an der Spitze der Moderne befinden wie in diesen „vollgestrickten" Radierungen,[11] denen ebenso gearbeitete Lithographien zur Seite stehen.[12]

Für den Wimpernschlag der Geschichte steht Janssen ganz vorn in der Kunstentwicklung, die wir uns gern als einen unablässigen Fortschritt vorstellen. Er selbst nennt Heyboer unter seinen Anregern, aber es wären noch andere Namen zu ergänzen wie Asger Jorn, Karel Appel oder Cy Twombly. Nur ist der Rückhalt in einer Gruppe oder die Anlehnung an den Zeitgeist kein Grund zum Ausruhen. Janssen wird über diesem Fundament kein Lebenswerk und kein artistisches Weltgebäude errichten. Die „Kritzeltour", mit der er wie von selbst Anschluß an die moderne Kunst gefunden hat, wird für ihn bloß ein Übergang sein. Eine Gelenk- und Schaltstelle gewiß. Aber mehr nicht als die Station auf einem Weg, der ihn in andere Richtungen führen wird.

Unter den Entdeckungen, die Janssen machte, als er sich auf die kleinen Kritzeleien in der Radierung einließ, ist auch diese: Endlich kann er verstecken, worauf er anders nicht zeigen möchte als aus dem Versteck heraus. Es geht um Sex. Die *Susi* von 1958 sieht zwar aus wie die wandelnde Anatomie, ist aber bei genauerem Hinsehen geschlechtslos. Die zweite Hälfte der 50er Jahre ist die Zeit der üppigen, kurvenreichen Schönheiten und der überquellenden Dekolletés. Alles darunter ist tabu. Die Prüderie ist wieder einmal auf einem Höhepunkt. Auch für den Janssen von damals ist bezeugt, daß Sex kein Thema war – nichts, worüber er sprach. Um so etwas wie ein Geschlecht auch nur anzudeuten, mußte er den menschlichen Körper dort thematisieren, wo es der Sache nach keinen Anstoß erregt: in der Anatomie – *Tulps Anatomie* frei nach Rembrandt.[13] Erst in den kleinen Radierungen, in dem nicht mehr deutlich unterschiedenen Gewusel von Innen- und Außenwelt, findet er einen Weg. Als Aus- oder Einstülpung amorpher Körperzonen bahnt sich die Darstellung der Geschlechtsorgane bei Janssen an: nicht so sachlich-trocken, wie das hier geboten ist, sondern witzig, spielerisch und mit einer virtuos gesteuerten und umwerfend komischen Naivität. Aus den zur Ausstülpung gebrachten Tentakeln wird sich der für diese Epoche typische Peniskringel entwickeln, der auch eine Nase, ein zierlicher Fuß, ein Arm oder Bein sein kann. Ganz im Sinne dieser polymorph-perversen Bildlichkeit entdeckt Janssen das Geschlecht –

männlich oder weiblich, am besten beides zugleich. Denn auf eine androgyne Zweigeschlechtlichkeit wird es in den Serien hinauslaufen, die daraus hervorgehen: der *Nana*-Mappe und der Mappe *L'heure de Mylène*.[14]
Aus dem Versteck heraus, aus dem Gestrüpp seiner Endlos-Kritzeleien, im Schutz einer jede Anzüglichkeit überspielenden Naivität läßt Janssen die Figur neu entstehen. In der *Telefonradierung* stellt er zum ersten Mal zwei nur aus dem Umriß gezeichnete Profile gegeneinander – nicht als wenn das die Hauptsache wäre, sondern nebenbei, als sei es ihm beim Telefonieren nur so aus der Feder gelaufen. Die wie unabsichtlich daherkommende Zeichnung ist eine Attitüde, die Janssen ähnlich perfekt beherrscht wie die schon früher bei anderer Gelegenheit vorgeschützte, betont kunstlose Krakelei. Es ist ein gespieltes Desengagement und soll so aussehen, als wäre es von selbst zu Papier gekommen. Das hilft ihm, Figürliches zum ersten Mal frei stehen zu lassen, nur vom mitdruckenden Plattenton gehalten. So schreibt er auch sein Profil flüssig in einem einzigen Zug herunter – mit geschürzten Lippen. So unwillkürlich es aussieht, ist es doch eines der frühesten Selbstbildnisse.[15] Die freistehende Linie und der den Körper im Umriß erfassende Strich sind das Ergebnis dieser scheinbar um- und abwegigen, von Janssen aber in jeder Phase klug kontrollierten Prozedur. In der *Nana*-Serie hat er zurückgewonnen, was im Zeichen der Abstraktion völlig auf der Strecke zu bleiben drohte: die Zeichnung aus dem Umriß – die zur Mitteilung drängende Sprache des Körpers.
Wie vorwitzig diese Entdeckung zu ihrer Zeit war, hat sich den umeinander kreisenden Figuren der *Nana*-Serie direkt mitgeteilt. Eine die Grenzen sprengende, frei vagabundierende Sexualität ist das Thema. Ob Männlein oder Weiblein, ob Hund oder Katze – sie treiben ihre Spielchen miteinander. Die Darstellung ist so frech, die Libertinage so groß, daß fast vergessen wird: Mit solchen Blättern kehrt Janssen den Trend um. Das richtet sich nicht eigentlich gegen die Moderne. Dazu macht er von ihren Freiheiten nur zu offensichtlich Gebrauch. Aber es fügt der Moderne ein Moment hinzu, wovon sie sich gerade losgesagt hatte. Im weitesten Sinne ist es das Erzählende – die wieder zum Sprechen gebrachte Umrißlinie des Körpers.
Mit der anatomisch richtigen Erfassung der menschlichen Gestalt, womöglich in einem akademischen Sinne, hat all das nichts, aber auch gar nichts zu tun. Einen Raum, in dem sich die Figuren bewegen würden, gibt es nicht und kaum je einen Schatten, der sie am Boden haften ließe. Sie scheinen zu schweben und sich durch einen Balanceakt im Gleichgewicht zu halten. Genau das wird zum Thema in der 1962 entstehenden Mappe *L'heure de Mylène*. Alles

Aus *Nana*-Mappe, Radierung 1959 (17,3 x 12,5 cm)

dreht sich um Sex. Das Geschlecht – männlich-weiblich – bildet gleichsam das Scharnier. In akrobatischen Stellungen turnen die Figurinen umeinander herum. Die Äquilibristik ist lustig und lustvoll zugleich.

Die Radierungen dieser Serie zeigen, wie sich mit der Präzisierung des Körperumrisses auch besondere Obsessionen herauskristallisieren. Eine Leidenschaft, wenn sie wirklich eine ist, läßt sich nicht im allgemeinen befriedigen. Sie sucht ihre ganz spezielle Erfüllung. Mit schlafwandlerischer Sicherheit findet die Radierung diesen Weg. Sie läßt die Katze aus dem Sack und viele jener Vorlieben, die Janssen durch das Leben begleiten werden.

In seinem Frühwerk nehmen die *Nana*- und die *Mylène*-Mappe ungefähr den Platz ein, den um 1905 bei Picasso die Kaltnadelradierungen der Suite *Saltimbanques* innehaben. Durch ein halbes Jahrhundert Kunstgeschichte voneinander getrennt, sind sie für beide ein Neuanfang: für Picasso eher im Formalen, für Janssen ein Schritt auf dem Weg zu einer sich im gestaltschaffenden Umriß deutlicher artikulierenden Lust; einer Lust, die sich den Körper bis in die Einzelheiten neu erfindet.

Um gleich einem Mißverständnis vorzubeugen: Janssen ist nicht als Erotomane auf die Welt gekommen. Er schwingt nicht die Peitsche und verzehrt sich nicht in sexuellen Ausschweifungen. Er erzählt nicht aus seinem Intimleben. Er bildet nicht ab. Eine mélange à trois wie auf den *Mylène*-Blättern wird für ihn zeitlebens tabu bleiben. Die zum Bild drängende Erregung soll ihm den Körper inszenieren helfen – jenen erotisch aufgeladenen Körper, den die Avantgarde verdrängt und anderen Medien zur Darstellung überlassen hat, um sich in nicht endender Radikalisierung ihren eigenen Grundlagen, denen der Bildlichkeit überhaupt, zuzuwenden.

In der Situation muß sich Janssen das schrittweise neu erarbeiten, was seit Jahrhunderten Gegenstand der bildenden Kunst ist. Er muß wieder von vorn beginnen und seinen Weg finden. Auf die Weise wird sich ihm der weibliche Körper von einer Seite erschließen, die ein Spiegel seiner persönlichen Vorlieben ist. Der Arm wird ihm zur Quelle einer ganz eigenen Seligkeit – seiner „Arm-Seligkeit". Damit ist ein weiteres Kapitel in dem Buch der Erotik aufgeschlagen.[16]

Wenige Entdeckungsreisen in der jüngeren Kunstgeschichte sind so aufregend wie die, auf die sich der frühe Janssen eingelassen hat, nachdem er mit dem Holzschnitt als Künstler hervorgetreten war und sich mit den Radierungen auf Anhieb einen Namen gemacht hat. Statt fortzufahren wie bisher, hat er sich bewußt zurückfallen lassen und auf kleinen Platten wie manisch zu kritzeln angefangen. Er hat aus demselben Fundus wie die Moderne geschöpft und ist für eine kurze Spanne Zeit mit der Avantgarde vorangeschritten, um schließlich ihre Mittel seinen Zielen dienstbar zu machen. Er hat sie langsam, aber stetig mit seinen Vorlieben unterlaufen. Denn wer weiß schon, wo es entlang geht. Es gibt keine Kompaßnadel, die die Richtung anzeigt. Aber es gibt Sehnsüchte und Leidenschaften, die sich auch gegen die Zeit ihren Weg bahnen. Wie eine Wünschelrute führen sie die Hand des Radierers und lassen den Körper – aus einer nicht zu unterdrückenden Erregung heraus – neu entstehen. Im Werk von Janssen hat das Geschichte gemacht.

Kleine Gartenlaube, Radierung 1959 (27,2 x 24,6 cm)

Bleibt noch nachzutragen: Die ab 1959 einsetzende Experimentierphase brachte auch auf einem anderen Feld eine Neuerung. Die mit Asphaltlack überzogene Metallplatte wird ja nicht nur mit der Radiernadel bearbeitet und in Stufen geätzt. Es gibt auch die Flächenätzung. Sofern es sich in den frühen Radierungen von 1957/58 nicht um reine Strichätzungen handelt, bleiben die Flächenätzungen meistens an die Zeichnung zurückgebunden, werden durch sie begrenzt oder sind ihr unterlegt. Mit dem scheinbar unbeholfenen Krickelkrakel der darauf folgenden Phase befreit sich die Flächenätzung aus ihrer Bevormundung durch die Zeichnung. Flächen- und Stufenätzungen werden zu selbständigen Gestaltungsmitteln, und die Radiernadel beginnt nun ihrerseits darauf zu antworten. Zwischen Strich- und Flächenätzung entwickelt sich ein Wechselspiel autonomer Größen – ähnlich wie Aquarell und Zeichnung in ein gegenseitig höchst anregendes Verhältnis treten können.

In dem Universum von Gestaltungsmöglichkeiten, das der Radierung offensteht, sind das nur zwei Pole. Sie liegen freilich weit genug auseinander, um aus entgegengesetzten Richtungen den Reichtum zu entfalten, der für die Radierung auf ihrem zweiten Höhepunkt in den Jahren 1963/64 charakteristisch ist. Eine Radierung wie *Kleiner Traum*[17] versammelt das ganze Spektrum solcher mit unterschiedlichen Mitteln hergestellten Flächenätzungen. Wie Blasen aufsteigen, wie Flammen züngeln, wie Zähne in Reihe stehen, so bilden sich aus den wolkigen Schlieren der Flächenätzung halbamorphe Gestalten, die einander durchdringen, als wären sie wie im Traum aus einem besonderen ätherischen Fluidum. Janssen steigert die Technik bis an den Punkt, wo sie sich zur Figur bekennen muß. Umgekehrt löst er alles Figürliche in einem nicht endenden Verwandlungsspiel wieder auf. Technik ist nicht Selbstzweck, Figürliches nicht ins Belieben gestellt. Auch wenn wir uns an dem satten, samtigen Schwarz einer zur Fläche tief heruntergeätzten Strichlage delektieren wollen, zieht uns Janssen mit diesen Mitteln nur um so tiefer in die Geschichte hinein, die immer eine Geschichte aus vielen Geschichten ist. Nie wird er sich auf einen einzigen Einfall spitzen. Die Einfälle sprudeln nur so. Und wenn die vier Seiten eines Bildes bei weniger bedrängten Künstlern dazu dienen, Ordnung zu schaffen, wo eh schon nichts anderes als Ordnung herrscht – bei Janssen gebieten sie einer überquellenden Phantasie Einhalt. Die bis an den Rand und fast auch darüber hinaus mit Erfindungen vollgestopften Radierungen gehören in diese an Höhepunkten reiche Zeit.

Alles, was die Technik des Radierens, das Medium der Strich- und Flächenätzung von sich aus als Botschaft bereitstellt – Janssen bringt es zum Sprechen. Er entbindet es zur Figur. Die mit der spitzen Sicherheitsnadel spinnwebfein

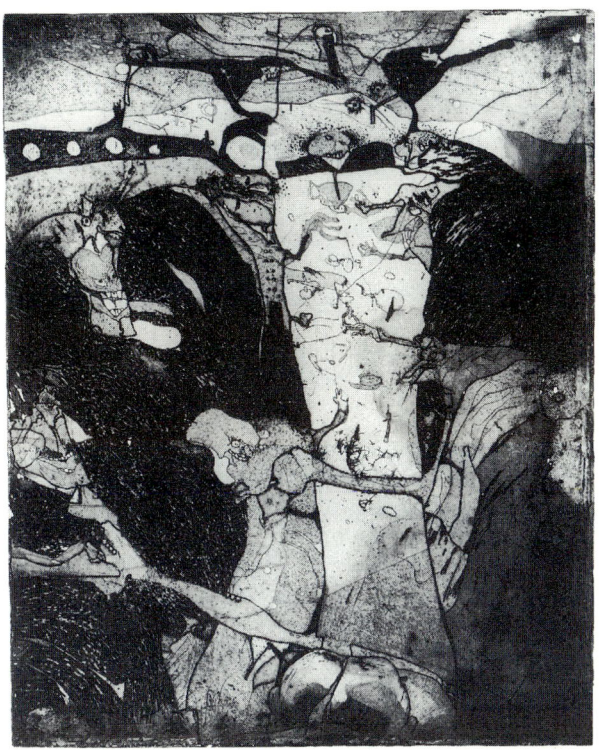

Tisch, Radierung 1964 (49,5 x 38,5 cm)

ausgezogenen Linien werden zu Landschaften um *Schloß Altenhof.*[18] Der sich gleichsam im Metall verhakelnde Stichel wird zu den *Fünf Langenhorner Strickjacken*[19] und verwandten Blättern. Die aggressive, die Finger angreifende, unter die Haut gehende, zinkfressende Säure – sie nimmt in den grotesken, gespenstischen, bösartigen Szenerien unmittelbar Gestalt an. Nie war die Radierung ätzender und auch witziger als in dem danse macabre, den Janssen auf seinen Platten 1963/64 veranstaltete.

Wenn einem etwas ganz besonders liegt und es eigentlich nur eines Anstoßes bedarf, um dieses in ihm schlummernde Talent zum Sprudeln zu bringen, so daß wie aus einem Füllhorn die Gaben als fertige Geschenke herauspurzeln, dann glauben wir gern: So einer hat sich selbst gefunden. Er muß sich mit seinem Charakter nicht länger verbergen. Er kann endlich zeigen, was in ihm steckt.

Es gab zu dieser Zeit wohl keinen Beobachter der Kunstszene, der Janssen nicht mit der Radierung identifiziert hätte, die er gerade auf einen kaum je wieder zu erklimmenden Gipfel geführt hatte. Das *ist* Radierung. Seinem ganzen Habitus nach war Janssen die Verkörperung dieser besonderen Kunst. Der einzige, der das nicht glauben mochte, war Janssen selbst. Er hätte sonst immer so weiter radieren müssen, was er nicht getan hat, wie schon ein flüchtiger Blick auf den Janssen Anfang der 70er Jahre zeigt.

Mit anderen Worten: In den Erfolgen der 60er Jahre, die den fleißigen Radierer über die Landesgrenzen hinaus berühmt machten – die TIME meldete 1967 ihren amerikanischen Lesern ein deutsches Ereignis: „The Newest Gothic" –, war auch viel Mimikry ans Medium. Wenn Janssen das nicht selbst durchschaut hätte, wenn er – wie es oft gefordert wird – sich treu geblieben wäre, der Ruhm wäre ihm gewiß gewesen, aber eben nur der Ruhm des makabren Manieristen.

Von Anfang an hat er seine Entwicklung auf diesen Höhepunkt hin forciert. Er war wirklich der geworden, den das Radieren – die Radierung, wie er sie damals verstand – aus ihm gemacht hatte: die über eine pulsierende Oberfläche bis zum Bersten gespannte Dünnhäutigkeit in Person. In der ersten Hälfte der 60er Jahre fing der Alkohol an, ihn aufzuschwemmen. Er war noch nicht – wie wenig später – der in einen Schweiß aufsaugenden Drillich eingeschnürte 220-Pfund-Koloß. Aber in ihm kochte und brodelte es schon. Mehr als man sich das vorstellen kann, ließ er sich seine in Wallung und Wandlung begriffene Gestalt durch die Radierung vorgeben. Und so ist es denn alles andere als ein Zufall, daß eben diese Radierung ihm den Mund aufstoßen wird, als würden sich im Bauch der Erde die Spannungen wie bei einem Vulkanausbruch entladen. *Selbst Suff, Selbst als Chess Addams, Selbst dramatisch* heißen einige dieser Radierungen.[20]

Janssen gibt auf der Platte nicht ein treues Abbild seiner selbst. Er folgt mit seinem äußeren Erscheinungsbild der Radierung dorthin, wo sie ihn als einen um den Mund zentrierten, von innerer Erregung platzenden Toll- und Saufkopf zur Darstellung bringt. Die Einlassung auf das Medium kann größer nicht sein. Nur ist es nicht Selbstentblößung, sondern Preisgabe an das Material, an Zink und Säure, und die völlige Entäußerung an den vor Spannung vibrierenden Strich, den die nuancenreiche Ätzung in einen an- und abschwellenden Wirbel hineinzieht.

Erst wenn ihm das Medium keine Möglichkeiten mehr bietet, taucht Janssen daraus wieder auf – sieht er im Medium auch die Falle. Alles, was ihm die Radierung bis dahin gewesen ist – jetzt gilt es nicht mehr. Er löst sich davon, er befreit sich wie aus einer Umklammerung. Die Krise, die darauf folgt und in die Jahre 1967 bis 1969 fällt, ist deshalb so einschneidend, weil er nicht nur mit seiner Kunst an ein Ende gelangt ist – er selbst muß ein anderer werden.

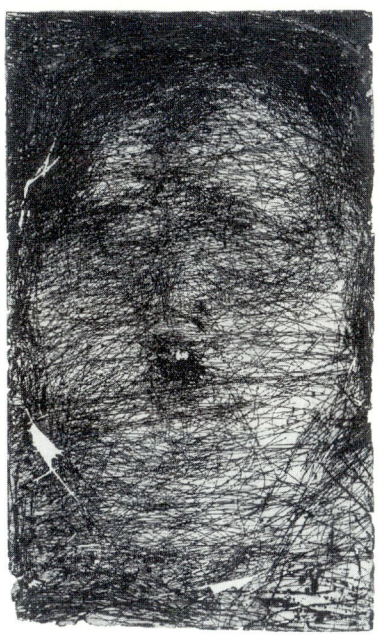

Selbst als Chess Addams, Radierung 1964 (33,5 x 19,3 cm)

So wie er sich an die Radierung verausgabt hat, muß er sich von Grund auf – in seiner Person – wandeln.

In der Zeichnung wird es ihm nicht anders ergehen als in der Radierung. Alles wird ihm zum Medium der Selbstdarstellung. Auch die Gesellschaft. Als er zum ersten Mal als Künstler öffentlich hervortrat, mit seinen Holzschnitten, erkannte er in dem gesellschaftlichen Erfolg auch gleich das besondere Medium der Selbstdarstellung. Wie in der Radierung und auch bald in der Zeichnung wird er sich restlos darauf einlassen. Mit seismographischer Genauigkeit erspürt er, was von ihm erwartet wird. Darin sieht er seine Chance, und er wird sie ganz ausschöpfen.
Nennen wir es Anpassung, Opportunismus, Mimikry oder auch Gehorsam – Janssen nimmt das eine wie das andere für sich in Anspruch. Mehr noch: Er will verführbar sein. So war es auch kein Zufall, daß er nicht von sich aus darauf gestoßen war, nach dem Holzschnitt mit der Radierung zu beginnen. Nicht er hat die Radierung für sich entdeckt. Nein – erst mußte Wunderlich kommen und ihm sagen, daß in der Art und Weise, wie er den Hochdruck behandelte, schon der Tiefdruck angelegt sei und daß bereits seine Aschaffenburger Lithographien zur Radierung tendierten. Auch ist Wunderlich nicht

allein zu Janssen in die Wohnung vorgedrungen, um ihm das zu eröffnen. Er kam im Schlepptau von Birgit Sandner, für die Janssen sich aus vielen Gründen interessieren mußte, vor allem deshalb, weil sie eine kleine Galerie in der Neustadt leitete: die Galerie Sandner. Als Janssen zu radieren anfing und gleich darin aufging, geschah das nicht bloß aus Begeisterung für eine neue grafische Technik. Die Aussicht, durch die Galerie in der Hamburger Kunstszene Fuß zu fassen und auch Einfluß darauf zu gewinnen, wer oder was in der Galerie gezeigt würde, zog ihn noch tiefer ins Radieren hinein. Die Plakate für eine Reihe von Ausstellungen der Galerie Sandner entwarf er selbst.[21] Er ließ sich so auf die Galeriearbeit ein, daß er Birgit Sandner heiratete. Und Paul Wunderlich machte er zu seinem besten Freund. Das Nachsehen hatte schon früher Reinhard Drenkhahn, der sein Glück in Paris machen wollte und nach einer letzten, ins Dunkel gehüllten Rückreise in Verzweiflung und innerer Vereinsamung endete. Er schied am 26. März 1959 aus dem Leben.

So heftig, so ungestüm wie sich Janssen in seine neue Rolle als Ehemann einer Galeristin für zeitgenössische Kunst hineingesteigert hatte, mußte das auch für ihn Ende 1959 beinahe in einer Katastrophe enden. Fast hätte er Birgit Sandner nur wenige Wochen nach der Hochzeit totgeschlagen.

Menschen, die ihm wichtig waren – auf die rannte Janssen los. Er überfiel sie regelrecht, oder er belagerte sie. Sein Werben war so stürmisch und unwiderstehlich, daß niemand auf die Idee gekommen wäre, es würde nicht ausschließlich und ein für allemal ihm gelten. Janssen verausgabte sich so, daß sich jeder davon überzeugen mußte – wie von einer Naturgewalt. So hatte er um Birgit Sandner geworben und ihr keine Chance gelassen. Sie fühlte sich in die Enge getrieben und sah keinen anderen Ausweg, als in die Ehe einzuwilligen. Janssen hatte einen solchen Sturm entfacht, daß es überhaupt kein Halten mehr gab. Er war mitreißend, und wie in allem kannte er auch in seiner Begeisterung keine Grenzen. Es gibt einen Schnappschuß,[22] der das im Bild festhält: Janssen und Wunderlich im Gelächter vereint. Janssen – lauthals, überschießend, fast schon krakeelend – zieht den reservierteren Freund in ein Gelächter hinein, das dieser sich nun auch nicht mehr verkneifen kann, und zum Vorschein kommt ein bei aller Distanz gelöster Paul Wunderlich, wie es ihn nicht alle Tage zu sehen gab. Das Foto von 1957 ist das Dokument einer Künstlerfreundschaft.

Schon bald fühlte sich Janssen durch die Gesellschaft von Wunderlich eingeengt. Er hatte sich nämlich die Rolle zu eigen gemacht, die ihm Wunderlich bloß dadurch zuwies, daß er in seiner vornehmen, unterkühlten Art, als der vom Erfolg und den Frauen verwöhnte Künstler, nicht zu übertreffen war.

Die 60er Jahre: Mimesis an das Medium

Paul Wunderlich und Horst Janssen 1957 (Foto Marie Janssen)

Deshalb mußte aus Janssen das Gegenteil werden: der Typ des aufbrausenden, aus der Haut fahrenden, unberechenbaren Genierüpels. Auch das ist eine Art von Mimikry. Selbst wenn es schon in ihm angelegt war – er riß den Part des ungezogenen, auf keine Tabus Rücksicht nehmenden Bürgerschrecks so perfekt an sich, daß keiner in Hamburgs feiner Gesellschaft herumwilderte wie er. Er war darin so erfolgreich, daß es ihm bald nicht mehr reichte, sich mit Wunderlich die Welt und besonders die Hamburger Kunstszene zu teilen. Er schaltete auf Rivalität um. Sie entbrannte, als Wunderlich 1960 in Hamburg einen Skandal heraufbeschwor – mit Anstoß erregenden Bildern im Dragonerstall.[23] Seitdem konkurrierte Janssen mit Wunderlich um die Gunst des Hamburger Publikums.

Diese und nicht etwa irgendeine andere Gesellschaft sollte es sein. Berlin, Bonn oder sonstwo in der Republik – alles wäre ihm zu weit entfernt und zu wenig greifbar gewesen. Er wollte partout in seiner Stadt und nicht bloß in der Künstlerclique eine Rolle spielen. Zu dem Zweck umwarb er den Generalstaatsanwalt der Hansestadt, der eine Schwäche für die schönen Künste besaß und sich für ihre Freiheit ins Zeug legte. Es war für Janssen eine unwiderstehliche Herausforderung, diesem hochgestellten Amtsinhaber pornographische Darstellungen per Postkarte – also stadtöffentlich – ins Haus zu schicken.[24] Nie zuvor hatte sich Janssen so weit vorgewagt. Er mußte die Grenzen der Freizügigkeit ausgerechnet an diesem liberalen Mann erproben. In gewisser Weise hat ihn der Generalstaatsanwalt immer tiefer auf das Gebiet der erotischen Zeichnung gelockt. Dazu mußte er keine besonderen Neigungen bezeugen. Es genügte, daß Janssen ihn provozieren konnte. Das bahnte ihm den Weg zu immer frecheren, zu immer gewagteren Bildern. Wie er sich übrigens auch, gleichsam Hand in Hand mit der Staatsgewalt, auf das weite Feld der politischen Kritik ziehen ließ und mit gezielten Provokationen – wieder auf gezeichneten Postkarten – sein Revier vermaß. Janssen wollte wissen, wie weit er gehen konnte in seiner sehr persönlichen, immer hart an die Beleidigung grenzenden Art. Und er wollte es von dem Mann wissen, der dafür zuständig war: Generalstaatsanwalt Ernst Buchholz. Ihn machte er mit seinem umwerfenden Witz zum Komplizen. Hinter eine gemeinsam belachte Bosheit führt so schnell kein Weg zurück.

So geht der geborene Realist vom Schlage eines Horst Janssen vor. Er stellt sich nicht stur gegen den Staat und die herrschende Moral. Er sucht in der Mauer das Loch, durch das er in die Festung eindringen kann. In engster Fühlung mit der öffentlichen Gewalt – hier mit dem freundschaftlich umworbenen Generalstaatsanwalt – steckt er den Spielraum ab, den er für seine Angriffe braucht. Besser als in der Werbung für seine die Grenzen der Moral attackierenden Frechheit kann er sich nicht darstellen – besser nicht herausfinden, wer er ist und worauf es mit seiner Kunst hinauswill. Und auch das lernt er sofort mit seinen ersten Erfolgen als Künstler, dessen Holzschnitte gesucht und dessen Radierungen begehrt sind: Der Generalstaatsanwalt läßt nur mit sich spaßen, weil er auch Sammler ist.[25] Und dem Sammler – das hatte Janssen schon früh heraus -, dem kann er einiges zumuten. Er läßt sich strapazieren.

Als Paul Wunderlich 1960 im Dragonerstall mit einer Serie sadomasochistischer Lithographien – *qui s'explique* – in die Schlagzeilen der Tagespresse geriet und auch die Polizei auf den Plan rief, so daß Ernst Buchholz als Generalstaatsanwalt öffentlich und großherzig für die Freiheit der Kunst eintreten mußte, da war das für Janssen ein Signal, die Künstlerfreundschaft einschlafen zu lassen. Was ihn richtig in Rage bringen sollte: Aus demselben Material, aus dem die pornographieverdächtigen Figurinen geschaffen waren, ließ Wunderlich wenig später Widerstandskämpfer hervorgehen und gewann mit dem Zyklus *20. Juli 1944* prompt den „Deutschen Kunstpreis der Jugend". So etwas nannte Janssen damals eine Spekulation. Obwohl er vor Neid platzte, kam

dieser skandalträchtige Weg für ihn nicht in Frage. Er zettelte lieber auf seine Weise einen Streit an – in der Hoffnung, durch seine Sticheleien ins Gespräch zu kommen: mit dem gerade an die Universität berufenen Atomphysiker und Philosophen Carl Friedrich von Weizsäcker; mit Professor Hans Giese,[26] der sich Anfang der 60er Jahre als Sexualwissenschaftler einen Namen zu machen begann; mit dem Schriftsteller Friedrich Sieburg.[27] Mit dem glänzenden Essayisten wollte er sich in einer vor Obszönitäten nicht zurückschreckenden Gesellschaftskritik austauschen, was diesem gleich viel zu weit ging.
Nicht daß Janssen an eine dieser Berühmtheiten herangekommen wäre, nicht daß der junge Heißsporn zu diesen Großen hätte aufschließen können. Aber es zeigt, wen er auf sich aufmerksam machen wollte, wessen Gesellschaft er suchte und welchen Kreisen er sich am liebsten zugerechnet hätte. Er war nicht gerade bescheiden. Die hochfliegenden Pläne und die übersteigerte Selbsteinschätzung lassen auch die Niederlagen ahnen, die so einer einstecken muß. Anzüglichkeiten, auf die keiner reagiert, verpuffen ins Leere. Der Witz, mag er noch so geschliffen sein – wenn ihn niemand hört, wird er zum Aufschrei. Desaströs verlief noch Ende der 60er Jahre die Bekanntschaft mit Ernst Bloch.[28] Janssen wollte sie handstreichartig erzwingen. Die meisten waren von der ungestümen Art, wie er um sie warb, sofort überanstrengt und wichen erschrocken zurück. Nur die Sammler nicht und nicht das Kunstvölkchen, das – wie in jeder Stadt – eine eigene, zu den Medien und zu den bürgerlichen Berufen durchlässige Gesellschaft bildete. Um dazu zu gehören, ließ man sich einiges gefallen.
Von Anfang an spürte Janssen, daß die Nachfrage nach seinen großen Holzschnitten, die er Blatt für Blatt selbst ausdruckte, das Interesse an seiner Person schürte. Wer etwas wollte – vielleicht einen besonders schönen Druck –, der war aufmerksamer, entgegenkommender und ließ sich auch schon mal auf morgen oder übermorgen vertrösten. Die Ware mußte nur begehrt sein, dann brachte ihm das handfeste Vorteile ein. Geld war nicht so wichtig, wie daß er die Auflage klein hielt, damit er seinerseits umworben war. Schon fing er an, sich mit seiner Person rar zu machen. Der Künstler wollte nicht gestört sein. Er hatte das richtige Gespür, wenn ihn das in den Augen der meisten nur um so interessanter erscheinen ließ. Man war nur allzu schnell bereit, sich auf den schwierigen Menschen einzustellen. Man begann, sich von seinen Launen abhängig zu machen. Instinktiv merkte Janssen, daß ihm seine Kunst Macht über andere gab. Das verstand er unter Erfolg. Jedenfalls legte er es sich so aus. Es war seine persönliche Interpretation. Sie hat mehr als anderes sein Leben beeinflußt.

Es gibt viele Möglichkeiten, auf einen Erfolg zu reagieren: mit neuem Selbstbewußtsein, mit einem gestärkten Selbstwertgefühl, auch mit verständnisvoller Großzügigkeit, die endlich auch die Welt so gelten läßt, wie sie ist. Erfolge stimmen euphorisch und milde. Sie fördern manches sonnige Gemüt zutage, machen aber auch selbstgerecht. Janssen war viel zu sehr gebranntes Kind, um nicht seine Chance zu wittern. Er hatte ein Zaubermittel an der Hand und wollte nicht länger bloß der Herumgestoßene sein. Gleich mit den ersten Käufern, darunter der legendäre Sammler Carl Vogel, zog er einen Kreis von Freunden um sich. Aus den Liebhabern für seine Grafik schuf er sich eine eigene Gemeinde, die er um so fester an sich band, als er früh zu erkennen gab, daß die besten Arbeiten nicht mit Geld – schon gar nicht mit Geld allein – zu bezahlen wären. Es mußten Sympathien und eine schon im Streit erprobte Ergebenheit hinzutreten. Kurzum – eine Schwäche für ihn, mit der Janssen nun seinerseits rechnen konnte. Das machte ihn stark.

Auch seine Kunst profitierte davon. Die Auflagen seiner kleinformatigen experimentellen Platten seit 1959 waren fast nur für die engsten Freunde bestimmt. Sie bildeten eine kleine Welt für sich, aus deren Mitte heraus Janssen bis tief in das Neuland der Radierung vorstoßen konnte, ohne gleich die argusäugige Kunstkritik im Nacken zu haben. Er suchte die Intimität eines vertrauten Freundeskreises, um aus dieser Deckung heraus ungestörter arbeiten zu können. Vor allem sollte es ungezwungen zugehen wie in dem Kreis um Richard Hey und Edith Garrels mit ihren Töchtern. Da nistete er sich wie die Laus im Pelz ein und rückte den Freunden ganz unverschämt auf den Leib, ohne daß man ihm ernsthaft böse sein konnte. Es blieb ja in der Familie. Wer ahnte denn damals, daß Janssen mit Kritzel-Radierungen wie *Mädchenzimmer, Harald* oder der *Guten Morgen Mappe* Kunstgeschichte schreiben würde.[29]

Er hat einen untrüglichen Instinkt bewiesen, wenn es darum ging, was für seine Werk gut ist. Die Welt, die er dafür brauchte, hat er um sich versammelt. Familiär sollte sie sein. Denn das wußte er längst: Es gibt kein ergiebigeres Schlachtfeld als die Familie – keines, wo die Nerven auch nur annähernd so bloß liegen.

Deshalb hat Janssen gleich mit dem ersten Erfolg als Holzschneider nicht nur den Galeristen für sich gewonnen, der ihm bis ans Ende treu bleiben sollte – er hat ihn sogar in seine eigene Wohnung als Neben- und Untermieter geholt. Bevor Hans Brockstedt nach Hamburg übersiedelte, besaß er eine Kunsthandlung in der niedersächsischen Hauptstadt, und Janssen überzeugte ihn, daß es für seine Zukunft und besonders für ihre Zusammenarbeit besser wäre, von

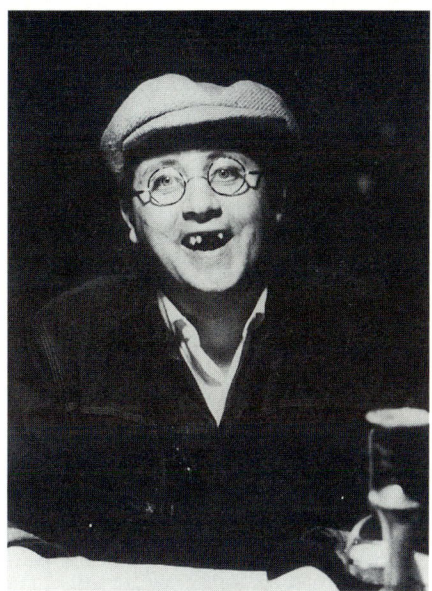

Ohne Schneidezähne 1960

Hannover an die Elbe zu kommen – direkt in seine Wohnung. Was ihm mit Birgit Sandner mißlang, glückte ihm mit Brockstedt. Der Galerist richtete sich in den geräumigen, zur Warburgstraße hinausführenden Zimmern ein, während Janssen unter die Dachschräge zog und sogar die Unbequemlichkeit auf sich nahm, die Radierpresse mit nach hinten zu nehmen.
Hans Brockstedt kam nicht allein, er brachte seine Frau Maria mit. Wenn auch die Männer immer nur die Kunst im Auge hatten, im Handumdrehen wurde daraus ein Familiendrama. Janssen fühlte sich von der Frau seines Freundes unerhört angezogen und wäre auch tatsächlich mit ihr nach London ausgerückt, wo sie unter dem Namen Sarah Schumann ihre künstlerische Karriere fortsetzen wollte, wenn er sich nicht im letzten Augenblick – in der Flugabfertigungshalle – darauf besonnen hätte, daß sein Platz nicht irgendwo weit entfernt wäre, sondern in der Stadt, die er gerade zu erobern im Begriff war, indem er die Kreise noch enger um sich zog und sich noch rarer machte. Ein gesuchter Künstler würde er nur in Hamburg sein.
Zum Arbeiten igelte er sich ein. Dann war er unerreichbar. Unter Einfluß des Alkohols legte er jedes Jahr auch körperlich zu. Er wuchs sich zu einem Bollwerk aus. Eine ungeheure Geschäftigkeit schirmte ihn ab. Er ließ nur diejenigen an sich herankommen, die ihm Sicherheit gaben. Gefürchtet waren seine Ausfälle. Dann zog er los in der festen Absicht, anzuecken und Streit zu

suchen. „Heute stinke ich." Er brauchte keine Vorwände, er schuf sie sich selber. Er brach in geschlossene Gesellschaften ein. Wer ihm entgegentrat, dem schnitt er mit kreischender Stimme die Luft ab. Er wurde sofort persönlich, schreckte nicht vor Beleidigungen zurück, und wenn einer einzulenken versuchte, nahm er dessen Ehefrau in Sippenhaft und stellte sie so unerbittlich bloß, daß sich der aufgescheuchte Haufen von Partygästen nach einem Anführer sehnte, der diesem Raufbold Paroli bot und ihm endlich das Maul stopfte. Es gab ihn nicht. Keiner erhob sich gegen ihn. Jeder war froh, nicht selbst die Zielscheibe zu sein. Besiegen konnte ihn nur der Alkohol. Für den Fall hatte er sich den Reedereikaufmann, den Bananenhändler, den Architekten, den Zahnarzt zum Freund gemacht. Als Sammler hetzte er sie gegeneinander auf. Deshalb war jeder, der ihm aus der Klemme helfen konnte, nur um so geschmeichelter, und bereitwillig eskortierte er seinen Künstlerfreund durch die stürmische Nacht. So kam es, daß Janssen, auch wenn er alle gegen sich aufgebracht hatte, nie isoliert dastand.

Davon, daß ihn irgendeine seiner unerträglichen Provokationen hätte ins Gefängnis bringen können, war überhaupt keine Rede mehr. Er schiß auf weiße Teppiche. Er trat nach dem Schoßhund und versteckte die Welpen in der Schublade. Er übermalte die in den Wohnzimmern der besseren Gesellschaft hängenden Ölschinken mit Farbe. Sein reicher Freund Hegewisch hatte ihn in die Villa seines Schwiegervaters mitgenommen. Multimillionär schimpfte auf Millionär: „Das machst du wieder weg!" Der Schwiegersohn wischte mit einem Tuch. Als nichts mehr zu sehen war, hätte er besser die rote Farbe stehenlassen sollen. Janssen hatte ein paar Dessous mit roter Farbe in das Marinestück eingetragen, und der alte Herr war fest der Meinung, daß er immer nur deshalb das Bild geliebt habe. Er brach alle Tabus und war selbst in seinen Exzessen noch so geistesgegenwärtig, daß er den Gedanken an eine Strafverfolgung gar nicht aufkommen ließ. Man konnte gegen ihn nur den kürzeren ziehen. Das war die Aura, die er um sich verbreitete. Er war psychisch so stark, daß es besser war, ihn zum Freund als zum Feind zu haben.

Früher gab es den Dandy. An das Leben des Bohemiens knüpfen sich ohnehin die abenteuerlichsten Vorstellungen. In der Nachkriegszeit, als Frankreich noch als die führende Kulturnation galt, kam das „enfant terrible" auf. Das war ein junger Künstler, der sich mit einem Glas Gin fotografieren ließ. Janssen machte in jeder Gesellschaft den Affen – nur unberechenbarer, vulgärer, nervtötender. Nie wieder hat er so Auge in Auge mit der Gesellschaft gelebt wie in diesen 60er Jahren. Er brauchte sie, um sie gebrauchen zu können. Er schuf sich seine eigene Gesellschaft. Wo er auftauchte oder ungebeten

hereinplatzte, sorgte er dafür, daß jeder Partei war: für oder wider ihn. Er war die Polarisierung in Person. Er zog die Welt ins kleine Format. Was es sonst nur draußen im Land gibt und den Stoff für die Zeitungen liefert – das war ihm mit Vorliebe die hanseatische Oberschicht: eine Bühne zänkischer Belustigung, auf der jederzeit der Wind umschlagen konnte und aus Spaß Ernst wurde. Er konnte die weltstädtische Toleranz nie genug auf die Probe stellen – bis an die Grenze purer Unterwerfungslust. In diesen Kreisen brachte er das Drama „die Gesellschaft und ihr Künstler" zur Aufführung. Niemand führte besser Regie und ging in der Hauptrolle allen fürchterlicher auf die Nerven als er.
Die als pfeffersäckisch verschrienen Hamburger waren nicht weniger kunstgeil als die Partygesellschaften in anderen Teilen des Landes. Sie wollten sich die Kunst etwas kosten lassen und hofierten den Künstler, wenn er sich nur so kostbar machte, daß er mit Geld allein nicht zu bezahlen wäre. Sie suchten in der Kunst die Aufregung, die sie genauso anzog, wie sie sie grenzenlos strapazierte. Später gab es dafür einen Namen und ein Aktionsfeld: das Happening. Janssen hat sich völlig eingelassen auf die späte Wirtschaftswundergesellschaft – darauf, wie sie war: erfolgsbesessen und erregungssüchtig. Bis in die letzte Faser seiner immer zum Exzeß gespannten Erregbarkeit war es Mimikry an seine Zeit.

Aber geheiratet hat er in den Adel. Verena von Bethmann Hollweg war alter Holsteiner Adel. Ihre Eltern lebten auf Schloß Altenhof bei Eckernförde in der Nähe der Ostsee. Sie war Anfang Zwanzig und hatte eine ältere Schwester, die mit Paul Wunderlich verheiratet war, was Janssen genauso respektierte wie seine Anzüge aus englischem Tuch, seine gepflegten Manieren und die Unaufdringlichkeit seines gesellschaftlichen Ehrgeizes. Janssen hatte solchen untadeligen Eigenschaften nichts entgegenzusetzen, außer daß er sich immer stärker in Richtung des unduldsam auftrumpfenden und höchst reizbaren Künstlers entwickelte. Aber zur Vorbereitung auf die kirchliche Trauung besuchte er den Konfirmandenunterricht, zur Hochzeit erschien er im Cutaway mit vorgebundenem Plastron, und als Hochzeitsreise dachte er sich mit Hilfe seines Reederfreundes eine Schiffsreise aus, die das Paar um den halben Globus bis unter den Chimborasso führen sollte.
Janssen wollte den Adel erobern und umwarb ihn genauso ungestüm wie die tonangebende Intelligenz oder die hanseatische Kaufmannsgesellschaft. Mit seiner Schwiegermutter, einer geborenen von Reventlow, lieferte er sich Wortgefechte, in denen er seinen auf der Napola eingeübten Gehorsam ins Feld

führte, wenn es darum ging, ein Manko an guten Tischsitten wettzumachen. Er wollte ja lernen, sich anstrengen und es besser machen. Auch deshalb mußte es der Adel sein, weil er selbst der Enkelsohn von Schneidermeister Fritz Janßen war. Er wollte das große, traditionsreiche Haus, weil er ohne eine richtige Familie aufgewachsen war. Er war der Hergelaufene. Sogar im Gefängnis hatte er gesessen, und vor noch gar nicht so langer Zeit hatte es überhaupt so ausgesehen, als könnte er, aus welchem Anlaß auch immer, wieder im Loch landen. Das alles wollte er endgültig vergessen machen und mit dem holsteinischen Uradel am Tisch sitzen und dazugehören. Das begann 1960. Es war binnen kurzem seine dritte Ehe. Natürlich endete auch dieses Aufstiegsdrama in einer Katastrophe, aber erst nach fast einem Jahrzehnt. Schwierig war nur, daß er Verena wirklich liebte.

Die Zeit mit Verena fällt mit einer Epoche der Zeichnung zusammen, die ihresgleichen nicht hat – nicht im Œuvre von Janssen und nicht in der Kunstgeschichte. Wie im Zeitraffer einiger weniger Jahre nahmen wir teil am Entstehen und Vergehen einer Kultur, die sich aus kruden Anfängen zu den Höhen nicht mehr zu überbietender Verfeinerung steigert und an ihrer Überkultivierung zu kränkeln beginnt, bis sie sich Ende der 60er Jahre erschöpft hat. Nie wieder wird Janssen später für eine einzige Zeichnung einen solchen Aufwand treiben und in Abertausenden dicht an dicht gesetzten Strichen Übergänge von einer solchen Transparenz schaffen, daß sie das Auge fast nicht auflösen kann und das Papier wie von sich aus zu vibirieren und zu atmen beginnt. Es sind wahre Orgien einer auf die Folter gespannten Geduld, die ausschließlich dem spitzen Bleistift und dann auch dem Buntstift frönt.
Aber der Anfang war reine Verlegenheit. Brockstedt soll den Anstoß gegeben haben. Wie beim Radieren brauchte Janssen jemanden, der das von ihm fordern konnte. Mit dem wollte er sich dann auseinandersetzen. Er würde den Anfang zu verantworten haben. Brockstedt sollte das, auf die nächsten drei, vier Jahre gesehen, schlecht bekommen: Janssen trennte sich vorläufig von seinem Galeristen, als das Zeichnen ins Stocken kam. Nach wie vor bewohnten sie beide dasselbe zweite Obergeschoß in der Warburgstraße. Janssen drohte mit einer Anzeige, wenn Brockstedt den Partylärm nicht einschränken würde.
Die Schwierigkeit war, daß Janssen, als er 1959 zu zeichnen begann und mit sage und schreibe dreißig Jahren endlich in das Metier aufbrach, das mit seinem Namen wie mit keinem anderen verbunden sein wird, alles andere als ein Anfänger war. Er war es nicht im Holzschnitt, nicht in der Lithographie,

Die 60er Jahre: Mimesis an das Medium

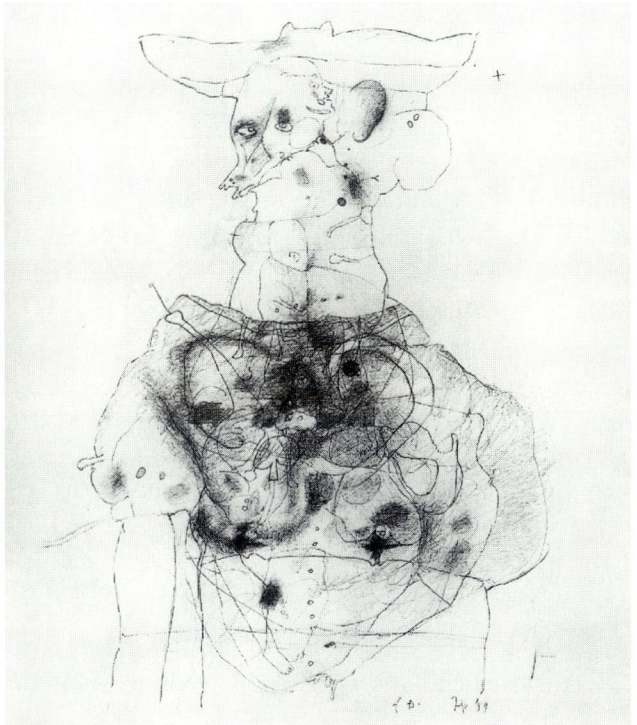

Fuchs, frühe Zeichnung 1959. Bleistift (35,8 x 29 cm; Ausschnitt)

nicht in der Radierung. Aber vor dem weißen Stück Papier, vor der leeren, von keinem Plattenton gehaltenen, von keinem Gitterwerk gegliederten Fläche – da war er es. So sehen wir ihn denn auf den ersten Zeichnungen mit dem Bleistift vorsichtig und möglichst ohne besonders aufzudrücken vor sich hin schummern. „Figur mußte sein."[30] Figürliches kam ihm aus den Radierungen dieser Tage, die sich wiederum durch die art brut hatten anregen lassen. Es war ein so künstlicher Anfang, daß ihn ein Anfänger nicht hätte erfinden können. Wären nicht in all dem Unvermögen hier ein Gewusel, dort ein Gedränge graphitgrauer Spuren entstanden, die um Gestalt rangen – unmöglich hätte man den Zeichner ahnen können. Diese ersten Zeichnungen[31] sind das Psychogramm einer Verlegenheit, die Janssen bald abstreifen sollte.

Er hakelte sich an den Nahtstellen fest – dort, wo ein Bild aus dem anderen entsteht und immer so weiter, bis eine Reihe von gleichsam übereinandergeblendeten Bildern erscheint. In solchen Endloskritzeleien verschafft sich eine innere Spannung jewels für den Moment eine rein motorische Entlastung, ohne in einem einzigen – bleibenden – Bild Erlösung zu finden. An den

Nahtstellen – dort, wo eines ans andere stößt – hakt sich der Bleistift ein, da wird er deutlicher, da setzt er Markierungen, um das eine Bild in dem anderen wieder zu verstecken. Alles ist Übergang – ununterbrochenes Transitorium. Die Avantgarde läßt grüßen. Janssen zieht freilich seine eigenen Folgerungen daraus.

Das Spiel heißt Verstecken, und die Verwandlung ist ohnehin der leibhaftige Eros. Wie von einer nicht zu stillenden Sehnsucht fortgezogen, folgt Janssen dem gestischen Duktus seines wie ziellos herumwuselnden Strichs. Er rückt der Frau auf den Leib. Er fährt ihr unter die Achselhöhlen und zwischen die Schenkel. Alles nur Bleistift, Graphit und Papierton – aber aus dem Gestrüpp unterschiedlich dicht gebündelter Striche tritt uns 1962 *Püppi* entgegen.[32] Was wie ein Gefleckerl von Licht und Schatten aussieht, entpuppt sich im Wechsel von Entblößen und Verbergen als der Körper der Frau. Janssen erschafft ihn sich neu. Denn mit einer anatomischen Studie hat es nichts zu tun; um so mehr damit, daß Anatomie vorgetäuscht wird. Anatomie hatte er nicht gelernt. Nicht deshalb, weil Mahlau und die Kunstschule versäumt hatten, ihm das beizubringen. Nein – in der Kunst hatte sich das Jahrhundert von der Anatomie verabschiedet. Janssen mußte sie sich erst wieder erfinden, und das erfolgt unter den materiellen Voraussetzungen, die ihm der spitze Bleistift bot, der sich in immer feineren Strichlagen erging.

Um es noch einmal gegen den Avantgardismus abzugrenzen: Janssen bleibt nicht stehen bei der Bedeutung an sich. Er will nicht zum hundertsten Mal beweisen: Eine Rose ist eine Rose ist eine Rose. Er entziffert das in der materialen Botschaft steckende Alphabet und beginnt es zu lesen, wie einer lesen muß, dem Eros die Augen öffnet. Er sieht in den subtilen Rasterungen, die der Bleistift auf das Papier legt, den weiblichen Körper sich drehen und winden, er sieht diese Partien an- und andere abschwellen und wie die Muskulatur sich spannt und ein Geflecht von Strängen bildet. Er sieht, was ihn der Bleistift und eine auf die Spitze getriebene Feinstrichtechnik sehen lassen. Anderes sieht er nicht. Aber was er sieht, steigert er bis über den Punkt hinaus, wo mit der Gestalt eine schon nicht mehr zu zähmende körperliche Erregung entbunden wird. Diese Erregung ist das Resultat eines mit immer höherer Spannung aufgeladenen Strichs. 1963 ist Janssen dorthin gelangt. *Selbst mit Pin up* nennt er die Zeichnung.[33] Der entfesselte Eros oder die Geilheit in Aktion. Es ist die Reinszenierung des weiblichen Körpers aus Elementen der Zeichnung, die Janssen auf eine Spur geführt haben, die er bis zu Ende gegangen ist.

Er holt alles aus dem spitzen Bleistift heraus. Er reizt das Mittel völlig aus. Ja, das Aufreizende wird zum Thema seiner Geile-Mädchen-Darstellungen. Die

Mädchen winden und spreizen sich, sie zieren sich unter den Blicken ihrer Galane, und wenn eines hinter den dunkel gewandeten Herren wie eingeklemmt scheint, dann lugt es aus dieser Bedrängnis desto koketter hervor – mit allen Signalen weiblicher Verführungskunst.

Wo der ganze Körper, die ganze Szenerie eine einzige überdeutliche Sprache spricht – die Sprache der Erregung, die Sprache aufreizender Verzückung oder auch die Sprache der Angst und Bedrohung, da sind anatomische Einzelheiten – ein Finger, eine Brustwarze, Mund und Auge – nicht anatomisch richtig gezeichnet. Sie sind wie das Tüpfelchen auf dem i die ins Bild gewendete Metapher. Sie zitieren die Emotionen. Der Finger wird zum Fingerzeig – schrill und knöchern. Mit grotesk übersteigerten Verrenkungen greift er nach der Brustwarze, die dadurch als Erregungszentrum erst richtig hervortritt. Eins zitiert das andere: der Mund die Scham, das halbverschattete Auge gibt sich die Blöße, Lippen hier und Lippen da und überall Gesichter, die den Betrachter mit sich verzehrender Miene anschauen und ihm seinen eigenen unverschämten Blick zurückgeben.

Janssen ist mit seinen Mädchen – den *Susis,* der *halbgeilen Stockholmerin,* dem *Mädchen in Fis* und wie sie heißen[34] – seiner Zeit um ein weniges voraus. Die 50er Jahre sind die Jahre der sich abzeichnenden Kurven – egal, ob im tief ausgeschnittenen oder hochgeschlossenen Kleid. Die Frau – noch halbwegs Diva – erregt dadurch Aufsehen, daß sie ihre weiblichen Formen sehen läßt. Sie ist üppig gebaut und erscheint statuarisch. Dieses Modell speckt in den 60er Jahren ab und wird benutzerfreundlich. Kurvenreichtum signalisiert nicht mehr automatisch Erregung. Die Erregung geht unter die Haut, ergreift den ganzen weiblichen Körper, macht ihn geschmeidig und griffig. Das ist der frauenemanzipatorische Nebeneffekt einer ansonsten in den Händen der Filmindustrie liegenden Entwicklung, die um jeden Zentimeter Zelluloid mit den Zensurbehörden kämpft. *Das Schweigen* heißt der Film von Ingmar Bergman, der Anfang der 60er Jahre Enthüllungen weiblicher Sexualität macht, die die Gemüter erhitzen.[35] In diese Wunde sticht Janssen mit dem sorgfältig angespitzten Bleistift. Wie man sieht, ist er auch darin ein Kind der Zeit – nur ungezogener.

Mit den zu pulsierendem Fleisch anschwellenden Strichbündeln hätte Janssen auch den Andromedanebel darstellen können und die Geburt der Sterne aus einer Supernovaexplosion. So wie er damals den Bleistift in zart abgestuften Strichlagen führte, hätte dieser es spielend mitgemacht. Aber er wollte nicht im Nebulosen wabern wie andere, die sich immer eine Tür zur Abstraktion offenhielten. Er ging auf seine Themen mit einer Deutlichkeit los, die nichts

Zwei Mädchen, Zeichnung 5. 2. 1964. Blei- und Farbstift (41,5 x 23 cm)

zu wünschen übrig ließ, und unterwarf die von ihm herausgearbeiteten Höhepunkte – auch wenn sie nicht in der Erotik lagen – einer strengen Dramaturgie. In *Lupus, Jesuit, Ahlers-Hestermann* oder *Voltär, Bäuerin aus Debuffut*[36] – alle 1963 – ist die ganze Zeichnung Kopf, blattfüllend Kopf, Kopf von innen und außen – ein Universum aus nichts anderem als Kopf. Zugleich ist jede dieser Zeichnungen völlig Auge wie *Der Maler Ahlers-Hestermann* oder ganz und gar Zahn – Wolfszahn wie *Lupus* – oder eine wieder und wieder eingekrempelte Hautfalte wie bei der *Bäuerin*.[37] Janssen ist im Detail überscharf, wie er monoman in seinen Universalierungen ist. Für beides wird er die höchste Bewunderung ernten: für den stupenden Fleiß, mit dem er sich in Variationen ergeht, und für die auf die Spitze getriebene und nicht zu überbietende Genauigkeit, mit der er die Inszenierung eines Themas ins Ziel führt.

Solche Zuspitzungen und ein an Monomanie grenzender Fleiß sind die Extrempole einer Welt, die Janssen damals auch körperlich auszufüllen begann – mit einer Korpulenz, die schon bald monströse Züge annahm. Es ist eine Welt, die ihre Wurzeln in der art brut hat, in den Zeichnungen der Irren und Wahnsinnigen (deshalb das Interesse für Schröder-Sonnenstern und Wölfli), die wie unter Zwang entstehen und von paranoider Spitzfindigkeit ebenso beherrscht sind wie von der Unfähigkeit, an ein Ende und zu einem Abschluß zu kommen. Ein Bild gibt das andere in einer ad infinitum gedehnten Metamorphose. Aus solchen Energiequellen ist das zeichnerische Werk gespeist, das Janssen damals schuf. Aber im Gegensatz zu den manisch Kranken kontrollierte er diese Gewalten. Nichts überließ er dem Zufall. Keine Gebärde, kein Zeichen, kein stoffliches Ungefähr reichte ihm aus – war ihm deutlich genug. Er mußte es sich in die einzige Sprache übersetzen, die er gelten ließ – in die Sprache des mit der Spitze auf die Unterlage drückenden Bleistifts. Radieren mit dem Gummi war ausgeschlossen. Korrektur unmöglich. Man stelle sich das vor: Ein die Zweizentnermarke überschreitendes Schwergewicht entlädt sich unter ungeheuren Stauungen durch den engen Trichter einer immer nur in kurzen Strichen auf dem Papier abgetragenen Graphitspur.

Dagegen sind das Makabre und Groteske aufgesetzte Etiketten, die diese hochkonzentrierte Zeichnerei nur von außen charakterisieren. Um einen skurrilen oder bizarren Eindruck zu machen, sind nicht so gewaltige Kräfte nötig, wie Janssen sie freimachte, um seinen Strich mit solchen Energien aufzuladen und in Kaskaden von allerfeinsten Abstufungen über das Blatt zu verteilen.

Zwischendurch entlud sich diese zum Exzeß getriebene Anspannung in fürchterlichen Explosionen. Dann tobte er wie ein Wahnsinniger, riß Telefonleitungen aus den Wänden oder den Kotflügel aus der Autokarosserie. Der Alkohol wurde zum Ventil. Im Foto erhalten sind freilich nur Bilder friedlichen Wahnsinns: Janssen mit einer Wollmütze auf dem Kopf – ohne Trottel, dafür tief in die Stirn gedrückt wie der Blödel von nebenan. Sein über den Leib gespannter Drillich sollte einer Anstaltskleidung immer ähnlicher werden. Um den passenden Gesichtsausdruck war er nie verlegen. Er hängte sich einfach den Finger in den Mund und lutschte darauf. Es gibt Fotos, auf denen er mit seinem Sohn Philip und den Kindern von Francis Zuschke Ringelreihen tanzt – nicht wie ein Erwachsener, sondern wie ein zu groß geratenes Plüschtier.[38] Als er schon die Geilemädchenzeichnerei auf den Höhepunkt getrieben hatte, ließ er sich immer noch mit seinem Betthasen aus Oldenburger Kindertagen ablichten: Die Unschuld grüßt. Janssen hat sich auch diese Rolle völlig angezogen.

Mit seinen Zeichnungen hatte er Ende 1965 in der Kestner Gesellschaft in Hannover einen solchen Erfolg, daß es ihn ganz nach oben katapultierte. Die Ausstellung zog 1966 weiter durch das Land – von Basel bis Berlin, von Düsseldorf bis Darmstadt, von Lübeck bis Stuttgart und München. Janssen stand im Zenit seiner künstlerischen Anerkennung. Aus dem Nichts heraus – aus einem Veitstanz der Verlegenheit – hatte er sich binnen weniger Jahre an die Spitze gezeichnet – dorthin, wo ihn niemand einholen konnte, weil das rein körperlich nicht zu überbieten war. Die wahnwitzige Konzentration, mit der er seine Dramen inszenierte, die Pointen hinausschob und immer weiter steigerte und Strich für Strich – in Millionen von Strichen – seine eigene Geduld und die seiner Betrachter auf die Folter spannte, war unnachahmlich und bleibt unerreichbar. 1968 wurde diese Epoche seiner Zeichnerei auf der Biennale von Venedig durch den internationalen Grafikpreis gekrönt. Janssen stand an der Weltspitze.

Er hatte sich mit seinen Figurationen durchgesetzt, als er auch schon aus anderer Richtung überholt wurde. Der Hunger nach Figur und Erzählung war nach Jahren minimalistischer oder tachistischer Malerei nicht auf ihn beschränkt geblieben – er lebte mit der Pop Art gerade wieder auf. Aber wie hat ihn die Pop Art befriedigt? Sie hat Vorlagen zu Hilfe genommen, Illustrationen verwendet und am liebsten das Design eingeführter Marken, Comics oder Zeitungsfotos weiterverarbeitet. Mit diesen Bildern aus zweiter Hand hat sie ihre vom Zeitgeist diktierten Geschichten erzählt – Geschichten, die Janssen jedesmal mit der ihm eigenen Passion bis in den letzten Strich ausformulieren mußte. Andy Warhol ist ihm darin am nächsten gekommen – nicht mit seinen Bildern, sondern in Filmen wie *Flesh* und *Trash,* in denen

Janssen „im Drillich" Mitte der 60er Jahre

er einem exaltierten Kult von eigens zu diesem Zweck kreierten Superstars huldigte. Die Superstars aus Janssens „Factory" heißen *Venus in Pick* (1966), *Hundegräfin* (1967), *Schnalle* (1968), *Camilla* (1969) und sind gezeichnet.[39]

1968 – mit dem im Getöse der studentischen Protestbewegung empfangenen Biennalepreis – war Janssen zu internationalem Ruhm gelangt; berühmt für seine geilen Mädchen, berühmt für seine Exerzitien aus Lust und Schmerz – dafür, daß er nicht, wie der normale Sterbliche, auf dem Höhepunkt der

Erregung die Augen schließt – und vergeht. Wie einer, der zwanghaft nicht wegglucken kann, muß er mit dem spitzen Stift wie mit einer Sonde immer weiterforschen. Dafür war er berühmt. Aber es war der Ruhm des Spezialisten.

Janssen hat den pulsierenden Kosmos der Lust um ein weniges erweitert, er ist über die Schmerzgrenze hinaus vorgestoßen und hat uns Bilder sehen lassen jenseits von Klimt, Schiele, Picasso und anderen bedeutenden Erotikern dieses Jahrhunderts. Er hat das Universum des Sichtbaren größer gemacht – die Augen auch jenseits der Schmerzgrenze offen gehalten. Aber als diese schockierende Optik sich ab 1967 selbst gegenständlich wurde und in den Bildern wiederkehrte: als Litze, Trense, als überlanger Fingernagel, als das sich durch den Oberarm bohrende Tischbein[40] – da begann er sein Thema zu quälen. Immer stärker ergriffen die Folterkammern mit ihren überquellenden Arsenalen von den Zeichnungen Besitz. Damit wurde auch für Janssen unübersehbar, daß er an ein Ende gekommen war. Das trat im letzten Drittel der 60er Jahre immer deutlicher zutage. Zwar hatte er allen Grund, seine Kunst auch gegen sich selbst als Folter in Anschlag zu bringen. Aber alle Selbstquälereien, mit denen er den Arm – den Körper der geliebten Frau Verena – aus den Gelenken bog und wie eine Waffe gegen sich schmiedete, machten ihn nicht glücklicher – erlösten ihn nicht.

Doch ist Janssen nicht allein deshalb an ein Ende gelangt, weil er sich und sein Thema erschöpft hatte. Er kam mit seinen Mitteln nicht weiter. Seine Kunst ließ ihn etwas sehen, was mit ihr nicht mehr zu erreichen war. Er hatte eine Ahnung und spürte, wie er sich im Wege stand. Er war so eins mit seiner zu unerhörter Meisterschaft hochstilisierten Feinstrichzeichnerei, daß für ihn gar nicht vorstellbar war, daß es auch anders gehen könnte. Es ist das Drama des mit seiner Manier unauflöslich verbundenen Artisten, der über seinen eigenen Schatten springen und sich mit sich selbst entzweien muß, wenn er sich noch einmal befreien will.

Die Zeichnung der 60er Jahre – wohin hat sie Janssen geführt? Sie hat ihm geholfen, den Körper vor allem der Frau zu erkunden. Sein Zugang war nicht die Anatomie. Die Zeit ließ anatomische Studien nicht zu. Es war die gestische Sprache des Körpers. Das erotische Engagement und die gesteigerte Erregung sind beredter als alles andere. Dem ist Janssen in abgestuften Strichlagen oder mit dem Umriß gefolgt – bis in die Verrenkung der äußeren Glieder, bis in die gnomenhaft verkrüppelten Fingerspitzen hinein. Aus solcher Ver-zeichnung heraus hat er sich die intimsten Kenntnisse menschlicher Anatomie erworben; eine Kenntnis, die anders nicht zu erlernen gewesen wäre. Seine Zeichnungen

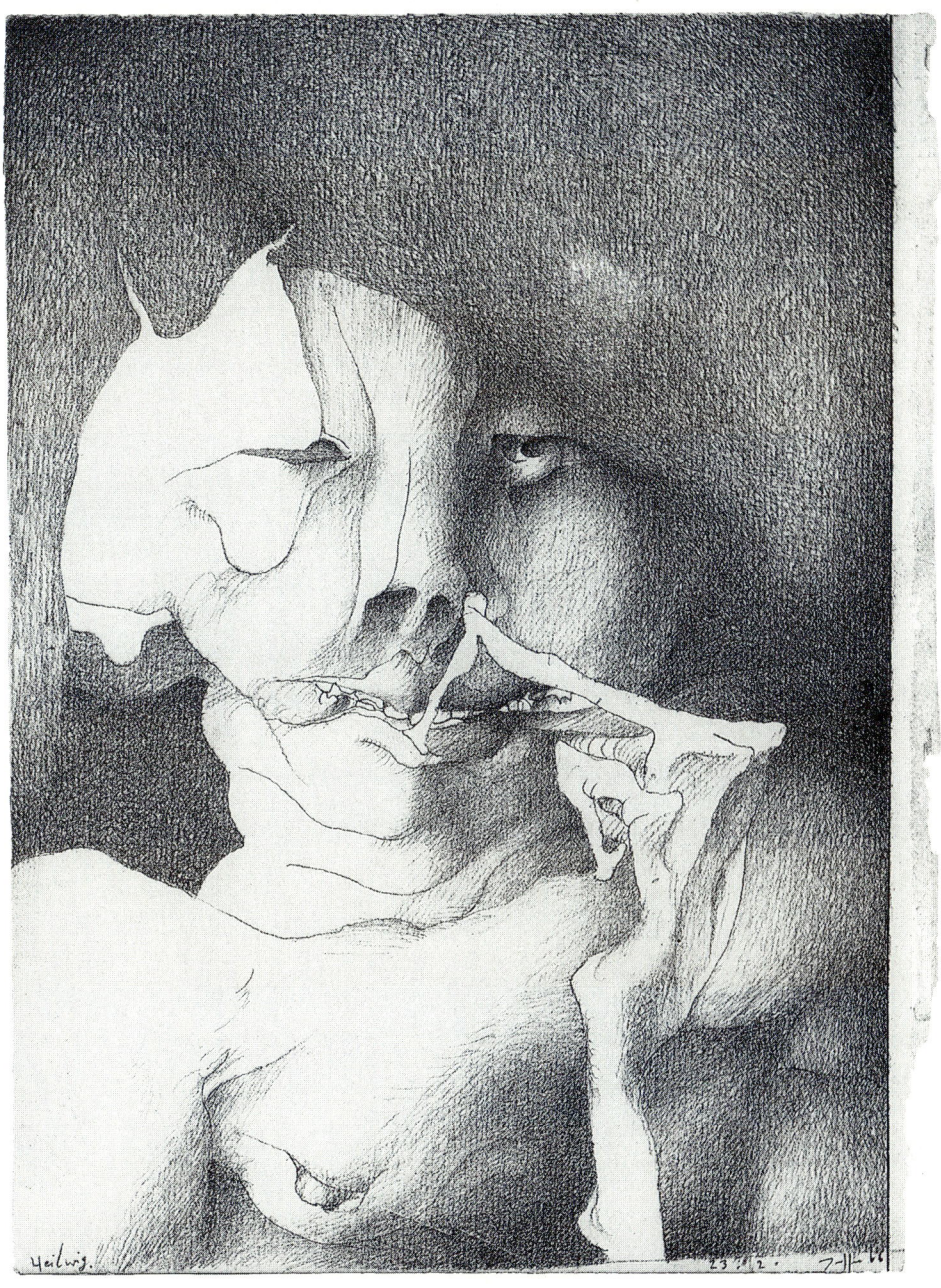

Heilwig, Zeichnung 23. 2. 1966. Bleistift (27 x 20 cm)

haben eine Körperlichkeit, wie sie der anatomisch richtig gezeichnete Körper von sich aus nicht hat. Es ist eine Körperlichkeit, die den Betrachter bedrängt. Sie zieht ihn auf eine Bühne und mitten in ein Schauspiel hinein, das Janssen 1970 in der Rückschau folgendermaßen beschrieben hat:

> Der Spalt zwischen Brust und Oberarmmuskulatur suggeriert das Bild einer Vagina, in die der Blick des Betrachters durch ein schnallenverziertes Gürtelchen, das den Arm umspannt, hingelenkt wird. Beleuchtet ist diese kleine Szenerie durch eine Brustwarze – ein Diener in glitzernder Montur – blaß bläulich-rötlich leuchtend in einem schwellenden Grau der Umgebung. Die profane Funktion des Mädchens scheint aufgehoben, das Publikum hat sein Alibi, und ohngeachtet, daß es Opfer des gleichen geilen Gefühls wird wie die Galane zierlicher vergangener Moden beim Anblick eines nackten Mädchenfußes, denkt es: Kunst. Ich gebe zu, daß ich mich selbst allzugern dem Publikum beigeselle, ja, daß ich, da ich um diese List weiß, mitunter große Anstrengungen mache, mich selbst zu überlisten.[41]

Die Körperlichkeit ist inszeniert. Sie ist das klug berechnete Ergebnis einer mit höchstem Raffinement operierenden Kunst. Aus dieser Kunst wieder auszubrechen – „mich selbst zu überlisten" –, will Janssen aber nicht wieder oder gar nicht mehr gelingen. Er ist eingesperrt in seine Feinstrichtechnik, eingesperrt in die Maschinerie seiner Dramen, eingesperrt in die Programmatik seiner „ausgedachten Frauen".

Die Intensität des Strichs, die vor Erregung zitternde Fläche, die vibrierende Plastik – alles, was Anatomie vortäuschen und Natur ersetzen soll, ließ mit der Zeit nach und flachte ab. Erst unmerklich und so, daß das Auge zur Abwechslung mit koboldhaften Spielereien beschäftigt wurde. Aber dann wich die Spannung immer mehr, auch wenn noch Meisterwerke entstanden wie „die großen Fleischzeichnungen" von 1966.[42] So nannte er seine Arbeiten aus dieser Spätzeit. So wollte er sie verstanden wissen.

In den lesbischen Umarmungen, mit denen Janssen schon 1966 einer von Film und illustrierten Zeitschriften geschürten Neugier wiederum um ein weniges vorauseilte, gelangen ihm Darstellungen weiblicher Körper, die in ihrer geschmeidigen Zärtlichkeit anrührend sind und fast schon wie Naturstudien aussehen. Allein – den Sprung schaffte er nicht.

Die menschliche Figur, die sich jeder bildende Künstler neu erfinden muß und in die uns Janssen längst tiefe Einblicke gegeben hat – sie genügte ihm am Ende nicht mehr. Sie fing an, ihn einzuengen. Er mußte hinaus – ins Freie, in

die Natur. Es war ein Ausbruch wie aus einem Gefängnis – einzigartig nicht nur für einen wie ihn, der mit seinen Millionen-Strich-Zeichnungen schon wie mit einem Markenzeichen identifiziert wurde, einzigartig auch für die Kunstgeschichte, die in diesem Jahrhundert nur in den seltensten Fällen wieder zur Naturgeschichte zurückgefunden hat. Wohl deshalb war der Weg in die Landschaft für Janssen so überaus schwer zu gehen.
Es kostete ihn Jahre der Krise – Jahre nicht endender Sauferei zwischen 1966 und 1969, in denen er es russisch liebte: bis zur Besinnungslosigkeit. Korn und Buttermilch im Wechsel gegen den ekelhaften Alkoholgeschmack und nach dem Delirium eine Terrine mit Suppe – für den Nachdurst. Die zugeführten Kohlehydrate verwandelten sich sofort in Schweiß, weshalb er beim Zeichnen nicht sitzen konnte, sondern immer wieder vom Stehpult wegrannte und sich Kühlung verschaffte. Sein anstaltsartiger Drillich klebte fest am Körper und zwängte ihn so ein, daß er herausgeschnitten werden mußte. Dagegen half nur der Bademantel. Mit und ohne Nachthemd unter dem Frottee stürmte er über die Moorweide ins Taxi nach Worpswede. In Hamburg gab es befreundete Haushalte, in denen er sich nur mit Knobeln und Kartenspielen die Nächte um die Ohren schlug.
Er saß im Loch fest, und am Ende des Tunnels war kein Licht. Benebelt von ausufernden Besäufnissen, sah er nur noch schwarz. In einem Brief an Carl Vogel, den er nicht abschickte und der wahrscheinlich noch auf das Jahr 1965 zurückgeht, kommt Janssen das Leben wie „ein lustiger Zufall" und „ein makabres Spiel" vor – der helle Wahnsinn:

> Ichbezogen betrachtet, ergibt diese Situation allerdings den einzig ernstzunehmenden Vorwand, etwas zu tun, was ich als eine Art Buchführung über den Verfall eines im Zynismus erdachten, perfekten biologischen B[r]imboriums betrachte (Romantik).
> Jetzt lese ich den Satz schon zum 12 mal; weiß, daß da ein Fehler drin ist und finde ihn nicht vor lauter Besäufnis. 11 Uhr (nicht 23 Uhr). [...]
> Wenn ich am Pult stehe und den Kopf über das Papier hängen lasse und das Gesicht so ganz Gesicht sein lasse, ohne etwas dazuzutun, dann fühle ich, wie meine Backen wie zwei große Titten aufs Papier hängen. Suff. Ewiger Suff.[43]

Auf dem Höhepunkt, wenn er sich von einem grenzenlosen Unmut hinreißen ließ, malträtierte er seine Familie: den Sohn, der diesem Vater ausgeliefert war, und Verena, die er liebte. Wenn er schon alles zerstört hatte, blieb sie als einzige übrig und hielt klaglos zu ihm, was er ihr schon wieder zum Vorwurf machen mußte. Es waren ihr unbeirrbarer Charakter und ihre unverbogene Art, die sie gegen alle Angriffe gefeit machten. Verena hätte Janssen nie verlassen, und so mußte er in einem infernalischen Rachefeldzug gegen den deutschen Adel die Eltern davon überzeugen, daß sie die Pflicht hatten, ihre Tochter zu schützen und vor ihm in Sicherheit zu bringen.

Verena hat Janssen in all den Jahren nicht verlassen, auch wenn er auf genau diesem Akkord das Tremolo seiner verletzten Seele einstimmte und als Klageruf in die Welt hinaustönte. Sie ist mit ihm durch die Hölle gegangen. Als dann später viele andere Frauen in sein Leben getreten waren und er nach immer rasanterer Talfahrt jedesmal wie am Boden zerschmettert lag und sie wieder einmal seine Hand hielt, dann war da – auch ohne Händchenhalten – eine Selbstverständlichkeit, die ihnen aus unvordenklichen Tagen kam. Von allen Frauen vorher und nachher – außer Tochter Lamme – trägt sie den Namen weiter: Verena Janssen.

Die Trennung von der Familie, die sich durch Frühjahr und Sommer 1968 hinzog und auch in den Bildern von 1969 noch nicht ausgestanden ist, war der tiefste Einschnitt in einem Leben, das in jeder Hinsicht an ein Ende gekommen war. Janssen hatte sich aus alten Freundschaften zurückgezogen. Dem Intimus Carl Vogel hatte er gleich nach der erfolgreichen Kestner-Ausstellung den Abschied gegeben. Anna Janßen – seine Adoptivmutter, die aus Kummer über seine Sauftouren und um ihm so viel Schnaps wie möglich vor der Nase wegzutrinken an die Flasche geraten war – verwahrloste immer mehr. Zur peniblen Buchhalterin erzogen, ließ sie am Ende alles schleifen. Sie verfiel zusehens. Am 5. Oktober 1967 verstarb sie unter alptraumartigen Entzugserscheinungen, auch weil für sie kein Platz mehr da war. Die Häuser in der Warburgstraße standen vor dem Abriß und mußten Versicherungsneubauten weichen. Das Haus, das Janssen in Blankenese gekauft hatte und noch mit Verena und Sohn bezog, war zu klein, um auch noch ihr Unterkunft zu bieten.

Einen solchen Umbruch, wie ihn Janssen damals erfuhr, sollte es in seinem Leben nicht wieder geben. Tantchens Tod, der Umzug an die Elbe und die Trennung von Verena – alles stürzte auf ihn ein. So wie er sich damals an den Rand des Wahnsinns soff und für die Folgen seiner in brutaler Gewalt gipfelnden Ausbrüche den Schutzengel des Alkoholikers brauchte und er von Glück sagen konnte, daß es keine Verletzten und Toten gab, war er auf dem tiefsten Punkt seiner Lebenskrise. Gefangen in immer noch kleinbürgerlichen Vorstellungen von Ehe und Treue, gegen seine Liebe zu Verena ankämpfend, eingesperrt in eine nicht mehr zu steigernde Manier feiner und allerfeinster

Strichlagen, Inwohner einer ins Raster subtilster Übergänge gezwängten Welt, immer neue Perversionen ersinnend, ohne selbst pervers zu sein, steckte Janssen, unförmig und aufgedunsen wie er war, in der Klemme. Er saß wie in einem Gefängnis fest.

In unregelmäßigen Stößen bollerte das Herz dagegen an und sträubte sich gegen die in wenigen Jahren künstlich aufgebaute Fettleibigkeit. Die Angst pochte in seinen Schläfen; die Angst, daß der Kerker, in den er sich eingeschlossen hatte, dem Druck nicht standhalten würde. Denn darin unterschied sich dieses Gefängnis von dem, das ihm die 50er Jahre bereitet hatten: Damals war er verstrickt gewesen in das System von Rückfälligkeit und zur Bewährung ausgesetzter Freiheitsstrafe. Das Gefängnis hatte ihm massiv gedroht – mit der Konsequenz, daß es ihn als Künstler, bevor er auch nur angefangen hätte, niemals geben würde. Es lag damals an ihm, das zu ändern. Er mußte nur alles tun, um nicht wieder ins Gefängnis zu kommen: heiraten, eine Familie gründen und ordentlich arbeiten. Aber dieses Gefängnis, in dem er jetzt steckte, hatte er selbst Stein für Stein mit aufgebaut: mit dem Ruhm seines sorgsam angespitzten, zu höchsten Ekstasen aufsteigenden Bleistifts und mit dem zweifelhaften Ruf, den er sich als ein alle Tabus mit Gummistiefeln tretender Tollkopf erworben hatte. Dieser Ruhm, das merkte er jetzt, war ein noch tieferer und bodenloserer Kerker, weil er ihn selbst gewollt und mit seiner Person ausgefüllt hatte. Er war jetzt *der* Janssen – begehrt und gefürchtet. Weil ihm das auf die Dauer aber zu wenig war, kam es ihm schlimmer als ein Gefängnis vor. Die „angekrüppelten Gnome, die geilen Sybillchen und die aufgesperrten Katzengesichter"[44] – seine Welt war ihm am Ende der 60er Jahre zu eng geworden. Er wollte ein anderer sein.

Die 70er Jahre: Natur und Geschichte

Seinen Weg ins Freie, in die Natur, in die Landschaft haben viele seiner Freunde, besonders wenn sie zurück- und auf der Strecke geblieben waren, nicht mehr mitvollzogen. Für sie sollte es noch lange Zeit nur den Janssen der 60er Jahre geben. Genausogut hätte er tot sein können. Für sie war er mit seinem Œuvre – mit der nicht mehr zu steigernden und nicht länger durchzuhaltenden Kultur seiner Blei- und Farbstiftzeichnungen – bereits Kunstgeschichte. Er war fertig. Es galt als ausgemacht, daß er sich über kurz oder lang totsaufen würde. Besser jetzt als in sich hinziehender Agonie. Deshalb kam alles darauf an, noch schnell seine Blätter zu erwerben, wenn sie überhaupt frei waren.

Totgesagte leben länger. Janssen mußte sich aber auch selbst überleben. Mit seinen ersten Landschaften stand er nicht nur neben sich – er stand auch neben seiner Zeit. Die studentische Protestbewegung war gerade auf dem Höhepunkt – der Kapitalismus am Pranger. Ob in Vietnam, wo Napalm gegen Menschen eingesetzt und der Regenwald entlaubt wurde, ob in den Konsumgewohnheiten der Wohlstandsgesellschaft, ob in den systemrettenden Maßnahmen der Großen Koalition, in der Medienmacht der Konzerne, in der ungleichen Verteilung von Bildungschancen – auf allen Gebieten wurde der Kapitalismus vernichtender Kritik unterzogen.

Das nationalkonservative Erbe hatte sich in der Geistesgeschichte über den Krieg gerettet. Das demokratische Nachkriegsdeutschland fühlte sich den sogenannten totalitären Machtapparaten von Grund auf überlegen. Diese Freiheit wurde gegen Ende der 60er Jahre hinterfragt, durchschaut, entlarvt. Mit einemmal war alles gesellschaftlich bedingt – besonders auch die Freiheiten, die zugelassen waren. Selbst ideologisch verkrustete Aggressionen galten nicht länger als Naturgewalten, sondern waren erlernt und deshalb offen für Aufklärung und Veränderung. Das kam einer Kulturrevolution gleich. Denn wie sich gezeigt hatte, herschte nicht der Geist, sondern das Geld: Macht kaputt, was euch kaputtmacht!

In solchen Zeiten – 1970 – ließ Janssen aus einem Moorloch Birken aufsteigen[1] – zwar bedrohlich wie ein Gitter, an dem sich das Licht bricht. Aber bei genauem Hinsehen waren es immer noch Birken – helle Birken vor dunklem Grund. Janssen hatte einen Anachronismus begangen. Er stand außerhalb der Zeit. Früher hatte er gegen Konventionen verstoßen und sogar Tabus verletzt. Nun war er im Abseits gelandet. Er stand allein auf weiter Flur. Mit seinen

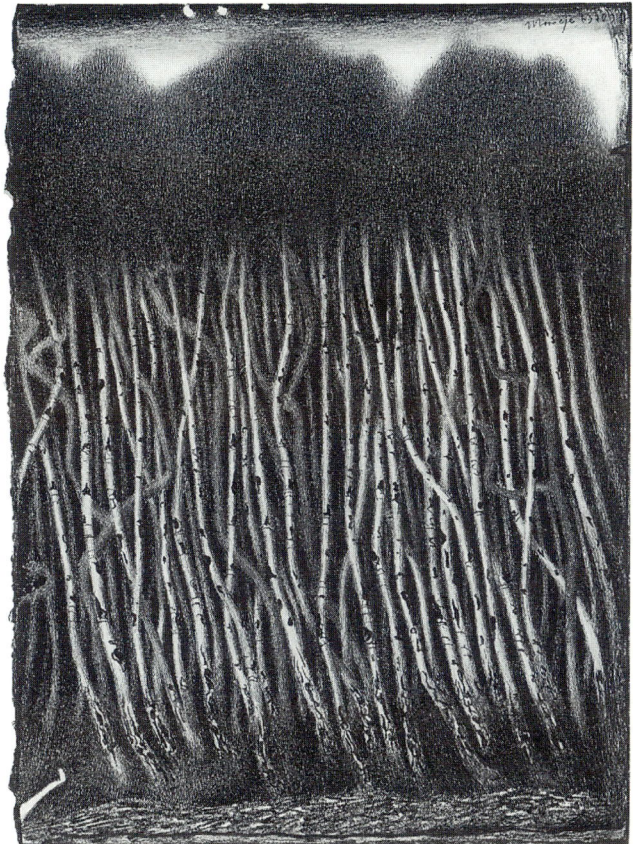

Mooreje, Zeichnung 6. 3. 1970. Blei- und Farbstift (44 x 33 cm)

ersten Naturstudien setzte er sich über alles hinweg, was zur Zeit gerade Konjunktur hatte.

Dabei hatte er wie kein anderer die Macht der Gesellschaft am eigenen Leib erfahren. Er hatte ihr alle Rechte über sich eingeräumt. Auch wenn er ihr auf der Nase herumtanzte und wilde Kapriolen schlug, war er doch immer der Affe dieser Gesellschaft gewesen. An ihrer Leine hatte er getanzt. Die Geile-Mädchen-Zeichnungen belegen es. Mit ihnen war Janssen der Erregungskurve der späten Wirtschaftswunderjahre stets um ein Klitzekleines voraus gewesen. Selbst nicht gerade triebhaft, hatte er sich immer wieder angetrieben: „Ich werde auch bald mich entschließen, ganz verrückte Sachen zu machen; ich muß nur noch etwas Hemmung wegtun."[2] Seine „geilen Sybillchen" rechnete er dem „Genußmittel-Markt" zu,[3] und spätestens in dem autobiographischen Vorwort, das er 1970 seinem Buch *Zeichnungen* voranstellte, machte er sich keine Illusionen mehr darüber, wie „marktkonform" das Sujet seiner Blätter war. „Es ist ausgewählt nach den Bedürfnissen jener Leute, die glauben, Bilder besitzen zu müssen, und diese auch bezahlen können."[4] Den Markt, den er sich mit seinen Bildern erobert hatte, erforschte er bis in die Dramaturgie seiner Zeichnungen hinein und legte selbstkritisch den Mechanismus bloß, der ihnen einen konkurrenzlosen Erfolg sicherte. Sonst kümmerte er sich aber nicht mehr um die das Land in Atem haltende Protestbewegung. Ihre Kritik hatte er gerade persönlich und radikal auf sich bezogen. Er war schon auf einem anderen Stern, als selbst liberalere Geister sich beeilten, ihr Bekenntnis zum Marxismus noch rechtzeitig auf den Weg zu bringen.

Tatsächlich befand er sich auf einem anderen Planeten. Denn die Natur, die er meinte, war überall – nur nicht dort, wo gerade alle mit dem Finger hinzeigten. Umweltverschmutzung, industrielle Ökoschäden, sterbende Wälder, flurbereinigte und zubetonierte Landschaften sollte es auf seinen Bildern nicht geben. Das war eine Entscheidung von größter Tragweite, ohne daß Janssen sich je entschieden hätte. Es stand von Anfang an so fraglos fest, daß es dafür nur eine Erklärung gibt: Er wollte sich nicht auch noch das Sterben der Natur – Abscheiden und Verwelken, Tod und Verwesung: seine großen Themen – von der Gesellschaftskritik und den Zeitläuften vorgeben lassen. Er sollte selbst darauf stoßen und es für sich entdecken. Anders wäre daraus nie die aus Vergänglichkeit gewirkte Welt geworden, die er suchte.

Janssen war bereits 1959/60 kein Anfänger mehr, als er in der Zeichnung einen Anfang machte, und er war es erst recht nicht mehr 1969/70, als er wieder von vorn begann. Damals hatte er die art brut als Alibi benutzt, um wie unbekümmert draufloszukritzeln. Aus typischen Zwangshandlungen hatte er sich eine höchst artifizielle Welt zusammengezeichnet. Er hatte sich die doppelte Unfähigkeit der manisch Irren und Wahnsinnigen zunutze gemacht – die Unfähigkeit, zu Ende zu kommen, und die Unfähigkeit, weggucken zu können, wenn das genaue Hinsehen die Qual verlängern hilft. Daraus ließ Janssen seine schier grenzenlosen Metamorphosen und eine paranoid anmutende Dramaturgie des Bösen hervorgehen. Beides beherrschte er in seinen Zeichnungen perfekt. Nur daß er sich endlich selbst nicht länger darin wiedererkennen wollte. Er – Janssen – war ein anderer, einer mit ungestillten Sehnsüchten und Wünschen, die weit darüber hinausgingen.

Unter zwei Bedingungen erfolgte der Neuanfang: „1969, als ich zum ersten Mal ALLES verlor [...]."[5] Das ist die eine Voraussetzung, wie er zwanzig Jahre später bekannte, und sie ist immer noch an Verena geknüpft – sein Paradies, das er ein für allemal verloren hatte. Es ist ein Verlust, den er nicht verwinden will und der sich immer wiederholen wird. Die andere Voraussetzung ist die, daß er zeichnen *kann*. Mit seinen Worten: „Denn die Pfote konnte ja inzwischen, wonach das Hirn verlangte."[6] Er hatte soviel gelernt, daß er – komme, was wolle – allem gewachsen sein würde. Unter diesen Bedingungen – mit einem endlos prolongierten Leiden und einer Unverzagtheit ohnegleichen – brach Janssen auf, und natürlich mußte auch die Welt, die sich ihm zeigte, eine andere sein als die der morbiden Mädchen. Es ist unsere vergängliche Welt – die Welt flüchtiger Erscheinungen, der sich Janssen nun in allen Schattierungen als ebenbürtig erweisen wollte und nicht mehr nur mit dem spitzen Stift.

Der Aufbruch in die Landschaft vollzog sich in kleinen Schritten. Der Umzug aus der Warburgstraße nach Blankenese in das ehemalige Kutscherhaus trug dazu bei. Der Elbhang, Baurs Park, die Buchenallee, die auf sein Haus zuführte – das waren Eindrücke, mit denen er nun täglich lebte. Sie prägten sich ein und hinterließen Spuren, wenn er auch vorläufig lieber unten in der Kantine des Deutschen Schauspielhauses saß, für Egon Monk und Hubalek Theaterplakate entwarf und das Honorar gleich an Ort und Stelle versoff. So ging das 1968/69 noch wochenlang. Er flüchtete aus Blankenese zurück in die Innenstadt. Erst nach und nach gewöhnte er sich an seine neue Umgebung. Als er schon halbwegs in der Landschaft Fuß gefaßt hatte, konnte er das Panorama eines Bergrückens nur genießen, wenn er sich vorstellte, daß es ein lang hingestreckter Arm ist – Verenas Arm.[7] In sanftester Strichelei ließ er die Muskulatur anschwellen, so daß es bis tief in das Jahr 1970 so aussah, als würde er davon gar nicht loskommen. Immer noch ging von Verena die Sicherheit aus, die er für seine ersten Landschaften brauchte.

Was es auch später nur ausnahmsweise gab: Janssen ging hinaus in die Landschaft – Landschaft tanken. Wozu sonst die Zeit fehlte, das wurde ihm wenigstens eine Zeitlang zum täglichen Bedürfnis: die Ausfahrten vor die Tore der Stadt nach Rissen zum Feldweg 91 und die Ausflüge an die Unterelbe in die Haseldorfer Marsch. Später kamen die Reisen nach Norwegen und ins Tessin hinzu. Auch dann war er nicht allein, schon weil er selbst nicht Auto fuhr. Er war immer in Begleitung, und das Gespräch ließ er auch draußen wie einen Brummkreisel weiterlaufen. Aber bei seiner raschen, den Moment erschöpfenden Auffassungsgabe genügte es, daß er zwischendurch auf ein stilles Wasser döste, während die Blicke seiner Begleiter vielleicht von einem Schiff auf der Elbe angezogen wurden. Vorher und nachher nicht – nie wieder saß er dermaßen versonnen und selbstverloren an einem Weiher. Nur damals,

als die außerparlamentarische Opposition die Straße erobert hatte, als die „Disku-Tanten" die Weltrevolution herbeireden wollten und die Achtuhrnachrichten vom Vietnamkrieg beherrscht waren – damals und nur vor diesem Hintergrundgetöse konnte er Landschaft so inhalieren, wie er sie dann für seine Bilder brauchte.

> Bis dahin hatte ich in »düsterer Klausur«, in der natürlich auch jede Menge Heiterkeit und Lust steckte, meine hirngespinstigen, ausgedachten Scenerien und Landschafts-Phantastereien an meinem Stehpult vormichhin gekritzelt. »KUNST« gemacht! Nun aber saß und zeichnete ich IN der Natur, s a ß inmitten der Wiesen, umstellt von Kopfweiden, zeichnete am Ufer des Flusses oder betrachtete versunken die Tümpel und Gräben – diese glitzernden Signale inmitten von schwarzen Äckern und birkendurchsetzten Mooren.[8]

Daß er draußen zeichnete, war und blieb eher die Ausnahme. Denn sein Aufbruch ist nicht damit zu vergleichen, wie im 19. Jahrhundert die Pleinair-Malerei den Akademismus überwand. Der Pleinairismus hatte noch die Idee, die Natur so malen zu können, wie sie ist. Deshalb ging man nach draußen an die Luft und baute seine Staffelei im Freien auf. Jeder schaute mit seinen eigenen Augen in die Landschaft. Dagegen war Janssens Natur immer und gleich von Anfang an geselliger Natur. Einmal, weil er sich stets Gesellschaft suchte, um in die Landschaft zu gehen. Ein Spaziergang allein im Park glich zu allen Zeiten eher einer Verzweiflungstat. Vor allem wußte er aber, daß wir die Landschaft nicht bloß mit unseren eigenen Augen sehen. Stets gucken uns Generationen von Landschaftsmalern mit über die Schultern. „Nie sitzen wir allein vor dem Objekt – die ganze Gesellschaft längst verstorbener Zeichner sitzt dir im Nacken."[9] Sie lassen uns die Wiesen, Bäume und Bäche so sehen, daß wir vor der Natur eigentlich immer in Gesellschaft sind – in Gesellschaft von Jahrhunderten. So kommt alles darauf an, sich dessen auch bewußt zu sein und diese Gesellschaft nicht als die drückende Last der Geschichte zu verstehen, sondern als Aufforderung zur Geselligkeit – zum Mit- und Weiterspielen der Regeln, die wir nicht selbst erfunden haben, denen aber – wie in jedem richtigen Spiel – immer noch andere und neue Züge abzugewinnen sind. Deshalb wird Janssen Landschaft immer im Dialog inszenieren. Vor allem die Niederländer und Japaner sind anfangs mit von der Partie, wenn es darum geht, den niedrigen Horizonten neue Fernsichten zu entlocken. Später werden es auch andere sein wie Guardi und Callot.

Für Janssen ist Tradition nicht Ballast, sondern Spielmaterial, und er ist dankbar, daß mit den Regeln immer auch die Möglichkeit gegeben ist, sie auszuprobieren und zu überschreiten – mit ihnen zu spielen. Daraus entsteht beim Landschaftern das, was später ausdrücklich *Kopie* heißen wird, was es bei Janssen aber eigentlich immer war und was er nicht als Gängelei, sondern als Anregung empfunden hat. In dem Sinne war für ihn der Weg nach draußen in die Natur eine Rückkehr in die Gesellschaft – wie das Aufnehmen eines Gesprächsfadens, der irgendwann abgerissen ist. In solchen Gesprächen konnte er sich reicher mitteilen, als ihm das „in »düsterer Klausur«" je möglich gewesen wäre.

Nie war dieser Dialog für Janssen wichtiger als auf der Wende von den 60er zu den 70er Jahren, als er in die Natur aufbrach und diese Natur ihn in die Gesellschaft von seinesgleichen führte. An den alten Meistern wollte er sich messen. Alle bisherigen Erfolge und Auszeichnungen, das Bewußtsein, an der Spitze der Zeichnung zu stehen, ja, dieser ihm zugeschriebene Größenwahn, mit dem er sich der Geschichte und der Natur gewachsen zeigte, um über sich und seinesgleichen hinauszuwachsen – all das hat Anfang der 70er Jahre aus Janssen erst den gemacht, der er werden wollte.

Landschaft, Radierung 22. 5. 1970 (16,2 x 19 cm)

Dahinter blieben die 60er Jahre zurück. Sie engten ihn nur noch ein. Sie waren die Jahre der Kunst – einer zur Sackgasse und zum Kerker mutierten Kunst. Kunst – das heißt fortan für Janssen: gefangen sein in das eigene Denken – heißt: sich etwas ausdenken, was nur im Kopf existiert. „Weltanschauung statt Baumanschauung" – wie seine *ausgedachten Frauen*. Abfälliger als mit dem Wort: „KUNST gemacht!" kann sich einer wie Janssen nicht über seinen ersten und so überaus erfolgreichen Anfang äußern. Für seine großartigen 60er Jahre wird er nie wieder einen freien, vorbehaltlosen und liebevollen Blick zurückgewinnen.

Dagegen steht Natur – *das Zeichnen nach der Natur*[10] – für alles, was einer Selbstbefreiung gleichkommt. Natur – das ist der Ausbruch aus einer zum Gefängnis gewordenen Kunst, einer bloß ins Denken eingesperrten Kunst. Natur ist Dialog – ist Rückkehr in die „Gesellschaft längst verstorbener Zeichner" –, ist Rückkehr in die Geschichte, zurück an den Anfang, zum ersten Augenaufschlag – dort, wo sich die Dinge zeigen, wie sie sind. Um sich noch einmal überraschen und dem Zufall sein Spiel lassen zu können, ist so etwas wie Natur nötig. Gäbe es die Natur nicht, müßte sie erfunden werden.

Nur so läßt sich Unmittelbarkeit zurückgewinnen. Das will auch Janssen. Er sucht, wie sollte es anders sein, in der Landschaft die Einsamkeit. Dorthin flüchtet er sich vor der lauten Stadt, wenn er ihrer überdrüssig ist. Dabei weiß er genau, das haben andere vor ihm auch schon – eigentlich haben es alle – getan. Deshalb ist er auch in der Landschaft und vor dem Objekt nicht allein. Immer ist er in Gesellschaft. Es muß nur die passende sein – eine, in der er sich um ein weniges hervortun und sie in ihrer Einsamkeit – in der Begeisterung für diese ihre Einsamkeit – obendrein noch überbieten kann.

Auch das Alleinsein mit sich und den Dingen will gelernt sein und ist das Resultat einer Inszenierung. Auf diesem Weg wird Janssen in den 70er Jahren immer weiter voranschreiten. „Für einen langen Weg geh' langsam." Immerhin zehn Jahre sollte er sich Zeit dafür nehmen.

Von Abgrund zu Abgrund[11] lautet die Überschrift, die Janssen später für diese zehn Jahre finden wird. Zurecht – denn der Höhenflug seiner 70er Jahre läßt sich nicht besser beschreiben als durch die vielen Abschwünge und jähen Abstürze ins Bodenlose, die auf jeden Gipfel folgen. Wenn er ganz am Boden zerstört war – mutlos, von den Frauen zur Verzweiflung gebracht, von den Freunden verraten, vom Alkohol gebeutelt – und mit einemmal wiederkam: mit einem neuen Gesicht, mit ungeahnten Bildern, ein anderer Janssen –, dann war das Erstaunen groß, und in die Verwunderung mischte sich unwillkürlich die Frage: Aus welchen Untiefen schöpft er die Kraft für den Neuanfang?

In diesen 70er Jahren wird sich Janssen fast alle Themen abendländischer Kunst der Reihe nach erarbeiten: von der Landschaft bis zur Vedute, vom Knochenmann bis zur Erotik – das nature morte ebenso wie die vollerblühten Blumen. Er wird in den Bergen herumklettern und mit den Wolken über das flache Land ziehen, und in einer Unterabteilung wie dem Stilleben wird er die Steine zum Reden bringen und Totes zum Leben erwecken. Alles, was die Jahrhunderte zum Sujet gemacht haben, wird er mit dem Zeichenstift nahe an sich heranholen wie den Karneval in Venedig, wie den Faltenwurf eines historischen Kostüms, wie die Fabeltiere und das Selbstbildnis aus dem Spiegel. Jedesmal wird er sich eine Welt zusammenzeichnen – eine Welt aus lauter Aprilwetter, eine Welt aus Muscheln, Steinen und Strandgut, eine Insektenwelt und obendrein das alberne Welttheater. Jede dieser Welten wird er ausschöpfen, soweit es irgend möglich ist. Bis es ihm darin zu eng wird, er sich eingesperrt fühlt und ausbrechen muß. Nacheinander ist ihm jede dieser Welten ein neuer, ihn immer tiefer in das Universum hineinlockender Horizont und ein Gefängnis dazu. Deshalb die Ausbrüche – Ausbrüche in Wut und Verachtung, Ausbrüche in den Suff und eine kaum zu bezwingende Feindseligkeit. Je enger die Bindungen, die er in seinem fünften Lebensjahrzehnt zahlreich eingehen wird, desto gewaltsamer bricht er aus – macht er sich davon wieder frei.

Um von der einen Welt in die andere zu gelangen, muß er aus der Welt, in die er gerade versunken ist, wieder auftauchen. Er muß den Kokon aus Geborgenheit und neugewonnener Sicherheit jedesmal sprengen. Denn nicht etwa geht er in die Landschaft, wie wir ins Grüne gehen – er geht in die Landschaft ein. Er öffnet alle seine Poren, er atmet Landschaft, er wechselt die Kleidung, und es ist vorgekommen, daß er bei den Pferden schläft.

> Wenn ich also landschaftere, da gehe ich nicht nur *in* die Landschaft – da gehe ich *ein* in die Landschaft. Das ist nicht Kopfsache – das greift in alle Organe. Gesicht, Nase, Ohren – alles tentakelt in den Raum und alle Lustgefühle versammeln sich in der Bronchiengegend, und wenn denn doch etwas im Kopf ist, dann ist es die Melodie der panischen Flötentöne – und ganz gewiß keine Gedanken.[12]

Er wird so ganz und gar Landschaft, daß er das Wetter nicht nur auf dem Papier, das vor ihm liegt, sondern auch auf denen, die anderentags kommen werden, fühlen kann. Aus solcher Versunkenheit zurückzukehren ist schmerz-

Janssen in Landschaft

haft. Es ist ein Schmerz, der nicht einfach in Kauf zu nehmen ist. Die vielen Themen, in die er sich versenken und in denen er sich jedesmal völlig verlieren wird, alle diese immer den ganzen Menschen vereinnahmenden Welten machen in den Jahren Trennung, Abschied und Zerstörung zu einer Art Institution.
Das hat es auch schon früher gegeben: die Gratwanderung von Erschöpfung zu Erschöpfung. Sogar zerstörerischer. Aber erst seitdem er jedes Mal wieder von vorn beginnen und einen neuen Anfang machen muß, seitdem Landschaft, Blume, Porträt, Erotik, Carnevale wie Epochen aufeinander folgen mit je eigenem Höhepunkt und unabwendbarer Krise, ist daraus Struktur – der Pulsschlag seines Lebens geworden.
Eigentlich war er schon immer und mit derselben Zwangsläufigkeit, mit der auf jedes Besäufnis die Ernüchterung folgt, ein Phönix aus der Asche. Aber erst in den 70er Jahren sollte er sich diese Rolle völlig zu eigen machen. Nach diesem Muster setzte er noch einmal das Abendland in Szene. Seine Regie in dem Stück war so zwingend, daß niemand auf die Idee gekommen wäre, er

könnte ebensogut beiseite treten und lautlos von der Bühne verschwinden. Es galt jeden Augenblick das Leben, nichts weniger als das Leben. „Stirb und werde" – das wurde zur Signatur der Jahre, die Janssen auf sein erstes Leben als gefeierter Künstler folgen ließ.

Es bedeutet auch einen qualitativen Sprung: Er lebte intensiver als je zuvor. Sogar die Zeit lief schneller. Er drückte aufs Tempo und zog den Tod näher an sich heran. Es sollte keine Veränderungen mehr geben, die er bloß im Laufe der Zeit machen würde, um sie dann nachträglich an sich wahrzunehmen. Er drängte selbst auf Veränderung, warf sich von einem Thema auf das andere, wechselte zwischen den Freundschaften. Jede neue Liebe war die größte und letzte. In jeder Beziehung erfüllte er sich ganz, und da er endlich einen Begriff von ihrem Anfang und Ende hatte, holte er jede dieser Epochen tiefer aus. Er durchlebte sie gründlicher und bewußter und immer über die Grenze des gerade noch Erträglichen hinaus. Er strapazierte sich und die Welt, die er eben zu fassen hatte, bis zum äußersten. Von nun an wollte er nicht nur gelebt haben, intensiver und leidenschaftlicher als andere – er wollte eine Biographie haben. Die Zeichnungen wurden ihm zum Tagebuch.

Die Intensität, mit der Janssen Welten schuf und in den Abgrund stürzte, ist ebenso deutsch wie romantisch. In jede seiner Welten versenkte er sich so vollkommen mit Stift und Pinsel, daß ihm die Geschichte – sein Leben – zu einer Bühne wurde, auf der sich lauter Totalitäten abwechselten – jede absolut und so in sich vollendet, daß eine die andere ausschließt.

> So verschlingt eine Welt die andere. Und, dies ist die irrationale, die quasi vierte Dimension: Die jeweilige Welt dehnt ihre Zeit nicht nur nach Morgen und Übermorgen aus, wie es scheint, wenn wir uns eine geregelte Existenz vorstellen, nein, nicht nur in alle Ewigkeit nach vorn, sondern tatsachewahr, in alle Ewigkeit vorwärts UND rückwärts, was übrigens dem derzeitigen Kenntnisstand in der Astrophysik entspricht.
>
> Also nochmal: So zerstört eine Totalität die andere, zerstört die Freundschaft von gestern und zerreißt Treuebündnisse; Ewigkeitsversprechungen + bedingungsloses Vertrauen sind wie nie getan oder gewesen, tauchen wie Kunstgebilde schemenhaft in Tagträumen auf, und wenn wir wie beiläufig drüber reden, dann ist es wie der Bericht über eine Bahnstation, wo wir auf dieser oder jener Reise Aufenthalt hatten.
>
> Ja, so ist das. Allein aus dem Absoluten und Totalen – allein aus solchen jeweils jede Alternative ausschließenden Welten kommen die Bilder, denen man glauben kann.[13]

Aus solcher Verfassung ist die Vielfalt der Themen entstanden, die Janssen in diesen 70er Jahren aufgreifen sollte. Nur unter der Voraussetzung konnte er sich in jedem dieser Fächer wieder bis an die Spitze vorarbeiten. Und nicht etwa ist da eine bunte Palette von Sujets, mit denen die bildende Kunst seit jeher schöntut, und nun kommt einer daher, einer mit Talent, und spielt diese oder jene Farbe neu. So war es nicht. Ein Leben ist nötig, um in die Landschaft, in die Architektur oder das Stilleben wieder hineinzufinden und eine Kastanie eine Kastanie sein zu lassen. Fragte sich schon damals nur, wie viele Leben einer hat, der sich darin jedesmal völlig erschöpft.
Die neue Zeitrechnung, die Janssen einführte, ist die ungemessener Intensitäten. Er machte Druck. In jede Freundschaft, in jede Liebe, in jedes Thema, das er eroberte, sperrte er sich ein und machte sich so restlos abhängig davon, daß er anders nicht atmen, anders nicht sein konnte. Damit stand oder stürzte er. Alles, was zum Leben notwendig war, zog er aus diesen Quellen. Versiegten sie aber oder sprudelten sie nicht mehr so reichlich, ging es gleich um Leben oder Tod. So einer braucht sich nicht um Glaubwürdigkeit zu bemühen – er ist so zwingend in allen seinen Äußerungen, daß Kunst und Leben nicht zu trennen sind. Die leidenschaftliche Werbung um eine Person schlägt sich in Bildern nieder, zu denen kein anderer Weg als ihre Eroberung hingeführt hätte. Umgekehrt sind Krisen im Metier nicht zu begrenzen. Sie ufern aus, reißen alles mit sich, und auch wer nur am Rande teilhat, muß sich seiner Haut erwehren und sich zu retten suchen. Dieser Janssen steht so unter Hochdruck, daß bald kein Tag ohne die Verpuffung unerhört aufgestauter Energien abgeht – egal, ob sich die Explosion nach draußen entlädt oder von seiner Kunst aufgefangen und in das Gelingen einer Zeichnung oder einer Radierung überführt wird.
Am deutlichsten zeigt noch die Arbeit in Schüben, wie Janssen sein Leben in die Regie nahm. Alles mußte er selbst besorgen. Er wußte, wie eine Serie neuer Zeichnungen aufzubauen, der Anfang gegen das Ende auszubalancieren, der Höhepunkt hinauszuzögern und womöglich noch zu steigern ist, wenn die Krise schon unüberhörbar anklopft. Er kannte sich bald genauer, als wir uns normalerweise kennen, und sollte sich immer besser kennenlernen. In den 60er Jahren gab es noch viele Beispiele von Mimikry. Janssen war verführbar und wollte es sein – vor allem durch Erfolge und gesellschaftliche Anerkennung. Das verlegte er jetzt hinter die Szene. Nun war alles Gestaltung bis ins Vegetative, bis in Regionen hinein, die wir für unkontrollierbar halten. Seinen jeweiligen Gesundheitszustand stellte er selbst her. Er bestimmte, welche Befindlichkeiten er gerade für sich arbeiten lassen wollte. Damals fing er an,

den Alkohol als Droge zu benutzen, was etwas anderes ist, als sich an unproduktiven Tagen einfach vollaufen zu lassen. Er baute den Alkohol auf als seinen „Feind Nr. 1" – nicht um ihm die Ehre zu geben, sondern um ihn ins Kalkül zu ziehen und seinen Planungen dienstbar zu machen. Deshalb unterlag er ihm doch tausendmal, und sein Elend war größer denn je. Aber er hatte auch gelernt, mit einem ersten übermütigen Schluck Schnaps die Spannung nicht nur zu halten, sondern sie um genau jenen Grad zu erhöhen, der dem gelungenen Abschluß eines Werkes zugute kommen sollte.

Was ihn zu Höchstleistungen stimulieren konnte – damit schloß er sich kurz. Zu der Hamburger Gesellschaft und vielen alten Begleitern ging er fast völlig auf Distanz. Er zog sich jeweils mit dem einzigen Freund und der einzigen Frau zurück. Er machte sein Haus in Blankenese, das eher einer verwunschenen Eremitenklause glich, zu einer Burg und Festung mit versperrten Türen und einem hohen, unüberwindlichen Zaun. Darin schloß er sich ein, wenn es ihm half, Kräfte freizumachen, die er für seine Arbeit brauchte. Er zog die Grenzen so eng, wie es ging, nur um innerhalb der „selbstverfügten Ordnung" über einen desto größeren Spielraum zu verfügen und im Gebrauch seiner Mittel völlig autark zu sein.

Solche Vorkehrungen und Selbstbeschränkungen waren nötig, um dem Zufall stattzugeben und einer Stimmung auch auf dem Papier nachzuhängen. Er wollte die Laune eines Augenblicks materialisieren und in der Zeichnung festhalten können. Das erfordert einen Aufwand, der mehr voraussetzt als die Beherrschung des Metiers, auch mehr als eine zur Virtuosität gesteigerte Meisterschaft. Ein Leben gehört dazu, wie es sich Janssen in diesen 70er Jahren abverlangt hat. Ein Leben, das in seiner ausschließlichen Konzentration auf die Kunst mehr Natur zugelassen hat als alle künstlichen Welten, die währenddessen um ihn herum wie Seifenblasen aufstiegen und zerplatzten. Auf seinen Welteroberungszügen wollte er sich das Leben nicht verkürzen lassen – durch keine Ideologie, durch keinen Zeitgeist, durch kein Lamento, durch nichts in der Welt. Er wollte ein Spiegel sein – ein Spiegel für Lust und Schmerz –, und die flüchtigen Erscheinungen von der dritten in die zweite Dimension transportieren. Denn so lautete sein Credo: Bei genauerem Hinsehen ist eine gute Zeichnung der Natur ähnlicher als eine schlechte.

Landschaft ist nicht bloß, was vor unseren Augen liegt, wenn wir ins Land hinausblicken. „Die Landschaft ist eine Lebensform."[14] Sie entsteht, wenn alles zur Landschaft drängt: die Stadt hinter dem Horizont versinkt, die Leute uns den Buckel herunterrutschen können und das lärmende Gezänk endgültig in der Ferne verhallt.

> Landschaft ist die Welt exclusiv! Und wie alles Exclusive heil, ganz, total und überwältigend.
> Also: Ich gehe nicht in die Landschaft, ich gehe *ein* in die Landschaft und die Bilder, die ich aus der Landschaft ziehe, Sepia und Wasser – ich ziehe sie absichtslos, genüßlich sanft schlürfend ein und – zurück wieder in meiner Burg zieht die Landschaft durch den Schlaf.
> Trolle + Alraune und setzt sich am nächsten Morgen fort im geknüddelten Asphaltlack-gesteiften Putzlappen – setzt sich in diesem fort als Alpen. Und in den Abbildungen all dieser Bilder ist schon fast keine Kunst mehr. Am besten – überhaupt keine Kunst, sondern wiederum nur Landschaft, und ich selbst bin Landschaft + Landschaft, Landschaft + Landschaft. Und – allein aus dieser Totale, aus dieser Einheit, kommen die Bilder, aus denen ein möglicher Betrachter sein Überzeugtsein zieht: Dies ist Landschaft. Es ist die Rohrfederzeichnung vom Apfelgarten des van Gogh – es sind die Radierungen des Herkules Seghers – es ist die Haseldorfer Marsch.[15]

In Janssens Landschaft konstellieren viele Momente. Der Niederländer Herkules Seghers und die Geschichte der Landschaftsmalerei zählen ebenso dazu wie ein den Alpen ähnlich gewordener Putzlappen oder die Haseldorfer Marsch, die er immer wieder aufgesucht hat. Sie alle wirken zusammen, wie in einem Drama Szenen und Akte das Stück im ganzen gestalten helfen und zum Höhepunkt führen. So ist auch die Landschaft eine Inszenierung – eine Inszenierung, an der es viele Mitwirkende gibt und einen Regisseur: Janssen, der ein einziges Stück immer wieder zur Aufführung bringt: Wie er in die Landschaft *ein*geht. Überflüssig zu sagen, daß es so viele Landschaften gibt, wie das Wetter Launen hat.

Auch Architektur ist nicht einfach eine Häuserfront, eine Brücke, eine Kathedrale. Wenn Janssen Architektur zeichnet, ist das „ein einziges Glaubensbekenntnis an die Macht der menschlichen Angst, die sich in Fassaden einmauert und sich einspinnt im Labyrinth der Straßen".[16] Die Stadt ist die steingewordene Angst, „wo die Horizonte ausgesperrt sind" und alles Licht von einem Feuer ausgeht, das in den eigenen Mauern ausgebrochen ist. Méryon ist der Gewährsmann für diese Art stadtgewordener Angst.

So wie er Landschaft oder Architektur inszeniert, inszeniert er auch Blumen, Schuhe, Schachteln und die vielen toten Dinge, die Stilleben heißen – nature morte – und um die er jedesmal ein Drama von Abschied und Auflösung veranstaltet. Die kleinen Lebewesen ziehen ihn besonders an. In jedem Gekrieche und Gekrabbel sieht Janssen eine Welt am Werk, in der sich der Mensch mit einem Insektentier so zusammenschließt, daß ihm aus dessen hingebungsvoller Betrachtung tiefere Einsichten in den Bau des Universums kommen als aus aller Himmelskunde. Die kleinen Dinge sind eine Bühne für die großen Dramen. Da heißt es genau hinsehen, ins einzelne gehen und in dem Chitinpanzer eines Gliederfüßers eine Konstruktion sichtbar machen, die eines Weltenschöpfers würdig wäre. Konjunktiv II. Denn anders als anthropomorph erscheint uns nichts weder groß noch klein. Nur daß die Vermenschlichungen, die Janssen da hineinträgt, uns mehr von dieser Welt sehen lassen als manches, was heute zur Irritation unserer Sinne aufgeboten wird und Kunst heißt.

Nicht die Inszenierung als solche stellt eine Leistung dar. In diesen Zeiten begehbarer Bilder gibt es nur noch Inszenierungen – ins Große und Gewaltige greifende Installationen, um die Museumsmauern herumgezogen werden. Janssens Leistung ist, aus diesem Gefängnis ausgebrochen zu sein. Raus aus der Kunst und näher an die Dinge heran! Natur ist die einzige Gegenspielerin, die mehr von uns verlangt, als wir von uns aus zu geben bereit wären. Sie lockt uns aus der Reserve. In ihr begegnen wir nicht nur uns selbst wieder.

Natur ist nicht Umwelt. In der Umwelt sind wir mit unseren eigenen Problemen konfrontiert. Sie sind selbstverschuldet, und es ist wichtig, daß wir sie lösen. Aber ein richtiges Korrektiv, das mehr als Krisenmanagement von uns fordert, haben wir nur in der Natur. Sie ist unsere Vergangenheit und Zukunft – der unvordenkliche Raum. Sie steckt voller Überraschungen. Sie ist der Spiegel, in dem wir nicht bloß uns selbst sehen. Sie führt uns über uns hinaus. Per definitionem ist sie unerschöpflich und die Quelle allen Reichtums. Sie ist der Schlüssel zu dem, was im Abendland Universalität heißt. Zu dieser Natur zurückgefunden zu haben, ist Janssens Leistung und daß er als Künstler nicht bei dem Begriff stehengeblieben ist.

Früher schon nannte man die Natur eine Lehrmeisterin – die größte, die es gibt. Das führt weit in die Geschichte zurück. Es ist schon viel, sie als solche wiederzuentdecken. Noch mehr bedeutet es aber, sie auch in diese Rolle zurückzubringen. Dazu war es nötig, Natur zu inszenieren. Das ist keine Erfindung von Janssen. Es geschah zu allen Zeiten. In der Renaissance, in den einfühlsamen Zeichnungen der Romantiker, in dem heftigen Gestus des expressionistischen Aufbruchs. Fragt sich immer nur, wie weit einer damit kommt.

Janssen ist es gelungen, Natur so zu inszenieren, daß darin weder das menschliche Auge, noch das Ich mit seinen wechselnden Befindlichkeiten, noch auch die Materialien zu kurz kommen, aus denen ihr Bild gemacht wird: zum jeweiligen Papier die passenden Stifte und die entsprechende Technik und was dergleichen mehr ist. All das prozessiert in dem Stück Welt, das Janssen unter seinen Fingern hat. Damit aus diesem Stück Welt jedesmal wieder das Drama der Menschheit wird, setzt das einen Spiegel voraus, der alles Licht und alle Schatten einfängt: einen Janssen eben, der sich in diesen Jahren eine Existenz verschafft, die noch mit den elementarsten Regungen vernetzt ist und wie ein Seismograph reagiert – genauer gesagt: gewohnheitsmäßig überreagiert.

Die 70er Jahre sind die Jahre stärkster physiognomischer Veränderungen. Janssen verliert wieder an Gewicht. Er wird schlanker, und Ende 1972 ist er so ausgezehrt und durchscheinend, daß er wie eine Membran den leisesten Anstoß weiterleitet. Auf den Vulkan der 60er Jahre, auf den vor Energie berstenden Koloß folgen die vielen Beben, die ihr Epizentrum direkt unter der Oberfläche haben. Erst das neue Werk gibt uns den verletzlichen und erschütterbaren Janssen. Programmatisch ist der Titel eines Selbstbildnisses vom 24. November 1969: *Ich weiß es nicht.*[17] Der Mittdreißiger hätte dafür noch keine Sprache gehabt. In der Radierfolge *Hanno's Tod* erreicht das seinen Höhepunkt.
Sobald das Wasser aus dem Körper gewichen ist, hängt das Gesicht schwer in den Falten. Der Jüngling hatte noch gleichmäßig gewölbte Augendeckel. Jetzt wird hinter der Brille ein geröteter, sämiger Lidrand sichtbar. Die Lippen sind die des Vielredners und immer in Bewegung. Die Züge um Mund und Nase stehen nicht mehr still. Mit seinem wandlungsfähigen Mienenspiel saugt dieses Gesicht die Bilder förmlich an, die sich ihm zeigen. Der rasch zufassende Blick gibt die Eindrücke sofort an den Körper weiter. Die Distanz des Schauenden, des bloß sinnenden Betrachters, stellt sich nicht ein. Eigentlich ist es dieser Körper, der zeichnet. Alles, was auf dem Papier erscheint, ist da hindurchgegangen – ist unmittelbar Körpersprache: Mimesis einer sich in jedem Gegenüber widerspiegelnden Gestalt. Die Gestalt ist noch nicht gefunden, die Janssen in diesen Jahren nicht angenommen hätte. Ein Schauspieler könnte unmöglich so viele Rollen spielen.
Zu keiner Zeit war es Janssen gegeben, der distanzierte Beobachter zu sein und zu bleiben. Zwar hat er Paul Wunderlich darum beneidet, wie dieser kühl auf Abstand hielt. Er selbst war immer viel zu heftig engagiert. Auf alles ließ er sich sofort ein – „die tumbe Passion".[18] Wenn er das schon immer war und anders

In den 70er Jahren (Foto Gerdt Einsmann)

nicht konnte – jetzt wollte er so sein. Er machte sein Ich zu einer Bühne schnell wechselnder Schauspiele, und bei jedem seiner Auftritte war er so überwältigend er selbst, daß bloß an ein Spiel zu denken gar nicht möglich gewesen wäre. Niemand hielt diese Fieberkurve einer sich jedesmal völlig verausgabenden Existenz bloß für eine Inszenierung. Dabei war dieses unerhört wandlungsfähige Ich, das Janssen hervorkehrte, seine überzeugendste, auf jeden Fall seine erfolgreichste Inszenierung.

Er wollte alles sein – alles, was Natur und Geschichte hergeben: eine Libelle, eine Walnußschale, das Fischerdorf am Ende eines norwegischen Fjords. Er wollte es mitsamt der Welt sein, für die das steht: die Libelle, die sich auf ihrem Zickzackflug für einen Augenblick wie das materialisierte Nichts in den Himmel stellt; die Walnußschale, die den Piranesi und die Thermen des Caracalla zitiert; eine Ansammlung von Holzhäusern, die wie Spielzeug, wie Bauklötzchen verstreut daliegen. Er wollte der an Typhus sterbende kleine Hanno aus Thomas Manns *Buddenbrooks* sein ebenso wie Adolf Hitler mit seinem über-

eine Ziege für einen Widder

die Ziege

Die Ziegen sind muntere kühne Thiere, die gerne springen und hüpfen,
in Anhöhen + Berge zu erklimmen suchen. Ja, auf Holz und
Steinhaufen, auf Mauern und Felsen zu klettern und Treppen
zu ersteigen, das ist ihre Lust. Jeden eingebahnten Weg ziehen
sie, steht dem gebahnten vor, das Klettern an schroffen
Felsen dem Wandeln auf ebener Erde; sie springen lieber
über Zäune, als dass sie einen Eingang suchen. Oft versteigen
sie sich beim Klettern so, dass sie gar nicht wieder hinab zu kommen
vermögen. Sie kennen keinen Schwindel (?) und gehen ruhig
am Rande der fürchterlichsten Abgründe dahin. Vorzüglich
muthig sind die Böcke. Einen recht starken Bock bringt selbst
ein kräftiger Mann kaum oder gar nicht zum Weichen, durch
das Stossen mit den Hörnern, durch das Aufrichten der

Hinterbeine setzen sie selbst mutige Hunde in Furcht und halten sie von sich ab. Sehr häufig liefern sich Böcke und selbst Ziegen fürchterliche Gefechte, wenn sie sich zum ersten Male treffen. Von der Dummheit & Einfalt des Schafes hat die Ziege durchaus nichts an sich; sie besitzt mehr Lebhaftigkeit und Instinkt und übertrifft das Schaf bei weitem an Stärke, Flüchtigkeit (!) und Mut. Vorwitziger als die Ziege ist nicht leicht ein Tier; daher entfernt sie sich oft von der Herde, begafft alles und ist schwer zu hüten! Auch der rüstigste und tätigste Hirt vermag nicht mehr als fünfzig die unruhigen Tiere im Zaume zu halten.

Übrigens hat die Ziege von allen Haustieren, nach dem Hunde die meiste natürliche Anhänglichkeit und Zuneigung zu dem Menschen.

Wenn ein Hund oder ein anderes Tier sie verfolgt, so flüchtet sie öfters dem Menschen zu und schliesst sich treulich an ihn an. Die Herden auf den Alpen der Schweiz begleiten oft stundenlang den Wanderer und kehren zuletzt von selber wieder um. In ihrem Charakter ist die Ziege tückisch, unstet, unwillig. Ganz unvermutet wird sie mutig lustig und macht die possierlichsten Sprünge; plötzlich steht sie wieder still und scheint möglichst ernsthaft zu sein. Heute ist sie zutraulich zu dem Menschen, läuft ihm nach, wohin er will, und morgen geht sie nicht von der Stelle, wie sehr man sie zum Folgen reizt. (!) Bald ist sie freundlich, bald tückisch und stössig (!). Jetzt wehrt sie sich durch Stossen mit den Hörnern gegen ihren Feind, und ein anderesmal erschrickt sie plötzlich vor ganz unbedeutenden Dingen so sehr, dass sie über Hals und Kopf reiss aus nimmt und garnicht zu halten ist

(Schönke 1892)

PS Vorwitzige Psyche – ich wusste es ja: Ziege – nicht Widder!
darf ich für die Feministen, den Lieben, noch mal repetieren:
„..... bei grösster Anhänglichkeit sehr schwer zu hüten ..... selbst der tätigste Hirt kann nicht mehr als fünfzig im Zaum halten"
ich würde sogar sagen: der Hirt selbst sollte sich hüten ...... Pat

Brief an Gesche Tietjens vom 28. 7. 1977. Feder und Aquarell (35 x 21,2 cm je Seite)
„Die Ziege" – Text von Schönke 1892

steigerten Machtgebaren. Er wollte es unbedingt sein – bis zu dem Grad, der ihm erlaubte, es nicht auch bleiben zu müssen. Denn er wollte mehr – er wollte Peiniger und Gepeinigter, Mann und Mädchen, Mensch und Tier sein. Und damit nicht genug. Alles das mußte er tiefer fühlen, gründlicher auskosten, stärker durchleiden, heftiger austoben. Er nahm für sich in Anspruch, in seiner Person das Leben nach allen Richtungen, bis in die letzten Winkel und Nischen, ganz auszufüllen – ja, wenn es denn möglich wäre, mehr zu leben als jeder andere. Eine Kerze, die an zwei Enden brennt. Das Tagebuch gelebter Augenblicke, zu dem er seine Zeichnerei machte, sollte mehr als ein verläßliches Kalendarium sein: ein Panoptikum aller „widersprüchliche[n] und kontroverse[n] Zustände des Menschlichen".[19]

Dafür eine Bühne bereitet und sich als Spiegel geputzt zu haben, das ist Janssens eigentliche Leistung in diesen 70er Jahren. Das auch noch den flüchtigsten Erscheinungen gewärtige Ich – das ist seine Inszenierung, die ihm keiner nachmacht. Nicht zu seiner Zeit, die die verschiedensten Formen exhibitionistischer Selbstdarstellung hervorgebracht hat, aber nur einen Janssen. Mit Grenzerfahrung und Bewußtseinserweiterung hat es nichts zu tun. Auch ist es nicht dasselbe wie der Kult, der um die Betroffenheit gemacht wird. Als wäre die Fähigkeit, sich der Welt aufzuschließen, bloß davon abhängig, sich wieder betroffen zu zeigen. Nur *eine* Droge läßt Janssen gelten: die Droge, die er Leben nennt – zu der er in diesen 70er Jahren sein Leben gemacht hat.

Inszenierungen

In diesem fürchterlich schönen Europa zeichnet nämlich nicht ES, sondern immer nur ICH.[1]

Nur einmal hat sich Janssen so programmatisch geäußert, wenn auch an hervorragender Stelle – als er 1972 über sein Zeichnen zu schreiben begann. Es liest sich wie eine Präambel. Zeitlebens hat er sich daran gehalten, nur daß dieses Ich nicht für eine Identität oder einen Stil, sondern für das heftigste Engagement steht, mit dem ihm Welt auf Welt nacheinander in den Bann zogen. Dieses Ich ist auf Expansion und Bereicherung aus, und wenn ihm überhaupt ein Gewissen schlägt, dann ist es ein artistisches: „aus all dem zeichne ich mir meine ORDNUNGEN auf den Papieren zusammen".[2]
Die Eroberungs- und Streifzüge dieses Ich folgen immer dem gleichen Schema – dem der Verführung. Mimesis hat ihre Wurzeln in der Verführbarkeit des Menschen. Janssen war nicht nur selbst der größte Verführer – er ließ sich auch für seine Person am liebsten und leicht verführen. Das fing mit Gabriele Gutsche an: Sie war die verheiratete Frau und er der unschuldige Knabe. Von Judith Schlottau ließ er sich dann zu Exzessen der Leidenschaft hinreißen. Als er am Holstenglacis in Untersuchungshaft saß und der Leiter des Gefängnischors ihm von einer musikalischen Freundin vorschwärmte, erschien ihm Marie Knauer sehr begehrenswert. An der Sechzehnjährigen war – außer Babyspeck – noch nicht viel dran, aber er hatte sie mit den Augen ihres Verehrers gesehen. Für den einsitzenden Janssen war das so verführerisch, daß er sie zwei Jahre später heiratete.
Janssen ließ sich auf jede Verführung ein. In den 50er Jahren war er deshalb ins Gefängnis gekommen. Er hatte sich zu dem gröbsten Unfug anstiften und im alkoholisierten Zustand mit einem nicht verkehrstüchtigen Auto von der Polizei aufgreifen lassen. Die 60er Jahre waren – cum grano salis – eine einzige Mimikry an den gesellschaftlichen Erfolg. Binnen weniger Jahre hatte sich Janssen in dieser Wirtschaftswunderzeit mit den „geilen Sybillchen" an die Spitze seiner Zunft gezeichnet. Er wurde nicht nur im Land berühmt – die Biennale in Venedig hatte ihn auch international bekannt gemacht. Das war endlich geschafft, und für das kommende Jahrzehnt – für die 70er Jahre – mußten neue Verführungen her! Das Muster blieb sich gleich, aber er hob es auf eine neue, höhere Stufe. Er machte die Verführung zu einem Stück Selbst-

inszenierung. Mit jeder Verführung zog er die Grenzen seines Ich neu. Was ihm gefiel, was ihn anzog – davon ließ er sich vereinnahmen. Er ließ sich so darauf ein, daß es schon wieder eine Frage der Selbstbehauptung war, sich nicht restlos aus der Hand zu geben. Im Wechsel von Verlieren und Gewinnen maß Janssen seine Welt jedesmal neu aus. Aus solchen Quellen schöpft die *Kopie,* die für seine Arbeit in den kommenden Jahren zentral ist. Er wußte, daß er verführbar ist, und wollte es nun erst recht sein – verführbar durch alles, was seine Aufmerksamkeit weckt und sein Interesse erregt: die Verführung in Person. Er wollte regelrecht an die Hand genommen sein! Kein besseres Bild gibt es dafür als die *Allegorie der Fruchtbarkeit* von Botticelli, die er als Vorlage für eine Kopie benutzte.³ Auf der Zeichnung von 1971 und der großformatigen Radierung von 1973 führt die allegorische Schöne den zu einem Selbstbildnis umgestalteten Putto an der Hand: den kleinen Janssen unterwegs zu großen Taten – nicht im Alleingang, sondern am Händchen.

Allegorie der Fruchtbarkeit, nach Botticelli. Radierung 1973 (44,4 x 29,7 cm)

Freunde und Frauen, die ihn gleichsam an die Hand nehmen sollten, fanden sich Anfang der 70er Jahre wie von selbst: Jemand, der ihn in die Landschaft führte – Gesche Tietjens. Jemand, der ihm Japan und die Kunst des Fernen Ostens erschloß – Gerhard Schack. Jemand, der ihn Italien mit den Augen suchen ließ – Joachim Fest. Jemand, der mit seiner Druckkunst gerade dorthin aufbrach, wo er mit der Radierung hinwollte – Hartmut Frielinghaus. Jemand, der ihn den Weg zu neuen Reproduktionstechniken und einem unabhängigen Verlagswesen wies – Claus Clément. Und ein Biograph sollte sich in diesen 70er Jahren auch noch finden – jemand, der ihm in der Darstellung seiner eigenen Lebensgeschichte vorausging.

Aber am liebsten brachte er die Frau in eine Position, daß sie alles von ihm fordern konnte. Gesche durfte von ihm sogar verlangen, mit dem Trinken aufzuhören. Sie sprang sonst in ihren Volvo und verschwand für mehrere Tage. Janssen tat sich dann mit ihrer Mutter Johanna zusammen, und gemeinsam lauerten sie zwischen Nord- und Ostseeküste dem Flüchtling auf. Gesche führte einen heißen Kampf gegen den Alkohol. Es war aber niemand anderes als Janssen, der ihre Fahndungen nach halbgefüllten Reserveflaschen unterstützte und auf das ganze Haus ausdehnte. Ja, er machte sich schon wieder einen Spaß daraus, den hochprozentigen Korn in dem Glas mit den Aquarellpinseln zu verstecken, das, von etwas Tusche unauffällig eingetrübt, direkt vor seiner Nase stand. Von dem Schnaps wenigstens zeitweise wegzukommen – das war die größte Verführung. Auf Dauer mußte ihr Janssen widerstehen.

Gesche zog ihn in die Landschaft und mit auf Reisen bis nach Norwegen und in die Schweizer Berge, ins Tessin. Obwohl er seinen Arbeitstisch nie für mehrere Tage verlassen hatte, ließ er sich liebend gern von Gesche dorthin entführen. Sie lebte erst in ländlicher Umgebung richtig auf. Da war sie in ihrem Element, und ihre Begeisterung für Landschaften, seien es die des flachen Landes oder der Alpen, erschloß ihm eine völlig andere Welt. Sie zog ihn von der Beschäftigung mit sich selbst weg und öffnete ihm die Augen für die weiten Horizonte und das Schauspiel der Wolken.

> Bon – da ist noch ein wesentlich Neues, als sich dem Zeichner (Maler) plötzlich die Landschaft öffnete: Bis dahin war er in sich selbst eingesperrt, bestenfalls daß er aus sich in ein nächstes Menschenbild einstieg – oder aber, wenn er denn tatsächlich sich vergessen wollte, stieg er in die Ikone – flüchtete vor sich selbst in die Metapher. Eben DAS, diese Eingesperrtheit in sich, endete mit dem EINSTIEG in die Landschaft (Malerei). Mit der ERKENNTNIS »Landschaft« konnte der Zeichner (Maler) eintauchen, ver-

sinken in eine »Welt«, die nicht PRIMÄR sein Spiegelbild ist. Seine Identität – Selbstgefühl – Selbstverständnis floß in ein »Nicht-Menschliches«, und wenn da genug Masse an Gefühl – Sehnsucht war, füllte es diesen Kosmos »Landschaft«, und der Mensch wurde zur Landschaft – – – für den Moment der Versunkenheit. Vorzüglich läßt sich dies durch die Zeiten aus den Landschafts-ZEICHNUNGEN der Meister herauslesen.[4]

Gesche Tietjens war die Muse seiner Landschafterei. Wenn sie die Rolle besser als jede andere ausfüllte, lag es auch daran, daß Janssen sie in diese Position brachte. Er wollte die Landschaft mit ihren Augen sehen. Ihr wollte er gefallen, wenn er sich nach vielen Jahren – seit Mahlau – zum ersten Mal wieder und auch immer nur kurz ins Freie setzte und unter offenem Himmel zu zeichnen begann. Es war dieses Dreiecksverhältnis, das ihm erlaubte, Landschaft so zu inszenieren, das Eros ihm half, ganz in Landschaft *ein*zugehen und sie nicht bloß abzumalen.

Wir sagten bereits: Janssens Natur ist geselliger Natur. Er ist kein kontemplativer Spaziergänger – weder in Einsamkeit noch in Zweisamkeit, und wenn er sich ein Ziel erwandern will, genügt ihm ein schäbiger Teppich unter den Füßen. Jemand, der auf den ländlichen Zigeunertouren nie störte, weil er als Rivale um Gesches Gunst auch gar nicht in Frage kam, war Gerhard Schack. Der Kunstfreund drängte nicht unbedingt bei jedem Wind und Wetter vor die Tür und an die frische Luft. Aber von Gesche und Janssen ließ er sich in die Landschaft locken, wo er nun allerdings den beiden auf seine Weise vorausspringen konnte. Denn Gerhard Schack ist Anspielung und Zitat. Er *hat* immer schon *gesehen* – mit den Augen von Aert van der Neer, von Claude Lorrain, von Johann Christian Dahl, wenn sich die Natur noch ungeniert bloß als sie selbst ausgibt. Für pedantische Belehrung hält es nur, wer diese Zitate und Déjà-vu-Erlebnisse nicht zurückspielen kann. Janssen fuhr sofort darauf ab und ließ sich von Schack auf das weite Feld der Kunstgeschichte ziehen. In dieses noch ungebahnte Gelände eilte ihm der Freund voraus, als sie zu dritt durch die Marschen streiften. Die ersten Landschaften radierte Janssen dann nach niederländischen oder japanischen Vorlagen.[5] Schack machte ihm klar, daß eins aus dem anderen entsteht und daß sich auch die Größten untereinander kopiert haben.

Das war die Konstruktion, die es Janssen am Anfang der 70er Jahre ermöglichte, nach der Natur zu zeichnen: Er brauchte jemanden, der ihm in der Naturgeschichte des Sehens vorauslief. Er wollte verführt werden. Landschaft – das ist ein Lebensnerv. Damit dieser Nerv getroffen wird, genügt Landschaft

Tessin, Zeichnung 8. 12. 1971. Blei- und Farbstift (26 x 18,5 cm)

allein nicht. Landschaft muß Frau und Freund werden, muß tief ins Vegetative greifen, damit es nicht bei irgendwelchen ländlichen Ansichten von hier und da bleibt.

Allerdings fing Janssen damals schon an, Gesche auch in solche Rollen zu drängen, die ihr fernlagen. Er wollte den Motor seiner Zeichnerei richtig zum Laufen bringen, und so kam es, daß er sie auch gleich überforderte. Gerhard Schack brachte bei seinen vielen Besuchen Bücher, Abbildungen und japanische Originalvorlagen mit in das Haus am Mühlenberger Weg. Beim Betrachten einer italienischen Meisterzeichnung soll Gesche die Bemerkung fallen gelassen haben: „Du kannst ja ziemlich gut zeichnen, aber dies hier schaffst du nicht."[6] Sie hatte noch nicht zu Ende gesprochen, als Janssen ihr beweisen mußte, daß auch die figürlichen Schöpfungen der Hochrenaissance für ihn zu meistern wären. Als hätte er nur darauf gewartet, sah er ihren Halbsatz als eine unmißverständliche Aufforderung an. Er sollte sich das Unmögliche abverlangen! Nur die Frau konnte das fordern. Eine unscheinbare Bemerkung schmiedete er so zu einer Waffe um, die auf ihn gerichtet war. Wehe der Frau, die ihn – die er – dazu zwang! Ihr mußte er es zeigen.

Die Rede ist von der *Kopie*. Janssen dehnte sie in diesen Jahren auf Figürliches aus der italienischen Blütezeit aus, aber auch auf Hokusai, auf Füssli[7] und Gavarni[8] und weitere Meister. Für jeden anderen wären es Vorbilder gewesen, die er nachahmen oder denen er nacheifern möchte – so vergangen sie auch sind. Für Janssen steht jedes Vor-Bild für einen lebendigen, von ihm umworbenen Menschen, dem er dadurch gefallen möchte, daß er zeichnet, was dessen Anerkennung, ja, Bewunderung hat. Janssen besetzt mit seiner Person – seiner Kunst – die Stelle, die bis dahin das verehrte Vorbild eingenommen hat. Will er jemanden für sich gewinnen, verwandelt er sich in dessen Lieblingsspielzeug. In dieser verführerischen Gestalt rückt er ihm auf den Leib. Von der Seite kommt er ihm näher, als das sonst möglich gewesen wäre. Das ist sein Geheimnis, seine Strategie. Der Erfolg liegt darin, daß Janssen mit dieser Art von Einmischung auch noch die elementarsten Instinkte für sich arbeiten lassen kann. Im Grunde sind es die Mittel der Verführung, es sind die Zauberkräfte des Eros, die er seinen Eroberungen dienstbar macht. Jedesmal sind es zwei Eroberungen, die er macht: die Person – Frau oder Freund –, die er für sich einnehmen will, *und* der italienische, japanische, französische Meister, mit dem er sich bei ihr wie mit einem trojanischen Pferd heimlich einführt.

Kopie ist nicht einfach Kopie. Sie ist ein Spiel mit wechselnden Rollen, mit erotischen Energien, die verschoben, verwandelt und benutzt werden. Sämt-

Morg'n Panne, Briefzeichnung nach Füssli 6. 8. 1973. Feder und Aquarell (39,5 x 8 cm)

liche Fäden – die des Verführten und die des Verführers – laufen in einer Hand zusammen: in der des Zeichners Janssen, der das alles inszeniert, um mitten ins Herz zu treffen. Tatsächlich gehen seine besten *Kopien* wie Liebeserklärungen unter die Haut. Nie zuvor haben wir uns selbst mit unseren Vorlieben so gefallen wie in diesen Zeichnungen nach alten Meistern.

Alles andere, was für die *Kopie* auch noch charakteristisch ist, sind nachgeordnete Gründe, Motive und Erklärungen. Darunter auch die, daß Janssen bisher noch auf keiner Schule hat lernen können, wie ein Körper anatomisch richtig und ein Kostüm in seinen Falten bis in die Einzelheiten genau gezeichnet werden. Bei Alfred Mahlau am Lerchenfeld war das kein Unterrichtsthema gewesen. Besonders die Frage, welche der alten Meister Janssen denn nun am nächsten stehen und zu seinen Wahlverwandten[9] zählen und ob er sie übertreffe, sich gar auf ihre Kosten Scherze erlaube und was dergleichen Überlegungen mehr sind – das alles interessiert auch und will erwogen sein. Aber in ersten Linie geht es darum, daß Janssen für seine Erforschung der Kunstgeschichte die Erotik ins Spiel bringt – noch dazu in einer Schlüsselrolle. Die *Kopie* ist sein Weg, sich in fremde Herzen und vergangene Zeiten hineinzustehlen.

Bei der Anverwandlung von Natur und Geschichte ließ sich Janssen – wann immer es ihm gefiel – von den Vorlieben seiner Frauen und Freunde leiten. Die Erotik spielte bei ihm immer schon ganz vorn an der Rampe. Nun wird sie auch hinter der Bühne tätig. Sie hilft ihm, Landschaft, Figur, Blume, Architektur, alles, was scheinbar nichts damit zu tun hat, neu zu entdecken. Sie ist der Schlüssel zur *Kopie* – ein Lebenselexier. Mit ihrem Energiekreislauf schließt er sich kurz. Instinktiv lädt er seine Bilder damit auf und entgeht so der Gefahr, bloß Kopfgeburten und vordergründige Nachahmungen aufs Papier zu bringen.

Aus demselben Grund gibt es in diesen und den folgenden Jahren auch keine Geschäftsbeziehungen, die Janssen nicht in ein Liebesverhältnis verwandelt hätte. Das Drucken von Radierungen ist eine typische Dienstleistung. Der Drucker arbeitet auf Rechnung des Auftraggebers. Aber Janssen mußte das Lohnverhältnis von Anfang an unterlaufen. Er konnte gar nicht anders als eine Freundschaft daraus machen. Nicht gleich mit der Intensität, die ihn dann später an Frielinghaus band. Davor stand Schack. Auch andere bemühten sich, den Drucker auf seine Rolle als Zulieferer und Handwerker zu beschränken. Aber mit der Spürnase dessen, der weiß, was gut für ihn ist, setzte sich Janssen über das bloß sachliche Verhältnis hinweg und warb bei dem Drucker um

Sympathie. Über Abgründe des Charakters und der Mentaltität hinweg suchte er den Freund. Ja, zu einer der ersten Radierungen, mit denen er sich überhaupt in die Landschaft hinauswagte, ließ er sich 1970 durch eben diesen Hartmut Frielinghaus verführen. In seiner Werkstatt in Hamburg-Rissen hatte dieser eine halbfertige Radierplatte herumliegen lassen. Janssen zeichnete sie weiter und brachte das Gestrüpp am Elbstrand so zum Wuchern, daß der Strandkorb darunter verschwand.[10] Ein Akt – so spontan wie symbolträchtig. Denn Janssen wollte angeregt und verführt werden, und der ihm praktisch dazu verhalf, war Frielinghaus, der sich auch in der Umschrift, die an seiner Platte vorgenommen wurde, gleich viel besser leiden mochte. Der Funke hat sofort gezündet. Wer aber in dieser Symbiose einmal die Führung innehaben sollte, das war noch lange Zeit heftig umstritten.

Auch die Beziehung zu Brockstedt, der seit der zweiten Hälfte der 60er Jahre wieder in seine alte Rolle als Freund und Kunsthändler zurückgekehrt war, glich nicht dem Verhältnis, das normalerweise ein Galerist zu seinem Künstler hat. Eher war es ein Wechselbad der Emotionen. Treueversprechen und Liebesschwüre wetteiferten mit exemplarischen Bestrafungen. Mit jedem Freund ging Janssen ein Bündnis gegen den Rest der Welt ein. Aber schon bei nächster Gelegenheit rechnete er die Liebe, die er forderte und auch bekam, wieder auf Heller und Pfennig herunter. Von Freundschaft war nun keine Rede mehr. Das Geschäftliche war nur dazu ersonnen, ihn – den Künstler – bezahlen zu lassen. Deshalb sollte die Rache dem Händler doppelt teuer zu stehen kommen. Eine Existenz galt es zu vernichten.

Joachim Fest wäre gern in die Rolle eines Beraters nachgerückt. Es gab viele Versuche, die Freundschaft auch in eine kommerzielle Verbindung zu überführen. Janssen hat ihm die größten Avancen gemacht, so beeindruckt war er von dem gebildeten und weltläufigen Freund. Joachim Fest hatte die Fernsehsendung Panorama geleitet, als sie noch in der deutschen Öffentlichkeit für Aufsehen sorgte. Er war ein herausragender Journalist mit allen Qualitäten eines Mentors, dem Janssen mit wachsender Begeisterung gefolgt ist: auf das Terrain eines Jacob Burckhardt oder eines Thomas Mann oder eines Adolf Hitler. Auch wenn es galt, sich gegen eine Welt aus Gleichgültigkeit und Nichtbeachtung zu wappnen, konnte ihm niemand besser beistehen als der berühmte Publizist. An seiner Seite fühlte sich Janssen sicher.

Fests Vorlieben waren auf die Heroen der Kunstgeschichte gerichtet, allen voran die Meister der italienischen Hochrenaissance, von denen sich Janssen nun seinerseits angezogen fühlte, weil er sie dem Freund menschlich nahebringen konnte. Hinter einem Engel von Verrocchio lugt er selbst hervor[11] –

im Schatten eines Größeren, der schon dem Leonardo da Vinci ein Lehrer gewesen war. In solcher Gesellschaft gefiel sich Fest, und Janssen gefiel es, ihn mit den aufwendiger gezeichneten *Kopien* und großen Namen zu bedienen. Sehr zum Leidwesen von Gerhard Schack, mit dem sich Janssen auf einen Begriff von Qualität verständigt hatte, der unbedingt intime Kennerschaft, aber nicht notwendig das repräsentative Format einschloß. So willfuhr Janssen den Wünschen seiner Freunde, und indem er ihre Eifersucht untereinander schürte, ließ er sich in der *Kopie* auf ein Terrain von solcher Breite ziehen, daß unwillkürlich die Frage aufkommt: Wie läßt sich das alles von nur einer Hand beherrschen – das ferne Japan und die Schule von Fontainebleau und der römische Barock und die deutsche Romantik?

Auf seinen Welteroberungen versöhnte Janssen die Freunde mit ihren jeweiligen Sehnsüchten. Er sprudelte über und ließ sich von ihren Vorlieben inspirieren, während sie sich Gedanken machten, wie diese Produktivität zu kanalisieren wäre. Gegen die proletarischen Anwandlungen der Studentenbewegung hatte Joachim Fest zusammen mit dem weitgereisten Toninelli, einem Mailänder Kunsthändler,[12] und dem Verleger Wolf Jobst Siedler das Projekt einer Gelehrtenrepublik ersonnen. Janssen erarbeitete sich gerade den abendländischen Fundus und war für eine Elite des Geistes durchaus aufgeschlossen. Er konnte sich vorstellen, Europa und die Welt für seine sensiblen Zeichnungen zu gewinnen. Ein Gebäude von kastigen Ausmaßen in der Nähe von Locarno war 1972 schon als Sitz für die Zukunft ausersehen. Von der Schweiz aus, mit besten Beziehungen nach Italien und Übersee, mit der Pantheon-Presse und dem Verlag Ullstein-Propyläen im Rücken, wollte man das in Kupfer und Zink umgemünzte Janssen-Gold, nach Auflagen gestaffelt und unter nicht allzu streng eingehaltener Limitierung, zur Verteilung bringen.

Daß der Freund Händler und der Händler Freund ist, hatte Janssens volle Zustimmung. Er selbst lockte jeden auf diese Spur und sprach regelrecht Einladungen aus. Er drängte unter das Dach eines großen Verlages, der ihn von den Alltagssorgen freistellen konnte. Er suchte Anlehnung an starke Schultern. Niemals brauchte er einen Freund wie „Jokel Fete" dringender als in den Jahren 1972 bis 1975. Diese Zeit war eine einzige Gratwanderung, und wann immer Janssen abzustürzen drohte, konnte ihn keiner so wie Fest vom Abgrund weghalten – mit einer Bemerkung, die wie von ungefähr eine Wiederbelebung einleitete und den Lebensmüden zurück ins Hier und Jetzt zog. Die restlose Verausgabung auf seinen vielen Zeichenpapieren brachte ihn immer wieder an den Rand der Erschöpfung, die er nicht anders als in tiefster

Melancholie um sich schlagend ertragen konnte. Der einzige, der ihn da wieder herausholen konnte, war Joachim Fest. Welch ein Wunder, daß sich Janssen völlig in seine Hand begeben wollte! Welche Leistung aber auch, daß er sich aus der Umklammerung wieder befreien konnte. Er hatte sich in die größte Abhängigkeit hineingeritten und wurde fast lückenlos durch das „Triumvirat" abgeschirmt: Brockstedt war wieder mal aus dem Rennen geworfen, Schack war damit ausgelastet, Verbindung zur Griffelkunst zu halten, Frielinghaus sollte fast gar nicht mehr drucken dürfen. Zeichnungen gelangten überhaupt nicht mehr auf den Markt. Als Janssen dem Bedürfnis, sich total verwalten zu lassen, bis zum äußersten nachgegeben hatte, ließ er die Falle doch nicht zuschnappen, sondern rettete die Freundschaft mit Fest – weniger die mit Toninelli und Siedler – durch Krisen und Entfernungen hindurch über die Zeit.

Nur die geliebte Frau versetzte er ebenso in die Lage, daß sie ihn unumschränkt beherrschen durfte. Ihr lieferte er sich aus – war Wachs in ihren Händen, wie er selbst am meisten überzeugt war. Mit Gesche fing er an, sich die Frau so zu schaffen, wie er sie sehen wollte. Bei Verena war das noch nicht der Fall. Aber Gesche sollte schon seinen Vorstellungen von einer desaströsen Liebe entsprechen. Deshalb dachte er sich den Mythos von den männermordenden Frauen aus. Gesche selbst hatte am wenigsten Talent dazu, und deshalb war Janssen froh, in der Familiengeschichte der Bernhold-Tietjens das Material für den Mythos zu finden, den er unbedingt bestätigt wissen wollte. Wie er in *Hinkepott II* ausführlich beschrieb, überlebten in dieser Familie sämtliche Frauen ihre Männer, die gar nicht erbärmlich genug untergehen konnten. Alle Männer waren entweder längst tot oder dämmerten bloß noch in geistiger Umnachtung dahin. „Erst 1969, wie gesagt, fiel wieder ein Mann in diese Falle = ICH."[13]
Die Falle, in die er laufen sollte, war eine von seinen Leitvorstellungen. Weil er sich in Ahnungslosigkeit wiegte, mußte er ihrem endgültigen Zuschnappen zuvorkommen. Janssen hing dieser fixen Idee nicht nur an – er lebte sie auch: Auf einem der Grabsteine hinter der Kirche von Haseldorf fühlte er sich von seinem eigenen Eheversprechen so in die Enge getrieben, daß er vor Gesche und Mutter Johanna in Tränen ausbrach und heulte: „Ich kann nicht heiraten. Ich kann nicht." Er kämpfte wie um sein Leben. Gesche bekam 1972 ein Haus in Witzwort auf der Halbinsel Eiderstedt, siedelte dorthin um und trug in Ruhe Sohn Adam aus, den sie ohne Vater aufzog.
Die Familienchronik, wie er sie sich erzählt hatte, erlaubte ihm zwei Rollen

ganz auszuleben: den zur Liebe Verführten, in Liebe Gefangenen *und* den ums nackte Überleben Ringenden. Er hatte nur dann eine Chance, wenn er gerade noch rechtzeitig die Falle erkennt, in die er rennen soll. Nach dem Muster inszenierte Janssen in diesem Jahrzehnt seine Liebesgeschichte. Das Muster blieb sich gleich, wenn er es auch in den Einzelheiten steigern mußte. „Die Verwirklichung eines Matriarchats",[14] die er als Gesches schicksalhaften Antrieb diagnostiziert hatte, spitzte er im Laufe der Jahre weiter zu. Besonders gegenüber den jüngeren Mädchen wurde daraus die Behauptung: „Du kannst gar nicht lieben!" Keine Frau der Welt kann diesen Vorwurf anders als durch Hingabe widerlegen.

Dabei ist es Janssen immer ernst gewesen. Eine Inszenierung nennen wir es trotzdem, weil er das Muster jedesmal ausschöpfte und auch seine Kunst mit diesen Spannungen auflud. Die Inszenierung dient bei Janssen immer der Steigerung, nie der Desillusionierung. Daß alles nur Theater ist, weiß seine Nachtmütze. Mit desto größerer Rücksichtslosigkeit gegen sich selbst verhilft er dem Drama zu letzter Glaubwürdigkeit. Aber wie er sie sich auch erschafft – seine große Liebe: Er kann sie nicht beherrschen, sie hält nicht still und läuft ihm aus dem Zügel. In der Liebe waltet dieselbe Tücke des Objekts wie sonst bloß in der Natur. Nur der heftigste Widerstand zählt, und den besorgte sich Janssen am besten selbst – in der Natur wie in der Liebe.

Tatsächlich hatte er sich in seiner Kunst bis an den Punkt vorgearbeitet, wo ihm nichts mehr widerstehen konnte, es sei denn das Leben mit seinen Tücken und Unwägbarkeiten. Dann war er außer sich. Ausgerechnet eine Professorin der Mathematik lief ihm im Bikini über den Weg. Es war 1972 im sommerlichen Tessin. Mit Fassungslosigkeit quittierte er, daß sie vor seinen verliebten Nachstellungen zurückwich: „Da zeichne ich seit Jahren schon diesen Körper, und nun will er mich nicht."

Der Inbegriff all dessen, was sich ihm entzog, war Bettina. Wie das vielgestaltige Wasser konnte er sie nicht festhalten. Sie wurde ihm eine rechte Melusine, launenhaft und unberechenbar wie Mädchen im Alter von neunzehn Jahren manchmal sind. Seine „Undinen-Zeit"[15] fing am 1. Januar 1973 an und brachte ihn in nur drei Monaten an den Rand des Wahnsinns. Bettina war die heranwachsende Tochter von Elisabeth und Prof. Hermann Sartorius, mit denen Janssen eng befreundet war. Am Schluß wollte er sich, wie auch zwischendurch, endgültig die Pulsadern aufschneiden. Janssen war am Ende seiner Kunst. Der Genius, den er sich geschaffen hatte, funktionierte nicht so, wie er wollte, und drohte seinen Schöpfer mit in den Abgrund zu reißen. Eine

Puppe der Bettina, Zeichnung 21. 2. 1972. Blei- und Farbstift sowie Farbkreide (57,5 x 40 cm)

von Janssens Schreckensvisionen schien sich grausam zu erfüllen: Der Mensch – eine imperfekte Schöpfung, die sich „das Schicksal [...] als Objekt seiner Tücke auswählt". Der Mensch – „ein negativer Geniestreich? Ein göttlicher Fehler?"[16]

Seit Judith war Bettina die vielleicht stärkste Herausforderung für Janssen. Wenn ihm damals in seiner Unbeherrschtheit das Schlimmste passiert und er sogar im Gefängnis gelandet war – jetzt erlebte er alles exemplarisch. Deshalb richtete ihn diese amour fou nicht weniger zugrunde. Aber die Ohnmacht, gegen die er ankämpfte, das schwarze Loch, in das er wieder zu stürzen drohte, hatten nun tausend Namen: Undine – Melusine – Linde – Artemis usw. Alle Elementargeister aus Antike und Volkstum bot Janssen dagegen auf und ebensoviele Geschichten, die er niederschrieb: die Geschichte vom *Mauersegler*, von *Orion*, von der stummen Duscha und das *Puppenfinale*.[17] Die Radierserien *Totentanz*,[18] *Bettina*[19] und *Füssli*[20] gehören auch dazu. Bettina war das dämonisch schöne Mädchen – das ihm vorbestimmte Verhängnis, das bis in seine Kindheit zurückreicht und damals noch Linde hieß: in der *Lerchenstraße* in Oldenburg.

Der Arm war schon immer sein Lieblingsspielzeug. Muskelreiten hieß das Schulhofspiel, zu dem ihn damals Linde eingeladen hatte.[21] Wie auf Flügeln trugen ihn nun Bettinas Arme in den Himmel. Die tiefsten Abgründe seiner Seele – sadistische und masochistische Aberrationen – sah er im Licht einer einzigen Wahrheit, und die hieß Bettina. Sie war das aus unvordenklicher Zeit stammende Bild der Frau, das er sich geschaffen hatte, und seine ganze Verzweiflung bestand darin, daß dieses sein Geschöpf ihn verstieß. Sie ließ ihn den unheilbaren Riß in der Schöpfung fühlen. *Eine Nachzeichnung in romantischer Manier* nannte er sein Buch *Bettina* im Untertitel.

Für die Länge eines schmerzhaft überdehnten Höhepunkts war Janssen mit Bettina ans Ziel gelangt: Kunst und Leben in Ausschließlichkeit vereint und in Ewigkeit entzweit. Vom ersten bis zum letzten Augenblick war Bettina das „Meisterstück", an dem er scheitern mußte. Am Neujahrstag 1973 war sie die Außentreppe seines Hauses hochstiegen. Er kannte sie schon lange. Sie war ihm gleichsam entgegengewachsen. Er hatte sie mit einer großartigen Puppenzeichnung umworben. Als sie vor ihm stand, war er ihr gleich verfallen. Alle Kunst, die er dagegen aufbot, war ein verzweifelter Rettungsversuch vor dem undinenhaften Liebreiz dieses Mädchens, das von dem älteren Mann merkwürdig angezogen war.

In der Radierung – *Totentanz, Füssli, Bettina* – hat diese Leidenschaft die tiefsten Spuren hinterlassen.

Die nächste Frau, die so in sein Leben und seine Kunst eingriff, daß ihm beides wie aus ein und derselben Quelle zu kommen schien, war Birgit Jacobsen. Sie war eine verheiratete Frau. Bei ihren heimlichen Treffen – seit 1974 – mußte sie auf die Familie Rücksicht nehmen. Dafür erwartete sie von seiner Seite Verständnis. Janssen machte daraus ein Programm, weil er ahnte, daß sie anders nicht zu erobern wäre. Er unterwarf sich dem Diktat ihrer Wünsche, und je bizarrer ihre Forderungen waren, desto willfähriger wurde er. Bald war er die Unterwerfung in Person. Er, der oft selbst nur durch einen zum Zerreißen gespannten Willen zusammengehalten wurde, machte sich zur Aufgabe, gar keinen eigenen Willen mehr zu haben. Dieser Gehorsam und die Lust an der Unterwerfung sind zuerst eine Art Mimikry, die jeder Liebhaber an den Tag legt, wenn er an das Ziel seiner Wünsche gelangen und den Widerstand möglichst klein halten will. Welche Verbiegungen nimmt der Verliebte nicht dafür in Kauf! Janssen mußte obendrein ein Kunstwerk daraus machen. Die Art und Weise, wie er sich auf das Objekt seiner Begierde einließ und sich ihm ganz und gar anpaßte, erhob er auch zum Muster seiner endlich erreichten Meisterschaft in der Zeichenkunst.

Mit den Zeichnungen für das *November*-Buch 1974 erklärte er seine Gesellenjahre für beendet. Endlich konnte er alles um seiner selbst willen zeichnen. Wie die Streichholzschachtel oder das angebissene Stück Kuchen war nichts zu alltäglich oder zu gewöhnlich. Es mußte nur einen Bezug auf Birgit haben. Nichts war so verwelkt und abgestorben, daß es nicht wieder zum Leben erweckt werden konnte. In allem sah er Birgit. Sie war es, die Licht und Schatten so auf dem Papier verteilte, daß es zu einem Gleichnis für sein Leben wurde. Nur Birgit Jacobsen durfte ihm diese Exerzitien nach der Natur abverlangen. Für drei turbulente Jahre zwischen 1974 und 1976 brachte Janssen sie in diese Rolle.

Der Schein von Wirklichkeit, den Janssen Mitte der 70er Jahre zur Meisterschaft brachte, war eine seiner umsichtigsten Inszenierungen. Mit Vorliebe vertiefte er sich in den engen Ausschnitt – in die Welt der kleinen Dinge, die er vor sich auf den Zeichentisch stellte. Koboldhaft sprang er zwischen den Dimensionen hin und her. Neben dem Pathos, das ihm immer zu Gebote stand, blitzte gerade so viel Witz auf, daß beide Seiten sich völlig die Waage halten: Gegen die Illusion, die als solche durchschaubar bleiben sollte, behauptet sich ein anrührendes Moment, das alles Illusorische wieder vergessen läßt.

Besonders in den kleinen Fetischen der Liebe gewinnt das Faktische an Übergewicht. Birgit hatte eine Schwäche für das Pusselige und Spielzeughafte.

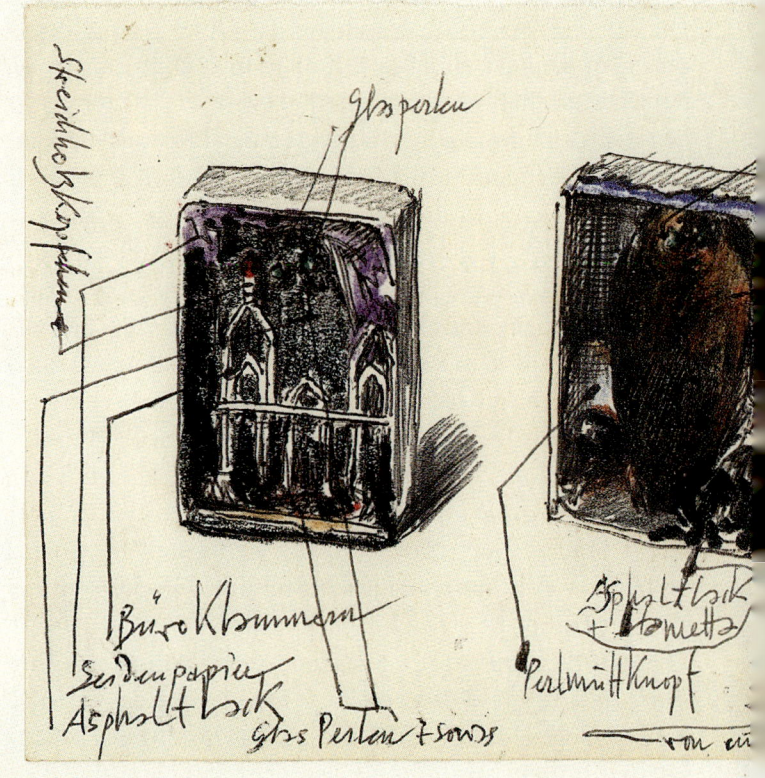

Allegorie der Tageszeiten, Zeichnung und Collage November 1974. Blei und Farbstift sowie Kugelschreiber; nach Bastelarbeiten in Streichholzschachteln (25 x 32,6 cm; Ausschnitt)

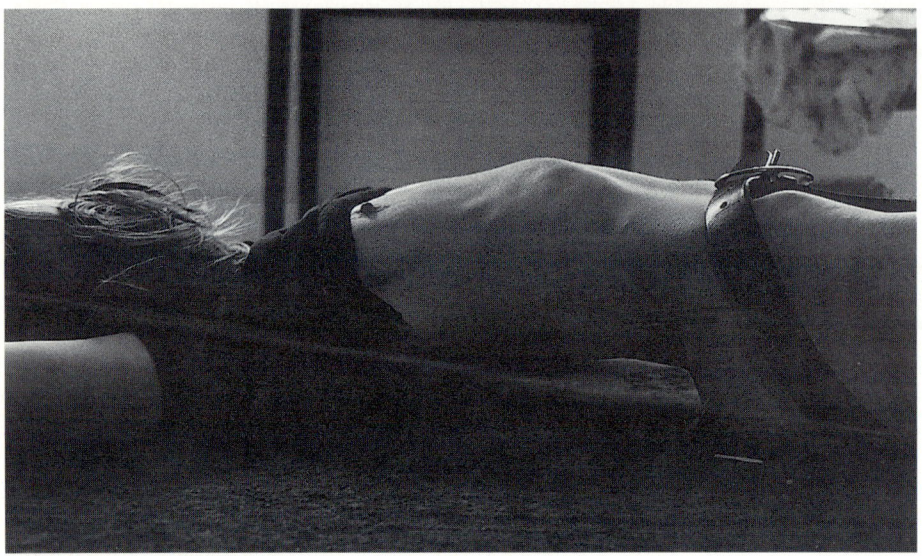

Aktfoto Horst Janssen

Dieses bunte Allerlei nahm sich Janssen vor und bastelte daraus eine Bühne für seine Dramen. Aber wie diese Dramen auch ins Große greifen und nicht selten an die letzten Dinge rühren – sie gehen immer von etwas Gesehenem aus, von einem materiellen Substrat, das Janssen so ins Auge faßt, daß es unverwechselbar diese Sache ist: eine Haarspange, ein abgebrannter Streichholz, Liebesperlen oder eine Schachtel, die ein Geheimnis birgt. Wie zum Anfassen – als ob sie mit den Fingern zu greifen wären – stehen die Dinge auf dem Papier. Die Geschichte und die Botschaft zielen vielleicht darüber hinaus – in dem einen Punkt, auf den es Janssen ankommt, ist er unkorrumpierbar bei der Sache: wie der Verliebte, der von dem Zipfel Welt erfüllt ist, den er anstelle der Frau in Händen hält. „... unsere Erde ist vielleicht ein Weibchen", läßt Janssen auf einem seiner *November*-Blätter Lichtenberg sagen.[22]
Als sich im Abendland eine realistische Sicht auf die Dinge zu entwickeln begann, im 15. Jahrhundert zur gleichen Zeit bei den Italienern und den Flamen, da näherte man sich aus entgegengesetzten Richtungen dem Ziel: von seiten der Perspektive mit ihrer geometrischen Raumaufteilung *und* von seiten einer veristischen Oberflächenbehandlung, die allen Dingen ein individuelles Eigenleben gestattet. Als Nachfahre der jahrhundertealten Entdeckungen betritt Janssen den Raum der Geschichte durch eine Tür, die ihm die Brüder van Eyck aufgestoßen haben. Wie sie wendet er uns das Gesicht der Dinge so zu, daß ihr von Glanzlichtern und einem besonderen Lüster erhöhter Reiz uns

Vriederich, Zeichnung 31. 8. 1977. Feder und Aquarell (20,8 x 34 cm)

unmittelbar körperlich anrührt. Dafür sorgt die minutiöse Wiedergabe einer lichtschimmernden Oberflächentextur.
Die Brücke zu Figur, Raum und Körper der Italiener hat ihm dagegen Füssli schlagen helfen – jener Füssli, den Janssen genauer zu studieren begann, als er Bettina zeichnen wollte. Birgit Jacobsen hat ihn das Spiel des Lichts und den Glanz der Welt sehen lassen; dazu paßt auch, daß sie ihn nach Paris, nach Rom, nach Wien lockte und er ihr überallhin gefolgt ist, obwohl er am liebsten in völliger Zurückgezogenheit am Mühlenberger Weg vor sich hin werkelte.

In die Reihe der kapriziösen Frauen, die auf seine Ehen folgten, gehört unbedingt Viola Rackow. Sie hatte sich von ihrem Mann getrennt und zog ihre beiden Söhne selbständig groß. Sie war lebenslustig und ernsthaft zugleich, führte einen turbulenten Haushalt und war nach der Ehe richtig neugierig auf das Leben, als Janssen sie 1976 kennenlernte. Für sie ließ er sich ein besonderes Programm einfallen. Nach den Stilleben der Birgit-Zeit, in denen das Menschheitsdrama irrlichtert, wollte er mit Feder und Pinsel den Körper der Frau erobern. Er wollte ihn sogar nach der Natur malen, wozu es nicht kam. Er legte sich lieber alles so zurecht, wie er es für seine Kunst brauchte. Dazu gehört auch, daß er sich der sehr speziellen Gelenkigkeit von Violas Körper in allen Belangen unterlegen fühlte. Aus solcher Lage hatte er sich schon immer und hier besonders ins Spiel gebracht. Nie war er witziger und einfallsreicher als in der Art und Weise, wie er sich Viola näherte. Er ließ mechanische Puppen, den Garde-Ulanen, den kleinen *Vicktor* und den überlebensgroßen David des Michelangelo aufmarschieren. In dieser bunten Truppe hatte sogar der erigierte Penis seine ersten kuriosen Auftritte. Janssen traktierte ihn als das besondere Spielzeug, das sich Viola wünscht. Ja – er hatte sich vorgenommen, ihre eigentlichen und geheimsten Wünsche auszukundschaften. Er nannte es das ihm „angeborene Laster",

> Wünschelrute zu spielen über dem Köpfchen oder dem Bauch oder der Seelenkammer […] – mich in die vermeintlichen »wirklichen« Wünsche der Geliebten hineinzudrängeln.[23]

Von der Natur hatte er sich die Aufgabe stellen lassen, nicht Ich zu sein. Nun sollte ihm Viola das Unmögliche abverlangen. Die terra incognita ihrer Wünsche war ihm nicht genug – er mußte ihr auch noch die Forderungen in den Mund legen, daß er aquarellieren sollte. Denn wie Viola gesagt haben soll, könne er zwar zeichnen, aber nicht mit Wasserfarben umgehen. Erst wenn sein künstlerischer Ehrgeiz herausgefordert war, fühlte sich Janssen richtig in die Pflicht genommen.

Im Dezember 1977 wollte er hundert Mädchenaquarelle gemalt haben für eine Verkaufsausstellung – die erste seit Jahren, die in seinen eigenen Räumen auszurichten wäre. Viola sollte in Geld schwimmen. Um sein Ziel zu erreichen, räumte er erst einmal mit den Vorstellungen auf, die Viola von einer modernen Partnerschaft hatte.

> Dies Kumpelhafte – so steigere ich weiter – verhindert, daß irgend ein Mann/Mensch in jene Hysterie verfällt, die wir Liebe nennen. Du bist deinen Männern/Menschen zu bequem – es ist alles so einfach – es gibt kein Risiko.[24]

Liebe ist hysterisch oder es ist keine Liebe, lautet die apodiktische Formel, mit der Janssen der partnerschaftlichen Zeitmode den Boden entzieht.

> […] wenn du dem 1. Schmerz deines Lebens keinen 2. + 3. hinterdranhängst, wirst du niemals mehr am Abgrund stehen – und = niemals das ungemeine Ich-Gefühl haben, noch einmal (bis zum nächsten Mal) davongekommen zu sein, und dies allerdings – mein Kind – ist nun wirklich das reine Vergnügen am Leben, – weil man es nie verloren hat.[25]

Janssen bringt das Kunststück fertig, die Geschichte seiner Liebe zu Viola mit der Entstehungsgeschichte seiner Aquarellserie zu synchronisieren. Als könne er Viola erst richtig lieben – „die süße Mischung aus Technik + Fleisch" –, wenn er ihren Körper auch künstlerisch erobert habe! Stück für Stück erkundet er mit Stift und Feder ihren geschmeidigen Körperbau. Mit dem Pinsel wühlt er sich in ihr Fleisch:

9. 8. 1977
Naja – dies Vriederich werde ich dir noch einmal technisch genauer aufzeichnen. Was die rote Kurve ist – so muß die ganze Chose im Tiefflug quasi oder pflügend oder wie du willst, Bürste auf Bürste so – langsam und zurück – langsam gezooooogen, geschoben sein – es schmerzt dann etwas der Knick im Schwanz, weshalber er dann einen geschwollenen Kopf kriegt. Na-ja – irgendwann oder auch nicht.[26]

31. 8. 1977
Vriederich – es geht mir eben wieder gut und deswegen: eines überraschenden Tages werde ich auch noch ein spritziger Gast in deiner Empfangshalle. Oh ja, es fehlt auch nur ganz wenig – irgendwie hab ich die Saaldeckenkonstruktion noch nicht so richtig ausgefüllt. Aber ansonsten liebe ich dich.[27]

2. 10. 1977
Es war deswegen so niedlich heute Nacht, weil: nicht daß das nun auch tatsächlich irgendwie ssüüper war, aber in der Chose war ein Moment für mich, der mir signalisierte, daß ich vielleicht denn doch hinkriege, dich irgendwann ein klein bißchen zu ermüden. Damit hätte ich denn das, was für mich die schönste aller Lüste ist. Es ist zugleich eben jener Fall, von dem ich so gerne rede:
die Unbefangenheit –
das Fleisch als Spielzeug –
das Köpfchen für kurze Zeit wech –
ich verspreche dir Vriederich – dir demnächst bei solcher »Lage« niedliche Geschichten zu erzählen und außerdem verspreche ich dir – ebenfalls in der Lage – – – dir wenigstens 2 Fingerhütchen einzugießen.[28]

7. 10. 1977
Ohja, ich liebe deinen Körper von Tag zu Tag + mal zu Mahl mehr und

dieses, wie der Genießer sagt, reine Muskelfleisch deines Oberkörpers ist eine süße Wonne – wobei ich zwischenein an die flach abgewinkelten Schenkel denke, an die Kuhlen zwischen den starken Sehnen. Und eben dieser »Bezirk« korrespondiert so ungemein niedlich mit den Ausläufern der Achsel. Ich bin entspannt – sehr sehr glücklich […].[29]

Wie es aussieht, wird Janssen erst mit der wachsenden Zahl seiner Aquarelle zu einem potenten Liebhaber. In seinen gezeichneten und gemalten Briefen an Viola – er nennt sie Vriederich und sich selbst Runge – kann er völlig glaubhaft machen, daß er erst zum Höhepunkt kommt, wenn die Wände unten in seinem Atelierraum mit hundert Aquarellen vollgehängt sind.

Dezember 1977
… Na – denn doch noch mal den bekannten Schlenker: »Es hat nichts mit dir zu tun«: aber du mußt einfach unterstellen, daß ich dich »zu meiner Frau machen will«. Ich kann ja nichts dafür, die Umstände sind eben nicht so – ich würde schon längst mit dir zusammenleben. Oh ja – und es wäre ziemlich sehr anders, als du dir das in deinem Köpfchen denkst. Auf jeden Fall bist du ein ziemlich harter Brocken, den ich sehr lieb hab.
Sauferei – Vresserei – Schlamperei etzeterei: – was ist das? ICH werde am 30. Dezember 100 Aquarelle haben + 40 Radierungen – u. a. + du hast mir sehr geholfen JA![30]

Nie ist Janssen überzeugender, als wenn er auf einen Vorsatz nicht nur die Ausführung, sondern alles so folgen läßt, als hätte es nie eine Absicht und nie einen Plan gegeben. Alles Vorsätzliche tritt unter dem Druck der Situation zurück, die aber niemand anderes als er geschaffen hat. Er setzt eine Welt in Bewegung, und doch bringt er es fertig, so wie keiner zu leiden. In seinen Künstlichkeiten ist er so zwingend, weil es nur treibende Kräfte gibt und einen einzigen Getriebenen – ihn. Nicht er stellt sich eine Aufgabe, sondern die Geliebte. Hindernisse treten in seinen Weg – schier unüberwindliche Hindernisse: Indolenzen, der Suff, die Mißverständnisse in der Liebe und was nicht alles. Unter den vielen Problemen, die auf ihn einstürmen, scheinen die technischen noch am leichtesten lösbar. Erst die vollendete Serie meisterhafter Aquarelle rettet ihn. Die Bilder hängen an den Wänden im Mühlenberger Weg und finden im Dezember 1977 gleich ihre Käufer, weil auch das eine von ihm geschaffene Ausnahmesituation ist.
Die Aquarelle sind Viola auf den Leib geschriebene Exerzitien. Wie eine auf den

Millimeter genau arbeitende Maschine reitet der Körper auf dem einen Punkt herum, an dem sich die Geister scheiden. Lust schlägt in Schmerz und Schmerz in Lust um. In der Steigerung dieses Lustschmerzpunktes ist Janssen der minutiöse Zeichner, der das hingebungsvolle Fleisch höchsten Wonnen verfügbar macht. Er malt Viola nicht ab, sondern setzt sie in ihrer Körperlichkeit, die er buchstäblich in- und auswendig kennt, so zusammen, wie er das für seine und ihre Vorlieben braucht. Gegen die mit spitzer Feder gezogene Zeichnung stehen voluminöse Flächen, hart auf Kante gesetzt und in ungemischten Farben. Innerhalb seines erotischen Œuvres sind die Aquarelle von 1977[31] ein neu ausbalancierter Höhepunkt. Sie sind expressionistischer als alle seine Erotika vorher. Janssen reißt uns in den um seinen Lustdruckpunkt wie um eine eigene Achse herumwirbelnden Körper hinein. Als wären wir ein Teil der Umarmung und des Liebesspiels, halten wir uns gegen die andrängenden Volumina im Gleichgewicht. Die Erregung, die davon ausgeht, ist eine mit allen Mitteln der Kunst inszenierte. Denn seine Mädchenaquarelle beginnen nicht erst auf dem Papier, sondern weit davor: in der Herstellung einer Situation, die den Künstler in die Lage versetzt, den Körper der geliebten Frau „richtig" bedienen zu können. Janssen hat damit in der Geschichte der erotischen Kunst ein neues Kapitel aufgeschlagen.

Viola Rackow und die ihr gewidmeten Aquarelle markieren aber auch einen Wendepunkt. Bettina hatte Janssen schier zur Verzweiflung gebracht. Sie entzog sich ihm wie Melusine oder Undine. Von Birgit hat er sich – weil er ein Programm daraus machen konnte – herumkommandieren lassen. In der Reihe der Frauen, die ihm alles abverlangen durften, war Viola die erste, die diese Rolle nicht mehr uneingeschränkt ausfüllte. Und Janssen beherrschte seinerseits das Spiel schon über alle Maßen perfekt. Er, der bis aufs Äußerste gefordert sein wollte und die Frau in die Lage manövrierte, ihn zu beherrschen, kannte die Regeln allzu gut. Er wollte zuviel und war selbst nicht mehr Opfer genug. Ein unübersehbar gewalttätiger Zug drängt sich dort auf, wo er sich vorher noch aus Liebe seiner selbst erwehren und aus einer Abhängigkeit befreien mußte. Gewalt besaß nicht länger den Anschein von Selbstverteidigung. Als er Viola auch noch in die Verantwortung für eine zweite Serie von Mädchenaquarellen ziehen wollte, die 1978 fertig wurde,[32] fiel er aus Angst, seine Muse könnte ihn diesmal den falschen Weg geführt haben, so über sie her, daß er ihr büschelweise Haare ausriß. Seine Muse sollte dafür büßen, daß sie ihn gezwungen hatte, „lauter so bunte Sachen" zu malen. Er preßte Viola nur noch in eine Rolle, die sie heillos überfordern mußte.

Janssen war zu einer Übermacht geworden. Er spielte nur noch den Unterlegenen. In Wahrheit suchte er sich immer häufiger und immer gezielter seine Opfer aus. Die Frage war nur, ob das schöne Geschlecht wenigstens ansatzweise und für einige Zeit imstande wäre, ihn glauben zu machen, daß er sich daran verloren hätte – jedenfalls ein bißchen und so, daß sein Engagement in das eine oder andere gelungene Werk einmünden könnte.
Gegen Ende der 70er Jahre fiel es ihm immer schwerer, sich selbst zu überlisten. Das Hin und Her mit Kerstin Schlüter,[33] die Abschiede, Trennungen, Pausen und das Wiederzusammenrennen sind der seinerzeit schon von ihm durchschaute Versuch, so etwas wie Liebe noch einmal herzustellen. Einem unermüdlichen Zergliederer aller Lebensschwächen wie Janssen konnte nicht verborgen bleiben, daß ihm an Kerstin Schlüter am besten gefiel, wenn sie aussah, als wäre sie gerade von einem zerwühlten Liebeslager aufgesprungen, um sich gleich wieder dort niederzulassen. Auch sollte man ihm ansehen, daß er sich dieses „Bettchen" leisten konnte. Nur richtig involviert, wie noch zuerst, war er später nicht mehr. Eher kostete er die Eifersucht vermeintlicher Nebenbuhler aus. Er wollte das totale Engagement und konnte es doch immer weniger erzwingen. So fand er sich mit Kerstin allen Liebesschwüren zum Trotz auf einem Fuß wieder, der beiden auf längere Sicht nur Vorteile brachte. Die heftige Liebe, die er ihr schuldig bleiben mußte, zahlte er ihr in Bildern heim. Er schuf sich in ihrer Wohnung mit Blick auf die Elbe ein Heim für seine Kunst. Es war der passende Rahmen für eine fast lebenslange Freundschaft. Kerstin blieb ihm erhalten, während er mit jeder seiner hysterischen Lieben die endgültige Abrechnung suchte. Was keiner Frau auf Dauer gelungen war, erhob Kerstin zur Institution: Janssen verschenkte sich an sie. Sie konnte ihn für sich malen lassen und deklarierte es als Mietzuschuß. „Die Miete ist fällig, Horstimeiermittagessen." Es waren immer nur Bilder, aber es wurde eine richtige Kunsthandlung daraus.

Aus Trauer, daß es die absolute und einzige Liebe nicht gibt und auch die Verführung nicht anhält – aus Trauer über ein ganzes der Frau gewidmetes Lebensjahrzehnt schaltete Janssen 1979 ein Blumenjahr ein. Die Motivation für diese sehr schönen, von Abschied und Hoffnungslosigkeit durchglühten Blumen kam ihm aus einem Plan, an dessen Ende zu aller Erschrecken sein Selbstmord stehen sollte. Vielleicht ist es deshalb auch ein Jahr intensivster Beschäftigung mit dem Selbstbildnis geworden. Er experimentierte mit einer Plastiktüte, die er sich über den Kopf stülpen wollte. Mit dem letzten Luftzug würde die Seele wie durch einen engen Trichter abgesogen. Die Bilder, mit denen er sich auf dieses finale Drama einstimmte, tragen ein Kreuz über der Datumsvignette.

Er hat sich nicht umgebracht. Aber den Schmerz und die Erschöpfung rettete er in den Aufschrei hinüber, der wie ein schriller Fanfarenstoß das neue Jahrzehnt – die 80er Jahre – eröffnete: „Ichkannichmehr". Der Schrei ist ein Plakat mit viel Text (vgl. S. 206). Darin heißt es drastisch: „Wenn ich alle 21 Tage nach irgendeiner dämlichen Vorlage onaniere, quält sich grad soviel an milchiger Treibflüssigkeit aus meinem Geschlecht, was den Namen Schwanz nicht mehr verdient; das heißt zum Teufel nochmal: Ich kann nicht mehr."[34] Weiter lesen wir, daß er nun lange genug den Tanzbären gespielt und sich nach der Pfeife gedreht hat. Es waren die aufregendsten Jahre, und er wollte den Gehorsam, den er zur Perfektion und bis zur Liebedienerei gesteigert hatte, für seine Person nicht missen. Nun sollte endlich Schluß damit sein. Eine neue Zeit stand bevor – das Alter. Janssen war 50 Jahre alt geworden.

Was sich gewöhnlich erst im Rückblick zeigt – Janssen machte frühzeitig ein Programm daraus: Spätestens mit seinem 50. Geburtstag trat deutlich zutage, daß er seine Zeit nach Altersstufen und Lebensjahrzehnten organisiert hat, die, weil er 1929, gegen Ende einer Dekade, geboren ist, ziemlich genau mit den 50er, den 60er, 70er und nun mit den 80er Jahren zusammenfallen. Zehn volle Jahre hatte er unter dem Diktat der Frau gestanden und nach der Natur gezeichnet, was auf das gleiche hinausläuft. Jetzt erklärte er diese Epoche für beendet.

> Nun sehe ich, daß ich meine Sache sehr gut bestellt habe. Hab ich doch tatsächlich geliebt, geliebt, geliebt, als es Zeit war zu lieben, und zwar mit weit geöffneten Augen, wie es das Verzasca Tal und die Nordsee vor Husum, wie es die Horizonte und Gräser und selbst die Birgits dieser Welt bezeugen können.[35]

Janssen hatte sich in seinem fünften Lebensjahrzehnt – im Alter zwischen vierzig und fünfzig Jahren – der Welt in ihren vielfältigen Erscheinungsformen regelrecht ausgeliefert. Von allem und jedem hat er sich verführen lassen, ob es nun die alten Meister des Abendlands oder des Fernen Ostens waren, die er für eine zweite Natur nahm, oder ob es die schwierigen Frauen waren, denen er sich, lernbegierig wie er war, unterwerfen mußte. Für ihn feierte die Tücke des Objekts in den kapriziösen Frauen ihre größten Triumphe. Sie waren für ihn unerschöpflich wie die Natur selbst. Nach seinem Verständnis hatte er zehn Jahre der Welt gedient und seine Kunst zu einem Sensorium entwickelt,

das ihr noch bis in die feinsten und abgründigsten Schattierungen gefolgt war.
In diesen zehn Jahren hat der Künstler Janssen seine Physiognomie völlig verändert. Er war ein anderer geworden. Wie durch ein Leben getrennt, lagen die 60er Jahre weit hinter ihm. Den Geile-Mädchen-Zeichner, der „in pathologischer Feinstrichelei"³⁶ seine „ausgedachten Frauen" aufs Papier brachte, gab es nicht mehr. Aus dem Gefängnis der Kunst war er ausgebrochen. Ein Jahrzehnt lang hatte er sich darin geübt, sich selbst zu verlieren, und dabei keine größere Verlockung als die der Natur gelten lassen und was schon die Alten darunter verstanden. Er hat sich an sie hingegeben und sich weggeschenkt an die Frauen und Freunde. In der Preisgabe an die flüchtige Schönheit hat er noch einmal das Repertoire der abendländischen Kunst auf ganzer Breite bedient: Figur und Landschaft, Porträt und Vedute, Stilleben und Erotik.
Keine Schönheit hatte ihm auf seinen Eroberungszügen länger widerstehen können. Wenn er sich nicht vorzeitig totsiegte, dann nur, weil er sich in der Rolle des Opfers besonders eingerichtet hat. Er machte die Verführung zu einer eigenen Kunstform. Von all dem ist Mimesis die Wurzel. Bereits als Kind brauchte er nur herumzukaspern, und schon hatte er in den Augen der Welt gewonnenes Spiel. Janssen war immer ein großer Verführer und selbst auch leicht zu verführen gewesen. Nichts verführt mehr als der Erfolg. Die perfekte Mimikry an die Kunstszene der 60er Jahre brachte ihm die größte gesellschaftliche Anerkennung. Die Meisterleistungen mit dem spitzen Bleistift waren in ihrer hochgestochenen Artistik nicht zu überbieten. Er hätte aufhören oder sich selbst übertreffen müssen, wäre er nicht rechtzeitig darauf verfallen, daß er auch ein anderer ist, einer, der sich selbst so wenig wie die Bäume, die Landschaften und die Dinge um sich herum kennt. Die Welten, denen er da begegnete, inszenierte er, wie er es gelernt hat: Er ließ sich davon verführen. Eros ist der ständige Begleiter, aber wie schon das Wort Verführung sagt, sind es immer zwei Rollen, die miteinander im Streit liegen. Der siegreiche Eros hat auch eine Kehrseite. Janssen wollte immer auch das Opfer sein, und dazu legte er sich buchstäblich in andere Hände. Aber er wollte dieses Opfer nicht blind, sondern sehenden Auges sein. Deshalb immer wieder die Inszenierungen, dieses vorsätzliche Spiel mit der zu höchster Glaubwürdigkeit gesteigerten Opferrolle, das ein Spiel auf des Messers Schneide ist; ein Spiel, das wie kein anderes den Ernst provoziert. Denn es wird sofort ernst, wenn aus Verführung Abhängigkeit wird und Selbstverlust naht. Umgekehrt macht es keine Spaß, wenn es das nicht ist – wenn einer nicht auch dem schönen Schein zu verfallen droht.

In dieser umkämpften Balance hat Janssen zehn Jahre lang gelebt und gearbeitet. Er hat dem zeichnenden und gezeichneten Ich neue Räume erschlossen, und er hat es in dem Bewußtsein getan, das er gleich zu Anfang des Jahrzehnts formuliert hat:

> In diesem fürchterlich schönen Europa zeichnet nämlich nicht ES, sondern immer nur ICH.

Dieses Ich steht aber nicht fest – ist seiner selbst nicht sicher. Janssen hat es bis über seine Grenze hinaus strapaziert und auf die Probe gestellt: „Das ist: das Sich-selbst-Verlieren-wollen – das Sich-selbst-Vergessen, um sich immer auf's neue wiederzufinden."[37] Ob Natur und Geschichte, ob Frau oder Freund – auf alles ist Janssen rasend schnell angesprungen. Er hat sich darauf gestürzt und sich davon jedesmal restlos vereinnahmen lassen, um sich desto heftiger wieder davon zu lösen und zu befreien. Den Kursus hat er immer neu absolviert. Den unerhörten Aufschwüngen folgten Abstürze und Höllenfahrten, die jeden anderen zugrunde gerichtet hätten – nicht diesen Phönix aus der Asche, der in diesem Jahrzehnt so oft wie vorher und später nicht am Rand des Selbstmords hingetaumelt ist. Die Welten, die er eine nach der anderen aus dem Schoß dieses „fürchterlich schönen Europa" geborgen hat, sind von dem Schleier der Vergänglichkeit umflort – einer Vergänglichkeit, die seinen mit Zukunftsgeschäften befaßten Zeitgenossen fast nicht mehr erinnerlich war. Nur so aus dem Bauch heraus – wie das Modewort dieser Jahre heißt – wäre das Janssen-Œuvre der 70er Jahre nicht herzustellen gewesen. Ein Leben gehört schon dazu.

Als das Opfer grausam verführerischer Schönheit und einer „schrecklichen Lust des Auges" kämpfte Janssen wie um sein Leben. Nichts war so unscheinbar, nichts so klein und belanglos, daß er sich davon nicht in ein unabsehbares Abenteuer ziehen ließ. Aber eigentlich war es das Drama des Mannes von vierzig Jahren, der sich nach den Zeiten der Ehe nicht mehr binden will – nicht endgültig, und der wie wild um sich schlägt, weil er nichts so sucht wie gerade diese Bindung. Janssen hat es gründlicher als jeder andere ausgelebt. Er ist so viele Bindungen eingegangen und mußte sie alle wieder sprengen.

Im nachhinein und aus der Ferne sieht es freilich so aus, als hätte er in den zehn Jahren immer neue Zuständigkeiten geschaffen. Jeder, den er an sich herankommen ließ, steht für ein anderes Thema: Gesche für die Landschaft, Gerhard Schack für Hokusai-Japan und die historische Anspielung, für die lavierte Federzeichnung[38] und die übermalte Postkarte,[39] Joachim Fest für die repräsentative *Kopie* im Stile der Hochrenaissance oder des Klassizismus, Roswitha für das Fabeltier,[40] Birgit für Botticelli und den selbstgebastelten Spielkram, einschließlich der collagierten Veduten nach Piranesi und Méryon. Toninelli bahnte ihm den Weg zum Carnevale di Venezia,[41] wäre aber viel lieber für die morbiden Blumen zuständig gewesen, die Janssen als leichtgängige Ware für den Händlerfreund Brockstedt gezeichnet hat ebenso wie die vollerblühten, von Trauer umwölkten Blumen Ende der 70er Jahre. Viola hat er wie auch Kerstin und andere für das erotische Aquarell in Anspruch genommen. Endlich war da noch Frielinghaus, dem er die Radierung in die Hände arbeitete, insbesondere das tief in die Platten geätzte Strandgut, das jener von Svanshall aus Schweden mitgebracht hatte.[42] Janssen schuf lauter Zuständigkeiten, und seine Frauen und Freunde richteten sich nach Kräften darin ein. Wie es aussieht, ist Janssen in jeder Epoche seines Lebens genau den richtigen Menschen begegnet. So kam in diesen 70er Jahren auf dem Papier eine Welt aus lauter Welten zusammen – kein Sammelsurium, sondern der aus „selbstverfügter Ordnung" neu erschaffene abendländische Kosmos.

Moderne und Modernismus

Natur ist nicht Umwelt. Als sich Ende der 60er Jahre wieder einmal die Künstlichkeit unserer Umwelt vordrängte – als Warendesign, als Verpackungsmaterial, als Fotoreportage, als Comic –, da fand Janssen die Schönheit in der Natur wieder. Damit hatte keiner gerechnet, und bei manchen Weggefährten früherer Jahre rief es Kopfschütteln hervor. Die sich aber darauf einließen, merkten schon bald, daß sie besonders die verknorpelten, in sich verdrehten Weidenbäume und den niedrigen Horizont einer flach daliegenden Marschlandschaft mit seinen Augen sahen. Janssen läßt uns die Natur noch einmal mit jener ersten Entdeckerlaune sehen, die immer schon die Schönheit beflügelt hat.
Aber war das überhaupt möglich? Wir hatten doch gerade gelernt, daß wir füreinander nur Umwelt sind: die Kopie der Kopie der Kopie ... Unter französischer Führung was es das Credo der „Westkunst"[1] geworden. Plötzlich tritt einer auf und kennt das Original oder will es erkunden!
Janssen – seit seiner Freundschaft mit Paul Wunderlich auf Polarisierung bedacht und schon zu Zeiten der Preisverleihung in Venedig 1968 eher ein Einzelgänger[2] – wurde zur Ausnahme.[3] Er zählte nicht mehr zur zeitgenössischen Kunst. Die Kunstszene konnte sehr gut ohne ihn – nicht der Markt. Die Moderne lief mit ihren diversen avantgardistischen Strömungen an ihm vorbei, und es klang wie ein Gruß aus unbestimmter Ferne, wenn Dieter Roth und Joseph Beuys gelegentlich den Altsammler Carl Vogel fragten: „Janssen – was macht der eigentlich gerade?"
Wunderlich ließ gelegentlich durchblicken, daß ihm die Bilder seines früheren Freundes nicht Bild genug seien. Der Museumsmann stellt kurz und bündig fest: Janssen hat keine Bilder. Er denkt dabei an Wände und Flächen, an Öl und Acryl. Recht hat er – genauso wie diejenigen, die von der documenta in Kassel wie von einem anderen Stern herunterblicken und sehen, daß da einer nach wie vor Bilder macht – lauter Bilder von Landschaften und Stilleben. In der Tat gibt es bei Janssen beide Tendenzen, beides ist gleich stark ausgeprägt. Nur ist bei ihm das Bild nicht mehr in seiner alten Funktion. Janssen ist vor allem Zeichner, und die Möglichkeiten, die darin liegen, hat er für ein eigenes Universum der Zeichnung genutzt.

Das Bild steht für sich und hat schon wegen seiner vier Seiten eine gewisse Abgeschlossenheit. Obwohl die Zeichnung von Hause aus etwas anderes ist, strebt auch sie dahin. Aber die das Blatt von Rand zu Rand ganz ausfüllende Zeichnung gibt es bei Janssen eher selten. Am häufigsten noch am Anfang der Dekade, von der hier die Rede ist, als er mit Gesche nach Norwegen und in die Tessiner Alpen fuhr und die Berge malte. Diese Blätter zeigen noch am ehesten jene panoramatische Ausführlichkeit, die wir traditionell mit dem Bild verbinden. Aber schon 1970 zielte sein Interesse auch darauf, die Alpen in einem umgestülpten Rhabarberblatt so abzuzeichnen, daß sich nach oben zum Stiel hin ein Gebirge entfaltet.[4] Der Rhabarber allein und für sich wäre womöglich noch kein Bild. Wie denn auch – umgekehrt – die vielen zufälligen, kleinen Dinge, für die Janssen immer aufgeschlossener wurde, kein Bild ergeben würden, wenn er sie nicht dazu ausersehen hätte, ganz für sich zu stehen – eine Welt im kleinen. Er nahm den „Klein-Müll" auf seiner Arbeitsplatte in den Blick: die verwelkten Blätter und leeren Krebsschalen, das vertrocknete Kerngehäuse eines Apfels oder den ausgebogenen Deckel einer Limonadenflasche.[5] Diesen Dingen rückt er mit seiner Zeichenkunst auf den Leib. Er bringt jedes Stück so auf das Papier, daß es ein eigenes Leben gewinnt und wie eine für das große Welttheater geputzte Bühne seinen Platz im Universum behauptet. Diese kleinen und kleinsten Stilleben vervollkommnet Janssen zum Bild, indem er einen Schatten einträgt, eine Bodenlinie zum Blattrand führt und einen Horizont andeutet. Er schafft Raum und damit Welt. So läßt er bildmäßig erscheinen, was für ein Bild an sich zu wenig wäre. Wie er sich umgekehrt dem Bild dort verweigert, wo die Bedeutung des Gegenstands das erwarten läßt.

Janssen macht nur von den Freiheiten der Zeichnung Gebrauch. Die Zeichnung ist nicht Bild. Von Haus aus ist sie alles mögliche, was zur Vorbereitung eines Bildes dienen kann – Notiz, Skizze, Studie –, oder sie vollführt von ganz anderer Seite eine Annäherung an das Bild: als Kritzelei, als Handschrift, als Graffiti. Nur – Bild ist sie nicht. Und gerade das macht sie bestens dazu geeignet, als ein fortlaufender Kommentar auf die bildende Kunst zu dienen.

Nun ist das keine Erfindung von Janssen. Die Malerei, die nach abendländischem Verständnis Nachahmung ist – Mimesis der Raum- und Körperillusion –, hat schon längst von sich aus diese Entwicklung eingeschlagen. Sie hat den Pinselstrich aus dem Malgrund entbunden und ihm zu einer solchen Selbständigkeit verholfen, daß sie immer mehr zur Zeichnung tendierte. Picasso steht am Ende einer solchen Entwicklung, und er hat als zeichnender Maler seinen Standpunkt dazu genutzt, die Geschichte der bildenden Kunst noch einmal an sich vorbeiziehen zu lassen. Janssen ist nur noch Zeichner, und wenn er malt, dann mit dem Stift oder dem Aquarell. Die Entscheidung, ein Zeichner zu werden und zu bleiben, dürfte – ob bewußt oder unbewußt – auch unter dem Eindruck solcher für die Moderne wegweisenden Entwicklungen gefallen sein. Die Zeichnung steht in fruchtbarer Distanz zum gemalten Bild – und nicht nur zu diesem, sondern zur Geschichte der abendländischen Malerei überhaupt.

Es ist für die Zeichnung selbstverständlich, daß sie hinter die Entdeckung der Perspektive in der Malerei zurückgeht. Es steckt in der Logik der Zentralperspektive und der Ölmalerei, daß sie den horror vacui aus dem Bild vertreibt. Die flächendeckende Darstellung läßt den leeren Raum verschwinden. Mit der Zeichnung kehrt er zurück – besonders als das Einbrechen einer anderen, sachfremden Dimension. Mit der Zeichnung korrespondieren in jeder Phase ein Stück unausgefüllter Raum und unbearbeitete Materie, die die Malerei seit der Renaissance gerade vergessen machen wollte, auch wenn sie im Lauf der Jahrhunderte immer weniger dazu in der Lage war. Die Kunst des Fernen Ostens mußte das nie verdrängen. Deshalb war Gerhard Schack mit seinen japanischen Vorlieben für Janssen eine solche Hilfe.

Die sich dem Bild verweigernde und mit der leeren Fläche, dem Papier und seiner Materialität spielende Zeichnung durchläuft bei Janssen immer den ganzen Kursus. Sie ist sowohl illusionistisch als auch das Gegenteil davon: andeutend, umrißhaft, schematisch, bloß noch Papier und zum Rand hin eine unregelmäßig gezackte Abrißkante. Janssens Zeichnung ist konkret *und* abstrakt. Sie spiegelt Gegenständlichkeit vor und verliert sich im Material. Zwischen diesen Polen bewegt sie sich, aber so, daß das eine nicht auf Kosten und zu Lasten des anderen geht. Sie entlarvt nicht und will auch nicht hinterfragen. Vielmehr schließt sie die Gegensätze füreinander auf. Der Weg, auf dem das geschieht, hat bei einem geborenen Dramatiker wie Janssen immer den Charakter eines Schauspiels, das sich in mehreren Akten vollzieht und einer Dramaturgie folgt. Die Beweglichkeit, ja, die Leichtgängigkeit, mit der er sich zwischen den Gegensätzen, zwischen Abstraktion und Gegenständlichkeit, Form und Stoff, Kontur und Malerei bewegt, das nennen wir die Intelligenz der Zeichnung. Sie ist das Merkmal seiner Kunst und noch in jedem Blatt gegenwärtig.

In den Zeichnungen der 70er Jahre geht es um die Wiedergabe von Raum und Körper auf der Fläche, um die Überführung der dritten in die zweite Dimension. Das ist so alt wie die bildende Kunst überhaupt und kommt bis heute einem Akt zauberischer Wiederbelebung gleich. Die Vorspiegelung von Wirklichkeit macht Janssen ausdrücklich zum Thema in der Verlebendigung von

Sektkorken, Zeichnung 21. 9. 1981. Feder und Aquarell (26,5 x 18 cm)

Verwelktem, Vertrocknetem und Totem. Es gibt für die vermeintliche Hinwendung zum Morbiden einen Grund in der Sache: Bis Janssen endlich dazu kam, die Blumen in der Vase zu zeichnen, waren sie schon verwelkt, oder seine Katze hatte die Maus endgültig totgebissen oder Gesche den Frosch mit dem Volvo überfahren. So war es tatsächlich. Aber der tiefere Grund ist die Thematisierung eines für seine Kunst zentralen Vorgangs. Die Maus, die unter den Händen des Zeichners aus vielen kleinen Strichen entsteht – erst im Todeskampf läßt sie das Leben richtig spürbar werden, das ihr der Künstler mit dem Stift verleiht. Der Schöpfungsakt – im mehrfachen Wortsinn – wird auf die Ebene der Darstellung gehoben und zur Entfaltung gebracht. Mimesis ist selbst das Thema in all den leblosen Dingen, die da wieder zum Leben erweckt werden. Nichts war so tot, daß es Janssen nicht zu einer intelligenten Auseinandersetzung mit dem Phänomen Kunst hätte veranlassen können. Quod erat demonstrandum.
Mit Traditionalismus hat das nichts zu tun – wohl aber mit der Rückgewinnung eines Standpunktes, der die reiche Geschichte unseres Sehens wieder in den Blick rückt.

Aber wer wird gleich von Kunst reden, wenn es um ein welkes Blatt, einen abgebrannten Streichholz oder eine ausgepreßte Pampelmuse geht? Wer? Nicht einmal Janssen, der so viel und so gern über *seine* Kunst geredet hat. Hier stoßen wir auf eine Erscheinung, die für seine Zeichnungen der 70er Jahre von Anfang an typisch ist: das Prinzip Vergrößerung versus Verkleinerung. Janssen spielt damit und macht von den Möglichkeiten Gebrauch, die sich daraus ergeben.[6] Ein Sektkorken ist ein Sektkorken – aber in eine Reihe mit anderen Leuchtfeuern gestellt, wird daraus auf dem Papier ein Bauwerk – so etwas wie ein Leuchtturm.[7] Als ob es ein richtiger Leuchtturm wäre, malt Janssen auch noch die Stelle leuchtend rot aus, wo dem Sektkorken das Hütchen abgerissen wurde. Wenn dann noch – gleichsam zu Füßen dieses Leuchtturms – Leute spazierengehen, ist die Illusion perfekt.
Eine Vergrößerung oder eine Verkleinerung genügt, und die Dinge sind nicht mehr, was sie sind. „In der Ferne sind Elefanten so groß wie Apfelkerne." Die Ordnung der Dinge um ein weniges verrückt, und schon liegen Wissen und Sehen miteinander im Streit. Das ist nun allerdings ein Thema, das Janssen wie kein zweites wichtig ist.[8] Denn es führt ins Zentrum seiner Kritik am Modernismus, der weniger vom Auge ausgeht als vom Wissen und Besserwissen: ‚Weltanschauung statt Baumanschauung'.[9]
Der erste Blick, auf den es Janssen ankommt – die Einsicht in die Natur, wie

Seerosen, Zeichnung 11. 7. 1972. Blei- und Farbstift (22,5 x 37 cm)

sie original und von sich aus erscheint –, ist eine Inszenierung. Wie ich selbst in seinem Atelier erlebt habe, beginnt sie damit, daß sich Janssen einem Gegenstand zuwendet, ihn zeichnet und auf eine Reaktion in meinem Gesicht antwortet: „Du glaubst es nicht. Aber es sieht wirklich so aus." Er holt mich hinter dem Tisch hervor auf seine Seite, damit ich Original und Zeichnung vergleichen kann. Und siehe da: Hier zeigt sich etwas unverstellt anders, als ich es mir vorgestellt oder auch nur für möglich gehalten habe. Was da zum Erlebnis wird und was die Zeichnung festhält, ist das gegen unser besseres Wissen in seiner ursprünglichen Funktion wiedereingesetzte Sehen.
Die Inszenierung macht das Sehen sichtbar – macht sichtbar, wie es im Widerstreit liegt mit dem, was wir im Vorwege schon zu wissen meinen. Die Inszenierung kommt dem originalen Sehen zu Hilfe. Janssen wählt für seine kleinen Stilleben besonders solche Vorlagen aus, die sich nicht auf den ersten Blick zu erkennen geben, sondern diesen Blick gerade zur Erfahrung bringen. Dabei hält er sich, so dicht es nur geht, ans Original. Was wir Schönheit nennen, ist oft genug dieses mit Intelligenz aufgeladene, seiner selbst durchsichtige Sehen – ein Sehen, das uns die Dinge wieder reicher und ursprünglicher sehen läßt. Das ist keine Erfindung, keine Projektion und kein bloß subjektives Meinen. Es ist ein Reichtum, der in den Dingen selbst liegt. Nur will er gesehen sein! – und dazu verhilft uns der Zeichner, der sich deshalb auch nicht – wie manche meinen – mit seiner persönlichen Sicht der Dinge dazwischendrängelt und uns noch einmal – wie im 19. Jahrhundert – die Natur durch die Brille eines besonderen Temperaments sehen läßt. Das alles – die leidige Realismusdebatte – liegt hinter Janssen. Er läßt das Sehen sehen, da es das aber sowenig wie das Bewußtsein an sich gibt, ist es die Kastanie oder eine Feder oder ein aufgeschnittener Avocado.

Vergrößern versus Verkleinern ist eine der optischen Strategien, deren sich Janssen in diesen 70er Jahren mit Vorliebe bedient. Eine andere ist der Wechsel von Nah- und Fernsicht. Janssen gibt folgende aufschlußreiche Beschreibung von einer Wanderung durch die Natur nur mit dem Auge – bei wechselnder Brennweite des Okulars:

Sonntag – am Tümpel

Ein kleines Areal
in dem die Libelle steht
in dem die Wasserläufer zickzacken

wo das Jelängerjelieber auf's Wasser tippt und die Wasserläufer zu gewaltigen Vorwärtsstößen erschreckt
wo ein Gnitzenschwarm in ganz unbeschreiblichen Dehnungen und Zusammenziehungen auf und nieder schwebt und ähnliche Bewegungen ablaufen

– hier gibt es eine merkwürdige Pointe. Nämlich: wie die Binse durch's Wasser sticht, – das scharfe Blatt, von unten heraufgeführt, zieht an der Stichstelle die Haut des Wassers mit sich hoch, während ein bißchen abseits ein Wasserläufer dieselbe eindrückt.
Diese nahe Welt voll unzählbarer Einfälle würde eine immer nähere Welt und schließlich in einem winzigen verwitterten Wurzelstöckchen von gigantischem Ausmaß zusammenschrumpfen. Aber ein Wind löst mit seinen heftigen Bewegungen das Auge aus dem Dösen und führt es von hier vorn weg über's Dahinten, hinüber zu den gleissenden Wolkenhaufen und über diese hinweg weiter ...
Obwohl die Pupille in andauernder wechselnder Erweiterung und Verkürzung ihrer Brennweite mal das Vorne ins Ungewisse versinken läßt und das Fernste an die Netzhaut heranzieht und umgekehrt – dann einen Baum aus dem Mittelgrund hebt, indem sie alles drumherum zur Staffage macht, und im nächsten Moment das Fernste und Naheste und Alles dazwischen in einem zu fassen – obwohl in diesem Trugbild die Empfindung mit furiosem oder ruhig ausholendem Flügelschlag ungreifbare Räume durchmißt, scheint mir dies dennoch eine Idylle zu sein [...].[10]

Das Erhabene ist eine ästhetische Kategorie aus dem 18. Jahrhundert. Die Erhabenheit spielt mit uns und läßt uns klein erscheinen. Janssen dreht die Perspektiven um. In seinem *Norwegischen Skizzenbuch* von 1971, das er auch seine „anonymen oder Goethe-Zeichnungen" nennt, zeigt er uns die überwältigende Natur Norwegens im Spielzeugformat. Die Häuser am Fjord sehen wie selbstgebastelt aus. Das Große ist klein und das Kleine groß. Es kommt Janssen darauf an, das eine im anderen erscheinen zu lassen. Unter dem Primat des Auges gibt es kein Entweder-Oder und keine Widersprüche. Es gibt nur Gegensätze wie auch in der Natur, die er einander aufschließt. Damit verbindet er ein Ziel, dem er bis in sein Alterswerk treu bleiben wird:

Je länger ich im Nebeneinander augenscheinlich höchst verschiedene Erscheinungen für sich zeichne – je länger ich Gegensätze und Verschiedenes genieße, indem ich für dieses dies verwende und für ein anderes anderes und am Montag montäglich zeichne und nicht so, wie nächsten Mittwoch, um so täuschender wahr erscheint mir das Gefühl, eine souveräne Hand zu haben; und am Ende wird es dieser Souverain sein, der alles, was sich strichle, als natürlich erscheinen läßt.[11]

Die zurecht bekannteste Äußerung „über das Zeichnen nach der Natur" lautet:

Man könnte also sagen: die Zeichnung ist eine Täuschung mit durchschaubaren Mitteln. Ohne eindrucksvolle Täuschung wär's eine alberne Sache, und ohne Durchschaubarkeit der Mittel wär's eine schlechte Zeichnung. Sind aber diese beiden gegensätzlichen Elemente harmonisch vereint, wirst du sehen, daß die Natur bei genauer Betrachtung eher einer guten Zeichnung ähnelt als einer schlechten.[12]

Wie beim Zeichnen macht sich Janssen auch beim Schreiben den Wechsel der Perspektive zunutze. Die Zeichnung ahmt nicht die Natur nach, sondern die Natur ähnelt eher einer guten als einer schlechten Zeichnung. Es gibt nicht die endgültige Wahrheit. An der Wahrheit haben wir nur teil „im Gewand der Lüge".[13] Denn wie jedes Kind aus eigener Erfahrung weiß, muß es sich viele Wahrheiten ausdenken und immer neue Wahrheiten erfinden, um auch nur eine einzige Lüge glaubhaft zu machen.
Nichts wiegt deshalb für einen wie Janssen schwerer als der „Verlust der Lüge".[14] Es wäre gegen unsere Natur – gegen die conditio humana. Dieses Geschäft betreibt aber gerade der Modernismus. Er grenzt sich gegen die Nachahmung – gegen Mimesis – ab. Seit über hundert Jahren diskreditiert er die ästhetische Mimesis und nennt sie eine Lüge, was auch richtig wäre, wenn er es nicht wieder im Namen einer Wahrheit täte, heiße sie nun Strukturalismus, Kubismus, Konstruktivismus oder wie auch immer. Der Modernismus, der Cézanne unter seinen Vätern zählt und sich durch die russische Avantgarde bestätigt weiß – dieser Modernismus hat alle an einem realistischen Abbild mitwirkenden Sphären entkoppelt und sie nacheinander des Scheins und der Lüge überführt. Das Bild ist aus nichts als Form und Farbe gemacht. Es bildet sich auf einer zwischen den Seiten ausgespannten Fläche nach völlig eigenen Gesetzen. Solche und ähnlich pathetischen Enthüllungen standen am Anfang und haben das ganze Jahrhundert in ihren Bann gezogen. Sie wirken bis heute fort. Die Entlarvung einer Täuschung scheint immer überzeugend – um so

mehr, wenn sie der bildenden Kunst so auf den Grund geht, daß sie diese aus sich selbst – aus ihren eigenen Strukturen heraus – neu erschafft: als Dekonstruktion.

Für Janssen schließen sich die Gegensätze nicht aus. Er reduziert nicht das eine auf das andere. Er sucht die Illusion, ohne sich gleich für die Wahrheit und gegen die Lüge zu entscheiden. Seine Kunst „ist eine Täuschung mit durchschaubaren Mitteln". Die Überführung einer stereometrischen Welt in die Zweidimensionalität ist und bleibt ein Akt der Abstraktion, und gegenüber dem Gegenstand, der abgezeichnet wird, ist es auch eine Lüge. Nur daß Janssen diese Lüge zum Vorwand nimmt, um auf die Wahrheit hinzuweisen, die, wenn es sie auch nicht gibt, wenigstens für sich beanspruchen kann, daß sie die größere Wahrscheinlichkeit auf ihrer Seite hat. „Gäbe es die Wahrheit, sie allerdings läge in dem kommentarlosen Faktum, im Gegenstand selbst. Die Wahrheit bedarf des Spiritus domini nicht: ein Toter könnte die Wahrheit sagen."[15]

Janssen schlägt sich auf die Seite der Täuschung, der Illusion, des Betrugs und der Lüge, ohne zu unterschlagen, welcher Mittel er sich dabei bedient und daß es sich immer um eine Übersetzung ins Medium der Zeichnung handelt. Der Wechsel zwischen den Dimensionen ist eigentlich sein Thema. Zu dem Zweck läßt er eine Reihe von Inszenierungen für sich arbeiten, die sichtbar machen, was denn da vorgeht, wenn sich ein Stück Papier und die plane Fläche in eine Landschaft verwandeln. Wir werden mit den Augen darauf gestoßen, daß wir gar nicht umhin können, eine durchziehende Wetterfront ins Blaue hineinzugucken, wenn es die Zeichnung nur mit einer Spur Graphit darauf anlegt. Janssen scheut keinen inszenatorischen Aufwand, um das vorzuführen. Seine ganze Kunst bietet er auf, den Schein durchschaubar zu machen. Nur heißt das nicht, wir wollten belogen und betrogen sein. Richtig ist, daß wir uns verführen lassen. Mit uns unzufrieden, eingeschlossen ins Selbst, wollen wir aus uns herausgelockt werden. Am liebsten möchten wir, wenn es nur möglich wäre, aus unserer Haut schlüpfen. Dafür steht seit eh und je Natur. Sie ist das Nicht-Ich. Das macht sie so anziehend. Deshalb suchen wir sie auf. Wir wollen uns in ihr verlieren. Kehren wir dann wieder zu uns zurück, sind wir reicher geworden, als wir je wären, wenn wir nur in uns – wie in einem Gefängnis – eingesperrt geblieben wären.

Da ist es wieder – das Gefängnis, das von allen Seiten droht. Hier ist es die Kunst, die sich nicht mehr aufs Kucken einläßt und nicht mehr dem Auge folgt – dem offenen Fenster mit all seinen Verlockungen. Sie ist aussichtslos geworden. Sie gibt heutzutage immer mehr zu denken und immer weniger zu sehen. Sie ist bloß noch ein Denkspiel, in dem wir nur noch uns selbst begegnen.

Die Natur zu einem Organ der Verführung gemacht und sie in dieser Rolle wiederentdeckt zu haben – in ihrer Schönheit und ihrem betrügerischen Schein –, das ist Janssens Leistung in diesen 70er Jahren. Es ist eine Leistung, die in der Kunst nur alle Jahre möglich ist. Daran werden Blütezeiten und Epochen glücklicher Horizonterweiterung gemessen. Denn nicht nur ist es schwer und bei aller Umweltbedrohung heute fast unmöglich geworden, Natur unverbildet zu sehen – noch viel schwieriger ist es, sie so zu inszenieren, daß sie selbst zum Maßstab wird und wir noch einmal alles Leben von ihr empfangen. Wenn es auch die kleinen Bühnen sind, auf denen Janssen die großen Dramen spielt, vor allem das Drama von Tod und Vergänglichkeit – mehr als eine halbvertrocknete Blüte, ein Ahornfalter oder eine Gesellschaft bunt durcheinandergewürfelter Knöpfe ist dazu nicht nötig.
Hier liegt der Unterschied zu Picasso. Im Verhältnis zu seinem mediterranen Formenreichtum erscheint Janssen in mancher Hinsicht als nordischer Gegenpol, wandlungsfähig wie jener, aber nicht ebenso dem paraphrasierenden Spiel anheimgegeben. Picasso wird unter dem Banner der Dekonstruktion eher mißverstanden und gerade um die Dimension verkürzt, die aus ihm einen der großen mimetischen Künstler dieses Jahrhunderts macht. Nur muß sich Picasso nie daran messen lassen, ob er eine Weintraube auch so getroffen hat, daß sich darin wie in einem einzigen prallen Tropfen das Leben selbst widerspiegelt.
Aus dem Grund nimmt Janssen die Welt en detail und nicht im großen und ganzen. Nur im Ausschnitt kuckt er richtig hin, und was er, ins einzelne versunken, wahrnimmt, sieht er so groß, daß er daraus den Stoff für sein Welttheater zieht. Hier greift seine Kunst der Inszenierung, die über so viele Mittel und Wege verfügt. Auf dem Höhepunkt ist sie jedoch erst, wenn sie auch von sich aus das Wiedererkennen als Drama zur Aufführung bringt: die inszenierte Mimesis. Als ein in mehrere Akte gegliedertes Stück vollzieht sie nach, wie sich die Sache selbst entdeckt. Die Rolle, die das Déjà-vu-Erlebnis im Modernismus spielt, könnte nicht unterschiedlicher sein.
Es gibt eine Zeichnung von Seerosen, die Janssen am 11. Juli 1972 im Anschluß an die *Minusio*-Blätter gemacht hat (Abb. S. 168 f). Aus der Kunstgeschichte kennen wir die vollerblühte Seerose, die über einem schwimmenden Blatteller ihre strahlende Leuchtkraft entfaltet. Janssens Seerosen sind weder aufgeblüht, noch schwimmen sie auf einem grünen Teppich. Sie liegen – un-

gewöhnlich genug – dicht beieinander in einer engen Schale und quellen über den Rand. Auf den ersten Blick ein Klumpatsch in Dunkelgrün. Wer sagt überhaupt, daß es Seerosen sind?

Man kennt die völlig halt- und formlosen Seerosenblätter, die in sich zusammenfallen, wenn sie sich nicht auf dem Wasser ausbreiten können. Durch dieses Falten werfende, unförmige Grün steigt die Zeichnung hindurch und treibt Stengel aus sich heraus und über den Schalenrand hinweg, die nichts tragen, nur Verbindung halten und wie Schläuche an einigen Stellen abgeknickt sind. Solche Stengel bilden zusammen mit ihren Schatten im Wasser ein Gitter, das den Blick in die Tiefe der Schale hinabzieht – denselben Blick, der gerade noch an dem vielfältigen, aber gestaltlosen Grün gleichsam abgeglitten war. Doch nicht in diesem spannungsvollen Gegeneinander zweier Blickrichtungen gelangt das Bild ans Ziel. Höhepunkt und Ziel – das sind die Seerosenblüten, die nun allerdings noch in sich verschlossen daliegen und von ihrer Farbe nur soviel zeigen, wie das sie umgebende Grün freigibt. Wie Knospen scheinen sie erst noch aufzublühen, und dieses Scheinen ist nun eigentlich das Thema – ein rechtes Vorscheinen. Denn darauf läuft es hinaus: auf eine vom hart konturierten Grün hervorgetriebene Helligkeit, die zu den Seiten hin an- und abschwillt.

Das bis auf den Punkt gesteigerte Lumen ist nun nichts anderes als der Papierton selbst. Es ist kein Licht und vor allem ist es keine Farbe außer der, die aus dem Papier und aus der auf seinen Ton abgestimmten Inszenierung kommt. Es ist das mit keiner Malerei herzustellende Vorscheinen selbst. Keine Farbe läßt sich so subtil mischen und in solchen Nuancen auftragen wie diese aus dem Papierkörper, bloß aus dem Material aufsteigende Lichterscheinung, in der wir die Seerose wiedererkennen, die noch halb ins Grün ihrer Deckblätter eingeschlossen ist. „Gäbe es die Wahrheit, sie allerdings läge in dem kommentarlosen Faktum, im Gegenstand selbst."

Der Modernismus isoliert das Wiedererkennen. Unter dem Titel Trompe-l'œil oder mit den Effekten des Déjà-vu demonstriert er, wie es am Aufbau eines Bildes beteiligt sein kann. Janssen wahrt den Zusammenhang. Wenn er den Schein für die Sache ausgibt, inszeniert er das Wiedererkennen so, daß in ihm beides Platz findet und sich gegenseitig steigert: die Sache selbst und alles, was sie vorspiegeln und so tun hilft als ob. Beides schließt er einander auf. Dabei geht es ihm immer um die Sache selbst – um die Seerosen. Denn obgleich es nahelä̈ge, ruht er nicht bei der Kunstgeschichte aus, er zitiert nicht Ophelia – Hamlets frühverblichene Schöne, die im Wasser, gewöhnlich zwischen Seerosenblättern, ihr Ende in Wahnsinn und Umnachtung findet.

Genausowenig hätte sich aber auch irgendein Künstler früherer Jahrhunderte an dem – wie wir es nennen – Klumpatsch in Dunkelgrün zu schaffen gemacht. Zu wenig bestimmt, zu abstrakt wäre ihm das Sujet vorgekommen. Es ist Janssen, der sich aus solchen Dunkelheiten wieder ans Licht arbeitet und die Moderne auf ihren Weg zurückbringt.

Die Zeichnungen der 70er Jahre lassen sich so lesen, daß sie ein Kommentar auf die Entwicklungen und Fehlentwicklungen der Moderne sind. Sie gehen darin nicht auf; dazu sind sie zu sehr Landschaft, Stilleben, Vedute oder Karneval. Aber die Art und Weise, wie sie ihren Gegenstand in Szene setzen, erfolgt immer unter den Voraussetzungen der Moderne und der durch sie errungenen Freiheiten, wie sie auch wieder darüber hinaus- und dahinter zurückgehen. Der Modernismus ist schon deshalb mit von der Partie, weil es sich um Zeichnung oder Aquarell handelt und nicht um das in der Auflösung begriffene Bild.
Der Kubismus hat damit angefangen, den Spiegel zu zerschlagen, indem er nicht nur die Zentralperspektive in einzelne Perspektiven zerlegte – er hat auch die Maloberfläche sprengende Materialien – Zeitungsartikel, Tapetenmuster und anderes – einbezogen. Daraus geht die Bild-Collage hervor, die ihrerseits zum plastischen Objekt unserer Tage wird. Janssen kommentiert die Entwicklung dadurch, daß er zu dem ursprünglich taktilen Bedürfnis zurückkehrt, das nicht nur sehen, sondern auch greifen und befühlen möchte. Mitte der 70er Jahre stellt er Collagen her, um sich in der bröckelnden Fassade römischer Bauwerke gleichsam einzunisten. Er klebt zerrissene und am Rand angesengte Papiere so zusammen, als nagte an den Bruchkanten der Zahn der Zeit. Aus den in die Zeichnung collagierten Kolumnen einer Druckseite baut er die Stadt Paris mit ihren Türmen und Mansarden neu auf. In der labyrinthischen Enge der Straße, am Fluchtpunkt der Perspektive, lodert ein Feuer aus angekokelten und rußigen Papierrändern frisch auf. Die Fassade zerbricht, als bröselte uns der Putz unter den Fingern weg. Die Collage[16] erlaubt es, das mit Händen zu greifen, und ist von nichts weiter entfernt als der Begegnung einer Nähmaschine mit einem Regenschirm.

Die Zeichnung umwirbt das Material – die leere Fläche, Papier und Papierton, Fleck oder Schmutzspur, ausgerissene und aufgeklebte Schnipsel Papier – und entbindet daraus die Gestalt, hinter die wir um so weniger zurückkönnen, als es die Gestalt von etwas ist, das wir kennen oder doch zu kennen meinen. Die Verführung zum Sehen, zum Sich-Verlieren an die Sache, diese „schreckliche

Lust des Auges" ist die eine Wahrheit. Die andere ist, daß es nur gemacht, mit durchsichtigen Mitteln hergestellt und regelrecht inszeniert ist. Beides schließt Janssen einander auf. Es ist der sich nach beiden Seiten erstreckende Kursus, den er – eigentlich in jeder Zeichnung – ausdrücklich durchläuft: in der Entgegensetzung von Abstrakt und Konkret, von Gegenständlich und Ungegenständlich, in der Verlebendigung von Leblosem, in der Vertauschung von Groß und Klein, Nah und Fern und was dergleichen mehr ist. Janssen bewegt sich zwischen den Gegensätzen und knüpft wieder Fäden, die der Modernismus zertrennt hat.

Der Modernismus schreibt sich wie alles in unserer heutigen Lebenswelt von der Arbeitsteilung her. Die Arbeitsteilung schreitet unablässig voran – auch in Teilen, die traditionell das Ganze für sich in Anspruch nehmen, wie das in den Künsten der Fall ist. Die Zergliederung der am Bildgeschehen beteiligten Momente gibt das beste Beispiel. Erst ist es der Reflex im Auge, auf den die Erscheinungen quasi wissenschaftlich zurückgeführt werden. Dann sind es Strukturen, aus denen alles aufgebaut ist. Zu guter Letzt sind es nichts als Form und Farbe, aus denen eine eigene Bildwelt entsteht. Vom Sehen bleibt das Gesehen-haben übrig: die gegen alle Täuschung gefeite und die Last der Geschichte tragende Ent-täuschung.

Janssen erfindet das Sehen neu – sein „Kucken". Das Primat des Auges entzündet sich an der Natur. Natur lockt uns aus uns heraus. Sie hilft Abkapselung und Ermüdung überwinden. Sie holt uns aus dem Gefängnis heraus, das uns immer dann droht, wenn wir nur noch uns selbst begegnen – in der Kunst wie auch sonst.

Deshalb ist Janssen kein Gegner der Moderne. Nur zu offensichtlich macht er von ihren Freiheiten Gebrauch und nutzt die neugewonnenen Spielräume. Aber die vom Modernismus freigesetzten und für absolut erklärten Wahrheiten bindet er zurück an ein Spiel von Gegensätzen. Die Inszenierungen und dramatischen Zurüstungen, die dazu nötig sind, schließen die Gegensätze füreinander auf. Mehr als eine Annäherung an die Wahrheit ist nicht möglich. Sie erfolgt am besten aus der Gegenrichtung – als Täuschung, Schein oder „im Gewand der Lüge", wie Janssen es an Goethes *Reineke Fuchs* bewundert hat. Glaubwürdigkeit – das war sein Ziel. „Das muß doch hinzukriegen sein!" Darin wollte er von niemandem übertroffen werden.

Um diese Glaubwürdigkeit hat Janssen auch im Leben gerungen – als würde es jedesmal die Wahrheit und nichts als die Wahrheit gelten. Er war der erregbarste Mensch, schneller und heftiger erregt als jeder andere. Sich in der Sache engagieren und mit allen Nerven und Fasern involviert sein, das war er sich in einem solchen Maß schuldig, daß er an dem Punkt keinen Spaß verstand. Janssen gab sich so restlos aus, daß er oft über keinerlei Reserven mehr verfügte, nur noch über einen bis zur Hysterie reizbaren tödlichen Ernst. Er wäre für alle ganz und gar unleidlich gewesen, wenn er das nicht als sein Leiden und seine Krankheit vorgebracht hätte. Wie er sich darin verzehrte und gegen diese Fatalität bis zur Erschöpfung ankämpfte – das war einfach nicht zu übersehen.

Bei aller Verführung durch den schönen Schein hinterließ dieses Leiden im Werk die tiefsten Spuren. Am deutlichsten ist es in dem schmerzgesättigten Schwarz der frühen 70er Jahre. Dieses Schwarz ist so abgründig schwarz, daß alle Farben es vorläufig schwer haben, sich dagegen zu behaupten. Bis Mitte des Jahrzehnts sind Janssens Zeichnungen auf diesen tiefen Ton gestimmt, und die Farben, die sich trotzdem zeigen, wagen sich nur kurz hervor. Es ist ein Schwarz, welches das eher dämmerige Grau des Graphits ins Bodenlose abstürzen läßt – als wäre in seinem Rücken eine Falltür aufgestoßen worden. Dieses dem Graphit abgerungene Schwarz ist merkwürdigerweise schwärzer als alles, was die Geschichte der Zeichnung bis dahin kennt, obwohl sie es ja wie kein anderes Metier seit Jahrhunderten mit Schattierungen aller Art zu tun hat.

Als hätte vor Janssen noch niemand in den Brunnen geschaut, schlägt er den dunkelsten Akkord an. Solange er Strich an Strich – in Tausenden von Strichen – graue Schleier in feinsten Nuancen auf das Papier legte, blieb dieses Schwarz die Ausnahme. Es tritt erst auf, wenn er Anfang der 70er Jahre mit dem Daumen zu wischen beginnt und mit dem schwarz eingefärbten Handballen Volumen schafft. Erst wenn sich die Linie aus den dichtgebündelten Strichlagen befreit, gräbt sich auch der Stift tief ein. Janssen legt damit ein Fundament, über dem er die ganze Skala von Tönen zum Klingen bringen kann: vom hellen Papierton bis zu den wie eingraviert daliegenden Schwärzen. Es ist natürlich der Radierer, der diese Skala für sich zu nutzen gelernt hat.

Denn auch dieses sich in seinen Schmerz vergrabende Schwarz ist das Ergebnis einer Inszenierung. Dunkelheit will heraufbeschworen sein. Über viele Stufen, von den schmutzgrauen Rändern her, nach Kaskaden gedämpft einfallenden Lichts verdichtet es sich immer mehr und, im schärfsten Kontrast zu einer einzeln stehengelassenen Helligkeit, blitzt es so piekenschwarz auf, daß keine mit Kohle gezogene Zeichnung da heranreicht.

Das allgewaltige Schwarz der frühen 70er Jahre[17] zieht sich im Laufe des Jahrzehnts immer mehr zurück – zurück in den Schatten, den im Schein der Arbeitslampe die kleinen auf dem Zeichentisch versammelten Dinge werfen. Diese Schatten hat Janssen studiert. Er hat beobachtet, daß zum Rand hin die Dunkelheiten zunehmen, während sie sich im Zentrum wider Erwarten aufhellen. Aus diesem Schatten heraus formt Janssen das Leben der Dinge, die nun ihrerseits immer mehr Farbe gewinnen und in der großen Blumensuite von 1979 zu leuchten beginnen. Genau zehn Jahre hat er sich Zeit gelassen für den Blei- und Buntstift und am Ende – in übereinandergeschichteten Farbstrichlagen – die Farben zum Glühen gebracht. Sein Leben ist in der Hinsicht so durchorganisiert und ökonomisch streng geordnet, daß er tatsächlich am Ende des Jahrzehnts den Bunt- und Farbstift beiseite legt und durch das Pastell ersetzt, dem er nun wiederum eine Dekade widmen wird.

Das aus dem Schatten modulierte Leben führt uns eine Zeichnung vom März 1979 vor Augen. In ein nach vorn gekipptes, auf der Tischplatte liegendes Glas schaut der Betrachter so hinein, daß es sich ihm mit zwei konzentrischen Kreisen öffnet. Den äußeren Kreis bildet der bauchige Kelch nach seinem größten Umfang. Der innere Ring ist der Trinkrand. Im Mittelpunkt legen sich Dunkelheiten um einen aufgehellten, kleinen Kreis. Es ist die Stelle, wo sich der Stiel des Glases, der in dieser außergewöhnlichen Perspektive nicht zu erkennen ist und nach hinten wegstrebt, zum Kelch erweitert – eine Stelle, an der bekanntermaßen das Glas verschieden dick und die Lichtbrechung unregelmäßig ist. Diese Stelle ist Auge und Fluchtpunkt in einem. Alles scheint sich auf diesen Punkt hinzubewegen. Wie durch einen engen Trichter wird die diesseitige Welt abgesogen und in eine unbestimmte Ferne transportiert. Hinter dem Glas beginnt eine andere, jenseitige Welt. Mit dem Wechsel des Papiertons und der zum Horizont ausgedehnten Kältefront deutet sich eine leere Unendlichkeit an.

Wein gehört zu den geistlichen Getränken. Wie es seit alten Zeiten heißt, ziehen wir daraus ein höheres Leben. Und wenn es sich um Rotwein handelt, trinken wir sogar vom Blut des Herrn. Solchen Zeiten- und Weltensprung scheint das Bild in Szene zu setzen. Bevor sie in den Sog hineingeraten und wie in einem Strudel verschwinden, leuchten die Dinge noch einmal auf. Zwei Blütenblätter in Rot und Blau versammeln sich direkt unterhalb des Auges. Sie liegen im Kelch, der wie ein Okular die Dinge dicht an sich heranholt. Es sind solche Blatt- und Blütenreste, wie sie auf Janssens Arbeitsplatte herumliegen. Dazu gehören auch mehrere Scheiben Apfel, die um das Kerngehäuse abgenagt und eingetrocknet sind. Diese verschrumpelten Apfelgripse zieht das Auge im Glas an. Auf halbem Wege scheinen sie sich darauf hinzubewegen. Ja,

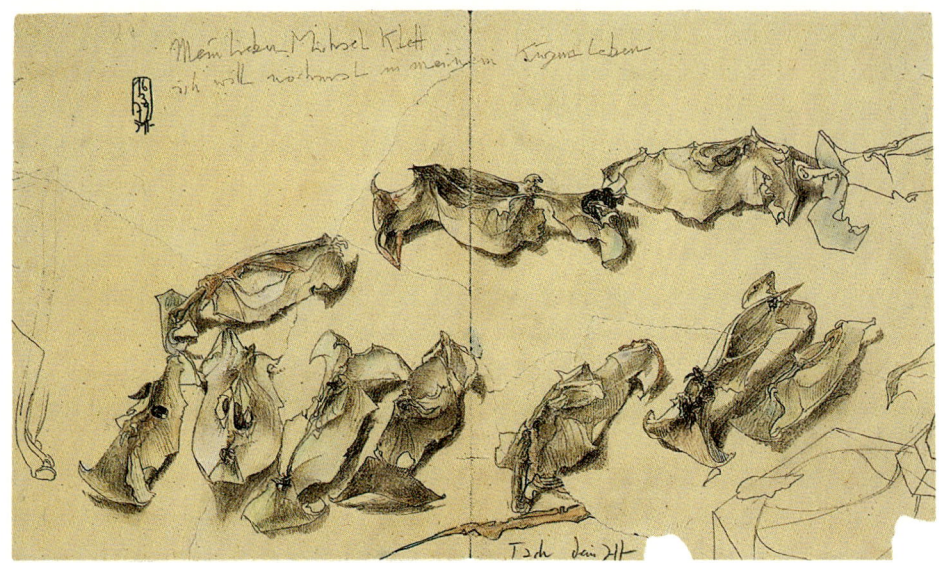

Venedig, Zeichnung 16. 3. 1979. Blei- und Farbstift (27 x 45 cm)

wie mit einem eigenen Leben begabt, kriechen sie käferartig darauf zu. Es sind die Schatten, die Janssen so einträgt, daß sich darüber lebendige Körper in Bewegung setzen. Diese Schatten haften auf der Unterlage, und wie von selbst erhebt sich aus solchen Dunkelheiten das Leben mit seinen sprechenden Konturen.
Im Mittelgrund – gleichsam im Auge des Glases – spielt sich das Leben ab, während ganz im Vordergrund und in größter Entfernung zum Fluchtpunkt zwei Kerngehäuse bloß im Umriß schattenlos daliegen – genauso abstrakt und gegenstandslos wie die Welt jenseits des Auges. Denn das ist das Thema: eine Reise ins Zentrum unseres Sehnervs. Dahinter verschwindet alles in der kalten Wüste der Abstraktion. Nur unter unseren Augen – da entfaltet sich das Leben ganz.
andere reisen ist der Titel des Bildes. Das soll heißen, andere gehen auf Reisen und legen weite Entfernungen zurück. Dagegen spielen sich die Sensationen, die Janssen meint, direkt vor unseren Augen ab. Man muß nur hinkucken.[18]

Es ist ein für Janssens Ästhetik ungewöhnlich aufschlußreiches Blatt. Ein Hauptwerk ist es indessen nicht, weil er seine Arbeit nicht auf ein solches Ziel hin organisiert. Es gibt wohl Spitzenleistungen, die er Profizeichnungen nennt, aber kein Opus magnum – nicht das eine ganze Arbeitsphase bündelnde Einzelwerk. Janssen folgt den flüchtigen Erscheinungen auf ihrer Reise in

andere reisen, Zeichnung 23. 3. 1979. Blei- und Farbstift (39,5 x 26,4 cm)

die Vergänglichkeit – so wie sie auf diesem Weg durch sein Auge ziehen. Flucht und Wechsel verhindern, daß sich das Auge irgendwo festsaugt. Schon wenige Tage vorher hatte Janssen die gleichen Apfelreste zu Gondeln verzeichnet (Abb. S. 180) und dazugeschrieben: *An Guardi gedacht*.[19] Guardi hat in den Lagunen Venedigs solche schwimmenden Aufzüge dargestellt. Janssens Gondeln sind lauter verschrumpelte Apfelkerngehäuse, nur daß sie hier farbig aufgeputzt scheinen und einen Korso bilden. Bevor sie den Weg alles Irdischen gehen, sind sie noch einmal ein Fest für die Augen.[20]

Dieses Fest für die Augen – die dem „Klein-Müll" abgewonnene Schönheit der Welt – ist für Janssen Programm. Einer wie er, dem aus solchen auf seiner Arbeitsplatte angelandeten Resten die wahren Sensationen kommen – so einer muß nicht noch obendrein die Müllhalden der Stadt aufsuchen und in das allgemeine Klagelied einstimmen, das die Umweltprobleme hervorrufen. Er ist eh schon da zu Hause, wo die Zeit dem Tod in die Hände arbeitet.

Deshalb hält er auch nicht am Bild fest, das im Museum eine Wand für sich beansprucht und standhaft gegen die Zeit dauert. Nicht das Öl, nicht das Acryl, sondern die Zeichnung ist sein Metier – die Zeichnung, die der vergänglichen Schönheit auflauert und sie dort zu bannen sucht, wo sie auf dem Weg in den Orkus, vor dem Hintergrund unauslotbarer Dunkelheiten, noch einmal auflebt. In aller Regel wird die Zeichnung noch am selben Tag fertig. Sie ist auch nicht das einzige, was an diesem Tag zu Papier kommt. Briefe, Widmungszeichnungen und kleinere Arbeiten laufen nebenher und füllen die Stunden. Diese Beweglichkeit macht Janssen zum Wesen der Zeichnung. Sie folgt ihm überall hin: in die Jahres- und Tageszeiten und weiter bis in die subtilen Schwankungen und Stimmungen des Augenblicks. Sie dokumentiert den Moment. Sie ist zwischen dem Noch-Nicht und Nicht-Mehr wie die Zeit selbst auf dem Sprung.

Dahinter verbirgt sich der Wunsch nach einem durch alle Tage und Stunden geführten Tagebuch. Das bahnt den Weg zu dem „Immer-Zeichner", der im Gehen wie im Sitzen, wachend und schlafend, mit dem Schlag des Sekundenzeigers immer weiter zeichnet. Janssen lernte sich in diesen 70er Jahren als der „Immer-Zeichner" verstehen[21] – als einer, der ganz und gar Zeichnung ist: ein homo pingens. Das Zeichnen war ihm zu seiner Art von Stoffwechsel geworden – das um so mehr, als er auch das Tempo weiter verschärfte und noch intensiver lebte.

Damit korrespondiert nicht mehr das Einzelbild – eher die Bilderflucht. In Schüben geht die Arbeit voran. Das Buch wird immer mehr zum Gefäß für die Tages- und Jahreszeiten. Wenn es anfangs nach Genres geordnet war – nur ausgeführte Zeichnungen, nur Grußadressen wie im *Kleinen Geste-Buch*,[22] nur übermalte Postkarten wie in den Leporellos –, dann mischt es bald die Genres miteinander. Nichts bindet die wechselvollen Tage so zusammen wie das Buch. Liegt es endlich gebunden auf dem Tisch, kann Janssen sagen: „Seht her, ich habe gelebt."

Das Tagebuch als Kalendarium aller möglichen Befindlichkeiten sprengt den Rahmen des Bildes. Von dieser Seite nähert sich Janssen jener epochalen Tendenz, die in unserer Zeit das Bild in die Krise gestürzt und zur Performance und zum Environment weiterentwickelt hat.

Das Buch wird zum Fluchtpunkt seiner Lebensbildnerei. Dazu das Schreiben und Fotografieren.[23] Er will alles gesehen und alles erlebt haben – noch einmal den Lebenszyklus auf allen Altersstufen voll ausschöpfen. Die Gegensätze, die in ihm arbeiten, will er bis über ihre Grenzen hinaus verfolgen. Nichts soll unversucht bleiben. Die plötzlichen Launen, seine Sprunghaftigkeit, seine Macht und Ohnmacht – er muß alles auf die Probe stellen und noch im Überschreiten der Geschlechterrolle von sich sagen: „In Wirklichkeit bin ich eine Frau, mit männlichem Vortrag."[24]

Schon geht es nicht mehr bloß um Selbstverwirklichung – nicht mehr darum, in ihm steckende Anlagen und Talente zu entfalten und ihnen Anerkennung zu verschaffen. Der ganze Mensch steht auf dem Prüfstand. Was ist ihm möglich? Welche Stellung hat er im Universum? Was ist überhaupt das Menschenmögliche? Diese den 80er Jahren vorgreifenden Fragen kristallisieren sich mit der Zeit heraus. Janssen wird sie sich in wachsendem Maße auch schreibend zu beantworten suchen.

Aber wie er als Schriftsteller hervortreten wird, die Plattform und Basis für alle seine Erkundungen bleibt seine Zeichenkunst. In seinem Metier ist er ein unangefochtener Könner, ein Meister seines Faches. Diesen Vorsprung will er sich um nichts in der Welt verkürzen lassen. Überhaupt will er sich nicht mehr zurücknehmen – weder den unzeitgemäßen Poeten unter den Gegenwartskünstlern noch den rücksichtslosen Egomanen, den Zerstörer nicht und nicht die Bestie, die wegbeißt, was ihr nicht paßt.

Bescheidenheit war nie sein Fall. Endlich konnte er so unbescheiden sein, wie er wollte. Das verdankte er seiner Zeichenkunst und dem entschlossenen Wiederbeginn in den 70er Jahren. Er hatte sich die Natur neu erfunden – sich noch einmal herausfordern und verführen lassen von der „Tücke des Objekts". Er hatte sich nicht auf eine Handvoll Ideen, auf eine Manier oder einen Stil eingeschränkt. Natur steht dafür, sich auch selbst wieder verlieren zu können. Das ist Janssen mehr als einmal gelungen. Welt auf Welt hat er auf die Weise

Stapel von Büchern signierend, 1977 (Foto Gunilla Ahlström)

zurückgeholt. Er ist dadurch nur reicher geworden. Mit 50 Jahren hatte er ein zweites Lebenswerk im Rücken, das seinesgleichen sucht.
Auch das hat ihn zu einer epochalen Ausnahmeerscheinung gemacht.[25]

Macht und Übermacht

Mehr als bei einem in Zurückgezogenheit vor sich hin arbeitenden Künstler zu erwarten wäre, spielt die Macht für Janssen eine zentrale Rolle. Er wollte die Macht und hätte sich mit weniger als der ganzen Macht nicht zufriedengegeben. Die Macht ist ein vielschichtiges und verwickeltes Phänomen, und selbstredend handelt es sich nicht darum, daß Janssen die Weltgeschicke lenken und über Menschen regieren wollte. Das auf keinen Fall. Aber die Alleinherrschaft in einem – *seinem* – Fach, im Metier der Zeichnung, das wollte er. Er wollte eine unangefochtene Stellung in der Kunst haben, und die Zeichnung, wie er sie handhabte, war genau das richtige Mittel, weil sie Kunst ist und doch zum Bild und zum Museum weit genug Abstand hält, um einen Sonderstatus zu beanspruchen. Das sollte ihm ermöglichen, die Ausnahmeerscheinung zu verkörpern, zu der er sich mehr und mehr entwickelt hatte.

Wer zeichnen kann, verfügt ohnehin schon über eine Fähigkeit, die ihn vor anderen auszeichnet. Als hätte er Macht über die Dinge, die er auf dem Papier wiedererscheinen lassen kann, geht von ihm eine fast magische Wirkung aus. Wenn er es nun auch noch richtiger und genauer macht und offensichtlich besser als andere kann, dann spricht sich darin sein besonderer Rang aus. Wiedererkennbarkeit ist ein Maßstab, der schlecht zu hintergehen ist. Damit kommt so etwas wie Objektivität ins Spiel. Sie stellt das Urteil auf eine solide Grundlage und fordert zum Vergleich heraus. Ohne sich darin zu erschöpfen, ohne auch nur das wesentliche Kriterium zu sein, gehört doch zur Zeichnung, wie Janssen sie versteht, das Objekt erkennbar zu treffen. Es ergäbe wenig Sinn, die Malerei in ihrer ureigensten Art daran zu messen. Aber für die gestaltschaffende Zeichnung ist es selbstverständlich, und das wollte sich Janssen auf seine Weise zunutze machen.

Das fängt bei ihm selbst an. Wenn er sich auf einem Selbstbildnis die Nase falsch ins Gesicht gesetzt hat, ruhte er nicht eher, bis das korrigiert war. Oder er gab der Radierung den Titel *Die falsche Nase*.[1] Das klingt dann wie „falscher Hase" und macht zusätzlich Sinn, weil eh alles Maskerade ist. Janssen ist unerbittlich in der Verfolgung seiner Fehler, was nichts damit zu tun hat, ob eine Zeichnung gut oder besser gelingt. Mit einer wahrhaft bohrenden Penetranz will er es richtig machen – so, wie es aussieht. Und er gibt nicht nach, selbst wenn er der einzige ist, der den Irrtum erkennt. „So geht Primus ins Gericht mit sich"[2] und merzt den Fehler aus.

„Genauigkeit zu Lasten des Objekts" nennt er dagegen jene gutgemeinte Pingeligkeit, die von vornherein eine angemessene Annäherung an den Gegenstand verhindert. Neben der ins einzelne gehenden Korrektur gab es bei Janssen auch immer eine Art von Selbstkritik, die ihm unmißverständlich sagt, daß er mit einer Sache noch nicht „fertig" sei. „Das muß ich noch mal richtig machen" heißt dann soviel wie: beim nächsten Mal keine in der Ästhetik begründeten Abkürzungen oder Ausflüchte, sondern volle Konzentration auf die Sache selbst!

Janssen hätte nicht dieses ungeheure Lernpensum absolviert, mit dem er schließlich über das Inventar vieler Welten verfügte, wenn er nicht den untrüglichen Maßstab gehabt hätte, der ihn zwang, gegen sich selbst mit beispielloser Unduldsamkeit und in der Sache mit einer analytischen Schärfe ohnegleichen vorzugehen. Das heißt Zeichnen – wenn auch nicht nur, wie wir immer wieder betonen. Aber denn doch in der Hinsicht, daß die Zeichnung von dem Laien gerade daran gemessen wird. Und hier spielt jeder gern den Laien, wie Janssen nur zu genau wußte. Dem Zeichner rechnet jeder haarklein vor, was nicht stimmt. Janssen hat als einer der wenigen seiner Zeit dieses Maß an seine Kunst angelegt. Wen wundert es, daß er auch andere an dieser Elle gemessen hat.

Klaphecks scheinkonstruktive Zeichnungen waren solchen Angriffen ausgesetzt, weil Frielinghaus einmal hatte fallen lassen, daß ihm die Präzision der Schreibmaschinen und Bügeleisen imponiere. Aber selbst Michelangelo wurde nicht geschont. Janssen hatte irgendwo einen Salamander von ihm abgebildet gesehen. Alle, die an diesem Tag im Atelier zu Besuch waren, sollten einen Salamander aus dem Kopf zeichnen. Die eher kümmerlichen Eigenproduktionen ließ er sich gefallen, denn sie bestätigten ihn in seinem Urteil über den angeblichen Michelangelo: „Alles – bloß kein Salamander."

Mehr als der zum Laisser-faire neigende Pluralismus dieser Tage je hätte fordern dürfen, wollte Janssen mit seiner Zeichnerei auch Recht haben. Dazu hatte er selbst zu viel Lehrgeld bezahlen müssen. Und weil er obendrein davon besessen war, geradewegs in die Falle zu laufen, mußte er den Fehler vermeiden, ja, ihm dort zuvorkommen, wo er im Hinterhalt liegt und lauert. Das steckte in ihm und hatte sich seiner Kunst zutiefst eingeprägt. Er war an seinen Fehlern gewachsen. Überhaupt sah er darin eine Chance, es besser zu machen. Deshalb suchte er auch bei den anderen die Fehler oder wenigstens die Stelle, wo sie unter ihren Möglichkeiten geblieben sind. Das ist eine der Quellen für die Entstehung seiner *Kopie*. Er hakte dort ein, wo Max Klinger[3] den Arm nach den Regeln der Anatomie falsch gezeichnet hatte – sehr wohl wissend, daß ein Fehler, recht besehen, kein Fehler sein und schon gar nicht bleiben muß. Die ganze Kunstgeschichte war ihm ein Lehrstück darüber, daß die Initiative immer wieder von Fehlern ausgeht, die keine mehr sind, wenn sie durch die allgemeine Entwicklung eingeholt werden.

Illustration zur Frage: Hat Klinger den verzeichneten Arm auf der Füssli-Zeichnung »Zwei Mädchen aus einem Küchenfenster blickend« – mit persiflierender Absicht ebenfalls verzeichnet oder stellte Füssli im voraus dem Klinger eine Falle, indem er den Arm, den er hätte richtig ins Gelenk setzen können, falsch einrenkte, wohlwissend, daß Klinger dies wohl bemerken, aber an der Korrektur scheitern würde?[4]

Es gibt aber auch den Fall, daß das Werk eines Meisters nur noch in der zeitgenössischen Reproduktion eines Kupferstechers überliefert ist, der es mehr schlecht als recht auf die Platte übertragen hat. Hier will es Janssen noch einmal dem Primaticcio gleichtun (Abb. S. 189) und das verlorene Meisterwerk wiedererstehen lassen, um ein weniges dem heutigen Zeitgeschmack angepaßt.[5]
Recht haben wollen und es besser können als die Konkurrenz, ist ein Motiv, das im Metier der Zeichnung selbst angelegt ist – darin, wie Janssen sich an den Großen und Größten seines Faches maß. Er hatte aber auch ein besonderes Talent dafür, und das erschöpfte sich nicht in seiner Fähigkeit zur Nachahmung. Zweifellos ist es in seinem Charakter angelegt. Er wollte immer gewinnen oder, wie Hundertwasser es ausdrückte, er war „dazu verdammt, keine Fehler zu machen".[6] So wie Kafka zu Lebzeiten nicht erfolgreich sein durfte – der Motor zum Schreiben wäre sonst ins Stottern gekommen –, so mußte Janssen zwanghaft Sieger bleiben. Bis tief in die 60er Jahre war dieser Ehrgeiz eingebunden in das Karrierestreben. „Zur Abwechslung ein Genie", hatte Gottfried Sello am 17. Dezember 1965 in DIE ZEIT geschrieben. Ruhm blieb bis zuletzt eine starke Triebfeder, wenn auch der Wunsch danach immer elementarere Züge annahm und sich zuletzt ganz unbefangen darin äußerte, vor allem geliebt zu werden.
Was in den 60er Jahren nicht mit der Karriere abzureagieren war, verschaffte sich in heftigen Provokationen Luft. Er war die pure Anmaßung. Er brüskierte die Leute mit überzogenen Ansprüchen und ging jede Wette ein, daß ihm die Zukunft gehöre und keinem sonst. Er hatte überhaupt keine Skrupel, sich auf anderer Kosten größer zu machen. Auch wer es so genau nicht wissen wollte, dem drängte er sich – nun erst recht – mit seiner lauthals heraus-

posaunten Überlegenheit auf. Er spuckte nur die größten Töne. Was aber niemand ahnte: Es war seine Art, sich ein Gewissen zu machen und sich in die Pflicht zu nehmen. Mit jeder seiner Anmaßungen nahm er einen neuen Kredit auf, der mit der Zeit wieder abzutragen wäre. Denn er nahm ernst, was andere als Schaumschlägerei abtaten, wenn es sie nicht auf der Stelle verprellt hatte.

In den 70er Jahren machte dieser ungebärdige Wille zur Macht eine Wandlung durch. Nach wie vor mußte er gewinnen. Immer noch wollte er Sieger sein – ja, nun erst recht. Aber er lebte es radikaler aus. Der Aufstieg war geschafft. Mit dem Kunstpreis von Venedig und der Ehrung durch eine zweite Ausstellung 1973 in der Kestner-Gesellschaft war das Karriereziel erreicht. Nun ging es um den Menschen, für den es überhaupt keine Einschränkungen, am besten keine Grenzen mehr geben sollte. Er wollte partout keine Rücksicht mehr nehmen und trieb sich den letzten Rest von Bescheidenheit aus. Er zog seine Lebenskreise enger, wie um sich rückzuversichern, daß er nicht die Kontrolle über das Experiment verliert und öffentlich mit seinem Machtwahn aneckt. Er sperrte sich in seine Liebschaften und Freundschaften ein, wie wir es nannten, und schloß die stadtöffentliche Gesellschaft aus Sicherheitsgründen mehr denn je aus seinem Leben aus. Aber im Verhältnis zu seinen Frauen und Freunden holte er doppelt und dreifach nach, was er sich draußen verkneifen mußte. Er inszenierte das Spiel um die Macht. Er stürzte sich in die tiefsten Abhängigkeiten. Er lieferte sich den Geliebten bis zur Wehrlosigkeit aus. Er verschenkte sich und seine Zeichnungen, ließ sich erpressen und ging sogar auf Reisen, wo er lieber zu Hause geblieben wäre. Er trat alle Rechte auf sein Blankeneser Refugium ab, gab seine Wohnung aus der Hand und stellte Schuldscheine aus. Er ließ sich bis zur Raserei treiben und ging freiwillig in die geschlossene Abteilung der Nervenheilanstalt.

Die Liebe setzte er als Machtkampf in Szene. Denn um sich davon wieder zu befreien, war die größte Anstrengung nötig – ein Akt der Selbstbehauptung, der auch die stärksten Kräfte zu überfordern drohte. Aber so wollte er es: immer mit höchstem Einsatz, unter unerhörten Verlusten, auf fast schon verlorenem Posten. Nur dann war es Liebe und Freundschaft. Nur wenn er völlig hilflos war und es bloß noch ums Überleben ging. Die Macht, die andere über ihn gewannen, lotete er an ihrer Basis aus – dort, wo es der reine Selbsterhaltungstrieb war, sich auch wieder dagegen zu behaupten. Oft leistete er Gegenwehr aus schierer Verzweiflung. Dann sah es aus, als wäre er mit seinen Brutalitäten im Recht und als schlüge ein rettungslos in die Enge Getriebener mit seinen letzten Zuckungen wie wild um sich. Tatsächlich hatte er es aber

Jupiter und Semele – nach Primaticcio, Zeichnung 30. 4. 1974.
Blei- und Farbstift (36,5 x 27 cm)

dazu kommen lassen. Er arrangierte alles immer wieder so, daß er wie ausgenutzt und hintergangen dastand.

Er diktierte, wie mächtig und ohnmächtig er sein wollte. Er ahnte es schon immer, aber in diesen 70er Jahren wollte er es genau wissen: Die Liebe ist ein Kampf um die Macht. Dieses Drama brachte er mit sich verzehrender Intensität wieder und wieder zur Aufführung. „Macht macht Spaß." Als ich ihm eines spätnachmittags – seine Geliebte war gerade im Mühlenberger Weg eingetroffen und saß noch nicht im Sessel – auf seine Begrüßungssticheleien entgegnete: „Warum gleich mit einem Krieg beginnen?", fragte er harsch zurück: „Willst du mit ihr schlafen oder ich!"

Verführung durch das schöne Geschlecht oder durch die Intimität der Freundschaft wäre ihm nicht genug gewesen – er wollte die Abhängigkeit und rückhaltlose Selbstentäußerung. Zu Zeiten von Verena war das noch kein Thema gewesen. Sie hätte sich auf den Geschlechterkampf auch gar nicht eingelassen. Aber jetzt mußte Janssen das Leben an seinen Wurzeln versuchen – dort, wo er seine vitalen Quellen und verborgenen Antriebe vermutete. Was sich da auftat, war ein Abgrund, wie er wußte. In den wollte er sich fallen lassen – ganz egal, welche Widerlichkeiten da zum Vorschein kämen. Er wollte rücksichtslos, egoistisch, geltungssüchtig sein. Wenigstens in den engen Beziehungen, auf die er sich beschränkt hatte, im Kerker seiner „Burg", wollte er sich zu diesem Abgrund bekennen. Draußen – in der Öffentlichkeit – hätte man ihn für gemeingefährlich halten müssen.

Er ließ nicht locker, bevor er nicht die niedrigsten Instinkte hervorgezerrt hatte – bei sich und seinem Gegenüber. Er ließ sich hintergehen und schuf Betrüger, ohne die Polizei einzuschalten. Aber wenn er jemanden zum Gegner wollte, ließ er ihn nicht bloß im Regen stehen – er vernichtete ihn und brach der moralischen Person das Rückgrat. Er baute Freundschaften auf, nur um sie zum Einsturz zu bringen und die darin angesammelten Sentimentalitäten mit Füßen zu treten. Er schuf Ewigkeiten und zerschlug sie in der nächsten Sekunde. Er hatte keine Angst, sich ins Unrecht zu setzen, wenn er nur der Stärkere war. Instinktiv wußte er, was ihm schaden würde. Nie isolierte er sich total, immer suchte er gegen einen, den er bloßstellen wollte, das Bündnis mit einem Dritten. Dieser konnte nichts mehr verkehrt machen. Umgekehrt konnte jener ab jetzt kein Wort sagen, das ihm nicht im Mund umgedreht wurde und ihm die heftigsten Angriffe einbrachte: „Am besten, du hältst die Klappe – ein für allemal!"

Er mußte den Kreis beherrschen, den er um sich versammelte. Er dominierte das Gespräch. Kein small talk, sondern immer „volle Pulle". In seinem Revier behauptet das Tier seine Vormachtstellung. Dafür kämpft es. Mit der zänkischsten Eigenliebe verteidigt es sein Territorium und zieht sich nur die kürzesten Stunden der Nacht in seine Höhle zurück. Wenn sich ein Weibchen zeigt, sieht es nur noch Nebenbuhler. Es beißt sie weg, wenn es sich nicht auf ihre Kosten putzt.

Das Tier will nicht leiden. Es bricht sofort in Aggressionen aus. Angst wird in Wut erstickt. Nehmen die Minderwertigkeitsgefühle überhand, sind „die Leute" schuld. Janssen macht sich die ganze Welt zum Feind: „Ihr werdet alle Prozesse gewinnen – den letzten nicht."[7] Der Menschheit wird der Kampf angesagt. Das Tier leckt seine Wunden und ergeht sich in infernalischen Racheplänen.

Janssen glaubt im Ernst, außerhalb seines Dunstkreises seien alle tot – wie gestorben. Er glaubt sich so im Zentrum wärmeabstrahlender Wirkung, daß jeder nur solange ein Eigenleben hat, wie er sich unter seinen Augen – im Glanz der Sonne – bewegt. Sonst ist er nur noch ein Schatten seiner selbst.

Dabei kann das Tier selbst nur auf Kosten anderer leben. Es „inhaliert" sie, wie sein Ausdruck dafür ist. Mit einem Appetit ohnegleichen saugt und preßt es sie aus. Partnerschaft kommt nicht in Frage. Ein gleichberechtigtes Miteinander würde das Eingeständnis bedeuten, daß mehr nicht zu erwarten wäre – statt Siege oder Niederlagen bloß noch Kommunikation.

Das Tier weiß am besten, was ihm nützt. Auch in der Kunst will es Sieger sein. „Das Bessere ist der Feind des Guten." Deshalb die Strategie des Übertrumpfens, des In-den-Schatten-Stellens, des Die-Konkurrenz-Vergessen-Machens. Deshalb Zeichnen – ähnlicher, überzeugender, treffender Zeichnen. Die anderen haben keine Chance! Deshalb ist auch die Tradition zugelassen – *auch* deshalb: Die Schar der Mitbewerber wird nach hinten ausgedehnt. Auch auf diesem Feld gilt es, ungeschlagen hervorzutreten. Denn die Menschen haben ihr Herz schon verschenkt: an die Sepia-Landschaft à la Rembrandt, an die Verspieltheiten eines Guardi, an das Japan des Hokusai. Also sind sie auf diesem Terrain und mit diesen Mitteln zu schlagen. Nur das zielt aufs Herz, das es zu erobern gilt. Bloß im Wohnzimmer an den Wänden der „Leute" zu hängen – das würde einem wie Janssen auf keinen Fall genügen.

Das Tier zehrt von den Schwächen anderer, und diese Schwächen sind Liebe, Freundschaft, Vertrauen, Bewunderung. Die beutet es aus. Das Tier ist ein großer Künstler.

Aber wozu das alles? Geht es doch nicht darum, einen Charakter bloßzustellen und zu beweisen, daß einer verdorben ist und sich über alle Regeln des

Pompöse Krähe, Zeichnung 13. 1. 1976. Blei- und Farbstift sowie Kreide (38,1 x 33,7 cm)

Anstands hinweggesetzt. Janssen ist nicht weniger rücksichtsvoll veranlagt gewesen als die meisten von uns. Im Gegenteil, er konnte zu seinem Nachteil schier unüberwindlich skrupulös sein. Er wußte genau, wie er sich zu benehmen hatte. Nur wollte er nicht darauf beschränkt bleiben. Er setzte sich gegen sein moderates Wesen zur Wehr – hielt es für Bequemlichkeit. Früh spürte er, daß er Macht braucht, um zu werden, was er werden wollte; Macht – um sich in ganzer Fülle zu entfalten und sich den größtmöglichen Umfang zu geben; Macht, die ein Ansporn ist, weil sie sich mit anderen mißt und auf die Weise immer neue Kräfte und sogar die letzten Reserven freimacht. Universalität – wie Janssen sie verstand und für sich beanspruchte – ist auf keinem anderen Weg möglich als auf dem einer alle Hindernisse überwindenden Selbstermächtigung.
Deshalb mußte er sich immer stärker vordrängen – sein Ich mit allen Facetten und Abgründen, mit seinen Vorlieben und unersättlichen Wünschen zur Geltung bringen. Keiner hat so rückhaltlos wie Janssen sein Ich in den Mittelpunkt der Welt gestellt: „ichiger geht's nicht."[8] Eine eigene Gattung hat er kreiert: „Selbstisches". Unter den Beweisen, die es dafür gibt, sind die vielen Selbstbildnisse und seine autobiographische Schreiberei nur die allerdeutlichsten. Dieses Ich will auf ganzer Breite entfesselt sein. Für Janssen ist das eine Frage der Macht gewesen.
Es war *sein* Weg, mehr als das Mittelmaß von sich zu fordern. Es war seine Antwort darauf, daß uns in einer Wüste von Jahrmilliarden bloß diese kurze Spanne Leben gegeben ist. Mit Egozentrik und persönlicher Überspanntheit hat es nur am Rande zu tun. Um so mehr damit, daß er im Ausleben dieses seines Ich eine Chance sah, wie der Sinnlosigkeit unserer in jeder Hinsicht endlichen Existenz Herr zu werden wäre. Wenn schon Tod und Verderben – dann wenigstens so viel Leben wie möglich, so intensiv es irgend geht und mit ungebremstem Hunger auf die Welt. Um das Erfahrung werden zu lassen, hat sich in der europäischen Neuzeit ein Ich herausgebildet, das sich dieses alles und immer mehr zugemutet hat. Denn hinter das Ich führt kein Weg zurück. Jeder kennt die Welt nur durch sich selbst – wenigstens kennt er sich selbst am besten. Es am eigenen Leib gespürt zu haben, dafür gibt es keinen Ersatz. Ohne Erfahrung geht nichts, und der sie macht, bin ich. Kein Gott, keine Wissenschaft – niemand kann mir das abnehmen.
In den Tagen des Wohlbefindens und des quirligen Übermuts kennt dieses Ich keine Grenzen. Es überspringt sogar die Zeiten und ist hier und dort zugleich. Ja – erst in der Entgrenzung fühlt es sich richtig. „Meingott – ich rufe die Geister!! Ich kann die Geister rufen!! Ich habe die Macht, Geister zu zitieren!"

heißt es in einem Anflug euphorischer Selbstüberhebung, die dem besseren Verständnis der *Kopie* gewidmet ist.[9]

Aber Janssen hat nicht nur die Tag-, er hat auch die Nachtseiten exzessiv ausgelebt. Wenn er böse war, wollte er es jetzt sein und total – aus gegebenem Anlaß. Deshalb suchte er das Leiden im Leiden, den Schmerz im Schmerz, und er gab selbst in seinem zerstörerischen Wahn nicht eher Ruhe, bis er sich darin erschöpft hatte. „Reg dich ab. Morgen ist auch noch ein Tag, und da sieht alles wieder anders aus." Dieser zur Beschwichtigung ausgesprochene Satz stachelte ihn nur an. Dann ereiferte er sich erst recht. Er vollzog immer den radikalsten Bruch, und im Moment der Zerreißprobe ging er ganz auf und unter. In seinen Bosheiten übertraf er sich selbst an Hinterhältigkeit. Aber seine überschwenglich gute Laune war so ansteckend, daß sie jeden mitriß und auch die dunkelste Nacht vertrieb. Dazwischen klafften Lücken. Das eine wußte nicht vom anderen. Durch Abgründe getrennt, lebte er sich manchmal von einer Sekunde auf die nächste in entgegengesetzten Richtungen hemmungslos aus.

Mehr als man glaubt, ist das sich in den Niederungen des Zweifels wälzende Ich, das im nächsten Augenblick gebieterisch auftrumpft und sich in diesem Triumph selbst feiert, eine Leistung und will in allen Aspekten inszeniert sein. Es muß sich seine Möglichkeiten erst erfinden. Dazu gehört, das Gewissen zu überlisten, denn ganz ausschalten läßt sich der nagende Zweifel nicht. Dafür war dann der Alkohol gut. Er hilft den Abgrund schließen, der eine von der anderen Person trennt. Sonst hätte man Janssen für schizophren erklären müssen. Aber so startete er nach einer durchsoffenen Nacht einen Rundruf und fragte telefonisch nach, ob alles in Ordnung sei. Der Faktenriß des Alkoholikers, die Löcher im Gedächtnis, die lückenhafte Erinnerung – Janssen wollte wissen, ob er sich zu entschuldigen habe. Das schlechte Gewissen war ehrlich, *und* es war vorgeschützt. Denn nie und nimmer hätte er darauf verzichten wollen, morgen wieder der Wüterich zu sein, der er am Abend vorher zum Entsetzen aller gewesen war.

Janssen war ein Psycho-Terrorist, und er wäre vollends unerträglich gewesen, wenn er darunter nicht am meisten gelitten und es nicht immer wieder als das Dilemma des neuzeitlichen Ich vor uns gebracht hätte.

Unter Androhung der Ewigkeit erzwang Nietzsche das Ja zum Leben: amor fati. Janssen wollte es hier und jetzt. Er wollte das wütend um sich beißende Tier und der Mozart der Zeichnung sein, „Götterliebling" und „Bestie"[10] – beides bis ins Extrem. Er suchte *den* Menschen in der Verkörperung alles

Menschenmöglichen. Er wollte alle Menschen sein. Das Leben war ihm eine Droge, um die Grenzen des Ich zu sprengen – nicht um ein anderer zu werden, sondern um sicherzugehen: Der andere bin ich auch. Weil er darin eine vor allem praktische Aufgabe sah, brauchte er Macht. Sie sollte ihn dazu ermächtigen. Macht macht frei. Sie läßt die Angst vergessen, drückt die Beklemmungen beiseite, entbindet von Rücksichten und Skrupeln. Janssen experimentierte mit allen Lastern, wenn sie ihn nur gewinnen ließen. Stärker als jeder andere – mit einem Anflug von Blasphemie – glaubte er an sich selbst. Um über den eigenen Schatten zu springen, feuerte er sich an und machte auch vor dem Größenwahn nicht halt. Dabei mußte er vor allem sich selbst überwinden. Denn auch seine künstlerische Entwicklung inszenierte er als ein Spiel um die Macht. Würde er die Kraft und die Frechheit haben, sich über die Grenzen hinwegzusetzen, die ihm gezogen waren? Würde er die Schranken niederrennen, die sich ihm in den Weg stellten? Keiner konnte die Hindernisse schärfer analysieren und gründlicher sezieren, die nur zu dem einen Zweck aufgeboten schienen, ihn zu Fall zu bringen – ihn zu verhindern. Er brauchte täglich seine Feinde. Weil die nicht immer gleich greifbar waren, suchte er sie unter seinen Freunden. Sie standen ihm aber viel zu nahe, um stark zu sein, und so hielt er sich für alle Fälle an seinen „Feind Nr. 1". Den Alkohol preßte er in die Rolle eines uneinnehmbaren Gegners – nur um wenigstens von Zeit zu Zeit siegreich zu bleiben.

Die Macht hat viele Weiterungen. Sie ist nicht bloß eine in den Raum gestellte Behauptung. Wie Janssen sich ihrer bediente, brauchte er dafür eine reale Basis. Das war seine Kunst, von der er verlangte, daß sie verkäuflich sein sollte. Das machte ihn unabhängig von Mäzenen, Gönnern und Galeristen und immunisierte ihn sogar gegen seine Frauen und Freunde, die er sich sicherheitshalber kaufte. Bei aller Liebe wollte er derjenige sein, der bezahlt, und er kümmerte sich auch darum, daß es dafür eine intakte Währung gab: Janssen-Zeichnungen. Davon gab es nie genug. Die ganzen 70er Jahre standen immer zu wenige Zeichnungen zum Verkauf. Er verschenkte sie lieber und hielt das Angebot knapp. Die Radierung war limitiert, die Auflagen waren niedrig und meist schnell vergriffen. Ohne das Geschäftliche selbst zu regeln, ohne es auch besonders auf das Geld abgesehen zu haben, kontrollierte er den Markt bloß durch den Warenengpaß und die Verknappung des Angebots. Vom Markt wollte er keinen Profit, dafür um so mehr Macht. Er war pures Gold wert, und wenn er damit auch nichts anfangen konnte – sein Lebensstil war unaufwendig, und um Geld auszugeben, mußte er es schon zum Fenster hinauswerfen –, so wußte er doch: Es war die notwendige Voraussetzung, um sich zum Zentrum des Universums zu machen.

Andere suchen die Verschwendung, präsidieren als Großkünstler, demonstrieren Erfolg, indem sie sich eine Insel im Ozean oder ein altes Schloß kaufen. Janssen wollte nur die Macht – die völlige Ermächtigung seiner selbst. In dem engen Bezirk, den er für sich abgesteckt hatte, in den wenigen Räumen seiner kaum 60 qm großen Wohnung im Obergeschoß seines Blankeneser Hauses lebte er dieses Privileg aus. Dort verteidigte er eifersüchtig die Weltmittelpunktstellung, die er sich erarbeitet und erobert hatte. Dafür brachte er jedes Opfer. Er verzichtete auf alle Besitztümer. Er ging kaum aus dem Haus und wenn, dann vor allem nachts und nie ohne Begleitung. Denn wann und wie er außer Kontrolle geraten würde – auch das mußte er selbst bestimmen.

So viel Macht, wie Janssen an sich zog, ließ sich nur auf engstem Raum entfalten. Nur im Mühlenberger Weg 22 konnte er jenen atmosphärischen Überdruck erzeugen, den er zur völligen Konzentration auf die Zeichnung brauchte. Nur hier verkörperte er die Übermacht, die allem und jedem gewachsen war. Aber würde er sich auch wieder davon lösen können? Oder blieb er in seiner „Burg" gefangen? Abhängig davon, alles bis ins i-Tüpfelchen, bis in den letzten Strich beherrschen zu müssen?

Das war die Frage, die sich ihm für die 80er Jahre stellte. Er wollte sich noch einmal hinauswagen: in die Farbe, ins große Format, in das unbekümmerte Geschlure und Gekleckse, in die malerischen Schwelgereien. Er wollte sich einmischen in die Politik und ins Stadt- und Tagesgespräch. Er wollte heraus aus seiner Wohnung, in einen Verlag wie St. Gertrude und unter die Leute. Er wollte heraus aus der drohenden Routine des Arbeitsplatzes und dicht heran an ein großes Fenster mit Blick auf die Buchen und den winterlich kalten Sonnenuntergang. Es klingt unglaublich – aber für diesen Weg, der für jeden anderen ein Schritt vor die Tür gewesen wäre, brauchte Janssen ein Jahrzehnt und mehr.

Die Rückkehr in eine größere Öffentlichkeit war von heftigen Krisen begleitet. Denn es ging um nicht weniger als die Macht. Würde er sich draußen behaupten können? Die Macht, so stellten wir anfangs fest, ist etwas sehr komplexes. Janssen konnte nicht genug davon bekommen. Er hätschelte sie wie einen persönlichen Tick. Sie ist aber mehr als eine Marotte. Sie ist ein Grundzug der Neuzeit. Im Zeichen einer die Grenzen immer weiter hinausschiebenden Selbstermächtigung stiftet sich ein modernes Ich zu immer mehr Welt an. Auf diesem Weg hat das Abendland seine größten Entdeckungen gemacht. Um sich preiszugeben und auszuliefern an das Nicht-Ich, um so weit wie Janssen aus sich herauszugehen und sich an die Natur und den Augenblick, an die Frauen und Freunde zu verlieren, ist Macht nötig. Nur mit Macht kann einer auch wieder dagegen bestehen. Macht ist ein fundamentaler Antrieb und ein elementarer Instinkt. Wenigstens darauf ist Verlaß. Diese Macht ist kein Selbstzweck. Sie bildet ein Gegengewicht und ist unerläßlich als Widerlager einer sich sonst allzu rasch erschöpfenden Expansion.

In den 80er Jahren wollte Janssen sein Verhältnis zur Welt in eine neue Balance bringen. Für ihn war das zuallererst eine Frage der Macht. In den 70er Jahren hatte er dafür in seiner Kunst die besten Lösungen gefunden. Er hatte sich mit seinen handwerklichen Mitteln der vergänglichen Welt als ebenbürtig erwiesen. Mehr als eine im Moment umkämpfte Balance ist freilich nicht zu erringen. Auf ihrem Höhepunkt scheint die Zeit stillzustehen: ein Sinnbild des Lebens und der Schönheit inmitten von Zerfall und Tod.
Im Januar 1976 hat Janssen eine tote Krähe gezeichnet, die an einem ihrer Füße aufgehängt war und vom Holzgebälk seiner überdachten Treppe herunterhing. Solche Kadaver sollten draußen vor der Tür bleiben, bis er sie malte. Im Atelier hätten sie nur die Luft verpestet. Die Krähe baumelt kopfüber herunter. Mit der Schnabelspitze pickt sie fast gegen den unteren Bildrand. Das Gefieder ist wie der ganze Vogel in Auflösung begriffen. Die Schwerkraft zieht es auseinander und läßt das zu Büscheln aus feinen Härchen zerwühlte Unterkleid sehen. Nur die starken Deckfedern an den Flügeln leisten Widerstand gegen die tumultarisch um sich greifende Unordnung. Sie halten zusammen, was gleich in alle Winde auseinanderstiebt.
Diesen dramatischen Moment der Auflösung hält die Zeichnung fest. Sie insistiert, wo alles drunter und drüber geht. Zerfall, Flucht, Chaos – *das* ist Leben; mehr Leben als selbst das Lebendige hat. Wie Flammen züngelnd in alle Richtungen schießen, teilt sich das Gefieder und gibt den Blick auf einen immateriellen Körper frei: auf den Grund des hell leuchtenden Papiers. In souveräner Umkehrung der wahren Verhältnisse entspringt das Leben aus nichts als Papier und dem durch alle Töne – vom zarten, mit etwas Farbe unterlegten Grau bis zum sattesten Schwarz – abgewandelten Graphit. Mit den Mitteln der Ölmalerei wäre das nicht zu erzielen gewesen.
Im Zentrum der größten Helligkeit läßt Janssen eine Fehlstelle im Papier, eine stecknadelkopfgroßen Vergilbung, stehen. Sie ist ein Makel – ein Rest unbezwungener Materie. Wie sie uns ins Auge sticht, ahnen wir schon, daß die überaus virtuose Zeichnung um diesen Papierfehler organisiert ist.

Organisation – im Falle der Zeichnung ist es diejenige Planung, die das optische Vor und Dahinter in ein handwerkliches Nacheinander übersetzt. Damit Feder auf Feder – eine über der anderen – zu liegen kommt, muß der Zeichner im Vorwege ein exaktes, in Schichten gestaffeltes Bild davon haben, welche Linien sich so überschneiden, daß wirklich der Eindruck entsteht, aus der Tiefe des Raumes würde sich das eine vor das andere schieben. Das Drunter und Drüber setzt ein konstruktives Sehen voraus, das zugleich trennt und verbindet. Dazu ist höchste Geistesgegenwart nötig, wie sie bloß ein aufgeräumter Kopf hat und auch nur für eine konzentrierte Spanne Zeit. Es sind nicht viele Zeichner, die über eine solche den Gegenstand penetrierende Machtfülle geboten haben. Vielleicht noch Leonardo, als er mit dem Ethos des forschenden Wissenschaftlers in die Welträtsel eindrang.

Das Plakat

Aus der selbstgewählten Isolation, in der Janssen in den letzten Jahren seine Arbeit unter Hochdruck vorangetrieben hatte, bot das Plakat einen Ausweg, der willkommen war. Das Plakat half ihm, aus dem kleinen Format seiner Zeichnungen auszubrechen und ihm ein anderes Genre zur Seite zu stellen. Obwohl es schon große und aufsehenerregende Plakate von ihm gab, war eine jahrelange Pause eingetreten, aus der er auch selbst nicht herausgefunden hätte, wenn nicht der Anstoß – wieder einmal – von außen gekommen wäre.
Erich Meyer-Schomann, Richter am Amtsgericht von Oldenburg, organisierte 1978 eine Plakat-Ausstellung in der Stadt, in der Janssen bei seinen Großeltern und Mutter Martha aufgewachsen war. Zusammen mit seiner Frau brachte EMS, wie er genannt wurde, auch einen stattlichen Katalog der bis dahin veröffentlichten Plakate heraus.[1] Janssen war beeindruckt und erkannte sofort seine Chance. Das Plakat war der genau richtige, weil sachlich gebotene Anlaß, die intime Kritzelei gelegentlich hinter sich zu lassen und in das konstruktive Zeichnen aufzubrechen. Es war das gerade noch mit seinen Mitteln zu zwingende Format, ohne daß er sich verrenken und bei einem ungeliebten Auftrag – einer Wanddekoration oder so etwas – Zuflucht nehmen mußte. Er wollte ja mit seiner Kunst vor das große Publikum treten. Die Museen bleiben der Zeichnung traditionell verschlossen. Für Grafik gibt es die Schublade. An den Magazinen und Museen vorbei bietet das Plakat die Möglichkeit, im Straßenbild der Städte unmittelbar präsent zu sein – nicht nur an besonderen Ausstellungsorten, sondern landauf landab in der ganzen Republik. Denn es gibt mehr Buchhandlungen als Galerien, und das Poster hatte inzwischen die Schaufensterauslagen bis in die Vorstädte erobert.
Das Plakat – so, wie es sich technisch zum Poster weiterentwickelt hatte – war die besondere Chance, im Rücken der offiziösen Kunst in den großen Einkaufsstraßen gleichsam mit einem ambulanten Museum aufzuwarten. Janssen ließ sich das nicht zweimal sagen, und überhaupt war da niemand, der ihn mit der Nase darauf gestoßen hätte. Es ergab sich aus der neuen Technik. Nur daß er sogleich seinen Vorteil erkannte. Die Vorbereitungen zur Ausstellung in Oldenburg hatten den Anstoß gegeben. Er hatte gerade angefangen, mit dem Buntstift zu „malen", und die leuchtenden Farben des Aquarells entdeckt, als ihm das Plakat die Gelegenheit verschaffte, nicht mehr bloß zu Hause im tête à tête mit den Freunden, sondern im größeren und allergrößten Kreise zu

gefallen. Wenn dann auch noch in lesbarer Schrift ein Hinweis auf Ausstellungsorte in Schweden, Norwegen oder Japan auf den Plakaten erschien, war das um so besser. Es sagte dem Betrachter, daß er mit seinem Geschmack nicht allein steht und nur schön findet, was auch in Oslo, Tokio oder auf der 5th Avenue Anklang hat. Der Schriftzug war von Hand und fügte sich kompositorisch sprechend in das Bild ein. Er durfte nicht stören. So kam es, daß Janssen binnen kurzem mit einer eigenen Gemäldegalerie in die Wohnzimmer vieler Bundesbürger einzog. Dem Plakat stand offen, was der Intimität der Zeichnung immer verschlossen geblieben wäre.
Es gibt noch einen Aspekt in der Sache, wie er vorteilhafter nicht ersonnen werden kann: Während Janssen das Auge der Öffentlichkeit mit Meisterwerken beschäftigte, konnte er auf seinen kleinen Papieren weiterarbeiten und privatissime das machen, was er am meisten liebte. Es ist schwer zu sagen, wer mehr zu bewundern ist: der unbeirrt vor sich hin pusselnde Künstler oder der PR-Manager in eigener Angelegenheit.

Der Künstler ist der Mensch, der ein zweites Mal geboren wird: unter den Augen seines Publikums. Da wird er lebendig. Da fängt er erst richtig zu leben an. Der Schöpfungsakt soll sich am besten jedesmal wiederholen. Aber was macht der Zeichner, der für die Schublade produziert oder im Halbdunkel der Kupferstichkabinette hängt? Er erfindet das Plakat neu! Das war bei Janssen der Fall, als er es leid war, daß die Zeichnung ein Schattendasein führt und alle Welt vom Lärm der Avantgarde erfüllt ist. Auf diesem Feld hatte er nur einen Verbündeten: den Markt. Abseits der verschlungenen Pfade der Kunstszene setzte er allein auf den Markt. Wie sich herausstellte, war es der Königsweg. Das Plakat sollte ihn und nicht nur ihn ernähren.
Auf den Buchhändler Hermann Laatzen, gegenüber von Janssens alter Wohnung in der Warburgstraße, ging Anfang der 60er Jahre die Idee zurück, sich mit einer Serie von Dichterköpfen zu 5 DM das Stück bei den Studenten einzukaufen. Die Brecht, Kafka und Proust wurden im Offsetverfahren schwarz auf weiß reproduziert und durch den noch unbekannten Künstler von Hand signiert. Der Hintergedanke dabei war, daß Laatzen zu Werbezwecken einen Bücherzettel mit Abbildungen nach Österreich und bis in die Schweiz verschickte. Der Weg über den Buchhandel war also für Janssen alles andere als ungewöhnlich, und überhaupt hatte das Plakat bei ihm längst schon eine großartige Vorgeschichte.
Noch vor der *Blechtrommel* von Grass trommelte Janssen 1957 auf zwei Plakaten für seine Ausstellung farbiger Holzschnitte.[2] Es folgte 1958/59 eine

Reihe von Plakaten für die Galerie Sandner, die im Stil der von Dubuffet für die Kunstszene entdeckten art brut von Rand zu Rand vollgekritzelt – „vollgestrickt" – waren.[3] Diese aus Bild und Schrift, aus ersten figürlichen Erfindungen und motorischen Telefonkrakeleien zusammengehäkelten Endloserzählungen bildeten einen um die „Neue Figuration" zentrierten Anfang, wie er sich damals bei einer ganzen Generation von Wunderlich bis Beuys und noch bei Baselitz abzeichnete, wie ihn aber nur Janssen weiterverfolgt hat, weil es ihm auf Anhieb gelang, aus dem grafischen Urgestein den Funken Witz herauszuschlagen, der ihn und sein Publikum noch lange Zeit unterhalten würde. Dieser Witz sollte ihn nicht verlassen und stand dem Plakat besonders gut zu Gesicht, weil er dessen demonstrative Ernsthaftigkeit auf Schritt und Tritt sabotieren half. Wenn das Plakat ein Katheder ist, von dem herab Mitteilungen ergehen, dann verwandelt es der Witz in eine Bühne und ein Spektakel.

Auf den ersten Bruch mit Brockstedt folgte eine frühe Plakatpause, die erst zu Ende ging, als das 1965 in der Kestner-Gesellschaft gezeigte Gesamtwerk zu einer Wanderausstellung durch die Republik und das benachbarte Ausland aufbrach.[4] Nach Hannover waren die Stationen Hamburg – Darmstadt – Stuttgart – Berlin – Düsseldorf – Lübeck – Basel – München. Janssen fiel seinen Gastgebern damit ins Haus, was daselbst als Maskottchen gepflegt wird. In Berlin ist es der Bär, in München das Hofbräuhaus und in Darmstadt der Kunstpreis. So wie er es an die große Glocke und zum Aushang brachte, drehte es sich aber jedesmal um ihn selbst. Er ist der Kunstpreisträger, der Bär, der tanzt, und bei Ketterer in München hat er am Biertisch den Vorsitz. In Hamburg tritt er mit Paul Wunderlich im Duett auf und in Lübeck gar mit sich selbst. Die Eigenwerbung ist ebenso witzig wie unübersehbar. Janssen hat kurzerhand das Plakat zur Selbstdarstellung umfunktioniert und doch jedem das Seine gegeben. So sollte es bleiben. Mit dem Plakat hatte er sich eine Bühne geschaffen, die ihm wie auf den Leib geschneidert war.

Was aber am wichtigsten ist: Zwischen 1965 und 1969 hat Janssen für das Plakat eine eigene Bildersprache entwickelt. Es gibt sie nicht in der Zeichnung dieser Jahre, nicht in der Form. Nur im Plakat. Es ist eine Herrichtung der Figur für das Plakat, eine Monumentalisierung einzelner Körperteile, eines Kopfes, eines Fußes, eines Ohrs oder Arms, eine im Wechsel von positiver und negativer Form flächenwirksame Behandlung von Körpern, eine ganz eigene reihenbildende, stakkatohafte Rhythmik – wie sie unverkennbar Janssen ist und so doch nicht in seiner Grafik vorkommt. Das hat es, wenn auch nicht ebenso einschneidend, in den Satiren des *Simplizissimus* gegeben, ansatzweise auch bei George Grosz und Otto Dix. Janssen treibt die Verspannung von Form und Fläche souverän weiter. Er erzeugt in den übergroß gesehenen Körperfragmenten eine Monumentalität,[5] die auf das Versteckspiel im Kleinen nicht verzichten muß und selbst das Persönlichste in Form einer an Verena adressierten Post einzuarbeiten erlaubt – wie in den Bilderbögen *Über die Traurigkeit und Hoffnung*.[6]

Die Plakate der 60er Jahre sind ein in sich geschlossenes Werk im Werk, ein eigenständiges Genre im Janssen-Œuvre und ein original entwickelter Höhepunkt in der Plakatkunst. Janssen hätte von hieraus zur Wandmalerei und zur Ausstattung von Wandelhallen fortschreiten können. Alle Voraussetzungen dafür waren vorhanden; will sagen, er war auf das kleine Format der von ihm bevorzugten Papiere nicht angewiesen. Es war nicht sein Verhängnis und die einzige übrigbleibende Chance. Er hätte auch groß herauskommen und Museumsmauern füllen können. Aber er wollte nicht.

Damals machte er sich mit seinen Plakaten auch noch für andere Künstler stark, wenn sie bei Brockstedt oder in der Galerie Mensch ausstellten: für Leonor Fini und Bohumil Stepan, für Wittlich und Wölfli. Für das Deutsche Schauspielhaus[7] zog er zum „Plakaten" in die feuchtfröhliche Kantine ein. Die Plakate dieser Epoche sind herstellungstechnisch ein getreuer Spiegel der Zeit: preiswerte Strichätzungen, die zumeist auf zwei Farben gestellt sind und bisweilen durch farbiges Papier zusätzlich belebt werden. Sie haben deshalb noch teil am Nimbus des Künstlerplakats – vor der Zeit grenzenlosen Vielfarbendrucks.

In den 70er Jahren machten die Reproduktionstechniken große Fortschritte. Es rechnete sich auf einmal, Bilder in vier und sechs Farben drucken zu lassen. Auch wuchs ein Publikum heran, das bereit war, in eigens dafür eingerichteten Läden für Plakate, die jetzt Poster hießen, mehr Geld auszugeben. Janssen hielt anfangs seine neue Zeichnerei für nicht plakatfähig, weil sie ihm zu intim erschien. Versuche von seiten Brockstedts, eine Radierung für den Plakatdruck zu vergrößern, überzeugten ihn nicht hinlänglich.[8] So blieb es in der ersten Hälfte der 70er Jahre bei wenigen zu Postern verarbeiteten Selbstbildnissen.[9] Das Plakat wurde erst wieder für ihn interessant, als er sich unter Anleitung eines so versierten Verlagskaufmannes wie Claus Clément und in Vorbereitung seiner Oldenburger Ausstellung klarmachte, daß er jetzt alles drucken lassen könnte: Aquarell und Collage, Packpapier, ein Stück Gardine und als Schamhaar die Füllung aus dem Kissen. Er brauchte nicht mehr vom dämmrigen Bleistift und klecksenden Aquarellpinsel umzusteigen und – wie in den

Das Plakat 203

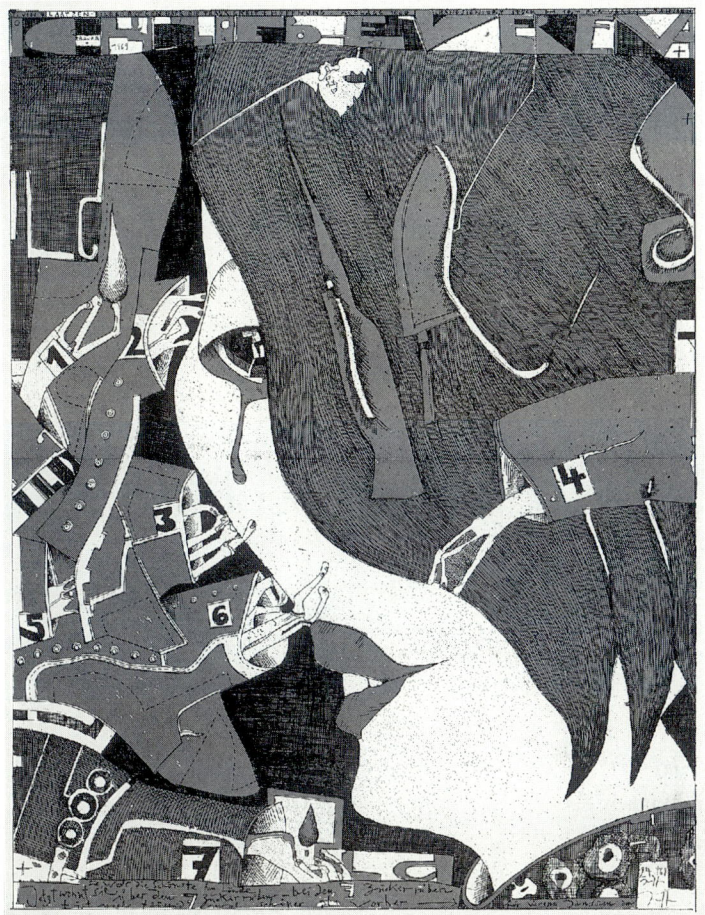

Ich liebe Verena. Aus der Bilderbogenfolge *Über die Traurigkeit und Hoffnung* 1969.
Strichätzung in zwei Farben (81,7 x 62 cm)

60er Jahren – gleichsam ein Medium einzuschalten, damit er sich per Plakat an sein Publikum wenden konnte. Er mußte nur ein größeres Stück Papier vornehmen, um im Verhältnis 1:1 ein Plakat zu machen. Freilich war zu dem Zweck die Arbeitsplatte leerzuräumen, was bei den um sich greifenden Müllbergen nicht leicht fiel. Er wich dann schon mal auf den Küchentisch aus, oder er besorgte sich eine bewegliche Unterlage zum Zeichnen. Die neuen Plakate entstanden mit und neben der laufenden Produktion und sind im engeren Sinne kein eigenes Genre mehr wie noch zehn Jahre vorher, als die Reproduktionsmöglichkeiten eingeschränkter waren.
Natürlich spornte ihn die Aussicht, überall an den Wänden zu hängen, zu

besonderen Leistungen an, und das zu einem Zeitpunkt, da er auch mit seiner Kunst entschieden in die Farbe drängte. Als er von sich aus bereit war, breitere Aufmerksamkeit zu erregen und er nur noch ein passendes Motiv brauchte, bot sich rechtzeitig das Plakat an. Das war ein Glück. Ab 1977 entstanden Blumen-, Tier- und Erotikplakate[10] und dazu solche seine Person betreffenden Mitteilungen, die meistens ein Selbstbildnis im Schilde führten. Es wuchs ein richtiges Sortiment von Plakaten heran. Die Käufer sollten wählen können. Die Blumen erfreuen sich größter Beliebtheit. Die *Stiefmütterchen*[11] wurden zum Renner und mußten immer in Fünftausender-Auflagen nachgedruckt werden. Alle diese Plakate gingen mit einer Originalsignatur von der Hand des Künstlers auf den Markt. Das war der Bonbon obendrauf, mit dem Janssen seine Käufer, die sich auch gleich ein bißchen wie Sammler fühlten, ganz persönlich köderte. Das gab es bei keinem anderen Künstler. In Zeiten, da sich die Aura der Kunst immer mehr auf den Namensschriftzug beschränkte, gab es die Janssen-Signatur zusätzlich und umsonst. Der Nimbus, daß auf jedem dieser ansonsten industriell gefertigten Papiere die Hand des Meisters gelegen hatte, bevor es zur Auslieferung kam, verfehlte seine Wirkung nicht. Die Plakate wurden ein großer und mit der Zeit immer größerer Verkaufserfolg.
Nur muß man nicht glauben, daß dieses in Stückzahlen von Tausenden zählende Geschäft gleich gut organisiert gewesen wäre. Eine Marketingabteilung, die landesweit den Vertrieb geplant hätte, gab es nicht, und Janssen hätte sie sich auch verboten. Alles lag in einer einzigen Hand, in der es auch jahrelang bleiben sollte, auch dann noch, als es notwendig gewesen wäre, den Absatz neu zu gestalten: in der Hand von Hartmut Frielinghaus. Frielinghaus, der Freund und Kupferdrucker, stellte die Verbindung zur Lithoanstalt her, überwachte den Druck, kontrollierte die Farben, feilschte um den Papierpreis und machte die Plakate für den Verkauf zurecht, indem er sie, zu einzelnen Rollen gebündelt, auf die Post trug und in den Versand gab, wenn er sie nicht mit seinem kleinen Lieferwagen eigenhändig austrug. Dafür durfte er in aller Regel die Originalvorlagen kaufen, und das Copyright gab es obendrauf.
Damit dieses Geschäft mit seinen außerordentlichen Steigerungsraten überhaupt zu kontrollieren war, ließ sich Janssen jedes Plakat – wie gesagt – zur Unterschrift vorlegen und machte den Verkauf von seiner Signatur abhängig. Als er merkte, wie einträglich das war, beteiligte er sich für seine geleistete Signatur an jedem Plakat mit einer Mark. Für ihn war das schnell verdientes Geld. Auch wenn er sonst alle Einnahmen aus dem Plakatverkauf in der Hand von Frielinghaus beließ, genügte ihm diese eine Mark pro Signatur, um damit

seinen Lebensunterhalt zu großen Teilen zu bestreiten. Die Signiererei wurde regelrecht zu einer Brotarbeit, wenn Janssen auch schon wieder einen Sport daraus machen mußte. Frielinghaus trug die zu Paketen gestapelten Plakate vom Auto die Treppe hoch. Janssen legte sich der Länge nach auf den Boden, wo gerade Platz genug war, um den Haufen von oben weg der Reihe nach durchzusignieren. Sie trieben sich gegenseitig zum Wettkampf an, stellten die Küchenuhr, unterboten ihre Bestzeiten. Frielinghaus zupfte und lupfte von seiner Seite, während Janssen, auf dem Bauch liegend und das Glas in Reichweite, den Bruchteil einer Sekunde abpaßte, um sein Signet in das dafür vorgesehene Feld einzutragen. Sie begeisterten sich an den maschinenartigen Geräuschen, unter denen ihnen die Arbeit von der Hand ging. Schließlich fingerte Frielinghaus aus der Innentasche seiner Latzhose tausend oder zweitausen Mark heraus und übergab sie Janssen, der mit einer Quittung antwortete, die in dem Augenblick schon wieder alle Ausgaben aufwog, da sie mit einer Zeichnung vom Künstler versehen war. „Sie haben doch sicher etwas zum Geldverdienen mitgebracht, Herr Frielinghaus?" Janssen sagte es immer dann zu seinem Freund und Kupferdrucker, wenn er sich im Laufe des Nachmittags durch dessen wachsende Ungeduld aufgefordert sah, endlich die allfälligen Signaturen für die Plakate zu leisten.

Die Plakate machten Janssen in den 80er Jahren populär. Es war eine gewollte Popularität, aber kein hemmungsloses Ausnutzen von Marktchancen. Dafür wurde das Geschäft noch lange viel zu unprofessionell aufgezogen. Auch nahm sich der Künstler schon wieder Freiheiten heraus, die ihm keine Verwertungsgesellschaft hätte durchgehen lassen. Das Plakat ist zwar Verlautbarung und Mitteilung, aber nicht aus dem Allerpersönlichsten, nicht aus dem „Nähkästchen", weil es sich ja an das allgemeine Publikum wendet. Aber Janssen mußte das Genre strapazieren und benutzte es dazu, auch seine eigenen Krisen unter die „Leute" zu tragen. Er annoncierte mit Hilfe des Plakats,[12] wer seine Geliebte war, in welche Eifersuchtsdramen sie ihn stürzte und daß er den Entschluß gefaßt habe, der großen Welt den Rücken zu kehren: „Nun gehet hin + treibt es redlich."[13] Per Plakat beteiligte Janssen die Öffentlichkeit an den Stationen seiner Leidensgeschichte. Das hat es noch nicht gegeben. Nie zuvor ist das Plakat auf eine auch nur annähernd vergleichbare Weise so zum Forum einer Künstlerbiographie gemacht worden. Janssen konnte sich das erlauben, weil er selbst am Plakat am wenigsten verdiente. Dafür behielt er die Fäden in der Hand. Es gab keinen, der sich seinen sehr persönlichen Wünschen verschließen mochte. Und das zahlende Publikum spielte mit,

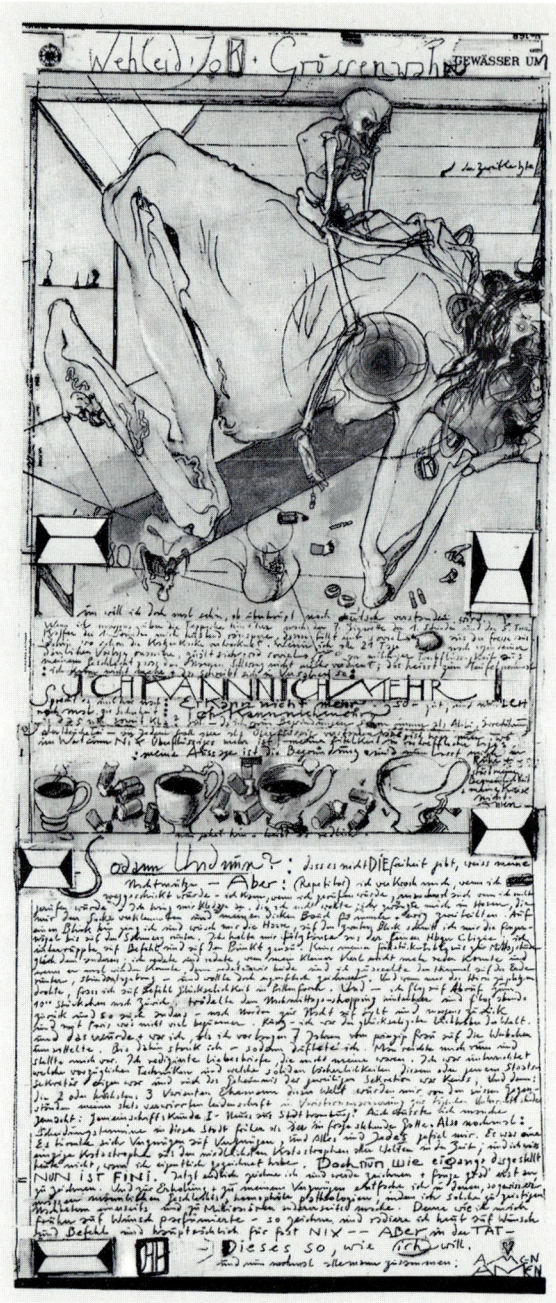

Ichkannnichmehr, Brieffahne für Volker Huber 13. 8. 1980.
Blei- und Farbstift, collagiert (122 x 51 cm)

wenn es auch den sich exhibitionierenden Janssen eher deshalb in Kauf nahm, weil preiswerter ein repräsentatives Blatt von Meisterhand nicht zu erwerben gewesen wäre. Keiner hat die Frechheiten, die er sich gerade noch leisten konnte, geschickter zu Markte getragen als Janssen. Er führte sich nicht nur mit einer mehr als dekorativen Signatur in die fremden Haushalte ein, er brachte sich dort höchstpersönlich an die Wand – den ganzen Menschen mit dem Auf und Ab seiner bewegten Lebensgeschichte. Das war Programm.

Janssen benutzte das Plakat für den Dialog mit dem Publikum.[14] Er zettelte regelrecht ein Gespräch an – natürlich über seine Person. Er redete sich ins Wort, gab Versprechungen, sprach Drohungen aus, sparte nicht mit Beleidigungen und schreckte auch vor Erpressung nicht zurück: alles per Plakat, per öffentlichem Anschlag. Und selbstredend durfte die Angeberei nicht fehlen, das Spiel mit den großen Namen der Metropolen, in denen seine Bilder zu sehen waren: Paris, Chicago, Basel. Die Ausstellungen vergingen, das Plakat blieb im Handel.

Unter den vielen Motiven, die wir genannt haben, sticht eines hervor: Nichts konnte ihn besser zu einer Höchstleistung anspornen als ein Plakat. Gelegentlich brauchte seine Zeichnerei diese Stimulation; dann wollte er es noch einmal wissen. Es kam aber auch vor, daß eine außerordentliche Zeichnung entstanden war, und die Aussicht, sie sang- und klanglos in Privathand verschwinden zu lassen, deprimierte ihn so, daß er nachträglich ein Plakat daraus machte. Dann kamen Aufträge und Anlässe, die ihm sonst eher quälend bevorstanden, wie gerufen. Seinen großartigen Skelettbildern verschaffte er im nachhinein eine solche Rechtfertigung. Sie standen lange als angefangene Zeichnungen herum, bis ihnen der öffentliche Auftritt zur Vollendung verhalf.[15]

„Verwerten" – aus dem, was da ist, etwas machen –, ist ein anderes Motiv, das sogar einen eigenständigen Plakattypus ins Leben rief.[16] Janssen liebte die Wiederholung, weil sie ihm Anlaß zur Abwechslung bot. Reihe und Variation waren eine willkommene Gelegenheit, den Einfall spielen zu lassen. Daraus entsteht ein grafisches Muster, das dem Plakat besondere Reize abgewinnt. Janssen malte der Reihe nach Ahornfalter – keiner dem anderen gleich –, versah sie mit Namen,[17] und schon ergab sich ein Set Tischkarten, wenn nur einer bereit gewesen wäre, das Plakat in Teile zu zerschneiden. Er stellte die Eilpost – die handgemalten Eilboten auf den Kuverts – zu einem Geburtstagsplakat für Kerstin Schlüter zusammen.[18] Oder er putzte seine klitzekleinen Stilleben so auf, daß aus den sehr intimen Hinwendungen ein für die Öffentlichkeit bestimmtes Plakat wurde.[19] Dem „Verwerten" sind keine Grenzen gesetzt.

Um zu demonstrieren, daß im Nebenbei oft der größte Überfluß und eine ungebändigte Vielfalt herrschen, versammelte Janssen eine Auswahl seiner Signaturen auf einer Plakatseite: künftigen Fälschern zur geflissentlichen Bedienung.[20]

Ab den 70er Jahren gibt es das auf seine eigenen Mittel angewiesene und gegen die freie Zeichnung sich abgrenzende Plakat nicht mehr. Alles ließ sich nun schnell und zu erschwinglichen Preisen drucken. Statt dessen gab es neuerdings Plakate, die Janssen als selbständige Blätter nicht allein auf die Suche nach einem Liebhaber geschickt hätte: das Schriftplakat.[21] Es ist als einzeln stehende Hieroglyphe oder als japanisches Schriftzeichen so monumental angelegt, daß es den ganzen Bogen füllt. Als wollte Janssen der Epoche des Konstruktivismus und der Abstraktion mit seiner Kunst noch einmal eine relative Berechtigung verschaffen, verwandelt er solche Zeichen, die in seinem Leben eine sehr persönliche Bedeutung gewonnen haben, in wahre Monumente.[22] Es sind aber Firmensignets, Namensabkürzungen, Straßennummern und immer wieder das Janssen-Initial.

Mit den Schriftplakaten hat Janssen auch abgegolten, was als Schuld bis in die Anfänge seiner künstlerischen Laufbahn zurückreicht. Unter dem damaligen Direktor Hassenpflug hatte er sich standhaft geweigert, „Schrift" als Schulfach zu belegen. Er war deshalb 1951 von der Kunstschule verwiesen worden, die er als Lieblingsschüler von Alfred Mahlau gern noch länger besucht hätte. Er wollte freier Künstler werden. Wozu sollte er jemals Schrift brauchen?

Die weitaus meisten Plakate entstanden zwischen 1977 und 1982, als er den Weg nach draußen suchte: aus dem intimen Format der Zeichnung, aus der Enge, in die er sich immer wieder mit seinen Liebschaften verrannte – heraus aus der Eigenbrödelei und Weltverachtung und weg von den Nacht- und Nebelaktionen, für die er berüchtigt war. Er wollte sich stellen, ja, zu Ruhm kommen. Dafür brauchte er das Plakat. Nur daß dort, wo andere zu Werbezwecken bloß auf Wiedererkennbarkeit ihres Markenzeichens setzen, Janssen das ganze Füllhorn seiner Persönlichkeit ausschüttete und das Land mit seiner Biographie wie mit einem Krieg überzog, den niemand anderes als er gegen die Unbilden der Zeit zu führen hatte. Das Plakat gehört zu seinen großartigsten Inszenierungen. Wie kein anderer verstand er es, an der Kunstszene vorbei ein Gespräch zu entfachen und um seine dramatisch zugespitzten Krisen das große Publikum zu versammeln. Anläßlich einer Ausstellung seiner Zeichnungen im Art Institute of Chicago schrieb er 1980 der Galeristin dort auf das Plakat:

Süße Madame Pope,
... es ist unmöglich, daß ZWEI, die mir Gutes tun wollen, sich nicht darüber streiten, WAS für mich das Beste ist. Und wer auf der Strecke bleibt?: = ICH. So ist das in Europa. Hier bin ich. Scheußlich ist der Kunsthandel. Hier bin ich. Ich habe 4000 offiziöse Zeichnungen gemacht. Wohl an die 10 000 Gefälligkeitszeichnungen. Über 3000 Radierungen und Holzschnitte + Lithografien. Und 8 Ölbilder. FAST bin ich tot. Eine Ausstellung ohne meine Bücher und Aufsätze ist keine Ausstellung. Na ja. Nun werde ich weiterzeichnen, um die Erscheinungen dieser Welt in den Griff zu bekommen, daß ich bei meiner Beerdigung sagen könnte: Ich hab's gesehen! KLa? Ja![23]

Auch wenn er später zwei Mark für die Signatur nahm, hat Janssen mit seinen Plakaten keine Millionen, aber er hat Millionäre gemacht. Er hat damit einen richtigen Verlag auf die Beine gestellt. Mitte der 80er Jahre wurden für St. Gertrude die Räume zu klein. Der Verlag mußte in ein größeres Haus umziehen, auch um den schwunghaften Handel mit Janssen-Plakaten in neue Bahnen zu lenken und ihn der stetig wachsenden Nachfrage anzupassen. Für Janssen selbst haben die Plakate Spielräume und Freiheiten geschaffen, die auf keinem anderen Wege zu erlangen gewesen wären. Er hätte sonst mit seinen Zeichnungen Geld verdienen müssen, was er lieber vermied. Vor allem hätte ihm die Radierung nicht dafür zur Verfügung gestanden, die Bücher zu finanzieren, die er alle noch machen wollte. Auch wenn die moderne Technik zu Hilfe kam und alles sich eher historisch ergeben und Janssen nur instinktsicher seine Chance ergriffen hat – das mit dem Plakat war schon genial, nicht nur im kommerziellen Sinn.

Die 80er Jahre im Überblick

Janssen hat wiederholt einen Anfang gemacht: zuerst unter Alfred Mahlau; dann 1956 mit seinen Farbholzschnitten; auf der Wende zu den 60er Jahren mit Telefonkritzeleien, die in die Zeichnung und in kleine avantgardistische Radierungen einmündeten, nachdem er mit großen figürlichen Radierplatten auf Anhieb erfolgreich gewesen war. 1970 schloß sich der nächste Anfang an: ein Ausbruch in Natur und Geschichte, weil er sich in seiner Kunst eingesperrt fühlte. „Aus der für alle Anfänge so notwendigen Klausur"[1] hatte er sich 1980 so weit herausgearbeitet, daß er endlich frei aufspielen konnte. Keine Frauen mehr, keine Abkapselung in Freundschaft und Liebe, überhaupt keine „Ausschließlichkeiten" mehr, sondern das eine neben dem anderen: Zeichnen *und* Schreiben, öffentliche Selbstdarstellung *und* intimes Versteckspiel, Pastell *und* Radierung usw. Sein 50. Geburtstag am 14. November 1979 war eine Zäsur, aber kein Neuanfang.

Er wollte endlich die Fäden weit auszuziehen, die er früher, einen nach dem anderen, geknüpft hatte. Er wollte sein Leben in die Breite führen und die vielen Anfänge zu einem großen Muster verweben, ohne freilich die Enden aus der Hand zu lassen. Wenigstens sollte alles seine Handschrift tragen und Zeugnis ablegen von einer erfüllten, auf allen Altersstufen voll ausgelebten Vita: der Künstler als Modellfall für den Menschen,[2] sofern er nur konsequent genug seiner Verhinderung entgegenwirkt.

In den 80er Jahren erscheint die Masse seiner Bücher, über 60 Titel, an denen er federführend beteiligt ist, wenn nicht die Konzeption ganz auf ihn zurückgeht. In den 80er Jahren zeigt er sich wieder mit Ausstellungen – auch im Ausland. Es beginnt zu seinem 50. Geburtstag mit einer ihm freilich noch halbwegs aufgenötigten Ausstellung, die Carl Vogel mit seiner umfangreichen Sammlung in vier verschiedenen Häusern der Hansestadt Hamburg ausrichtet.[3] Als auch noch Ost-Berlin als Ausstellungsort hinzukommen soll, schreitet Janssen mit einem Pamphlet[4] ein: Über sein erstes Auftreten in der DDR möchte er selbst entscheiden. Wann, wie und womit er sich zeigen will, das wird immer in höchstem Maße umkämpft bleiben – für die Beteiligten bis zum letzten Augenblick eine Zerreißprobe. 1982 ehrt ihn die Albertina in Wien mit einer eindrucksvollen Ausstellung.[5] Im gleichen Jahr organisiert das Museum für Kunst und Gewerbe in Hamburg – mit gebotener Vorsicht – eine erste *Retrospektive auf Verdacht*.[6] Brockstedt zeigt parallel dazu in seiner

Galerie die *Paranoia*-Blätter.[7] Meistens laufen mehrere Ausstellungen an verschiedenen Orten: Chicago, Lübeck, Basel, Köln, Oslo, Tokio, um nur einige Plätze zu nennen. Als 1986 die Galerie Berggruen in Paris Janssen zeigt, geschieht das nicht zum ersten Mal,[8] aber er ist persönlich anwesend – wagt sich nach draußen in die Kulturmetropole und läßt sich sehen, wie sonst nur überraschend in Uelzen oder Emden. Janssen will keine Gruppen-, nur Einzelausstellungen, die er 1985 in Nowosibirsk und Moskau erhält, freilich ohne selbst in Begleitung der Deutschen Bank und Mannesmann-Röhren bis hinter den Ural zu reisen. Als er im April 1990 eine Ausstellung in New York bekommt, bleibt er zu Hause und stürzt nur einen Monat später mit dem morschen Boden seines Balkons ab. Er durchlebt eine Höllenfahrt, die seiner Öffnung erst einmal ein Ende setzt. Er ist eingesperrt in die tiefste Dunkelheit – fast blind.

In den 80er Jahren rang sich Janssen eine Marktöffnung ab, die deshalb so außerordentlich ist, weil er bis dahin immer eine symbiotische Abhängigkeit vorgezogen hatte. Er mußte nicht mehr alles selber machen und lernte delegieren, ohne die Kontrolle einzubüßen. Was den wenigsten Künstlern gelungen ist: Er rief einen Verlag ins Leben, der ausschließlich um sein Werk herum organisiert ist und unter der geschickten Führung von Dierk Lemcke mit der Zeit zu einem kleinen Konzern wurde: St. Gertrude – ab 1987 in den Räumen einer ehemaligen Polizeikaserne in Hamburg-Altona. Dieser Verlag, in den Janssen zeitweise jeden Tag zum Arbeiten fuhr, ist das Symbol für die Öffnung, die er in diesen Jahren vollzog. Er sehnte sich nach Menschen und brauchte dafür einen geschützten Ort, an dem er ihnen begegnen konnte. Dort, wo die Wände mit Janssen – mit den Andruckbögen für seine Bücher – tapeziert waren, wo das Untergeschoß Lager, Stapelplatz und Verteilungszentrum aller von seiner Hand inspirierten Papiere war – an die tausend Artikel, die Postkarten und Schmuckblätter mitgerechnet –, dort fühlte er sich sicher, um auch zufällige Besucher Revue passieren zu lassen. Er residierte nicht im Verlag und stellte sich auch nicht zur Schau. Er genoß es, daß er den Zugriff auf einen eingespielten Stab von Mitarbeitern hatte, auf das gerade in Mode kommende Faxgerät, auf die Druckerei und die Zulieferbetriebe und was es da nicht alles gibt. Wenn er sich aber in die eigens für ihn eingerichteten Werkstatträume zurückziehen oder auch nur einer Peinlichkeit entgehen wollte, konnte er sich hinter dem ganzen Apparat verschanzen. In den Räumen von St. Gertrude in der Goldbachstraße Nr. 9 war Janssen eine quasi öffentliche Person; und deshalb nahm er es einer anderen öffentlichen Person, dem Senator für Wissenschaft und Kultur, übel, wenn er es nicht für nötig befand,

den ersten Künstler seiner Stadt zu gegebener Zeit dort aufzusuchen, wo dieser sich für solche Fälle bereithielt.[9] Janssen ging ja auch ins Rathaus, wenn er dort erwartet wurde – 1986, anläßlich eines satirischen Vortrags, der ihm angetragen worden war: *Wenn ich Bürgermeister wäre*.
Janssen wollte sich zeigen, und – wie wir sehen – er trieb den erheblichsten Aufwand, um nicht ungeschützt vor die Öffentlichkeit zu treten. Er umgab sich mit Männern aus der Gesellschaft und mit Frauen, die man für seine Geliebten halten konnte, ja, er ordnete seine „Kledage" neu. Fast könnte man meinen, er hätte in dieser Zeit seine Stilistik vor allem deshalb auf eine ungeahnte Höhe gebracht, um für den Vortrag gewappnet zu sein, den er nicht nur im Hamburger Rathaus, sondern zu St. Marien in Lübeck vor mehr als 2500 Zuhörern und mehrere Jahre hintereinander anläßlich der Buchmesse in Frankfurt hielt. Aber als ihm seine Stadt am Ende des Jahrzehnts ein eigenes Museum geben wollte, fühlte er sich bei aller Freude doch so überrascht und unvorbereitet auf den Marktplatz gezerrt, daß er lieber absagte, als ein nicht in allen Teilen von ihm überschautes Bündnis mit der Öffentlichkeit einzugehen.
Auf keinen Fall wollte er fremden Organen überlassen, darüber zu entscheiden, wie er sich darstellen und was von ihm zu sehen sein würde. Die zahllosen Selbstbildnisse haben unter anderem auch die Triebfeder, dem Bild zuvorzukommen, das man sich von ihm macht. Er ist ein anderer. So mußte er auch seine eigene Geschichte für die Nachwelt ordnen und wurde nicht nur sein eigener Biograph – er wurde sich selbst im weitesten Sinne historisch. Es fing damit an, daß er Claus Clément erlaubte, zu seinem 50. Geburtstag die bis dahin wichtigsten Selbstbildnisse zusammenzutragen und als ein Buch herauszugeben – *Ergo*,[10] das er vom Anfang bis zum Ende, einschließlich angehängter Texte, selber besorgte. Gegen Ende seines sechsten Lebensjahrzehnts ist er sich in der dann beginnenden Reihe seiner Werkübersichten endgültig zu einem Gegenstand der Geschichte geworden.
Wie kein anderer wachte er eifersüchtig über sein Erscheinungsbild in der Öffentlichkeit. Er wollte berühmt sein wie IMI und OMO. Die Frage war nur, wie das aus dem immer nur einen Spaltbreit geöffneten Refugium heraus zu bewerkstelligen wäre. In allen Gesellschaften, in allen Versammlungen war er der reizendste, aber auch bis zur Unverträglichkeit reizbare Gast. Dagegen war er sich für seine Person immer sicher, wie er auftreten wollte: in jeder nur erdenklichen Rolle. Er zog alle Rollen an sich, die des Künstlers und Zeichners sowieso und in wachsendem Maße die des sprachmächtigen Schreibers, auch die des alten und erfolgreichen, ja, des weisen Mannes, dem keiner mehr ein X

für ein U vormacht. Mit einem imponierenden Werk im Rücken verstand er es als den Vorzug und die Freiheit seines jetzigen Lebensabschnitts, sich mehr als früher erlauben zu können. Der Fotograf, der Lithograph, der Ölmaler, der Moralist und Pornograph, der kritische Zeitgenosse und spätpubertäre Sadist, der Querulant und apokalyptische Vorreiter, der „Papa Büchermacher"[11] und der seine vielen Familien nicht in Stich lassende und noch diesen und jenen mit großmachende Ernährer – alles das sind Rollen, für die er sich endlich reif sah und die er sich unbedingt leisten wollte. Nur dann hatte Älterwerden Sinn, nur so konnte er es auskosten.
Wirklich hat er sich im Laufe der 80er Jahre zu jenem charismatischen Menschenschlag entwickelt, der so viel Macht abstrahlt und dessen Überlegenheit so sicher gegründet ist, daß auch der Absturz in hysterisches oder weinerliches Salbadern ihm nichts mehr anhaben konnte. Es gehörte dazu. Denn auch diese in allen Richtungen ungebremst ausagierte Emotionalität muß einer sich erst einmal leisten können. Janssen hat sich zu solcher Freiheit durchgearbeitet.
Die Souveränität, die er sich abverlangte, war nicht ein heiteres Über-den-Dingen-Stehen. Dazu war er immer noch viel zu heftig engagiert. Er maß Souveränität daran, was er sich endlich auch noch würde herausnehmen können und wovon er fest überzeugt war, daß es ihm ein paar Jahre früher das Genick gebrochen hätte. Auch seine Freunde zählte er dazu, von denen er sich auf Schritt und Tritt bloßgestellt sah – ganz egal, ob sie Ausstellungen für ihn ausrichteten, ihn verlegten, an seiner Biographie schrieben oder seine Lithographien vom Stein zogen. Um sich diese Freunde überhaupt leisten zu können, muß es einer schon weit gebracht haben. Nur er stand so darüber, daß er für seine Feinde auch noch Freundschaft empfinden konnte.
An allen Fronten mußte er die gebotenen Grenzen versuchen und ein Stück weiter hinausschieben. Er, der erotische Zeichner par excellence, wurde in Bild und Text pornographisch und stellte anno 1984 – nach der *Litze* und den *Briefen an Miryam*[12] – erschüttert fest: „Heute kannst du dir alles erlauben." Deshalb war der Kampf, den er mit sich selbst austrug, das eigentliche Drama. Für seine anstößigsten Penetrationen mußte er den letzten Rest Hemmung abstreifen. Er mußte über seinen eigenen Schatten springen, wenn er – wie in den *Paranoia*-Pastellen – seine Visage in schrillen Orchideenfarben gelb, grün, blau zum Erblühen brachte. Welche Grenz- und Tabuverletzung das bedeutet, ermißt nur, wer sich klarmacht, daß derselbe Janssen zehn Jahre lange mit dem spitzen Bleistift und noch einmal zehn Jahre mit dem Buntstift und immer lieber mit weniger als mit mehr Farben gearbeitet hat. Um für den

denn doch vollzogenen Ausbruch in die ungemischten Pastellfarben so etwas wie eine Entschuldigung nachzuliefern, nennt er seine *Paranoia*-Bildnisse Stilleben. Nicht Erregung, nicht Auflösung, wie es den Anschein hat, sondern souveräne Verfügung über jeden einzelnen Gesichtsmuskel habe die grellen Farbarrangements möglich gemacht. Selbstüberwindung ist das Muster, das sich Janssen für seine 80er Jahre vorgegeben hat.

Er selbst mußte sich überwinden, wenn er die *Kopie* – „ich in anderen" – in eine freie handschriftliche Notation – „Ich in Ich" – überführte.[13] Guardi sollte bloß noch eine spielerische Vorlage sein, damit sich Janssen desto ungezwungener zwischen venezianischen Mauern, auf Plätzen, Brücken und in engen Gassen bewegen konnte. Sonst hatte er ein einzelnes Bild, am besten einen Bildausschnitt – ein Detail – kopiert. Nun wollte er in flüssiger Umschrift über den ganzen Guardi frei verfügen und ihm auch noch die wie Wäschestücke von der Leine baumelnden Gehenkten anhängen.[14] Das kostete zuerst Überwindung. Aber so wollte es Janssen! Solchen selbstbewußten Umgang mit der Geschichte würde er künftig in der *Kopie* pflegen – ob es sich um Watteau, Rembrandt, Callot oder wen auch immer handelte.

Auch das wollte er sich im Alter leisten können: nicht mehr das jeweilige Thema erschöpfen, sondern abbrechen und unvollendet lassen: das Fragment neu einbeziehen. Fünf Jahre brauchte er, um die 1980 angefangenen *Briefe an Roge Blin*[15] in den Auflagendruck zu geben, und auch dann beharrte er darauf, daß es Erstzustände wären, die er von seinen Radierungen in den Handel gehen ließ. Womöglich sollten weitere Zustände folgen. Als er 1984 seine auf Linie gestellten *Dosen und Steine*[16] radierte, war eine das Blatt vervollkommnende Flächenätzung gar nicht mehr vorgesehen. Es kam ihm vor allem auf die Musikalität der Zeichnung an. Was er früher nicht allein und für sich hätte stehen lassen, das war jetzt zum Thema und zur Hauptsache geworden. Solche Freiheit hat er sich nicht einfach genommen, und schon gar nicht ist sie ihm in den Schoß gefallen. Sie war Schritt für Schritt und in Abstimmung mit einem eigens dafür vorgesehenen Thema erarbeitet: Dosen, die von Autos plattgefahren und so zusammengepreßt sind, daß sie ein besonderes flächiges Lineament bilden.

Aus nichts als Linien bestehen auch die erotischen Kabinettstückchen, die Janssen im Sommer 1984 folgen läßt und in denen er sich eine weitere Freiheit zurückerobert, wie sie sich kein Anfänger verzeihen würde. Er läßt deutlich sichtbar die Perforierung stehen, die beim Übertragen und Durchpünkteln der Vorzeichnung auf die Zinkplatte in die Radierung gelangt.[17] Eine anfängerhafte Ungeschicklichkeit, die Janssen zum Vorteil der Sache nutzt. Will

Abreise, Zeichnung 2. 7. 1981. Feder und Aquarell (19 x 23,2 cm)

sagen, er nimmt sich Freiheiten heraus, die er sich früher um keinen Preis hätte zuschulden kommen lassen wollen – Freiheiten, die erst die Meisterschaft mit sich bringt und für die es sich sogar alt zu werden lohnt.
Mit anderen Worten: Die gegenüber den 60er und 70er Jahren unübersehbare Vergröberung der Mittel ist Teil des Lebensplanes. Das Pastell ist knalliger als der Buntstift und dieser wiederum nicht so nuancenreich wie der spitze Bleistift. Das mit der Federzeichnung immer freier verfahrende Aquarell dient nicht mehr – wie noch in den Erotika von 1978 – zum Ausmalen dafür vorgesehener Felder. Der Strich selbst entfernt sich von der Federzeichnung früherer Jahre und bekommt etwas Zupackendes, Zugreifendes. Das ist an den Händen abzulesen, die Janssen zeichnet und in die der Strich wie Messer hineinfährt, Wunden schlägt und tiefe Kerben hinterläßt.[18] Man mag diese Brutalisierung und Vergröberung der Kunstmittel und überhaupt die sich auf Kosten der ausgewogenen Zeichnung vordrängende Farbe bedauern und seine Vorlieben für das alte Werk entdecken – Janssen hat es so gewollt und so geplant. Darauf ist die Ökonomie seines Lebens abgestellt, und zwar von

Anfang an. Denn es war immer absehbar, daß irgendwann seine Kräfte nachlassen würden. Die Spannung, die der 35jährige noch über Tage halten und für subtilste Unterscheidungen nutzbar machen konnte, würde nicht über die Zeit zu retten sein. Auch er würde älter. Nur wollte er davon nicht überrascht und noch weniger überrumpelt werden. Er mußte dem zuvorkommen, was unvermeidlich ist. Schritt für Schritt wollte er sich dorthin entwickeln, und wenn die Zeit reif sei, wollte er dafür gerüstet sein und über die Mittel souverän gebieten, von denen es gewöhnlich nur heißt, daß sie dem alternden Künstler zuletzt noch übriggeblieben wären. Denn auch das Alter ist eine Falle und für die meisten ein Gefängnis, in dem sie sich nur noch selbst und auf niedrigerem Niveau wiederholen. Aber Janssen wollte ein Alterswerk haben. Deshalb sparte er sich in seinem Werk das Malerische für die Zeit auf, wenn es nicht mehr mit dem feinen Strich herzustellen wäre. Auch rückte er die Farbradierung ganz bewußt an sein Lebensende, obgleich er damit zu allen Zeiten hätte viel Geld verdienen können.

Als ihn das Alter einholte, traf es keinen Unvorbereiteten. Er war schon da. Er hatte die Wahl, nur daß die Freiheiten, die er sich herausnehmen wollte, immer genau dort endeten, wo ihm die Sache selbst keine Wahl ließ. Darin blieb er sich bis zuletzt gleich: Die Sache ging vor. Sie stand im Vordergrund. Sie war der Maßstab und entschied darüber, ob die Mittel angemessen wären. Das erhielt seinen Arbeiten bis zum Schluß die Spannung. Freilich – was Sache war, das sollte sich ändern. Die Blumen und Stilleben, die er noch zu Beginn der 80er Jahre zeichnete, wurden von den großen Skeletten abgelöst – einem Thema, das er durch alle Variationen verfolgte: mal großartig auftrumpfend wie in den Gerippe-Plakaten ab 1982[19] oder comicartig wie in den *Totentänzchen* von 1983[20] oder burlesk überdreht, wenn es darum ging, die künftigen Strahlenopfer leibhaftig vor das Auge zu bringen.[21]

Auch das Porträt setzte sich all die Jahre über beharrlich fort: von den Köpfen des vorrevolutionären Frankreich (1980)[22] – Kupferstichen nicht unähnlich – über die russischen Dichterköpfe (1981)[23] und zarten Mädchenbildnisse von Annette bis hin zu den Porträts, die er 1988 – gleichsam ohne Ansehung der Person – von seinen Freunden machte.[24] Hinter deren Ähnlichkeit griff er so zurück, daß die Bildnisse eher charakterliche Abweichungen paraphrasieren. Besonders sein Postbote Heinzi Adler wurde zum Exerzierfeld größter stilistischer Autarkie. Mit solchen um ein weniges über Schiele hinausgehenden Porträts wird sich Janssen 1990 in New York zeigen.

Aber der eigentliche Tummelplatz aller nur erdenklichen Freiheiten – das ist er selbst. Um dieses weite Feld zu bestellen, reichen Stift und Pinsel nicht mehr

Ihr Kretin, Fotocollage und Zeichnung 1982 (18,8 x 13 cm).
Aus Verärgerung über ein Zeitungsfoto: Janssen als Ratte

aus. Janssen kommt ins Schreiben. Nachdem alle autobiographischen Genres, einschließlich *Hinkepott I* und *II*, abgearbeitet sind, hat er sich so freigeschrieben, daß er den dritten Band seiner Autobiographie unter dem Titel „Abkotzen" in Aussicht stellt. Freilich hatte er sich diese Freiheit längst schon genommen. Janssen hat nicht nur seine Zeichnerei mit Texten begleitet. Er hat sich selbst in einem Maße zum Thema gemacht, das weit über die Stationen seiner Lebensgeschichte hinausgeht und seine jeweiligen Befindlichkeiten so radikal ins Zentrum rückt, daß die Sprache selbst von diesem Ich ergriffen ist, wie das kaum je der Fall war. Die Janssen-Sprache ist aufgeladen von der geradezu körperlichen Präsenz ihres Autors – weniger des Schreibers als des redenden, des gestikulierenden, des hitzigen und überhitzten Sprechers. Mit diesen Texten macht Janssen sogar dem Zeichner Konkurrenz. Damit muß er schon wieder kokettieren: Schreiber kontra Zeichner und beide um die Wette, was sein Schönstes ist, denn – er bleibt auf jeden Fall Sieger.
Wie sich Janssen mit seinem Ich – bis an die Bühnenrampe – nach vorn gebracht hat, ist das eine über Jahre gefestigte Leistung. Leere Ichbezogenheit und eine bloß im Charakter verankerte Rechthaberei wären auf Dauer nur

abstoßend gewesen. Dieses omnipräsente Ich, das uns mal klagend, mal jubilierend, hier erkenntnisschwanger und da poetisch leicht entgegentritt, hat die völlige Beherrschung seines eigentlichen Metiers – der Zeichnung – zur Voraussetzung. Die nicht mehr anzuzweifelnde Könnerschaft in der Zeichnung – sie ist das Fundament und die Basis dafür, daß sich Janssen endlich auch in Wörtern ganz ungeniert aussprechen – ausleben kann. Sein in die Breite geführtes Werk und seine an allen Sujets erprobte Zeichenkunst haben ihn dazu ermutigt. Es ist eine Freiheit, wie sie nur erlangt, wer in wenigstens einem Fach uneingeschränkt Meister ist. Deshalb ist es ihm nicht leicht gefallen. Es hat ihm immer noch genug Überwindung gekostet, von der Freiheit auch den Gebrauch zu machen, den er unter Freiheit verstand. Er wollte endlich die letzten Winkel seiner Seele ausmisten. Alles sollte heraus und auf den Tisch, nichts sollte unausgesprochen bleiben. Aufklärung als Selbstreinigung. Denn die Welt, auf die er sein Größenselbst ausdehnte, stand ihm quer zum Maul.

Der keine falschen Rücksichten mehr nehmende, der souveräne und ganz und gar unverschämte Janssen ist das Projekt der 80er Jahre – ein Projekt, das nur zeichnend *und* schreibend, in Bild *und* Schrift anzugehen war. Im Zenit seiner Lebenskurve – auf dem Gipfel der Selbstermächtigung – wird dieser Janssen einbrechen. Wie durch eine Falltür wird er mit dem Boden seines Balkons abstürzen und in einen Kerker aus Blindheit eingesperrt sein. Wenn er da wieder herauskommt, wird er den Tod, der wie kein anderer längst schon in seinem Werk herumgegeistert ist[25] – diesen Tod wird er dann gesehen haben. Das wird im Frühjahr 1990 sein, zum Auftakt des letzten Jahrzehnts in diesem Jahrhundert. Bis dahin liegt sein Werk der 80er Jahre vor, über viele Bücher verteilt – ein Werk, das auch dann noch nicht abgeschlossen ist, aber einen gewaltigen Weg zurückgelegt hat:

1980 ist das Jahr der Radierung. Gleich vier Serien entstehen: *Ergo, Nigromontanus, Caprice II* und *Evelyn*.

1981 ist ein dem Schreiben gewidmetes Jahr – ein „Jahr der Pamphlete" – mit den *Anmerkungen zum Grundgesetz* und einer Schmähschrift gegen „Kunst + Kommerz": *Angeber Icks. Eine Quijoterie*. Zur Schrift gesellt sich die Illustration. Auch die sehr freien *Kopien* und Aquarelle nach Guardi sehen wie hingeschrieben aus.

1982 ist das Jahr der Zeichnung. Die *Paranoia*-Pastelle sind der Höhepunkt, eingeleitet von einem bunten Allerlei für die Kunstmesse in Basel und einem frühen „Aufgalopp" für die Albertina in Wien: „Steine werde ich zeichnen für Steine."[26]

Die 80er Jahre im Überblick 219

1983 ist Pause, was nicht ausschließt, daß Janssen nach- und nebeneinander schreibt, zeichnet, aquarelliert und radiert. Im einzelnen entstehen: politische Pamphlete; in der Zeichnung Nachklänge von *Paranoia*; kleinere Aquarelle, die in die USA, nach Chicago, gehen, und erste Radierungen für St. Gertrude, damals noch in der Gerhofstraße.
1984 ist trotz ausufernder Todesvisionen ein Jahr der Erotik, inspiriert von Mirjam Madlung.
1985 nimmt Janssen – auch in Erwartung von Annette Kasper – das Lithographieren wieder auf.
1986 ist gedrängt voll mit so gegensätzlichen Arbeiten wie aquarellierten Landschaftsfederzeichnungen für Paris, auf *Tageszetteln* verteilten Straßen- und Folterszenen und einer monumentalen Radierserie – den *Bäumen der Annette*.
1987 schreibt Janssen unter dem Titel *Hinkepott* den ersten Band seiner Autobiographie.
1988 fängt mit den *Frauenbildnissen* die lange Reihe der Werkübersichten an, die in den neuen Räumen von St. Gertrude in Altona entstehen, begleitet von Porträtzeichnungen. Im Sommer nimmt er die Arbeit an den *Wiesen* auf, aus denen Farbradierungen werden sollten.
1989 setzt Janssen seine Autobiographie fort: *Johannes. Briefe an Johannes Gross*, und er zeichnet für New York.

Natürlich erschöpfen sich die Jahre nicht in dieser Aufzählung von „Hauptsachen". Auch die Nebenbei-Koboldereien ergäben nicht annähernd ein vollständiges Bild. Und was gar nicht zur Sprache kommt, ist der Leerlauf. Denn auch Janssen kann – wie er sagt – nur ein Zehntel seiner Zeit arbeiten, der Rest vergeht mit Reden und Trinken. Aber – wie wir ahnen – dient auch das der Verfolgung eines Programms. Für die 80er Jahre wäre es auf diesen Nenner zu bringen: Das Buch der Natur wollte er in die eigene Handschrift zurückverwandeln; in eine Handschrift,[27] die nach Jahrzehnten des Zeichnens – eigentlich nach Jahrhunderten der Zeichnung – von allen Dingen längst so ergriffen ist, daß sie davon wie von selbst geführt wird. Für eine solche Hand gäbe es zwischen Schrift und Bild keine Grenzen und auch keine Widersprüche mehr: Selbstbildnis wäre Stilleben, Baum wäre Architektur, Land und Wasser gingen ineinander über wie in der *Guardi-Suite*.[28] Alles läge dann wieder wie in einer Hand.

Das Selbstbildnis

Es gibt viele Gründe für ein Selbstbildnis. Es gibt sie alle bei Janssen und noch einige Gründe mehr. Sich selbst darzustellen, sich selbst zu erkennen, auch zu bekennen, und sich selbst zu erforschen sind solche Gründe. Und es gibt Gründe, die nicht im Selbst liegen. Sie sind vermutlich die gewichtigeren.
Mit dem Selbstbewußtsein des Künstlers – als er sich nicht mehr nur als Handwerker sah – ist im späten Mittelalter das Selbstbildnis entstanden. Das ist lange her, und längst wird das künstlerische Selbstbewußtsein von Zweifeln heimgesucht. Vielleicht hätten diese Zweifel auch dafür gesorgt, das Selbstbildnis wieder aus der Kunst verschwinden zu lassen, wenn es nicht von Anfang an ein Spiel mit wechselnden Rollen gewesen wäre. Dazu laden schon die verschiedenen Lebensalter ein. Im Spiegel der Zeit ändern wir uns – jeder wird ein anderer. Das Selbstbildnis entspringt aus mehr als nur dem dokumentarischen Interesse an der eigenen Person, das es ganz ohne Zweifel einmal war, als der Künstler sich zusammen mit seinem Werk zu erkennen geben wollte.
Dieses Selbst hat Janssen so über seine Grenzen hinausgetrieben, daß er in allem anderen auch noch und mit mehr Recht denn je Ich sagt. Das Selbstbildnis war für ihn immer eine Möglichkeit, sich zu vervielfältigen. Nach solchen Gelegenheiten hielt er Ausschau. Ja – Sehen war für ihn Bereicherung und Erweiterung des Selbst. Elementarster Lebensvollzug wie der Stoffwechsel. Dabei war ihm nie um seine Identität bange. Nie hat er die Entfremdung gefürchtet. Selbstentfremdung – dieses die letzten zweihundert Jahre beherrschende Kunstwort schien er überhaupt nicht zu kennen. Es stellte für ihn kein Problem dar. Als gäbe es das Syndrom der Moderne gar nicht, war er ständig darauf aus, sich in allem und jedem fremd zu werden, nur damit er sich darin wiedererkennen konnte – mit einem neugierigen Interesse, wie er es bloß für sich selbst nie aufgebracht hätte. Aus sich herauszugehen – sich preiszugeben und verführen zu lassen – war ihm Bedürfnis. Wie hätte er sonst über sich hinauswachsen können!
Aus demselben Grund schreckte Janssen auch nicht vor dem Spiegel zurück, in dem dieses Jahrhundert sich um keinen Preis wiedererkennen wollte. Tradition, Natur, Geschichte – für ihn lag all das nicht in Scherben. Die Tradition war ein Seil, das er bereitwillig ergriff, um höher hinaufzuklimmen. In der Natur fand er einen Wegweiser, der ihn aus der bloß um sich selbst kreisenden

Kunst herausführen sollte. Die Geschichte war ihm eine Bühne. Darauf konnte er in fremden Kostümen auftreten. Janssen hat den Spiegel nicht zerschlagen. Im Gegenteil – alles hat er an sich herangezogen und darin wie in einen Spiegel geschaut. Deshalb spielt das Selbstbildnis in seinem Werk eine so überragende Rolle. Selbstbildnisse erblicken wir schließlich auch dort, wo gar keine beabsichtigt sind. Janssen schaut noch aus jedem Strich heraus, den seine Hand auf das Papier legt.
Mit der gleichen Freiheit hat er es aber auch abgelehnt, in einem Apfel nichts als einen Apfel, in einer Landschaft nur eine Landschaft zu sehen. Dieselbe Gewißheit, die ihn keine Überfremdung fürchten ließ, hat ihn auch davor bewahrt, irgendwelche Verabredungen für endgültig zu halten. Arcimboldi heißt der Manierist, der mit seinem Werk und Namen dafür steht, daß sich ein Porträtkopf bloß aus verschiedenen Obst- und Gemüsesorten herstellen läßt. Das funktioniert nur, weil der Apfel auch noch etwas anderes als ein Apfel ist. Eines der frühesten Bildnisse von Janssen ist aus lauter Stahlfedern zusammengesetzt.[1] Nase, Zähne, Haarschopf – alles besteht aus den Utensilien des Zeichners. Mit solchen Identifikationen hat Janssen keine Schwierigkeiten, weil er von Anfang an völlig frei damit verfährt. Er hängt sich sogar einen alten Zopf an, der wie eine Quaste kraftlos herunterhängt, während die durch die Nase geführte Federspitze unerschrocken nach vorn weist. Das Selbstporträt ist 1958 Programm und eine Einladung zu einer kleinen Ausstellung in den eigenen Räumen in der Warburgstraße 33. Wie es aussieht, führt es zurecht die lange Reihe der Selbste an. „Selbst" ist die pointierte Bezeichnung, die Janssen bald für die anhaltende und ausdrückliche Beschäftigung mit sich finden wird.

Indessen – das erste Selbstbildnis ist es nicht. Er hat sich schon viel früher gezeichnet – schon unter Mahlau und sogar davor, wenn es auch niemals wie später ein Thema gewesen ist.[2] In der Klasse am Lerchenfeld porträtierten sich die Schüler gegenseitig. Der innerhalb der verspäteten Nachkriegsgeneration noch recht kindlich wirkende Janssen war ein gesuchtes Objekt. Besonders die Aufmerksamkeit, die er bei den reiferen Mitschülerinnen fand, wird ihn auch vor sich selbst interessant gemacht haben. Damals entdeckte er sein charakteristisches Profil mit dem zurückspringenden Kinn und den vorstehenden Hasenzähnen.[3] Mit Vorliebe hängte er sich den Mittelfinger in die Schnute und führte die anderen Finger seitlich an der Nase vorbei nach oben. Da er sich aber ganz und gar nicht die Hauptsache war, ergab es sich nur gelegentlich, daß er von seinem Profilkringel Gebrauch machte: wenn er in einer

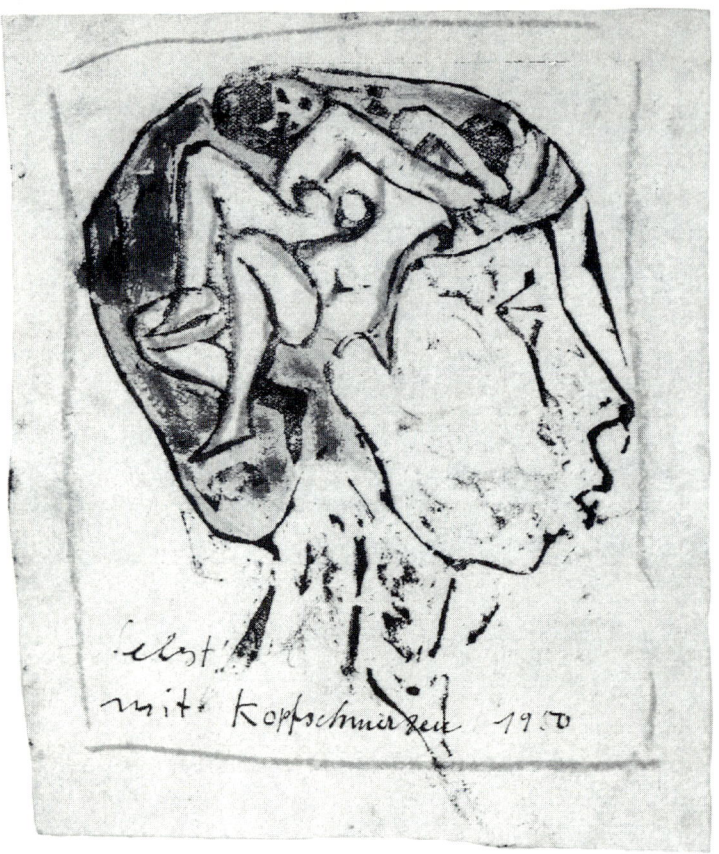

Selbst mit Kopfschmerzen, farbiger Linolschnitt 1950 (16,6 x 13,8 cm)

Szene mitspielte, die sich erkennbar – auch – um ihn drehte. Aber selbst dann sah er sich – wie in einigen frühen Holzschnitten[4] – eher stellvertretend für den Mann überhaupt in seinem Verhältnis zur Frau.

Eine Beschäftigung mit dem Selbstbildnis gibt es außer in frühen Fotos und wenigen, schon zitierten Lithographien von 1958 in den 50er Jahren nicht, vor allem nicht in den frühen Radierungen. Auch ist keiner von den großen Farbholzschnitten ein Selbstbildnis!

Richtig fängt das Selbstbildnis erst in den 60er Jahren an und – wie wir behaupten – ist Janssen auch eher durch andere als von selbst auf diese Spur geraten. Der karikierende Profilkringel mit Überbiß und fliehendem Kinn lief ihm flüssig aus der Hand.[5] Deshalb sind diese 1961 auf der Radierplatte festgehaltenen Telefonkrakeleien aber noch keine Thematisierung des Selbst. Das begann erst, als er sich 1962 in der Zeichnung so freigeschrieben hatte, daß er in den wild bewegten Schraffuren, die er übereinanderlegte, eine Vertiefung und Verschattung dort entstehen ließ, wo Auge, Mund und Nasenloch sind. Wie ertappt und als stellte er sich erst in diesem Moment, ist der Kopf dem Betrachter frontal zugewandt.[6] Der Mund steht halb offen wie bei einem, der erstaunt nach Antwort sucht. Dieser Janssen weiß vorläufig noch nicht, welchen Weg er einschlagen will. Er weiß nur, daß er die Antwort nicht schuldig bleiben wird. Das lesen wir ihm von den Lippen ab, auch wenn er sie noch gar nicht zeichnen kann.

Janssen fand, daß seine Schläfen „unsensibel" aussehen. Deshalb konzentrierte sich von Anfang an alles um den Mund. Aber natürlich auch, weil er schon damals gern und viel redete und weil es die Jahre waren, in denen er an Gewicht zulegte. Er wurde um das Kinn herum richtig feist, und mit kurzgeschnittenen Haaren, wie man sie damals trug, bekam er einen kugelrunden Schädel, den er schon deshalb in der Zeichnung überbetonte, weil er nicht davon ablenken wollte.

Was aber am wichtigsten war: Seine Freunde und Sammler legten ihm schon die Antwort in den Mund, kaum daß er ihn fragend und halboffen hatte stehen lassen.[7] Sie wollten diese Selbstbildnisse erwerben – kaufen. Gerade hatte er sich selbst als Sujet entdeckt, wollten alle ein Selbstbildnis haben – um jeden Preis! Die Begehrlichkeit seiner Sammlergemeinde lockte ihn immer tiefer in sein Thema hinein. Wie er alle danach greifen sah, blickte er wie in einen doppelten Spiegel und erkannte darin sich und seine erwartungsvoll gespannten Kunstfreunde. Man steckte sich gegenseitig an. So kam es, daß auch die um den Mund zentrierten Selbstbildnisse immer dramatischere Züge annahmen.[8] Es war die für die 60er Jahre typische Mimikry an die Wirtschaftswunderzeit, die sich in den Selbstbildnissen widerspiegelt. Man sah in Janssen einen neuen Rembrandt, und eines Tages war das auch Schwarz auf Weiß in der Zeitung zu lesen. Janssen reagierte schon damals seismographisch. Nur daß er schlau genug war, den versuchten Totschlag rechtzeitig zu wittern. Er kommentierte die um seine Person ausbrechende Kritiker- und Sammlerhysterie mit Worten, die an das anknüpfen, was der maßgebende Kunstkenner Wieland Schmied zu einem seiner Selbstporträts geschrieben habe:

»... die Pudelmütze, die Janssen sich hier aufsetzt, entspricht dem Goldhelm bei Rembrandt.« Nun zitiert man Edelmetall plus Rembrandt nicht ungestraft. Die Geschichte lief so weiter: die noch nicht auf Widerspruch eingestellte Lokalzeitung zitierte das Zitat und davon natürlich das ihr wesentlich Erscheinende. Aber immerhin erwähnte sie die Pudelmütze noch. Die 50 km entfernte nächste Redaktion aber schrieb: »... man muß schon Rembrandt zitieren, um ...«. Bei der vierten oder fünften *war* ich Rembrandt. Und da ja alles im Kreise läuft, gelangte diese Version zum guten Ende in die ganz schlaue Hamburger Redaktion. Die schrieb dann: »... man will uns erzählen, Janssen sei Rembrandt. Diese Überschätzung ... usw.« Mich hat diese abschließende Erkenntnis sehr beruhigt; denn ich dachte auch schon, ich wär's.[9]

Es war der auf Anhieb überwältigende Erfolg, der Janssen kopfüber auf ein Terrain zog, das er wie kein anderer mit Hunderten von Gesichtern bevölkern sollte. Nicht das bohrende Interesse an sich selbst, sondern der Dialog und die intensive Zwiesprache mit dem Publikum lösten das Selbstbildnis aus und gewannen ihm viele neue Facetten ab. Penetrante Selbstbeschäftigung hätte das Thema nur zu bald erschöpft. Es gehört zu seinen größten Talenten, daß Janssen sich gleich mit den Augen der anderen sah, sobald er bei sich einkehrte. Er sah sich damit schärfer, als er sich je in einem Spiegel aus Glas hätte sehen können. *Wieder Krach mit Hegewisch* heißt das im kleinen Format von 26 x 32 cm übergroß gesehene Selbst, mit dem Janssen 1963 einen Durchbruch erzielte.[10] Darin sieht er sich, wie er als die ihm körperlich ins Gesicht geschriebene Drohung über seinen Freund Hegewisch kommt. Nicht Hegewisch ist das Thema, mit dem er – wie es im Titel heißt – „wieder Krach" hatte, sondern er selbst: die zu einem hochexplosiven Gemisch aufgeblasene Gewitterwand, die sich jeden Augenblick über dem Sammlerfreund entladen wird.

Auch das hat Janssen sofort begriffen: In höchster Erregung läßt er mehr von sich sehen. *Selbst Suff* (1964),[11] *Selbst singend*,[12] *Selbst dramatisch* (1965)[13] – bis in die Radierung und Lithographie dringt er in der Richtung weiter vor. Er ist ein Vulkan im Moment des Ausbruchs. Eine heftige Erschütterung reißt alles wie in einen einzigen Wirbel hinein und schließt sich um den Mund zusammen, der, zum Bersten gebracht, das Epizentrum des Bebens bildet. Janssen macht aus diesen zur Naturkatastrophe gesteigerten Erregungszuständen einige seiner eindrucksvollsten Selbstbildnisse in den 60er Jahren.[14] Was sich längst schon herumgesprochen hat, kann nun jeder sehen: Hier trägt einer seine Haut zu Markte, aber er ist der dünnhäutigste, der erregbarste Mensch überhaupt.

Auf diese Selbstentblößungen in der Art eines Dostojewski reagierte Janssen später betont kühl. Er stellte sich gleichsam neben sich selbst, als er 1970 aus der Distanz weniger Jahre auf diese Epoche zurückblickte. Wieder weiß er

Wieder Krach mit Hegewisch, Zeichnung 11. 4. 1963. Bleistift (26 x 32 cm)

genau, was die Leute sehen wollen. Das Erstaunliche ist, mit welcher durchdringenden Schärfe er sich und sein alter ego kommentiert:

> Die an dem Image des Dostojewski orientierten Selbstbildnisse entstehen auf umgekehrte Weise. Ich nehme ein rauhes Papier und kurve, mich im Groben an mein Gesicht erinnernd, darauf herum – hier ein Würmchen einzeichnend, dort eine Schnecke, woanders ein Gebilde gleich dem Verbindungsstück zweier Knochen, lege ein paar Dunkelheiten an den Rändern des Papiers entlang, verbreitere dieselben dann langsam zur Mitte hin, hebe sorgsam mit dem Gummi ein paar gezeichnete Partien wieder heraus, drehe das Blatt auf den Kopf und zeichne in derselben Art und Weise über das Ganze weiter. So vermeide ich den Eindruck zu offensichtlicher Routine. Dann drehe ich das Blatt in die gehörige Lage und gucke in den Spiegel, aus dem mir eine Larve entgegenblinzelt, die höchst frappant sich dem schon Gekritzelten anähnelt, so daß ich nicht selten nur ein paar Feinheiten nachzusetzen brauche, um daraus ein wirkungsvolles Selbst-

porträt zu fertigen. Eine verblasene Helligkeit hinter den Gläsern läßt den Rezensenten auf fiebrigen Lebensdurst schließen, und vom Mund, der mit einer aus der Nasenpartie sich bildenden Schnecke kopuliert, glaubt er, feuchte Lüsternheit oder durchlittene Qualen der Seele abzulesen. Genau fixiert sind diese Empfindungen der jeweils Beeindruckten nie.[15]

Dieser Janssen weiß mit Blick auf sein Publikum wie ein zweiter Gustav Gründgens, daß er eine Rolle spielt und nur den Erwartungen gehorcht. Immerhin ist es eine Rolle, die ihm auf den Leib geschrieben ist; eine monströse Rolle für das Monstrum Janssen. Auch wenn er sie perfekt beherrscht, kann ihm das nicht genügen. Er will alle Rollen spielen, alles in eigener Person verkörpern. Das ist genau die Zäsur, die die 70er von den 60er Jahren trennt. Um aber zu den stillen und zarten Selbstbildnissen zu gelangen,[16] reicht die angelernte Mimikry nicht aus. Janssen muß sich selbst fremd werden. Erst wenn er sich in allen erdenklichen Kostümierungen verloren hat, schaut er wieder hin: Er birgt sich aus den Vermummungen und zeichnet sich ins Hier und Jetzt zurück.
Bis er aber auf der Wende von den 60er zu den 70er Jahren über den eigenen Schatten gesprungen ist, macht er die Erfahrung, die Lichtenberg ausgesprochen hat: „Wir lieben uns nicht nur in anderen, wir hassen uns auch in anderen." Wo Lichtenberg verallgemeinernd wir sagt, sagt Janssen rückhaltlos ich. Dieses Ich ist seine wichtigste Entdeckung. Janssen hat sie erst gemacht, als er im Selbstbildnis eine Bühne dafür fand. „Ich! Der ich mir alles bin, da ich alles nur durch mich kenne!" sagte Goethe in seiner Shakespeare-Rede von 1771.

Für die neu entstehenden Selbstbildnisse gilt das gleiche wie für das ganze Jahrzehnt: Janssen geht aus sich heraus, wie er es vorher nicht getan hat. Er sieht sich mit anderen Augen und nicht mehr mit den Augen der anderen. Er entdeckt, daß ein Gesicht eine Landschaft ist – „die unterhaltendste Fläche auf der Erde", wie derselbe Lichtenberg sagt. Mit Stift und Radiernadel geht er darin spazieren, auf der Wanderung zwischen Licht und Schatten, im Wechsel der Stimmungen wie an einem Aprilnachmittag, mal windgezaust, mal „panisch" beruhigt. Damit haben die Selbstbildnisse den Übergang in die 70er Jahre vollzogen – die Wende von der Kunst in die Natur.[17] Mit jedem Gesicht zieht ein anderes Wetter herauf.
Auch formal stellt sich Janssen jetzt andere Aufgaben. Der zum Schrei aufgestoßene Mund ist nicht länger das Zentrum im Bild, sondern die über den Nasenrücken und die Kinnfalte in den Hemdausschnitt verlaufen-

Selbst, Zeichnung 4. 8. 1971. Blei- und Farbstift

de Licht-Schatten-Linie. Entlang dieser vertikalen Linie ordnen sich auch die Gesichtszüge neu. Die Symmetrien kommen stärker ins Spiel. Die Augen liegen nicht immer auf gleicher Höhe,[18] die Mundwinkel laufen unterschiedlich aus, umkämpft ist der Nasenrücken und von heftigen Kurvaturen nach beiden Seiten ausgebogen. Die Verteilung von Licht und Schatten sorgt dafür, daß die Stimmungen wechseln, oft in demselben Bildnis, wie sich das Gesicht einer Landschaft ändert, je nachdem wie die Wolken am Himmel verteilt sind.
Die starken Affekte der 60er Jahre treten hinter den Augenblickslaunen zurück, die das Selbst Anfang der 70er Jahre widerspiegelt – wetterwendisch wie ein Apriltag. Der dämmerige Bleistift herrscht vor. Janssen folgt ihm durch alle Schattierungen, und er liest mit einer forschenden Gründlichkeit in seinem Gesicht, als wäre es nicht ein Stück von ihm.

Als ein neues Thema und eine entschiedene Weiterung macht er von der Inszenierung seiner selbst Gebrauch. Für solche Inszenierungen nimmt Janssen die Welt in Anspruch – als Bühne und Requisit. In vielerlei Gestalt hat er seinen Auftritt: mit Pappnase,[19] mit Hut und Mütze,[20] mit einem Bleistift zwischen den Lippen und einem Pferd im Haar, mit Eulenaugen[21] und zum Flöten gespitztem Mund. Die Posen und Perücken, das schier unerschöpfliche Repertoire des Schauspielers sind lauter Tarnkappen – lauter gute Gründe, sich an die Welt hinzugeben, in ihr sich zu verlieren und als ein anderer zurückzukommen.
Was bei jedem Geringeren bloß eitle Selbstbespiegelung wäre, ist bei Janssen der immer wieder lustvoll beschrittene Umweg, sich neue und zusätzliche Seiten abzugewinnen. Würde er egomanisch nur um sich selbst kreisen – wir könnten all die Selbstbildnisse gar nicht ertragen. Die Abwechslung, die wir empfinden und die uns schon auf das nächste Selbst neugierig macht, liegt darin, als Fremder zu sich zurückzukehren.
Janssen grimassiert nicht. Nie quält er uns mit einem Gesicht, das aus der Entstellung, sei es im Schmerz oder aus Wut, anders als spielerisch zu ihm zurückfände. Gleichsam augenzwinkernd.
Vexierbilder erspart er uns ganz – Vexierbilder monumentaler Selbstliebe ebenso wie die zur Ikone aufgeblasene Selbstoffenbarung. Sie ist in diesem Jahrhundert so überaus zahlreich. Die gar kein Gesicht haben, fürchten am meisten, es zu verlieren. Janssen will niemanden auf sich und seine Person einschwören. Wer von ihm angezogen ist, muß auch die Kröte schlucken – durch alle Verwandlungen ihrer selbst, in allen Stadien der Verpuppung.

Die vielen Hundert Selbstbildnisse, die auf die Weise entstanden sind, sind von nur einer Hand gezeichnet. Es ist eine Hand, die in der Anverwandlung der verschiedensten Stile und Epochen,[22] fremder und nie gesehener Bildwelten nicht ihresgleichen hat. Es hat das nicht gegeben und wird es im Zeitalter technischer Reproduzierbarkeit und computergestützter Simulation nicht mehr geben: das wieder und wieder zur Unverwechselbarkeit gesteigerte Selbst; die Intensität der Erfahrung, mit der jeder einzelne Augenblick neu mit Leben erfüllt wird. Das zum Tagebuch ausformulierte Selbstbildnis gibt es nur bei Janssen.

Womit wir bei *Hanno's Tod* wären.[23] Die Serie von 23 bzw. 27 Radierungen ist in nur sieben Tagen zwischen dem 15. und 21. Dezember 1972 entstanden. Es ist eine frei nach der an Typhus sterbenden Figur des Hanno aus Thomas Manns *Buddenbrooks* gestaltete Krankengeschichte; die Geschichte eines sich in Tagen und Stunden beschleunigenden Verfalls, den Janssen, unbekümmert um seine literarischen Vorbilder, radikal an sich selbst vollzieht.

Hier ist alles Identifikation und Authentizität – im Gegensatz zur *Molière-Suite*,[24] die 1976 unvollendet geblieben ist, aber als einzige Folge von Selbstbildnissen in diesem Jahrzehnt gleichwertig daneben bestehen kann. In der *Molière-Suite*, die überwiegend mit Kaltnadel gearbeitet ist, haben wir die posierende Unaufgeregtheit des geborenen Schauspielers. Janssen inszeniert sich – darunter à la Chardin – mit einer Gelassenheit, mit einer Selbstverständlichkeit, die ihm zu einem geradezu klassischen Bildaufbau verhelfen – jenseits der für ihn sonst so typischen, sich in Engagement verzehrenden Diktion. Die *Molière-Suite* bildet ein völlig ausbalanciertes Gegengewicht und ist in ihrer Art vollkommen.

Dagegen ist *Hanno's Tod* von nichts weiter entfernt als von der Selbstverleugnung in der Rolle eines anderen. Es gibt überhaupt keine Schauspielerei, kein Versteckspiel, kein Als ob. Es ist das nackte Entsetzen vor dem sich unaufhaltsam vollziehenden Tod; ein Ausgeliefertsein ans Sterben, das zwar einzelne Stadien zu unterscheiden erlaubt, aber die Unumkehrbarkeit dieses Schreckens zur letzten Gewißheit macht.

Das Leben hat viele Gesichter, von denen uns der Tod nur noch ein einziges, letztes zeigt: den blanken Schädelknochen. Die Selbstbildnisse dringen bis auf den Knochen vor. Davon löst sich das Fleisch ab, es teilt sich in Streifen und geht in Landschaften ein, die sich von unten ins Bild schieben.[25] Erde zu Erde, Staub zu Staub.

Gegen das Pathos von Untergang und Auflösung behauptet sich ein Witz, der nur makaber scheint, tatsächlich aber mit solchen Kräften im Bündnis steht,

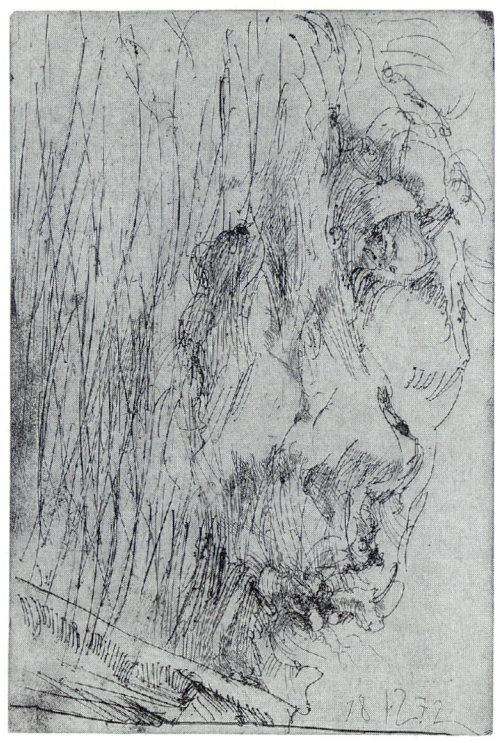

Selbstbildnis aus *Hanno's Tod,* Radierung 18. 12. 1972 (22,2 x 14,8 cm)

die der schiere Überlebenswille im Angesicht des Grauens aktiviert. Aus einem zu äußerster Trostlosigkeit entrückten Gesicht – halb Nasenbein, halb Schläfenbein – läuft das Auge wie ein Spiegelei aus.[26] Über blicklosen Augenhöhlen richten sich Wimpern auf,[27] als wäre noch irgendwer zu bezirzen. Es sind diese ebenso verzweiflungsvollen wie unfreiwilligen Scherze, die die düsteren Szenerien von Tod und Verwesung so anrührend machen.
Janssen ging schon immer unter die Haut. In *Hanno's Tod* hat er sich buchstäblich selbst übertroffen. Nur soll niemand glauben, daß solche Unmittelbarkeit anders herzustellen wäre als mit den Mitteln einer im höchsten Grade beherrschten Kunst. Jahrelang hat er daran gearbeitet, das Ätzende der Säure und das Gewinnende der Zeichnung in eine Balance zu bringen, die auch dort, wo dieses Gleichgewicht gestört ist, dem gesteigerten Ausdruck dient. Die letzten zwei Jahre hatte er sich fast ununterbrochen verausgabt. Er hatte in seinem Metier Entdeckungen gemacht, die, der Reihe nach zu sichten und auszuwerten, weitere Jahre in Anspruch nehmen würden. Er war im Dezember 1972 – sei es auch durch positiven Streß – vollkommen erschöpft. Er hatte in

den letzten Wochen 40 Pfund abgenommen, fast ein Viertel seines Körpergewichts. Er war krank, ohne zu wissen, woran er litt. Aus dem massigen, voluminösen Kerl war eine durchscheinende Gestalt geworden.[28] Vom Gesicht hing die Haut in Falten herab. Er sah gealtert und durchsichtig aus und fühlte sich auch so, als er die *Hanno-Suite* in einem einzigen Zug radierte.

1979 – das Jahr vor dem Pastell – ist ein weiterer Höhepunkt in der Beschäftigung mit dem Selbstbildnis. Janssen reizt die Möglichkeiten des Buntstifts so weit aus, daß er mit dem neuen Jahrzehnt vollends in die Farbe ausbrechen kann. Solange er mit dem Buntstift arbeitet, legt er es darauf an, sein Mienenspiel so genau wie möglich zu erfassen.[29] Mit dem Pastell setzt die Auflösung ein.

Es entstehen in diesem Jahr 1979 keine Serien und keine Suiten, wohl aber in lockerer oder dichterer Folge sorgfältig beobachtete Einzelstudien. *Kleines Affentheater*[30] nennt er eine Reihe von Blättern, die ihn in solchen Momenten zeigen, in denen er jählings aus der Haut fährt oder sich gerade noch „einkriegt". Zwischendurch und gegen Ende des Jahres verdichtet sich diese mutwillige Grenzgängerei in einer Staffel licht- und leiderfüllter Introspektionen. Die ins Profil gewendeten Selbstbildnisse setzt er vor einen schwarz vergitterten Hintergrund, gegen den sich die Licht- und Schattenlandschaft um Auge, Mund und Nase eindrucksvoll abhebt.[31]

Thema und Technik sind vollkommen aufeinander abgestimmt. Die Farben in der Polarisierung zwischen Rot und Blau liegen zuunterst oder in mehreren Lagen aufeinander. Darüber fährt der Bleistift in rhythmisch bewegten Schraffuren hin. Er bindet gleichsam die Farben zurück an die Zeichnung, die in dieser Zeit zu einem nicht mehr zu überbietenden Instrument ausgereifter Meisterschaft wird. Nur an einzelnen Stellen – am Lidrand des Auges oder auf den Lippen – bleibt die Farbe unverdeckt stehen oder lugt aus dem Schatten- und Mienenspiel wie eine schmerzhafte Wunde hervor.

Durch das Übereinanderschichten von Bunt- und Bleistift entstehen Transparenzen, die auch das Öl bei allem Reichtum an Nuancen nicht erreicht, selbst wenn die Bilder wie bei Munch zusätzlich der Witterung ausgesetzt und kleinste Partikel aus dem Farbgrund herausgesprengt werden. Janssen nennt es deshalb: „Mit dem Buntstift malen." Es ist besonders ein Thema, das er mit den in die Tiefe gestaffelten Farben verbindet; ein Thema, das er in diesem Jahr zu einem einzigartigen Spektakel aufzubauen versucht und in das er seine Freunde rechtzeitig einweihen will, damit sie, wenn es vollbracht ist, ungläubig und fassungslos zurückbleiben: seinen Selbstmord.

„Von der Bildfläche verschwinden." Das sagt sich so leicht. Janssen zieht daraus Stoff für sein spezielles Drama, das sich in den Selbstbildnissen dieser Epoche widerspiegelt: „Aufbau des Kreises – Vertiefung – Verengung – Quintessenz. Kreis – Zylinder – Trichter + fluttttsch."[32] Das Selbstbildnis, auf dem er mit aus der Höhlung hervorquellenden Augen auf erschütternde Weise fast schon neben sich am Abgrund steht, vollzieht dieses Thema in einem Stilleben nach: Eine geöffnete und an den Rändern schon halb vertrocknete Paprikaschote gibt den Blick frei auf weißgeformte Keimlinge, die wie die Glieder eines Skeletts am Grund liegen. Was für Aussichten! Darauf läuft es also hinaus! Auch von einer Plastiktüte war die Rede, unter der sich Janssen ersticken wollte. Selbstmord – damit hat er ausgiebig und besonders in dieser Lebensphasen experimentiert. Einen Band seiner Autobiographie wollte er dem Thema widmen.

Wenn nicht alles täuscht, kehrt die ins Clowneske gewendete Plastiktüte in den Verhüllungen wieder, die er sich im Dezember 1979 über den Kopf gestülpt hat, um mit tödlichem Ernst und völlig desillusioniert darunter hervorzublicken: mit einem Gesicht, das alles sagt und dem sich auch das, was ungesagt bleiben muß, als Falte neben Mund und Nase tief eingegraben hat: *Ein gestörter Fall; Klappe halten; Nikolaus.*[33]

Die durch die alberne Kopfbedeckung unheimlich entrückte Gesichtsmiene erscheint in einem Licht, wie es von einem unruhig flackernden Feuer ausgeht. Von hier ist es nur ein kleiner Schritt, und in demselben Monat wird Janssen seine ersten Selbstbildnisse in Pastellfarben zeichnen.[34] Noch ein bis zwei Jahre orientiert sich das Pastell an der Zeichnung zurück, die der Farbe gewissermaßen den Grund liefert.

„Das möchte ich nicht sein – ich bin es (unverdeckt),"[35] schreibt Janssen unter sein Bildnis vom 24. Januar 1981 und gibt damit zu erkennen, daß er sich mit einem ans Dokumentarische grenzenden Rigorismus bis dorthin verfolgt, wo es keine Schlupflöcher mehr gibt und kein Kokettieren mit Alter und Tod. Dieses Wissen, das mehr weiß, als jedes aufgesetzte Gesicht zu verbergen in der Lage wäre – Janssen kann es zeichnen. Das Pastell wühlt blutig in den Quesen und Quetschfalten. Was aber die Erschütterung noch um ein Vielfaches steigert: Hier verschafft sich nicht nur ein letztes Leiden Ausdruck – es geschieht auch bei vollem Bewußtsein. Janssen selbst weiß genau, was er zeichnet, *und* er kann es beschreiben, in Worte fassen, weshalb solchen Selbstbildnissen der Geruch einer Vivisektion anhängt. Bis ins einzelne kennt er die Gegend, in der er mit dem Zeichenstift herumklettert – zwischen Nasenflügel und Lidunterkante:

Das Selbstbildnis   233

Selbst und Paprika, Zeichnung 29. 7. 1979. Blei- und Farbstift (35,5 x 42 cm)

… Das nenn ich also das »gesehene« Gesicht. Ich absichte nicht – ich bin überhaupt gar nicht hinter meinen Augen, vielmehr in denselben – und meine Augen klettern nun los: Über die Schatten vom Nasenflügel schräg aufwärts in das Gelände am unteren Brillenrand, über diese Licht-Schatten-Stolperschwelle weg und weiter über den musculus orbiculares oculi hinweg, über seinen pars orbitales, der den Fußboden abgibt für diese Hinterglashöhle (ich bin auch in diese Gegend sehr verliebt), … also weiter in diese Höhle rein, einen Lichtreflex im Halbschatten entlang bis hin in die Falte unter den Wimpern des unteren Augenlids, das untere Augenlid legt sich da durchaus wie eine Balustrade um das feuchte, gut eingepaßte Auge. Der Einstieg in die nächste Gegend am günstigsten über die palpedrale, und so fort …[36]

Janssen kennt sein Gesicht. Er kennt es in- und auswendig. Hier ist die Übertreibung mal am Platz! Er fühlt sein Gesicht, er spürt, wie es in den Falten hängt. So wie uns eine besondere Erregung, aber für uns selbst unsichtbar, ins

Gesicht geschrieben steht – so sieht sich Janssen mit den Augen des beobachtenden Gegenüber. Er sieht sich, wie ihn noch keiner gesehen hat. Wenn ihm morgen ein Zahn gezogen wird, einer seiner letzten Backenzähne, dann weiß er schon heute, wie sich unter der schlaffen Altershaut der Kieferknochen abzeichnen wird.
Wie es ihm unmöglich ist, *nicht* hinzusehen, so muß er auch aussprechen und mit einer Deutlichkeit, die nichts zu wünschen übrig läßt, Punkt für Punkt ausformulieren, was Sache ist. Zeichnen und Schreiben – hier stecken die gemeinsamen Wurzeln. Beides wird ihn mit Beginn der 80er Jahre gleichermaßen in Anspruch nehmen. Beides trägt und steigert sich gegenseitig. Damit entwickelt sich Janssen zum Antipoden einer in ihre Sprachlosigkeit verliebten Avantgarde. Wie die Kunst, die aus dem Bauch kommt, möchten solche avantgardistischen Strömungen uns glauben machen, daß ihnen etwas darzustellen gelänge, wovon sie selbst nicht das Geringste wissen oder verstehen müßten. Janssen bildet dazu den Gegensatz. Er ist immer auch sprachlich auf der Höhe dessen, was er macht. Die Selbstbildnisse sind der deutlichste Beweis. In seiner Schreiberei wird es explizit.

Als einen für die 80er Jahre typischen Sonderfall behandeln wir das Bild, das Janssen von sich zeichnete, als er den in Offenbach ansässigen Verleger Volker Huber für ein gemeinsames Projekt gewinnen wollte (vgl. Abb. S. 206). Dieses Bild, das er da von seiner Person gab, ist ein um Texte erweitertes Selbstbildnis, sozusagen ein auf zwei Gleisen daherkommendes und auf mindestens 21 Briefe verteiltes Selbstporträt.[37] Es ist ein über das bloße Darstellen hinausgehendes Agieren in Wort und Bild – eine selbsttätig in Angriff genommene Praxis, die dafür sorgen soll, daß die Abrechnung mit dem Kunstbetrieb seiner Tage, die sich Janssen vorgenommen hat, nicht nur graue Theorie und blutleere Besserwisserei bleibt. Er will die „Derzeit-Chose Kunst-Strich-Handel"[38] vielmehr von innen aufbrechen. Seine bisherigen „Pöbeleien", aus „hilfloser Wut" angestellt, hätten ihm nichts eingebracht, wie er meint. Jetzt endlich will er Nägel mit Köpfen machen und die ganze Branche entlarven. Deshalb wendet er sich am 21. November 1980 „per Plakat-Brief" an Volker Huber.[39] Er wendet sich an den Mann, der Paul Wunderlich und Bruno Bruni verlegt, was für beide, wie Janssen behauptet, nicht nur von Vorteil gewesen sei.[40]
Janssen nähert sich dem erfolgreichen Verleger im aufwendigen Großformat und mit durchsichtigem Respekt: „an Monsieur Huber". Ja, er bringt sich mit einem Bombardement gewichtiger Briefe in den Verlag ein. Er empfiehlt sich,

aber nicht als Autor unter anderen Autoren. Gleich fällt er mit seiner Person in die Tür, und im Handumdrehen füllt er mit seinen Aktivitäten und Planungen das ganze Verlagshaus aus. Darin soll außer ihm nichts anderes Platz haben. 1981 will Janssen ausschließlich dem Huber-Verlag gehören. Mit einem nicht zu überbietenden Aufwand an appetiterregenden Zeichnungen verschreibt er sich für das kommende Jahr dem neuen Brotherrn und setzt sich damit schon wie selbstverständlich an die Stelle der renommierten Hauskünstler. Janssen über alles! Und so ist es kein Wunder, daß sein Selbstbildnis das ganze Vorhaben von Anfang an und in allen Teilen dominiert. Wo man hinschaut: Janssen und wieder Janssen. Die Briefe an Volker Huber sind eine großangelegte Selbstdemonstration.

Seine Gründe nennt er freimütig und setzt sie handschriftlich unter seine Zeichnung: „Nach dem Jahr der Pamphlete [...] will ich jetzt *mit* Ihnen mir ein Jahr der geheuchelten Demut, des Selbstverrats und des GELDES machen."[41] Das ist deutlich – fast überdeutlich. Das Ziel der Zusammenarbeit soll die Realisierung eines gemeinsamen Buchprojektes sein – abgekürzt: „Be Be",[42] von dem nichts zu verraten sich beide verpflichten wollen, was die neugegründete Freundschaft geheimnisvoll zusammenschweißt.

Wie sich schon bald herausstellt, heißt „Be Be = Bücherbuch oder ein Buch über alle Bücher, natürlich nicht das Buch der Bücher",[43] wie Janssen sein Vorhaben zu kommentieren nicht unterlassen kann. Offenbar handelt es sich um einen Großangriff auf den herrschenden Kunst- und Buchbetrieb. Aus gutem Grund spricht er sich freilich darüber nicht genauer mit dem Mann aus, den er gerade zu seinem eigenen Verleger machen will.

Der Preis, den Janssen für das gemeinsame Projekt bezahlen wird, sind extra für den Verlag anzufertigende Radierungen zum Thema „Don Quichotte". Janssen stellt nicht weniger als zwölf Kupferplatten in Aussicht, reduziert dann die Zahl realistischerweise auf fünf durchgearbeitete Platten, erhöht wieder auf sieben, läßt sich schließlich vom Verlag schon mal vorsorglich zwölf großformatige Kupfer zur Verfügung stellen, um am Ende zwei Platten fertig abzuliefern: Selbst als *Sancho Pansa*[44] und *Dulcinea*,[45] natürlich auch ein Selbst – zwei Platten, 55 x 45 cm, aus dem Zyklus „Don Q.", von dem Huber noch zehn Jahre später mitteilen läßt: „bisher nicht ausgeführt". Die Auflage sollte der Verlag selbst bestimmen, Janssen wollte alles – „versprochen!" – signieren.

Um erst gar keine Diskussion aufkommen zu lassen, gegen wen sich das Projekt im einzelnen richtet, nennt Janssen frühzeitig als Zielscheibe Willi Bongard.[46] Bongard gibt den in der Zeitschrift Capital veröffentlichten Kunstkompaß heraus, der über die hundert jeweils höchstdotierten Künstler Auskunft erteilt – eine Liste, auf der Janssen nie aufgetaucht ist. Das läßt seine Attacke glaubwürdig erscheinen und lenkt davon ab, daß sein Angriff generell auf die Vermarktung der Kunst zielt – darauf, daß „Kunst + Kommerz" heute eine „total verleimte Sache" sei.[47]

Das ist seine Strategie: Er bringt sich wie ein trojanisches Pferd in den Verlag Volker Huber ein. Mit reichlich Mitgift versehen, will er endlich auch dem Gott Mammon frönen, und weil er damit noch weiterreichende Ziele verbindet, ist seine Werbung über alle Maßen aufwendig. Tatsächlich kann sich Janssen in diesem Herbst 1980 ausrechnen, daß er über kurz oder lang Geld braucht – mehr Geld, als gewöhnlich in der Zusammenarbeit mit Frielinghaus oder Clément zu erwirtschaften wäre. Denn während er im Sommer an den großen Platten der *Nigromontanus*-Serie gearbeitet hatte, war die Steuerprüfung zu einer Visitation in sein Haus am Mühlenberger Weg gekommen. Janssen hatte seit Anfang der 70er Jahre keine Steuererklärung mehr abgegeben und mußte deshalb auf erhebliche Nachzahlungen gefaßt sein. Er brauchte also in naher Zukunft Geld, und wie es aussieht, wollte er sich auch nach einem „Stall"[48] für seine Kunst umsehen, der seinen Favoriten – den Zeichnungen – einen größeren Auslauf und auch finanziell mehr Erfolg bescherte. Dafür war Volker Huber durchaus die richtige Adresse. Janssen hatte allen Grund, ihn mit großartigen Versprechungen für sich zu gewinnen. Aber genauso klar war, daß Janssen mit seiner Person, wenn man ihn nur ließe, den ganzen Verlag vereinnahmen würde. Er strotzte nur so von Einfällen und entwickelte Ideen, wie die Radierungen zusammen mit den gezeichneten Entwürfen in einer Mappe zum Ruhme des Verlages zu präsentieren wären.[49] Dabei nimmt er mögliche Schwierigkeiten vorweg und zieht auch das Kleinste ins Kalkül. Er schreibt dem Verleger vor, wie ein Plakat zu drucken sei, und will sich nichts vormachen lassen: „Sie wissen, diesbezüglich habe ich das Gelände beackert." Den „5 Damen" im Haus – den Mitarbeiterinnen – zeigt er per gezeichneter Heftzwecke, an welcher Stelle die überlangen Briefe festzuheften und an den Wänden aufzuhängen seien. Er entwirft nebenbei für den Verlag ein neues Firmensignet. Er nennt Volker Huber abgekürzt Vau Ha und schreibt ihn in seinen immer mit der Öffentlichkeit kokettierenden Briefen auch so an. Er kerbt mit einer Schere die Briefe so ein, daß sich auch darin das neue Firmenzeichen wiederholt. Janssen überschüttet seinen Verleger förmlich mit Zukunftsplanungen. Deshalb ist auch schon das Format seiner Briefstremel übergroß – einfach verschwenderisch. Der ganze Verlag ist davon in Beschlag genommen – zum Jahreswechsel 1980 auf 1981.[50]

Nebenbei und als sei es ihm nur zufällig in seinem hitzigen Engagement für die gemeinsame Sache unterlaufen, teilt Janssen Seitenhiebe gegen Bruno Bruni und Horst Antes aus.[51] Seinem Freund Wunderlich möchte er vorschlagen, mit ihm zusammen und zum Vorteil des Verlegers eine „Doppel=Suite" zu gestalten, in der Paul den „fleischlichen", er selbst den „knöchernen" Part übernehmen könnten.[52] Janssen überschwemmt den Verlag mit seinen Vorstellungen und Avancen.

Was auf die Sturzflut von Gunstbeweisen, auf diese „quasi schon gelaufene Chose" folgt, sind dann in der allernächsten Zeit lauter Entschuldigungen, warum sich das Projekt im neuen Jahr verzögere. Obwohl es für alles längst Skizzen und Entwürfe gibt, stellt Janssen die Arbeit ein. Am Ende bleibt – außer den Briefen – von dem ungeheuren Aufwand, den er getrieben hat, nur die Kopie von Mademoiselle Lender nach Toulouse-Lautrec zur Veröffentlichung übrig.[53] Hier endlich reitet Janssen seine vollmundig und bilderreich heraufbeschworene Attacke gegen den Kunstmarkt ins Ziel. In einer Auflage von vier Varianten zu je 300 Exemplaren färbelt er auf dem Lichtdruck für Volker Huber nur die im Ausschnitt von Mademoiselle Lender sitzende Blume unterschiedlich ein. Der Markt führt sich selbst ad absurdum, freilich nicht ohne auch dieses Geschäft noch mitzunehmen.

Ansonsten sitzt Frank Thomas Gaulin aus dem Kunsthaus Lübeck am längeren Hebel. Er geht im Herbst 1981 unter dem Motto *Die Zeichnung im Buch* mit Dutzenden von Bucheinzeichnungen, sogenannten „Banausenrausreißblättern", und einem eigenen Stand auf den Kunstmarkt von Köln. Claus Clément gibt 1982 in Text und Bild Janssens Kritik an „Kunst und Kommerz" heraus. Das Buch trägt den Titel *Angeber ICKS* und erinnert noch in der Untertitelung an den ursprünglichen Plan: *Eine Quichoterie*. Der Offenbacher Verlag erhält letztendlich nur seine zwei Radierungen, und weil er die Taschenbuchausgabe der *Kopie* als Sonderausgabe veröffentlichen will, zeichnet ihm Janssen noch ein eindrucksvolles Rembrandt-Selbstbildnis auf den Buchdeckel.[54] Das ist es dann gewesen. Dafür hat sich Huber die vielen Hoffnungen gemacht. Dafür hat er sich stürmisch umwerben und Janssen bis in sein Herz vordringen lassen. Dafür hat er Schläge eingesteckt und in Kauf genommen, daß seine Hauskünstler eifersüchtig attackiert wurden. Sogar Drohungen und Beleidigungen hat er eingesteckt.[55]

Zum Lobe dieses von so stürmischer Umarmung gebeutelten Volker Huber ist zu sagen, daß er die hochgesteckten Erwartungen und unerfüllt gebliebenen Hoffnungen trotz alledem zu einem Buch gemacht hat, ohne sich auch nur mit einer einzigen Zeile zu verteidigen oder sonstwie abzuwiegeln. Volker

Huber hat dieses Beispiel einer auf seine Person zielenden Werbung unter dem Titel *Briefe an Vau-Ha* vollständig dokumentiert. Nur Janssen kann solche Freundschaften stiften!

Für das Selbstbildnis der 80er Jahre ist charakteristisch: Janssen möchte nicht nur mit seinen Bildern und seinem Namen, er will mit seiner ganzen Person in die Öffentlichkeit. Er möchte aus dem Versteck, das er sich mit seiner poetischen Zeichnerei geschaffen hat, heraustreten. Dazu soll ihm der Angriff auf den derzeitigen Kunstbetrieb den Weg bahnen. Im Attackieren seiner Feinde ist er noch immer über sich hinausgewachsen. Im heftigen Engagement zeigt er sich von seiner stärksten Seite. Aber er nennt sein Vorhaben auch *Eine Quichoterie* und spielt schon ironisch darauf an, daß alles womöglich vergebens ist.

Vorläufig sucht er jedoch die Nähe zum Gegner und bandelt mit Volker Huber an. In seinen Briefen ist Janssen nicht zu bremsen. Unbeirrt rückt er mit seiner Person ins Zentrum einer Aktion, die ganz allein er selbst entfesseln will. Auch das überlange Format seiner „Bild-Briefe"[56] und die Verbindung von Schreiben und Zeichnen demonstrieren das neue Selbstverständnis. Für sein Porträt findet er in der moritatenhaften Aneinanderreihung sprechender Einzelzüge sogar eine plakative und ins Große greifende Form. Als er aber das Projekt verwirklichen und aus dem Schatten seiner selbst in die offene Schlacht hinaustreten soll, da beschleicht ihn Angst. Was am Ende wie leere Versprechen aussieht, ist auch ein gescheiterter Plan. Sich die ganze Kunstwelt zum Feind zu machen, hieße nicht nur gegen Windmühlenflügel anzurennen, sondern das Risiko zu laufen, überhaupt die Kontrolle zu verlieren. Janssen muß immer alle Fäden in der Hand behalten. Aber dieses Experiment droht aus dem Ruder zu laufen. Er bricht es ab.

Das Buch und nicht die Aktion, nicht der ungeschützte Schlagabtausch mit einer kaum ausrechenbaren Öffentlichkeit wird die Lösung sein. Das Janssen-Buch nimmt in den 80er Jahren zwar eine andere Gestalt an als bisher. Aber wie er sich auch mit seiner Person darstellen und welches Format er sich geben will – es wird zwischen die Deckel eines Buches passen. Auf das Buch und einen eigenen Verlag läuft es hinaus. Im Gegensatz zu einem Künstler wie Beuys, der sich der Aktion verschrieben hat.

Diesem Beuys hat Janssen bei seinem Tod im Januar 1986 einen Nachruf gewidmet, der ein früheres Urteil korrigiert. Dieser Nachruf ist eigentlich ein verstecktes Selbstbildnis – ein Bildnis, das mehr über Janssen als über Beuys sagt:

> Vor Jahren hatte ich mich in einem meiner übermütigen Pamphlete ziemlich ungezogen und ungerecht über Joseph Beuys ausgelassen, und erst zwei Jahre danach, und erst als mich der massenhafte Beifall von der falschen Seite helle machte, habe ich mich korrigiert. Ich wiederhole mich und mache es kurz und plakativ: Beuys war ein Künstler von seltsamer Nervosität. Hochgradig angestrengt, total nackt in seinem Engagement und ungeschützt. Sowohl die »Weggenossen« (die sich schon am selben Abend im Fernsehen um seinen Hut stritten) als auch der aufs Originelle abhebende Journalismus haben sich einen Beuys aufgebaut, den es gar nicht gab. Ob ihm dies bewußt war, bleibt die Frage. Jedenfalls fehlte ihm auf tragische Weise die notwendige »spezielle« Intellektualität, um der marktgerechten Ausweidung seines reinen Herzens etwas entgegenzusetzen. Ich meine, es fehlte ihm zeitlebens sowohl ein wirklich ihm gemäßes Forum als auch der Freund. Und so mußte er, um überhaupt Gehör, beziehungsweise Gesicht zu finden, sich auf den Jahrmarkt hetzen lassen.[57]

Der Nachruf ist ein getreuer Spiegel aller Ängste, die nicht Beuys, sondern Janssen in diesen 80er Jahren geplagt haben. Er wollte den öffentlichen Streit, aber seine bis ins Unerträgliche gesteigerte Befürchtung war, wehrlos auf den „Jahrmarkt" gezerrt zu werden. Er, der mit seiner Person immer ganz vorn an der Rampe agierte und mit seinen Selbstbildnissen mehr als jeder andere von sich preisgab, er brauchte Schutz und Rückhalt. Dazu gehörte sein Blankeneser Refugium, seine einzigartige, nur von ihm zu solcher Meisterschaft gesteigerte Zeichenkunst, dazu gehörte der befreiende Umgang mit seinesgleichen in der neu auszulegenden *Kopie*, und es gehörte das Buch dazu, das immer mehrere Seiten zugleich von ihm zu zeigen und andere zu überblättern erlaubt.

Alle Ausbrüche, die sich Janssen trotzdem auch weiterhin leisten wollte, waren an das Buch zurückgebunden. Auch die Selbstbildnisse, die schon im Titel die Auflösung zum Thema haben – die *Paranoia*-Bildnisse orientieren sich daran zurück. Aus der *Paranoia*-Folge wird schließlich – wie von Anfang an geplant – ein Buch.[58] Janssen kann nicht anders: Er muß von sich ausgehen. Und wollte er die ganze Welt aus den Angeln heben, er fängt bei sich an: *Paranoia*.
Das bedeutet nicht, daß er sich in den geschützten Hafen der Innerlichkeit zurückzog und im Elfenbeinturm vor sich hin pusselte. Im Gegenteil – *Paranoia* spiegelt eine vom Overkill bedrohte und an den Rand des Abgrunds geratene Zeit wider. Für Janssen ist es eine Frage der Authentizität und der

künstlerischen Mittel, auch auf der letzten Stufe des Kalten Krieges bei sich zu beginnen und sich selbst zum Spiegel des eskalierenden Wahnsinns zu machen. Damit das nicht nur und womöglich nachträglich aus seinem Gesicht herauszulesen wäre, hat er den apokalyptischen Schrecken auch ins Zentrum seiner Schreiberei gerückt – rücken müssen. Denn in den hellsichtigeren Köpfen brannte es damals – Anfang der 80er Jahre – lichterloh. Die Katastrophe war zum Greifen nahe. Die Hochrüstung sollte noch durch einen Krieg der Sterne überboten werden. Bis es 1989 zur Auflösung des Ostblocks und 1991 zum Zerfall der Sowjetunion kam, herrschte im alten Europa Endzeitstimmung. Janssen schrieb dazu 1983: *Das Pfänderspiel* und *Wenn es denn sein muß, laßt uns doch sterben. Brief an Marion Gräfin Dönhoff.*
Seine Öffnung für die Tagespolitik war durch den atomaren Alptraum erzwungen, der den Kopf förmlich zum Platzen brachte. Aber es waren auch handwerkliche Entdeckungen und motivische Neuerungen, die ihm den Weg gebahnt haben. Nicht nur im bildlichen Sinne gelang ihm 1980 in der tiefer geätzten Radierung ein Durchbruch: Ein Vogel schießt ihm aus der Fontanelle – direkt aus dem Hirn. Am 14. Juli ist es ein Adler;[59] im August und November und später wird es ein Hahn sein[60] – der Hahn, der dreimal kräht, bevor das Unheil hereinbricht. „Im Jahr des Hahns."
Im Bild des die Schädeldecke sprengenden Vogels vollzieht sich eine Weiterung, die für das Selbstbildnis der 80er Jahre größte Folgen haben wird. Seit dem Munch-Triptychon[61] hält den zum Bersten gespannten Janssen-Schädel nichts mehr zusammen. Er scheint zu zerspringen, aus den Nähten zu platzen und gebiert wie in einem Spiegel seinen doppelgängerischen Totenkopf. Es ist dieses über seine eigenen Grenzen hinausgetriebene Selbst, das Janssen zum Schauplatz all der Zerstörungen machen wird, die ihn von innen und außen bedrohen – sei es in der überdrehten Todesspirale des Wettrüstens oder mit den vor seinem inneren Auge aufsteigenden Horrorvisionen des von Gammastrahlen entstellten Lebens. Die Welt ist in Auflösung begriffen, und Janssen ist es auch. Wenn ihn überhaupt noch irgendetwas zusammenhalten kann, dann ist es das gezeichnete Selbst: „ich als Fratze GEGEN die Welt".[62]
Das Munch-Triptychon ist nicht mehr Maskerade und Seelendrama, nicht mehr Mienenspiel und Psychologie wie noch in den 70er Jahren. Es ist visionäre Entgrenzung des Ich und Zerrspiegel der in ihrem Fortbestand gefährdeten Menschheit. *Zwischenbilanz*[63] heißt eine Bildcollage vom 31. März 1981: Janssen in der Zerreißprobe. Auf einem Selbstbildnis vom 28. Oktober 1981 werden ihm zwei Skelette aus den Schläfen sprießen.[64] Sie schlagen ihr Hohngelächter auf über den vor Zorn blutrot unterlaufenen Augen. Solche Blätter

Unter der Oberfläche, kolorierte Radierung 31. 10. 1982 (36 x 29,4 cm)

deuten auf die *Paranoia*-Serie voraus, die im Frühsommer 1982 entsteht und die Janssen mit den Worten einleitet: „Mutwillig geboren, sinnlos glücklich gelebt, um in maßloser Wut zu sterben."[65]

Das gleiche Entsetzen und die gleiche Wut, die ihm ins Gesicht geschrieben stehen, schreibt er sich auch in apokalyptischen Szenarien von der Seele. Er schreibt und zeichnet von zwei Seiten gegen die Katastrophe an. Schreiben und Zeichnen sind zwei Wege, um zu überleben. In dieser Phase der Überhitzung geht es auch darum, sich diese Wege frei zu halten – sie nicht durch Fehler zu verstopfen. Solche Fehler wären, die Zeichnung zu literarisch zu machen oder aber allzu ausmalend zu schreiben. Janssen grenzt sich deshalb in seinem eigenen Begleittext zu den *Paranoia*-Blättern auch gegen eine realistische Lesart ab. Er nennt sie *nature morte* – Stilleben, obwohl es darin ganz und gar nicht „still" ist. Er will aus ihnen Geschichten heraushalten, die sich so, wie es den Anschein hat, nicht zugetragen haben, Geschichten, die bloß von innerseelischen Nöten und psychologischen Bedrängnissen erzählen. Die *Paranoia*-Zeichnungen sind weit entfernt von den Introspektionen der 70er Jahre. Sie sind Arrangements aus Wut, Verzweiflung und Häme. „Ich lege mir also beim Selbstbildnis die ›Sache‹ im Spiegel zurecht – just so, wie ich mir ein Stilleben ordne."[66] Solche ins Kalkül gezogenen Herrichtungen der eigenen „Visage" sind die Antwort auf eine aus den Fugen geratene Zeit.

Janssen ist nie so „außer sich" gewesen wie in diesen Jahren, als die Supermächte im gegenseitigen Rüstungswettlauf Mitteleuropa zur Geisel machten und auf jeden Kopf der Bevölkerung eine atomare Sprengkraft unvorstellbaren Ausmaßes versammelten. Mit einer Fülle von Gesichtern – jedes Bild ein Menetekel – kommt Janssen über uns: *Paranoia* – Visionen von Verfall und Tod. Es sind bis an den Rand der Selbstauflösung getriebene Exkursionen ins Totenreich. In kräftigen Farben tobt sich vor schwarzem Hintergrund das Pastell aus. Die Janssen-Vignette ist kompositorisch einbezogen und bläht sich zum Lichtblitz oder zum Segel auf. Wenn es für diesen mitten im alten Europa grell-giftige Blüten treibenden Irrsinn überhaupt eine Aussicht gibt, dann scheint sie ehestens noch aus dem Reich der aufgehenden Sonne zu winken.[67]

Janssen hat die Ästhetik für die *Paranoia*-Blätter aus der Radierung heraus entwickelt – weniger aus der *Ergo*-Mappe,[68] die eher eine konventionell gebändigte Fingerübung zu Anfang des großen Radierjahrs 1980 darstellt, als vielmehr aus solchen tiefgeätzten Platten, wie er sie im Sommer für Løska

Paranoia. Selbst mit Geisha, Zeichnung 13. 7. 1982. Pastell (46 x 39 cm)

Ich sterbe nicht – ich BIN der Tod, Radierung 6. 12. 1981 (35,8 x 24,6 cm)

Smith-Hald machte.[69] 1981 folgten mehrere radierte Selbstbildnisse, die mit fast einem Dutzend Motiven eine eigene Reihe bilden, wenn sie auch nicht unter den Suiten im engeren Sinne geführt werden. Darunter ist eine Radierung, die schon im Titel das Thema auf den Punkt bringt: *Ich sterbe nicht – ich BIN der Tod*.[70] Sie zeigt uns einen doppel- und janusgesichtigen Janssen. Die Gegensätze von Fleisch und Knochen, von zerwühlten Innereien und hartem Schläfenbein sind wie in einem Zug niedergeschrieben. In dem Wutgelächter, das Janssen da über die ganze Epoche aufschlägt, mischen sich Hohn und Haß: ein Non plus ultra in der Kunst des Radierens.

Janssen ätzte in dieser Zeit – vor und nach *Paranoia* – viele meisterliche Selbstbildnisse in die Platte: für die Griffelkunst-Vereinigung, *Magdalenengrüße* für Brockstedt[71] oder auch nur zu dem Zweck, seine eigenen Bücher zu sponsern und damit der „Rubel" rollt. *Berlu* heißt das Anagramm dafür.[72]

Als er im Februar 1983 wieder zu aquarellieren anfing, stellte er sich eine neue Aufgabe. Die Zeichnung ist betont sparsam und physiognomisch eher treffend wie auf den Selbstbildnissen, die er genau ein Jahr früher für die Kunstmesse in Basel gemacht hatte: „for Japanese only".[73] Im Vergleich zu *Paranoia* scheint es ein Rückschritt zu sein. Aber es ging Janssen um eine neue Dimension des Malerischen: um die Transparenz der Töne und die gegenüber dem Strich sich frei artikulierende Farbe.[74] Als er am Ende der Serie ganz auf die Zeichnung verzichten wollte und dem konturierenden Pinsel mehr Deckweiß beimischte, schien ihm dieser Weg so verfehlt, daß er eines der letzten Blätter in einzelne Teile zerriß. Die Schnipsel legte er in einer Schublade ab, aus der er sie später wieder hervorkramte und mir zur Restaurierung überließ. Mit dem zusammengeklebten und unter Pappen geglätteten Resultat[75] kehrte ich in den Mühlenberger Weg zurück. Kaum hatte Janssen das auf einem Karton provisorisch befestigte Blatt wiedererkannt, als er aus seinem Stuhl und von jenseits des Tisches hervorgeschossen kam, um sich hocherfreut zu überzeugen: „Ich kann ja malen!"

Mit Glasnost und Peristroika schwächte sich seit 1985 die unmittelbare Gefahr für Europa ab. Unter dem Banner von SDI wurde zwar für einen „Krieg der Sterne" weiter gerüstet, und auch die Durchsetzung des Nato-Doppelbeschlusses schürte noch einmal das Mißtrauen. Aber der Friede schien nicht länger nur von der Einsichtsfähigkeit der Politiker abzuhängen. Das instabile Gleichgewicht des Schreckens entspannte sich. Janssen, der nie in seinem Leben so alarmiert und außer sich gewesen war, kehrte gleichsam zu sich zurück. Langsam begann sich die Welt wieder um ihn zu drehen. Die ab April 1985 in Angriff genommenen Selbstbildnisse scheinen nur um ihn zu kreisen – um den in die Bildmitte gerückten Mund, den er mal zum Kuß- und Schmusemund volllippig aufbläht und mal verquält so halboffen stehen läßt, daß die angefaulten Zahnstummel zum Vorschein kommen. *früh-Stücke I–VI* nennt er einige Blätter aus dieser Reihe,[76] die, wenn auch durch umwerfende Komik gemildert, betont unappetitlich sind. Er sieht sich selbst drastisch von unterhalb des Kinns, aus der Perspektive der machtvoll ausladenden Halswamme. Gewöhnlich verdeckte Janssen seine sich kropfartig vorwölbende Halswulst durch einen gegen die Kleiderordnung spitz nach oben gestellten

Hemdkragen. Er wollte den Anblick wabernden Fleisches gemildert wissen. Diesmal hielt er mit dem Zeichenstift „voll drauf". Wie über einem wuchtigen Postament quillt aus dem offenen Kragen sein Schädel hervor und konzentriert sich so um das bewegliche Mundwerk, daß die Augen an den Rand der Szene gequetscht sind. In den dramatisch überdrehten Stücken zerschneidet der Brillenbügel die Iris, und durch die Verspiegelung des Glases sieht es aus, als würden beide Pupillen in einem einzigen Auge implodieren.[77] Unter dem Titel *Der ungezogene Junge*[78] wird Janssen im Oktober 1985 dieses Thema wieder aufnehmen und sich selbst gleichsam in der Doppelrolle des einäugigen Polyphem und des verschlagenen Odysseus malen.

Die Selbstbildnisse aus dem Frühjahr 1985 zeichnen sich durch einen fest zupackenden Strich aus, der in raumgreifenden Kurvaturen das Gesicht in seine Falten zerlegt. Dieser vollplastische Strich scheint von Mantegna inspiriert.[79] Gerade damals war als das am teuersten gehandelte Bild ein Gemälde von Andrea Mantegna durch alle Zeitungen gegangen. Die Trägheit des Auges nannte Janssen dieses Festhalten an einmal gefaßten Eindrücken, wenn es in diesem Fall auch eher so aussieht, als sei von dort aus ein echter Anstoß erfolgt. Die freskohafte Behandlung des Malgrundes unterstreicht den tragikomischen Ausdruck. Als pikte ihn „etwas" ins Hirn, verdreht Janssen vielsagend den Augapfel nach oben. Es ist aber nur die aufgetrocknete Farbspur einer Heftzwecke, wie in der Abbildung auf dem Buchumschlag zu sehen.

Die bedrängende Körperlichkeit dieser Gesichter ist unmittelbar aus dem Papierton oder der Grundierung herausgearbeitet. Das volumenschaffende Pastell wird er im Herbst 1985 ersetzen und an seiner Stelle in den für Paris entstehenden Bildnissen das Aquarell zur Meisterschaft führen. Was ihm vorschwebte, war das englische Aquarell mit seinen an- und abschwellenden Tönen und zarten Transparenzen. Er wollte das pulsierende Leben in sein Gesicht zurückbringen. Die Erschütterungen der *Paranoia*-Zeit lagen hinter ihm. Für die Galerie Berggruen sind auf diese Weise einige in der Zeichnung sparsame, aber in den Aquarelltönen um so reicher abgestufte Selbstbildnisse entstanden.[80]

In Vorbereitung für die Pariser Ausstellung vom April 1986 und im Briefwechsel mit Antoine Mendiharat begann auch die lange Reihe der mit der Feder locker vorgezeichneten und nur den zentralen Gesichtsausschnitt in den Blick rückenden Selbstbildnisse, die sich bis zum Ende des Jahrzehnts in unregelmäßiger Folge hinzog.[81] Diese Divertimenti scheinen nicht so groß angelegt und nicht so reich instrumentiert, aber es sind im kleinen Format versammelte, intime Gesichtslandschaften, in denen Licht und Schatten ihr

Ekel-Tag, Zeichnung 15. 4. 1989. Feder und Aquarell (32 x 20,7 cm)

aquarelliges Spiel treiben. In diesen wie auch in allen anderen Selbstbildnissen ist etwas Gesehenes – ein besonders genau beobachteter Zug, der die Landschaft, die wir längst zu kennen meinen, noch um weitere Entdeckungen reicher macht.

> Auf dieser Wanderung vergißt der Zeichner, daß ER es ist, der da aus dem Spiegel kuckt bzw. in diesem seltsamen Phänomen Spiegel »drin« ist. Kurzum: ich gehe an oder in mir spazieren und identifiziere mich NICHT mit der Gegend, in der ich spaziere.[82]

Hier liegt überhaupt das Geheimnis, das das Selbstbildnis für Janssen zu einem unerschöpflichen Thema werden läßt. Denn so viele Gesichter, wie er von sich gezeichnet hat, besitzt kein Mensch. Jeder andere hätte längst sein Gesicht verloren, wie es im Sprachgebrauch heißt: Man würde ihm nicht mehr trauen. Aber Janssen verfolgt und erforscht sein Mienenspiel, ohne daß er dafür in einen Spiegel schauen müßte, und immer wieder birgt er aus der Fülle der Gesichter einen Einzelzug, eine Schiefstellung des Mundes oder einen wäßrig unterlaufenen Augapfel, den er solange mit Feder und Tusche umwirbt, bis er ihn als gezeichnete Momentaufnahme dem Gedächtnis eingeschrieben hat.
Vor aller Virtuosität ist es diese ins einzelne gehende Beobachtung, die das Selbstbildnis für Janssen zu einer sein Leben in allen Phasen ergründenden Beschäftigung macht. Es gibt für dieses forschende Sehen eigentlich nur ein Vorbild: Rembrandt. Bis Janssen aber zu dem letzten Gesicht vorgedrungen ist, zu dem Alles-gesehen-haben, wird er sich noch einmal auf ein Feld hinauswagen, auf dem ihm auch der große Niederländer nicht vorausgegangen ist.

Als er in den *Briefen an Johannes* seine Autobiographie fortsetzte und sich an Exzesse des Alkohols, der blindwütigen Raserei, der Fluchten in Panik und Amoklauf erinnerte, machte Janssen 1989 den Wahnsinn zum Thema. Es sind solche Bildnisse, auf denen er sich mit wildfuchtelnden Händen und wie von Sinnen ins Gesicht greift.[83] Diese Selbstbildnisse stellen eine Reihe dar, und es wäre nicht Janssen, wenn er nicht auch dieses Phänomen – das explodierende Hirn – von allen Seiten ausgeleuchtet hätte: als idiotische Verzückung und seligmachenden Irrsinn, als Ausbruch in Raserei, als Aus- und Abkotzen, als einen grauenhaften letzten Kehraus, der das Innerste nach außen stülpt.
Das Bildnis, für das Janssen den sprechenden Titel *Kreisch*[84] gefunden hat,

Kreisch, Zeichnung 19. 7. 1989. Feder und Aquarell (31,4 x 20,4 cm)

ist das wohl packendste Beispiel dafür, wie sich das Gesicht in einer einzigen, irrwitzig übersteigerten Geste verzehrt. Es zeigt aber auch, wie ästhetisch gebändigt selbst dieser Wahnsinnsausbruch von Janssen vorgetragen wird. Seine Kunst beherrscht noch die grellsten Verzerrungen. Er muß sich während der Niederschrift nicht selbst zum Experimentierfeld von Erfahrungen machen, die dann den Eindruck von Authentizität erwecken sollen. Keine écriture automatique führt dem späten Janssen die Hand, sondern eine über Jahre erworbene gestalterische Überlegenheit und die „Souveränität des Handwerks".[85]

Janssen ist inzwischen 60 Jahre alt geworden. Die Erkundung seiner selbst hat alle Stadien eines Menschenlebens durchlaufen. Er hat mehr von sich gesehen und sichtbar gemacht als jeder andere. Nacktheit ist eine Bühne, auf der sich die wenigsten länger halten können. Der seelische Striptease reicht allein nicht aus. Um mit seinen vielen Selbstentblößungen nicht irgendwann peinlich anzustoßen, muß Janssen auch ein geborener Schauspieler sein, einer, der hinter dem Spiel die existentielle Nötigung nicht verbergen kann, dem die Verwandlung zum Lebenselexier geworden ist, einer, der immer wird und nicht einfach ist – der scheinen muß, um zu werden.
Das Aus-der-Haut-fahren ist bei ihm Struktur. Erregbarkeit und Verführbarkeit machen jeden leicht zum Opfer – Janssen nicht. Längst hat er seine Affekte zu Instrumenten der Wahrnehmung umgebogen. Sobald er in die Haut eines anderen schlüpft, läßt er sich auch von ihm führen – dorthin führen, wohin er allein nicht gefunden hätte. Sich mit anderen Augen sehen – er hat es fortentwickelt bis zu dem Punkt, wo er sich mit den Augen der anderen sehen kann: als widerlichen Exzentriker, als selbstherrlichen Wüterich, als geprügelten Hund und als was nicht alles. Dabei füllt er jedesmal seine Rolle restlos aus. Er kann sie sogar nach Belieben vergessen machen. Alle seine Tierdarstellungen sind Selbstbildnisse.[86] Aber wer denkt daran? Wir folgen der Maus, dem Vogel, dem Findel in den Tod? Wir beißen und balgen uns um den Knochen und erschrecken erst, wenn es um uns geschehen ist – wenn uns Janssen – „er nun wieder" – aus dem Hunde- oder Hasengesicht oder einem wimpernlosen Insektenauge anblickt. Daß sich Menschen in Tieren gespiegelt finden, ist eine alte Geschichte. Aber wieviel Tier hält der Mensch aus? Janssen, der sich in der ganzen Tierwelt wie unter seinesgleichen bewegt, wird uns diese Frage nicht beantworten. Aber wie in dem Märchen von Hase und Igel tönt er uns von überallher entgegen: „Ick bin all wedder dor." Die heimlichen Selbstbildnisse sind uns die unheimlichsten.

Identität als Prinzip oder aus Prinzip – Janssen hat es ad absurdum geführt. Mit Vorliebe sprach er von „sich und seinesgleichen". Es klang immer so, als suchte er Rückhalt bei einer Elite und als wollte er die große Masse ihrem eigenen Unverständnis überlassen. Dabei hat Janssen seinesgleichen gesucht – leidenschaftlich gesucht, und wer wollte bestreiten, daß er dabei fündig und mehr als fündig geworden ist. Alle Welt hat er zu seinesgleichen gemacht, er hat sich – mit seinen Worten – „auf das Niveau der Leute runtergesoffen". Gerade in ihren niedrigsten Regungen und bösartigsten Ausfällen hat er sich als ihresgleichen gefühlt. Nichts ist ihm fremd geblieben. Noch mit jedem hat er sich gemein gemacht: mit den Dummen gegen die Schlauen und mit den Schlauen gegen die Dummen.[87] Gegen dieselbe Welt hat er sich aber auch zur Wehr gesetzt und sich und seinesgleichen ins Feld geführt. Während die „Avantgarden" holterdipolter an ihm vorbeizogen, hat er das Bündnis mit den Großen seines Metiers gesucht, ohne sich je hinter einem Callot, Guardi oder einem Caspar David Friedrich zu verstecken. So manchen Streich hat er mit ihrer Hand geführt. Doch alle Streiche, die er je begangen hat, tragen unverkennbar seine Handschrift.

Das Ich – von den Propheten der Identität als transzendentale Einheit der Person oder auch bloß als lebenskluge Selbstbeschränkung gepredigt –, dieses Ich wäre ihm Gefängnis gewesen; ein Gefängnis, das er früh genug kennengelernt hat, um ihm rechtzeitig entgehen zu können. Er wußte, was das Gefängnis ist und brauchte es nicht extra herbeizureden. Der Tod des Individuums, Gesichtslosigkeit und Selbstentfremdung – auch in das Lamento der negativen Utopisten hat Janssen für seine Person nicht eingestimmt. Weder begab er sich in die Obhut einer Manier oder einer die Karriere ordnenden Stilistik, noch erhob er die Treue zu sich selbst oder die heroische Suche nach der eigenen Identität zum Programm. Die oft beschworene Einheit der Person – Janssen hat sie gleichsam abgetreten an die vielen Hände, die an seinem zeichnerischen Lebenswerk mitgeschaffen haben. Das Gesicht zu verlieren war für ihn nie ein Problem.

Auf seine Selbstliebe konnte er sich im Notfall immer verlassen. Da solche Notfälle die Regel waren, mußte er aus seiner Selbstliebe eigens ein Kunstwerk machen. Er baute sie sorgsam auf und schützte sie vor Übergriffen. Auch dann konnte er ihr nicht befehlen. Aber er entwickelte Strategien der „Welt-Wut" und eines ins Maßlose gesteigerten Hasses auf die „Allgemeinheit", nur um sich etwas Gutes zu tun und sich gegen die Übermacht niederziehenden Mittelmaßes zu behaupten. Sich selbst lieben – auch das konnte er besser als andere.

Was früher wie eine Marotte aussah, wurde ihm im Alter zum Bedürfnis: Alles sollte seine Handschrift tragen. Wie Beuys hat er signiert, was durch keine Signatur anzuzeigen gewesen wäre: Autos, Häuser, IC-Schnellzüge. Immer schon hat er mit der Hand geschrieben. Nun wurden ganze Texte vollständig von Hand ausgeschrieben. Janssen lesen heißt deshalb mehr als bei jedem anderen Autor: sich mit seiner Handschrift vertraut machen – ja, sich in seine Hand begeben. Schreiben und Einverleiben – beides zog sich ihm zu ein und derselben körperlichen Geste zusammen. Den Namen der Geliebten, wenigstens ihren Anfangsbuchstaben – wer hat ihn mit eben solcher Hingabe in seine Bilder, in seine Welt verschlungen! G wie Gesche, B wie Birgit, V wie Viola, K wie Kerstin. Janssen hat sich Herzen erschrieben. Deshalb war es für ihn naheliegend, sich nach der Hornhautverätzung im Mai 1990 auch förmlich ins Leben zurückzuschreiben und aus Nacht und Blindheit mit eigener Hand – per Schrift – wieder in die Welt zurückzukehren.[88] Je älter er wurde, desto mehr ist die Handschrift für ihn zu einer Art physiognomischen Lebenszeichen geworden.

Das Handschriftliche hatte inzwischen für ihn eine solche Bedeutung gewonnen, daß sich das Eigene und das Fremde darin zwanglos zusammenfanden. Natur und Geschichte – alles wollte in *einem* Zug hingeschrieben sein. Hans Holländer drückte es einmal so aus: „In der Schreibweise Janssens werden die kalligraphischen Linienbündel von Botticelli, Bellange, Callot und Dalí einander ähnlich, immer noch wiedererkennbar und durch die gekonnt nachgeahmte Signatur etwas anderes, aber alles ist nun Janssen. Er hat sie alle mimetisch verdaut, ein zeichensüchtiger Moloch, ein Vampir der Kunstgeschichte […]."[89] Vielleicht ist das Bild etwas blutrünstig, aber es will richtig sagen, daß nicht mehr Nachahmung oder Spiegelung das Ziel ist, sondern physiognomische Anverwandlung. Die in die eigene Hand überführte Kunstgeschichte ist unmittelbar Lebensvollzug geworden. Nirgends wird es so deutlich wie in den Selbstbildnissen, die der späte Janssen nach Rembrandt machte.

Es sind am Ende drei Blätter gewesen, die er sich besonders für New York aufgehoben hat – für seine Ausstellung bei Claude Bernard. Die Selbstbildnisse, die er auf der Wende 1989/90 sonst noch für Amerika machte, zeigen ihn zwar entschieden bedeutend. Aber die Herzstücke dieser späten Beschäftigung mit sich selbst sind nach Rembrandt gearbeitet, ohne doch *Kopien* im Sinne der 70er Jahre zu sein.[90]

Rembrandt war schon lange ein Thema gewesen. Wie wir erinnern, ist Janssen mit der Nase darauf gestoßen worden, als sich in den 60er Jahren seine frühen Selbstbildnisse zu einer gewichtigen Reihe entwickelten. Janssen – der neue

Nach Rembrandt, Zeichnung 4. 9. 1981. Feder und Aquarell (23,5 x 20 cm)

Rembrandt, so der Tenor der Zeitungen, die ihn seinerzeit hochlobten. Den Ball hatte er rasch aufgefangen und zurückgespielt. Heftig wehrte er sich gegen den Vergleich und die anmaßende, ihn verpflichtende Etikettierung. Gleichwohl hat er sich für die Griffelkunst-Vereinigung 1966 à la Rembrandt in Sepia auf Stein gezeichnet.[91] Damals gab er einen Vorgeschmack, den er erst anderthalb Jahrzehnte später richtig befriedigen sollte. Im Rahmen der *Evelyn*-Suite radierte er drei Bildnisse von Rembrandt und sich selbst im Wechsel.[92] Wie in einer schon 1977 entstandenen *Kopie* nach Rembrandt[93] sind es Korrespondenzen mit dem Niederländer, die auf die mittleren Jahre und den Lebenszyklus überhaupt anspielen. Allem Anschein nach wollte er sich Rembrandt für das Alter vorbehalten.

Die gewandelte, neue Art von *Kopie* bereitete er dann 1981 mit einer aquarellierten Federzeichnung vor. Es geht nicht mehr darum, in den Ähnlichkeiten so treffend wie möglich oder noch deutlicher als die Vorlage zu sein. Die Ähnlichkeit ist gleichsam hinter die Szene verlegt. Wie aus dem Vergleich mit einer in demselben Jahr entstandenen *Kopie* hervorgeht, bezieht sich Janssen offenbar auf ein Rembrandt-Bildnis von 1661. Die *Kopie*, die er am 4. September 1981[94] mit Feder und Tusche auf einem ausgerissenen Stück Papier anfertigt, ist weder Rembrandt noch Janssen. Sie liegt dazwischen – in ihrer beider Erfahrung von Leben und Alter. Diese Gemeinsamkeit spiegelt sich in den Augen wider. Sie ist im Blick aufgehoben – in einem Blick, der alles sagt und sowohl Rembrandt wie Janssen gehört. An Einzelheiten wie dem Schnitt der Augen oder der Stellung der Pupillen ist das Verbindende nicht mehr festzumachen, wohl aber daran, wie sich aus dem handschriftlichen Duktus der Zeichnung und aus der Tiefe physiognomischen Wissens eine die Zeiten überbrückende Sympathie herstellt.[95] Wie selbstverständlich schreiben wir deshalb auch das sich in einer Träne entleerende Auge, das wir von Janssen kennen, dem alten Rembrandt zu.

Wenn Janssen in die Maske Rembrandts sich mählich hineinsickern läßt, dann verformt sich Rembrandt nur wenig, denn immer ist bei diesen Prozeduren Behutsamkeit geboten, aber am Ende hat Rembrandt die Merkmale Janssens und dieser das Aussehen Rembrandts.[96]

Diese sehr treffend formulierte Beobachtung leitet zu den späten Selbstbildnissen von 1989/90 über.[97] Ja – sie sind damit beschrieben. Janssen ist Rembrandt, ohne auch nur einen Augenblick lang aufzuhören, Janssen zu sein. Das eine Gesicht tritt aus dem anderen hervor und dieses wieder hinter jenem

Selbst, Zeichnung 1989. Feder, Aquarell und Deckfarben (42,5 x 31,5 cm)

zurück. Wie bei dem späten Rembrandt wird in der Tiefenstaffelung mehrerer Gesichter das Sehen selbst zum Thema, jenes fast schon blicklos erinnernde Sehen, das mehr als alles gesehen hat; ein Sehen, das das Leben eher hinter als vor sich hat. Dieses Gesicht ist das in ein Gefleckerl von Deckweiß getauchte Schlachtfeld des Lebens, und es ist die in eine wohltuende, balsamische Kühle entrückte Schattenwelt. Es ist das doppelte Gesicht – jenes, das wir nach außen kehren und allen zeigen, und das andere, das vielleicht einzige Gesicht, das jeder nur selbst hat – von seinem Tod.

Damit wäre die lange Reihe von Selbstbildnissen im Janssen-Œuvre an ein Ende gelangt. Freilich – das Leben hält sich an keine Planung, und so kommt es dem Tod durch die Erfahrung des Todes immer wieder zuvor, aber nicht wie wir es uns vorstellen, sondern wie es sich ganz und gar unverhofft ereignet. Janssen stürzte 1990 mit dem brüchigen Boden seines Balkons in die Tiefe und zog sich eine Hornhautverätzung zu. Er kämpfte um sein Augenlicht noch einmal wie um sein Leben. Notgedrungen drehte sich in den Selbstbildnissen, die auf den Unfall folgten, alles um die Augen. Er radierte ein großformatiges Blatt: Auge an Auge, reihen- und zeilenweise Augen, und keines gleicht dem anderen.[98]
Solch ein Auge setzte er überlebensgroß einem Vogel in den Kopf,[99] der sich mit heftigem Flügelschlagen in die Luft erheben will: „Ich kann wieder fliegen." Das soll heißen: Er kann endlich wieder sehen und arbeiten. Er ist ins Leben zurückgekehrt. Nachdem er das Motiv vielfach variiert, in größeren Plakatentwürfen aber unerledigt liegengelassen hatte, griff er es für die Umschlagzeichnung wieder auf, die er mir für die erweiterte Neuauflage meiner Janssen-Biographie am 28. Februar 1993 machte: *Selbst erweitert*.[100]
Das wie im Todeskampf verzweifelt zuckende Gefieder geht in die Wandung des Schädels über und wird eins mit dem nach hinten fliehenden Schläfenbein. Von oben und durch die blinde Augenhöhle blicken wir in den Totenkopf hinein, dessen andere Hälfte Janssen ist – unverkennbar der sich in Wut und Schmerz auflösende Janssen. Es ist ein spätes und mit ruppigem Pastell auf das bleiche Papier „hingeschrubbte" Selbstbildnis und dem Ende sehr nah. Nach seiner Ansicht: motivisch, wenn auch nicht kalendarisch, sein letztes.
Eine neue Reihe von Selbstbildnissen hat er nicht mehr begonnen, und er hatte es auch nicht vor. Er war mit dem Thema – eigentlich dem Thema seines Lebens – fertig, was nicht heißt, daß er nicht noch zu einzelnen, sehr eindrucksvollen Bildnissen gefunden hätte.[101]

Unsere abendländische Kultur beginnt mit einem verfänglichen Orakelspruch: *Erkenne dich selbst* – steht über dem Eingang des Apollotempels in Delphi. Es ist gar nicht leicht einzusehen, warum das, was uns am nächsten steht – das eigene Selbst – ausdrücklich erkannt sein will. Kennt sich nicht jeder selbst am besten? Sind wir nicht ohnehin narzißtisch genug? Und müssen wir deshalb nicht um so mehr Mühe darauf verwenden, alles um uns herum ebenso kennenzulernen? Warum sollen wir besonders in uns hineinhorchen, wenn wir von einer unbekannten Welt umgeben sind, die zu erforschen sich uns zuerst aufdrängen müßte?

Gesetzt auch, wir haben begriffen, daß beides nicht zu trennen ist und daß Selbst- und Welterkenntnis Hand in Hand gehen, auch dann hält das delphische Orakel immer noch ein Mißverständnis bereit. Es stellt uns – wie Janssen sagen würde – eine Falle: Als gäbe es ein einziges, ein wahres Selbst, das hinter allen Erscheinungen, hinter allen Verhüllungen und Maskierungen aufzuspüren wäre und nach dem wir uns zuallererst auf die Suche zu machen hätten!

Nun – dieses letzte Selbst gibt es nicht. Das Abendland ist in seiner Geschichte immer dann am erfolgreichsten gewesen, wenn es sich auf die Welt, wie sie ist, einläßt und noch aus den zufälligsten Erscheinungen seine Schlüsse zieht. Ja, diese welterschließende, weltheckende Neugier ist eigentlich der abendländische Weg – ein Weg zu ungeahnten Entdeckungen und ein Weg der Selbsterkenntnis. Janssen steht, so gesehen, in einer jahrhundertelangen Tradition. Er hat ihr weiteres und nie betretenes Gelände hinzuerworben. Für die unterhaltendste Fläche auf der Erde, wie Lichtenberg das menschliche Gesicht nennt, hat er die Landkarte neu vermessen. Nicht nur auf das Wesentliche bedacht, nicht reduktionistisch, sondern sich in die Fülle der Erscheinungen und Gesichte teilend. Von so viel Welt ergriffen wie nur irgendeiner, hat Janssen sein immenses Talent nach allen Seiten verschwendet, um desto reicher zu sich zurückzukehren. „Zeichne dich selbst, dann zeichnet dich Gott."

Erotika

Janssen gehört zu den großen Erotikern in der bildenden Kunst. Zeitlebens hat er seine Kunst zu einer Bühne erotischer Darstellung gemacht. Auf dieser Bühne sind mehr Stücke und dramatischere Szenen zur Aufführung gelangt als bei den meisten anderen. Botticelli, Rembrandt, Goya, Renoir, Klimt – jeder steht für ein Bild der Frau, dem Janssen weitere Seiten hinzugefügt hat. Wenn es so viele verschiedene Seiten sind, liegt es auch daran, daß er in ein Zeitalter hineingeboren wurde, in dem die Revolution der visuellen Medien stattfand.
Seit eh und je ist das Auge einer der Hauptakteure auf der Bühne des Erotischen. Dieses Auge hat mit der Weiterentwicklung von Film und Fotografie so viel zu sehen bekommen, daß es nicht ohne Einfluß auf die Kunst geblieben ist. Dabei geht es nicht nur darum, daß die Kamera – wie es heißt – immer tiefer in den Intimbereich vorgedrungen ist. Auch die Geschichte der bildenden Kunst ist durch alle Zeiten und Kulturen in einem Ausmaß zugänglich geworden wie nie zuvor. Die Überfülle von Bildern und das Ausleuchten auch noch der geheimsten Winkel haben dazu beigetragen, daß in weiten Teilen der Moderne ein Bildersturm stattfand, dessen Vorbild die Reformation war und dem zuerst das Erotische zum Opfer gefallen ist. Natürlich nicht bei einem Picasso und auch nicht bei Janssen.
Auf die Frage, warum die Leute gerade seine Zeichnungen kaufen, bekam Janssen von einem gescheiten Kopf einmal die Antwort, die ihn gleich verstummen ließ: „Es ist Erotik – eine erotische Ausstrahlung, die mit jedem Strich einfach da ist." Darüber läßt sich in der Tat nicht streiten, und Janssen, der ein Gespräch über Qualität oder darüber beginnen wollte, warum alle immer sofort nach seinen Blumen greifen, gab sich auch ausnahmsweise geschlagen. Es gibt eine Aura des Erotischen, die, unabhängig von allen Motiven, sich in den kleinsten Gesten mitteilt. Sie ist ein Schlüssel, der spontan schließt und geheime Kammern öffnet, ein Zauberstab, der bei der leisesten Berührung schon ins Herz getroffen hat – vor ihm liegen die Nerven bloß. Diese erotische Aura hat Janssen zeit seines Lebens besessen, damit hat er Menschen in seinen Bann gezogen, und es tat dem Zauber keinen Abbruch, daß er sich in einer eher abstoßenden Hülle präsentierte. Ja, wie wir schon ahnen, hat sich die Liebenswürdigkeit beizeiten solcher Verhüllungen bemächtigt, um ihr Ziel desto sicherer anzusteuern. Denn duchaus wollen

beide Seiten die Eroberung gemacht haben, und da ist es nur gut, wenn jeder sich auch selbst überwinden und über Widerstände – Ängste und Ekel – hinwegsetzen muß. Nur so wird ein Bekenntnis daraus, womöglich ein herzzerreißendes. Seit Sokrates' Tagen sichert sich der alte Faun auf diesem Weg seine überwältigenden Erfolge.

Als Janssen jung war, sah er mit seinem lebhaften Gesicht und den dunkelblond gelockten Haaren sehr anziehend aus. Er war ein „schnuckeliges Kerlchen" und – wie die Fotos von Ingeborg Sello belegen[1] – sogar Wachs in den Händen der Frauen. Aber er war deshalb noch nicht auf der Höhe der Macht, die er über Frauen *und* Männer gewinnen sollte. Erotik ist ein Lebenselement und keine Eigenschaft. Einer bewegt sich darin, und nur durch dieses Medium nimmt er die Welt wahr. Das Aussehen ist dagegen alles andere als entscheidend. Überhaupt ist der geborene Erotiker auf Äußerlichkeiten am wenigsten fixiert. Auf ihn wirkt alles erotisierend, auch das vermeintlich Nebensächliche und Unauffällige. Aber nicht, damit er schneller an sein Ziel gelangen kann, sondern weil der Umweg ihm die größere Lust bereitet, die er partout nicht teilen will. So unterläuft er mit Vorliebe auch die Trennung von Eros und Sexus. Er läßt das Hirn nicht im Trockenen schwimmen, wenn sich der Mensch in seinem Element aalt:

> EROS, dieser niedliche, allmächtige Kerl, der in unserer Seele rumschmust, und der lustige SEXUS in unserem Hirn, von wo er uns bei Gelegenheit ins Säcklein greift, die beiden bewegen ja bekanntlich die Welt = in der schönsten Weise alle unsere geistigen und leiblichen Genüsse – in gemeiner Weise auch unsere materiellen Begierden und Ehrgeizeleien. Also ALLES.[2]

Dieses souveräne Bekenntnis zu dem Allbeweger Eros/Sexus ist eine Alterserscheinung. Die Jugend ist noch völlig davon in Anspruch genommen, ihre eigenen Entdeckungen zu machen. Erst als Janssen achtundfünfzig Jahre alt war und er zum 60. Geburtstag seines Freundes Paul Wunderlich auf ihre frühen Jahre und überhaupt auf ihr beider Leben zurückschaute, war er reif dafür, allen gewachsenen Unterschieden zum Trotz das Verbindende und Gemeinsame hervorzuheben. Ein besonderes Vergnügen bereitete ihm bei der Gelegenheit, der Tochter seines Freundes auseinanderzusetzen, was sich durch alle Zeiten gleich geblieben ist:

> Und DARUM ist uns (deinem Vater und mir) auch ALLES Erotica. Es ist uns ganz unmöglich, irgendwelche Dinge bzw. Erscheinungen »sachlich«

zu sehen. Für uns gibt's gar keine SACHEN – alle Sachen sind Kostüme des Eros. Darüber können wir dann allerdings durchaus *sachlich* plaudern – verstehste?! Also z. B. so'n simpler Playboy oder überhaupt ein Allgemeiner – er braucht gar nicht besonders *gemein* zu sein – so einer sieht in dieser Angelegenheit natürlich nur das ALLGEMEINSTE – das aufs Allgemeine Programmierte – so etwa: Schwänzchen, Vötzchen, Brüste und was weiß ich. Aber für einen begabten Liebhaber (der Welt) am Händchen seiner Psyche – für den sieht sich die Chose natürlich gänzlich anders an. Ein begabter Liebhaber, ein Liebling des Eros – er zielt immer aufs GANZE – immer auch auf die GANZE Leiblichkeit. Man kann sagen: da ist kein Fleisch, kein Muskel, kein Ohr, keine Schnute, kein Auge und kein Grübchen und keine Kuhle und keine Falte, was nicht zugleich Geschlechtsteil wäre. Die GANZE Anatomie ist ihm »Gegenstand und Werkzeug« der Liebe. Und für solche Lieblinge des Eros [...] dehnt sich solche Lust überdies auf ALLES aus: Schnecken und Zitteraale, Raupen, Quallen und Oktopusse – auf Blütenkelche und Knospen und auf jedes Gewächs, sei es Moos oder Baumstämmchen. Aber auch seltsame Wolkenhaufen und die Lücken und Löcher im Wolkenhimmel und auch die geschlängelten Muster, die die Wellen auf dem Strand zurücklassen – das alles und und und – das alles ist uns »wie ein Mädchen oder Mann«.[3]

Schwerlich wird sich ein besserer Beleg für den allmächtigen Eros in der bildenden Kunst finden lassen als in der Laudatio, die Janssen am 29. März 1987 auf Paul Wunderlich hielt. Zwei Widergänger in alter Schwäche vereint. Nebenbei erfahren wir, daß Janssen den Eros „pulsierend" nennt, während ihn Sexus aus allem „anblinzelt": der warmblütige Eros gegen den gestaltschaffenden Sexus. Es läuft ziemlich genau auf die Unterscheidung von Malerei und Zeichnung hinaus, für die Janssen in seinem Alterswerk nach einer neuen Balance suchen wird.
Die Laudatio ist ein Schlußwort auf die lebenspendende Kraft des Eros, hinter der alles Trennende zurücktritt – eine späte Würdigung, wie sie erst am Ende und von höherer Warte aus möglich wird. Die Jugend steckt mitten in ihren Problemen. Zwar hört sie auch mal bereitwillig zu, und der alte Faun schmust sich ordentlich bei der jungen Laura ein. Aber das Feld will selbst bestellt und der Acker jedesmal neu gewendet werden. So ging es auch Janssen, als er anfing. Jeder bahnt sich seinen eigenen Weg durch dieses Labyrinth, das mit seinen Irrwegen und all der Blindgängerei so verwirrend wie das Leben selbst ist.

Erotika

Mutter Martha 1937, im Mantel mit Pelzkragen

Das ganze Kompendium des Erotischen bei Janssen ist hier nicht zu erschließen. Und so setzen wir nur einige Markierungen und geben die Umrisse einer Entwicklung zu erkennen. Sicher ist Mutter Martha von größter Bedeutung für das Selbst- und Frauenbild ihres Sohnes. Martha war zu ihrer Niederkunft aus Oldenburg ausgerückt. Sie hatte die Schwangerschaft verheimlicht. Aus Scham hielt sie ihr Kind sogar noch nach der Geburt, als sie schon von Hamburg nach Oldenburg zurückgekehrt war, vor den eigenen Eltern versteckt. Die Großeltern nahmen den Jungen jedoch schon bald in ihren Haushalt auf, so daß er in Omas Küche und der Schneiderwerkstatt seines Opas aufwachsen konnte. Martha wohnte woanders und mußte als selbständige Schneiderin Geld verdienen, war aber neben der Arbeit viel um ihren Sohn herum. Besonders wenn sie ihr unehelich geborenes Kind gegen üble Nachreden und die Gewöhnlichkeiten ihrer Oldenburger Mitbürger in Schutz nahm, wuchs sie über sich hinaus. Sie spann ihren kleinen Prinzen

gleichsam in einen Kokon aus Seide ein, nähte ihm hübsche Kleidchen, führte ihn im Park um das herzogliche Schloß herum spazieren, in das sie als geschickte, ja, genialische Zuschneiderin gerufen wurde. Sie stellte ihren einzigen Sohn vor sich auf ein Podest und hatte hochfliegende Pläne mit ihm, wenn ihr auch sonst die Hand locker saß und es rasch mal eins hinter die Ohren gab. Sie hob ihn in den Himmel und holte ihn genauso schnell wieder auf die Erde herunter. Hier dürfte das gegen Krisen nicht gefeite Größen-Ich seinen Ursprung haben, mit dem Janssen durch das Leben ging.
In Marthas Augen war ihr Sohn etwas Besonderes, und so lernte er sich auch selbst sehen. Weil Martha viel auf Arbeit war und zum Nähen sogar auf Reisen ging, mußte er um ihre Aufmerksamkeit buhlen. Er mußte sie immer wieder für sich gewinnen. Deshalb stellte er sich so dar, wie sie es am liebsten mochte. Dieses Bild wird eine um so größere Verführung für ihn gewesen sein, als es unmittelbar belohnt wurde – von der eigenen Mutter, die sich mit ihm gegen eine Welt zusammenschloß, die es nicht immer gut mit ihnen meinte und mit Gemeinheiten gegen die stolze Schneiderin und ihren „Bastard" nicht sparte. Die „Allgemeinheit" wird es zeitlebens bei Janssen schwer haben. Der Hang zum Außergewöhnlichen, zum Besonderen half dagegen. Die Verführung, die davon ausging, ließ ihn nicht mehr los. Ja, sie prägte sich ihm als Lebensmuster ein. Nur auf *dem* Weg war ein Weiterkommen. Sogar auf der Nationalpolitischen Erziehungsanstalt richtete er sich in dieser Rolle ein und war in seinem zivilen Betragen so unverbesserlich, daß sich ihm die Schatzkammern der sogenannten entarteten Kunst wie von selbst aufschlossen. Seine Lieblingslehrer ließen ihn heimlich Bücher von Kubin und expressionistischen Künstlern sehen. Er wollte nicht nur geführt – er wollte verführt sein.
Alfred Mahlau wurde nach Hitlers Krieg für den 17jährigen zu einer Art Vaterfigur. Gerade weil er das Gegenteil eines großen Verführers war, konnte er ganz unverdächtig den jungen Mann, der schon bald zu seinem Lieblingsschüler wurde, in die Kunst des Zeichnens und Aquarellierens einführen. Janssen war sofort hellauf begeistert und ließ sich rückhaltlos auf die Arbeit mit Papier und Pinsel ein. Er wäre so bald nach dem Krieg auf alles angesprungen, es mußte nur eine Verführung zu etwas Besonderem darstellen. So wie er als Marthas einziger Sohn disponiert war, hätte er alles für sich zu einer Versuchung gemacht. Hier haben Nachahmung und Mimesis ihre unterirdischen Wurzeln.
Erst recht brachte er Frauen in die Situation, ihn zu verführen. Er trug ihnen diese Rolle gewissermaßen an. Seine Ahnungslosigkeit war nicht gespielt. Im

Umgang so werbend und einnehmend wie nur möglich, machte er von sich aus nicht den ersten Schritt. Der unschuldige Verführer verführt nicht. Er ist wie er ist, und zu seiner eigenen Überraschung wirft sich ihm das Mädchen an den Hals. Daß es beim allerersten Mal die um einige Jahre ältere Ehefrau des gestandenen Verlegers und väterlichen Freundes Fritz Gutsche war, ist nur um so bezeichnender.
Judith, die damals noch mit dem Freund und Mitschüler Günter Schlottau verheiratet war, galt dann auch gerichtlicherseits als die Ältere und Stärkere, und es war ausgemacht, daß sie ihn verführt hatte – ihn, den affektlabilen Jüngling; was seine Schuldfähigkeit nach den nächtlichen Messerhieben entscheidend verminderte.
Spätestens damals – Mitte der 50er Jahre – hat der junge Verführer, der in der Rolle des Verführten so erfolgreich gewesen war, seine Unschuld verloren. Er mußte das Herausfordernde in seiner Person und in der Art und Weise erkennen, wie er um die Welt warb. Auch dann dauerte es noch einmal mehrere Jahre, bis er sich von Paul Wunderlich zur Radierung verführen ließ. Erst von da an konnte er in den erotischen Anspielungen die Provokation aufspüren und sich auf kleinen Platten an „Spielchen" beteiligen, die nun wirklich eine „Frechheit" darstellten. Sex – so hieß es in den 50er Jahren – ist ein Spiel mit dem Feuer, ein unterirdisch brodelnder Vulkan. Tatsächlich ist es ein Gesellschaftsspiel, und schon längst hatte die Kulturindustrie in der vermeintlichen Naturgewalt einen Magneten gefunden, mit dem sie die Massen an die Kasse zog. Die Entwicklung des Films und die immer tiefer ausgeschnittenen Dekolletés trugen dazu bei. Alle nahmen an Tabu- und Grenzverletzungen teil. Es war das Spiel, das die größte Öffentlichkeit für sich verbuchen konnte; ein Spiel, das deshalb so prickelnd war, weil nicht die Einhaltung der Regeln zählte, sondern ihre gezielte Übertretung. Ingmar Bergmans Kinohit „Das Schweigen" war 1962 mit „gewagten" Szenen der umstrittenste Film seiner Zeit. Die Freizügigkeit, die immer mehr um sich griff, war höchst zweideutig und konnte sogar für Freiheit gehalten werden – für eines unserer höchsten demokratischen Kulturgüter.
Janssen mußte dieses Spiel ungemein liegen. Verführter und Verführer in einer Person wußte er besser als jeder andere, sich da hineinzufinden. Seine Frechheiten waren stadtbekannt. Er hatte sich nie gescheut, sie öffentlich zu machen, und sich deshalb oft hart an den Rand ernsthafter Bestrafung gebracht. Daß es lange keine schwerwiegenden Folgen für ihn hatte und er sich, so oft er aneckte, doch nie isolierte und nie allein dastand, zeigt, wie schlafwandlerisch sicher er am Abgrund entlang strich. Bis das Seil riß. Er verlor die

Aus Mappe *L'heure de Mylène,* Radierung 1962 (27 x 19,4 cm)

Balance und stürzte ab. Das Gefängnis, aber besonders die Drohung mit dem Gefängnis sollten seine Intelligenz nur schärfen. Er war gewarnt. Unausweichlich stand er vor der Entscheidung, die Kunst endlich als Beruf auszuüben. Der Spätentwickler, der immer zu seinem Glück verführt werden mußte, sprengte endgültig die Verpuppung. Mit seinen großen Farbholzschnitten arbeitete er sich aus dem Paradies frei, das er in Oldenburg kennengelernt und bis nach Hamburg, bis in die Warburgstraße hinübergerettet hatte. Danach spezialisierte er sich immer mehr auf einer Bühne, die ihm seine Zeit vorgab – auf der Bühne des Sexus, auf der er mit Witz und Aggression seine außerordentlichen Talente spielen lassen konnte.

Auf keinem Gebiet hat Janssen den Zeitläuften so viel Tribut gezollt wie auf dem der Erotik. Das ist die zentrale These, die hier vertreten wird. Um gleich das Anstößige aus der vermeintlichen Abhängigkeit zu nehmen, sei daran erinnert, daß es schon in den Tagen von Lucas Cranach nicht anders war. Als dieser die weibliche Schulter gleichsam auf den Ellenbogen herunterzog und die Gotik in Natur zurückverwandelte, traf er damals genau den Geschmack der Zeit. Von heute aus gesehen ist es fast einerlei, ob er dem Zeitgeschmack etwa voraus- oder nachgelaufen sei.
Obwohl in eroticis aus ihm bald ein großer Provokateur werden sollte, ist Janssen seiner Zeit immer nur um ein weniges voraus gewesen und eigentlich

nicht einmal das. Jeder, der nach dem Krieg aufgewachsen ist, hat an sich selbst erfahren, daß er nacheinander durch die einzelnen Etappen der „sexuellen Revolution" hindurchgehetzt worden ist. Eine Kampagne jagte die nächste. Massenhaft haben wir gelernt, was die erogenen Zonen bei Mann und Frau sind. Vorher gab es nicht einmal einen Namen dafür. Was normal sei, wurde in wöchentlich neu anrollenden Wogen der Illustriertenaufklärung über die Bevölkerung ausgeschüttet. Der Kinsey-Report lieferte dazu das statistische Zahlenmaterial.

Ohne ins einzelne zu gehen, seien doch einige Stationen auf dieser populären Erkundungsreise ins Reich der Sinne genannt. In den späten 50er Jahren trat der androgyne Typ ins allgemeine Bewußtsein und verdrängte die Divas und den Vamp und die üppigen Mamas. In solchen Verkörperungen hatte man besonders nach dem Krieg das Wesen des Weibes gesucht. Der androgyne Typ wurde der Durchmischung von männlichen und weiblichen Eigenschaften viel besser gerecht. Es dürften die Bluejeans gewesen sein, die die Geschlechter näher aneinander heranrückten und im Alltag eine Aufwertung der Partialtriebe zur Folge hatten, so daß die Aufmerksamkeit auf eine conditio humana gelenkt wurde, für die sich auch bald als wissenschaftlich verbrämtes Schlagwort die Bezeichnung „polymorph pervers" fand. Der androgyne Typ taucht früh im erotischen Werk von Janssen auf – ja, mit ihm beginnt es eigentlich erst.

In der ersten Radierserie – in der *Nana*-Mappe von 1959[4] – haben merkwürdige Zwittergestalten ihren Auftritt: moluskenhaft pulsierende Wesen, die allem Anschein nach weiblich sind und doch wie Tentakel ihren eigenen Penis oder vielmehr eine Vielzahl von zu Armen und Beinen verlängerten Schwänzen aus sich heraustreiben. Als der einzige eindeutige Fall von Männlichkeit ist ausgerechnet Abraham Lincoln diesen Zwitterwesen beigesellt.[5] Der strengblickende bärtige Porträtkopf ist von Hand gezeichnet, während der anatomisch richtige Körper von Mann und Frau noch völlig außer Reichweite des Zeichners liegt. Es ist ein Anfang, wie ihn nur der wahre Künstler machen kann – einer, der auch seine vorläufigen Defizite meisterlich beherrscht und in Sinnbilder seiner Zeit verwandelt – in Wahrzeichen des Androgynen.

Anstößig sind die Blätter der *Nana*-Serie nicht. Das sind eher die zwölf Radierungen *L'heure de Mylène*, die 1962 folgen.[6] Sie sind auf eine Art und Weise anstößig, als wollte Janssen seinem Freund und Rivalen Paul Wunderlich zeigen, wie man es richtig macht. Wunderlich hatte mit seiner lithographischen Reihe *Que s'explique* im Dragonerstall einen Skandal heraufbeschworen, der ihn in die Tagespresse brachte und ihm zu Ruhm verhalf. Janssen *war* ein Skandal, in welcher Gesellschaft er auch auftauchte, aber er erregte mit seinen Bildern keinen Skandal. Denn in seiner Kunst war er nicht eindeutig zweideutig, sondern witzig. Witz macht unangreifbar. Es sind die Größenverhältnisse, die einen komischen Effekt hervorrufen. Alles dreht sich um das erigierte Glied oder was sich an seiner statt ins Bild schiebt. Jedenfalls sieht es wie Leibesübungen aus, die eine gemischte Klasse an der Reckstange vollführt. Im Wie liegt der Witz. Wer wollte das übelnehmen! Janssen konnte so geschickt provozieren, daß er allen Einwänden mit seinem entwaffnenden Schalk zuvorkam. Deshalb ließ er es nie zu einem Skandal kommen und hielt es denen, die – absichtlich oder unabsichtlich – da hineinverwickelt wurden, als Spekulation vor. Sie schielten nach Ruhm.

Mehr als man denkt, hatte Janssen mit der Darstellung des männlichen Gliedes seine Schwierigkeiten. Nachdem er es als überlebensgroßes Spielzeug in *L'heure de Mylène* 1962 eingeführt hatte, dauerte es mehr als fünfzehn Jahre, bis es wieder seinen Auftritt haben würde: in den aquarellierten Federzeichnungen von 1978, die Viola Rackow gewidmet sind. Unverkennbar ist es sein eigenes Glied, das nach so langer Zeit auf der Bühne erscheint. Konkurrenz wäre ihm unerträglich gewesen. Diese fünfzehn Jahre brauchte Janssen, um für die Art der Selbstdarstellung vorbereitet zu sein. Es dürfte ziemlich genau der Zeit entsprechen, in der sich auch die allgemeinen Konsumgewohnheiten geändert haben: vom männerlosen Mädchensex à la Playboy zu den kopulierenden Paaren in den Hochglanzbroschüren.

Das soll nur heißen: Janssen ist als eminent erotischer Künstler kein Getriebener, der seinen Anlagen nach einen Sonderweg verfolgen würde – einen Weg, der ihn in obskure Richtungen oder auch nur leichtfertig über die Schamgrenze hinausgetrieben hätte. Er mußte Hemmschwellen überschreiten, Schüchternheiten ablegen und sich regelrecht selbst überwinden, um seinem Thema neue, provozierende Ansichten abzugewinnen. Bis zu seinem 30. Lebensjahr war er noch so weit davon entfernt, daß er zwar seine neckischen Späßchen trieb und damit auch schon richtig unter die Haut ging, im übrigen aber noch das Tabu der frühen 50er Jahre verinnerlicht hatte. Über Sex wurde nicht gesprochen – das Notwendigste unter Freunden, alles andere war verpönt und in einer Weise privat, die es zur Kunst untauglich machte. Wahrscheinlich sind solche Genierlichkeiten unerläßlich, damit jeder Schritt darüber hinaus als Befreiung, als sexuelle Revolution wahrgenommen wird. Schranken wurden niedergerissen, Bastionen geschleift. Mit seinen Mitteln nahm Janssen daran teil, wie die Grenzen immer noch ein Stückchen weiter

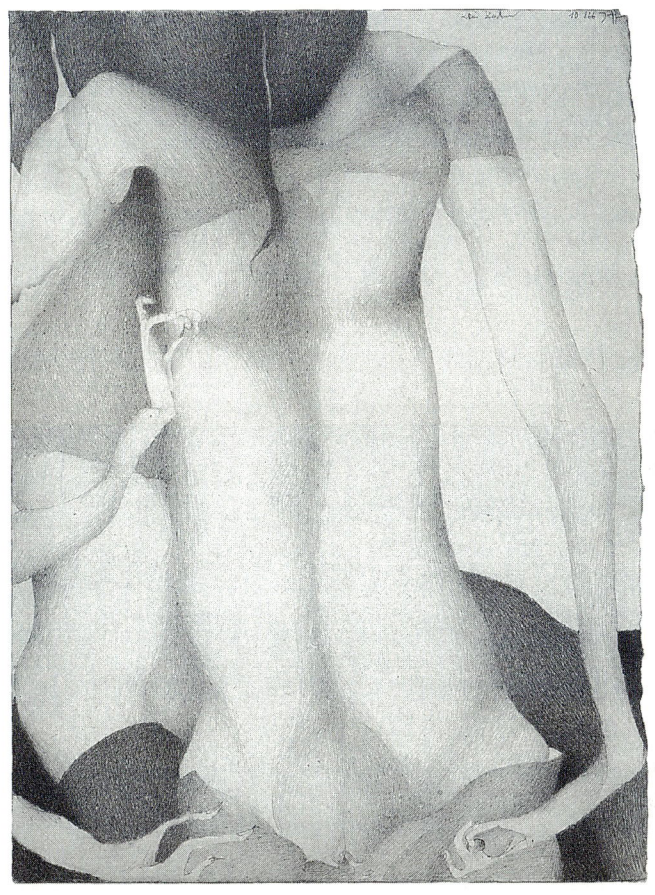
Kein bißchen, Zeichnung 10. 8. 1966. Blei- und Farbstift (26 x 19 cm)

hinausgeschoben wurden. Mann und Frau hatten sich in eine terra incognita verwandelt. Das grüne Männchen vom Mars kann keine größere Neugier hervorrufen als „das unbekannte Wesen", das zu entdecken und von allen Seiten und immer besser auszuleuchten sich die 60er Jahre überboten. Bevor die lesbische Liebe aus dem verruchten Dunkel homophiler Neigungen ins Scheinwerferlicht der breiten Öffentlichkeit gezogen wurde, hatte Janssen 1966 Freundinnen in lasziver Umarmung gezeichnet. Die Statik ihrer aneinandergeschmiegten Leiber drückt besser als alles andere aus, daß sie unzertrennlich und sich selbst genug sind.[7] Wieder einmal war Janssen der Zeit um eine Nasenlänge voraus – wie in dem ausgesuchten Stellungsspiel seiner Pärchen, wie in den zu höchstem Raffinement gesteigerten Sadismen. Er konnte einen Mädchenmund in die vor Begierde zuckende Scham verwandeln, bevor in

„Deep throat" dem interessierten Publikum gezeigt wurde, was da abging. Wie er rückblickend von sich sagte, bediente er mit seinen „geilen Sybillchen"[8] eine Klientel, die schockiert sein wollte, ohne sich vor der Gesellschaft eine Blöße zu geben, wenn sie für die erotischen Blätter nicht nur Geld bezahlte, sondern sie auch noch im Wohnzimmer aufhängte. Mimikry an eine sich allseits vorwagende Libertinage nennen wir diese Epoche im erotischen Werk von Janssen.

Deshalb sind doch jede Menge Meisterwerke entstanden – Werke, die in ihrer verklausulierten Dramaturgie und ihrem über die Schmerzgrenze hinaus gedehnten Spannungsbogen unwiederholbar sind. Der in haarfeinen Strichen und in subtilen Nuancen sich entladende Kräftestau gehört ganz und gar dem Mittdreißiger an und läßt sich nicht beliebig in jedem Alter neu aufbauen. Als er sich dann auch noch 1967 von seiner großen Liebe Verena trennte und ihre Fleischlichkeit ihn in der Erinnerung so wenig losließ, daß er ihr in Trauer nachhing, nahm er Zuflucht bei „Ersatzhandlungsspielen",[9] in denen sich das Verquälte seiner Lage in bizarren Arrangements austobte. Längst schon hatte er in seiner Feinstrichzeichnerei einen pathologischen Zug entdeckt – jetzt kehrte er ihn in sadomasochistischen Schüben nach außen.[10] Er ritt förmlich sein Lieblingsthema zu Tode, und das war immer noch der Arm von Verena. *Les bras*[11] heißt die Serie von zehn Radierungen, die 1970 als Variationen auf ein ihn endlos peinigendes Verlangen entstanden sind – seine „Arm-Seligkeit".

Der Arm ist pars pro toto: Körper der geliebten Frau, den er zum Exerzierfeld einer grandiosen Selbstquälerei machte. Unter der Kaltnadel ließ er den Oberarmmuskel hingebungsvoll anschwellen,[12] um der ersehnten Liebkosung mit einer Folter, einer Marter zu begegnen. Was eigentlich das Nachspiel seiner mutwillig beendeten Ehe mit Verena war, verwandelte Janssen in ein Vorspiel, in ein „erotisches Prélude". Muskelreiten heißt das Spiel, das er schon als Junge in Oldenburg kennengelernt hatte. Es gehört zu den „Schulhofquälereien",[13] und wie er sich bald erinnern sollte, war es das Mädchen Linde, das ihn auf ihren Armmuskeln hatte reiten lassen, so daß es ihm im nachhinein vorkam, als hätte er „niemals wieder einen so vollkommen gezügelten Schmerz" erlebt.[14]

Janssen dehnte das Vorspiel aus – bis zurück in die Kindheit. Seine Erfindung ist es, wie gesagt, nicht gewesen. Die 60er sind auch die Jahre, in denen das Vorspiel neu entdeckt wurde und überhaupt die Aufmerksamkeit auf sich zog. Nur daß er dieses Vorspiel so genüßlich in die Länge zog wie kein anderer. Hier sind Einfallsreichtum, Phantasie und ein lustvolles Verweilen gefragt –

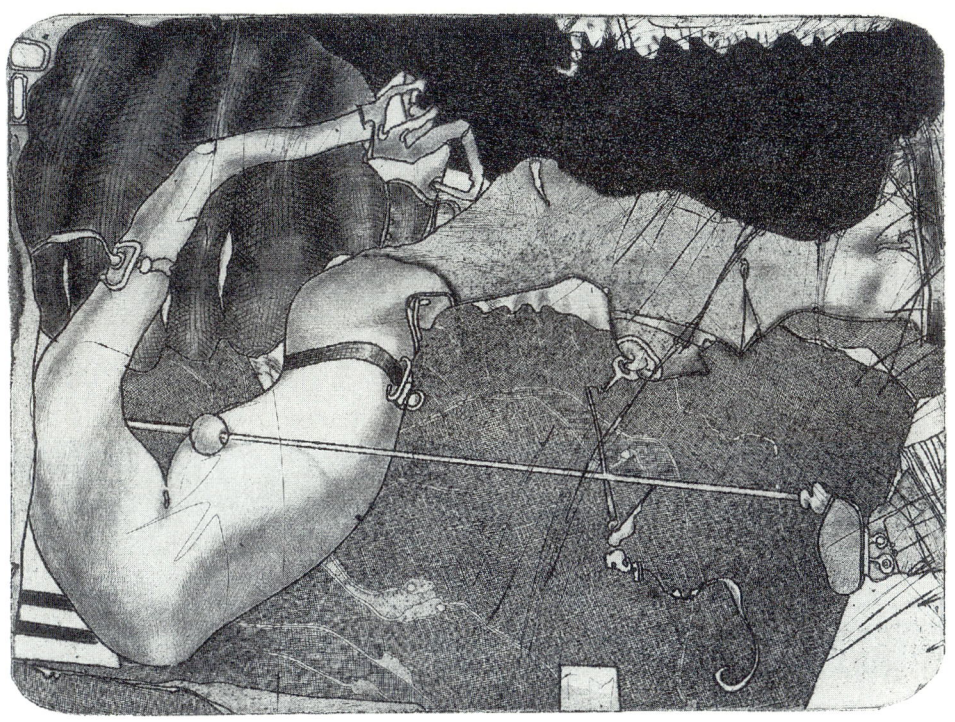

Fimu, Radierung 1970 (22 x 29 cm)

alles, was Kunst erfordert und Janssen im Übermaß besaß. Alle dramaturgischen Anstalten und inszenierten Umwege dienen nur der Verzögerung. Dazu gehört auch, den Höhepunkt immer noch ein wenig hinauszuschieben und, selbst wenn es wehtut, das Auge länger offenzuhalten und dort noch Bilder zu sammeln, wo der Blick schon verschwimmen will und der ganze Mensch vor Lust vergehen möchte.

> Zeichne ich aber den entblößten Koitus, ziehe ich meist die Szenerie als Ausschnitt in den Vordergrund und behandle den Einstich in die lamellenblütige Vagina als Preziosität.[15]

Nein – bloß den Koitus hat Janssen nicht gezeichnet, aber das Drumherum. In den 60er Jahren ist sein erotisches Œuvre ein ausgedehntes Vorspiel. Das Eigentliche kommt erst noch.

Auf der Wende von den 60er zu den 70er Jahren befiel Janssen eine solche Sehnsucht nach der Natur, daß ihm seine Feinstrichzeichnerei nur noch wie

Kunst vorkam – wie eine in die Sackgasse führende und nicht mehr zu steigernde Kunst. Je weiter er sich durch das Studium alter Meister und unter dem Eindruck neu auf ihn einstürmender Weiblichkeit davon entfernte, desto gebrochener wurde sein Verhältnis zu jenen Jahren. Als er 1988 die *Frauenbildnisse* zu dem ersten Band seiner jeweils einem Thema gewidmeten Werkübersichten zusammenstellte, fand er für die verflossene Epoche die Überschrift: *Die ausgedachte Frau.*[16]

Nach seinen drei Ehen – genaugenommen gehört als vierte Ehe die Zeit mit Gesche dazu – sprengte er endgültig den Familienrahmen, der ihm solange Stabilität gegeben hatte. Er zog die Frauen, die dann folgten und die er „die prätentiösen" nennen sollte, in der Rolle von Musen tief in sein Leben und Werk hinein. Sie sollten anspruchsvoll sein und höchste Forderungen an ihn stellen. Wehe – sie wären es nicht gewesen! Von seinen Musen verlangte er nicht nur, daß sie ihm vorangingen, den Anstoß gaben und ihn inspirierten. Wie es ein in der Kindheit gelerntes Muster wollte, mußten sie ihn verführen, zu unbekannten Ufern fortreißen, ihm gar das neue Werk abpressen. Das war ein Teil der Gewalt, die er seinen Musen antat – den Bettinas, Birgits, Violas, Kerstins. So trieb er sich an und wollte zu Höchstleistungen angespornt sein. Das Muster war in seinem Leben so erfolgreich gewesen und saß so tief, daß er auch von der Natur und zur Natur verführt werden wollte. Noch sehr viel später – er ist schon fast ein alter Mann –, als Annette Kasper in sein Leben trat und ihm Honig auf den Pinsel schmierte und mit einem Mund voll Milch ablutschte, ist er davon so überwältigt, daß er aus seinem Erguß einen Wasserfall macht – einen zwischen harten und glatten Kullen hervorsprudelnden Katarakt.[17] Wie früher erlebte er es als einen Überfall auf seine Unschuld, und wie früher nutzte er die Verführung für eine seiner schönsten Farbradierungen von vier Platten 1989.[18]

Bettina ist in den nur drei Monaten, die sie Anfang 1973 am Mühlenberger Weg war, eine so überwältigende Erfahrung für Janssen gewesen, daß sie tiefe Spuren in seinem erotischen Werk hinterlassen hat. Auf Bettina geht die Darstellung weiblicher Schönheit zurück, die wir die rachitische nennen wollen.[19] Aber auch das Thema *Totentanz*[20] – der grenznahe Verkehr zwischen hüben und drüben, Mann und Frau – beginnt hier.

Jeder saugt gleichsam mit den Lebensumständen seiner Kindheit ein Bild erotischer Reize in sich auf, die ihn wie einen Pawlowschen Hund prägen. Der kleinste Anstoß genügt, und er fährt auf diese Reize ab. Jeder, der vor oder nach dem Krieg aufgewachsen ist, kennt diesen Typ, und wie Janssen ihn beschreibt, entsteht daraus große Literatur:

Ich will fliegen, Radierung 17. 5. 1973 (23,6 x 15 cm)

Ich weiß, sie hieß Bettina und nicht Siglinde, obwohl sie ‚Linde' gerufen wurde. Linde war vielleicht 10 Jahre alt. Ein seltsamer Vogel – ein wuscheliger Klumpen aus kurzem langen Schal und dicker roter Haarkapuze – auf zwei schwarzbestrumpften langen Beinen mit rachitischen Gelenken. Sind in der Regel rachitische Kinderbeine mager und fohlenbeinig oder wie der Bambus zwischen seinen Wachstumsknoten, so waren Linde's Beine aus wohlgeformtem Fleisch und der frierende bläuliche Schenkelansatz mit dem mickrigen Strumpfband zwischen Wollstrumpf und Leibchen erotisierte die Ausstrahlung der ganzen Erscheinung ungemein: Linde stand meistens in Gruppen.[21]

Es gibt auch andere Schönheitsideale. Frau Welt, von dem barocken Hedrik Goltzius gezeichnet, hatte ein prachtvoll ausladendes Hinterteil und einen stramm vorgewölbten Bauch. Dagegen sind Rembrandts Frauen ohne festen Umriß – fast nur mürbes Fleisch, in das die Speckgrieben wie in eine legierte Suppe eingetaucht werden. Janssen wurde unwiderstehlich von Bettina angezogen, die er auch Linde nannte und die seine Melusine und Undine war, die er aber auch mit einer mechanischen, selbstgebastelten Puppe verglich. Bettina hatte viele Namen – Namen aus der griechischen Mythologie und der Hochblüte der deutschen Romantik. Die im Bild festgehaltene Bettina hat die Beine auseinandergestellt, und durch das von ihren mageren Schenkelinnenseiten gebildete Fenster blicken wir in das Paradies, das sie für Janssen war: *Leibling*.[22] Aus den vom Körper weggespreizten Armen wachsen ihr Flügel[23] – Flügel, die das Muskelreiten früherer Tage in den „Ritt über einen Engelparcours" verwandeln.[24] Bei Erscheinen der Radierserie *Bettina* kamen diese Flügel vielen überspannt und manieriert vor. Frielinghaus hatte damit seine Schwierigkeiten. Davon ist heute eine in der erotischen Ikonographie einzigartige Kühnheit des Bildes übriggeblieben.
Bettina ist die erste von Janssens erotischen Schöpfungen, in der der ganze Körper sprechend wird – reine Physiognomie. Bei Verena spielten die Arme – mit der das Symbol strapazierenden Ausschließlichkeit – diese Rolle. Gesche hat er fast körperlos mit dem zarten Lineament japanischer Vorbilder umworben.[25]
Bettina hat in der kurzen Zeit, in der sie durch sein Leben irrlichterte, Janssen an den Rand des Todes gebracht. Sie hat ihn in so tiefe Dunkelheiten gestürzt und ihm die Nachtseiten seiner Existenz so brutal vor Augen geführt, daß er uns als wüster Geselle, als *Alp* entgegentritt in der *Füssli*-Serie[26] oder als leibhaftiger Knochenkerl in dem *Großen Totentanz*.[27] Damals überforderte noch das große Format seine mit den 70er Jahren neu einsetzende Radierkunst. So kommt alles auf die ersten Abzüge und die noch voll entfalteten Valeurs an – darauf, daß die Szenen im Kontrast von Hell und Dunkel ineinandergreifen: Fleisch *und* Knochen, Haut *und* Haar, Tief- *und* Hochgeätztes. Die blattfüllende Darstellung des Knochenmannes wird erst in den 80er Jahren möglich sein, wenn sich Janssen richtige Skelette ins Haus geholt hat.

Janssen, der sich immer näher an die Anatomie seiner Mädchen heranarbeitete, sie gleichsam von innen und außen studierte und dazu auch medizinische Lehrbücher aufschlug, hatte eine auffallende Scheu davor, die Frau posieren zu lassen und sie so, wie sie ist, einfach abzuzeichnen. Die Aktzeichnung nach dem lebenden Modell gibt es bei Janssen nicht – mit wenigen Ausnahmen aus der Zeit von Kerstin Schlüter.[28] Die Frau – ihr Körper – bleibt immer *seine* Inszenierung. Ohne diese Inszenierung wäre sie ihm nackt vorgekommen – nackt im Sinne von unattraktiv und unerotisch. Erst durch sein Engagement in ihre Leiblichkeit wird für Janssen die Frau erschaffen. Dieses Engagement ist erotischer Natur, aber nicht praktizierte Sexualität. Es bahnt sich im Kopf an, geradeso als wenn sich ein „begabter Liebhaber" in einer ihn anwandelnden Geilheit vorstellt, was er mit der Frau seines Begehrens in diesem Augenblick anfangen möchte. Der Körper der Frau entsteht aus einem im Hirn entzündeten Funken, der wie ein heftiges Buschfeuer alle Sinne erfaßt und sich gewaltsam Nahrung sucht – aus der Erinnerung an und in Vorfreude auf ihren Körper. Durch dieses weitgeöffnete Tor bricht gleichsam die Frau in das Bild ein, sie erobert es, aber selten mit ihrer ganzen Person zugleich. Einzelnes und besonders Anziehendes hat Vorrang. Wie, in welcher Reihenfolge und Gewichtung es erscheint, ist wieder ein Akt der Inszenierung und der Vorlieben, die ihr eigenes Steckenpferd reiten; weshalb Janssen meist spezielle Partien des weiblichen Körpers ausguckt und in die Mitte des von ihm inszenierten Dramas rückt.

Studien nach lebenden Modellen gibt es hingegen bei Janssen so gut wie nie. Eher verwandelt er die Frau in solche Figurinen, die er immer schon gezeichnet und zum Inbegriff seiner Leidenschaft gemacht hat. Ja, er sucht sie sich danach aus wie Roswitha Harting, in der er glaubte, endlich den Körper gefunden zu haben, den er längst zu Papier gebracht hatte. Als ginge von ihr ein spezielles Bilderverbot aus, hat er seine große Liebe Mitte der 70er Jahre mit Hilfe der Kamera so in den Kosmos seiner Erotik hineingeholt, daß sie wenigstens auf dem Foto als die ins wirkliche Dasein gesprungene Verkörperung aller erotischen Wünsche erscheint, die er sich bis dahin von der Seele gezeichnet hat. „Sie ist das härteste Bettchen", schrieb Janssen in anhaltender Verzückung über die Frau, die als Erfüllung all seiner Unterwerfungsgelüste von seinem Leben Besitz ergriffen hatte. Dieser Birgit Jacobsen war er so erlegen, daß es zwar viele Porträts von ihr gibt, aber keine wiedererkennbaren Erotika. Alles, was Anspielung auf Birgit hätte sein können, hat er in die *Kopie* nach Botticelli oder in *Daphne* versteckt.[29] Aber eigentlich hat er sich ihre Leiblichkeit aufgespart für die große erotische Suite, die er dann ab 1977 vor allem Viola Rackow widmen sollte.

Die stark farbigen Entladungen der Jahre 1977 und 1978/79 sind das Herzstück im erotischen Œuvre von Janssen. Die Inszenierungen des Sexus erreichen hier ihren Höhepunkt. Alle Attacken, die Janssen mit exzessiver Hart-

Ausgedacht, Zeichnung 1977. Feder und Aquarell (30 x 32 cm)

näckigkeit gegen den Arm geritten hat, verwandeln sich in ein immer noch ungestümes, aber freies Spiel leidenschaftlicher Umarmungen. Nicht daß er aufhören würde, Schmerzen zu bereiten, aber aus den Quälmaschinen werden lebendige Szenerien, aus kalter Mechanik wird Staffage, eine bunte Vielfalt von Accessoires, von Dingen und sogar Tieren, die mitspielen und die die Bühne zum Raum und Spiegelkabinett erweitern.[30]

Nirgends ist die Übertreibung so zu Hause wie in eroticis. Daß der Penis ein gewaltiger Blutstau und die Scham bloß noch schlüpfriges Fleisch, daß alles Glied oder Vagina sei und der Kopf ganz voll davon, wußte niemand besser als der fernöstliche Künstler. Der Japaner hat das männliche Glied zu einem monströsen Kolben anschwellen lassen. Die weibliche Scham verbarg er als winzige Hautfalte im stilisierten Faltenmuster des Kimonos. Vergrößern und Verkleinern – die Subjektivierung der Gestaltungsmittel hat längst bei Janssen Einzug gehalten. Das Spiel der Geschlechter übersetzt er sich in eine Sprache, die ihm nicht nur alles auszusprechen erlaubt, sondern auch noch darstellen hilft, was sich als dominierender Eindruck vordrängt: das pulsierende Fleisch, die Stoßrichtung, der Schmerzpunkt etc. Er übersetzt es sich in die Sprache von Aquarell und spitzer Feder. Die Zeichnung ist in die Einzelheiten verliebt und formuliert sie genüßlich aus. Das Aquarell schafft dagegen Volumina und schwelgt in Farben, wenn es sich nicht in Schlieren und Spritzern verkleckert.

Aus solchen Gegensätzen bildet Janssen seinen erotischen Kosmos. Es ist ein Kosmos, der von Wildheit und Wollust erfüllt ist, aber nicht von Perversionen. Obszönitäten, Blutorgien, Kindersex, die hartnäckigen, folgenschweren Abweichungen unseres Trieblebens gibt es da nicht. Die erotischen Aquarelle sind keine vorläufig auf dem Papier abreagierten Gewaltakte eines verkappten

Erotische Skizze, Bleistift 1978 (28 x 30,4 cm; Ausschnitt)

Triebtäters. Janssen ist weder krankhaft veranlagt noch schwul, noch bisexuell und nicht einmal besonders triebstark gewesen. Sex in Gruppen, wie er ihn ins Bild gebracht hat, war ihm ein Greuel. Mann und Frau in Heftigkeit vereint und dieses gegenseitige Engagement in allen Richtungen auskostend – das ist sein Thema. Wenn dabei Hunde, Katzen, Paviane, der Rüssel eines Elefanten und der Schwanenhals eine Rolle spielen, ist das keine Sodomiererei, sondern phantastisches Spielzeug: Verobjektivierungen einer nun allerdings grenzensprengenden Phantasie. Oft ist es auch nur mythologisches Personal. Denn wer denkt sich schon etwas ganz Neues aus!
Auf ihrem Höhepunkt ist die erotische Kunst Janssens Versinnbildlichung des Geschlechterspiels: Stoß und Gegenstoß, Druck und Gegendruck. Immer dreht es sich um den einen Punkt, den in Lust und Schmerz zu treffen Mann und Frau ewig umeinander herumturnen – dargestellt als Balanceakt, als auf- und niederschwingende Schaukel, als Wippe und Kippe. Wie die um das Zentrum gegenseitiger Erregung weit ausschlagenden Pendel streben die Körper voneinander weg, durch Welten getrennt, der Mann sich abrackernd, die Frau selig in sich selbst versunken. Die scheinbare Gleichmut der Mädchenpuppen will erklärt sein. Eine demonstrative Unaufgeregtheit ist Janssens Frauen ins Gesicht geschrieben. Wie auf fremdes Spielzeug blicken sie auf ihren eigenen Körper, der heftigen Hantierungen ausgesetzt ist. Dieses selbstvergessene In-sich-Ruhen macht sie nicht zu passiven und wehrlosen Opfern. Vielmehr treibt es den Gegensatz zu allem männlichen Gehabe hervor. Nur die Frau ist identisch mit der punktgenau arbeitenden Mechanik ihres Körpers, und zugleich steht sie in herrlicher Gelassenheit dem unerschöpflichen Spiel gegenüber. Das heißt, sie kann es unbeschwert genießen, während der Mann in seine Ruhelosigkeit eingesperrt ist.
Freilich ist auch das eine Männerphantasie – aber eine, die weniger gewaltsam ist. Der Mann macht sich buchstäblich zum Affen. Dagegen hat Janssen seinen Mädchen jene süße Selbstvergessenheit ins Gesicht gezaubert, die sie aller Gewalt überhebt. Ja, er ist bei der Ausgestaltung dieser Gesichter bis an die Grenze puppenhafter Schönheit gegangen. Zuweilen nimmt ihr unbeteiligt wirkendes Mienenspiel maskenhafte Züge an. Gern verbirgt er das Mädchengesicht auch ganz unter einer kunstvoll drapierten Haarkapuze, die in eleganten Kurvaturen in den Faltenwurf historischer Kostümierung hinüberspielt. Auch ein in den Nacken geschobenes Kissen kann diese Rolle übernehmen ebenso wie ein zweites oder drittes Mädchen, das zuschaut. Diese Mädchen sind Potenzierungen der in sich selbst seligen Schönheit.
Nach dem düsteren Geschlechterkampf der von Bettina inspirierten Serien

sind die erotischen Aquarelle von 1977/78 stark farbig und aller atemberaubenden Deutlichkeit zum Trotz verspielt. Wie in einem bunten Garten die Pflanzenwelt mit den Organen ihrer Vermehrung prangt und prahlt und wir uns an den Blüten gar nicht sattsehen können, die ein unersättlicher Lebenstrieb in aller Unschuld aus sich heraustreibt, so werden wir auch in die phantastisch ausstaffierten Mädchenzimmer hineingelockt – dorthin, wo das Träumchen im Kopf ganz ungeniert schalten und walten darf. Da herrschen eine wohltemperierte Geilheit und eine die Lust beflügelnde Phantasie, wie sie der lebenslangen Arbeit am Sexus immer zu wünschen wären. Alle nekrophilen Verdüsterungen sind hinter dem Horizont verschwunden.
Die erotische Hochblüte im Janssen-Werk verteilt sich auf insgesamt drei Schübe. Der erste fällt in den Herbst 1977. Janssen brachte ihn in seinen eigenen Räumen im Dezember zur Ausstellung. Im Anschluß daran gelingt zum Auftakt des Jahres 1978 ein zweiter furioser Schub von Aquarellen, dem ein letzter im Herbst und Winter zum Jahreswechsel folgt. Wie Birgit Jacobsen die ersten erotischen Bilder mitbeeinflußte, so Kerstin Schlüter die späteren. Aber allgegenwärtig in ihrer leiblichen Präsenz und der speziellen Gelenkigkeit ihrer Glieder ist Viola Rackow. Sie forderte unserem Künstler alles ab, was das vielleicht größte Kompliment ist – so groß, daß ihr Janssen auch noch gleich den provozierenden und gegen ihn selbst gerichteten Vorwurf in den Mund legte: „Richtig aquarellieren kannst du nicht."[31] Das war genau die Art von Nötigung, die Janssen seinen Musen abverlangte.
Den ersten Erotikschub[32] nennen wir „expressionistisch". Janssen benutzt den expressiven Einsatz von Form und Farbe dazu, um die bildnerischen und die literarischen Höhepunkte gegeneinander in der Schwebe zu halten. Letzte Deutlichkeiten bleiben auf die Weise ausgespart oder werden umschrieben und hinausgeschoben. Wir ahnen nur, was ein gewölbter Katzenbuckel oder eine schleckermäulige Tierzunge uns sagen will. Das erotische Finale findet rein in der Farbe statt – im aquarelligen Gekleckse und Gekleckerl.
Der zweite Erotikschub,[33] hauptsächlich vom Januar 1978, formuliert alle Andeutungen bis ins einzelne aus. Der Raum wird neu vermessen. Das Personal diversifiziert sich. Allerhand Spielzeug bevölkert die Szenerie. Der Zeichner verläßt sich auf seine jedes Detail virtuos gestaltende Hand. Die Umrisse werden sorgsam mit Tusche ausgefüllt. In diesen aquarellierten Tuschfederzeichnungen ist für Anspielungen kein Platz mehr: Es ist alles sichtbar da und restlos ausgesprochen. Aus den Spielereien sind raumfüllende Manöver geworden. Der Witz verwandelt sich in ein alle Sinne gleichzeitig bedienendes Barockspektakel. Dieser zur fleischlappigen Orchideenblüte entfaltete Sexus

muß Janssen ein tiefes Bedürfnis gewesen sein. Denn gegen alle Vorsicht und gegen die Angst, sich zu verraten und „aus dem Nähkästchen zu plaudern", hat er diese übersprudelnde und, wie ihm schien, „grellbunte" Fleischeslust vom Zeichentisch weg auf den Markt und unter die Leute gehen lassen. Viola bekam es zu spüren – im Guten wie im Bösen. Janssen wollte die ganze Welt mit seinem Sperma überschwemmen. Dabei fühlte er sich so bloßgestellt wie nie. Es war das erste Mal, daß er mit einem Teil seines Lebenswerkes – noch dazu einem zentralen Vorhaben – an einem Gipfel angelangt war, den er nicht mehr, auch aus Gründen seines biologischen Alters, würde überbieten können. Er hatte alles gegeben, buchstäblich – und eine wahnsinnige Angst, auf dem Höhepunkt versagt zu haben. Würde ihm der Markt sein buntes Treiben verzeihen? Die Zweifel ließ er an Viola aus.

Dagegen bedienen die erotischen Blätter aus der Zeit mit Kerstin Schlüter[34] schon wieder speziellere Gelüste. Nach den Bildern entfesselter Sinnenlust herrscht darin ein Zug mysteriöser Verrätselung. Der Schauplatz ist eine Art Spiegelkabinett. Um Längs- und Querachsen doppelt und dreifach gespiegelt, sind die erotischen Exerzitien in strenge Symmetrien geteilt. Es sind ausgeklügelte Balanceakte, die um ein imaginäres Lustzentrum vollführt werden. Auch sind die Farben auf Blankeneser Chic abgestimmt – Ton in Ton. Die Eleganz der Linienführung wiegt noch jede Blöße auf. Mit der eigenen Körperphysiognomie – runde Schultern, aufgetriebener Bauch, empfindliche Brustwarzen – ist Janssen nicht mehr selbst in diesen Blättern anwesend. Er läßt machen – wie in den erotischen Texten, die schon in Arbeit sind, aber erst sechs Jahre später fertig werden.

Es kündigt sich der Rückzug aus einer Szene an, die ihren authentischen Höhepunkt im August 1978 hatte – in exzessiven Umarmungen und solchen Verknäuelungen gewaltsam ausgebogener Leiber,[35] wie sie auch einem Egon Schiele noch nicht möglich gewesen wären.

Der geborene Erotiker ist immer in seinem Element, auch wenn er gerade keine Mädchen zeichnet. Blumen, Früchte, ein Teller mit Obstresten, eine Geldbörse – alles sieht ihn an, als wollte es immer nur das Eine sagen. Die Verwandlung ist das Fluidum, mit dem sich Erotik seit jeher umgibt. Sie schlüpft noch in jede Rolle. Eine x-beliebige Sache kitzelt den Zentralnerv so, daß sich lauter Bezüge herstellen. Jedes Ding schlägt eine Brücke, transportiert die Erregung, taugt zum Fetisch. Eros ist eine Kraft, die eine Welt unter Strom hält. Aber wie sie sich auch aufdrängt – jeder hat die Freiheit, darin zu sehen, was er will. Diese Freiheit darf nicht fehlen. Sie liegt noch jeder Anspielung

Akt nach der Natur, Aquarell 17. 12. 1977. Tusche über Bleistift (42 x 32,5 cm)

zugrunde. Ohne sie wäre es kein Spiel – nur Tatsache, nackt wie alles Tatsächliche. Eros weicht letzten Festlegungen aus. Er enthüllt und verhüllt zugleich. Er macht offenbar, indem er Verstecken spielt. Verraten und Verrätseln sind ihm ein und dasselbe. Janssen ist der wandlungsfähigste Mensch. Es sitzt ihm in Fleisch und Blut und ist der Motor seines Witzes. Die Metamorphosen des Eros – sie sind seine Welt.

Das sollte nun alles anders werden! Für die 80er Jahre verordnete sich Janssen – „per Plakat" und öffentlichen Anschlag – eine „impotentia totalis".[36] Er war es müde, den Frauen und der Welt noch länger zu dienen. Seine Absage kleidete er in den vollmundigen Rückblick auf ein Leben, das sich kein irdisches Vergnügen verkneifen mußte. Im Gegenteil, es hatte sich in den köstlichsten Ausschweifungen so verzettelt, daß angeblich an Arbeit noch gar nicht zu denken gewesen war. Das sollte nun anders werden: Er wollte endlich anfangen zu zeichnen.

> Kurz – ich war der glückseligste Liebhaber der Welt. Und das wurde + war ich, als ich vor langen 7 Jahren vom Prinzip Frau auf die Weibchen umsattelte. Bis dahin stank ich – sodann duftete ich. Man reichte mich rum und stellte mich vor. Ich redigierte Liebesbriefe, die nicht meine waren. Ich war unterrichtet, welche vorzüglichen Techniken und welche soliden Lächerlichkeiten diesem oder jenem Staatssekretär eigen waren, und auch das Geheimnis der jeweiligen Sekretion war keins. Und dann: die 2 oder höchstens 3 Varianten Ehemann dieser Welt wurden mir von den süßen Gegenständen meiner stets verwirrten Leidenschaft in Variations-Variierung zur täglichen Unterrichtsstunde gemacht. »Gemeinschaftskunde I – Neues aus Stadt Hamburg«. Auch wußte ich manche Scheidungstermine dieser Stadt früher als der infrage stehende Gatte. Also nochmal: Es türmte sich Vergnügen auf Vergnügen, und Alles und Jedes gefiel mir. Es war eine einzige Katastrophe aus den niedlichsten Katastrophen aller Welten in der Zeit; und ich weiß heute nicht, wann ich eigentlich gezeichnet habe. Doch nun, wie eingangs dargestellt = NUN IST FINI. Jetzt endlich zeichne ich zur Erholung + und fange grad' erst an zu zeichnen.[37]

Die Medizin, die sich Hokusai im hohen Alter verschrieb und die den Japaner unsterblich machen sollte, verabreichte sich Janssen, als er fünfzig Jahre alt wurde: Nun geht es erst richtig los! Damit an der Wirkung dieser Selbstmedikamentierung auch ja keine Zweifel aufkommen, am wenigsten bei ihm selbst, verpflichtete er sich dem größten Publikum. Er redete sich öffentlich ins Wort und plakatierte seinen Vorsatz. Diese Koketterie ist schon ein Teil des neuen Lebens, das Janssen in den 80er Jahren sucht – sozusagen ein strategisches Mittel, das ihn zu noch größerer Direktheit, zu einer Unverblümtheit ohnegleichen anstiften soll. Die Zeit der Scham ist endgültig vorbei. Er wollte in Zukunft überhaupt keine Rücksichten mehr nehmen.

Für seine erotische Kunst wie für sein ganzes Alterswerk hat das die größten Konsequenzen. Das totale Engagement in die Frau, die er liebt, ist nicht mehr die erste und ausschlaggebende Voraussetzung. Die „Altersgeilheit", die sich einstellen wird und die er auch ausleben will, ist vor allem Hirnarbeit. Die Frau ist Anregung, Initial, Anreiz, aber nicht mehr wie zu Violas Zeiten aufs Engste verschlungen mit dem Auf und Ab seiner Kunst. Das soll ihm eine neue Unabhängigkeit und einen ungleich größeren Handlungsraum verschaffen. Denn nun spielt sich fast alles im Kopf ab. Die Gedanken sind frei! Die nächsten Mädchenbilder sind deshalb weniger gemalt als „gewörtert". Den Mittelpunkt eines neuen erotischen Zyklus' bildet *Die Litze. Eine ziemlich lautlose Geschichte*.[38] Die Bilder, die im Umkreis dieser Erzählung entstehen, sind ihr beigeordnet in Form von Briefen oder als Radiervorlagen.

Der *Litze*-Text von 1984 geht auf Phantasien zurück, die Janssen zu seinen erotischen Aquarellen von 1978/79 beflügelt haben. Damals wollte er seine Bilder mit einer Erzählung begleiten, für deren Akteure er schon die passenden Namen gefunden hatte: Eumel, Phÿllis usw. Die Mädchenzimmer und speziellen Räumlichkeiten, die in der erotischen Geschichte eine Rolle spielen sollten, sind schon in den Zeichnungen deutlich zu erkennen. Die Vervielfältigung des weiblichen Personals, die an den Rand gedrängte Männlichkeit, die Verselbständigung der Lustmaschinen – alles ist 1978 schon da. Nur mit dem Schreiben haperte es. Die Situation war noch nicht danach. Der Schriftsteller ließ noch länger auf sich warten. Aber der Vorsatz stand fest, und Janssen wollte im kommenden Jahrzehnt die erste sich bietende Gelegenheit abpassen.

Die Gelegenheit fand sich, als er im Januar 1984 von Mirjam Madlung hörte, der Tochter der Judith – jener Judith, zu der er nach Ende seiner Kunstschulzeit in ein immer leidenschaftlicheres Verhältnis geraten war. Judith war damals noch mit Günter Schlottau verheiratet gewesen. Bevor sie mit Malte Madlung – dem Vater Mirjams – eine zweite Ehe einging, hatte sich Janssen in ihr Leben gedrängt. 1953 hatte er in einem Anfall von Verzweiflung und Raserei nach dem Messer gegriffen. Fast wäre er im Gefängnis gelandet. Die Strafe wurde zur Bewährung ausgesetzt – für eine Frist, innerhalb derer er wieder straffällig wurde. Das lag ein Menschenalter zurück. 1984 war Janssen entschlossen, seine Autobiographie zu schreiben oder doch wenigstens damit zu beginnen. Mirjam Madlung kam wie gerufen. Die Erinnerung an das Eifersuchtsdrama, an die nächtliche Aussprache mit Malte Madlung und seine plötzlich ausbrechenden Mordabsichten waren wieder geweckt. Er mußte die Gelegenheit beim Schopfe packen. Mirjam hatte zuerst zum Telefon gegriffen. Sie war voller Bewunderung für den großen Künstler. Es folgten Briefe. Damals entstanden die einschlägigen Kapitel aus *Hinkepott*[39] – jedenfalls die Vorentwürfe vom März 1984.

Später kam es Janssen so vor, als hätten sie sich einen Monat lang gegenseitig nur Briefe geschrieben. „Jeder baute seine Angst auf." Dann habe er am Telefon gebettelt: „Komm mich bitte bald mal besuchen." Darauf Mirjam: „Nicht bald – jetzt gleich!" Vom Söller seines Hauses habe er sie die Straße heraufkommen sehen. Das Premieregefühl hätte ihm den Magen umgedreht – „als ob die Russen gekommen wären: Sollst du jubeln oder weinen?"

Immerhin waren vier Jahre vergangen, seit sich Janssen „von den Weibchen dieser Welt »für immer und ewig« verabschiedet hatte".[40] Zum ersten Mal traf er sich wieder mit einem noch dazu sehr jungen Mädchen. Als sie sich Mitte des Jahres schon wieder trennten, hatte ihn Mirjam doch wissen lassen, „daß neben den anstrengenden Weibchen die Welt noch voller »Schulmädchen« sei".[41] Aber diese nachwachsende Generation war nicht mehr so stoß- und schlagfest wie die Mütter. Sie ließ sich nicht das gleiche gefallen. Oder brachte Janssen für sein Engagement nicht mehr die alte Glaubwürdigkeit auf? Hatte er nachgelassen? Sein Werben war nicht mehr bedingungslos und scheiterte an Mirjams Zurückhaltung, die sie nie ganz ablegen wollte.

Mirjam bockt[42]

Keiner hindert dich am Bocken
oder in der Ecke Hocken
Böcke bocken
Zippen hocken
So soll's sein
bockend hockend
niemand lockend
jeder bleibt für sich allein

Sie lieferte sich nicht restlos aus und ließ wohl auch nicht alles mit sich geschehen, einfach weil es nicht das Leben galt. Man war nicht auf immer und ewig

Janssen mit Plastiktüte, 1983 (Foto Karlheinz Grünke)

aufeinander angewiesen, und so stellte sich eine davon angestachelte Hysterie gar nicht erst ein. Wenn es Schläge setzte, konnte Mirjam damit überhaupt nicht umgehen. So genügte schließlich eine für Janssen typische Situation: Er steigerte sich in einen Schmerz hinein und ließ ihn als maßlose Enttäuschung an Mirjam aus, die das nicht ertrug und wegblieb. Sie war auch am Telefon nicht mehr umzustimmen gewesen.

Es war aber weniger der Altersabstand, der den Graben aufriß, als die Übermacht, die Janssen inzwischen verkörperte. Eine Übermacht, die auch dadurch zustande kam, daß er nicht *ein* – er hatte viele Leben gelebt, und gerade jetzt am Anfang seiner autobiographischen Schreiberei war eine erdrückende Masse von Erinnerungen aufgelaufen. Wollte er die jungen Mädchen halten, durfte er sie mit seinen Erfahrungen nicht an die Wand drücken. Wie sollte auch die Tochter damit fertig werden, wenn ihr die eigene Mutter als ein in ihrer sinnlichen Verführungsgewalt nicht zu übertreffendes Geschöpf vor Augen gebracht wurde – von dem Mann, der es wissen mußte! Janssen erinnerte sich in einem seiner Briefe: Er war noch keine zwanzig Jahre alt gewesen, als ihn Judith an die Hand genommen und auf dem Dachboden der Kunstschule am Lerchenfeld mit ihm gemacht hatte, was einen überwältigenden Eindruck hinterlassen sollte: „Dies trainierte Paket Leiblichkeit namens Judith zelebrierte mit süffisantem, kühlem Lächeln unter ihrem Pony ein Sommertag-Rums-Rums, daß ich genau wußte: Es gibt überhaupt nur EINE Frau für solches: Judith, deine Mutter!" schrieb er an Mirjam.[43] Welche Tochter hätte da nicht das Nachsehen!

Mirjam löste die autobiographische Niederschrift aus, und Janssen nutzte die passende Gelegenheit, um seiner Autobiographie die Form zu geben, die ihn beim Schreiben am stärksten animieren sollte: die Form von Briefen. Mirjam löste noch vieles andere aus, ohne selbst und unmittelbar beteiligt zu sein. Zum ersten Mal stürzte sich Janssen in ein erotisches Thema, ohne daß Abhängigkeit von der Frau eine führende Rolle spielte. Dabei ergänzten sich zwei Seiten, die nicht zusammengehören und niemals ein stimmiges Ganzes ergeben: Mirjams Zurückhaltung – ihre Passivität – und auf seiten Janssens die Überlegenheit des Alters. Ja, er schob sein Alter regelrecht vor. Aber er suchte den Abstand nur, um in Wort und Bild desto deutlicher zu werden. Aus der Distanz läßt sich vieles unumwunden direkt und ganz unverschämt sagen.

Mit einem Wort: Janssen wurde pornographisch. Er wurde es erst, als es schon alle Welt war und eine Industrie sich damit etabliert hatte. Damals fing er an, seine erotischen Blätter „Pornos" zu nennen: „dann zeichne ich meine »Pornos«".[44] Mit Mirjam Madlung hat das nichts zu tun, außer daß ihre verhaltene und distanzierte Art ihn dazu anrege.

Was 1984 entstand und was er „seine" Pornos nannte, waren *Die Litze* und im Zusammenhang damit eine Serie von Radiervorlagen, die er auf Schreibmaschinenpapier zeichnete und nachträglich kolorierte. Zwei Radiersuiten gingen daraus hervor: *Brief an Mirjam* und *Postscriptum*,[45] zusammen 41 Radierungen, die Janssen als ersten Zustand deklarierte und auch so drucken ließ. Für wenige Platten erarbeitete er später einen zweiten Zustand. 1984 wurde unter dem Titel *Phÿllis* endlich auch das Buch fertig, für das er in den 70er Jahren seine erotischen Aquarelle gemalt hatte. Seitdem hatten die Ektachrome in den Händen von Brockstedt gelegen. Er wollte sie veröffentlichen und ein Buch daraus machen, wartete aber auf den Begleittext, der nicht zustandekam. Brockstedt schlug Auszüge aus der erotischen Weltliteratur vor. Das mißfiel Janssen, der weiter an seiner Geschichte von den Mädchenzimmern bastelte und nach der entscheidenden Anregung Ausschau hielt. Er holte sie sich bei Mirjam – davon, wie sich ihm das Verhältnis zu dem jungen Mädchen im Kopf darstellte.

Er fühlte sich in der Tat alt, unendlich alt. Sein Körper kam ihm gebeutelt und ausgeleiert vor. „Die Glückseligkeit und Kraft von Schwanz und Sack" sind bloß noch „Erinnerung",[46] schrieb er am 21. März 1984. Nach vier Jahren selbstverordneter Impotenz fehlten der Wille und der Glaube, überhaupt jemals wieder einer Frau bedingungslos nachzusteigen und sie, koste es was es wolle, zu erobern. Die Leidenschaft seiner frühen Jugend stand ihm unwiederholbar vor Augen. Mirjam, die Tochter der Judith, war zum Greifen nah und doch so fern. Er fühlte sich zu schwach, und das einzige, was ihm blieb, war die verzehrende Sehnsucht nach dem jungen Fleisch. Er glaubte, es nicht mehr bedienen zu können. Deshalb zog er die Rolle des lüsternen Alten an sich: „Mirjam [...] machte aus mir einen alten Lüstling."[47]

In der Situation brachte er *Phÿllis* – sein langgehegtes erotisches Bilderbuch – auf den Weg. *Phÿllis* steht für dreierlei. *Phÿllis* ist – erstens – der Mädchenname einer der Hauptakteurinnen aus der *Litze*, zweitens der Titel des von der Galerie Brockstedt im Frühjahr 1984 herausgegebenen Buches und – drittens – die Bezeichnung für eine Serie von erotischen Aquarellen,[48] die Janssen gleichsam als Kulisse und Bühnenbild für die Buchpräsentation tuschte.

Die *Phÿllis*- Aquarelle von 1984 sind der genaue Spiegel jener verquälten Lage, in der er steckte. Eine junge und gespreizt aufrecht stehende Schöne in der Bildmitte wird von zwei alten, fettleibigen Männern eingerahmt, die sich qualvoll winden und strecken, ohne je das sich öffnende Jungmädchenfleisch erreichen zu können.[49] Hokusai hat solche wie Ringkämpfer in sich selbst verknoteten Gaukler gezeichnet. Janssen hat sie 1970 zum ersten Mal kopiert und 1984 endlich mit allen Attributen einer infernalischen Körperlichkeit ausgestattet. Der Buchstabe M wie Mirjam ist in diesen manierierten Gruppenbildern wahrhaft Fleisch geworden.

Janssen ist in seinem erotischen Thema nicht „drin". Es wird auch dadurch nicht besser, daß er sich in Qualen verzehrt und es virtuos zur Darstellung bringt. Er ist in den *Phÿllis*-Aquarellen von 1984 nicht auf der Höhe seiner erotischen Kunst. Eher handelt es sich um Dokumente seiner Befindlichkeit – darum, daß er sich am Ende seiner „Alterspubertät" einbildete, daß die „Weibchen dieser Welt" für ihn überhaupt passé seien und er sich höchstens noch aus der Distanz des gebeutelten Alters würde aufgeilen können.

Er zeichnete und schrieb für sich „Onanie-Vorlagen".[50] Darin geht es unverblümt zur Sache. Die verwandelnde Kraft des Eros, alles, was die spielerische Annäherung an das Objekt der Begierde zu einem unterhaltenden Schauspiel machen könnte, bleibt draußen vor. Es herrscht Sex pur. Zum besseren Verständnis sei gesagt, daß es Janssen genau darauf ankommt. Er will in eine neue Dimension nie gewagter Unverschämtheit vorstoßen. Alle Zu- und Herrichtungen, sei es der weiblichen oder der männlichen Physis, dienen der Steigerung einer im Orgasmus sich entladenden höchsten Anspannung.

Sprechen wir zuerst von dem *Litze*-Text. Die Idee will Janssen bei einem seiner langen Telefonate mit Mirjam gekommen sein, als er sie in Stimmung und derart in Hitze redete, daß er die Vorstellung hatte, die am anderen Ende der Leitung geweckte Erregung würde durch das Drahtgeflecht des Stuhls direkt auf den Fußboden tropfen. Wie dem auch gewesen sei – wir sind in der Ära des Telefonsex, der gerade für die gewerbliche Nutzung erschlossen wurde, und es paßt zu unserer These, daß Janssen in eroticis immer auch mit der Zeit gegangen ist. Den Ausschlag wird freilich gegeben haben, daß er vorhatte, seine sexuellen Sehnsüchte ungeschminkt auszuphantasieren. Um Phantasien handelt es sich allerdings. Es ist die stimulierende Phantasie eines Kopfes, der seine Lust aus beiden Geschlechtern zieht – aus dem, was dem einen recht und dem anderen billig ist.

1984 suchte sich diese Lust in einer speziell arrangierten Szenerie Befriedigung – im Gegensatz zu einer phantastischen Erzählung, die Janssen dreißig Jahre früher geschrieben hat. Diese Erzählung von 1954 thematisierte die im Verhältnis der Geschlechter prinzipielle Unerlöstheit. Obwohl ein Menschenalter früher entstanden, kann dieser Text zusammen mit einer unveröffentlichten

Fortsetzung dennoch als Vorläufer der *Litze* gelten kann: *Genever + der Mond + die Geschichte von der schmerzigen Wolke.*[51]

> Genever beginnt natürlich erst zu singen, wenn der Mond erscheint. Anfangs war es eine Sensation. Heute finden es die meisten Leute langweilig. Aber die wenigen, die es nicht nur komisch finden, sind allabendlich dabei. Es beginnt mit einem Tee, den Genevers Großmutter kocht: Granny. Mit diesem Tee beginnt es und dann gibt es eine Geschichte vorgelesen. Es wird aus zwei Arten von Büchern vorgelesen, die von Granny zur Verfügung gestellt werden: grausame und komische Geschichten. Genever selbst bevorzugt die komische Art, aber alle Freundinnen einschließlich Genene die grausame. Da Genever selten seinen Willen bekommen hat, gibt es heute natürlich eine grausame Story und zwar die Erzählung von der übervoll gefüllten Regenwolke, die auf Gottes Befehl nicht regnen, sich nicht auflösen noch gar platzen darf, die also auf unbestimmte Zeit mit argen inneren Schmerzen am Himmel wandern muß. Die Freundinnen haben diese Story wohl schon hundert Mal vorgelesen bekommen. […]

Die Wolke, die sich nicht abregnen kann, ist das in alle Ewigkeit prolongierte Leiden. Von diesem Leiden bleibt 1984 in der *Litze* mehr nicht übrig, als die Lustmaschinen zu ihrem perfekten Funktionieren gezielt umsetzen können. Das Mädchen mit dem Namen Litze ist das vollkommene Werkzeug der Liebe, weil es sich restlos darin erschöpft, anderen zu dienen. Alle benutzen es, arbeiten sich an ihm ab und vollstrecken ihre jeweiligen und besonderen Gelüste an ihm – ob Mann oder Frau. Litze läßt sich nichts gefallen, was ihr Körper nicht braucht, um ihrerseits zum Höhepunkt zu gelangen:

> Und die bisher schwimmende Bewegung des Litzenkörpers geht über in Zuckungen. […] Das sind die Sekunden, wo […] sich ihr ganzer Oberkörper anhebt und sich in drei, vier heftigen, ruckenden Krämpfen nach vorn wirft, jetzt + nochmal + nochmal + nochmal – und das sind die Bewegungen eines sterbenden Tieres. […] Aller Wille ist raus aus dem Fleisch. […] und wenn sie sich dann nach einer Weile aus einer Todstellung langsam erhebt, kommt ihr aus ihrem kleinen schmalen Lächeln ein: »Ohmann – bin ich fertig«.[52]

Litzes Orgasmus ist das Maß aller Dinge. Die sich daran messen lassen müssen, sind die Zwillinge Herm I und Herm II, der 19jährige Fischerjunge, die Freundinnen Janine und Phÿllis und wie sie heißen, jeder mit seinen Stärken und Vorlieben – das ganze Personal der Erzählung: „Das ist das Maß, das genau der Physis unserer Freundin angemessen ist."[53]

Ein einzelner – und sei es der fleischgewordene David des Michelangelo –, wie wollte er schaffen, was nur ein Orchester aufeinander abgestimmter Instrumente leisten kann? Wo hätte sich je die Ohnmacht des Mannes deutlicher ausgesprochen als hier! Dieser Janssen muß einen ganzen Heerzug organisieren, um einer einzigen Frau den Frieden zu schenken. Unübersehbar ist die Angst zu versagen. Aber es wäre nicht Janssen, wenn er aus der drohenden Niederlage nicht einen Sieg machen würde: einen Triumph der Frau – insbesondere der Frau, die in ihm selbst steckt. Denn darauf legt es die Erzählung an: Richtig gelesen, „gibt es keinen Unterschied zwischen Mann + Frau." Deshalb ist „bei aller Künstlichkeit" die *Litze* „als Onanie-Vorlage gedacht für alle, die heute Nacht allein sind – Frau oder Mann".[54]

Pervers – wenn wir schon solch eine moralisch belastende Grenzziehung hier vornehmen – ist das alles nicht. Es ist – mit einem Lieblingswort von Janssen – die in Mann und Frau geteilte „Greisenlust", die das, was sie körperlich entbehren muß, im freien Spiel grenzüberschreitender Phantasie zurückgewinnt. Wäre Männlichkeit nicht so ausschließlich mit sich beschäftigt, ihr wäre dieser um mehr als die Hälfte gesteigerte Lustgewinn durchaus zu wünschen.

Heinz Friedrich, Mitte der 80er Jahre Herausgeber des Deutschen Taschenbuch Verlags und selbst nicht mehr weit vom Pensionsalter entfernt, mußte tief durchatmen und die Empörung herunterschlucken, als ihm in dem Sammelband *An und für mich* von seiner Lektorin *Die Litze* wie ein Kuckucksei untergeschoben wurde. Er hatte sich geschworen, in seinem Leben keinem pornographischen Text zur Veröffentlichung zu verhelfen. Janssen hatte darauf bestanden, daß *Die Litze* in die Sammlung aufgenommen werden sollte. Ohne Scham und Rücksicht, ohne alle Umschweife wollte er die ihn zu höchster Erregung treibenden Phantasien ausgesprochen und „gewörtert" wissen. Er wollte „das Thema Sexus einmal unverdeckt abhandeln – das »Rumms Rumms Rumms als solches«".[55]

> Ich habe alle meine weiblichen Hormone versammelt, um in die Haut der Litze, der Janine und der Phÿllis zu schlüpfen. Auch wollte ich für einen kleinen Moment – narzißtisch wie ich AUCH bin – meine diversen Fetischismen aufdecken. Und die ziemlich präzise Beschreibung des Litze-Körpers sollte meine homophilen HIRN-Gespinste befriedigen. Auch

wollte ich einmal jenes Befinden beschreiben, das in der labilen Balance zwischen Schmerz und Wollust liegt. Sodann wollte ich der wunderbaren Mechanik der Körper huldigen. Das Mechanische, das allgemein in dieser Angelegenheit diskreditiert wird. Aus Huldigung an dieser »göttlichen Mechanik« habe ich die Litze zu einer kleinen Liebes-Maschine aufgebaut – zu einem »Maschinen-Mädchen«, bedient von Mädchen! Denn der Fischer, die Jungs-Zwillinge und der Pavian sind ja lediglich Werkzeuge in der Verfügung der drei Freundinnen.[56]

Phantasie hin, Phantasie her – in einem Punkt nähert sich Janssen der Wahrheit. Es ist eine Wahrheit und keine persönliche Marotte, weil sie aus einer tieferen Einsicht in die Mechanik der Körper entspringt: Die ins „Liebe-Machen" vertieften Körper arbeiten sich wie Präsizisionsinstrumente aneinander ab. Als Zusammenspiel zweier Anatomien sind sie auf wunderbare und nicht zu übertreffende Weise füreinander geschaffen. Dieser „Leiblings-Mechanismus" setzt nicht nur zeitweise die Liebe und alles Sentimentale aus – Janssen behauptet sogar:

Die eingeborene Zärtlichkeit der Liebe steht dem Wesen des Liebe-Machen entgegen. Die anatomische Annäherung, Verbindung und Sekunden-Verschmelzung, setzt ein ungeheures Maß an Gegnerschaft voraus: Es herrscht eine gegenseitige Sehnsucht nach Macht, Mächtigkeit und Beherrschung des Gegners. Überwältigung, kalkulierte Vergewaltigung, steht in ZWEI gegeneinander, und dieses GEGEN löst sich auf – wie gesagt – in jenem Moment, der die Uhr um ein paar Sekunden zurückdreht.[57]

Nach Janssen ist „das Verlangen nach Macht und Mächtigkeit" aufgehoben in das Spiel von „Anatomie" und „Gegen-Anatomie". Wie es aussieht, hat er auch recht damit, wenn es mir auch eher wie die dem Mechanismus eingeschriebene Utopie vorkommt – eine Utopie, die einzulösen wir durch unsere Psyche gehindert sind. Normalerweise sind wir zu sentimental, um dem Körper zu geben, was des Körpers ist. Psyche – alles Be-denken – stört da nur! Selbst das Auge – dieses Fenster zur Seele – begreift Janssen so, daß es eine wohldefinierte Rolle spielt. Er hält das beobachtende Auge sogar für unerläßlich beim „Liebe-Machen":

Das Auge nämlich, das das Ganze der Chose in seine Teile zerlegt, parzelliert – einerseits zwecks Steigerung, indem es der Lust der begreifenden

Hand den lüsternen Blick hinzufügt – andererseits der Lustkontrolle wegen.

Solch ein Auge hält die Gegen-Anatomie auf Distance zwecks »Zeitgewinnung«, auf daß sich die ZWEI solange wie möglich als 2 gebraucht. In diesem Zeitgewinn zeigt sich das Genie der Natur.[58]

Der „göttlichen Mechanik" sind *Die Litze* und besonders die aus 27 Radierungen bestehende Serie *Brief an Mirjam* gewidmet. Sie sind auf eine ganz und gar unverschämte Weise Sex um seiner selbst willen. Deshalb halten sie sich auch von jeder Erotik frei. Sie werben nicht und machen keine Anspielungen, sie umschreiben nicht, und schon gar nicht ziehen sie vor irgendetwas einen Schleier. Als handelte es sich bloß um sentimentale Begleiterscheinungen, sind der Witz und die Verwandlung von der Szene verbannt, die ausschließlich von der „Liebes-Maschine" dominiert wird – davon, „daß wir uns selbst Spielzeug sind – fleischgewordenes mechanisches Spielzeug".[59]

Man möchte meinen, mit der Erotik sei auch die Kunst verlorengegangen, und das einzige, was übrigbleibe, sei eine „artistisch beherrschte Künstlichkeit".[60] Janssen hält dagegen. Zum besseren Verständnis seiner „Pornos" von 1984 fordert er einen besonderen Nerv, der in dem radierten oder gezeichneten Lineament eine eigene Musikalität wahrnimmt.[61] Die Linienmusik soll den Mangel an Sentiment aufwiegen. Fest steht, daß Janssen für seine Alterssexualität – für das, was er dafür hielt – eine unverblümte Sprache gesucht und gefunden hat und daß er sich diese Unverschämtheit hat immer schon für seine späten Jahre aufsparen wollen. Ja, sich das leisten zu können, sei überhaupt erst die Freiheit, die allein es lohne, alt zu werden.

Gleichwohl sind Zweifel angezeigt, ob Janssen als erotischer Künstler in den Arbeiten von 1984 tatsächlich an sein Ziel gelangt sei, wie er selbst zu jenem Zeitpunkt meinte. Sah er doch auch die in dem Buch *Phÿllis* versammelten Aquarelle von 1977/78 bloß noch im Lichte jener späten, forcierten Freiheit, die er in einer von aller Erotik abgekoppelten „Mechanik des Liebe-Machen" zu finden glaubte. Aber die Aquarelle der Viola-Zeit sind noch nicht dieser unverdeckte, schnörkellose Sex. Sie sind deutlich und sogar drastisch. Aber wir bewegen uns darin wie auf einer Bühne. In den Kostümen des Biedermeier und des Rokoko nehmen wir an hocherotischen Schauspielen teil. Dieses theatralische Beiwerk läßt Janssen erst 1984 weg, als er sich – durch Mirjam bestärkt – in sein Alter eingesperrt fühlte. Auf keinem anderen Weg glaubte er, dem ausgeleierten „alten Sack" wieder aufhelfen zu können. Auch das ist eine Lebenswahrheit – vielleicht trifft sie besser als alles andere die Pornographie

in ihrem Kern. Aber sie gehört in eine Epoche und zu einer Situation, wie sie Janssen als Mittfünfziger gelebt hat und zu der Zeit auch leben wollte.
In Viola Rackow war er noch restlos engagiert gewesen. Mit Kerstin Schlüter fand er sich schon auf einem anderen Fuß wieder. Bei Mirjam Madlung bildete er sich nur noch ein, daß die junge Tochter der Judith von ihm verlangte, was er nicht mehr zu geben in der Lage wäre. Er fühlte sich zu alt. Diese Rolle spielte er unübertrefflich. Er lebte sie buchstäblich in den *Phÿllis*-Aquarellen weiter, die er 1984 für Brockstedt tuschte: der alte Mann – gefesselt an sein Begehren und sich wie am Marterpfahl drehend und windend. Mirjam bestätigte ihn in dieser seiner Lieblingsrolle auf wunderbare Weise. Sie widmete ihm eine hinreißende Erzählung, der sie den Titel gab: *Der alte Mann und das M*. Es ist ein biographischer und zugleich hochpoetischer Text, wie er in dieser Qualität von keiner seiner Frauen überliefert ist. Janssen fühlte sich in dem Schauspiel, das er von sich gegeben hatte, so bestätigt, daß er den Text als *Gertrudenformat* veröffentlichen ließ.[62]
Der Lebensabschnitt gipfelte 1984 in einer Serie von Radierungen, die *Postscriptum* heißt.[63] Es ist eine „Nachschrift" auf das Altersbegehren – darauf, daß es nicht eher als mit dem Tod aufhört. Ein Nachwort auf den Sexus. Janssen zeichnete damals Skelette, und die Knochen liefen ihm so gelenkig aus der Radiernadel, daß er lauter Gerippe zum Liebesspiel animierte. Das entfesselte Beinhaus erscheint nur durch den Blick der Mädchen gemildert, der unverwandt auf den Horizont gerichtet bleibt. Wie ich meine, herrscht in diesen Blättern weniger Todesangst und auch keine Nekrophilie, sondern das zur Rache gesteigerte Vanitas-Motiv des Barock: Am Ende hat sich Janssen den Frauen zum Opfer gebracht. Davon war er überzeugt. Was hat er nicht an Kraft und Kunst aufgeboten – alles um der Frau willen! In solcher Rache tobt sich das auf den Knochen heruntergeätzte Fleisch aus, wenn es bis ans Ende der Zeit in das „Liebe-Machen" eingesperrt ist. Ein heilloser Zorn entlädt sich, wenn die in den Augen der Mädchen zur Unendlichkeit entleerte Lust an gar kein Ende kommen will. Natürlich ist das aus dem Blickwinkel des Mannes gesehen, der rackert und rackert und rackert. Wie dem sei! Mit diesen Radierungen konnte dann auch Frielinghaus so wenig anfangen, daß er sie bis nach Paris gehen ließ, wo sie mehr schlecht als recht von der Platte gezogen wurden und auf atmosphärisch unpassendem Büttenpapier zurück nach Hamburg gelangten. Nie hat sich Frielinghaus – wenn er nicht mußte – auch nur von einem Teil der Auflage getrennt. Hier geschah es freiwillig.
Wie selten überstrapazierte Janssen mit seiner Gerippewut die Freunde. Aber mit großformatigen Plakatzeichnungen für Schweden und Norwegen[64]

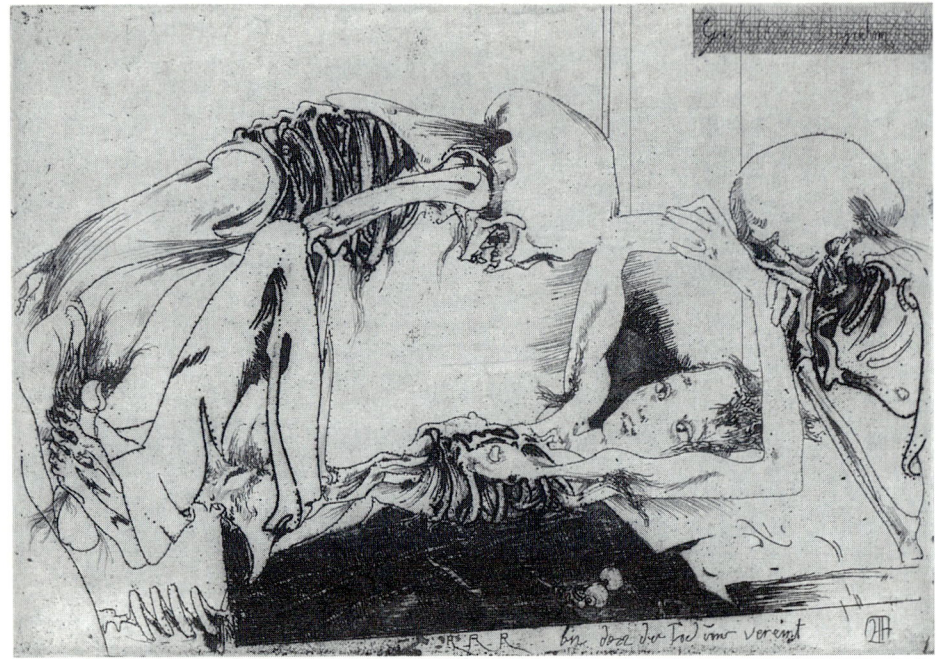
Bis daß der Tod uns vereint, Radierung 1984 (21 x 29,5 cm)

verschaffte er diesem „ungeliebten" Teil seines Werkes einen Platz in seinem Œuvre. Er wollte partout auf dem nackten Knochen herumreiten.

Hier drängt sich unwillkürlich die Frage auf, ob Janssen sich nicht in eroticis zeitlebens zuviel zugemutet hat. Wie es scheint, hat er sich notorisch überfordert. 1959/60 – mit der Neuen Figuration – war er auf den Weg einer exhibitionistischen Aufgeregtheit gelockt worden, deren hervorstechendes Merkmal war, daß sie sich zu immer größeren Frechheiten hinreißen ließ. Steigerung liegt in der Natur des Sexus. Steigerung hat Janssen auf seine Fahne geschrieben. Unter diesem Banner absolvierte er seine künstlerische Laufbahn. Immer freier, immer frecher, immer herausfordernder wurden besonders seine Erotika. Solange er – nach eigenem Bekunden – glaubte, „mit dem Schwanz besser als mit dem Pinsel" zu sein, ließ er auf dem Papier seinen Charme spielen. Mit übersprudelnden Einfällen umwarb er den allmächtigen Eros und schlüpfte von einer Rolle in die andere: ein Genie der Verwandlung. Wie deutlich er auch wurde – immer glich es einer launigen, übermütigen Kobolderei, und selbst wenn er auf der Grenze zwischen Schmerz und Lust den springenden Punkt anvisierte, war es eine ausbalancierte Inszenierung.

Erst als Janssen seine eigentliche Stärke als falsche Rücksichtnahme und verkehrte Scham meinte ablegen zu müssen, tritt die Überforderung offen zutage. Die Landschaft, das Stilleben, das Porträt, die Vedute verlangen ein je eigenes Temperament. Allein die erotische Kunst lädt sich mit allen erdenklichen Spannungen auf: mit Aggressionen, Sadismen, Masochismen. Unterwerfung und Demütigung wollen restlos ausgelebt sein. Weil Janssen immer alles forcieren und seinen Mutwillen damit treiben muß, will er auch in eroticis die völlige Selbstermächtigung des Fleisches. Er läßt seine Skrupel fahren, er tritt aus der Deckung hervor, scheitert aber am Leerlauf seiner Sexmaschinen – am Sex pur, der in seiner Entblößung mehr Schrecken als Lust verbreitet. Nur – was ist das für ein Scheitern! Es ist nicht sein Scheitern allein – eine ganze, von Höhepunkt zu Höhepunkt hechelnde Generation scheitert daran. Welchem Gott wäre je eine solche Last aufgebürdet worden? Auf dem Gipfel seiner „Alterspubertät" – unfähig, sich in Liebe zu engagieren – hielt Janssen die „Mechanik des Liebe-Machen" für die letzte übrigbleibende Wahrheit.

Mit Annette sollte alles wieder ganz anders werden. Mit Annette fand er endlich zu seiner Rolle – der des überlegenen, wissenden Souveräns. Er war nicht mehr länger nur der in seine pornographischen Rachephantasien verbarrikadierte „alte Lüstling".[65] Annette Kasper, die im Frühjahr 1985 brieflich und telefonisch zu ihm in Verbindung trat, konnte ihn wieder in Erstaunen versetzen, ihn überraschen und bezaubern. Schon bald wurde sie ihm zur „Nymphe" – zu einer jener Naturgottheiten, die überall und doch nicht greifbar sind, weil sie – wie die Jugend selbst – dauernd ihre Gestalt wechseln. Von ihr ließ sich der „alte Mann" um so lieber verführen, als er seine vita sexualis schon für beendet erklärt hatte. Nur insgeheim hoffte er auf Besserung. Da lief ihm dieses Naturwunder unverbogener Grazie über den Weg und feierte mit der Leichtigkeit ihrer neunzehn Jahre bei ihm Erfolge, von denen einer überwältigender war als der andere. So wollte er erobert werden – immer schon, aber diesmal erst recht, weil er kaum noch damit gerechnet hatte.
Dabei war Annette kein Mädchen, das erst wachgeküßt werden mußte. Janssen ordnete sich selbst unter dem Index A 5 in die Reihe seiner gelegentlich auch älteren Vorgänger ein. Das spornte seine Phantasie an, und unter den vielen Ausdeutungen, die er dieser Zahlen-Buchstaben-Kombination geben sollte, war auch die, daß ihm in der Rolle des fünften Liebhabers der Annette endlich die Quadratur des Kreises gelungen sei. Das beflügelte seine Einbildungskraft und riß ihn aus dem gewohnten Gleis. Mit ihr verjüngte er sich, und binnen weniger Wochen, als Annette über Paris nach Blankenese im

Anmarsch war, warf er die zu übergewichtiger Unförmigkeit aufgetriebene „Alterspubertät" wie einen lästigen Kokon ab. Er verlor über zwanzig Pfund. Mit der unbändigenden Vorfreude auf sein Mädchen bekam sogar das Kind im Manne wieder blitzblank geputzte Augen. Er sah die Welt neu, und alle Welt konnte sehen, daß er verliebt war, wann immer ihn Annettchen an die Hand nehmen und unter Menschen führen sollte.

Die Erweckung seiner Lebensgeister schlug sich sofort in seiner Kunst nieder. Besonders in seinen Zeichnungen kehrte der das späte Glück behutsam bergende Strich wieder, mit dem Janssen das Porträt Annettes einfing. Es sind die schönsten Mädchenbildnisse, die es gibt. Alle Routine hinter sich lassend – als wäre er vor so viel jugendlicher Schönheit befangen –, konzentriert sich Janssen immer nur auf einen einzigen Zug ihres Gesichtes. Die Bildnisse[66] sind das unwiederholbare Resultat einer zu zärtlicher Andacht gesteigerten Porträtkunst. Von diesen Bildnissen sind viele in Flammen aufgegangen, als Janssen auch diese Ewigkeit einer Feuerprobe unterziehen mußte.

Annette besaß ein natürliches Talent, dem Künstler in jeder Rolle das zu sein, was er in ihr sehen wollte: Mädchen und Frau, Kobold und Irrwisch, und alles mit der größten Unbefangenheit und einer Unschuld, die das Alter auf Schritt und Tritt zum besten hat. Dennoch lief bei Janssen ein Programm weiter, das aus der Zeit vor Annette stammte. Er hatte sich ihm regelrecht verschrieben. Es war das Programm des Schriftstellers, dem sich die Welt als Irrenhaus darstellte. Das hatte mit seiner Analyse des Kunstbetriebs in *Eine Quijoterie*[67] angefangen und in den *Anmerkungen zum Grundgesetz*[68] seine Fortsetzung gefunden. Es gipfelte vorläufig in solchen Aufzeichnungen, die er *Einen tagespolitischen Seitensprung* nannte.[69] Ob Kunstmarkt oder Weltpolitik – überall drängte sich ihm derselbe Wahnsinn auf: Die Menschen betrügen sich unablässig selbst, wenn sie sich nicht gerade gegenseitig hinters Licht führen. Im Schatten beispiellosen Wettrüstens spitzte sich dieser Irrsinn immer weiter zu. Das stachelte den Schriftsteller an. Das Programm ließ ihn auch unter Annette nicht los. Im Gegenteil, wie es seine Art war, mußte er die gleiche Liebe, die ihn unendlich beflügelte, aber auch in immer neue Trennungsängste stürzte, dazu benutzen, *sein* Schreckensthema fortzuschreiben. Er mußte ihm neue, grauenerregende und irrwitzige Lichter aufsetzen. Das geschah einerseits in der Lithographie, die er gerade 1985 wieder für sich entdeckt hatte, andererseits in der Radierserie *Svanshall verkehrt* und dem gleichnamigen Buch- und Bildband, einschließlich der ätzenden Reportage, die er unter dem Titel *Fünf Tage Fünf Nächte* von der blutrünstigen Heimsuchung der Insel Sylt gab.[70]

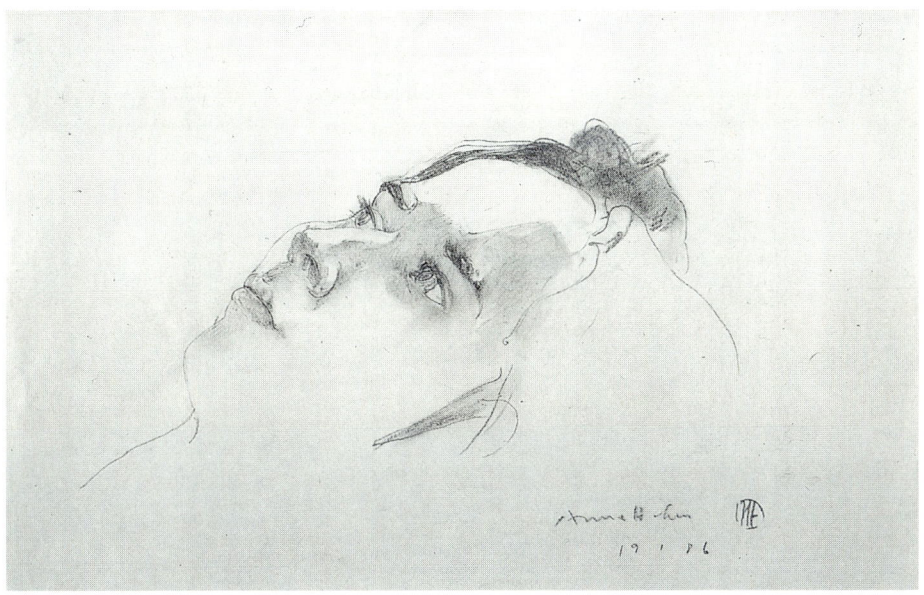

Annettchen, Zeichnung 19. 1. 1986. Pastell (30 x 46 cm)

Was sich aber in den ersten gemeinsamen Wochen mit Annette als Glückseligkeit in ihm angesammelt hatte, entlud sich in den lichterfüllten Landschaften, die er für die Galerie Berggruen in Paris aquarellierte. Mit diesen stark farbigen Aquarellen sollte er ein weiteres Kapitel in seinem Alterswerk aufschlagen. Die Landschaft kennt auch das Drama, aber sie bindet es an die Natur zurück. Alle Gegensätze und noch die größten Kämpfe trägt sie mit sich selbst aus. Janssen hat die Aufregung mit Annette in vollen Zügen genossen. Daneben lief aber das alte Programm weiter. Er hatte sich vorgenommen, die einmal in ihm aufgestachelte und nie mehr ganz einzudämmende Wut, koste es was es wolle, endlich im Alter ungeschönt herauszulassen. Er wollte Schmerzen bereiten und sah darin das einzige Mittel zur Linderung der Pein, die er gerade wieder um Annettes willen litt. Sie war noch nicht in Hamburg, und schon wand er sich in Qualen. Aus dem Grund ersann er einen gestreckten Mädchenkörper, den er ziemlich in die Bildmitte rückte. Wenn Nacktheit von verhüllten oder sonstwie sinistren Gestalten umstanden wird, signalisiert das die verfolgte Unschuld. Annette ist so vollkommen Werkzeug und Opfer, daß alle Reize von ihr ausgehen. Die erotischen Erzählungen, die Janssen ab November 1985 auf Stein zeichnete,[71] entwickeln die arabesken Szenerien mit Mirjam zu martialischen Gruppenbildern weiter. Es sind Zeichnungen von einer Ausführlichkeit und einem figürlichen Reichtum, wie es sie außer in die-

L'embarras, kolorierte Radierung 11. 4. 1986;
hervorgegangen aus dem gleichnamigen „Küchenlitho" (52 x 66 cm)

sen Lithographien in den 80er Jahren von Janssen noch nicht gab. Das Figürliche war die letzten Jahre – meist unter dem Titel einer *Radiervorlage*[72] – im Understatement geblieben. Erst mit Annette strebte das erotische Kabinett wieder einem Höhepunkt entgegen – auf Stein, dann auch auf kleinen Papieren. 1986 entstand in rascher Folge, wenn auch in bekannter Untertreibung bloß *Tageszettel* genannt,[73] ein burleskes Figurentheater mit einem wildbewegten, weit in die Geschichte zurückgreifenden Personal.
1981 hatte Janssen in seinen dem Venedig Guardis nachempfundenen Aquarellen Gehenkte in die pittureske Szenerien baumeln lassen. Sie flatterten wie Wäschestücke im Wind. Wie sich nun zeigt, waren es Vorboten eines größeren Unheils. 1986 öffnen sich die Folterkammern. Die Inquisitionstribunale geben ihre Geheimnisse preis. Ausgesuchte Methoden der Peinigung stellen sich auf dem Marktplatz offen zur Schau. Die Unschuld wird ans Kreuz gebunden und geknebelt – auch kopfüber –, oder sie wird zwischen zwei Pfosten der Länge und Breite nach ausgespannt und gleichsam zur Strecke gebracht. Die städtische Gerichtsbarkeit hat ihren Auftritt. Die Soldateska marschiert unter dem Dreispitz auf. Die mit dem Kugelschreiber wie aus der Lamäng hingeworfenen *Tageszettel* sind ein bunter Ringelreihen grotesker Gestalten. Erst dem sich durch das Figurengewimmel hindurchtastenden zweiten Blick eröffnet sich das infernalische Grauen. Der Teufel steckt im Detail: Da wird Unzucht getrieben, ein Geständnis erpreßt, Hinterhalt gelegt. Alles dreht sich um Annette. Aber ist sie das Opfer? Wie eine in Häme erstickte Drohung gegen sich selbst hat Janssen unter den *Tageszettel* vom 20. März 1986 den Satz geschrieben: „Heut haben sich Annettchens Qualitäten mal wieder offenbart."[74]
Was Janssen da im gedrängten Format inszeniert, ist ein martialisches Spektakel – ein Schauprozeß, den er gegen sich selbst führt, gegen den Leichtsinn, sich in seinem Alter noch einmal zu verlieben – in dieses junge, mit einer natürlichen Unschuld bewaffnete Mädchen. Alle Anfeindungen, die einem solchen trügerischen Glück drohen, bringt seine rücksichtslose Abrechnung an den Tag. Janssen zerrt sie hervor. Die Arsenale, die er bei der Gelegenheit plündert und zur Illustration seiner Ängste ausbeutet, sind die von Jahrhunderten. Das ganze Personal, das er sich mit Hilfe von Callot, Watteau, Goya und Guardi im Laufe der Jahre angeeignet hat, läßt er aufmarschieren. Es ist ein historischer Reigen, der die Brutalitäten aller Zeiten wie in einem Spiegel vereint – in dem der Zeitlosigkeit. Dabei herrscht kein Mangel an eigenen Erfindungen. Wenn es darum geht, eine Körperverrenkung oder gnomenhafte Verkrüppelung ins Bild zu rücken oder der Bosheit einen Fischkopf überzustülpen, ist Janssen in seinem Element. Es sind seine sehr persönlichen

Erotika 299

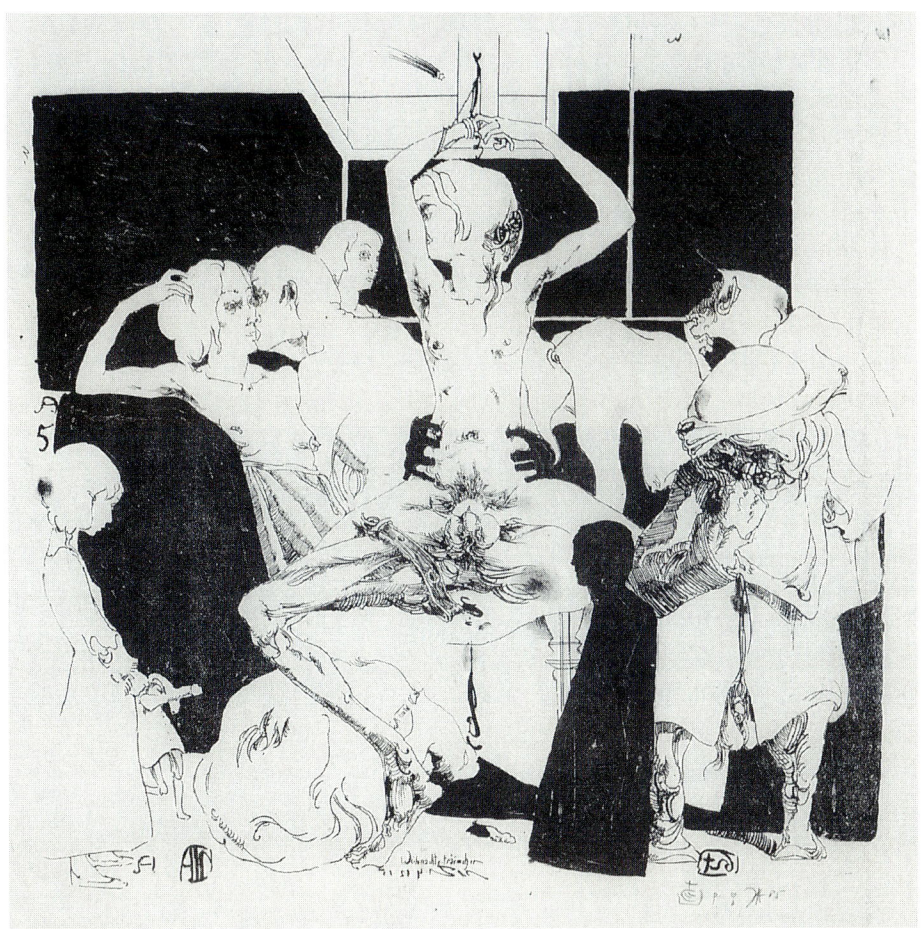

Weihnachts-Träumchen, Lithographie 7. 12. 1985 (60 x 60 cm; Ausschnitt)

Hysterien, die sich in diesen zeitlosen Schauspielen austoben. Picasso erwehrte sich solcher Bedrängnisse in der mythischen Gestalt des Minotauros. Janssen sucht Zuflucht bei der Geschichte der Kunst. Sie entpuppt sich unter seinen Händen als Büchse der Pandora.

Die sich überschlagenden Bilderzählungen übertrug er auch auf die Radierung. Im April und Juni 1986 entstand die Serie *Svanshall verkehrt* – als Perversion der ins Stilleben gebannten Idylle, die er zehn Jahre früher radiert hatte. Frielinghaus ließ die Auflage wieder bei Leblanc in Paris drucken. Wieder blieb das Ergebnis so hinter den Erwartungen zurück, daß Janssen sich entschloß, einen Teil der Auflage zu kolorieren, nicht mit Pastell wie seinerzeit die Serie *Svanshall*, sondern mit Aquarellfarben.[75] Die Kolorierung läßt die

Zeichnung spektakulär hervortreten, die, obgleich rasch hingeschrieben, nun konzentrierter und bündiger erscheint.

Ausnahmsweise gibt es in dieser sich beharrlich steigernden Reihe ein Hauptwerk. Darin zieht Janssen gleichsam die Quintessenz aus allen seinen Altersirritationen. Es ist die Lithographie *L'embarras* vom 11. April 1986 (Abb. S. 296 f). Janssen war mit Annette nach Paris zur Eröffnung seiner Ausstellung in der Galerie Berggruen gereist. Antoine Mendiharat war der Gastgeber, und von ihm hatte er sich einen möglichst großen Lithostein erbeten, der in der Küche der Dachwohnung aufgebockt stand. Mit diesem Stein wollte er sich gegen die Ängste wappnen, die ihn – wie er voraussah – in der alten Kunsthauptstadt Paris unweigerlich befallen würden. Die Hysterie war vorprogrammiert. Erst arbeitete er sie sich mit Blick aus dem Fenster in einer Reihe geduldig aufs Papier gezirkelter Dachveduten ab.[76] Dann ging er an den Lithostein. Obwohl es auch diesmal so aussieht, als gäbe ein Einfall den anderen und als tummelten und drängelten sich die Figuren durcheinander, liegt der Federzeichnung eine wohldurchdachte Komposition zugrunde. Ihre Tiefenstaffelung, der von Synkopen unterbrochene Rhythmus, das Oben und Unten, das Kreuz und Quer – der übersprudelnde Reichtum dieses Blattes tritt erst in den verschiedenen Kolorierungen[77] deutlich zutage, die Janssen davon angefertigt hat, nachdem das auf blauem Papiergrund zu dunkel abgezogene Litho in eine Radierung umgewandelt worden war.

Janssen gibt selbst eine „Bildbeschreibung" davon. Sie bezieht sich zwar auf eine spätere Zeichnung, die aber nur ein Abkömmling jener aufwendig durchgestalteten Lithographie ist:

> Zuerst die Figurinen. Dominant hüpfen da vordergründig ein paar Skelette herum. Sodann erkennen Sie: Gehenkte, Gefolterte und von Alter und Krankheit Gebrochene. Dann hat's da Duellierende, Kabolzschlagende, Plaudernde und einen geilen, fetten Kerl zwischen Flirtenden und sich Liebenden, und obendrauf hat's lustige Kindlein, die ganz und gar im Spiel mit Tundelreifen oder mit dem Kreisel vertieft sind, und dann noch eine zärtliche Mutter nebst einem alten Narren, der sein eigenes Insignium schleppt und der die Szenerie flüchtet wie jene Menge schwarzer Pünktchen rechts im Hintergrund, die ihr Heil in der Kirche Unserer Lieben Frau suchen. [...]
> Dann hat's da noch Häuser, in denen womöglich gewerkelt, gedichtet, getrachtet, gedacht und nachgedacht wird, ob in der letzten Weltformel nicht doch vielleicht noch ein Fehler steckt. Und währenddessen segelt im

Hintergrund der Händlergeist übers Meer, und Abenteurer sind auf der
Fahrt zu fernen Gegenden, wo sie sich auf andere Art langweilen werden –
denn wir suchen vergeblich, wenn wir etwas suchen, was wir nicht in uns
haben.
Und vielleicht ist in all dem irgendwo Gott versteckt. Nein, er ist nicht
gemeint mit der goldigen Farbe Gelb, die durch das ganze Getümmel
kleckert. Dies Gelb soll nur das aufs Monetäre heruntergewirtschaftete
Gold sein – Sinnbild unseres Lebensgestirns »le soleil«. Und was da so an
kugeligen Accessoires herumliegt: Es sind die vergessenen Toten – und eine
Narrenschelle.
Soweit die Personnage und die gegenständliche Kulisse. Das Wasserfarbengekleckere, genau das, was gemeinhin die Kunst ausmacht, es ist meine
Bemühung, diese Gegensätze in einen natürlichen Zusammenhang zu
bringen. Denn ein natürlicher Zusammenhang ist nie intellektueller,
sondern immer sinnlicher Art. […]
Sie meinen, verehrtes Publikum, ich ziele hier aufs dunkle Mittelalter, das
vorübergehend die humanistische Lehre der Alten verdunkelte? Oh, nein!
Denn: Ein billiges Flugticket schon bringt uns heute in jede fast x-beliebige Gegend, wo gerade jetzt, am 27. 4. 1986 und um 12.05 Uhr, Menschen
lange Nadeln durch die Augendeckel hindurch in die Pupillen anderer
Menschen stechen, wo Menschen anderen Menschen mit Elektrostößen
die Hoden aufbrechen […]. – Dies ist nur ein paar Flugstunden von hier
jetzt grausame Wirklichkeit.[78]

Die Figuren, die sich da vor unseren Augen in barocker Fülle spreizen und das
aus den Fugen geratene Welttheater zur Aufführung bringen – diese Figuren
sind keine Spontanerfindungen. Sie sind, wie bei allen großen Künstlern, erarbeitet und bis zu ihrer endgültigen Gestalt Zug um Zug gesteigert. Wer glaubt,
so etwas sei heute nicht mehr möglich, lasse sich vom Gegenteil überzeugen.
Bis in die erste Schulzeit reichen die strangulierten Gestalten zurück. Mahlau
hatte seinerzeit den Auftrag vom Christians Verlag vermittelt.[79] Aus der frühen
Zusammenarbeit gleich nach dem Krieg stammen die vom Galgen herabbaumelnden Gehenkten. Andere Figuren sind später hinzugekommen. Die mit
vielen Beinen von oben in die Darstellung greifende Spinne ist inspiriert von
den japanischen Anregungen Gerhard Schacks – von der Spinne Hokusais.[80]
Ihr zur Narrenschelle aufgeschwollener Körper taucht zuerst in den frühen
Oldenburger Plakaten auf.[81] Die Generalität mit dem ausgerenkten Hüftknochen hat ihren ersten Auftritt in den Radierungen von 1964.[82] *Reifen-*

spiele heißt eine Radierung von 1958[83] und kehrt als Motiv fast dreißig Jahre später wieder. Das auf einem Bein hüpfende und sich vor Wut zerreißende Rumpelstilzchen ist so alt wie das Märchen. Alles ist schon dagewesen. Alles hat sich Janssen mit Stift und Feder Schritt für Schritt erzeichnet, wie die *Kopie* nach Rembrandt oder Callot. Es ist, als hätte der Zeichner sein übervolles Gedächtnis vor uns ausgeschüttet und als sollte sich das Puzzle doch nie anders denn als Alptraum wieder zusammenfinden. *L'embarras* ist das Resümee einer lebenslang der Figur gewidmeten Arbeit: ein Veitstanz der verfolgten Unschuld und ein Bilderbogen des durch keine Geschichte abgegoltenen Leidens, das der Mensch dem Menschen zufügt.

Auf dem Papier gibt es eine Zeichnung von solcher Ausführlichkeit in den 80er Jahren nicht – nur auf dem Lithostein. Solange er direkt auf dem Papier zeichnet, bleibt Janssen im Understatement. Lieber tarnt er seine figürlichen Szenen als Brief, Skizze, Tageszettel, Einladungskarte oder Radiervorlage, obwohl keinem anderen Künstler seiner Zeit das eigene Personal so flüssig aus der Hand läuft wie ihm.

Wenn es in diesen Jahren überhaupt großformatige Zeichnungen gibt, dann sind es die vor dem Modell erarbeiteten Skelettbilder aus den Jahren 1982 bzw. 1985.[84] Die eigenhändig dekorierten Gerippe bildete er Knöchelchen für Knöchelchen ab, weil er es ganz genau wissen wollte. In den 80er Jahren reichte ihm nicht mehr, den Tod immer nur aus der Ferne zu zitieren. Die Skelettstudien waren dazu ausersehen, das Personal seiner figürlichen Weltbilder zu erweitern. Genau wie seine erotischen Darstellungen und neuerdings die Veduten füllten auch die Gerippe das Kaleidoskop auf, das Janssen nur zu schütteln brauchte, um in immer neuen Variationen sein Generalthema abzuhandeln: die Welt als Tollhaus.

Wie die *Kopie* und der *Totentanz* ist auch die erotische Erzählung in diesem mutwillig entfesselten Szenario aufgegangen. Ohne die aquarellierten Landschaften für Berggruen/Paris ergäbe das ein Bild seiner Tage mit Annette, das vor allem düster ist. Dieses Bild wäre restlos deprimierend, wenn es nicht durch einen Überfluß figürlicher Erfindungen aufgewogen würde. Das Gedränge prallbunten Lebens spricht eine eigene und ungebrochen vitale Sprache. Der „alte Mann" will leiden *und* siegen – als Mensch leiden, um mit seiner Kunst Sieger zu bleiben.

Den Höhepunkt erreicht seine immer noch rastlos in ihm rumorende „Alterspubertät", die er sich wie eine Krise will leisten können und von der er überzeugt ist, daß er da hindurch muß, in der Erzählung *Fünf Tage Fünf Nächte.* Er schreibt sie für sein Buch *Svanshall verkehrt.*[85] Um einer letzten Vereinigung willen, die er mit Annette erzwingen will, läßt er auf der Insel Sylt ausgewählte Exemplare der ferienmachenden Festlandsschickeria abschlachten – speziell seine Intimfeinde: den »Visionär« alias Kunstmanager, seine „Gattin" sowie den seiner Folterung ungläubig entgegensehenden „Playboy". Das Alter ist die Zeit der Rache – so will es Janssen. Darin fühlt er sich unschlagbar, gerade weil er die Jugend nicht festhalten kann. Er schreibt auch im Namen der Frau, von der er voraussetzt, daß sie sich genauso mißverstanden fühlt wie er selbst. Er schreibt von Annette – seiner Nymphe:

Und Titania ist die Schönste und Kräftigste und unersättlichste Nymphe, und unter allen Liebedienern ist ein alter geiler Esel ihr getreuester Geliebter. Wenn sie von ihren wilden Umtrieben an den Halbgöttern ermüdet ist, hängt sie sich in ein Ledergeschirr unter den Bauch des alten Esels, und das Geschirr ist mit eisernen und silbernen Noppen und kleinen Spiegeln beschlagen. Und im Halbschlaf schraubt sie sich auf den seimenden Samenbolzen rauf. Und ein drolliger Affe in einer Uniform aus dunkelblauer und dunkelroter dicker Seide peitscht den alten Esel bis er sich in Titania ergießt, die dabei dann unter seinen Stößen in ein Mittagsschläfchen schaukelt. Und ich bin Titanias geliebte Schwester, und der kräftigste Halbgott gehört mir ganz allein und rummst mich auf Befehl – gehorsam auf meine sprachlosen Befehle; meine Befehle sind kleine, zitternde Zeichen, die kein anderer bemerkt; und wenn ich will, hört es nicht auf in Ewigkeit, oder wenn ich will, sind es 100 Stöße auf ein Lerchentrillern oder aber es sind ganz langgezogene langsame Schübe, daß meine Lamellen beim Ausholen seinen Eichelkopf festhalten müssen, und wenn er fertig wird, pumpt sich sein Samen in 5 Portionen in alle Lücken und Nebenhöhlen meiner Röhre, daß ich glaube, mein ganzer Körper füllt sich und ich es gar nicht beschreiben kann. Rumms. Und der mir gehört, unterbricht auch das Rumms, wenn ich es will, und sein geschwollener Schwänzling spricht dann sehr witzige Sachen in meiner pfützigen Röhre – und dabei muß er mir ziemlich süße Schmerzen auf meinem Körper machen, daß ich weinen kann, und unsere Tränen kleben uns dann zusammen. Und wenn ich weine, ist er plötzlich ganz anders als sonst und als die anderen hier und spricht wie ein Mensch, und wenn er mich dann umarmt und streichelt und absaugt, wird der Wind still, und die Wolken stehen still, und kein Baum und kein Blatt bewegt sich, und nur das Gras macht ein Geräusch und knistert wie kurz vor einem Gewitter. Und wenn wir eingeschlafen sind, liegt sein Schwanz in meiner Hand und ist weich und

Daphne und Cloé, Zeichnung 12. 2. 1987. Bleistift, Feder und Aquarell (66 x 40,6 cm)

trocken und stumm; und in Ewigkeit heiß – von Himmelpfoten zu Himmelhirn.
Und ich brauche nie zu fragen, ob ich geliebt werde, weil: Diese Ewigkeit IST die Liebe. Und wir essen in dieser winzigen Ewigkeit von unseren Körpern und trinken, was aus uns rausfließt. Nachmittag einer Nymphe. Hier schwieg Annettchen.[86]

Die letzte, orgiastisch zelebrierte Vereinigung ist auch eine *gegen* den Rest der Welt.

Seine Erzählungen von Liebe und Gewalt reißen nicht ab. Spätestens das Alter will nicht mehr beschönigen – nichts entschuldigen. Alle Ängste werden bis ins einzelne ausfabuliert. Prallvoll sind die Arsenale mit Erinnerungen an erlittene Peinigungen gefüllt. Der historische Korso reicht tief in die eigene Lebensgeschichte und in das Zetermordio aller Zeiten zurück. Mit ihrer Einbeziehung in den burlesken Karneval, in *Totentanz* und *Kopie* und Vedute, sind 1986 die Erotika noch einmal auf einem späten Höhepunkt angelangt.
Es wird auch danach immer wieder Erotisches im Werk von Janssen geben. Aber es gehört nicht mehr zu dem Pensum, das zu vollbringen er sich vorgenommen hat. Dem geborenen Erotiker wird sich jede Bedrängnis in dieser Sprache mitteilen – bis in seine letzten Tage mit Tochter Lamme, und jedesmal wird er sich der Vokabeln erinnern, die er nur dazu ersonnen hatte, um immer wieder den Schmerz zu bannen. Aber eine Steigerung, in welche Richtung auch immer, scheint kaum noch möglich. Der Anlauf, den er im Frühjahr 1987 unternahm, um in der Erotik noch einmal das große, bildhafte Format zu meistern, läßt zwar an Deutlichkeit nichts zu wünschen übrig. Doch im Gegensatz zu dem mit Transparenzen spielenden Aquarell erlaubt die Gouache kein Verstecken mehr. Sie verspannt den Aktus über die ganze Bildfläche.[87] Erschreckend eindeutig ist denn auch das sexuelle Motiv, das sich unübersehbar aufdrängt: die Penetration des Gliedes. Nur wenn Janssen das Verwandlungsspiel offen gestaltet, wenn noch Überraschungen möglich sind, kann er seinem Thema neue Seiten abgewinnen.
Daphne und Cloe (1987)[88] sind in der Verschränkung von Baum und Bein ein großartiges Beispiel, wie es hätte weitergehen können. Tatsächlich wird Janssen dann auch die Landschaft immer mehr zu einer Bühne für seine erotischen Dramen machen. So entstehen 1988 und 1989 als Farbradierungen *Alter Mann träumt Landschaft* und der *Wasserfall*.[89] In beiden Arbeiten ist Sexus die treibende Kraft.[90] Aber er drängt sich nicht mehr hervor und domi-

niert nicht den Schauplatz. Alles ist Landschaft – phantastisch inszenierte Landschaft. Erst dem zweiten Blick eröffnen sich Einsichten in das Drama des Alters, ohne daß er darauf gestoßen oder gar festgelegt würde. Diese Spielräume sind der eigentliche Tummelplatz des Eros. Nachdem Janssen sein Programm abgespult hat, gewinnt er solche Freiheiten zurück. Die Gelassenheit, mit der er seine hysterisch erregbare Natur in die Landschaft hinüberspielt, wird einem großen Teil seiner späten Zeichen- und Aquarellkunst zugute kommen.

Daneben rumoren aber auch die Emotionen weiter, die er ein Leben lang forciert hat. Die Sucht, mit jeder seiner Lieben abzurechnen, wird auch Annette Kasper zu spüren bekommen wie später dann Heidrun Bobeth. Als füllten die Frauen jedesmal sein Sensorium bis in die letzten Fasern und Nervenzellen gänzlich aus, muß er sie sich Bild für Bild regelrecht vom Leibe zeichnen – bis er mit ihnen „durch" ist, bis er sich von ihrer Übermacht per Zeichnung abgenabelt und befreit hat. Das ist auch bei dem alten Janssen noch so Struktur, daß er selbst mit seiner Tochter erst dann in Frieden leben kann, wenn er sie in einer letzten, schon gegen seine Ende weit vorgerückten Suite gezeichnet hat: *Lamme* 1993.[91] *Titania* ist der Name, den er für seine letzte Liebe gleichsam reserviert hat.

Bis zuletzt verkörpert das weibliche Prinzip für Janssen die Überwältigung seines Sensoriums durch Reize, deren er anders als in der Zeichnung nicht Herr werden kann. Deshalb kommt er nicht zur Ruhe. Mit jeder Frau stellt sich für ihn die Machtfrage neu; und nur wenn er das Gefühl hat, um sein schieres Überleben zu kämpfen, erkennt er in ihr die Frau. Die Verführung muß sich seiner völlig bemächtigen und ihn so mit sich entzweien, daß er seine „liebe Not" hat. Dieses Muster kehrt seit den Tagen mit Gabriele Gutsche und Judith Schlottau immer wieder. Darin bleibt er sich zeitlebens gleich, wenn er auch je nach Alter und dem Grad der Herausforderung sehr unterschiedlich darauf reagiert.

In der Frau sucht er die existentielle Nötigung. Als Janssen am Ende der 60er Jahre merkte, daß er sich zwar auf die richtige Spur hatte locken lassen, aber mit seiner Kunst im Kreis drehte, sprengte er die Grenzen, die er sich mit seiner Feinstrichzeichnerei selbst gezogen hatte. Mit Verena ließ er sein Paradies hinter sich. Er stürzte sich in solche Abhängigkeiten, daß er sich Zoll um Zoll da herauswinden mußte. Der weibliche Körper war die Inszenierung eines Dramas, das ihm alles abverlangte und in jedem seiner Teile völlig in Anspruch nahm. Nur von der Natur und der Geschichte des menschlichen Auges ließ er sich in den 70er Jahren ebenso einnehmen. In den 80er Jahren wußte er, wie solche Kämpfe zu bestehen waren. Darauf verzichten wollte er nicht. Die jungen Mädchen, auf die er sich einließ – die Mirjam, Britta und Claudia, überforderte er mit dem Programm, das er sich in der Rolle des alten Mannes ausgedacht hatte. Nur in Annette irrte er sich nicht. Sie war die Nymphe, die ihn in aller Unschuld so zur Verzweiflung brachte, daß sie die Welt des Zeichners wie in einem Kaleidoskop noch einmal durcheinanderschüttelte.

Eros ist für Janssen immer ein Lebenselement gewesen. Nicht das eine und endgültige Bild, sondern die Massierung von Bildern, die Verwandlung im Bild – das ist das Element des Zeichners Janssen. Darin kann er sich frei regen und bewegen. Eros ist das Fluidum, in dem der hingelagerte Frauenleib zu einer Landschaft wird und die aufgetürmten Wolken das Spiel der Muskeln fortführen. „Aus allen Höhlen und Löchern guckt Sexus raus – in allen Kurven und Schwellungen und Streckungen pulsiert Sexus, und Eros fidelt die Melodie der Linien."[92] In diesem panerotischen Diskurs bewegt sich Janssen mit einer Gelenkigkeit, die ihresgleichen sucht. In seinen Landschaften, in seinen Blumen, in dem Spielzeug, das er vor sich auf dem Tisch liegen hat, entfernt er sich immer nur solange, bis er dahin zurückkehren kann – zurück zum Pulsschlag des Eros, der für ihn wie das Leben selbst ist.

Um diesen Wärmestrom, der alles miteinander verbindet und eins ins andere taucht, recht sinnfällig zu machen, ist keine Kulisse besser geeignet als die des Todes. Vergänglichkeit läßt uns ahnen, was es heißen könnte zu leben – hier und jetzt, im Augenblick. In diesem poetischen Kosmos ist Janssen zu Hause. Es ist eine durch die Zeichnung, durch das panerotische Linienwerk gestiftete Welt. Janssen wird sie bis zuletzt, bis in die aquarellierten Federzeichnungen seiner späten Jahre, nicht mehr verlieren.

Daraus vertreiben kann ihn nur obskure Gewalt. Dann belädt er seine Bilder mit einer Fracht, die schwer zu tragen ist.[93] Dann prügelt er auf die Welt ein. Seine „Welt-Wut" traktiert den Sexus. An ihm läßt er seine ganze Verzweiflung aus. Weil ihm Eros alles ist, muß er auch für alles geradestehen. Solche Überforderungen begegnen uns bis tief ins Spätwerk. Es sind gewollte Überforderungen – vorgetragen mit dem selbstbewußten Gestus, daß sich Janssen seine „Obszönitäten"[94] unbedingt will leisten können. Sonst hätte er gar nicht erst alt zu werden brauchen!

Vielleicht liegt auch darin der Grund, weshalb er dem Eros in der Reihe seiner Werkübersichten keinen selbständigen Band gewidmet hat. Eros ist alles, wenn auch das Thema im engeren Sinne in den *Frauenbildnissen* und in dem Band *Eros Tod und Maske* überwiegt. Wo immer sich ein Funken Leben zeigt, ist Eros im Spiel. Er setzt allen Dingen – auch den Stilleben – die Glanzlichter auf und irrlichtert noch in schwärzester Nacht herum. Janssen hat ihm nicht eine Seite seines zeichnerischen Könnens – er hat ihm sein Lebenswerk gewidmet.

Es gibt nicht *die* Frau in seinem Leben, auch wenn er mal Verena, mal seine Mutter Martha und dann wieder Tochter Lamme, aber eigentlich jede Frau in diese Lage gebracht hat. Einen bestimmten Typ Frau, auf den er eingeschworen wäre, wie wir das von Botticelli bis Modigliani glauben beobachten zu können, gibt es für Janssen nicht. Das schließt nicht aus, daß er – vor allem er – auf besondere Vorlieben fixiert ist, auf sein Ein und Alles: den Arm – seine „Arm-Seligkeit".
Wenn sich uns am Ende eine weibliche Silhouette dauerhaft ins Gedächtnis eingeprägt haben wird, dann sind es in der genealogischen Reihe von Linde bis Bettina die rachitisch ausgemergelten Schenkelinnenseiten. Die mageren Mädchenbeine streben lange auseinander, um sich in der Gegend der Scham dann doch zu einer Paradiespforte aus Moos und Morbidität zusammenzuschließen.[95] Für die kargen Kriegs- und Nachkriegsjahre war das ein elektrisierender Blickfang.[96] Aber Janssen ist dabei nicht stehengeblieben. Auf seinem langen Weg war ihm der Körper der Frau eine Landschaft – die abwechslungsreichste Topographie überhaupt, und er hat sie wie keiner labyrinthisch durchwandert.
Nur eins ist immer gleich geblieben: die einfallspendende, lebenerweckende Kraft des Eros. Janssen war danach süchtig wie nach einer Droge. Nichts konnte ihn ebenso beflügeln, nichts auch nur annähernd so zu künstlerischen Höchstleistungen anspornen. Dann wuchs er über sich hinaus. Alles war möglich, alles lief ihm leicht aus der Hand. Im Vollgefühl seiner selbst und des Mädchens, dem er gefallen wollte, entfaltete er eine schier unbezwingliche Geistesgegenwart, der auch das Entfernteste im Nu und wie am ersten Schöpfungstag zu Gebote stand. Welch ein Wunder, daß er sich nach dieser die Grenzen sprengenden Selbstermächtigung sehnte und um keinen Preis darauf verzichten wollte. Ja – das machte er zum Maßstab für sein Leben. Nur das sollte Leben heißen: die Freisetzung letzter in ihm schlummernder Reserven für den einen gesteigerten Augenblick, mit dem er die vergängliche Zeit im Bild festhalten würde. Eros ist deshalb die Quelle all seiner Kunst, auch wenn sie noch so rabenschwarz daherkommt.
Das jeweilige Mädchen in dieser Schlüsselrolle zu bestärken und, statt irre zu werden, sich existentiell so davon abhängig zu machen, daß niemand anderes

als Eros ihn aus dem Loch, aus dem Gefängnis, herausholen und über sein Elend triumphieren lassen kann – dieser durchgehaltene Glaube ist eigentlich die Lebensleistung von Janssen. Allein Eros vermag das. Er ist die einzige Wahrheit, an die er sich zeitlebens und bedingungslos gebunden hat.
1985 war die Reihe an Annette Kasper gekommen.

Die Lithographie

Im Sommer 1985 – gerade als Annette in sein Leben trat – fing Janssen nach langer Zeit wieder an zu lithographieren. Das kam so. Sein alter Freund Hans-Jürgen – „Dickus" – Heitmann hatte in aller Herren Länder als Kaufmann sein Glück gemacht – und wieder verloren. Die Herren Kaufleute spielen ja nicht immer nur erfolgreich mit – ihnen wird auch manchmal mitgespielt, und zwar übel. Der Kaufmann Dickus Heitmann steckte tief in der Patsche. Vorübergehend war er nicht geschäftsfähig und saß wieder, wenn nicht bei Janssen, bei seiner Familie in dem Elbvorort Rissen. Vor dem bewegten Frauenhaushalt mit drei Töchtern zog er sich in den Keller des Hauses zurück und richtete dort eine Lithowerkstatt ein. Er wollte als Handwerker ein neues Leben beginnen. Dabei rechnete er mit Janssen – nicht zu Unrecht. Nur daß dieser eine ganz andere Rechnung aufmachte. Denn Dickus hatte die Lithopresse von Frielinghaus erworben, der damit signalisierte, daß er sich nicht vorstellen könnte, daß Janssen noch einmal ins Lithographieren zurückfinden würde. Er hätte sie sonst nicht weggegeben.
Frielinghaus war, erschöpft von der Radierserie *Eiderland*, in diesem Sommer 1985 auf eine besonders lange Reise gegangen. Janssen hatte mit dem Tag der Abfahrt sofort aufgehört zu radieren. Er stieg um auf dekorative Skelettzeichnungen im Museumsformat. Als das ins Stocken geriet und ihn auch noch eine Postkarte aus der fernen Camargue erreichte, Frielinghaus also von Südfrankreich aus noch wochenlang unterwegs sein würde, stellte er sich Ende Juli in Rissen bei Dickus Heitmann ein und fing prompt an zu lithographieren. Daß er bei einem der Ausflüge seine „Burg" nicht abgeschlossen, daß ein Eindringling ihn bestohlen und einen Erpresserbrief zurückgelassen hatte – nichts konnte Janssen mehr daran hindern, fast jeden Tag in den Tinsdaler Kirchenweg aufzubrechen. Frielinghaus sollte aus dem Staunen nicht herauskommen. Einfach die Lithopresse verkaufen und mir nichts dir nichts auf Reisen gehen! Ihm wollte es Janssen zeigen.
Als Drucker hatte Dickus einen Joseph Schmidt aus Leipzig engagiert, der im Austausch gegen den Spion Guillaume aus der DDR freigekauft worden war. Die ersten Steine gelangten in seine Hände. Dickus stand mit vorgebundener Schürze daneben und wollte lernen. Als Frielinghaus endlich aus dem Urlaub zurückkehrte, löste er binnen kürzester Zeit jenen Joseph Schmidt ab, und als es ihm auch noch gelungen war, Dickus zum Kochen in die Küche zu schicken

und dort weiterzubeschäftigen, stand der Lithographie nichts mehr im Wege. Daraus wurde ein lithographischer Spätsommer, der von Janssen ebenso wie der folgende mit Annette zwar nur als „vorprofessionelle Einübung",[1] als experimenteller „Aufgalopp" verstanden wurde. Aber am Ende ist es dann doch das Hauptgeschäft gewesen. Dabei sind sehr schöne Lithographien entstanden, auch farbigere Abzüge, als es sie bis dahin von Janssens Grafik gab; denn die Farbradierung sollte ja erst noch kommen. Freilich – den geplanten 6-Steine-Druck würde es nie geben. Als Ziel blieb der vollplastische Ausschnitt einer grün-blau gestrichenen Gartenholztür mit zwei rostigen Eisenriegeln immer unerreicht.

Die Lithographie ist für Janssen zeitlebens eine unabgegoltene Forderung und eine nie zur vollen Befriedigung gelöste Aufgabe geblieben. Lange vor der Radierung hatte er 1952 mit Lithographieren begonnen. Die Aschaffenburger Buntpapierfabrik seines Gönners Guido Dessauer stellte die Technik zur Verfügung: besonders wuchtige Steine in Übergröße, denen handlichere Zinkplatten folgten. Die Zeichnung entstand vorher auf Umdruckpapier. Janssen hat vor allem ein aus den frühen Holzschnitten übernommenes Thema in den Aschaffenburger Lithographien auf voller Breite weiterentwickelt: das Mehrfiguren- oder Gruppenbild unter dem Titel *Späte Gesellschaft* (1952 – 1954 – 1956).[2]

In seiner Frühzeit hielt es Janssen für ein darstellerisches Problem, seiner Zeichnung Volumen zu geben und ihr eine Körperlichkeit zu verschaffen, die seinen beweglichen Strich auch tragen konnte. Solche Volumina stellte er dann grafisch her: mittels Schraffuren oder gebündelter Strichlagen, die sich zu komplexen Mustern verbanden. Allein – der lithographische Flachdruck ließ in den 50er Jahren[3] nie die Tiefen und satten Schwärzen entstehen, die seine Zeichnung brauchte. Das gelang erst mit der Radierung, mit der Tiefenätzung, dem mitdruckenden Plattenton und dann auch mit Hilfe der Flächenätzung. In der Radierung gibt es die reliefartigen Schwärzen, die die Zeichnung an einen Körper zurückbinden und ihr ein solches Gewicht verleihen, daß sie endlich auch frei und für sich stehen kann. Bis dahin wird der körpermodellierende Strich noch lange auf sich warten lassen – bis Anfang der 70er Jahre. Mit der Lithographie war für Janssen dieser Weg nicht zurückzulegen.

Die ersten lithographischen Drucke fielen eher blaß aus, anfangs auch wegen der schlechten Papiere, die zum Drucken benutzt wurden. Die Freundschaft mit Paul Wunderlich brachte Ende der 50er Jahre neue lithographische Tech-

niken ins Spiel – einen kreideartigen Farbauftrag, der besonders in den für die Griffelkunst gearbeiteten Blättern für zarte Transparenzen sorgte.[4] Aus der Alchimistenküche von Wunderlich stammte auch eine spezielle Tusche, die sich von den Rändern her nach innen zusammenkrümpelte und aus einem Fleck eine nahezu lebendige Molluske machte. Wunderlich entwickelte das weiter bis zu den lithographischen Serien *que s'explique* und *20. Juli 1944*, die ihn berühmt machten und ihm Kunstpreise einbrachten. 1958 hatte Janssen dieses „Wundermittel" für sich entdeckt und den Einzeldruck, den er von der *Oha-Kröte* zog, noch im Vogel-Katalog 1965 stolz mit den Worten kommentiert: „ohne Pauls Tusche".[5] Das wäre – vom satten Schwarz bis zu den lichten Tönen – ein Weg gewesen, den aber nur Wunderlich weitergegangen ist. Janssen war in der Radierung erfolgreicher.
Als von der Freundschaft nur noch Rivalität übriggeblieben war, trennte man sich, und jeder baute seine Stärken zur Domäne aus: Wunderlich die Malerlithographie und Janssen die Radierung. Lithographische Arbeiten kleckerten eher hinterher. Der eine ging den triumphalen Weg in die Farbe und die mit einer besonderen Spritztechnik herzustellenden Farbübergänge. Der andere suchte die körper- und raumschaffende Zeichnung und fand zum Auge und zur Natur zurück.

Viele Jahre war die Lithographie ein Thema, über das Janssen lang und breit dozieren konnte. Aber alle Versuche, zum Steindruck zurückzukehren – zeitweise in einer Altonaer Werkstatt –, blieben halbherzig stecken. Frielinghaus glaubte schon nicht mehr daran, und so bedurfte es einer besonderen biographischen Konstellation, als es 1985 wieder in die Lithographie ging. Die im Kern unergründliche Freundschaft zu Dickus Heitmann, der sein Wohl und Wehe in Künstlerhand legte, was Janssen gefallen mußte, spielte dabei ebenso eine Rolle wie der große Sommergarten im Tinsdaler Kirchenweg, der an die Zeiten mit Siegfried Poppe erinnerte, oder das rege Familienleben, das er bei Hegewischs kennengelernt hatte. Der Kulissenwechsel sollte die Hand wieder frei machen, und die Aussicht, in die Farbe zu finden, lag über den ganzen 80er Jahren. Janssen nannte die Lithographie eine Ehe zwischen Wasser und Fett, und so oder ähnlich ging es auch zwischen Dickus und seiner Frau Helga zu. All das waren gute Gründe, wieder zu den Steinen zurückzukehren.
Auf den ersten Blick scheint es so auszusehen, daß Janssen auf diesen Lithosteinen nur noch einmal abgeladen hat, was er ohnehin auf dem Papier längst konnte. Aber das ist aus vielen Gründen nicht richtig. Vor allem deshalb nicht, weil es viele der Zeichnungen so ausführlich, so bildmäßig durchgestaltet und

Oha-Kröte, Lithographie 1958, Einzeldruck (39,2 x 48,4 cm)

bis in die Einzelheiten ausfabuliert auf Papier gar nicht oder nur sehr selten gibt. Die selbständige, marktgängige Zeichnung wurde in diesem Jahrzehnt immer mehr zur Ausnahme – trotz Paris, trotz New York und der Ausstellungen dort. Janssen erging sich mehr denn je im kleinen Format, das leicht ins Buch oder Heft zu übertragen war. Deshalb muß man schon zur Lithographie greifen, um eine erotische Szene so durchgezeichnet und vollkommen ausformuliert zu finden, wie nur Janssen das beherrschte, sich aber auf den kleinen *Tageszetteln* und *Radiervorlagen* verweigerte. Ein komponiertes Vielpersonenstück wie *Weihnachts-Träumchen*[6] oder *Fünf Vertraulichkeiten des Annettchen*[7] gibt es nur in der Lithographie.

Wenn ihm der Mädchenkörper geschmeidiger denn je aus der Feder auf den Stein lief, lag es auch daran, daß es die Zeit Annettes war. Einige der großartigsten Zeichnungen sind deshalb ausgerechnet Lithographien. Annette inspirierte ihn zu erotischen Kabinettstückchen, wie es sie lange nicht gab. Das gilt auch besonders für eine Serie von fünf Blättern, die so herausragt, daß sie sogar in der jahrhundertelangen Geschichte der Zeichnung ohne Beispiel ist: *Fingerland*[8] – die sogenannte *Ärzte-Serie*. Die Begeisterung für Annette ist darin noch ganz frisch, und unter der Hand werden ihm die Bäume, in die er sich gerade verloren hatte, zu gelenkigen Gliedmaßen und Bildern einer bewegten Körperarchitektur. Aus demselben Strich zieht Janssen so völlig unterschiedliche Welten, wie das – vom Motiv aus gesehen – Baum und Knochen, Bänder und Hölzer, Landschaft und Anatomie nun einmal sind. Die Gegensätze einander aufschließen – hier ist es auf allerhöchstem Niveau gelungen. Daran ändert auch nichts, daß es sich um Lithographien handelt. Richtig verstanden haben wir Janssen freilich erst, wenn wir begreifen, warum ihm dieses opus summum anders als in der Lithographie nicht möglich war.

Das Gespinst der Äste und Zweige, freistehend oder von schwarzer Farbe hinterfangen, ist *eine* lithographische Technik. Eine andere Technik zieht die Lithokreide nach sich. Sie bildet in Kaskaden nuancierter Strichlagen ein vegetatives Wachstum auf der Oberfläche eines Baumstamms nach.[9] Tusche auf Stein, mit dem Pinsel gesetzt oder frei gekleckert, ist wieder eine andere Technik. Janssen hat sie alle ausprobiert. Von möglichst vielen Seiten hat er versucht, der Lithographie beizukommen. Das zentrale Abenteuer war aber der Übergang in die Farbe, die Abstimmung zwischen dem ersten und zweiten und womöglich dem dritten und vierten Stein. Auf diesem Weg ist er mehr als einmal steckengeblieben, und oft mußte das ausgesucht feine Japanpapier von Frielinghaus ersetzen, was eigentlich Sache eines Farbsteins gewesen wäre.

Janssen liebt das Versteckspiel mit der Farbe. Häufig lugt sie nur hervor, setzt Akzente oder balanciert die Gewichte. Seine Dramaturgie der Farbe legt es darauf an, sie nur an wenigen Stellen rein und frei hervortreten zu lassen, und selbst dann steht sie nicht leuchtend für sich, sondern konkurriert mit anderen, darstellerischen Höhepunkten. Selten nur drängt sich die Farbe hervor, kaum je beginnt in ihr ein eigenes Leben zu pulsieren wie bald darauf in den Aquarellen. Deshalb bedeutet es schon viel, wenn in der Lithographie die Darstellung in Farbe eingebettet und gleichsam von Farbe getragen wird. Das ist es, was aus den Lithos glänzende Ausstellungsstücke macht. Endlich mal etwas, wo sich das Auge ausruhen kann, ohne immer gleich die Zeichnung lesen zu müssen! Der dekorative Erfolg sollte schon bald ausgeschlachtet werden und trieb die Preise für das Farblitho in eine Höhe, die die Schwarz-Weiß-Radierung wie eine trübe Funzel hinter sich zurückließ. Janssen hat gegen diese „Verdrehung der Tatsachen" angekämpft – vergebens. Er hat deshalb nicht aufgehört auf den Stein zu zeichnen. Aber er weigerte sich, immer gleich den passenden Farbstein mitzuliefern.

Welche Erfolge mit etwas Farbe zu erringen waren, das zeigte ihm ein kleiner Roman, den das Leben schrieb. Janssen war in einen lithographischen Andruck mit Pinsel und Tusche hineingegangen: ein koloriertes Selbstbildnis – immerhin. Das Litho wurde aus dem Verlag St. Gertrude entwendet. Der ursprünglich verlangte Liebhaberpreis verzehnfachte sich, als es in den Handel geriet, und fiel auch nicht wieder, nachdem sich herausgestellt hatte, daß es gar keine Originalzeichnung war, sondern ein kolorierter Druck. Das war ein Lehrstück für Janssen, der sich die Freundschaft zu Dickus Heitmann künftig mit aquarellierten Andrucken[10] erkaufte, ihm aber die meisten Farbsteine für den Auflagendruck vorenthielt.

Janssen litt auch unter Abhängigkeiten, die er als Radierer nicht kannte. Denn beim Lithographieren ist der Künstler unmittelbar auf den Drucker angewiesen, auf den er warten muß, bis dieser den Umklatsch gemacht hat und mit der Vor- und Nachbehandlung des Steines fertiggeworden ist. Vorher geht es nicht weiter. Der Drucker kann auch einen Stein verderben, was bei der Radierung praktisch nicht möglich ist. Um stetig und erfolgreich Hand in Hand zu arbeiten, reichte auf allen Seiten das Vertrauen nicht aus. Die Sympathien waren gegenseitig da und wurden überschwenglich begossen, und doch war es das ungewöhnlichste Bündnis, das jemals in künstlerischer Absicht geschlossen wurde. Daran krankte die Lithographie.

Frielinghaus wollte dem Finanzamt eins auswischen. Als Drucker arbeitete er draußen in Rissen unentgeltlich – nur für ein Mittagessen und um die Kontrolle über die Lithographie zu behalten. Er betrieb eine eigene Buchführung, beklagte den chaotischen Umgang mit Geld und wurde richtig ungehalten, wenn er Packen von lithographischen Andrucken in die obere Etage des Hauses verschwinden sah. Dann malte er sich aus, daß das Ehepaar, das sich ja eigentlich trennen wollte, heimlich unter einer Decke steckte. Wenn Dickus nicht mit gleichbleibend herzlichem Elan in das lithographische Handwerk gedrängt hätte und es damit auch offensichtlich ernst meinte – Frielinghaus hätte den Job hingeworfen. Aber so begnügte er sich damit, Dickus bloß nicht drucken zu lassen. Dickus sollte nur die Steine abschleifen und – wofür er mit seinem kräftigen Körperbau wie geschaffen war – die Steine tragen und zum Druck vorbereiten. Alles andere besorgte Frielinghaus, der auch den Familienanschluß genoß und, wenn er nur den Braten roch, schon wieder bereit war, die Zusammenarbeit zu loben. Als er nach gut einem Jahr nicht mehr in die Kellerwerkstatt zurückkehrte und über alles Gras gewachsen war, erschien es Frielinghaus so, als wäre Janssen nur neidisch darauf gewesen, wie Dickus und er sich monatelang bei der Arbeit bestens vertragen hätten.

Janssen – die Ehe von Fett und Wasser vor Augen – fand, daß es Ehefrau Helga nicht leicht mit ihrem Dickus hatte. Eine tiefe Sympathie verband ihn mit beiden, und am liebsten hätte er die Trennung hinausgeschoben, die denn doch mit dem Kauf eines Hauses in einem anderen Teil von Rissen mit dem ersten aus den Lithos gepreßten Geld 1986 fällig wurde. Er hatte sich am Tinsdaler Kirchenweg am wohlsten gefühlt und dort auch ohne Alkohol auf den Stein gezeichnet. Der Höhepunkt war die Ausstellung von Lithographien im Dezember 1985. Damit bekannte sich Janssen öffentlich zu diesem Teil seines künstlerischen Werkes. Danach blieb ihm nur noch, den *Tinsdaler Steindruck* in die Werkstatt in der Gudrunstraße hinüberzuretten, die eine ewige Baustelle blieb.
Die Biographie seiner Freundschaft mit Dickus Heitmann hat Janssen auf einer Radierung[11] verewigt, die hier nur in Auszügen zitiert wird:

       unter Kerinnes
       30. 3. 88

Friely sagt: kriminell
ich: Bewährungshelfer aus Lustvergnügen

aber Leute: hütet euch vor
meinem Freund + Steindrucker Dickus Heitmann

Er ist mein witzigstes Desaster,
kommt hinzu: Friely liebt ihn

Anmerkung:
in der Firma TsD
Tinsdaler Steindruck
Hans Jürgen Heitmann
nehme ich pro Druck 100 DM
z. B. für „der Kuss"
Heitmann verramscht solches
für 2400 DM.

Blöd ist nur, daß er nicht
seine Papierrechnung bei unseren Freunden
in Tokio bezahlt – „dumm"

Wir – ich und mein „Crime" –
wir werden Lithos machen,
nach denen Ihr jiepern werdet.
Geschwört im Sommer 88

Die Blütezeit der Janssen-Lithographie mit Frielinghaus als Drucker waren Spätsommer und Herbst 1985 und teilweise das Jahr 1986. Neben schönen Einzelblättern wie *E.T.A. Hoffmann*[12] und *Der Kuss*[13] und den fünf Blättern *Fingerland* entstanden noch zwei bemerkenswerte Serien: Europa und der Stier – *Lamme-toy*[14] – und fünfmal Hundeleben.[15] Die Auflagen wurden in den allermeisten Fällen nicht ausgedruckt. Unregelmäßigkeiten waren an der Tagesordnung. „Die Sache ist »unübersichtlich« – ist 'ne »dunkle«", wie Janssen schrieb.[16]

Einen Höhepunkt der erotischen Zeichnung bilden die Lithographien, die nach Annettes Ankunft in Hamburg in rascher Folge im November 1985 entstanden. Schon in den Monaten davor hatte Janssen Mädchen auf Stein gezeichnet.[17] In atemberaubendem Tempo bemächtigte sich Annettes Anatomie seiner darstellenden Hand. Janssen schwelgte in den Kurvaturen ihrer schlanken Silhouette. Sie inspirierte ihn zu einer beschwingten Musikalität, die sogar die martialischen Aufzüge vergessen läßt. Erst seine Tochter Lamme sollte ihn ein Jahr später wieder zu einem solchen erotischen Bilderbogen anregen, worüber an anderer Stelle noch zu sprechen sein wird: *Lamme-toy*.

Auch in den folgenden Jahren – Frielinghaus hatte sich aus der Lithographie längst zurückgezogen – kehrte Janssen immer wieder bei Dickus Heitmann in der Gudrunstraße ein. Er saß im Garten oder an dem von Speisen überquellenden Küchentisch, und wie er angeregt plauderte, sprang er plötzlich auf, um einen Stein zu „bekritzeln". Ausgelassene, übermütige, mit leichter Hand wie bedenkenlos hingeworfene Zeichnungen sind auf diese Weise entstanden. Aber erst der zweite Stein – ein Farbstein – hätte daraus eine vollständige Lithographie gemacht, und den verweigerte er seinem Freund Dickus, der gleichwohl jahrelang Drucker beschäftigte, die unentwegt an den Steinen zugange waren. Was dabei herauskam? Keiner wußte es – auch Janssen nicht, der höchstens den einen oder anderen Andruck mit der Hand kolorierte, um zu demonstrieren, was in der Farblithographie möglich gewesen wäre. Ganz am Ende sollte es von Janssens Seite noch einmal den Versuch geben, zu einem geregelten Auflagendruck zu gelangen.

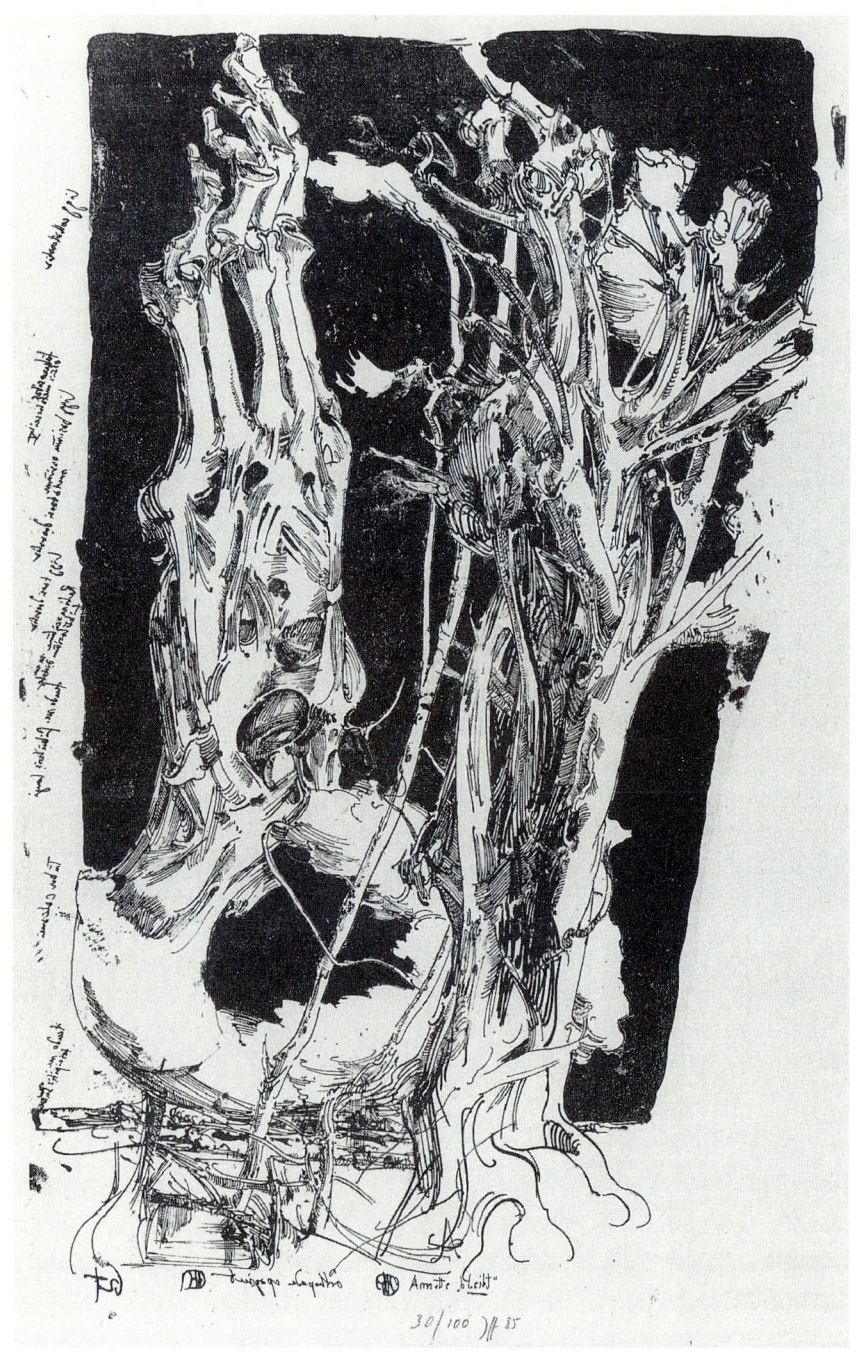

Annette bleibt, Lithographie aus *Fingerland* 1985 (59 x 37 cm)

Die Lithographie

Was Menschen aneinander finden, läßt sich nicht aussprechen. Wir würden sonst über Mechanik oder Elektrizität reden. Wie bei den meisten seiner Freunde – den gravierenden Fällen – war Janssen überzeugt, daß Dickus „sein Chaos multiplizieren" würde. Die Frage war nur, ob er sich das auch leisten konnte. Janssen wollte es nicht anders. Sonst hätte ihm etwas gefehlt. Dickus war ihm das hellste Entzücken. Er trug die knallbunte Welt ins Haus. Seine Geschichten aus überseeischen Kaufmannstagen heizten die Phantasie ungemein an: Ein ausgelaufenes Faß Honig hatte eine Straße in einer südamerikanischen Hafenstadt unpassierbar gemacht. Dickus ließ säckeweise Kaffeebohnen darüber streuen und zu einer neuen Asphaltschicht planieren. „Es geht nirgends bunter zu als in der Welt" hatte schon Opa Fritz Janßen gesagt. Dazu noch die ewig junge Geschichte: Dickus auf Freiersfüßen – in kurzen Hosen und bei seinen Waden! Für Unterhaltung war gesorgt. Das war die Währung, in der Dickus zurückzahlte. Dabei blieb er doch immer ein treuer Schuldner. Er ließ sich das auch auf den Kopf zu sagen und senkte gramvoll den Blick, was auf Janssen dieselbe Wirkung hatte wie bei Tieren die Demutshaltung: Er konnte dann nicht zubeißen! – „Unter Hunden" – treffender als mit dieser Reihe von Lithographien hätte Janssen seiner Männerfreundschaft mit Dickus kein Denkmal setzen können.[18]

„Dickus ist nie traurig – das ist es ja gerade, was ihn so verdächtig macht."

Die Zeit der Annette

Sie war nicht länger als acht Monate da. Aber was für Monate waren das! Die Annette-Zeit war gedrängt voll von Zeichnen und Schreiben und einer Reihe von Reisen und öffentlichen Auftritten, die Janssen so hochgestimmt wie nie absolvierte, weil er in Begleitung seines Mädchens war. Ein Mann im Zenit seiner Jahre, einer, um den sich das Publikum drängte, das mit eigenen Augen sehen konnte, daß dieser wuselhaarige, wortgewaltige, von allen Giften gezeichnete Alte nicht nur eine Legende ist, die noch lebt – nein, er wird auch geliebt von dieser blutjungen Schönen. Sie ist seine Muse. 35 Jahre Altersunterschied – schon vergessen! Die Neider haben keine Chance. Die Inszenierung ist so perfekt, daß sie ein Janssen hätte erfinden können.

Daß er sein Glück so ausdrücklich und zum Vorteil seiner Arbeit zu genießen vermochte, lag auch daran, daß sich Annette schon vor ihrem ersten Erscheinen im Mühlenberger Weg angekündigt hatte. Sie ließ ihm genügend Zeit, um sich auf sein neues Leben vorzubereiten; und er liebte es, alles so zu planen, daß der Plan selbst hinter lauter unabsehbaren Zufällen wieder verschwand. Das Buch, das diese Epoche zusammenfaßt, heißt *Svanshall verkehrt*. Es ist 1987 erschienen und war von Anfang an geplant – wohl nicht als *Aufzeichnung einer süßen Verwirrung*, wie schließlich der Untertitel lautete, auch nicht nach Format und Umfang, aber als ein Tagebuch, das ein Sammelsurium von Gegensätzlichkeiten aufnehmen und festhalten sollte. So fertigte er gleich von seinen ersten Briefen, die er nach Paris schickte, Kopien an. Annette war nach dem Schulabschluß zum Kunststudium in die französische Hauptstadt gezogen und hatte schon „ihren" Janssen im Gepäck mitgenommen – eine Reihe von Büchern, die sie im Buchhandel erworben hatte. Wilfried Weber bot sich an, ihr eine Künstlersignatur zu verschaffen. Als er Janssen um ein Autogramm für eine Studentin bat, die er auch noch als ausnehmend schön anpries, war dieser sofort hellhörig geworden. Das war im Sommer 1985.

Als hätte er nur für eine Gelegenheit zum Schreiben auf der Lauer gelegen, machte Janssen aus seinen Briefen, die nach Paris gingen, gleich kleine literarische Kunstwerke. Er begann förmlich damit, seine Person im Verhältnis zu dem Kasper – „Kaschberl" – aufzubauen. Schon der Name hatte es ihm angetan: Annette Kasper aus dem schwäbischen Pforzheim. Amüsanter konnten die Aussichten nicht sein! Der in *Svanshall verkehrt* abgedruckte „Kritzelbrief"[1] gibt einen Einblick in das meisterlich vorgetragene Eröffnungsspiel. Die Anrede beginnt mit Sie und wechselt zum Du. Dazwischen kommt alles

Annettchen in der Haseldorfer Marsch, Radierung 15. 3. 1987 (30,5 x 13,5 cm)

zur Sprache, was beiden Seiten hilft, die anfängliche Schüchternheit abzulegen. Briefe schreibend ist Janssen schon völlig in seinem Element: Nicht nur weckt er Annettes Neugier – er liefert ihr auch schon den ersten Stoff für ein vielversprechendes Kennenlernen. Mit Grandezza spielt er seine Rolle und die des Mädchens so, daß jeder von mehr als einer Seite hinzugewinnt. Das kleine Stück Vergangenheit, das sie seit dem ersten Lebenszeichen miteinander teilen, wird souverän in eine ihnen gemeinsame Welt überführt – in eine Welt, die mit all ihren Zufälligkeiten wie dafür geschaffen scheint, ihnen beiden eine spannende Zukunft zu eröffnen: dem Künstler, „der ganz ohne Zweifel 'n ziemlicher Mensch ist", und der schönen Unbekannten, der er schon jetzt leitmotivisch den in Versalien geschriebenen Satz mit auf den Weg gibt: „MACH DOCH WAS DU WILLST."[2] Annette soll sich in ihren Entscheidungen frei fühlen.

Von Anfang an faßt Janssen das Verhältnis alter Mann und junges Mädchen ebenso persönlich wie exemplarisch auf. Sie sind der Modellfall. Was auch passieren wird, es findet in ihrer Welt statt, aber auch für die Welt. Der Gestal-

tungswille ist sogleich enorm. Janssen will den Glücksfall, der ihn mit diesem bezaubernden Wesen zusammengeführt hat, zu ihrer beider Vorteil nutzen. Aus Annette soll am besten eine Schriftstellerin werden, wie er es sich immer wieder von seinen Frauen gewünscht hat. Sie soll in seinem Leben Epoche machen. Das Ganze wird dann ein Buch. Schreiben und Zeichnen, Lieben und Arbeiten sollen sich gegenseitig so durchdringen wie nie zuvor.
Als Mittfünfziger ist Janssen endlich an dem Punkt angelangt, wo er die größte Wegstrecke zurückgelegt hat und über seine Möglichkeiten frei gebietet. Keine Rücksichten und keine Ängstlichkeiten werden ihn daran hindern, die Summe seiner Jahre zu ziehen. Alles will rückhaltlos ausformuliert sein. Wenn Janssen nach dem Umfang seines bisherigen Lebenswerks einen ebenso ausgedehnten wie weitläufigen Kontinent darstellt, dann soll dieser jetzt die letzten weißen Flecken verlieren. Die dunklen Seiten des von keinen Illusionen mehr geblendeten Alters will er hervorziehen. In Liebe *und* Arbeit, schreibend und zeichnend, will er das Leben noch einmal von zwei Seiten in die Mitte nehmen, um ihm ein Äußerstes an Artikulation abzuringen.

Janssen war 1985 nicht faul gewesen. Aber der zündende Funke hatte gefehlt. Er hatte jede sich bietende Gelegenheit zum Schreiben ergriffen und Briefwechsel ins Leben gerufen mit dem Kunsthistoriker-Ehepaar Raum[3] und mit Ulrike Buergel-Goodwin vom Deutschen Taschenbuchverlag. Er hatte Interviews erfunden mit Ida Ehre, der Prinzipalin der Hamburger Kammerspiele,[4] und mit sich selbst für seine Freunde in Norwegen. Er war so zum Schreiben aufgelegt, daß er ausgiebig mit seiner Katze Lydia quasselte und dazu noch jeden Morgen mehrere Briefe aus dem Haus gehen ließ. Alles diente der Vorbereitung auf seine autobiographische Schriftstellerei. Für Joachim Fest und seine gelehrte Abhandlung *Der tanzende Tod*[5] hatte er in mehreren, sich hinziehenden Anläufen Gerippe gezeichnet und solche Monsterchen, die eine gammaverstrahlte Zukunft erst noch ausbrüten wird. Um mal wieder einen Anfang zu machen, hatte er seinen Arbeitsplatz verlassen und sich in dem unteren rumpeligen Geschoß seines Hauses in die Gesellschaft abenteuerlich kostümierter Skelette begeben, die er auf großen Papieren abzuzeichnen begann. Schließlich hatte er auch schon die *Eiderland*-Serie mit ihren diversen Zuständen radiert und im Sommer neu zu lithographieren begonnen. Mehr als dreißig Lithos waren seitdem bei Dickus Heitmann draußen in Rissen entstanden. Nein, er war nicht untätig gewesen.
Dazu gab es zwei große Ausstellungen seiner Werke in Nowosibirsk und in Moskau – am 17. September und 14. November 1985. Janssen, der selbst

nicht an den Eröffnungen teilnahm, wurde durch die Deutsche Bank und die Firmen Mannesmann und Ruhrgas vertreten, die sich zur Erschließung Sibiriens zusammengetan hatten und nun deutsche Gegenwartskultur hinter den Ural brachten. Die Deutsche Bank ließ zu diesem Anlaß einen Janssen-Katalog in 50 000 Auflage in alle Welt hinausgehen.[6] Das war eine einzigartige Werbung und machte seine Kunst fast schon zu einem festverzinslichen Papier. Es wurde prompt durch die Auktion bei Dörling am 4. Dezember 1985 bestätigt. In Anwesenheit von heftig mitbietenden Galeristen aus Frankreich, den USA, der Schweiz und Norwegen verdoppelten sich in einigen Genres die Preise für Janssen.

Es hatte sich also genug ereignet in diesem Jahr 1985. Aber erst mit Annette fing es richtig an. Zwar antwortete sie in Anspielung auf die in der *Litze* zum Maßstab erhobenen sexuellen Praktiken, die jedes Mädchen unter Streß setzen müssen: „Ich bin nicht so hot und nicht so cool, wie Du denkst." Aber zum 14. November kündigte sie sich von Paris aus im Mühlenberger Weg an. Drei Tage vorher kam sie in Hamburg an. Im letzten Augenblick widerrief Janssen die Verabredung in einem hysterischen Koller. Als Annette dann doch in Blankenese aufkreuzte, hatte er gerade noch Zeit, um zur Begrüßung auf die Stufen zu seiner Atelierwohnung lauter gelbe A's zu malen und das für sie vorgesehene Turmzimmer in einen Mädchentraum aus lauter Gelb zu verwandeln. Gelb war Annettes Lieblingsfarbe. Seitdem wohnte sie bei ihm. Eine Frau im Haus – wann hatte es das zuletzt gegeben? Als sich herausstellte, daß sie morgens lange ausschlafen würde, war Janssen doppelt erleichtert. Es blieb ihm genug Zeit, sich nach seiner Art in den Tag zu briefeln und zu kritzeln.

Es waren besonders zwei Großereignisse, für die er den Schwung der ersten Begeisterung ausnutzte: eine Ansprache in der Marienkirche zu Lübeck am Neujahrstag 1986, für die er eine *Hommage à Tannewetzel* in Arbeit hatte – sein Credo auf Tod und Vergänglichkeit –, und eine für April 1986 bei Berggruen in Paris geplante Verkaufsausstellung. Paris, die Stadt, aus der Annette kam, wollte erobert sein: für ihn selbst, seine Kunst und sein Mädchen. Der Himmel hatte ihm gerade rechtzeitig diesen jungsgesichtigen Engel geschickt, um seine noch von der Niederlage Reinhard Drenkhahns genährte Angst vor der europäischen Kunstmetropole niederzuringen. Er wollte Annette Paris zu Füßen legen, und dazu brauchte er ihre Hilfe. Denn sie sprach Französisch. Ohne die Sprache des Landes wäre er sich hilflos vorgekommen. Paris – das war die größte Selbstüberwindung in seinem Leben. Ohne Annette hätte er es nie geschafft und gewiß auch nicht ohne den durchschlagenden Erfolg seiner Lübecker Rede in St. Marien vor 2500 Zuhörern, die so ergriffen aus der

Kirche ins neue Jahr gingen, daß sich auch gleich das Fernsehen mit ausführlicher Berichterstattung anschloß. Der Künstler Janssen ist nie wieder mit größerem Erfolg in der Öffentlichkeit aufgetreten.
Annette brauchte sich in Lübeck – wie überall – nicht besonders hervorzutun. Auch nicht auffallen durch Kleidung oder Auftreten. Sie mußte nur da sein. Das stärkte ihm den Rücken. Ihre bloße Anwesenheit – wie sie dasaß in der ersten Reihe und von den Honoratioren der Stadt hofiert wurde –, das machte ihm Mut, die öffentliche Bühne zu betreten, wie er es sich für den Höhepunkt seiner Künstlerlaufbahn vorgenommen hatte. Am liebsten tat er so, als hätte er just in diesen Winkel der Welt, wo das Rednerpult stand, von dem herab er gleich sprechen würde, nie gefunden, wenn nicht dieses zwanzigjährige Mädchen ihn an die Hand genommen und zu diesem Platz hingeführt hätte. Wie er Annette in diese Rolle brachte und ihr vor aller Augen ersichtlich dankbar dafür war, kam es einem Kompliment gleich, das schwerlich zu übertreffen war. Er gab ihr die Sicherheit und profitierte selbst am meisten davon.
Außer am 1. Januar 1986 in Lübeck hielt Janssen Vortrag im Göttinger Rathaus am 22. Dezember 1985, im Hamburger Rathaus am 6. März 1986, in Oldenburg am 11. März 1986 und im Reuchlin-Haus in Pforzheim am 27. April 1986. Nie vorher und nie später ist er in so dichter Folge öffentlich aufgetreten. Damit war Janssen zusammen mit den Ehrungen anläßlich seiner Ausstellungen in Rußland und Paris und dem Preissprung seiner Bilder nach der Dörling-Auktion auf dem Höhepunkt seiner Künstlerkarriere angelangt, deren glänzende Außenseite er wenigstens einmal in seinem Leben auskosten wollte. Annette hatte es möglich gemacht.

Neben dem Schreiben seiner Reden, den Grußworten und Briefen erforderte Paris den größten Aufwand. Für Paris hatte er schon zu arbeiten begonnen, als Annette sich gerade erst aus der Ferne gemeldet hatte – eben aus jenem Paris, wo er hinwollte: in die Galerie Berggruen, die schon früher Ausstellungen von Janssen ausgerichtet hatte.[7] Mit Antoine Mendiharat, dem Nachfolger des alten Berggruen, war er befreundet, bzw. dieser ließ sich wie ein Freund und Götterliebling umwerben, was für Janssen noch wichtiger war. Denn nie wollte er es bloß mit einem Galeristen zu tun haben. Er mußte ihn regelrecht in sich verliebt machen, und es gehörte Talent dazu, solche Umarmungen mitzuspielen. Antoine besaß es in reichem Maße. Für ihn legte Janssen im Oktober 1985 eine Serie von Selbstbildnissen auf – zuerst noch wie auf dem Lithostein mit Kreide, dann mit Aquarellfarben.[8] Aber nicht mit diesem Thema wollte er Paris gewinnen, sondern mit Landschaften, wie es sie in seinem

Œuvre noch nicht gab, Landschaften, die mit Feder und Tusche frei gestaltet sein sollten. Um in die Darstellung der ihm vorschwebenden Bäume und Höhlen richtig hineinzufinden, absolvierte er im Januar 1986 noch eine Reihe von Pastellzeichnungen, mit denen er die Breite seines Repertoires vorführen konnte. Während er sich wieder in die Stilleben früherer Tage vertiefte, lag er gleichsam auf der Lauer und sah er seine Landschaften schon kommen. Dieses Zuwarten auf den eigentlichen Höhepunkt innerhalb einer Staffette kleinerer Erfolge, dieses Horchen nach innen und außen und die Folter wechselnder Stimmungen, bis es endlich soweit ist, hat Janssen in einem unveröffentlichten Tagebuch festgehalten. Offenbar hat er es auch deshalb verfaßt, um seinen Stück um Stück über sich selbst errungenen Sieg nicht nur richtig anzubahnen, sondern auch beispielhaft zu dokumentieren. Es ist die Zeit nach den ersten euphorischen Wochen mit Annette und nach dem Lübecker Kirchgang. Über Weihnachten hatte er Mupf, wie er seine Schwiegermutter in spe nannte, im Schwabenland die Aufwartung gemacht. In diesem Januar 1986 wollte er ins Zeichnen kommen – endlich in seine aquarellierten Landschaften.

21. 1. 1986[9]
[...] Blöder Tag – keine Federzeichnung. Das muß sich morgen ändern – ich „muß" voran. Jetzt wo mich nur noch Annette nach Paris lockt, muß ich mich gewaltsam auf Paris disziplinieren. „Eigentlich" will ich nur arbeiten. Man ist die Welt blöd – und zwar ohne Notwendigkeit. Ich muß wieder in „Wurzelwerk" denken – Höhle – bitte keine Euphorie. Gespenster.

22. 1. 1986 21.00 Uhr
Nix Gespenster. 3.15 Uhr auf. Guter Laune und zeichne Feder und Annette steht um 8.00 Uhr auf. Fragt vorher: ob's stört, weil ich doch mal vor Wochen nach Paris geschrieben habe: 2 Stunden brauche ich für mich. Ich muß drauf achten, daß sie nicht zu sehr Rücksicht nimmt. Lemmy. Bummeltag für mich. [...]

23. 1. 1986 17.00 Uhr
Wir gingen früh zu Bett. Friely hatte ich abgesagt für 20.30 Uhr. Annette war kasperig, wie sie es nennt. Tablette sollte ich nicht nehmen. Aber es wurde mißlich. Mißverstanden – wie sie es nennt. Ich weiß nicht, was sie will und vor allem nicht: was sie grad in der Minute will. Sie sei putz-

munter, sagte sie um 22.00 Uhr – aber wozu war mir nicht erkennbar. Nun liebe ich ja leider das Unkapriziöse: Zwar laß ich allerhand mit mir anstellen – bin in punkto „Spiel hin – Gegenspiel – Spiel her" doof auf allen Punkten, Knöpfen und Wurmfortsätzen. Andererseits kommt freilich noch hinzu – daß ich nie „Angreifer" bin. Und das Bedürfnis im Sinne von Bedarf ist null in Richtung ficken, wie ich's nenne – wenn's so garnicht zur Debatte steht. Ich habe auch keine Lust, drüber nachzudenken. Der Bauch ist just so weg, daß es keine Einsteckschwierigkeiten mehr gibt, und überhaupt war's so grad im Gang gewesen. Naja. Jetzt ist wohl Pause. Wie alle Frauen: Jetzt genau wenn's im Dilemma ist – baut sie sich ihr Bett hinten. Nicht etwa dann, wenn alles in Ordnung ist in Vor-sicht, nein – auf die Scheiße noch 'ne Scheiße drauf. Perspektive: Jetzt geht's los – der mögliche Anfang vom Ende. Kann sein, denn: Nun muß ich wohl derjenige sein, der zu ihr kommen muß und abends oder wann auch immer „tasten" – was will sie? Es wird so werden: Da Geilheit nicht mein Talent ist + nie war, werd ich's mir 3mal überlegen, bevor ich mich da wegschicken lassen werde.

Tja so is das. Genau 3 Wochen war die Chose in Butter. Ich werde das Problem nicht lösen. Soll sie's lösen – wie auch immer. Aber – damit „man's" weiß: Diese Demonstration, die zu jeder anderen + relaxen Zeit keine gewesen wäre – die hat's in sich.

Sodann: Sie fühlt sich „eingesperrt", wenn hier mittags Leute sind + sie noch im Bett. Es werden hier mittags keine Leute mehr sein! Und wenn sie Leute haben will, soll sie abends die Jeweiligen anrufen – dann sind es morgens ihre Gäste. Sie soll merken, daß sie von dieser Minute auf die nächste ihrerseits das Segel umlegt. Ich habe damit nix zu tun.

Oh man – war das schön oder ist das schön mit ihr – wo immer auch. Aber – ich bin irritiert, mag sie gern leiden – kann aber Paris unter diesen Umständen nie hinkriegen. […]

18.00 Uhr
Annettchen aus dem Dorf zurück, „große" Schwierigkeiten mit Hering. Bückling? Bismarckhering? grüner (frischer) Hering??? Sie ergattert einen gewünschten grünen Hering. Zum Zeichnen sollte er sein. Als sie auspackt, fehlt der Kopf!

Die Zeit der Annette

Anmerkung zu Schwaben: So ziemlich alles geht nach Gewicht 1000 Heringsköpfe = 10 kg = 30 Mark. Dennoch ist die Schwäbin „empört" über die Freundlichkeit, den Kopf nicht mitzuwiegen.

Danach Diskussion auf'n Schoß. Annette bezichtigt: Sie könne leider nicht alles sagen, was sie sagen möchte. Ich frage Beispiel – sie sagt morgen – ich sage: morgen. Die „Diskussion" werde ich, wenn ich wieder 99 % lustig bin, als Geschichte klittern. Humoreske. [...]

Annettchen will noch mal drauf: Wieso ich denn ihretwegen nach Paris, wieso nicht sowieso plus sie? Als wenn ich nicht in all diesen „Eskapaden" für mein Ziel arbeite, sie zu „fangen"(!) Will sagen: Ich habe mein Leben um 10 Jahre zurückgeschraubt – psychisch. Ich genieße die „Aufgabe" – ich genieße es, in dieser verdammten Liebe zu sein, die mich wieder so lustig macht. Wie am Ende Verena – so bin ich in eine frische Welt gestiegen. Dazu gehört nun oder besser: das *ist* die frische Welt = daß ich mich „zwinge". Und das ist aufregend + köstlich + „anstrengend". „Die" kapiert das nicht. Ich soll ich sein – hajaja = wann war ich je ich.

Mal sehen, was heute abend los ist.

24. 1. 1986 22.30 Uhr
Beuys ist tot (später darüber). Ich war für 2 Minuten merkwürdig traurig. Dagegen war der Tag ein reines Halleluja – ohne „Besonderheiten". Ich habe 2 prima Federzeichnungen und eine mäßige. Morgens kam für 2 Stunden Bissy [Manfred Bissinger]. Er war wirklich lieb liebenswürdig, warmherzig. [...] Wir waren lustig. Danach wieder gefedert + fühle im Urin, daß ich übers Wochenende in die Steigerung komme, die jeder Stremel haben muß. Gemütlich + Annette „ausgelassen" – fröhlich ist genau das Wort. Kla – ich bin glücklich. Sehr! Bin heute morgen hinter ihrem Rücken nach 8 Stunden Schlaf aufgewacht. Ohmann bin ich glücklich jaja. Vorhin 19.00 Uhr Lemmy + Friely hier zum Abendbrot. Lemmy + Friely auf „unseren" Plätzen – wir am Katzentischchen-Sofa. Wirklich erheiternd komisch. Zwischendurch war für'n kleines Stündchen das ZDF hier für'n Statement zu Beuys Tod. Ich hatte angenommen, um noch einmal meine Selbstkorrektur unters Volk zu bringen. War gut. Friely + Annettchen sitzen noch unten + sehen die „Aspekte" zuende. Jetzt ist Friely nach Haus. Annettchen ist da.

25. 1. 1986   23.30 Uhr
Der Tag war von extremer Relaxe + Heiterkeit. Morgens gezeichnet. Zusammen gefrühstückt und mißlungene Zeichnung – Porträt Annette. Dennoch heiter. Telefoniert + Beuys-Nachruf geschrieben. Thomas + Lori [Schwager und Schwester von Annette] zum Essen eingeladen – Arlberg. Lori kam auf die Selbstverwirklichung. Alles Scheiße – weil: diese verdammten unnötigen Störungen. Denn es zerbricht die jeweilige Harmonie. 3 Wochen verdammt noch mal. Annette sagt zwar: ich werde allein herausfinden + Entscheidungen treffen –– aber die Laune ist hin. Es ist Störung und soll Störung sein. Der Höhenflug soll runter. Egoistisch: Ich soll mit runter. Resultat: Scheiße. Gute Nacht.

26. 1. 1986
Beste Replik geschrieben. Aufsatz. Wahre Therapie und Annette findet ihn bon! Tag glücklich – gezeichnet. Ja guter Tag – muß nachrecherchiert werden.

27. 1. 1986
Noch besserer Tag. Noch bessere Zeichnerei. Blaue Landschaft. Annette in der Stadt. Ich hatte viel Besuch – muß noch recherchiert werden.

28. 1. 1986
Glücklicher Tag. Examen Thomas. Telefonat Mupf. Annette schreibt „perfekten" Brief. Essen bei Hartig. Geschichten über Heitmann. Rede für Oldenburg geschrieben. Morgen wird wieder gezeichnet. R.r.

29. 1. 1986
Am Morgen „Meisterwerk" gezeichnet. Pastell – Iris Anemonen – bleu in Tasse. Mit Annette ausgetüdelt = nicht nach Oldenburg. Es sind sooooo relaxe Tage. Bummeltag. Rumsrums sollte es werden. Dann mit Lemmy + Alfons [Gastl] doch nach Oldenburg. Eine wirklich schöne Ausstellung. Achja – in diesen Tagen haben wir ausbaldowert: Ausstellung Pforzheim!! Das wird ein Inszenario! Annettchen flippt bei der Vorstellung. 1.00 Uhr nachts im Bett R.r. „durchgezogen".

30. 1. 1986
Dann Zeichnung angefangen. Friely kommt zum Frühstück. Eigentlich stört er. Will weiterzeichnen, aber Annettchen interessiert. Dann kommt

kurz gereizte Stimmung auf über Zollfragen. Mitbringsel für Antoine. Annette fährt in die Stadt zu Claus Clément. Photos – Pleite. Tinten von Manfred Besser – bestens. Ich hab mich erholt – weil nämlich Zeichnung fertiggemacht. […] Friely bringt Annettchen zum Bahnhof. Die ist sehr süß – mich zu „schonen". Ich bade + sofort zu Bett.

31. 1. 1986
4.30 Uhr aufgestanden. Gezeichnet auf „dramatisch Blau"-Papier. […] Ich versuche noch 'ne neue Zeichnung nach 2 Zeichnungen. Keine Lust. Auch bösen Text über Blessin angefangen. Sehnsucht nach Annettchen. Rufe sie an. Süß. […] Jetzt mit Äpfeln ins Bett.

1. 2. 1986 – 9 Tage

10. 2. 1986
Verdammt, ich war am „Nordpol" – es war wunderwunderschön und isses noch!!!!!
Daher erst morgen wieder, ade.
P.S. Ich glaub, es sind auch sehr gute aquarellierte Zeichnungen + vor allem „nähere" ich mich Annettchens seltsamem Gesicht. Bericht folgt.

11. 2. 1986
Fischessen auf'n Sofa […]
Annette: beim Fisch = „das ist Ehe".
4 Zeichnungen. 23.00 Uhr. Bericht folgt.

12. 2. 1986
3 Monate – totale Harmonie dauert.
Fuß – Hackenentzündung Dr. Hartig. Signieren bei St. Gertrude. Shopping mit Annette: Hemden, Hose, Jacke. Essen nach „Hausfrauenart" – „Emanzen Matjes!" Gänsemarkt.
Profikram Ende. Getimed. Jetzt entzückende Briefspielereien.

Kein Wort erfahren wir über seine Landschaften, die im Höhenflug weniger Tage Anfang Februar wie in einem einzigen Arbeitsrausch entstehen. *Fischkopf, Anemone, Specht*[10] – seine Pastelle haben wenigstens noch Namen. Seine Landschaftsaquarelle nicht – nicht in dem Moment, da er völlig in Wolken, Wurzelwerk und Bäumen aufgeht. Er hört ganz auf zu reden oder schreiben. Annette ist zu einer kurzen Reise aufgebrochen. Das Tagebuch schweigt. Als wäre er am anderen Ende der Welt gewesen, meldet sich Janssen nach neun Tagen am 10. Februar zurück: „Verdammt, ich war am ‚Nordpol'."

Wie er diesen Ausbruch in Feder und Farbe, in nie gesehene Landschaftsaquarelle[11] zuwege gebracht hat – kein Wort darüber. Im Auge des Taifuns herrscht Stille. An der Peripherie geht es dafür um so turbulenter zu. Da wird alles beredet, weitergesponnen, auseinandergezerrt, wenn auch im Stenogrammstil. Aber je mehr sich Janssen dem schöpferischen Höhepunkt nähert, desto stärker drängt er die um den Tag kreisenden Reflexionen zurück. Weil ihm sein Verstummen selbst merkwürdig vorkommt, verspricht er nachzuholen, was ungesagt geblieben ist. Er will es später „recherchieren", wie das Tagebuch notiert.

Der alles zergliedernde Kopf, der jede Situation quälend genau analysiert, legt erst dann eine Pause ein, wenn es dem bildenden Künstler gelungen ist, sein Talent punktgenau zur entfesseln. Dann ist Janssen ganz Auge, und für das Tagebuch hat er kein Wort mehr übrig. Dieses Zu-reden-und-zu-schreiben-Aufhören hat nichts Inszeniertes und nichts Vorsätzliches. Wie überhaupt das Stenogramm des laufenden Tages so unkünstlerisch wie selten bei Janssen ist – lediglich Dokumentation eines Zeitraums. Trotzdem handelt es sich um eine einzige großangelegte Inszenierung: um die gezielte Heraufbeschwörung – „Erzwingung" – des produktiven Moments.

Es geht in dieser Inszenierung nicht mehr nur um die Herstellung günstiger Voraussetzungen für einen Tagestreffer. Alles muß stimmen: Annette ist weggefahren; er ist gesund und nüchtern; die Freunde und der Alltag, die Mißverständnisse und Quertreibereien sind in den Hintergrund getreten. Eine ganze Welt setzt Janssen für das Gelingen seiner Landschaften in Bewegung. Auf dem Höhepunkt gibt es kein Halten mehr. Das Inszenatorische tritt völlig hinter die Arbeit zurück, die selbst flüchtigste Stimmungen auffängt und mit den Mitteln der Kunst weiterspielt.

Die Landschaft ist das Medium, das die leisesten atmosphärischen Schwingungen in eine Sprache übersetzt, die gleich weit entfernt davon ist, ein letztes Wort oder sonst eine festumrissene, endgültige Gestalt darzustellen. Wie kein anderes Medium transportiert die Landschaft die durchziehenden Wetter des bis in die feinsten Nervenfasern sensibilisierten Künstlers. Alles ist Vollzug, vielstimmig und in freier Abwandlung eines Grundtons, wie ihn nur das in lauter Transparenzen abgestufte Aquarell kennt. Wenn es überhaupt eine Absicht gibt, dann spricht sie sich in der Zeichnung aus – und auch da nur solange, bis die das Papier in eine Seenlandschaft verwandelnde Farbe den mit der Feder ge-

Annette retour, Zeichnung 4. 2. 1986. Feder und Aquarell (44,5 x 31 cm)

zogenen Umriß wieder überspielt und in den Hintergrund drängt. Sämtliche Gegensätze, aus denen sich unsere Welt immer mal wieder einen kleinen oder großen Krieg aufbaut, sind an dieses Widerspiel von Feder und Farbe zurückgebunden. Daran wird sich nichts ändern, solange Land und Wasser, Wind und Weiden in einem ewig hin- und herwogenden Kampf liegen.

Und was ich in diesem glücklichsten Januar, der den halben Februar schluckte, aufgekritzelt habe, das sind Mitteilungen aus meiner Heimat = Norddeutschland – die dunkelste UND hellste Landschaft aller Landschaften; die langatmigste Gegend – ans Wasser angelehnt, von dem es ganz und gar durchtränkt ist und das eines Tages alles verschlucken wird, was des Blödsinns Emsigkeit diesem Land angetan hat und antut. Alles Machwerk, alle Scheußlichkeiten werden in der Zeit in diesem Wasser versinken! Und sollte denn doch eines Tages das Wasser selbst versickern, so wird das der »Tod im Ganzen« sein: Denn in der möglichen Niederlage dieser sanften und gewalttätigen »Penthesileia«, Schwester meiner Heimat, vollzieht sich zugleich der Untergang der ganzen Erde.[12]

Mit seinen Landschaftsaquarellen für Antoine hat Janssen eine Sprache gefunden, auf die er auch später immer wieder zurückgreifen wird – in der Serie *Bobetanien* und in seinen letzten *Tagebuch* genannten Landschaften. Diese Landschaften sind bestes Alterswerk. Sie wurden ihm aus den Händen gerissen. Aber in Paris überfiel ihn am Vortag der Ausstellungseröffnung am 8. April 1986 eine solche Krise, daß er sich von Antoines Dachwohnung aus, in der er mit Annette zu Gast war, schon mit zerschmetterten Gliedern auf dem Straßenpflaster liegen sah.
„Da unten habe ich schon gelegen. Auf den Steinen. Gestern in meiner Depression. Nicht mal Annette hat es gemerkt," erzählte er am Tag nach dem Ausstellungserfolg. Bis zuletzt hatte ihn die Frage gequält: Was wollte er eigentlich mit seinen norddeutschen Landschaften, auf kleine und kleinste Zettel „gekleckert und gepfützt" – was wollte er mit dieser seiner „Zettellage"[13] ausgerechnet hier in Paris?
Janssen ist für seine Kunst von höchster Stelle gelobt worden. Jean-Dominique Rey hatte ein anerkennendes, zündendes Vorwort für den Katalog geschrieben. Der alte Berggruen soll kopfnickend durch die Ausstellung gegangen sein. Mit Emile Cioran wäre Janssen gern zusammengetroffen. Sie hätten sich gegenseitig in schwarzseherischen Aperçus überboten, war doch damals in den Landschaften noch vom „Untergang der ganzen Erde"[14] die Rede gewesen. Die niedlichste Huldigung stammt von der Picasso-Tochter Maya. Als faksimilierte Handschrift ist sie in dem Buch *Svanshall verkehrt* aufgenommen:

Paris, den 11. April 1986
Ich war wirklich der Meinung, in meinem Alter alles gesehen zu haben – oder doch mehr als genug. Aber welches Vergnügen bereitete es mir, diesen Nachmittag in der Galerie Berggruen Janssen zu entdecken! Ein Glück, daß es Sie gibt und daß ich an all der Freude teilnehmen durfte, die Sie an Ihrer Arbeit haben.
Alles Gute. Ich kehre zurück - im Mai in die Rue de l'Université

Annette songe, Zeichnung 6. 2. 1986. Feder und Aquarell (44,5 x 29,5 cm)

Die französische Kritik war überaus aufgeschlossen. Aber die Bilder sind größtenteils nicht in Frankreich geblieben, sondern nach Deutschland verkauft worden, wo die Landschaften gleich als sehr begehrt galten. Umworben waren besonders die ins Hochformat aufgetürmten Felsbildungen, die sich Blau in Blau über einem Hafen aus Brücken und Stegen emporrecken[15] – wie ein unter heftigen Schwellungen angewachsener Penis. 60 000 Franc das Blatt. Ob die Franzosen darin wohl die Berge ihres Jacques Callot wiedererkannt haben? Auch in der Titelei wollte Janssen seinen Gastgebern entgegenkommen: *Annette rêve, Demoiselle Annette songe* etc. Mit seinem Humor hatten sie es freilich nicht leicht: Janssen – über dem entblößten, liebestrammen Säcklein nur mit einem Barett behütet,[16] das ist so entwaffnend witzig wie meilenweit entfernt von dem Pariser Charme. Den Unterschied kannte keiner besser als Janssen: „Die Provinz mupft auf" – und das mitten in der Kunsthauptstadt der alten Welt.[17] Kein Wunder, daß er Höllenqualen litt.

Was wir immer schon wußten und sein Pariser Tagebuch einmal mehr belegt: Alles dreht sich um seine Arbeit. Seiner Arbeit bringt er jedes Opfer. Sie ist der einzige Tyrann, dem er sich zeitlebens gebeugt hat. Diesen Moloch zu befriedigen, hat Janssen ungeheure Anstrengungen unternommen. Seine Arbeit war das A und O. Steckte er auch sonst voller Witz und Hintersinn – in dem Punkt verstand er keinen Spaß. Auch wenn er sich nur solchen Frauen anschloß, die ihn augenblicklich vergessen ließen, was Arbeit war, so daß alles wie Spiel und ihn spontan anwandelnde Lust aussah – die Arbeit war die Elle, an der sie sich messen lassen mußten. Instinktiv wußte das jede Frau. Immer nur recht konnte es ihm keine machen.

Es versteht sich von selbst, daß Janssen nicht von seiner Arbeit sprach, geschweige denn, daß er arbeiten mußte. Selten einmal äußerte er sich über seine – wie er es nannte – metierbedingten Schwierigkeiten. Dann zog er sein Gegenüber ins tiefste Einverständnis. Nur wenn es um das schnöde Geld ging, räumte er ein, arbeiten zu müssen, um sofort deutlich zu machen, daß sein Eigentliches nicht Arbeit sei.

Sein Zeichnen und Aquarellieren waren Spiel und Spaß – ein ungeteiltes Vergnügen, das seinen Zweck in sich hatte und Vollzug seiner selbst im Moment übersprudelnder Lebensfreude war. Denn daß der Künstler eine Mission hat, um der Welt „etwas" zu schenken, und seien es auch die schönsten Bilder – das alles hatte auch ein Janssen längst durchschaut und weit hinter sich gelassen. Deshalb sprach er statt vom Arbeiten lieber davon, ob er gesund oder krank sei. Immer war das mehr als eine bloß medizinische Indikation. Krankheit und die vielbeschworene Krise hinderten ihn nicht nur daran, zu Papier und Pinsel zu greifen, sie verhinderten überhaupt den Künstler. Nicht arbeiten können hieß krank sein. Janssen stand sich dann so im Wege, daß er sich von seiner Mitwelt hinter die eigenen Wände und das gerade Mitte der 80er Jahre neu und höher aufgerichtete Gitter zurückzog. Er schloß sich sogar vor den Freunden weg. Dagegen hieß Gesundheit, endlich wieder zeichnen zu können. Endlich war er wieder der, der er sein wollte – wie es der Schöpfungsplan mit ihm vorgesehen hatte.

Seine Arbeit und die ihn darauf einstimmenden Befindlichkeiten waren das Drama seines Lebens. Alles andere verblaßte dagegen oder hatte sich dem

unterzuordnen. Pingo, ergo sum.[18] Ich zeichne, also bin ich ich – heißt das der cartesianischen Formel nachgebildete Motto. Wie einer, der gleichsam nur lebt, wenn er möglichst viel und immer zeichnet, nahm Janssen mit seiner Arbeit eine besondere Dramatisierung vor. Davon hing nicht nur sein Wohl und Wehe ab, so wie auf jeden von uns das Tagesbefinden und im weitesten Sinne die Gesundheit Einfluß haben – das Arbeiten-können steuerte seinen Pulsschlag, es war der ihn am Leben erhaltende Stoffwechsel.
Seine Arbeit ließ ihn nach langen Phasen der Dunkelheit und des Alkohols wieder aufleben. Erst mit ihr begann das Leben neu. Wen wundert es da, daß er seinen Zugriff auf diese Droge kontrollieren mußte. Er wollte durchaus nichts den Umständen überlassen, sondern arrangierte alles immer so, wie er es brauchte. Und dies in einem solchen Maße, daß es alle Grenzen sprengt. Eine ganze Welt und noch die abstrusesten Zufälle setzte er dafür in Bewegung. Dann lag die Schöpfung wie neugeschaffen vor ihm und war bloß für ihn da. Der anbrechende Tag wurde zur Metapher seines Wohlbefindens. Oft stand Janssen frühmorgens barfuß auf dem „Söller seiner Burg", wie er den kaum vier Quadratmeter großen Balkon nannte, der sich in das Grün der Ahornblätter hineinschiebt, und feierte mit den tirilierenden Morgenvögeln die Wiedererweckung seiner Lebensgeister.
Einige seiner schönsten Texte sind auf diesen Jubelton gestimmt:

[…] wenn ich an meine Morgen-Schnupperei auf dem Balkon denke. Diese Stunde heut z. B. um 5.00, – wo's eine Art Universum-Parfüm hat – wo man sich nicht vorstellen kann, daß die ganze Milchstraße nicht ebensolche Duftnoten trällert, wie's hier unten am Mühlenberg klingt: die zitternden Blätter milliardenfach, die Steine, die Mauern und Holz + Eisengatter, die blanken Pfützen + der Tau auf meinem kleinen Feldblumenstrauß u. u. u. – ALLES sendet auf Ambrosia morgensis.[19]

Gut'nmorgen, gutenmorgen gutmorgen Lieber! Und wahrlich – es IST ein Morgen von solcher Strahlung, daß die leibeigenen Atome nur so hüpfen. Es juckt INwendig, was so ungefähr das gegenteilige Empfinden zur Krätze ist – wobei mir einfällt, daß ich in Vorahnung dieses Sonnenaufgangs um 5.00 schon die Haare gewaschen habe.[20]

6.00 Uhr – Hochnebel und es wird wieder ein gülden Tag. Und in mir Heiterkeit und „Gesundheit" – schon 12 Tage und es fühlt sich ganz so an, als würden 120 Tage draus.[21]

In seinem Buch *Svanshall verkehrt*, im Aufwind seiner Liebe zu Annette, reflektiert er auf diesen Ausbruch in ein schier grenzenloses Wohlgefühl:

> Und grad kommt mir da »Herr und Hund« in den Sinn, diese »menschlichste« aller Thomas-Mann-Geschichten! Der Anfang, die ersten zwei Seiten – ein »Gefühlsausbruch« über einen frischen Morgen – NEUER Tag – »Auferstehung« (so würde ich übertreiben). Es ist exakt die Schilderung eines Morgens, wie ich ihn in den letzten Tagen so häufig habe: höchstes Wohlbefinden. ABER da ist eine kleine Differenz, ein winziger Abgrund. Ach, wenn bei mir alle Hirntentakeln und alle Sinnesantennen steif stehen – alle Schleimhäute im Nasen-Rachenraum den mooschigen zärtlichen Erd- und Weltgeruch ansaugen, wenn die gewöhnlichsten Geräusche und selbst gemeine Dissonanzen in meinen Pukenhöhlen zu Musike werden – DAS ISSES! JA, das ist es – wenn all dies zu einem gepackten, packengroßen Fühlen wird: die eigene Leiblichkeit – Leibhaftigkeit als wunder-vollen funktionierenden Nerven-Kosmos, als Ozean von »Gesund-Gefühl« zu fühlen – in dem es wohl noch hier und da mal zwickt und puckert; aber das sind nur winzige, spitzige Signale, nicht größer als diese kleinen Bojen, die irgendwo auf unermeßlicher Wasserfläche anzeigen: Hier unten liegt ein winziges Wrack! Wenn ICH in solchen ozeanischen Befindungen bin, so ist mir dies UNVERDIENTES Glück und drum GlückSELIGKEIT.[22]

Das ist die Selbstermächtigung, die Janssen will. Sein Sensorium ist dann weit aufgespannt und allen Eindrücken geöffnet. Wie von selbst geht ihm die Arbeit von der Hand. Dann greift er in das sich drehende Weltrad, nicht um es festzuhalten, sondern um sich an der Spitze der Zeit für alle Zeit mitreißen zu lassen. In Euphorie und Übermut sucht er diesen mitreißenden Moment noch über sich selbst hinauszutreiben. Das erste Glas Alkohol hat er für den Augenblick reserviert, da er, aus seiner künstlerischen Arbeit zurückkehrend, sich genüßlich in seinem eigenen Werk spiegeln will. Dann verschafft ihm der erste Schluck ein alles übersteigendes Triumphgefühl. Diese Eskalation sich überbietender Höhepunkte folgt einer Dramaturgie, die in ihren Teilen wohlerwogen und bis ins einzelne beherrscht sein will. Sie ist durchaus auf Wiederholung angelegt. Sie zielt auf den Schöpfungsmoment selbst, den Janssen noch jedem seiner Werke einschreiben möchte, damit er sich dem Betrachter mitteile: als die – trotz allem – nicht zu bändigende Lust am Leben.
Diesem Anspruch ordnet Janssen alles unter, auch seine Gesundheit, die er nicht sich selbst überläßt, an der er „dreht" und „bastelt". „Zwei Limbatril, vier

Betadorm und zum Jubeln zwei Captagon. Das ist so die Tagesnahrung", wie er in *Svanshall verkehrt* bekennt. Er versucht sein gesteigertes Wohlbefinden mit allen Mitteln und selbst dadurch, daß er die Nacht zum Tag macht, aber auch durch die passenden Freunde, die richtige Lektüre und was nicht alles in den Griff zu bekommen. Wenn er in kluger Einschätzung seiner manipulativen Fähigkeiten von den massiven Drogen die Finger gelassen hat, so wollte er doch nie und nimmer auf das auslösende Initial verzichten, das ihn jederzeit wieder von Grund auf umkrempeln konnte. Das war und blieb bis zuletzt die neu in sein Leben tretende Frau. Annette kam wie gerufen, um den „alten Kerl" noch einmal mit sich selbst zu überraschen. Wie sie sich auf die entzückendste Weise in sein Leben mischte, blieb nichts so, wie es früher war. Am allerwenigsten Verständnis brachte Janssen für die Tage auf, die er vor und ohne Annette verbracht hatte. Es liest sich wie eine Reportage aus dem Kerker, nur daß der Gefangene – statt in eine Einzelzelle – in sein eigenes waberndes Übergewicht eingesperrt war:

… 5 Jahre war es wohl her, daß ich die Fenster meiner Burg am Mühlenberger Weg verdunkelte und das Gittertor der hohen Umzäunung verschloß. Ich verließ 5 Jahre lang mein Refugium höchst selten und wenn, dann nachts. Ich lebte in künstlich erhellten Dunkelheiten und schrieb und zeichnete und radierte und sonst NICHTS. Cupido hatte ich verabschiedet – so mein entschiedener Entschluß. Sexus war auf eine kleine Erinnerung im Hirn zusammengeschrumpft, von wo aus er – wenn – sporadisch kaltes Lineament übers Papier zog, mehr zum Zwecke physischer Beruhigung als aus physischer Lust. Ich war Klausner. Ein dunkler Bademantel war die tägliche und nächtliche Kutte, in der zweihundert Pfund ausgeleiertes Fleisch nach »Ende« stanken. Ein träges Enden, das sich wohl noch über neununddreißig Jahre hinziehen würde. Mäßiger, gleichmäßig unlustiger Suff ernährte mich, und in den kalten, nüchternen Monaten der Arbeit schob Kerstin bürgerliches Freßchen durch die Umzäunung.[23]

Seit September 1985 hatte Janssen zu trinken aufgehört und an die dreißig Pfund abgenommen. Seit November lebte er wieder mit einer Frau zusammen. Waschmaschine und Wäschetrockner waren in die unteren Räume eingezogen. Oben im Atelierzimmer stand vor dem Spiegel neuerdings ein Sofa. Endlich ging er wieder auf Reisen und hielt Vortrag vor großem Publikum. Janssen war ein anderer Mensch geworden – frei von Alkohol, innerlich und äußerlich aufgeräumt. Erst das läßt den Höhenflug dieser Wochen und

Annette und Janssen 1986

Monate ermessen. Nie wieder wollte er wie früher verlottern. Am liebsten hätte er sich Annette bedingungslos ausgeliefert. Er wollte sein Leben in ihre Hände legen. Aber ging das noch? Hatte es jemals funktioniert? In jungen Jahren war er schon dagegen angerannt, erst recht in seiner mittleren Zeit. Es ist der ewig unentschiedene Kampf zwischen Sich-Wegwerfen und -Bewahren. Es ist wie eine Sucht: Er suchte sein Heil in der Geliebten, um sich vor ihr in die Arbeit zu flüchten. Die Arbeit sollte ihn wieder befreien, und noch in die Arbeit hinüberretten wollte er sein Glück *und* seine Verzweiflung. Daraus entstand in immer neuen Schüben sein Werk.

Solange der Künstler in seinen besten Jahren ist, wogt entlang dieser Grenzlinie der Geschlechterkampf hin und her. Beide – Mann und Frau – suchen und fliehen sich. Erst das Alter verteilt die Gewichte neu. In der Angst, es nicht mehr so ernst wie früher zu nehmen, übertreibt Janssen seine Rolle. Er dreht extra auf. Er reagiert hysterisch und ringt zugleich um eine Glaubwürdigkeit, die er vor sich selbst schon halb verloren hat. Denn er kennt längst die innere Uhr, nach der seine Liebesgeschichten verlaufen. Er weiß, welcher Dramaturgie sie folgen. Deshalb will er nur noch einmal – immer ein letztes Mal – die Liebe vor den Karren seiner Kunst spannen. Weil er aber nichts so fürchtet wie

das Unrecht, das er mit der Überlegenheit seiner Jahre auf sich herabbeschwört, muß er für seine Arbeit mit einem Ernst werben, der an den Grund der Existenz rührt. Die Arbeit – sein Werk – ist sein einziges, sein letztes Überlebensmittel. Die Frau müßte schon den Künstler verhindern, wollte sie den Mann ganz für sich gewinnen.
Das Lied ist längst bekannt – die alte Leier. Es zählt zum Kernbestand der Künstlermythologie. Janssen will sich nicht binden. Zwar hat er seinen ganzen Lebensweg zu einer Odyssee „umgelogen" – mit dem einzigen Ziel, endlich Hafen und Heimat zu finden: „mein Pforzheim". Aber er wird nicht bleiben. Was bleibt, ist das Werk. Auf dem seelischen Tiefpunkt, kurz vor der Pariser Ausstellung im April 1986, als er seine Bilder vor dem Pariser Publikum schon durchgefallen und sich selbst nur noch von der Liebe zu Annette am Leben gehalten sah, stand es Janssen unmißverständlich vor Augen:

> Ich sitze in der »Falle«. Ich bin in Liebe, und die Falle ist zugeschnappt: hat sich doch mein Leib an ihren »gewöhnt«. Der ausgeleierte, alte, inzwischen arg geschrumpfte Leib hat Zutrauen gefaßt zur Jugend. Obwohl das Mädchen sich vom ersten Tag an dieser vollkommenen alten Leiblichlichkeit gelassen, witzig und »generös« zuwandte, war ich doch in Befangenheit. Als dann die Scham des alten Kerls erstmals futsch war, eröffnete sich mir ihre ganze Schönheit – diese schlamperte, warmfleischige, originelle und seltsame Schönheit; und das Bettchen ist nun Gegenwart und Prospekt zugleich: In jedem JETZT ist das variante Morgen angedeutet – undeutlich aber ahnungsvoll, und am »5. Tag passiert, was wie gestern geübt klingt«. Das ist die zugeklappte Falle. Und in den Dunkelheiten hockt sich dann die Angst neben mich, weil ich das mich einschließende Gitter der Falle nicht mehr erkenne und –– die Freiheit wäre ein langes Elend – ein Elend, das ich inzwischen nicht sofort »in Arbeit« verbrauchen könnte. Alter Mann, wach auf.[24]

„Sofort »in Arbeit« verbrauchen" – keinen anderen Maßstab will er gelten lassen. Dafür nimmt er Elend und Verzweiflung in Kauf. Dafür ist ihm jeder Aufwand, jede Anstrengung recht. Wenn er sich hingegen in der Liebe erst mal häuslich eingerichtet hat, dann ist die Falle zugeschnappt, und er sitzt im Gefängnis. Da ist es wieder – das Gefängnis, das ihm nicht wirklich droht, das er sich aber um so lebhafter ausmalt und regelrecht herbeizitiert. Die Befürchtung, schon festzusitzen und nicht einmal bemerkt zu haben, wie hinter ihm das Gitter zuschlägt, diese Angst vor dem Gefängnis wird Janssen sein ganzes

Leben lang verfolgen. Sie stößt ihn voran, hetzt ihn weiter. Wenn es eine Erlösung gibt, dann nur in der eigenen Arbeit.

Annette ist früher oder später das Opfer. Gegen solche Zwangsläufigkeit kann sie nur den kürzeren ziehen. Keiner weiß das besser als der „alte Mann". Deshalb muß er sich selbst überreden – überlisten. Er muß glauben, diesmal sei alles anders – wie noch nie. Die Übermacht, die er im Verhältnis zu Annette verkörpert, diese Übermacht des Alters und der Erfahrung nützt Janssen gar nichts, wenn er sich nicht selbst davon überzeugen und auch wirklich einbilden kann, endlich ans Ziel seiner Wünsche gelangt zu sein. Der „alte Mann" experimentiert deshalb nach dem Motto: „Was geht mich die Realität an, wo's doch primissimo ist, einfach eine herzustellen."[25]
Realistisch wäre es gewesen, in den Glücksmomenten schon die Trauer über den Abschied vorwegzunehmen. Realistisch wäre, in jedem Anfang das Ende mitzubedenken – am realistischsten, erst gar nichts Neues zu beginnen. Das ist die Art Vernünftigkeit, gegen die sich Janssen zur Wehr setzt. Diesem neunmalklugen Wissen hat er den Kampf angesagt. Es verhindert mehr, als es möglich macht. Was immer wir zu sein glauben oder uns umständlich ausdenken – wir sind es nicht. Die „Bedenkelei" ist immer nur vorgeschoben. Längst hat alle Welt seinem Annettchen eingeflüstert: Das mit Janssen ist schon zu Ende, bevor es richtig angefangen hat![26] Dagegen setzt er sein Ich – ein Ich, das so vielstimmig und volltönend ist, daß es auch die Widersprüche auszuleben beansprucht. Ja, als eine besondere Leistung hält er sich zugute, das eine nicht mit dem anderen zu vermengen. Er will nicht schon im Anfang das Ende wahrhaben. Er will alles – so ungeteilt wie möglich. Diese jeden Moment vollkommen ausschöpfende Aufmerksamkeit – das ist Janssen. Es ist die Zeichnung – seine Kunst –, wie er sie versteht.

> Die »verdammteste« Stärke meines Wesens ist die INTENSITÄT – die Intensität meiner Sucht aufs Ausschließliche. Ich bin nicht in jener Gnade lässiger Erwachsener, die die Welt als Ganzes und als ein irgendwie larifari-geordnetes Allgemeines hinnehmen oder ANGEBLICH genießen – ich bin nicht in der Gnade dieser Mittelmäßigkeit, die alle furchterzeugenden Gegensätze dieser Welt zu einem Wohlgetan auf kleinsten gemeinsamen Nenner herabziehen –– nein: ICH bin das Kind, dessen Sinne zu heftig und empfindlich sind, um sowas wie Stein und Fleisch auf einen Nenner zu bringen. […]
> So – und nun komm ICH – und ich muß es etwas kindisch machen. Wenn

ich aus einer meiner Dunkelheiten – »diesen Einrichtungen, die mir gegeben sind, um alles Vorherige zu vergessen« – wenn ich aus solcher Dunkelheit auftauche und sogleich in »Baum« falle, als wenn im Schoß der Dunkelheit der Baum-Traum geboren worden wäre, dann ist die ganze Welt ein einziger herrlicher Wald. Exklusiv. Ich seh nix anderes, ich »denk« auch nix anderes, ich zeichne auch nicht Baum – ich wusel MICH in Baum rein. Du kannst am ehesten sagen: »rummse« Bäume (Kopfweiden-Ficker, du kennst sie doch, meine Kopfweiden) – ich will DA REIN – UNTERGEHN, Kleines = wie in DIR. Ach Kleines, merk dir das: Die Qualität dieses Liebhabers liegt in der Sucht, IN DIR ZU VERSCHWINDEN. Kindische Zärtlichkeit und RUMMS! Ich will mich in dir auflösen. Nicht mehr SEIN! (Nun – laß doch die Psychiater ihren Humbug quatschen.) Die ersehnte Auflösung gelingt ja nur aus einem einzigen Grunde nicht, aus dem heraus wir eben ja nicht mal mehr durch die (Kleistsche) Hintertür ins Paradies zurückkönnen. Also – bei diesem Gewühle und Gesüchtele löst sich dann irgendwann per Erschöpfung der Sehnsuchtskrampf, und ich falle zurück ins »Dunkel« – in jenes, das mich dann gnädig vergessen läßt, das eben noch die ganze Welt EIN Wald war. Und danach – »auferstanden« – auf zu neuen Ufern – an ein Ufer einer nächsten »exklusiven« Welt.
Also – sagte ich, die Qualität dieses Liebhabers usw.? Diese Intensität – dies Sehnen ins Ausschließliche rein – dies sich Auflösenwollen in DEM, was alles andere ausschließt – – also in dem EINZIGEN – DAS ist die Wurzel der Qualität überhaupt. Meine Qualität. […][27]

Acht Monate, nachdem Annette Kasper in sein Haus gezogen war, opferte sie Janssen seiner Arbeit – für eine Arbeit, die ihm in nur sieben Wochen vierundzwanzig gewaltige Radierungen abringen sollte. Es entstanden Radierplatten von einer solchen Größe und aufwendigen Bearbeitung, daß sie gut und gern die Jahresproduktion eines fleißigen Mannes hätten ausfüllen können: *Die Bäume der Annette*.[28] Im Steigflug dieser ihm alles abverlangenden Arbeit – als sich herauszukristallisieren begann, daß daraus eine Serie, ein Zyklus werden würde – prügelte Janssen sein Mädchen aus dem Haus.
Frielinghaus, der gelernt hatte, die Signale des Künstlers früh aufzufangen, wollte die warnenden Anzeichen schon vernommen haben. Seiner Meinung nach hatte Janssen längst versucht, eine Trennung herbeizuführen. „Was soll er denn noch tun …?" Aber auch wenn Annette noch so rechtzeitig hätte hören wollen, es wäre ihr nichts erspart geblieben. Janssen exekutierte das

Ende mit solcher Plötzlichkeit, daß von einer auf die andere Sekunde alles vorbei, endgültig und unumkehrbar war. Was er da mit einer auch gegen ihn selbst gerichteten Gewalt ins Ziel ritt, war die rigoroseste Inszenierung. Sie sollte ihm dazu verhelfen, in der Radierung wahre Wunder zu vollbringen. Dazu brauchte er als Motor den nicht zu bändigenden Schmerz. Die Verzweiflung über den Abschied von Annette sollte ihn zu einer übermenschlichen Anstrengung antreiben.

In den ruinösen Sommerwochen des Jahres 1986 wand sich Janssen in solchen Qualen, daß sie seinen „Bäumen" sichtlich in die Glieder fuhren, die deshalb auch den Namen *Laokoon* tragen – nach der mythologischen Gestalt des Priesters, der für seine Prophezeiung von dem Niedergang Trojas damit bestraft wird, daß er und seine Söhne von Schlangen erwürgt werden.

Die Bäume der Annette sind die dritte und letzte Stufe, die Janssen zündete, als seine Erfolgskurve abzuflachen schien. Annette hatte ihn zu ungeheuren Leistungen beflügelt. Die Zeit mit ihr war eine Phase überquellender Produktivität. Zur Erinnerung noch einmal der Reihe nach: Nur sein bildnerisches Werk betrachtet, war er im Januar und Februar 1986 in sein Altersthema aufgebrochen: in die aquarellierte Landschaftszeichnung. Seiner Ausstellung in Paris noch vorgeschaltet war eine Reise nach Svanshall vom 14. bis zum 24. März. Er fing wieder an, figürlich zu arbeiten. Aus dem noch ungetrübten Reisehimmel wetterleuchten auf kleinformatigen *Tageszetteln*[29] schon solche Peinigungen, die Janssen unweigerlich auf sich zukommen sah. Alle Welt hatte sich gegen ihn und sein Mädchen verschworen. Er dachte sich Szenerien aus, für die er die Folterkammern längst vergangener Zeiten plünderte. Als er aus Svanshall und Paris wieder in Hamburg zurück war, erfand er neue Malträtierungen. Er manövrierte Claus Clément und einen Mitarbeiter aus dem Verlag St. Gertrude in eine Situation, so daß es aussehen konnte, als würden ihm beide Männer Annette streitig machen. Ja, er stiftete Annette dazu an, ihm für seine Eifersüchteleien den passenden Vorwand zu liefern. Den bunten Bilderbogen einer zum Tollhaus pervertierten Welt übertrug er im Juni 1986 in die Radierung: *Svanshall verkehrt*[30] – sechzehn Platten, mit denen er nicht ganz zufrieden war, erst recht nicht mit der in Paris gedruckten Auflage, die er deshalb zu großen Teilen mit der Hand kolorierte. In Aquarellfarben getaucht, entfalten diese Blätter wie besonders giftige Schmetterlinge ein erschreckend verführerisches Aussehen.

Immer noch unter dem Titel *Svanshall verkehrt* entstand ferner eine Folge von stark farbigen Blättern, in denen er vor der Kulisse von Paris seine bösen

Kirchenstreit, Zeichnung aus *Svanshall verkehrt* 29. 6. 1986. Feder und Aquarell (ca. 32 x 20 cm)

Spiele mit der Unschuld trieb.[31] Dazu griff er auf Callot, Watteau, Füssli oder Méryon zurück, als wären sie gerade erst frisch seiner Feder entsprungen. Es gibt niemanden, der sich wie Janssen in der *Kopie* derart freigeschrieben hätte. Leichthändig gebietet er über das Inventar von Jahrhunderten. Auf dieser Bühne bringt er sein barock anmutendes Welttheater so unbekümmert zur Aufführung, daß der Gegensatz zu den infernalischen Quälereien und dem martialischen Thema nicht größer sein könnte. „Es ist schön und total sinnlos", notiert er am Rand einer dieser meisterlichen Federzeichnungen.[32]

Vor der Stadtkulisse von Paris erreicht im Juni 1986 diese Art figürlicher Darstellung ihren Höhepunkt – einen zweiten absoluten Höhepunkt, nachdem schon im November 1985 die Lithographie figurative Szenerien hervor-

gebracht hat, die in ihrer geschmeidigen Linienführung kaum zu überbieten schienen. Im Zentrum steht Annette. Alles, was Janssen quält und umtreibt, lebt er in diesen Figurenkabinetten aus: die Angst, sie wieder zu verlieren, ebenso wie die Angst, von ihr nicht mehr loszukommen.
Der europäische Nihilismus hat uns im Laufe seiner Geschichte viele Gesichter gezeigt. Bei Janssen ist es ein schwelgerischer, die Kunstgeschichte neu aufmischender Mummenschanz. Wie die Natur selbst treibt die historische Kostümierung die irrwitzigsten Blüten. Wir können uns nicht satt daran sehen, und erst im nachhinein fährt uns der Schreck in die Glieder.
Wie rabenschwarz diese Sicht der Dinge ist, enthüllt eine Erzählung, die aus dem gleichen Material hervorgeht, sich aber entschieden der Gegenwart zuwendet: *Fünf Tage Fünf Nächte*.[33] „Die Geschichte von der Säuberung der Insel Sylt" ist die Rachephantasie eines Mannes, den kein Erfolg – weder in der Kunst noch bei den jungen Mädchen – besänftigen und versöhnen kann. Wie es kaum je in der Literatur vorgekommen ist und sich auch nicht mit den moderaten Zügen verträgt, die dem Alter und der Mäßigung nachgesagt werden, will Janssen seine spätpubertären Allmachtwünsche rücksichtslos ausleben. Nichts soll ihn daran hindern, seinen Abschied von Annette als Vernichtungsfeldzug gegen seine eingebildeten Feinde zu zelebrieren. Ja, er nutzt die Gunst der Stunde und kehrt das Unterste zuoberst. In einer Orgie aus Haß und Gewalt mistet er seinen Seelenaustall aus.

Die Tortur der Trennung, die er viele Male an sich selbst vollzogen und in turbulenten Bildern abgehandelt hatte – jetzt vollzog er sie an Annette. Als er merkte, daß der eigensinnige und selbstverfügte Abschied in ihm noch einmal ungeahnte Kräfte freisetzen würde – einen Adrenalinschub ohnegleichen –, da packte er die erste beste Gelegenheit beim Schopf, um den heftigsten Trennungsschmerz für seine Arbeit auszuschlachten. Den *Bäumen der Annette* war eine lange Planung vorausgegangen. Schon 1985 hatte er einige kleinere Bäume radiert, die später an die Griffelkunst gingen.[34] Das Thema arbeitete in ihm weiter. Er verlor es auch nicht aus den Augen, als er in der Figur, in der Landschaft, in der *Kopie* neue Gipfel erstürmte. Die Bäume, die er auf die Platten zeichnen wollte, verfolgten ihn bis in den Schlaf und ließen ihn auch in den Zeiten ausufernder Schlaflosigkeit nicht los. Dann kletterte er sehenden Auges in dem labyrinthisch wuchernden Astwerk herum. Wann würde er endlich für sein „großes Vorhaben" – „DAS LÄNGST GÄRENDE"[35] – gerüstet sein, fragte sich Janssen in seinem Tagebuch, das er am 2. März auf einer Bahnfahrt nach Pforzheim zu Annette führte. Darin ist auch zu lesen:

Wenn ich meine Bäume zu fassen haben werde --- ich werde in ihnen verschwinden, wie ich in DIR zu verschwinden mich sehne. Wenn ich demnächst einsteige --- ich werde mich im Labyrinth dieser Arabesken womöglich noch sicherer wähnen als in den Labyrinthen deiner Leiblichkeit [...].[36]

Was das Einswerden nicht zuwege bringt, soll endlich der Abschied möglich machen.
Im Mai 1986 hatte er für Annette einen Volvo gekauft. Im Juni fuhren sie in die Wingst, einen Waldflecken kurz vor Cuxhaven. Dort „studierte" Janssen wie auch an anderen Plätzen der Unterelbe seine Bäume in der Natur. Wenige Augenblicke vor Ort und eine unter freiem Himmel angefangene Studie genügten dem Zeichner, und schon hatte er gesehen, was dann „richtig" erst auf dem Papier zu sehen sein würde. Am 4. Juli begann er endlich mit seinen „Bäumen".[37] Acht großformatige Platten hatte er in rascher Folge fertiggestellt. Es gab eine Verabredung, nach Sylt zu fahren und Mupf zu besuchen, die dort Ferien machte. Annette wollte ihm die Reise zu ihrer Mutter ausreden, sah sie doch, daß er gerade in die langersehnte Radierserie hineingefunden hatte. Aber Janssen war von sich aus ins Stocken geraten. Der erste Schub schien sich totgelaufen zu haben. Die Anstrengung war zu groß gewesen, und so wußte er nicht, ob es nicht besser wäre, eine Pause einzulegen. Auch wehrte er sich dagegen, daß er die von ihm verehrte Mupf nicht besuchen sollte. Die Entscheidung wurde verschoben. Vielleicht fand er ja auch in seine Arbeit zurück. So blieb vorläufig offen, ob sie nach Sylt reisen würden. Alles sei in Ordnung gewesen, bis Annette am 14. Juli gegen 17.00 Uhr ins Dorf Blankenese gegangen sei, um einen Blumenstrauß zu kaufen. Auf alle Fälle wollte man nicht mit leeren Händen auf Sylt erscheinen. Die Gittertür schlug unten zu, Annette hatte sich zum Einkaufen auf den Weg gemacht, als Janssen nach dem Telefon griff und ein Taxi orderte, das ihm eine Flasche Wodka brachte. Er leerte sie in einem Zug bis zur Hälfte. Nach Monaten der erste volle Schluck.
Um 18.00 Uhr ging bei Dierk Lemcke das Telefon im Verlag St. Gertrude: „Habe die Porträts von Annette verbrannt und das Pariser Tagebuch. Hat ein wunderbares Polaroid ergeben." Als Lemcke in Begleitung von Tete Böttger angerückt kam, war vor der Tür nur noch ein Haufen Asche zu besichtigen. Ratlos stocherte man in den verkohlten Resten herum. Nicht alle Porträts waren ein Opfer der Flammen geworden, nur diejenigen, die gerade eine Woche vorher aus Paris zurückgekommen und Annette versprochen waren.[38]
Ob sie heftig geschlagen worden sei, wollte Lemcke wissen. „Nicht so doll,"

antwortete Janssen, der zwischen den Gläsern Wodka merkwürdig hilflos dastand und selbst keine Ahnung zu haben schien, warum er sich zu der symbolischen Verbrennung seines Mädchens hatte hinreißen lassen.
Annette blieb verschwunden und unerreichbar. Lemcke bot sich an, sie im Schwabenland bei ihr zu Hause aufzusuchen. Janssen schickte ihn mit allen Bildern, die ihr sonst noch gehörten, und – zur Entschädigung für ihre Porträts – mit den sechs großen, vor einem Jahr angefertigten und sorgsam gehüteten Skelettzeichnungen[39] hinter Annette her. Sie ist dann bald von Pforzheim in die USA aufgebrochen, wo sie noch einmal richtig zu studieren begann.
Janssen hatte nach dem Eklat sofort und ohne Unterbrechung weitergezeichnet. Bis Anfang August hatte er schon sechs neue Platten in Arbeit, und in dem gleichen rasenden Tempo verausgabte er sich weiter, bis zwei Dutzend dieser dicht bezeichneten Zinkplatten vor Ende des Monats fertig waren. Er hatte sich total erschöpft und sah übernächtigt aus. Er versammelte noch einmal die Freunde um sich. Frielinghaus sah seinen Mund spitz hervortreten und die Augen übersichtig herausquellen und dachte, es geht zu Ende. Janssen hatte für ihn einen Zettel am Bett hinterlegt: „Wenn ich sterbe […]." Hans-Ulrich Klose mußte vom Mühlenberger Weg aus den Biographen anrufen, der seit Oktober 1985 aus dem Haus verbannt war. Janssen ließ sich das Telefon geben, und wie aus der Gruft drang die Stimme zu mir: „Das ist die letzte Aufgipfelung meines Radierwerks vor dem Tod …"

Am Tag nach der Trennung von Annette hatte Janssen mit der Wucht der griechischen Tragödie gesagt: „Wenn meine Mutter Martha noch leben würde – gestern hätte ich sie umgebracht!" Die wie besinnungslos vorangetriebene Arbeit an den Platten hatte seine Kräfte dann so aufgezehrt, daß man um ihn Angst haben mußte. Sein Überlebenswille war nicht mehr zwingend, sondern nahm weinerliche Züge an, besonders wenn er Annettes Flucht und Verschwinden lauthals zu beklagen begann. Wie er vor sich hin greinte, hätte man sagen mögen: „Alter Mann, reg' dich ab." In seiner Umgebung war die Befürchtung zu hören, daß Janssen auf seine späten Tage peinlich wird. „Bloß das nicht. Das muß man ihm doch sagen!"
Janssen hatte seine eigene Art, mit der Krise fertigzuwerden. An die alte Freundin Kerstin Schlüter wendete er sich wieder mit den Worten: „Ich bin über Annette für dich so schlank geworden. Eigentlich habe ich immer nur deinen Körper geliebt. Würdest du heute Nacht mit mir schlafen?" – „Nein, Horstilein, so geht das nun auch nicht," erwiderte die alte Gefährtin standhaft und pflegte ihn trotzdem in diesen schlimmen Wochen oft über Nacht.

Die Radierung

Das Radieren ist ein grafisches Verfahren mit einer jahrhundertelangen Tradition und dient in der Regel der Herstellung einer bezeichneten und geätzten Platte aus Zink oder Kupfer, von der mehrere Drucke gezogen werden. Es ist ein Mittel zur Vervielfältigung, nur daß im Gegensatz zum Holzschnitt oder zur Lithographie die Abzüge nicht als Hoch- oder Flachdruck entstehen, sondern im Tiefdruck. Das heißt, das zum Druck vorbereitete Papier nimmt die Farbe – statt direkt von der Zeichnung – vom geätzten oder unmittelbar mit der Radiernadel bearbeiteten Grund auf. So erscheinen die tiefsten Stellen der Platte im Abdruck am höchsten obenauf und können ein fast schon erhabenes Relief bilden. Dieser Austausch von Tiefe und Höhe ist für die Radierung, wie Janssen sie handhabt, entscheidender als solche Gegensatzpaare, die auch in anderen grafischen Verfahren arbeiten, wie das Spiel von Linie und Fläche, von positiver und negativer Form. Janssen hat der Radierung alles an Tiefe abgerungen, was seit Jahrhunderten in ihr steckt und was mit ihren Mitteln schon Rembrandt und der mit ihm befreundete Herkules Seghers darin gesucht haben.
Ich bin nicht besonders qualifiziert, über die Radierung zu schreiben. In den vielen gemeinsamen Stunden habe ich Janssen nur ausnahmsweise radieren sehen. Keine der aufwendigeren Radierungen ist vom Anfang bis zum Ende unter meinen Augen entstanden, meistens nur die Zeichnung mit der Radiernadel, wenn er sich nebenher und wie zur Ablenkung von einer sonst schwer zu bändigenden Unruhe befreien wollte. Auf die technischen Manipulationen im engeren Sinne kann ich auch nur vom Resultat her schließen. Gelegentlich habe ich zugesehen, wie Janssen bestimmte Partien der Platte mit Asphaltlack abdeckt. Vom Säurebad habe ich lediglich mitbekommen, daß es zu beenden sei, wenn der Küchenwecker klingelt. Bloß das Klingeln nicht überhören!
Janssen hat sich in aller Regel zum Radieren völlig zurückgezogen. Oft sind die Platten in einem Zug entstanden, was um so bemerkenswerter ist, als sehr verschiedene Prozesse – auch räumlich zwischen Zeichenplatte, Säurebad, Küche und Fußboden getrennte Tätigkeiten – dazugehören. Die Zeichnung läßt schon mal Gesellschaft zu oder legt es wie in den Widmungsblättern darauf an. Das Radieren ist der viele einzelne Schritte konzentriert bündelnde Vollzug.

Es wird immer unbegreiflich bleiben und mit zunehmender Vertiefung in die komplizierten Vorgänge nur desto rätselhafter, wie Janssen viele seiner besten Radierungen hat in *einem* Zug fertigstellen können. Zustandsdrucke sind eher die Ausnahme und meistens entstanden, wenn die Platte längere Zeit liegenblieb oder wenn er – ab 1980 – ein besonderes künstlerisches Mittel darin sah. Er brauchte keine Orientierungshilfen, wie sie sich der Radierer gewöhnlich verschafft, indem er sein in der Entstehung begriffenes Werk Schritt für Schritt weiterverfolgt und sich den Fortschritt in zwischengeschalteten Zustandsdrucken vor Augen führt. Janssen konnte alles aus der Platte herauslesen – auch mit dem über die unterschiedlich tief geätzten Partien hinwegfahrenden Finger. Oder er ertastete sich das Bild mit dem schräg einfallenden Licht. Das Relief der Platte war für ihn eine Landschaft, in der er herumspazierte, und wie ein richtiger Wanderer vollzog er die Höhen und Tiefen im Gelände, die unterschiedlichen Stufen der Ätzung, körperlich mit. Deshalb greift in seinen Radierungen eins ins andere, und nichts wirkt wie in minderen Hervorbringungen bloß künstlich hinzugefügt oder sinngemäß ergänzt – frei nach dem Motto: Die Nase gehört ins Gesicht. Für Janssen ist, gerade weil er sich zwischen Gegensätzen bewegt, der Grundsatz leitend: Die Natur macht keine Sprünge. Das Vorn und Hinten, Hoch und Tief, Innen und Außen – alles durchdringt sich gegenseitig.

Was wir leicht für einen Effekt seiner Zeichenkunst halten, liegt im Wesen der Radierung, so wie Janssen es verstanden wissen wollte und wie er es durch Jahre hindurch schrittweise aus dem Material hervorgetrieben hat. Allerdings spricht sich dieses Wesen der Radierung – wesentlich *sein* Radieren – in dem berühmt gewordenen Traktat über *Die Herstellung einer Radierung*[1] nicht vollständig aus. Eher noch im Text als in der Folge von Radierungen, die im engeren Sinne den Titel trägt: *Hokusai's Spaziergang*.[2] Diese drei oder vier Blätter gliedern in ein Nacheinander von Motiven auf, was eigentlich jede einzelne Radierung bei Janssen leisten soll. Sie wäre im besten Falle Drache und Landschaft und Selbstbildnis – alles in einem und nicht nacheinander erst Drache, dann Landschaft und schließlich noch Selbst.

Dabei hat Janssen recht, wenn er das Zutreffende am mißlungenen Beispiel erweisen zu müssen glaubt und das auch offen einräumt.[3] Er steht mit seiner 1971 entstandenen Radierung *Hokusai's Spaziergang* wieder mal an einem Anfang. Die Entwicklung liegt erst noch vor ihm; eine Entwicklung, die ihm die Radierung neu ergründen hilft, was in diesem Fall buchstäblich heißt: aus dem tiefer geätzten Grund der Platte. 1976 – die Radierfolge *Svanshall*[4] ist ein folgenreicher Schritt in dieser Richtung und dann 1980 die *Evelyn*[5] genannte

Hokusai's Spaziergang, zweite Fassung, Radierung 31. 10. 1971 (22,1 x 14,8 cm)

Serie von sechzig Radierungen. Was sich in diesen teilweise schwer lesbaren Drucken an Gegenständlichkeit zeigt, ist aus dem tiefgeätzten Plattengrund wie aus der Sache selbst hervorgetrieben: eine zum Relief gesteigerte Körperlichkeit.

Dagegen muß 1971 – in *Hokusai's Spaziergang* – die Zeichnung noch das meiste leisten. Es ist die Zeichnung – die mit der Radiernadel in den frischen Lack gezogene Zeichnung –, die Janssen kurzerhand neu entwirft, als ihm die erste Fassung mißraten scheint.[6] In der zweiten Fassung bricht der Himmel von oben in die Felsbarriere ein und von unten drängen Drachen und Quelle nach. Dieses Ineinandergreifen hilft 1971 vor allem die Zeichnung verdeutlichen, unterstützt von den sorgsam abgestuften Valeurs der Flächenätzung. Später wird das Medium die Botschaft sein. Die Art der Ätzung entscheidet dann mit über die Anlage der Zeichnung.

Anfang der 70er Jahre – so unsere These – macht sich Janssen erneut auf den Weg, um das Wesen der Radierung zu ergründen. Es ist sein Weg, den Dingen und der Welt auf den Grund zu gehen. Seine analytischen Talente entsprechen den ätzenden, das Metall attackierenden Verfahren – und umgekehrt. Eins greift ins andere. Worauf es damit hinauswill, läßt sich wiederum an einem mißlungenen Beispiel am besten zeigen. Das über die erste Fassung von *Hokusai's Spaziergang* gestülpte Selbstbildnis ist solch ein negatives Beispiel.[7] Zwar erkennen wir Janssen – seinen wuchtig zwischen Revers und Schultern ins Bild geschobenen Schädel. Aber die „Überzeichnung" enthält mehr gewaltsame Züge, als sie für das Mienenspiel ausdrücklich sprechend machen kann. Die darunterliegende Landschaft schließt uns das Gesicht nicht auf, sondern das eine hindert uns, das andere zu erkennen. Janssen aber will uns das eine im anderen sehen lassen. 1971 – anderthalb Jahrzehnte nach seinen allerersten Anfängen in der Radierung – macht er sich gerade wieder neu auf den Weg, und sein Ziel ist, die Gegensätze einander aufzuschließen, seien es nun Wasser und Land, Innen und Außen, Schrift und Bild.

Ein ganzes Lebenswerk – die Radierung der 60er Jahre – läßt Janssen für diesen Neuanfang hinter sich. Unterstützung verspricht er sich von einem didaktischen Text, mit dem er seine neuen Radierungen begleitet. Von nun an sitzt der Schreiber mit im Boot. Der bildende Künstler ist nicht mehr nur auf sich gestellt. Um erst gar keine Zweifel aufkommen zu lassen: Der Traktat von 1972 ist die beste Schrift über *Die Herstellung einer Radierung*[8] und ein Höhepunkt in dem Genre der belehrenden, einen Prozeß in allen Einzelheiten entfaltenden Literatur: diszipliniert und anschaulich zugleich. Auf doppelte Art zeigt Janssen, daß er seines Metiers vollkommen mächtig ist: von begrifflicher wie auch von sinnlich-gleichnishafter Seite. Die gezielte Unterweisung steht am Anfang seiner sich zu einer selbständigen Kunst entwickelnden Schreiberei. Ab jetzt wird er zur Selbstvergewisserung sein Werk schriftstellerisch begleiten. Sein Motto wird sein: Nichts erfinden. Keine ausgedachten oder bloß ausschmückenden Geschichten. Aus der Sache heraus reden. Erfahrung ist alles. Das Handwerk bildet die Basis. Hier ist es das Radieren, das er in gut zwölf Jahren zur Meisterschaft gebracht hat und dem er gerade wieder neue Ziele stecken will.

So genüßlich das Handwerkliche vor uns ausgebreitet wird – über das Grundsätzliche geht der Text nicht hinaus. Am wenigsten verrät er von Janssens spezieller Radierkunst. Wir lernen einige zusätzliche Hilfsmittel kennen: den über einer Bürste abgestreiften Asphaltlack, der dafür sorgt, daß auf der Platte Noppen stehenbleiben, die im Druck als unregelmäßig verteilte Punkte

Selbstbildnis auf Hokusai's Spaziergang, erste Fassung, Radierung 22. 10. 1971 (22,3 x 14,8 cm)

– als Grauschleier – wiedererscheinen. Und so weiter. Trotz alchimistisch brodelnder Säure ist keine Hexerei am Werk. Wie bei den bunten Stiften, wie bei Tusche und Pinsel sind es eher die alten Kinderspielzeuge, die Janssen für sich arbeiten läßt. Ein Blick auf avantgardistische Versuche, die Radierung neu zu definieren, belehrt uns darüber, daß Janssen weder auf dem Gebiet der Technik noch auf dem der Chemie experimentelle Weiterungen vorgenommen oder auch nur gesucht hat. Die vorhandenen und bekannten Mittel der Strich- und Flächenätzung hat er dagegen völlig ausgeschöpft. Seine im Endeffekt denn doch hexenmeisterlich anmutende Radierkunst muß aus anderen Quellen gespeist sein: aus einem Grad von Organisation, wie es ihn nur für einen Kopf gibt, dem das Unterste sich zuoberst darstellt. Er schaut nicht hinter die Erscheinungen, sondern aus ihnen heraus – aus dem tieferen Grund ihres Entstehens und Wirkens.

Dieses Spiel mit lauter Verkehrungen, mit Satz und Gegensatz geht weit über die für die meisten grafischen Verfahren typische Vertauschung der Seiten hinaus und hat 1957, als Janssen von Paul Wunderlich in die Radierung eingeführt wurde,[9] schlagartig seine besondere Affinität zu diesem Medium hervortreten lassen. Obwohl bald achtundzwanzig Jahre alt und in den grafischen Künsten des Lithographierens und Holzschneidens alles andere als ein Anfänger, war Janssen hierin wie in so vielem ein Spätentwickler. Nichtsdestoweniger war er sofort der geborene Radierer, weil er ein Talent dafür hatte: eine in höchstem Maße zur Organisation befähigte Intelligenz, die sich nicht jeden Augenblick vor Augen führen muß, was in getrennten Einzelschritten nach und nach entsteht. Eine Schicht um Schicht penetrierende Analytik mißt die Welt aus, in der sich der Radierer gleich mit größter Geläufigkeit bewegte. Mit der spitzen Nadel umwarb er die Fläche, die musterbildende Reihe, das unregelmäßige Gefleckerl eines Ätzgrundes und ließ daraus die Figur, ja, ein ganzes Panoptikum skurriler und emotional aufgeladener Gestalten entspringen. Janssen stürmte von Erfolg zu Erfolg. Wir haben die Eroberungszüge der Radierung in den späten 50er und den 60er Jahren ausführlich nachvollzogen und werden das hier nicht wiederholen.

Das von der Galerie Brockstedt herausgegebene *Werkverzeichnis 1957 – 1969*[10] erlaubt uns, die frühe Janssen-Radierung im Zusammenhang zu sehen: Sie steht einzigartig da. Nicht zu überbieten in ihrem Erfindungsreichtum und in der Brillanz ihrer Lichter. Im nachhinein erscheint sie uns wie ein gut fotografierter Schwarzweißfilm, der mit seinen unnachahmlichen Vorzügen die letzten Triumphe ungefähr in dieser Zeit feierte. Mit dem kontrastreichen Lichtschattenspiel ist dieser Schwarzweißfilm brillanter und vor allem „farbiger" als so mancher Farbfilm. Auch in Janssens früher Radierung sind die Helldunkel-Kontraste schärfer ausgeleuchtet. Dazwischen bewegen wir uns wie in einer buntschillernden Gesellschaft, wie es sie seit dem film noir nicht mehr gibt. Noch bevor Janssen mit seiner Feinstrichzeichnerei in die Krise geriet, brach ihm die Radierung weg. 1968 und 1969 lag sie fast brach.

Der künstlerische Neuanfang 1970 ist einer der Radierung. Die Radierung geht voran. Das Gesehene ist nun das Geschmeckte und Geschnupperte, das „Pfützige" und „Feuchte", das einer körperlich spürt, wenn er in eine wind- und regengepeitschte Aprilwetterlandschaft eintaucht – das, worin das Sehen als ein sensorisches Moment eingebettet ist. Als Janssen das entdeckt, genügt ihm seine frühere Kunst nicht mehr. Ja, nun kommt ihm alles, was er bis dahin gemacht hat, bloß noch wie Kunst vor. Er sucht in der Natur das Atmosphäri-

Die Radierung 353

Brombeerranke, Radierung 1972 (10,3 x 14,6 cm)

sche, das bei aller Dramatik die widerstreitenden Kräfte bindet und gleichsam auf die jeweilige Tonart einstimmt. Der Plattenton mit seinen mal heller, mal dunkler ausgewischten Partien und eine nuancenreiche Ätzung sorgen für eine Körperlichkeit des Raumes, die in der Farbstiftzeichnung nur mit ungleich aufwendigeren Mitteln herzustellen wäre. Die Radierung zieht den Himmel zur Erde herunter und läßt die Lebenssäfte wieder mit dem knorrigen Wurzelwerk der Weiden zu den Wolken aufsteigen. Dieses Kräftespiel wird nicht nur durch den Radierer – es wird auch durch den Drucker immer neu ausbalanciert: mit jedem Druck anders als vorher. Ab 1970 gewinnt die Person des Druckers Einfluß auf das Radierwerk. Am Anfang zog Janssen die Drucke noch selbst. In der Warburgstraße besaß er eine eigene Presse, am Mühlenberger Weg nicht mehr. Mit Hartmut Frielinghaus beginnt eine neue Epoche. Er entwickelt sich zum alter ego des Künstlers. Wie Janssen sagt: ein Zwilling, der sein Selbstverständnis darin sieht, ein Zwilling zu sein.[11]

Zwischen 1970 und 1974 entstehen Reihen von Radierserien, in denen sich die detaillierte Zeichnung und die in zarten Abstufungen erfolgende Flächenätzung aufs glücklichste die Waage halten und ergänzen. Hier findet der in den unterschiedlichen Valeurs schwelgende Grafikkenner seine höchste Befriedigung. Oft wird die Platte nur noch einmal für Sekunden in die Säure

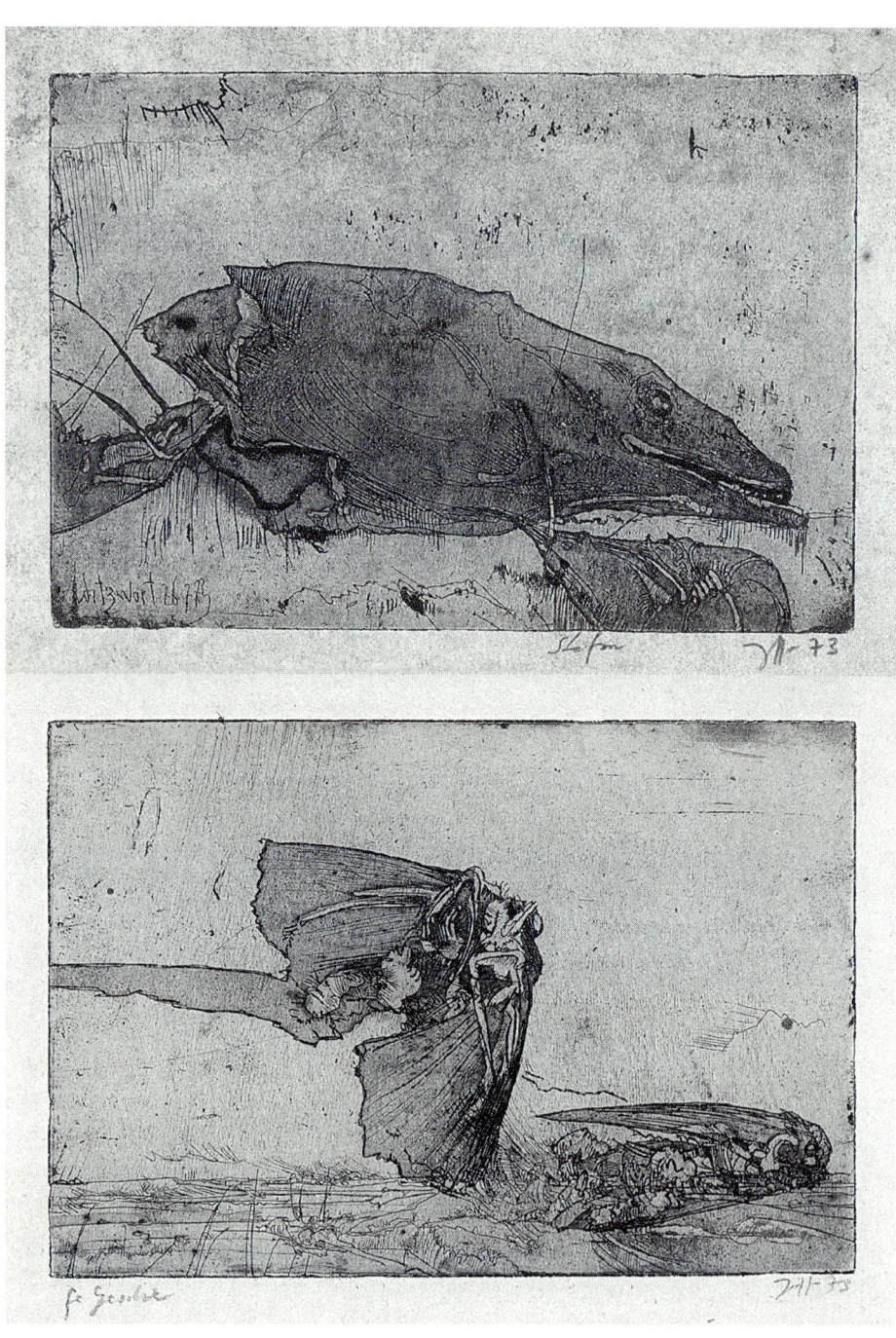

Aus *Witzworter Miniaturen*, Radierserie 1973. *Aalkopf, Falter* (je 10,7 x 15,3 cm)

gehalten. In der Serie *Froschland*[12] scheint die wie perlender Sekt um das Metall spielende Säure sogar in die Darstellung hinübergerettet. Die kleinen, zartgeätzten Platten nehmen sich aus wie Momentaufnahmen beim Transport von einem Aggregatzustand in den anderen: Sinnbilder der flüchtigen, vergänglichen Welt. Alles, was wir von der Flächenätzung erwarten: daß sie der Zeichnung Volumen und Transparenz gibt – hier erfüllt sie ihren vornehmsten Zweck. In der Suite *Caspar David Friedrich*[13] gesellt sich auch noch ein würdiges Thema hinzu: die Zeichnung der deutschen Romantik. Nur einmal wurde die Zeichnung auf dem Papier so vollendet in der Schwebe gehalten – damals kurz nach 1800. Die Radierung vollzieht es mit ihren Mitteln nach. Die Serie zählt zu den schönsten. Dagegen erscheint die spätere Radierung oft verätzt, als hätte Janssen nach passabler Vorzeichnung die Platte zu lange in der Säure liegenlassen.

Aber mit dem Verzicht auf die gazeleichten Valeurs ist kein Nachlassen der Konzentration, sondern ein anderer Gestaltungswille verbunden. Dieser kündigt sich schon früh an, vor allem in den dunkel in dunkel gedruckten Partien der Platte. Ohne die Darstellung geradzu einzusumpfen, zeigt Janssen die Tendenz, die schöne Zeichnung zurückzunehmen und tief in den Schatten zu tauchen. Beispiele dafür sind zahlreich. Aber besonders die 1973 entstandene und rund zwei Dutzend Platten umfassende Serie *Witzwort*,[14] die in dem *Katalog und Werkverzeichnis: Radierzyklen* fehlt, weil Frielinghaus sie vergessen und Janssen nicht mehr in Erinnerung hatte, versteckt das Lineament einer Nordseekrabbe oder eines Aalkopfes in dem dunkelgrundigen Japanpapier. Das Stilleben ist jedoch weniger Suchbild als der Versuch, die Gegenständlichkeit wieder den Elementen zu inkorporieren, aus denen sie hervorgegangen ist: aus dem trüben und morastigen Grund der See.

Die über zwanzig Zyklen, die Janssen zwischen 1970 und 1974/75 geschaffen hat, sind nicht hauptsächlich nach Themen und Motiven unterschieden. Einzelne Mappenwerke sind sehr gemischt. Sie unterscheiden sich eher in der Anwendung einer definierten Zahl radiertechnischer Gestaltungsmittel. Für jede Serie wählt Janssen eine andere Herangehensweise, einen bestimmten medialen Aspekt, einen abgezirkelten Set von Möglichkeiten innerhalb des ganzen zur Verfügung stehenden Repertoires. Janssen ist ein Meister in der Selbstbeschränkung, und nur dadurch kann er noch innerhalb derselben Serie mit Anspielungen auf das völlige Gegenteil überraschen. Die Bandbreite technischer Mittel, die jede Serie ausschöpft, ist das Ergebnis durchgehaltener Disziplin. Nirgends geht Janssen ökonomischer vor als in der verschwenderischen Ausgestaltung seiner Radierungen. Zu der bildnerischen kommt die analytische Intelligenz.

Schwierigkeiten bereitet allein das große Format. Im kleinen Maßstab sind Asphaltlackwischer oder Kratzer in der Platte besser zu integrieren und für die Darstellung leichter zu gewinnen. Auf der größeren Fläche schafft die Technik diesen Sprung ins Bild nicht immer zwanglos. Sie bleibt für sich und in ihrer kruden Materialität unerlöst. Es ist ein schmaler Grat, auf dem die Illusion wandelt, die ja ihre Herkunft aus Zink und Säure nicht verleugnen, sondern nur durch eine geschickte Dramaturgie für den Augenblick vergessen lassen soll. Solche Pointen schlagen leicht fehl bei einer Plattengröße etwa ab 40 x 50 cm. Janssen entwickelt aus den Verknorpelungen und Aushöhlungen des Weidenbaumes ein Schattenspiel, das tief im Erdreich verwurzelt ist. Plötzlich – mit der Übertragung ins große Format[15] – fehlt zu diesem Schatten der Körper, der ihn hätte werfen können. Was bleibt, sind Schraffuren, dicht gebündelt und gefaßt, aber ohne die sprechende Gestik organischen Wachstums.

Von solchen Schwierigkeiten ist auch der *Große Totentanz* von 1973/74[16] nicht frei. Zwar ist eine zum Drama gesteigerte Heftigkeit das Thema, aber das Ätzende der Radierung korrespondiert damit nicht immer, so daß die scharfzackigen und ausgerissenen Ränder wie Theatervorhänge ins Bild fallen. Eine allzu literarische Pointierung der Helldunkel-Effekte gibt ferner zu erkennen, daß den Auflagendruck nicht Frielinghaus besorgt hat.

Die Probleme mit dem stattlichen, für seine Verhältnisse großen Plattenformat löst Janssen erst mit dem Zyklus *Nigromontanus* 1980[17] – in seinem gewaltigsten Radierjahr. Er löst sie, indem er nicht einfach alles größer macht, sondern bei seiner kleinteiligen Zeichen- und Radierkunst bleibt und ein Arrangement findet, das die vielen einzelnen und auch widerstrebenden Elemente in einen Kosmos einbindet.

Da ist zunächst einmal die Schrift – meist Abschriften von Hand aus Ernst Jüngers *Das abenteuerliche Herz* –, die wie die kosmische Hintergrundstrahlung Welle für Welle gleichmäßig den Plattenraum füllt. Die Schrift ist das Fluidum, aus und zu dem zurück sich alles entfaltet. Es gibt reine Schriftblätter, die den Faden der Erzählung immer weiter spinnen oder die – wie ein chirurgischer Knoten – die Fäden über einer offenen Wunde zusammenziehen. Der Buchstabe K wie Kerstin bildet das kompositorische Gliederungsprinzip. Ineinandergeschobene spitze Winkel – sie kehren im großen wie im kleinen wieder: in dem Aderwerk eines Kastanienblattes, in dem in die Tiefe verzweigten Gefäßsystem der anatomischen Blätter, in einer Knospe, die sich vom Ast wegspreizt. Zeichen, Buchstabe, Schrift – aus diesem grafischen Ur-

Aus *Nigromontanus*, Radierserie 1980. *Kastanie*, Radierung 29. 3. 1980 (60,3 x 49,5 cm)

gestein schlägt Janssen nicht nur den Funken für das eine oder andere Bild, er schlägt eine ganze Welt von Bildern darüber auf. In jedem der Blätter arbeiten Reihen von Bildern gegeneinander, und in einem nicht abreißenden Spiel der Verwandlungen schließen sie sich wechselseitig auf. Im unteren Teil eilen Gestalten von Hokusai wie über eine Brücke,[18] auf die sich von oben Stilleben herabsenken, Apfelreste und Kerngehäuse, die, japanischen Papierdrachen gleich, an langen Bändern über dem abendländischen memento mori schweben, einem Totenkopf und einem von der Gewalt der Explosion zerrissenen Feuerwerkskörper.

Alles, was sich der Zeichner in dem verflossenen Jahrzehnt angeeignet hat, Landschaft und Stilleben, Anatomie und Vegetation – in den großformatigen Blättern der *Nigromontanus*-Serie ist es versammelt. Unter der Hand des Radierers fügt sich eins ins andere. Die Vorliebe für den intimen, das Versteckspiel begünstigenden Ausschnitt hat er in großzügige Kompositionen eingebunden. *Nigromontanus* bildet den Abschluß und Höhepunkt der 70er Jahre. Aber der jeweilige Ausschnitt ist nicht länger eine Welt für sich. Die Ausschließlichkeit, mit der sich Janssen bis dahin in die Landschaft und das Stilleben, in Figur und Anatomie vertieft hat, bezieht er wieder zurück auf das Element, aus dem alles entspringt: auf die Handschriftlichkeit. Das ist das Thema der 80er Jahre. *Nigromontanus* bildet dafür das Präludium. *Laokoon* wird 1986 Baum und Buchstaben zu arabesken Schrift=Bildern ineinanderschlingen. *Nigromontanus* verschachtelt noch beides nach dem Prinzip der Puppe in der Puppe in der Puppe. Damit läßt Janssen sein Alterswerk beginnen, das wie bei vielen bis in die späten Jahre tätigen Künstlern, nachdem sie eine oder mehrere Welten erobert haben, zu dem erfahrungsgesättigten Duktus der eigenen Handschrift zurückführt.

Es ist diese Gelenk- und Achsenfunktion, die dem Zyklus *Nigromontanus* eine hervorragende Stellung im gesamten Œuvre von Janssen zuweist. Es ist aber auch seine zu höchster Meisterschaft ausgereifte Radierkunst, die wahre Wunderwerke hervorgebracht hat. Wem fällt bei solcher Gestaltungskraft nicht die Rätselwelt von Dürers *Melancholia* ein! *Nigromontanus* ist ebenso elementar grafisch wie deutsch. Ein Hauptwerk der Kunst des Nordens, die sich in die einzelnen Erscheinungen teilt und sie füreinander aufschließt – im Gegensatz zu dem mediterranen Formenspiel.

Janssens Weg führt in die Tiefe, der für den Radierer ein Weg zu immer größerer Körperlichkeit ist. Wenn er einen Schuh in die Platte ätzt, ist der nicht mehr wie 1971 „gemenzelt".[19] Es gibt keine die Oberfläche naturalistisch nachbildenden Schraffuren mehr und keine aufgesetzten Glanzlichter. Der tiefgeätzte Strich fährt den Kerben und Falten im Leder nach und arbeitet das Material heraus.[20] Das ist auch das Ergebnis der zu einer neuen Qualität fortentwickelten Zeichnung.

Hier ist jetzt ein kurzer Essay einzuschalten über das Verhältnis von Zeichnung und Radierung. Unter Zeichnung verstehen wir in diesem Moment

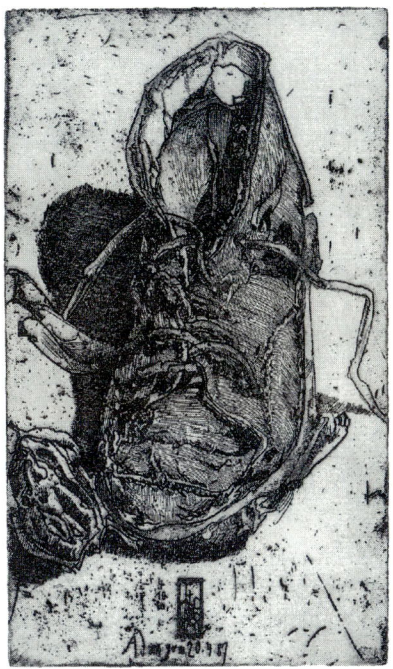
Schuh – Adam zum Geburtstag, Radierung 1980 (34 x 19,5 cm)

nicht die mit der Radiernadel in den Asphaltlack gezogene Linie, sondern alles, was der Bunt- oder Bleistift auf dem Papier hinterläßt – eben die herkömmliche Zeichnung. Sie hat sich immer wesentlicher den Sachen selbst eingeschrieben. Das ist in den Naturstudien ebenso begründet wie in der Radierung. Der Zeichner hätte eine andere Entwicklung genommen, wenn ihm nicht der Radierer zur Seite gestanden hätte. Janssen ist nicht zufällig einer, der unter die Haut geht. Auch nicht, weil er – wie manche meinen – einen ätzenden Charakter hat. Wie zu keiner Zeit vorher wird er in den 80er Jahren Skelette zeichnen und im Selbstbildnis dem Totenschädel auflauern. Es ist die Radierung, die, weit über das Motivische hinaus, diese Sicht der Dinge bei Janssen hervorgetrieben hat. Sie gräbt sich ins Metall ein und läßt aus der Tiefe die Gegenständlichkeit in ihren konstruktiven, tragenden Teilen reliefartig hervortreten. Deshalb geht in solchen Übergangszeiten wie 1970 und 1980 das Radieren dem Zeichnen voran und bahnt ihm neue Wege.

Deutlich läßt sich das an dem mittleren Blatt aus dem *Munch-Triptychon* von 1980 ablesen.[21] Ohne solche in der Radierung entdeckten Weiterungen wäre das Selbstbildnis nicht dorthin gelangt, wo es dann zwei Jahre später das Pastell in aller Farbigkeit zur Reihe der *Paranoia*-Zeichnungen entfalten wird.

Auch gibt das Mittelstück aus dem *Munch-Triptychon* zu erkennen, wie weit sich Janssen inzwischen davon entfernt hat, Quelle und Drachen – wie in *Hokusai's Spaziergang* - bloß flächendeckend mit einem Selbstbildnis zu „übermalen". Der feurig auflodernde Nackenkamm des japanischen Drachen spielt in dem Haarschopf weiter, der aus dem Janssen-Schädel hervorbricht, als wären es feuerspeiende Protuberanzen. Die Bilder durchdringen sich gegenseitig (vgl. Abb. S. 351).

Die Radierung ist also nicht einfach die Übertragung einer Zeichnung auf die Metallplatte. Sie ist im Gegenteil ein so eigenständiges Medium, daß sie ihrerseits auf die Zeichnung, auf das Kucken, auf die Erfassung der gegenständlichen Welt zurückwirkt. Diesen Weg schlägt – 1976 – die Radierserie *Svanshall* ein. Er setzt sich fort in dem Zyklus *Evelyn*[22] und gelangt in einzelnen Blättern des Jahres 1980 – wie dem *Holstentor*[23] – zu vorläufigen Höhepunkten, die auch der Zeichnung neue Dimensionen und eine die Oberfläche penetrierende Weltsicht erschließen.

Solche aus der Tiefe geschöpfte Gegenständlichkeit tendiert, wie viele kleinere Platten zeigen, auf eigentümliche Weise wieder zur Abstraktion. Auch will Janssen die Farbe – das Oberflächenphänomen schlechthin – aus dem Grund der Dinge aufsteigen lassen. Wie in einem Gefäß soll die Farbe darin schon beschlossen sein. Die Radierungen der Suite *Svanshall* sind in der Hinsicht auch Einübungen in die Farbe und ins Pastell. Ganze Serien hat Janssen mit der Hand koloriert – „eingefärbelt", wie er es nennt. Bei dem Zyklus *Evelyn* gibt es von einzelnen Platten schon mehrfarbige Abzüge, die aber teilweise zu bunt geraten sind. Bis zur Farbradierung ab 1988 ist es noch ein langer Weg. Ihr gehen mehrere gelungene Beispiele voraus, von *einer* Platte in zwei Farben zu drucken, ein Verfahren, das besonders Frielinghaus erfolgreich handhabt.[24]

Das fulminante Radierjahr 1980 mit seinen vier großen Zyklen, der angefangenen Serie *Briefe an Roger Blin*[25] und den prachtvollen Einzelblättern hat die fast drei Jahre zurückgedrängte „Lust am Säurepantschen" zunächst einmal gestillt. 1982 – nach der freien Anverwandlung venezianischer Motive mit Feder und Pinsel – setzt Janssen in der Suite *Guardi*[26] erstmals wieder ein altes Thema fort: die *Kopie*. Wo er früher das Vorbild ernsthaft oder spielerisch umworben hat, löst er es jetzt im Atmosphärischen auf. Die Radierung, die sich schon in der Serie *Caprice 2*[27] dem Kupferstich als kongenial oder sogar überlegen erwiesen hat, entfaltet ihre ganze Geschmeidigkeit: Land und Wasser, Wolken und Erde, Baum und Segel – alles schiebt sich ineinander. So wie Frielinghaus sie als von einzelnen Lichtern aufgehellte Nachtstücke gedruckt

Kyoseigrüße Oslo. Aus *Munch-Triptychon*, Radierung 7. 7. 1980 (43,5 x 32,5 cm)

hat, bewegen wir uns schlafwandlerisch sicher in der Kulisse Venedigs und sehen überdeutlich, was wie im Traum ohne Erklärung bleibt: Gehenkte und Strangulierte, die von den Türmen herabbaumeln und im Wind flattern. „Das vergammelte Barock" – Glanz und Glorie längst vergangener Zeiten dem Verfall anheimgegeben – ist solch ein Lieblingsschauplatz von Janssen, auf dem in unendlichen Variationen ein einziges Theaterstück zur Aufführung gelangt: die aus den Fugen geratene Welt.

Im Kostüm der Burleske kommt auch das Thema daher, das Janssen in diesen Jahren wie kein anderes umtreibt: das vom atomaren Overkill und von radioaktiver Verstrahlung bedrohte Mitteleuropa. Den absurden Film zwischenmenschlichen Wahnsinns spult er am Beispiel kleiner Skelette ab, die mit comicartiger Gelenkigkeit umeinander herumturnen. *Pfänderspiel*[28] und *Nihil ut Umbra*,[29] wie die 1983 entstandenen „Totentänzchen" heißen, sind irrwitzige Schattenspiele, in denen sich positive und negative Formen turbulent verknäueln.

Wie an diesen beiden Serien besonders deutlich zu erkennen, greift sich Janssen jetzt spezielle Spielarten des Grafischen heraus. Er zerlegt den komplexen Vorgang des Radierens gleichsam in seine einzelnen Komponenten. Entwickelte er in seinen „Totentänzchen" alle Formen und alle Helligkeiten aus der Silhouette, so sind *Postscriptum*[30] und *Brief an Mirjam*[31] – beide 1984 – ganz auf Linie gestellt. Ja, als wäre er seiner Zeichnung nicht sicher, pünktelt er die Radiervorlage mit der spitzen Nadel durch. Im Druck erscheint die Linie deshalb nicht mit freier Hand gezogen, sondern als Verbindung von Punkt zu Punkt. Diese spröde Körnigkeit des ersten Zustands erklärt Janssen gleichwohl zur „LINIEN-Melodie" – zum „in kühler Ordnung" vom Intellekt abgewickelten Lineament.[32]

Das kehrt 1984 wieder in *Dosen und Steine*.[33] Auch hier tritt die rhythmisch gegliederte Fläche in den Vordergrund, nur stellenweise interpunktiert von tiefergeätzter Fleckenkritzelei. Auch hier unterbricht Janssen die Arbeit vorläufig mit dem ersten Zustand. Aber die noch recht abstrakt anmutende Geographie dieser *Dosen und Steine* spielt dem Drucker in die Hände. Mal Hell auf Dunkel, mal Dunkel auf Hell, mal einfarbig, mal in abgestuften Tönen und wie mehrfarbig auf vorgestrichenem Malgrund zaubert der Drucker völlig verschiedene Ansichten von derselben Sache zutage. Oft entpuppt sich erst im ausdrücklichen Vergleich, daß dieselbe Platte zugrunde liegt. Der virtuosen Druckkunst von Frielinghaus sind keine Grenzen gesetzt.[34] Sogar der Hochdruck kommt vor. Janssen geht es dabei auch um den rechten Zugang zur Farbradierung. Sie bildet das lange schon anvisierte Ziel.

Ohne Zweifel, die Vorbereitungen auf die Farbradierung laufen auf Hochtouren. Die Farbradierung, die Janssen im Auge hat, wird allerdings von mehreren Platten gezogen werden.[35] Das Zusammenspiel solcher Platten will sorgfältig erprobt sein. Auch deshalb greift Janssen zu einer Demonstration. Ausdrücklich isoliert er die einzelnen Zustände – die Ätzstufen – gegeneinander, was es früher so nicht gab. Er läßt den vorläufigen Zustand drucken, um darauf hinzuweisen, wie sich die Radierung auf dem Weg vom ersten zum zweiten und dritten Zustand verändert. Oft wird die im vorletzten Zustand

Die Radierung

A 5 ist zunächst einmal die abgekürzte Bezeichnung für den fünften Liebhaber der Annette, der zu sein Janssen sich einbildete oder auch wahrheitsgemäß herausgefunden hatte. Er wollte das von seinen Frauen immer genau wissen. Die zu einem kompakten Zeichen verschlungene Seriennumerierung bedeutete ihm viel, wenn nicht alles: In ihrem oberen Teil setzt die 5 zu einem Quadrat an, während sie sich unten zu einem Kreis runden will. Das wäre die Quadratur des Kreises, bekanntlich ein Ding der Unmöglichkeit – wie seine Liebe zu der zwanzigjährigen Annette.
Janssen sucht immer die stärksten Herausforderungen. Als Zeichner muß er deshalb dieses grafische Monument seiner Liebe wieder so in das Astwerk der Bäume zurückschlingen, daß es uns auf den ersten Blick gar nicht auffällt. Es ist aber in mehr als nur einem Sinne das Bauprinzip, aus dem in nicht endender Variation zwischen dem 4. Juli und dem 22. August 1986 die lange Reihe von vierundzwanzig großformatigen Baumplatten hervorgegangen ist.[39] Auch *Nigromontanus* schreibt sich von dem Anfangsbuchstaben einer Geliebten her – von K wie Kerstin. Aber in den *Bäumen der Annette*, wie die Serie mit einem ihrer sprechenden Titel heißt, sind litera und natura noch enger, noch existentieller verschränkt.
Kunst und Natur sind in ihrer traditionellen Entgegensetzung ein unendliches Thema. Janssen schließt beides füreinander auf – bis an die Grenze zur Ununterscheidbarkeit. Denn wie ihm seine Naturbeobachtungen in den Auenwäldern der Elbe gezeigt haben, treiben die Bäume zuweilen ein Astwerk aus sich hervor, das wie künstlich aufgepropft aussieht und mit seiner abweichenden Holzart eine andere Sprache als der Stamm und die Zweige zu sprechen scheint. Das macht sich Janssen zunutze, indem er Hölzer mit unterschiedlichem Faserverlauf, unterschiedlichem Wachstum, unterschiedlichen Zerspellungen miteinander kombiniert.[40] All das ist aus der Platte nur mit den Mitteln der Radierung herausgearbeitet, die sich bis in die vegetabilische Feinstruktur vortasten. Als spiegelte sich die Natur selbst in der mutwilligen Künstlichkeit ihrer Erzeugnisse wider, ächzt und windet sich das Holz. Es kracht in den Fugen.
Die zur Arabeske ausgebogenen Baumglieder sind verlebendigte Schrift, barock wuchernde Architektur und Anatomie – Anatomie des geschundenen, sich vor Schmerzen krümmenden Leibes. Wir kennen von Hokusai die Figur des Gauklers, die Janssen so zu einem Mädchen gesellt hat, daß die um die eigenen Beine gewickelten Arme uns zu erkennen geben, wie sich der Alte, an sein Begehren gefesselt, in Qualen verzehrt.[41] 1984 kehrt dieses Thema in den *Phÿllis*-Aquarellen wieder: Die in ihre monströse Leiblichkeit eingesperrten

Männer können sich drehen und winden, wie sie wollen – die junge Unschuld neben ihnen bleibt für sie unerreichbar. Dieselbe Unerlöstheit spricht aus den bizarren Verrenkungen, mit denen das Astwerk in den *Bäumen der Annette* um sich greift. *Laokoon* im Kampf mit den Schlangen, die ihm und seinen Söhnen zum Verhängnis werden, ist das antike und titelgebende Vorbild für solche Foltern, die bis an die Schmerzgrenze und darüber hinaus gehen. Die Beschriftung auf den Platten liest sich wie das Tagebuch der Trennung von Annette. Wie an früherer Stelle geschildert, entfesselte Janssen dieses Drama in einem Moment der Erschöpfung und der ins Stocken geratenen Arbeit, um für die Vollendung seines Werkes die letzten Kräfte freizumachen – eines Werkes, das von Anfang an unter dem Zeichen des Schmerzes, der Verzweiflung und des Abschieds steht.

Winckelmann sagte von der zu Stein gewordenen Qual des Laokoon, daß sie die Würde und Erhabenheit des klassischen Menschenbildes nicht in Frage stellt. Es sei ein in jedem Moment gebändigter Schmerz. Auf andere Weise antinaturalistisch und antipsychologisch, aber ebenso monumental ist die auf zwei Dutzend Platten ausgedehnte Radierserie *Laokoon*. Ein Hauptwerk im Œuvre von Janssen. Kaum zu fassen ist, bis zu welchem Grad die Platten durchgearbeitet sind. In dem Mappenwerk *Eiderland* erging sich Janssen eben noch im Atmosphärischen, in Tönen und Zwischentönen – hier dominiert die Zeichnung. Vor dem in Dunkelheit getauchten Grund entlädt sich wie ein Gewitter von Lichtblitzen ein Rankenwerk von Zweigen und Ästen, das so dicht und noch bis in die letzten Tiefen so hintereinander gestaffelt ist, daß es die planerischen Fähigkeiten organisierender Vernunft zu übersteigen scheint.

Als singuläre Höchstleistung sind die Radierungen am besten einzeln – Blatt für Blatt – zu würdigen. In der Reihe erschlagen sich die Blätter gegenseitig. Allzu angreifend und gewaltsam ist die zur Unerlösbarkeit gesteigerte Unruhe, die von dem ganzen Zyklus ausgeht und das Auge körperlich schmerzt. Eine Wand, blockartig vollgehängt mit allen Blättern der Serie, konfrontiert den Betrachter mit der Physiognomie einer grenzenlosen Verzweiflung. Und auch dieses Bild wollte Janssen in der Maßlosigkeit seines Schmerzes provozieren: der an vielen Stellen aufgerissene, der geschundene Leib des Menschen. Die Erde und das Leben haben sich ihm buchstäblich eingeschrieben – corpus Christi.

Die Radierung als Sinnbild einer allen Angriffen preisgegebenen Verletzlichkeit. Es ist zuletzt die eigene Haut, die jeder zu Markte trägt. Von solch einem Gesamteindruck befreit erst wieder der ins einzelne gehende Blick, der den

Aus *Die Bäume der Annette*, Radierserie 1986. *Haus der Eule 12. 7. 1986* (59 x 49 cm)

niedrigen Horizonten in die Ferne, in die pusseligen Landschaften folgt. Diesem Durchblick enthüllt sich das Netz tiefgeätzter Narben. Der Zerrspiegel teilt sich, und aus der Tiefe tritt eine das Auge beruhigende Ordnung hervor. Womit wir bei dem letzten großen Thema wären, das Janssen in den *Bäumen der Annette* anpackt: die Welt als Labyrinth. Im Labyrinth verirren und verlieren wir uns. Janssen fand das Thema immer schon so anziehend, daß er einen Rotkohl aufschnitt oder eine Zwiebel halbierte und diese der Natur entlehnten Irrgänge nachzeichnete. Hier ist es das labyrinthisch verschlungene Ast- und Wurzelwerk, hinter dem er sich wie hinter tausend Riegeln ins Innerste, in sein Versteck, in die Umarmung Annettes zurückzieht. „[…] ich werde mich im Labyrinth dieser Arabesken womöglich noch sicherer wähnen als in den Labyrinthen deiner Leiblichkeit – – weil ich's mir auf dem Papier bzw. im Zink noch etwas willkürlicher herrichten kann als in deinem entzückenden Fleisch".[42]

In souveräner Umdeutung seines ursprünglichen Sinnes, wie er etwa in der Theseus-Sage überliefert ist, wäre dieses Labyrinth Zuflucht und Einkehr: ein der Tiefenperspektive anvertrautes Gegengewicht zu der Unruhe, die an der verletzlichen Oberfläche herrscht. *Haus der Eule*[43] heißt eine der großartigsten Radierungen aus der Serie. Das Haus, das Nest, die Höhle stehen weit offen. Aber wer sieht den Nachtvogel, wie er lautlos aus der Dunkelheit zurückkehrt und im Anflug die Schwingen ausbreitet? – Die Blätter wollen sorgsam gelesen sein.

Ein Mappenwerk wie die *Bäume der Annette* hat Janssen nicht noch einmal vollendet. Aber mit seinen *Wiesen*[44] hat er einen neuen Anlauf genommen, womit wir endlich bei der Farbradierung wären.[45] Die Baumserie wurde noch mit jeweils einer Farbe gedruckt, größtenteils von dem Atelier Fetthauer. Frielinghaus hätte sich rein körperlich mit dem Auflagendruck übernommen. Die Platten verlangen im Rhythmus aufeinander abgestimmter Arbeitsschritte nach der passenden Statur, die dem großen Bildformat gewachsen ist. Sie waren bei Peter Fetthauer, der schon seit Anfang der 70er Jahre für Janssen druckte und nun von dem hochgewachsenen Cony Grüning unterstützt wurde, in besten Händen.

Die höchste Aufgipfelung seines Radier-Œuvres in einem kolossalen Mappenwerk hat Janssen freigemacht für eine Reihe meisterlicher Radierungen mittleren und kleineren Formats, in denen noch einmal die klassischen Mittel der Strich- und Flächenätzung voll zum Zuge kommen. Am markantesten ist das Rundformat,[46] das Janssen bis dahin nur ausnahmsweise traktiert und für das

er 1988 in rascher Folge immer neue Kompositionen ersonnen hat. Sein ganzes Themenrepertoire steht ihm dafür zur Verfügung: von der *Kopie* bis zur Landschaft, vom Stilleben bis zum Porträt. In ausgesuchten Meisterstücken erreicht die Radierung eine Vollkommenheit, wie sie erst das Alter schenkt, wenn das Lebenswerk vollbracht ist und aus schierem Überfluß noch einzelne Glanzlichter zu setzen sind. Solche Blätter waren denn auch immer gleich für den Verkauf bestimmt, während sich in den Serien die künstlerische Entwicklung vollzieht.
1988 entstehen die ersten Farbradierungen. Die lange Zeit des experimentellen Vorlaufs ist vorbei. Mit *Laokoon* hat Janssen seinen größten Ehrgeiz befriedigt. Wie befreit spielt er auch noch einmal in der von *einer* Platte gedruckten Radierung auf und zieht alle Register seines Könnens, ob er nun für die Griffelkunst oder zur Finanzierung seiner eigenen Bücher arbeitet. Der prägnant gesetzte Strich herrscht vor, sei es in den Bildnissen seiner Frauen und Freunde oder in welchem Thema auch immer. Die Zeichnung auf diesen Platten hat eine Sicherheit gewonnen, wie sie nur aus einer lebenslangen Beschäftigung mit der Stufenätzung kommen kann. Die Körperlichkeit von jedem Stück Welt, das er in den Ausschnitt rückt, stellt sich von innen nach außen her. Sogar die stimmungsreiche Lichtschatten-Schraffur kehrt zurück, wird aber getragen und aufgewogen durch die Tektonik eines Strichs, die sich vom Grund der Sache herschreibt.

> […] die Radierung, wie ich sie betreibe, baut sich, im Wortsinn, von Innen nach Außen auf. Und wer lange genug in solchem Radieren lebt, dessen Auge baut sich die draußen-Natur in gleicher Weise auf; das Auge des Radierers – mein Radierauge – sieht den Wasserfall von innen nach außen, von der Abstraktion zur Illusion; es erkennt die Natur auf natürliche Weise »verkehrt«.[47]

Janssens geistige Physiognomie – die einzigartige Begabung, in Ausschließlichkeit mit sich und der Welt jeweils eins zu sein *und* neben sich zu stehen und wie vom anderen Stern auf sich herabzusehen, diese augenblickliche Verkörperung von Gegensätzlichkeiten – sie ist ihm aus dem Radieren gekommen, aus dem Ätzen in Schichten und Stufen.[48] Es trennt und verbindet und kehrt das Unterste zuoberst. Seine Welt ist aus lauter „Autarkien" zusammengesetzt. Jede steht für sich – ein eigener Zustand. Gegenseitig schließen sie einander wieder neu auf.
Wenn wir von seinen *Wiesen* – seinen meditativen Tafeln, wie er sie nennen

wird – absehen, hat Janssen Ende der 80er Jahre in der Radierung alles erreicht, was er erreichen wollte. Er hat in diesem Jahrhundert das vielfältigste und am reichsten gegliederte Radierwerk geschaffen – ein originär aus Säure und Metall geschöpftes Œuvre: an die dreitausend Platten. Dafür hat er sie alle beerbt – die großen Meister früherer Jahrhunderte, die Callot und Méryon, Herkules Seghers und Arthur Illies und wie sie alle heißen. Er hat radiert wie andere aquarellieren, er hat den Kupferstich überboten und die Zeichnung vertieft. Er hat der Radierung zu ihrer völligen Eigenständigkeit verholfen, wie Munch und die Expressionisten es mit dem Holzschnitt oder die Franzosen es mit dem lithographischen Flachdruck getan haben.

Janssen hat die Welt mit den Mitteln der Radierung ergründet, und nichts hat ihm dabei mehr geholfen als an der Oberfläche eine immerwährende Verletzlichkeit. Das ist das Wesen der Radierung. Das ist Janssen. Mit den Worten des Dichterfreundes Peter Rühmkorf: „Bleib erschütterbar und widersteh."[49] Janssen hat das vollkommen verkörpert, bis er am 19. Mai 1990 selbst ein Opfer der Säure wurde und sich nach einem Balkonsturz eine beidseitige Hornhautverätzung zuzog. Die sich literweise über ihn ergießende Salpetersäure fraß sich in das empfindlichste Organ des Malers – in seine Augen. Davon datiert eine Wendung, die auch seinem Radieren einen letzten, fürchterlichen Anstoß gab.

Hartmut Frielinghaus

Der Mann, ohne den es den Radierer und wohl auch den Zeichner Janssen nicht geben würde, nicht in der Konsequenz, mit der Entwicklung und dem reichgegliederten Werk, ist sein Drucker Hartmut Frielinghaus. Es gehört zu den großen Merkwürdigkeiten, daß eine autarke Erscheinung wie Janssen, die sich als Ausnahme gegen die Zeit und im Widerstand gegen alle ihre Strömungen behauptet hat, sich abhängig machen mußte von einem, der in vielem das Gegenteil von ihm selbst war. Schwer erklärlich und rätselhaft ist allein schon, daß Frielinghaus in genau dem Augenblick zur Stelle war, als Janssen einen Frielinghaus brauchte – auf der Wende der Jahre 1969 und 1970, als nichts Geringeres zu wagen war als der Absprung von der Kunst in die Natur. Dabei haben sie sich nicht wie zwei Auserwählte sogleich erkannt und gefunden. Davor standen erst noch Gerhard Schack und dann, zielstrebiger und weniger skrupulös, Joachim Fest. Sie beide sahen voraus, welche Macht Frielinghaus über Janssen gewinnen könnte und welche Vorrechte dieser seinem Drucker nur allzu bereitwillig einräumen würde. Alle ihre Befürchtungen wurden übertroffen, als dieser aus den Händen von Janssen praktisch die Verwaltung des ganzen Künstlerimperiums übernahm. Das war zu der Zeit – in der zweiten Hälfte der 70er Jahre –, als immer häufiger zu hören war: „Kennen Sie den Herrn Frielinghaus? Was hat der von Janssen zu ertragen! Er kann einem leidtun."

Als Janssen Ende 1987 noch einmal das Loblied auf seinen „Freund und Kupferdrucker" anstimmte und hinter dessen Druckkunst und Papierleidenschaft selbst als Künstler zurücktrat,[1] stand der Bruch schon bevor. Frielinghaus wurde von allen nur noch geliebt, als er wie in Erfüllung einer alten Treuelegende bloß ein Vierteljahr nach dem Tod seines großen Freundes diesem nachstarb.

Der Roman *Frielinghaus* wird hier nicht geschrieben. An sich selbst hat er durchaus romanhafte Züge kultiviert: eine immerwährende Bescheidenheit, die im Outfit des Handwerkers daherkam und das noch durch den entsprechenden Kleintransporter unterstrich, der an abgezählten Urlaubstagen auch als Hotel auf vier Rädern diente. Als er schon einer der reichsten Männer am Falkenried war, ließ er sich immer noch von einem Müsliriegel und einem mitgebrachten Zwieback verwöhnen. Alle, die er hätte zu Neid anstiften können, versöhnte er von vornherein damit, daß ihm die Arbeit immer das

Äußerste an Kraft und Konzentration raubte und daß er nie ungestört genug war, um restlos in seiner Kunst aufzugehen. Man war froh, nicht in seiner Haut zu stecken. Dazu brauchte er nur seine vom Drucken zerschlissenen Hände vorzustrecken mit den tief eingefrästen Wundmalen: das Martyrium des dienstbaren Arbeitsmannes, der sich restlos zum Opfer bringt.

Janssen haßte die vorgeschobenen preußischen Tugenden, weil er darin eine Art von Erpressung und die Aufforderung witterte, sich ebenso in freudloser Selbstzerfleischung zu üben. Aber er profitierte auch ungemein von dem Pensum, das Frielinghaus vorlegte. Manchem flüchtigen Einfall und mancher Gefälligkeit gab dieser eine solche Stetigkeit, daß daraus ein eigenständiges Genre im Janssen-Werk wurde. Um das Riesenœuvre mit seinen Verästelungen und Seitentrieben zu vollbringen, war Janssen die Ordnung in Person. Aber er wehrte sich gegen die Ordnung, wo immer sie ihn in seiner Spontaneität zu beschneiden drohte. Dann war er wieder froh, für die Disziplin, die er sich abringen mußte, den Freund geißeln zu können. Frielinghaus litt darunter, daß seine Dienste als krankhafter Arbeitstick mißverstanden wurden, und ließ sich dafür, daß er solche Schmähungen immer wieder ertragen mußte, damit belohnen, daß er in den von Papieren und angefangenen Zeichnungen überquellenden Regalen Ordnung schaffte. Bei solcher Ordnung fiel immer ein erklecklicher Teil an ihn. Janssen war erleichtert, hatte er doch schon bei der geringsten Untätigkeit das Gefühl, an seiner eigenen Unordnung zu ersticken.

Dieses symbiotische Verhältnis spitzte sich mit der Zeit so zu, daß jeder glaubte, ohne den anderen nicht mehr existieren zu können. Das war die Quelle neuer Mißverständnisse und übersteigt alles, was in der Tier- und Pflanzenwelt unter einer Symbiose verstanden wird. Orgien gegenseitiger Verdächtigung, Verweigerungen und Übergriffe waren die Folge. Man verhalf sich untereinander zu dem Krieg, der hinter der Fassade ängstlich gewahrten Anstands draußen in der Welt tobt. Im Mühlenberger Weg wurde es schon mal handgreiflich. Wie in einem Brennpunkt waren Hunderte von Reibungsflächen, die uns gewöhnlich das gesellschaftliche Leben bietet, in dem Verhältnis „Freund/Feind = FF" fokussiert. Der Hunger nach dem gemeinen Leben wollte auch bei dem in Zurückgezogenheit vor sich hin zeichnenden Klausner befriedigt sein. Frielinghaus war für Janssen phasenweise die einzige Verbindung zur Außenwelt.

Die Rolle war ihm auf den Leib geschrieben, weil er wirklich als Zwilling geboren ist und obendrein einen Zwilling zum Bruder hat. In dieser Konstellation war er aufgewachsen, er wehrte sich nicht dagegen. Es kam nur darauf an, sie vollkommen auszufüllen: als Drucker wie als Künstler. Als Drucker traute er sich das zu, aber als Künstler hatte er immer seine Zweifel. Hier war es Janssen, der in dem Drucker den Künstler weckte, während Schack nur den hochtalentierten Handwerker sah und keinen Weg zwischen Atelier und Werkstatt scheute, um die ersten Abzüge selbst in Blankenese vorzulegen. Joachim Fest setzte sich auch darüber hinweg und ließ in Stuttgart, Berlin und anderswo drucken. Immer mit Zustimmung von Janssen, der fast vom ersten Tag an Frielinghaus an seinen Tisch gezogen hatte – zum Suppeessen mit Gesche. Als Janssen mit Schack in die Krise geriet und sich auch das Projekt einer Gelehrtenrepublik zwischen Berlin, Rom und Lugano zerschlagen hatte, saß immer noch Frielinghaus da, übernahm unauffällig den Abwasch, weil auch Gesche inzwischen verschwunden war, und zog hingebungsvoll wie eh und je seine Drucke. Bei Schack und Fest hatte Janssen gelernt, sich aus der Hand zu geben, ohne sich zu verlieren. Ab 1975 wurde daraus ein Programm. Er ließ seinen Drucker machen, räumte ihm immer größere Freiheiten ein mit dem Hintergedanken, daß sich Frielinghaus schon seinen Weg durch das Labyrinth der Radierung bahnen würde, so daß er – Janssen – ihm besser auf den Fersen blieb, um auf Schritt und Tritt zu lernen.

> Wenn ich denn mal im Säurebad 'ne ganze Alpenpartie verätzte – wenn ich den Lack zu schlampert aufgetragen hatte, dann löste sich ein ganzer Streifen quer über die Berge weg, und die Säure fraß alles an Zeichnung weg – – dann behandelte sein Genius diese verkorkste Partie derart, daß daraus die wirklichste Nebelbank wurde, die je vor einem Gebirge lag. Und ab da »konnte« ich, wenn ich willentlich wollte, Nebelbänke radieren = ich ließ einfach den Lack von vornherein weg.[2]

Es war die Zeit, als Janssen einer Walnußschale zutraute, daß sie ihm die Gewölbe- und Kellerarchitektur eines Piranesi aufschloß. Frielinghaus wußte vom Radieren nicht etwa mehr als Janssen, aber der sah in dem geborenen Drucker ein unbewußt richtiges Wollen am Werk, als wäre es die Natur selbst, die hier eines ihrer tiefsten Geheimnisse preisgibt. So entstand 1976 die Radierfolge *Svanshall*,[3] die zur weiteren und vor allem auch kommerziellen Nutzung Frielinghaus zum ersten mal ganz überlassen wurde.
Nie hat sich ein grafisches Medium so weitgehend selbständig entwickeln können! Und dieses Medium war nicht etwa die Radierung allein – es war der ganze Mensch Frielinghaus, der daran hing wie an seinem Leben. Ihm ließ Janssen freie Hand. Ja, er machte es sich zur Aufgabe, ihm in allem zu willfah-

ren und ihm auch noch seine unausgesprochenen Wünsche abzulauschen. „Was wollen Sie eigentlich, Herr Frielinghaus?" war deshalb die Standardfrage in diesem Verhältnis, das bei allergrößter Nähe zeitlebens an dem gegenseitigen Sie festhielt. Natürlich konnte Frielinghaus auf diese Frage nur in den seltensten Fällen antworten, und so lag es an Janssen, das zu ergründen, hervorzulocken, gegen Widerstände ans Licht zu bringen. Die Psyche seines Druckers war der in die Tiefe führende Schacht, in den Janssen nicht müde wurde, Tag für Tag einzufahren. Er, der bohrende Analytiker schlechthin, der alle Verstockungen in Sprache und Bilder auflösen mußte, war auf die Unergründlichkeit in Person gestoßen. Auch das gehört zum Wesen der Radierung, wie Janssen es begriff und sich zum Ziel gesetzt hatte, ihm auf die Spur zu kommen.

Frielinghaus hatte immer die redlichsten Absichten, aber reden, mit Janssen darüber in Ruhe reden konnte er nicht, und so witterte dieser hinter jedem wortlosen Zuvorkommen eine Falle. Der aufrechte Freund verbat sich die Unterstellungen, war empört, blähte die Backen, die stoppelhaarigen Kinnmuskeln arbeiteten, und weil er auf der Basis ungerechtfertigten Mißtrauens gleich die weitere Zusammenarbeit in Frage stellen würde, kam ihm Janssen mit einer Drohung zuvor. Es sollte niemand je wieder auf seine Dienste zurückgreifen. Als Drucker habe er sich unmöglich gemacht. Wenn das Gewitter dann verzogen war, nannte Janssen diesen Machtkampf den „kleinen Geschlechtsverkehr".

In einer Ehe kann keiner mit ansehen, wie sich der andere dauernd selbst quält. „Warum sind Sie nicht glücklich – Herr Frielinghaus?" war so eine Frage, vor der die Nerven blank lagen. Bevor Frielinghaus antworten konnte, hatte ihm Janssen einen Teil der Auflage, ja, die Hälfte oder von einer bestimmten, in Rede stehenden Platte die ganze Auflage geschenkt, wenn er – bitte schön – zwei Drucke für sich behalten dürfe. Aber es waren nicht nur Radierungen und einzelne Zeichnungen, die Janssen auf diese Weise weggab – seine ganze Person hatte er in die Hände des Druckers gelegt. Frielinghaus besorgte die Malutensilien, kaufte ein, trug aus, hielt Verbindung zur Stadt, wickelte alles Geschäftliche ab. Der Weg zu Janssen führte über Frielinghaus, der sich nun seinerseits in seiner Eppendorfer Werkstatt von den vielen Nachfragen bedrängt und gestört fühlte und die Allüren seines Herrn nachahmte, sich einschloß, unerreichbar war und Zettel an die Tür klebte mit möglichst abweisendem, einschüchterndem Wortlaut. Denn im Gegensatz zu den Bittstellern und – wie er durchblicken ließ – auch zum Künstler selbst mußte er – der Drucker – ja arbeiten! Wie in allen Vorhöfen der Macht erschauerte deshalb

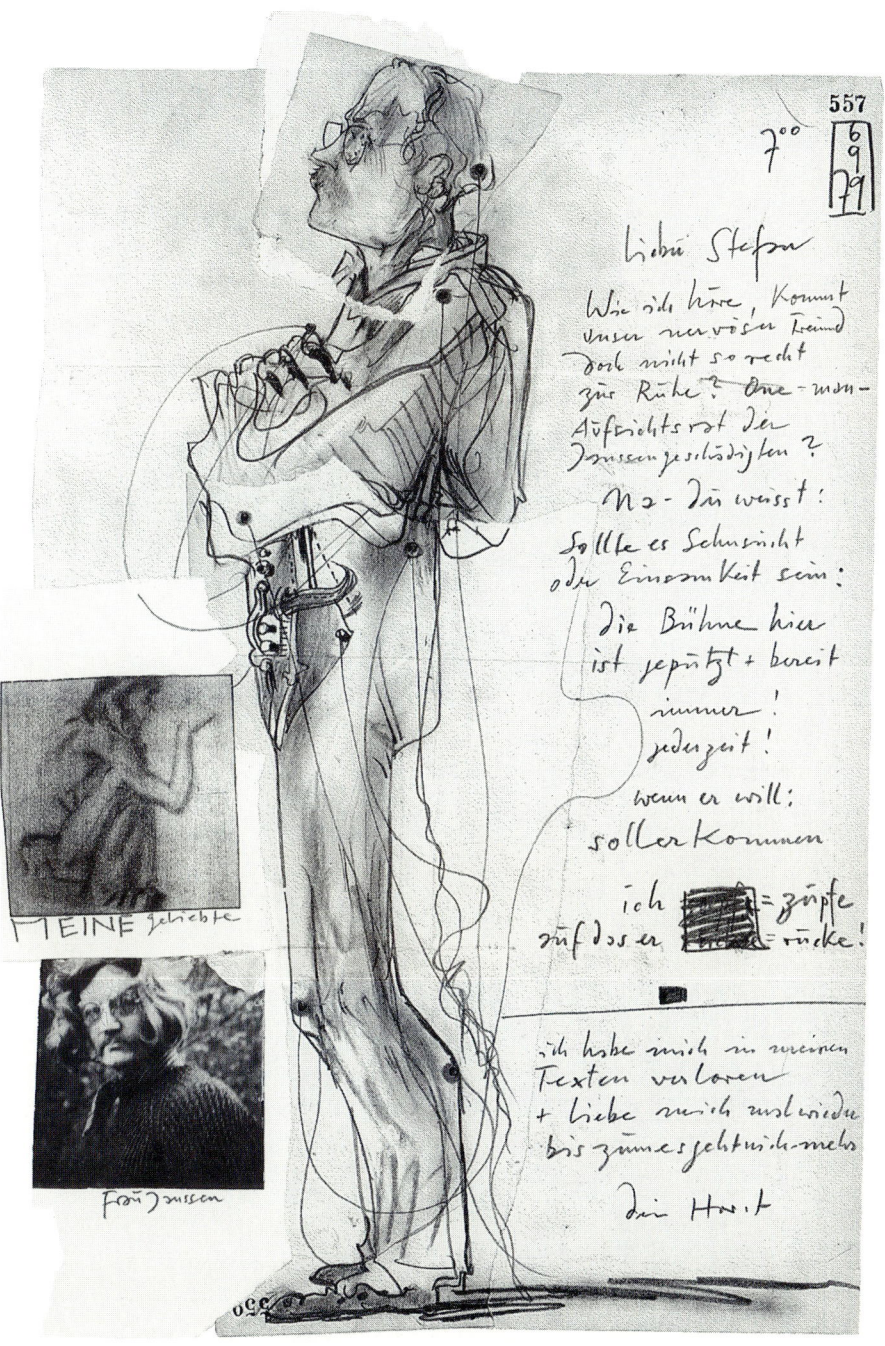

Der Drucker Frielinghaus, Briefcollage 6. 9. 1979 (44 x 29 cm)

der Besucher ehrfurchtsvoll, wenn er nur die erste Hürde genommen hatte und sich unter dem Eindruck dieses Laboratoriums der Druckkunst einen Augenblick lang vorstellte, wie schwierig es erst sei, in das Zentrum der Erfindung – zu Janssen nach Hause – vorzudringen.
Frielinghaus war nichts, was nicht Janssen aus ihm gemacht hat, der für seinen Teil ihm soviel zu verdanken meinte, daß er sein vorsorgliches Plazet auch auf solche Eigenheiten ausdehnte, die eher einer Selbstverleugnung gleichkamen. Ein Lieblingsthema zwischen ihnen war Geld. Janssen ritt auf dem Geldtick herum. Für ihn war es eine Gelegenheit zur Abrechnung im weitesten Sinne, um seinen Selbstwert zu testen. Dabei türmte er Zahlen und Summen aufeinander, ohne auch nur einen einzigen Pfennig zu bewegen. Dagegen machte Frielinghaus richtig Geld und legte es, mit stillschweigender Billigung seines verschwenderischen Freundes, auch weiter gewinnbringend an. Dieser bediente sich seiner dann auch bei verschiedenen Anlässen als Portokasse, wenn zum Beispiel auf der Suche nach einer flüchtigen Geliebten ein Kneipenwirt für das zertrümmerte Mobiliar auszubezahlen war. Frielinghaus fingerte die Geldscheine aus seiner Latzhose und glich noch am Tatort aus. Janssen machte Millionäre, um nicht selbst einer zu werden und um sich gegebenenfalls lauthals darüber zu ereifern, seit wann er denn mit Millionären Umgang pflege. Das richtete sich dann direkt gegen die Freunde.
Das ist das Besondere der Arbeitsteilung, wie Janssen sie praktizierte: nicht Partnerschaft, nicht Teamwork; statt sich gemeinsam stärker zu fühlen und gegenseitig die Schwächen zu decken, identifizierte er sich bis zur Selbstbezichtigung mit seinem Freund, der ihm immer auch Feind war. Wie hätte er sonst die Widersprüche aushalten und zu seinem grenzenlosen Vorteil auch für sich arbeiten lassen können! „Wir lieben uns nicht nur in anderen – wir hassen uns auch in anderen," heißt es bei Lichtenberg.

Abgeschirmt gegen die lärmende Welt und mit einem gutgefüllten Portemonnaie im Rücken vor sich hin werkeln zu können, war Janssens größter Wunsch Anfang der 70er Jahre. Dieses Ideal sollte ihm eigentlich der Propyläen-Verlag erfüllen. Er realisierte es dann auf seine persönliche, unnachahmliche Weise mit Frielinghaus. Frielinghaus war die auf viele kleine Zettel verteilte Buchführung und die solvente Tageskasse. Er verkörperte die Arbeitsdisziplin und ein Stück Stetigkeit in dem chaotisch ausufernden Alltag. Janssen überließ ihm sogar, neue Kontakte anzuknüpfen und Bekanntschaften auszuwählen. In aller Regel waren es „nette Leute", für die der Drucker zwar seine distanzierte Höflichkeit nicht aufgab, von denen er sich aber vorstellen mochte, daß Janssen an ihnen Interesse gewinnen könnte. Ihnen verschaffte er Zugang zur „Burg" am Mühlenberger Weg. Es kam sogar vor, daß Frielinghaus selbst, obwohl nach der lang zurückliegenden Ehescheidung nur für Janssen lebend, ein Mädchen kennenlernte, auf das dieser prompt eifersüchtig war. Trotzdem verheimlichte Frielinghaus keine seiner Herzensangelegenheiten und entfesselte manchen Balzwettstreit, in dem er nie anders als hoffnungslos unterlegen war. War dann alles vorbei und ausgestanden, leistete er seelischen Beistand. Daß er der ideale Schwiegersohn gewesen sei, ist ein Gerücht, aber er hatte Talent zum „Witwentröster".

Frielinghaus war der ehrlichste „Feind", den man sich denken kann. Die Tücke, die Janssen noch von jedem seiner Freunde verlangte, lag ganz in seinem Charakter und hatte nichts Windiges oder gar Ausgeklügeltes. Zur Intrige war er völlig unbegabt. Jeder konnte sehen, daß er geizig war. Er machte keinen Hehl aus seiner Sammelwut und daß er ungern wieder aus seinen Fängen ließ, was einmal darin gelandet war. *Kralle*[4] betitelte Janssen deshalb die Platte, die er ausschließlich ihm widmete und die jener geduldig druckte – diesmal Auflage 1000. Von diesem Frielinghaus ließ sich Janssen verwalten. Er spielte ihm immer größere Kompetenzen in die Hände. Es ging keine Signatur aus dem Haus, zu der jener ihm nicht das Buch oder das Schmuckblatt vorgelegt hätte. Frielinghaus brachte immer Arbeit mit, und Janssen beeilte sich zu sagen: „Ich arbeite gleich wieder für Sie, Herr Frielinghaus."

Ihre Motive waren durchaus verschieden, aber auf ihrem Höhepunkt Ende der 70er Jahre stimmten Janssen und sein Drucker darin überein, daß sich der Künstler rar machen solle. Frielinghaus stellte im Zeichen sich vervielfältigender Aufgaben erst einmal den Auflagendruck zurück. Aber es wäre eine bewußte Irreführung zu behaupten, daß Janssen die Verhinderung größeren Ruhms und weiterer Verbreitung nicht selbst gewollt hätte. Er schob den skurrilen, sperrigen und schwer auszurechnenden Freund vor und verschanzte sich hinter ihm.

Frielinghaus bewahrte die meisten der nach 1970 entstandenen Radierplatten in seiner Werkstatt auf. Er entschied in Abstimmung mit Janssen nicht nur über Papiersorten und Farbton, sondern auch darüber, was überhaupt und wann zu drucken sei und ließ die Radierungen in die von ihm gebahnten Kanäle in begrenzter Stückzahl abfließen. Als sich nach der Oldenburger Plakatausstellung 1978 immer deutlicher zeigte, welches Geschäft mit Postern zu machen sei, übertrug ihm Janssen, die einzelnen Schritte der technischen Herstellung zu koordinieren. Mit der Vorfinanzierung überließ er ihm dann auch das Copyright. Er behielt sich nur vor, durch die mit einer Mark zu

honorierende Signatur pro Plakat den Ausstoß maschinengefertigter Reproduktionen zu kontrollieren.
F. F. Dornbusch heißt der Verlag, den der stachlige Freund ins Leben rief. Fortan mußte Frielinghaus zur Bestreitung des eh schon sparsamen Lebensunterhaltes sein Geld noch weniger mit dem Auflagendruck verdienen. Unbestreitbar war er schon seit langem *der* Janssen-Drucker. Der künstlerische Einzeldruck gedieh unter seinen Händen. Nun konnte er sich endlich als selbständiger Künstler fühlen. Auch Janssen fiel es gelegentlich schwer, ihn noch zu ködern. Damit der Freund zusätzlich den Vertrieb einer Restauflage seines Buches *Die Kopie* übernahm, verpflichtete sich Janssen, zur leichteren Verkäuflichkeit über hundert Bucheinzeichnungen anzufertigen. Die wenigsten davon verließen je das Werkstattgebäude am Falkenried. Frielinghaus brauchte nicht zu verkaufen, und damit er sich von irgendetwas trennte, war man auf eine unvorhersehbare und nicht in seiner Art liegende Generosität angewiesen. Gleichwohl fühlte er sich ständig überbeansprucht und regelrecht überfordert. Als Janssen 1980 ein volles Radierjahr einlegte, erschöpfte er ihn bloß mit dem Andrucken neuer Platten.
Auf der anderen Seite war es niemand anderes als Frielinghaus, der Janssen spontan zu einer neuen Epoche der Radierung gratulierte, kaum daß er vom *Munch-Triptychon*[5] die ersten Drucke gezogen hatte. Aus Anlaß der *Nigromontanus*-Serie teilte er seine uneingeschränkte Anerkennung dem Meister sogar schriftlich mit und bot sich an, auch die Auflage zu drucken, was er dann später zu größten Teilen dem Atelier Fetthauer überlassen mußte.
Die vielen Radierungen, Radierzyklen aller Jahrgänge, das um sich greifende Plakatgeschäft, all die durch eine Signatur in den Handel beförderten Schmuckblätter und die Reste von Buchauflagen – Janssen wurde zu einem Konzern, der in den Händen von Frielinghaus wuchs und wuchs. Papier wiegt – erst recht in Stapeln gebündeltes Papier. Alles wollte in Blankenese vorgelegt und nicht selten mit einer persönlichen Widmung für diese oder jenen „netten Leute" versehen sein. Von Janssens Seite war die stete Signiererei ein Versuch, den Überblick zu wahren. Frielinghaus schleppte an und ab – und war genervt.
Aus Angst, eine dieser Aufgaben aus der Hand zu verlieren, waren es nie der Transporteur und Botengänger, nie der Packer und Lastenträger – immer war es der Künstler, der Nerven zeigte. Mit seinen künstlerischen Krisen erzwang Frielinghaus zeitweise eine Ebenbürtigkeit, die fast vergessen ließ, daß das Radieren im eigentlichen Sinne auch Arbeit kostet. Diese Nummer zog er im Haus am Mühlenberger Weg ab – vor dem Künstler, der wie kein anderer sein

Janssen und Frielinghaus. „Wenn TRAGIK von TRAGEN kommt (…)"
ÖFFKA XXVI (Ausschnitt)

Tagesbefinden zum Initial für das jeweilige Werk gemacht hat. Ausgerechnet Janssen hatte sich den schwierigsten und launenhaftesten Künstler zum Partner herangezogen. Verkehrte Welt. Wenn Frielinghaus die Treppe heraufkam, seine Pakete und Mappen abstellte, in die Runde anwesender Gäste grüßte und für sich, alle Anerbieten ausschlagend, immer den unauffälligsten Platz suchte, waren Janssens Antennen weit ausgefahren. Er testete die Stimmung und witterte, aus welcher Richtung das Ungemach diesmal kommen würde. Vorsichtshalber flocht er in die Unterhaltung, die immer von ihm ausging, schon mal ein, daß er seinem „Freund und Kupferdrucker" gleich zur Verfügung stehen werde, der für seine Person solche Wichtigtuerei mit erhobenen Händen abwehrte. Das alles war Ritual und bestätigte den zufälligen Zeugen nur, daß hier zwei Künstler sich gegenseitig zu respektieren suchten. Aber allein der Gedanke, für wen denn dieses abgekartete Spiel hier zum besten gegeben werde, ließ Janssen aus der Haut fahren. Schon verwandelte er sein Publikum in das Tribunal, das sich gefälligst das richtige Urteil bilden solle über diesen – zugegeben – harmlos scheinenden Fall eines wahrhaft tückischen Freundes. Frielinghaus drohte dann damit, daß er nicht arbeiten könne, wenn er dermaßen unter Druck gesetzt würde. Schließlich seien es die Radierungen von Janssen, die darunter am meisten zu leiden hätten.

Dieser Streit hätte noch jahrelang weitertoben können. Jeder hätte den anderen auch fernerhin getrost zu seiner persönlichen Krankheit erklärt und mit der Einführung einer neuen Währung gedroht – der Lohndruckerei, von der man sich abwechselnd und gegenseitig die Rückkehr zur Normalität versprach. Das Normale war aber gerade, daß sie aneinander den genau auf ihr Temperament abgestimmten Blitzableiter gefunden hatten. Dieser Teufelskreis konnte nur von außen gesprengt werden – durch einen nicht in ihnen selbst, sondern in der Sache liegenden Grund. Janssen wurde als Konzern zu groß und zu vielfältig, als daß alle Fäden immer weiter nur in der Hand von Frielinghaus bleiben konnten. Ein richtiger Verlag mußte her, der andere Mittel und viel mehr Möglichkeiten bereitstellen würde.

Janssens Fehler war, daß er nicht einfach und unmißverständlich aussprechen konnte, daß er zur Herstellung und Finanzierung seiner eigenen Bücher – darum ging es im Endeffekt – einen ungleich größeren Apparat auf die Beine stellen mußte. Dieses in der Sache so leicht einsehbare Argument ist nie gefallen, und deshalb fühlte sich Frielinghaus aus seiner früheren Position Schritt für Schritt verdrängt. Ja – den Bruch sollte Janssen endlich mit einer Enttäuschung begründen, die ganz und gar in der Person seines Druckers lag. Man hatte sich einfach zu lange daran gewöhnt, immer alles persönlich zu nehmen, und darauf wollten beide bis zum Schluß nicht verzichten. Dabei gebot es die Sache selbst, einen Verlag wie St. Gertrude ins Leben zu rufen. Janssen wollte schließlich in wachsendem Maße immer alles – seine Bilder *und* Texte – gleich gedruckt sehen. Frielinghaus mußte dabei auf der Strecke bleiben.

Wie nicht anders zu erwarten ist es Frielinghaus gewesen, der Janssen Anfang der 80er Jahre auf Dierk Lemcke aufmerksam machte – einen „besonders Netten", der in der Innenstadt am St. Gertrudenkirchhof ein Antiquariat im Souterrain betrieb. Frielinghaus bekam da immer einen Kaffee eingeschenkt, wenn er mit seinem kleinen Auto vorfuhr und vier oder fünf Plakate auslieferte. Der Versuch, mit Volker Huber ins Geschäft zu kommen und sich einen Platz in seinem Offenbacher Verlag zu erstreiten, war von Janssen gerade endgültig aufgegeben worden. Gegenüber dem jüngeren Buchhändler hier in

seiner Stadt gab sich Janssen reizend und vorsichtig zugleich. In dessen bildsamem und begeisterungsfähigem Charakter sah er schon bald ein größeres Potential als in der Gemischtwarenhandlung im Keller, für die er den Namen „Fischmarkt" fand. Auch gefiel es ihm, wieder einmal klein anzufangen.
Dierk Lemcke, der vorher in einem Zeitschriftenverlag journalistisch tätig gewesen war und sich als Antiquar gerade selbständig gemacht hatte, erkannte seine Chance und entwickelte sich binnen kurzem mit seiner Cafeteria zu einem Umschlagplatz nicht nur für Janssen-Poster und -Bücher, sondern für jede Art Neuigkeiten, die aus der hermetisch abgeriegelten Blankeneser Künstlerburg nach draußen dringen sollten. Janssen überließ ihm erste Bucheinzeichnungen. Die Restauflage eines preiswert aufgekauften Mahlau-Bildbandes stattete er für Lemcke auf dem Frontispiz mit kleinen Stilleben aus. Am St. Gertrudenkirchhof fanden erste Ausstellungen statt. Sogar eine Serie kleinformatiger Radierungen – *Lirum Larum*[6] – war der neuen Galerieadresse gewidmet.
Alles, was Janssen betraf – und das war längst schon ein Imperium für sich –, lernte Dierk Lemcke von der Pike auf kennen und setzte es mit dem unternehmerischen Elan des Mannes um, der seine Aufgabe gefunden hat. Er wollte immer schon einen eigenen Verlag haben und hatte einen solchen genau mit dem Tag seiner Volljährigkeit ins Handelsregister eintragen lassen. Nur Bücher fehlten. Im Herbst 1984 ging er mit den ersten selbstverlegten Janssen-Büchern auf die Frankfurter Buchmesse: *Wenn es denn sein muß, laßt uns doch sterben,*[7] war der eine Titel; der andere: *Lirum Larum. Allerlei Poeterei durch die Jahre aufgeschrieben, heute abgeschrieben für Mirjam zum 4. 5. 1984.*[8] Er hatte mit diesen Texten – auch *Die Litze*[9] zählte dazu – auf der Frankfurter Buchmesse keinen leichten Stand. Aber eine grenzenlose Loyalität gegenüber Janssen machte das mehr als wett. Die Aussichten waren auch in höchstem Maße vielversprechend. Selbst Frielinghaus unterstützte ihn nach Kräften, fühlte er sich doch nach einer Steuerprüfung vom Finanzamt bedrängt, ja, regelrecht gebeutelt. Er wollte seine Geschäfte, die ihn, wie er widerstrebend einsehen mußte, seit Jahren schon steuerpflichtig gemacht hatten, so weit es ging einschränken und nur noch Künstler sein. Er plante, mit Lemcke eine GmbH zu gründen und nach dem Kunsthaus Lübeck auch ihn stärker am Plakathandel zu beteiligen. Hier trafen verschiedene Interessen glücklich zusammen und begünstigten den Aufschwung des Verlags St. Gertrude.
Ging Janssen alles zu schnell oder wollte er seinen neuen Verlegerfreund nur groß herauskommen lassen, um ihn nach Belieben wieder kleinzumachen? Er stellte Lemcke hart und, wie sich zeigen sollte, leichtsinnigerweise auf die

Probe. Denn dieser konnte nicht so einstecken und sich bis zur Selbstaufgabe verleugnen wie Frielinghaus, der seine Ziele allen Querelen zum Trotz im Auge behielt. Dierk Lemcke war dünnhäutig. Selbst fürchtete er seinen eigenen Jähzorn am meisten, wenn er denn so weit getriezt wurde, daß er zum Ausbruch kam: „Dann schlage ich um mich, und das darf nicht sein!" Tatsächlich war ihm Janssen an den Kragen gegangen. Lemcke stand kurz davor zurückzuschlagen. Um dem Schlimmsten vorzubeugen, floh er nach Helgoland. Keiner wußte, wo er steckte. Er war wie vom Erdboden verschluckt, und Janssen schrie in seiner plötzlichen Einsamkeit empört auf. Eine Kanonade prasselte herunter, aber diesmal nicht auf seinen Drucker:

„Wenn ich meine Radierungen und Bücher aus dem Laden herausnehme, bricht er zusammen."

„Der ganze Laden ist sowieso Kunstgewerbe – von mir geduldet. Jetzt habe ich auch noch seelisches Kunstgewerbe. Lemcke haut ab und versteckt sich irgendwo in der Heide."

„Den Trost, den ich an euch habe, ist eure Verlogenheit. Nur – ich will wissen, *wann* ihr mich verlaßt."

„Lemcke soll sofort zurückkommen! Ich will mich nicht wieder entschuldigen. Nur weil ich euch liebe, weil ihr Macht über mich habt, glaubt ihr eines Tages, ihr könnt euch eine Seele anlachen und den Verletzlichen spielen."

„Ihr sollt nicht Janssen sein. Bildet euch nicht ein, euch auch noch leisten zu können, nervös zu werden."

„Mit 50 Jahren habe ich mir geschworen: kein menschliches Tralala mehr – mit mir nicht, obwohl ich das Menschliche wirklich liebe. Aber heute will ich kein Tralala mehr. Habe ich nicht für alles gebüßt? Für irgendetwas müssen die Frauen doch gut gewesen sein!"

„Meine Frauen sind tagelang untergetaucht, damit ich mich mit Gewissensbissen herumquälen soll. Heute sucht Lemcke den Kampf, und wenn er ihn will, Frielinghaus, sagen Sie ihm, daß er schon beim ersten Anlauf gescheitert ist."

„Er hat meine Attacken gefälligst zu genießen. Bezahle ich nicht für meine Ausflipperei? Meine Bosheiten leiste ich mit Dienstwilligkeit ab. Mache ich nicht, was er will? Gehe ich nicht auf ihn ein? Ich weiß doch, daß ich ein verwerfliches Kind bin."

Auszüge aus einer Tirade, die vor Selbstmitleid genauso strotzt wie von einer unbändigen Zerstörungswut. Janssen will dann die Trennung – jetzt gleich! Aber er muß auch aufpassen, diesen Dierk Lemcke nicht zu verlieren. Wie viele hat er nicht schon vergrault – ein für allemal verscheucht! Das sollte endlich anders werden in diesen 80er Jahren. Zwar kann er nicht aus seiner Haut, und auch das bekannte Schema wiederholt sich wie früher. Aber er will sein Engagement nicht mehr überziehen, nicht mehr auf Biegen und Brechen gegen seinen längerfristigen Vorteil anstreiten. Es ist die alte Geschichte: In der Geschäftsbeziehung sucht Janssen die Freundschaft, ja, er weckt das größte Zutrauen und sogar Liebe. Aber dadurch wird alles nur schwieriger. Denn nun kann ihm der Freund nichts mehr recht machen. Wer sich vornimmt, keine Fehler zu begehen und alles nach bestem Wissen und Gewissen auszuführen, sitzt schon in der Falle. Janssen rechnet ihm haarklein vor, was seine Fehlleistungen sind. Und das ist nicht diese oder jene Unkorrektheit – nein, es sind Nachlässigkeit bis zum Verrat, Beschwichtigung bis zur Heuchelei und eine Liebedienerei, die den Künstler wehrlos seinen Feinden ausliefert – alles Vorwürfe, die in der Freundschaft doppelt schwer wiegen und deshalb besonders schmerzhaft unter die Haut gehen. Es ist Lemckes Verdienst, solchen Erpressungsversuchen getrotzt und auf eine Versachlichung gedrungen zu haben, die dem Verlag und damit auch Janssen zugute kam. Frielinghaus hätte dazu keine Chance gehabt. Janssen wollte sich immer an der Person seines Druckers reiben. Das war der Nährboden ihres gegenseitigen Künstlertums, wie es sich in der Arbeit an der Radierung in den 70er Jahren herausgebildet hat.
Lemcke verschaffte dem für den Vertrieb notwendigen Apparat ein organisatorisches Eigengewicht, und er sorgte für eine Stetigkeit und Transparenz im Geschäftlichen, die dem Mißtrauen ungleich weniger Angriffsfläche boten. Er bezog den Steuerberater Gastl und später den Rechtsanwalt Raabe mit ein. Indem er nicht alles selbst verantworten wollte, brachte er sich auch von dieser Seite aus der Schußlinie. Deshalb baute Janssen trotzdem weiter auf Freundschaft, schon weil er es gewohnt war, seinen Willen auf diesem Weg durchzusetzen. Aber St. Gertrude wurde größer und war bald eine „Institution". Janssen, der sich am liebsten den kleinen Händler kaufte, um ihn völlig

in die Hand zu bekommen und mit der Nase darauf zu stoßen, daß er gefälligst parieren solle, schließlich würde er ihn reich machen – dieser anfallartig seine Übermacht ausspielende Janssen mußte schließlich anerkennen, daß er einen Teil seiner Aufgaben ruhig delegieren konnte. Er mußte nicht alles selber machen und bis ins kleinste unter seiner Fuchtel behalten. Nur – der einzige Künstler wollte er schon sein, den St. Gertrude verlegen sollte. Er war doch kein Zulieferer von Kunst – das verbat er sich!
Unter Frielinghaus platzte der Konzern „Janssen" wie ein unter Überdruck stehender Dampfkessel aus allen Nähten. Fast jeder Tag brachte gewaltige Verpuffungen. In den geordneten Bahnen von St. Gertrude war dazu nicht immer der gleiche heftige Anlaß. Zwar rumorte es auch da, wann immer Janssen der Sinn danach stand, aber er konnte doch schon mal für die Rolle des souveränen Weltbeobachters üben, die er sich fürs Alter vorgenommen hatte.
Im Mai 1985 kam der Bußgeldbescheid wegen Steuerverkürzung ins Haus am Mühlenberger Weg: 92 000 DM oder ein Jahr Gefängnis; abzuzahlen mit je 5000 DM monatlich. Ohne jede Hysterie nahm Janssen das ebenso wie den Nachzahlungsbescheid für die Jahre 1973 bis 1977 völlig gefaßt entgegen, auch weil er dank des Verlages St. Gertrude gerade zu einer geregelten Buchführung übergegangen war. Ab jetzt herrschte Steuerehrlichkeit – im großen und ganzen. Janssen achtete peinlich darauf, von dieser Seite nicht angreifbar zu sein. Die Nachlässigkeiten der 70er Jahre, die ihm mitten in der Arbeit an *Nigromontanus* den Besuch der Steuerfahndung eingebracht hatten, sollten sich nicht wiederholen. Mit Frielinghaus schlug er sich noch endlos herum in der Frage, wer wen gedeckt und vor höheren Nachzahlungen bewahrt habe.
St. Gertrude war auch zur Entlastung von Frielinghaus ins Leben gerufen worden, damit er nur noch Künstler sein konnte. Er sollte seine Krisen und Indolenzen nehmen, wann er wollte. Tatsächlich waren die Jahre 1984 und 1985 Höhepunkte des Kunst- und Einzeldrucks und einer ganz auf den Drucker zugeschnittenen Produktion von Zustandsplatten.[10] Es zeichnete sich damals schon ab, daß die vom Verlag übernommenen Aufgaben nur kostendeckend zu bewerkstelligen wären, wenn das Plakatgeschäft ausgedehnt und aus dem Dunstkreis persönlicher Bevorzugung in einen organisierten Handel überführt würde. Das Plakat war eine Goldgrube, und das Schönste daran ist, daß dafür kein Original, überhaupt keine Kunst wegzugeben und aus der Hand zu lassen war – nur maschinell bedrucktes Papier. Auf die Schürfrechte hätte niemand gern verzichtet. Der Umzug von St. Gertrude aus dem Souterrain am

Kirchhofplatz erst in eine Büroetage und dann in ein eigenes Verlagsgebäude Anfang 1987 in Altona erhöhte noch einmal den Kostendruck und machte eine Neugliederung des Plakatgeschäfts unausweichlich. Auch fing Janssen gleich damit an, in der Goldbachstraße zu signieren und nicht mehr nur nach Vorlage durch Frielinghaus. Von der jahrelangen Plakatschlepperei entbunden, stimmte dieser zuerst bereitwillig zu, ja, er war anfangs im Besitz eines Schlüssels zum Altonaer Verlagshaus, bis die Rückgabe eben dieses Schlüssels, ohne daß Lemcke sich geziert hätte, alle heimlich genährten Befürchtungen in Mißtrauen umschlagen ließ. Frielinghaus formulierte es auf seine Weise: Die Vermarktung von Janssen ging ihm jetzt zu weit.

Mit den von Dierk Lemcke Anfang 1987 angemieteten, auf zwei Etagen verteilten Verlagsräumen in einer ehemaligen Polizeikaserne in Hamburg-Altona verbanden sich für Janssen viele Vorteile, die sein Leben veränderten. Zum ersten Mal hatte er außerhalb seines Hauses und nur fünfzehn Autominuten entfernt einen zusätzlichen Arbeitsplatz. Er verfügte nun über eine Wirkungsstätte, deren weitreichende Möglichkeiten erst noch zu erkunden waren. Ein Stab von Mitarbeitern, angeführt von Christoph Selke, der Joachim Seyther abgelöst hatte, stand ihm hilfreich zur Seite. Dazu gab es einen Apparat, der ihm zuarbeitete, ob er sich seiner nun gerade bediente oder nicht, eine Telefonanlage und das gerade in Mode kommende Faxgerät, Kopierautomaten und vor allem Platz – so viel Platz, wie er ihn niemals in seinem verwinkelten Haus in Blankenese hatte. Diesen Raum wollte Janssen nutzen: für Ausstellungszwecke, für Vortrags- und Leseauftritte, zur Erprobung von Malweisen und Arbeitsformen, die früher nicht zu realisieren waren. Aus dem in seiner „Burg" abgeschotteten Künstler, dessen nächtliche Streifzüge die Zeitungen meldeten, weil sie so selten waren und er sich die längste Zeit rar gemacht hatte, wurde eine verlagsöffentliche Person, jemand, der erreichbar und sogar neugierig auf Begegnungen war. Janssen hatte damit die am Anfang der 80er Jahre ins Auge gefaßte Öffnung und den behutsamen Rückzug aus seiner selbstgewählten Isolation vollzogen – unter Bedingungen, die ganz und gar er selbst bestimmte: mit einem Verlag im Rücken, der mit der allgegenwärtigen Präsentation seines künstlerischen Werkes – die untere Etage war ein begehbarer Stapelplatz aller Janssen-Publikationen – überhaupt keinen Zweifel aufkommen ließ, daß sich da ein Großer in die Welt hinauswagte. Frielinghaus hätte diesen Rahmen nie und nimmer bereitstellen können.

Die Berge von gedruckten, gebundenen, broschierten Papieren, die sich bald da auftürmen sollten – Janssen hoch Janssen hoch Janssen –, waren selbstredend auch eine Zitadelle gegen die Angst. Wenn nach und nach die Wände und Decken mit den Andrucken seiner Bilder tapeziert wurden, diente das seiner Sicherheit. Wie kein anderer mußte er auch „draußen" immer bei sich zu Hause sein. Unter keinen anderen Umständen wollte er sich zeigen und sehen lassen.

Was aber am wichtigsten war: Er konnte endlich als „Büchermacher", wie er sich mehr und mehr verstand, frei schalten und walten. Er hat sich auf eine Weise unabhängig gemacht, wie es den allerwenigsten Autoren gelungen ist. Janssen hat es oft genug gesagt: Sein Zeichnen und Malen ist geschaffen fürs Buch, und das ist wie geschaffen für seine Art zu zeichnen und zu malen. In den Serien und Arbeitsschüben folgen die Bilder wie die Seiten eines Buches aufeinander. Die Abbildungen kommen nach Größe und Qualität dem Original so nahe wie möglich. Auch die freieste Art des Fabulierens – im Buch entfaltet sie die Dramaturgie einer Erzählung. Die Nebenbeikritzelei, und sei sie noch so abwegig, findet zwischen den Deckeln eines Buches ihren Platz.

Das Buch bindet und befreit. Es ordnet und stiftet Zusammenhang. Aber es erlöst auch den Einfall davon, sich als singuläres Ereignis auf den Marktplatz zu drängen. Das gezeichnete Aperçu oder der marginale Schlenker konkurriert nicht mit dem Tafelbild. Denn das Tafelbild braucht – wie alle größeren Installationen heute – zur Entfaltung seiner Aura eine Ausstellung für sich, am besten ein Museum.

Wer in seinen Büchern aufgehoben ist, braucht das Museum nicht. Das Buch ist ihm – buchstäblich – Museum seiner verflossenen Tage und tagtäglichen Einfälle: sein Tagebuch. Wie sich denn auch Janssen immer wieder voller Genuß als sein eigener Leser gesehen hat, der mit dem „Buch auf dem Bauch" die Fülle intensiv gelebter Tage und Stunden zurückruft, indem er Seite für Seite umblättert. Er verglich sich am liebsten mit dem alten Hokusai, dem Hersteller vieler bebilderter Bücher. Wie der Japaner war auch er vor allem ein Büchermacher.

Die Zahl der Janssen-Bücher wächst ab jetzt sprunghaft. Über hundert Titel werden es bald sein. Auch wenn nicht alle von ihm selbst gestaltet sind – das Material stammt von seiner Hand, und meistens war schon bei seiner Entstehung eingeplant, daß irgendwann ein Buch daraus wird.

So wird sich im Laufe der Zeit ein Gebirge auffalten – aus aufgetürmten Büchern –, das mit wachsender Höhe immer schwindelerregender wird und mit einem einzigen Anlauf längst nicht mehr zu erstürmen ist. Ein Gebirge, das über einem breiten Sockel aus Heften, Broschüren und Katalogen wahre Gipfelleistungen der Buchproduktion vereint – darunter solche massiven Volumina – Werkübersichtsbände, die alles überragen und nach Gewicht und

Bedeutung in eine Größenordnung vorstoßen, daß einem schon die Luft wegbleiben kann.[11]

Janssen hat mit vielen Verlegern zusammengearbeitet. Er hat sich an keinen Verlag angehängt und von keinem abhängig gemacht. Im Vordergrund stand immer die Sache – das nächste, das neue Buch. Als Dierk Lemcke für diese nicht abreißende Buchproduktion ein geräumigeres und attraktiveres Zuhause in Altona beschaffte, eröffnete er für das Buch eine neue Dimension. Für Janssen gestaltete sich seitdem die Arbeit am Buch viel vorteilhafter: Die Wege zwischen dem Autor und dem zu fertigenden Produkt wurden kürzer, überschaubarer, offen für spontane Entscheidungen. Was aber dem Buch vor allem wie auch Janssen selbst zugute kam, das sind die ausgedehnten Räumlichkeiten. Wenn sich in Hunderten und Aberhunderten von Abbildungen das Lebenswerk auf dem Fußboden ausbreiten kann, dann gewinnt es an Gestalt und Zusammenhang. Wie oft ist Janssen nicht davon überrascht worden, sich selbst in frühen und oft schon vergessenen Arbeiten wiederzubegegnen, wenn auf den Holzdielen die Andrucke ausgelegt waren. Das schafft Einsichten. Alte Geschichten wurden lebendig. Janssen wurde sich zunehmend historisch. Keine Epoche in diesem weitläufigen Œuvre, die unterdrückt werden mußte. Im Gegenteil, vieles fand im Wandel dieser weitverzweigten Lebensgeschichte erst jetzt seinen Platz. Die ersten beiden tief in die Vergangenheit zurückgreifenden, nach Themen gegliederten Großbände im Klassikerformat – die *Frauenbildnisse* und *Landschaften,* die erst den Anfang einer ursprünglich auf elf Bücher ausgelegten Werkreihe bilden, hätten anders als unter den Bedingungen des Verlages St. Gertrude gar nicht entstehen können.
Das Buch ist unter allen Medien eines der zugänglichsten und breitenwirksamsten – in unseren Tagen alles andere als elitär. Darin wollte er aufgehoben sein – im Gegensatz zu schnellebigeren und exklusiveren Formen von Öffentlichkeit, für die er sich extra hätte herrichten und womöglich ein anderer Künstler werden müssen. Buchkunst im engeren und bibliophilen Sinne hat er nicht angestrebt. Einem einzigen und ausdrücklichen Stilwillen ist er bei der Herstellung seiner Bücher nicht gefolgt. Dazu war sein Verhältnis zu allem Gedruckten zu sachlich. Er hat unter den vielen Möglichkeiten immer die ergriffen, die ihm als Vehikel seiner Mitteilung gerade passend erschien. Ohnehin sind es dann unter seinen Händen Kunstbücher geworden.
Seine Bücher sind vor allem auch ein Spiegel der drucktechnischen Entwicklung – des gerade verfügbaren Standards und dessen, was die Verlage bereit waren zu investieren. In aller Regel hat Janssen seine Bücher selbst bezahlt –

mit Radierbeilagen oder durch Überlassung von Bildern. Das war schon bei Christians nicht anders als bei Propyläen. Nur ist er im Gegenzug nicht immer bestens bedient worden. Selbst ein so repräsentatives Buch wie der 1982 vom Prestel-Verlag herausgegebene und bald erweiterte *Albertina*-Katalog[12] enthielt neben farbigen Abbildungen in der Mehrzahl noch schwarzweiße Klischeedrucke. Wie man sagt, rechnete sich damals ein Buch nicht anders. Hier verbesserten sich in den darauf folgenden Jahren sprunghaft die vielfarbigen Reproduktionsmöglichkeiten. Wenn Janssen schon für die Druckkosten summa summarum aufkam, wollte er daraus auch für seine Bücher den größten Nutzen ziehen. Dieses Motiv steht auch hinter dem weiteren Ausbau des Gertrudenverlages. Deshalb nahm er als Autor noch lange kein Honorar für seine Bücher! Nur sollten sie so gemacht sein, wie er es wollte und wie es seinem von einem verschwenderischen Einfallsreichtum getragenen Arbeitsstil entsprach.

Bis weit in die 70er Jahre, bis zur Veröffentlichung seiner Texte in *Querbeet* 1981, war Janssen mit großen Teilen seines Werkes in den Händen des Christians-Verlags gewesen. Aber mit der Zeit wurden die Wege zu dem Hamburger Traditionsverlag länger statt kürzer. Neben Propyläen experimentierte Janssen ab 1970 mit einer Reihe kleinerer Verlage – zum Beispiel mit Hower. Eigene Verlage bildeten sich in Abhängigkeit von ihm: F. F. Dornbusch und später der Luciferlag. In der zweiten Hälfte der 70er Jahre schaltete er Claus Clément – ebenfalls mit einem eigenen Verlag – als Realisator für seine Buchprojekte ein. Obwohl Clément schon von berufs wegen in allen verlegerischen Belangen sehr umtriebig war und Janssen ihm viele sachdienliche Hinweise und erhellende Aufschlüsse verdankte, blieb er doch immer ein Vermittler, der sich zwischen die technische Herstellung und den Künstler schob. Aber Janssen wollte den ganzen Apparat überblicken und möglichst auch in die Entscheidungen vor Ort mit einbezogen sein. Deshalb war ein ihm eigens auf den Leib geschneiderter Verlag – im Besitz von Dierk Lemcke – genau das richtige. Wie kein anderer Künstler in diesem Jahrhundert hat sich Janssen mit St. Gertrude eine Bühne geschaffen, die den Buchautor völlig zur Entfaltung kommen ließ. Als er sich dann auch noch unter dem Dröhnen der Druck- und Rotationsmaschinen an der Seite von Alexander Wunsch die Nächte in der Druckerei Offizin Hartung um die Ohren schlagen konnte, war für Janssen das Büchermachen zu einem körperlichen Bedürfnis geworden – wie Essen und Trinken.

Es muß nicht besonders gesagt werden, daß eine so expansive Persönlichkeit wie Janssen für die Alltagsgeschäfte des Verlags auch eine enorme Belastung darstellt: Es gehörte zu Lemckes Geschicklichkeit, daß er ein zu ihm durchgestelltes Telefonat im tête à tête mit seinem Künstlerfreund so abwickeln konnte, daß er bei ihm weder das allgegenwärtige Mißtrauen noch das Verlangen weckte, sich in die Verhandlung einzumischen. Janssen lernte endlich, stillzuhalten und das Geschäftliche neben sich her laufen zu lassen. Ja, er genoß den Betrieb. Zwar war er immer noch die Krake, die am liebsten überall ihre Finger im Spiel hatte. Aber wegen der Vielfalt der über das zweigeschossige Haus verteilten Schauplätze konnte er nicht an allen Stellen zugleich sein. Allenthalben passierte etwas – auch Unvorhersehbares –, und das begann er als Anregung aufzugreifen. Er füllte den Verlag nicht bloß mit seiner Person aus. Der Verlag wurde ihm auch zu einer Quelle neuer Entdeckungen. Viele der Inspirationen gingen davon aus und ließen sich nur an diesem Ort weiterverfolgen.

Das Büchermachen ist ein langwieriger und aufwendiger Prozeß. Für ein ungeduldiges Temperament, das seine „Briefeleien", seine Reden, am liebsten das gesprochene Wort sofort gedruckt sehen will, ist der Weg zum Buch manchmal sehr lang. Zur Befriedigung solcher Spontangelüste stellte der Verlag eine eigene Reihe bereit: das *Gertrudenformat*. Diese Hefte sind simpel in der äußeren Verarbeitung, nämlich geklammert, aber in der Qualität des Druckes und der Abbildung von hohem Anspruch.
Janssen tummelte sich mit Vorliebe auf dem Feld der *Gertrudenformate*. Hier hatte er die Freiheit, im Nebenher zu schalten und zu walten wie er wollte, was bei ihm – seien es Vignette, Wort oder Klecksbildnerei – immer die köstlichsten Einfälle provozierte. Es gibt auch schon aus früheren Jahren Beispiele für den „gedruckten Schnellschuß". Aber erst in der auf Gegenseitigkeit und Großzügigkeit gegründeten Zusammenarbeit mit dem Verlegerfreund ist daraus eine Institution geworden – das zur Institution erhobene Understatement. Denn Understatements im besten Sinne des Wortes sind die meisten Hefte. Eine kapitale Radierserie wie *Eiderland*, ein Schlüsseltext wie *Brief an Lucie* – wer hätte jemals soviel Hauptwerk en passant laufen lassen – als Heftchen im Schatten gebundener Ausgaben! – Für die größere Verbreitung sorgte dann vielfach der dtv-Taschenbuchverlag, der unter der Betreuung von Ulrike Buergel-Goodwin eine Reihe von Janssen-Publikationen auflegte.
Es wäre zuviel verlangt, hätte Frielinghaus all das als Verleger auf die Beine stellen und in eigener Person kontrollieren sollen. Immerhin – die Expansion zu einem Konzern hatte mit ihm begonnen. Er hatte nicht nur die Poster und Schmuckblätter in Umlauf gebracht, sondern auch die ersten Postkarten.

Neben der die fertige Zeichnung reproduzierenden Postkarte[13] gab es bei Janssen auch immer die Original-Postkarte.[14] Janssen hat ihr eine Welt eröffnet – die Welt des gezeichneten Aphorismus, pointiert, witzig, subversiv, ein Tummelplatz von Einfällen, die rasch gebändigt sein wollen: im Postkartenformat. Ihr folgten Tischkarten[15] sowie *Zinsel*[16] und ab 1983 die lange Reihe der ÖFFKAS[17] = Öffentlichkeitsarbeiten. Das sind zu Postkarten verarbeitete und öffentlich gemachte Sofortrepliken auf den Zeitgeist, wie und wann er Janssen gerade zwackte. Im Verlag war er besonders aufgeschlossen dafür, und seine besten Streiche heckte er in Gesellschaft aus. Mit jeder gezeichneten Antwort hatte er die Genugtuung, sich – postwendend – gewehrt, ja, zurückgebissen zu haben. Auf die Weise entstand eine Chronik erwiderter Schurigeleien.

Alles in allem – vom handsignierten Poster bis zu den einzelnen Postkarten – waren es bald tausend Artikel, mit denen St. Gertrude handeln konnte. Aber nicht immer wurde damit auch Geld verdient. Vieles diente eher der spielerischen Selbstdarstellung des Künstlers, der sich neu öffnen wollte und einen Weg nach draußen suchte. Janssen wußte genau: Um seine Bücher zu finanzieren und besonders den riesigen Aufwand zu decken, den er zu ihrer Vorbereitung trieb, mußte er radieren. Die Plakate dienten der längerfristigen und stetigen Einnahme. Die kurzfristig zur Herstellung seiner Bücher vom Verlag verauslagten Gelder konnte nur die Radierung zurückbringen – besonders die Vorzugsausgabe mit Radierung. Deshalb genügte es nicht, daß Janssen neue Platten herstellte – auch die Auflagen mußten zügig ausgedruckt werden. Frielinghaus wäre damit überfordert gewesen. Nach wie vor – bis 1988 – gingen die Platten zuerst in seine Hände. Er zog die Andrucke, damit Janssen die Resultate seiner Arbeit überprüfen konnte. Aber seit *Laokoon* oder *Die Bäume der Annette* wurden die meisten Auflagen oder der größte Teil davon durch das Atelier Fetthauer fertiggestellt. Das Geschäftliche glitt Frielinghaus mehr und mehr aus der Hand, der um so häufiger in die Landschaft fuhr und für sich aquarellierte. Gleich fehlte er wieder Janssen wie im Sommer 1988 bei den *Wiesen*.[18] Als sie ins Stocken gerieten, schrie Janssen sehnsüchtig auf und unkte doch schon drohend: „Bald mache ich nur noch in Freundschaft. Aber davor bewahre ihn Gott!"

Frielinghaus war als Steuerzahler notorisch uneinsichtig. Wozu für eigener Hände Arbeit auch noch Abgaben leisten? In seinen letzten Jahren verpackte er Vanillestangen, um an der Obergrenze des steuerfreien Betrags wenigstens sein Existenzminimum nachweisen zu können. Seit er sich vom Finanzamt verfolgt und gejagt fühlte, trachtete er danach, seine Einnahmen zurückzufahren. Deshalb hatte er im Spätsommer 1985 bereitwillig seine Werkstatt verlassen und war jeden Morgen nach Rissen in den Tinsdaler Kirchenweg aufgebrochen, um dort die Lithopresse zu bedienen. Als Gegenleistung und Entgelt ließ er sich von Dickus Heitmann bekochen. Einkommensmindernd war auch der Rückzug aus dem „Janssen-Konzern". Auf die Weise ließ sich noch am leichtesten verschmerzen, daß er nicht mehr wie früher beteiligt war. Freilich setzte ihm zu, daß er die Nutzungsrechte an den Plakaten weiter einbüßen sollte. Lemcke und er wachten eifersüchtig darüber, daß jeder nur „seine" Kunden belieferte. Dieser Knoten blieb unaufgelöst, so daß Janssen eines Tages forderte, daß die offenen oder versteckten Feindseligkeiten zwischen ihnen endlich einzustellen wären.

Im Gedränge rivalisierender Interessen war Janssen ein besonders gefährlicher Gegner. Die Freundschaft hätte auch das nicht gekostet. Zuviel war in all den Jahren vorgefallen, ohne daß sich die künstlerischen Zwillinge hätten trennen mögen. Die Geschichte ihrer Zerwürfnisse ist reich an Höhepunkten. Traumatisch wirkte besonders ein überfallartiger Besuch im Falkenried nach. Am 14. Februar 1977 war Janssen zusammen mit Tom Eckhoff in die Werkstatt von Frielinghaus eingedrungen, um sich aus seinen Schubladen auf der Stelle an die tausend Drucke aushändigen zu lassen. Der Schock saß tief und verfolgte Frielinghaus zeitlebens. Das bewog ihn, ein labyrinthisches Versteckspiel zu beginnen, damit seine Besitztümer besser gegen solche Übergriffe geschützt wären. Mit dem Erfolg, daß er nicht in allen Fällen gleich wiederfand, was ihm gehörte. Dann überzog er die Werkstattbesucher der letzten Tage mit hartnäckigen Verdächtigungen.

Janssen hatte die Angewohnheit, zu Anfang des Jahres die Regularien neu zu definieren. Solche „Ordnungsbriefe" sollten für die kommenden Monate Klarheit schaffen. 1982 legte er Frielinghaus eine Abmachung vor, die dieser unterschreiben sollte: „Meine Zusammenarbeit mit Janssen ist total freiwillig. Ich = FF."[19]

Über acht Briefseiten zog sich die Nötigung zur Freiwilligkeit hin. Das tat weh – auf beiden Seiten. Aber die Freundschaft zerbrach auch darunter nicht – sie litt nur. Die Wunden, die sie sich beibrachten, vernarbten wieder, wenn auch von Frielinghaus immer häufiger der Satz zu hören war: „Da ist etwas in mir zerbrochen – unwiderruflich." Besonders ungern ließ er sich vor einer vertrauten Freundin wie Ingrid Kelm bloßstellen. Aber gerade darauf hatte es Janssen mehr als einmal und besonders zu Weihnachten 1987 abgesehen. All das war gängige Münze im Verkehr der beiden ungleichen Freunde, und wer heute den kürzeren zog, hatte morgen Gelegenheit, es doppelt und dreifach wieder zurückzuzahlen. Sei es auch nur, daß Frielinghaus drohte, wieder mehr für Graubner oder befreundete Popkünstler im Ausland zu drucken.

Frielinghaus hatte sich längst zu einem Teil von Janssen gemacht. Er war sein künstlerisches Gewissen. Wenn dieser sich bei jedem anderen Freund fragte: Kann ich mir den leisten? Wie wird er dich bloßstellen, dich für die schnelle Mark hintergehen und an deine Gegner verraten? – bei Frielinghaus wäre ihm nie der Gedanke gekommen. Es genügte von seiner Seite eine verzögerte Zustimmung oder ein hinhaltendes Kopfnicken, und Janssen ließ ein Projekt fallen. Oft führte er einen Kreuzzug in eigener Sache, nur um nicht allein zu neuen Ufern aufzubrechen.

Wenn Janssen mitten in der *Eiderland*-Serie einfiel, daß es niemanden gab, für den er diese Radierungen machte, soufflierte ihm Frielinghaus, daß sich die Kunsthalle Bremen und besonders der alte Direktor Busch solche Platten gewünscht hätten. Prompt ließ sich Janssen – auch wegen der Nähe zu Worpswede – zu einem Titelkupfer anleiten.[20] Nie ist auch nur ein Druck nach Bremen gelangt. Janssen, der die weitesten Wege allein ging, konnte die Begleitung durch einen Freund nicht eine Sekunde lang entbehren.

So war es auch mit Japan. Zwar sieht es so aus, als läge da eine Wesensverwandtschaft vor, als suchte Janssen die handgeschöpften Papiere, die fremden Schriftzeichen und die Weisheit, die der Ferne Osten aus den Paradoxien zieht. Tatsächlich hatte er Angst, dieses fremde Japan allzu dicht an sich herankommen zu lassen. Bei aller Liebe – wie sollte er sich verständlich machen? Janssen ging dem direkten Kontakt eher aus dem Weg und war überaus dankbar, daß sich Frielinghaus zur Aufgabe gemacht hatte, nach Japan zu reisen, japanische Papiere einzukaufen, Beteiligungen an Papiermühlen zu erwerben und seine Druckkunst in Museumswerkstätten zu demonstrieren, kurz, Janssen dort von seiner technischen Seite vorzustellen, wo er schon als Künstler geschätzt wurde. Wenn er Frielinghaus von allen Verpflichtungen freigestellt hat – die Verbindung nach Japan sollte er auf jeden Fall weiterpflegen. Die meisten Projekte mit dem weitgereisten Papierunternehmer Naoaki Sakamoto unterstützte er nachdrücklich.[21] Janssen arbeitete für Nao wie sonst nur für seinen „Freund und Kupferdrucker".

In einer Rolle war Frielinghaus ganz und gar unersetzlich. Er verkörperte für Janssen sein durch Jahre gewachsenes Radierwerk. Wenn er schon nichts zusammenhalten konnte – keine Platten und keine Drucke –, dann stellte sein Drucker für ihn eine Art von Kontinuität dar, die er sich selbst nur um den Preis des Stillstands hätte leisten können. Janssen wollte immer weiter-

„Der Alte und sein General" 18. 5. 1989. Bleistift und Aquarell (29,5 x 21 cm)

kommen und hielt deshalb nichts fest. Frielinghaus hatte das früh erkannt wie übrigens vor ihm Gerhard Schack und Carl Vogel. Noch jeder Freund hat sich das zueigen gemacht und für den Künstler gesammelt, weil dieser es angeblich so wollte. Frielinghaus war nicht der erste, der – wie er es nannte – für Janssen Altersvorsorge betrieb und zu diesem Zweck die Radierungen für später zusammentrug und in den Schubladen anhäufte. Wenn Janssen aufs Äußerste gereizt war, geißelte er diese zur Sicherung seines Lebensabends getroffenen

Maßnahmen. Dann sah er darin nur das Alibi einer ins Maßlose gesteigerten Besitzgier.

Tatsächlich blieb er aber auf solche Sammlungen angewiesen. Nur machte ihn diese Abhängigkeit nicht umgänglicher. Erst als Frielinghaus 1980 daran ging, das erste Heft für ein Werkverzeichnis aller Radierungen in Jahrgangsbänden zusammenzustellen, war das genau die Art von Aufbewahrung, die sich Janssen für sein Lebenswerk wünschte. Besonders war er davon angetan, seinen Radierungen nach Jahren und obendrein in der Reihenfolge ihrer Entstehung wiederzubegegnen, wenn er sich auch gegen Frielinghaus nicht die Spitze verkneifen mochte, daß nun jeder endlich auf einen Blick sehen könne, welche Platten noch gar nicht in Auflage gegangen oder nicht ausgedruckt seien. Janssen sah lauter ungehobene Schätze. Davon profitierte später St. Gertrude.

Die von Frielinghaus selbst finanzierte und auf sieben Bände verteilte Dokumentation von Janssens Radierwerk in den Jahren zwischen 1970 und 1980 ist neben seiner Tätigkeit als Drucker *die* bleibende Leistung, mit der sein Name immer verbunden bleiben wird.[22]

Wie bei vielen Werkverzeichnissen, die noch von erster Hand – hier von Druckerhand – zusammengestellt werden, war auch diese Arbeit nicht ganz uneigennützig. Es versteht sich von selbst, daß Frielinghaus nicht für andere geradestehen kann, die zwischendurch in den Besitz der Platten gelangten. Hier erfolgten die Angaben nach bestem Wissen und Gewissen. Im Falle so mancher Radierserie sind die Platten erst wieder in seine Hände zurückgekommen, als die Auflage schon ausgedruckt war. Die dann von ihm noch zusätzlich gezogenen Drucke – nicht jeder Auflagendrucker arbeitet mit so wenig Druck wie Frielinghaus – laufen auch unter P = Proben und sind gelegentlich zahlreicher gewesen als erinnerlich. Hier liegen wohl Harmonisierungen vor. Im ganzen darf aber davon ausgegangen werden, daß bei Janssens notorisch niedrigen Auflagen der 70er Jahre die in Umlauf gesetzten Zahlen nur ausnahmsweise und in nicht erheblichem Umfang überschritten sind. Frielinghaus hatte mit dem Andrucken neu entstandener Platten einfach zuviel zu tun, als daß er rein körperlich über diese Belastung noch wesentlich hätte hinausgehen können.

Da hatte es Brockstedt mit dem 1989 herausgegebenen Werkverzeichnis der *Radierungen 1957 – 1969*[23] einfacher. Das Verzeichnis ist, soweit irgend möglich, präzise und korrekt. Es gab auch nichts zu verbergen. Als eine in sich geschlossene Epoche war die frühe Radierung bereits Geschichte. Allerdings drehte Brockstedt das Rad der Geschichte noch einmal zurück, indem er – mit ausdrücklicher Zustimmung von Janssen, der bereitwillig signierte – 26 nicht ausgedruckte alte Radierplatten[24] in Auflage gehen ließ. Beim Holzschnitt, für den die Galerie Brockstedt 1987 das Verzeichnis *Farbholzschnitte 1957 – 1961*[25] vorlegte, war das insofern prekär, als jetzt neben den sehr gesuchten Janssen-Drucken solche Drucke auftraten, die von anderer Hand stammen und nicht mit den gleichen Materialien und Farbzusätzen und auch nicht im Horizont ihrer ursprünglichen Entstehung gemacht sind. Erst langsam erholt sich der Markt davon und macht, was er immer schon mußte: Er stellt sich auf die Unterschiede ein.

Frielinghaus hat mit dem Verzeichnis aller Janssen-Radierungen zwischen 1970 und 1980 auch besonders von seinem eigenen Lebenswerk Rechenschaft abgegeben. Dabei kommt gerade sein Anteil nicht voll zum Zuge – nicht die Farben und Farbvarianten und nicht die unterschiedlichen Interpretationen, die er den einzelnen Platten gegeben hat. Seine außerordentliche Druckkunst und Papierleidenschaft sind künftigen Ausstellungen vorbehalten. Sie werden erst den wie in einer Partitur schlummernden und unter Frielinghaus' Händen immer neu zum Leben erweckten Nuancenreichtum vor Augen führen. Das Werkverzeichnis übergeht mit seinen wenigen Farbabbildungen notgedrungen die Vielfalt und reiht nur Motive und, wenn es sie gibt, einzelne Zustände auf. Es steckt ein mittelalterlicher Zug darin, daß Frielinghaus in den von ihm selbst besorgten Jahrgangsbänden gerade mit seiner produktivsten Seite unerwähnt bleiben muß. Damals trat der Künstler hinter dem Handwerker zurück – eine Rolle, die auch dem Drucker immer wohl anstand.

Für die Radierungen ab 1981 gibt es noch kein Werkverzeichnis.[26] Hier wäre die Korrektheit von Frielinghaus auch womöglich auf eine harte Probe gestellt worden. Janssen wollte sich auf jeden Fall seinen Drucker für die engere Zusammenarbeit weiterhin reservieren. Wenn eine Platte neu entstanden war, stellte dieser die ersten Abzüge her und legte mehrere nach Farbe und Papier abweichende Druckvarianten vor. Dagegen sollte er nur noch ausnahmsweise – „wenn FF es wünscht" – ganze Auflagen ausdrucken. Diese Regelung hatte sich im Laufe der 80er Jahre immer mehr durchgesetzt. Sie entlastete Frielinghaus, hatte aber auch zur Folge, daß er sich von den Platten wieder trennen mußte. Er zog deshalb so viele An- und Probedrucke wie er konnte, bevor er die Platten weiterreichte. In seinem Nachlaß befanden sich schließlich an die elftausend Drucke, zum Teil unsigniert. Er hat auch noch die Variante der Variante aufgehoben. Dem lag die Idee zugrunde, daß er selbst das Museum war, das Janssen dann 1989 von dem Bürgermeister der Stadt Hamburg angeboten bekam.

Wenn sie nicht gleich an das Atelier Fetthauer gingen, kann als grobe Orientierungshilfe für die späten 80er-Jahre-Platten gelten: Etwa ein Drittel der Auflage wurde zusätzlich als Probe gedruckt. Die Proben sollten sich Janssen und Frielinghaus teilen. Noch in ihrem letzten „gemeinsamen" Jahr – auf der Wende 1988/89 – wollte Janssen in diese undurchsichtigen Vorgänge mehr Transparenz bringen: „Zum Punkt = »zu teilende« An- und Probedrucke: ich wünsche mir, daß ab jetzt Motiv und Zahl aufgezeichnet + quittiert werden (nicht Geld – DRUCKE)."[27]

Zu diesem späten Zeitpunkt war Frielinghaus immer mehr an den Rand geraten. Der Verlag St. Gertrude hatte die meisten Aufgaben übernommen. Dort wurden die aufwendigen Bücher und Werkübersichten hergestellt, an denen Janssen vor allem gelegen war, weil er sich damit der Nachwelt überliefern wollte. Die Buchproduktion verschlang viel Geld. St. Gertrude war deshalb darauf angewiesen, daß die Radierauflagen zügig ausgedruckt wurden und in den Handel gehen konnten. Janssen stellte sich 1988 mit einer Fülle bestverkäuflicher Platten in den Dienst des Verlags, keineswegs nur mit den Vorzugsausgaben. Das Atelier Fetthauer lieferte prompt und zuverlässig, wenn auch die Druckkosten höher lagen. Endlich wurde von der *Nigromontanus*-Serie die Restauflage hergestellt. *Laokoon* wurde ganz überwiegend dort gedruckt. Fetthauer war mit den ersten von mehreren Platten gezogenen Farbradierungen gleich so erfolgreich, daß Janssen 1988 dazu überging, technische Absprachen direkt mit ihm zu treffen. Wie er selbst feststellte, nahm er verstärkt „die Kunst des Peter Fetthauer" für sich in Anspruch.

Mit einemmal zählte Frielinghaus nicht mehr zu den unabdingbaren Voraussetzungen für sein Radieren. Denn das war immer Janssens größte Angst gewesen: Würde er ohne Frielinghaus überhaupt weiterradieren können? Es ging, wie er zu seiner Erleichterung registrierte.

Frielinghaus blieb immer noch genug zu tun. Viele Kontakte liefen ausschließlich über ihn. Speziell ihm zugedachte Platten gingen weiter in seine Hände. Das Werkverzeichnis war fortzusetzen. Der Plakathandel nahm immer noch zu. Frielinghaus kehrte zum Holzschnitt zurück und druckte von alten Holzstöcken, wenn sie ihm überlassen wurden, Teilauflagen. Oder er zog Drucke von Küchenbrettern, die Janssen erst neuerdings für seinen Sohn Adam bezeichnet hatte. Eine Galerie Svanshall war Anfang der 80er Jahre mit Unterstützung von Frielinghaus ins Leben gerufen worden. Nun griff er Angelika Gerlach hilfreich unter die Arme. Sogar einen Famulus zog er sich ins

Haus und lernte ihn von der Pike auf an – nicht in der Kunst des Druckens, aber in allen Vertriebs- und Handelsfragen.

Anfang 1989 war noch alles wie immer und eine tiefgreifende Veränderung nicht abzusehen. Pünktlich zum 1. Januar entwarf Janssen seinen „Ordnungsbrief" für das kommende Jahr:

> Liebester Friely
> bestmögliches 1989 – Dank für '88. Anbei mein '89er-Konzept:
> Was uns zwei im besonderen angeht: Keine Streitereien bitte. UND: Keine Überarbeitung – kein Psycho- oder Physis-Streß. Das alles nicht. Sowie Sie »müde« sind, machen Sie sich einfach auf die Socken – ab durch die Mitte – oder Klausur oder sowas. Neuerlich stehen Sie nicht mehr in der Pflicht. Sie haben zwar NIE in der Pflicht gestanden – es sei denn in Ihrer eigenen. Aber – und das ist ja relativ neu: Bis auf ganz Spezielles nehme ich ja nun auch die Kunst des Peter Fetthauer für mich, und für technisch einigermaßen simple Sachen wie *Laokoon* tauchen jetzt vielerorts Drucker auf. ALSO: ALLES WAS SIE wollen: ja, alles andere hat Sie nicht zu bedrücken.[28]

Im Frühjahr 1989 wurde Janssen der Katharinenhof als künftiges Museum angetragen. Er war sprachlos. Wie es aussah, konnte ihm nichts Besseres passieren: ein eigenes Haus für ständige und wechselnde Ausstellungen in unmittelbarer Nähe seiner Blankeneser Burg am oberen Ende von Baurs Park. Frielinghaus sollte mit einer eigenen Lithopresse in einen Trakt des Patrizierhauses einziehen. Die Zeitung bekam Wind von dem Vorhaben, das Bürgermeister Voscherau bis dahin höchstpersönlich vorangetrieben hatte. Aus einer politischen Ecke war der Satz zu hören: „Womit will denn Herr Janssen den Katharinenhof füllen?" Tatsächlich verfügte Janssen über keine eigenen Werke, nicht einmal über eine eigene Sammlung seiner Radierungen. Das Museumsprojekt ist nicht daran, sondern aus anderen, noch zu schildernden Gründen gescheitert. Aber der Stachel saß tief. 1991 – nach der Hornhautverätzung – hielt Janssen zum ersten Mal eine ganze Serie von Aquarellen für sich zurück und deponierte sie vorsorglich in den Tresoren der Deutschen Bank.

Die Befürchtung, eines Tages mit leeren Händen dazustehen, war nicht neu. Als 1984 in der Münchner Pinakothek eine Retrospektive seines Radierwerkes in Planung war, zerschlug sich das Vorhaben, weil von dem Museum nicht genug Ausstellungsfläche zur Verfügung gestellt wurde, um alle Zyklen oder auch bloß die wichtigsten Einzelblätter zu zeigen. Janssen genoß im Scheitern die Demonstration seiner Stärke, die offensichtlich in der immensen Vielfalt seines Werkes lag, das nach mehr Platz verlangte. Aber Angst kroch in ihm hoch, wenn er sich fragte, ob Frielinghaus ihm die dazu nötigen Radierungen auch würde ausleihen wollen. Es war eine hysterisch übertriebene Angst und höchstens dadurch begründet, daß sein Drucker mit der Präsentation des Radier-Œuvres zunehmend eigene Vorstellungen verband.

Die Zweifel ließen sich nie mehr ganz unterdrücken. Am Freitag, dem 13. Oktober 1989 – der Katharinenhof war als Museum längst hinter dem Horizont verschwunden –, kam im Zuge einer der üblichen heftigen Auseinandersetzungen zwischen Janssen und Frielinghaus die Frage darauf, wie viele Drucke ihm – dem Künstler – gehörten. Etwa fünfhundert Radierungen, überschlug Frielinghaus, um gleich hinzuzufügen, daß davon die meisten noch unsigniert seien, weil sie aus den erst noch zwischen ihnen aufzuteilenden Drucken stammten. Janssen war ganz still geworden. Er hatte Tränen im Auge, was bei ihm und seinem reizbaren Naturell nicht viel heißen will. Aber seine Enttäuschung wuchs, als er auch noch zu hören bekam, daß Frielinghaus die Gesamtzahl der in seinem Besitz befindlichen Radierungen auf fünftausend schätzte. Nun fühlte sich Janssen ungerecht behandelt – regelrecht übervorteilt. Resignierend stellte er fest: „Ich mache ihn reich, und er hat nichts für mich übrig."

Janssen forderte nun ultimativ alle in der Werkstatt von Frielinghaus aufbewahrten Platten zurück. Sie wurden anderenorts zur Aufbewahrung gegeben. Was die Radierungen betraf, gelangte ein Text gegenseitig zur Unterschrift, in dem es hieß: „Wenn zwei FF-Drucke vorhanden sind, geht einer an Janssen."[29] Auf die Weise trug Frielinghaus aus seinen Beständen 991 Abzüge zusammen, die er auch bald ablieferte. Daß es nicht mehr gewesen seien, habe auch daran gelegen, daß Janssen an jenem denkwürdigen 14. Februar 1977 seine Schubladen geplündert und ihn schon früher vom Druck ganzer Serien ausgeschlossen hätte.

Der Bruch war vollzogen, für Janssen aber noch lange kein Grund, mit Frielinghaus für immer und ewig zu brechen.

Der Schriftsteller

Janssen hat als Schriftsteller eine besondere, vielleicht einzigartige Karriere zurückgelegt. Gewöhnlich erschaffen Autoren eine Figur, mit der sie bekannt werden oder gar zu Ruhm gelangen: Werther und Wuz, Karl und Franz Moor, Oskar Matzerath und wie sie alle heißen, die hinfort mit ihrem Schöpfer ein Schicksal teilen, mögen sie sich nun dagegen wehren, wie sie wollen.
Als Janssen schriftstellerisch hervortrat, war er schon wer – jemand, der erfolgreich zeichnete, der Preise und Auszeichnungen bekommen und ein gewichtiges Werk im Rücken hatte. Auch er hatte eine Figur erschaffen. Aber das war er selbst. Deshalb fiel es ihm nicht schwer, seine Person immer mehr in den Mittelpunkt zu rücken. Sein Schreiben wurde bald ein Sprechen: die Janssendiktion. Das Ich trumpfte immer mächtiger auf und wurde zu seiner stärksten Erfindung – eine Figur, die so einnehmend ist, daß sich die Grenzen verlieren: Ich total und total Ich. „Ichiger geht's nicht".[1]
Das alles ist eine Folge davon, daß Janssen das Schreiben hintansetzte und zuerst in Holz schnitt, radierte und zeichnete. Als Folge davon ist es aber weder zufällig noch zwangsläufig so gekommen. Janssen selbst hat daran gearbeitet und gefeilt. Nur daß keine Geschichten erzählt werden – keine Geschichten mit erfundenen Figuren. Stets ist es die eigene Geschichte, die er erzählt, und immer geht es gleich um die Wahrheit. »Ich« will recht haben. Das heißt, dieses Ich will sich seinem ganzen Umfang nach, mit seinen Stärken und Schwächen, in Sieg und Niederlage behaupten.

Der Schriftsteller verfolgt eine eigensinnige Strategie. Er konkurriert nicht mit dem Zeichner, und er läuft ihm auch nicht, womöglich mit Erklärungen zu seinem Werk, immer nur hinterher. Der Schriftsteller Janssen ist ein Phänomen für sich – eine Weiterung seiner selbst in dem Sinne, wie er einmal sagte: Der Nicht-Spezialist ist der ursprüngliche Entwurf des Menschen. Reden – Sprechen ging ihm über alles. Er wollte auf das Zeichnen verzichten, wenn Krankheit das erzwingen würde – nicht auf das Reden, auf Mitteilung in der Sprache.
Deshalb fällt Janssen nicht unter die Doppelbegabungen. Er konnte nicht – plötzlich und zu aller Überraschung – in der einen Kunst zusätzlich, was er in der anderen schon meisterlich beherrschte. Solche Vorstellungen verbinden sich ja landläufig mit der Doppelbegabung, wenn wir Adalbert Stifter, Victor

Hugo oder Franz Kafka die längste Zeit nur als Autoren ihrer Bücher gekannt haben. Auch haben ihm nicht die eine ganze Generation überwältigenden Epochenerfahrungen die Zunge gelöst und ihn genauso zum Schreiben gebracht wie vorher schon zum Zeichnen und Malen. In Janssen wiederholt sich nicht der Weg so manches Expressionisten.

Janssen wollte immer schon schreiben. Aber er hatte kaum Gelegenheit dazu. Die Kriegs- und Nachkriegszeiten machten aus ihm einen Spätentwickler. Erst der 28jährige trat als Künstler selbständig in Erscheinung. Er mußte sich endlich zeigen, wenn er nicht im Loch versacken wollte. Mit der Drohung im Rücken, sonst im Gefängnis zu landen, suchte der bildende Künstler seinen Weg. Der Schreiber hatte zu warten. Auch war der Holzschneider und Radierer gleich so erfolgreich, daß er die Leiter nach oben fiel. Für eine vertiefte Bildung, wie er sie zum Schreiben gebraucht hätte, war nie mehr genug Zeit gewesen.

Ein fundiertes, durch einen höheren Abschluß gefestigtes Schulwissen hatte er schon mit Kriegsende nicht erwerben können – trotz Eliteförderung auf der Nationalpolitischen Erziehungsanstalt. Seine kleinbürgerliche Herkunft aus der Schneiderstube von Opa Fritz Janßen – auf der Napola sah er zum ersten Mal Bücher, eine richtige kleine Bibliothek –, hatte ihm ohnehin jene gründliche Ausbildung schuldig bleiben müssen, die dann vollends durch die Zeitwirren blockiert wurde. Universität und Wissenschaft hat er – wie er später sagen wird – „verpaßt".[2] Also erfuhr der literaturinteressierte Janssen auch von der Seite wenig Unterstützung. Nur – schreiben wollte er schon immer. Das war das einzige, was feststand. Und natürlich mußte er gleich besser schreiben als jeder andere.

Auf der Napola hätten er und Hahndorf immer die besten Aufsätze geschrieben. Eine Weihnachtsgeschichte sei das Thema gewesen, und Janssen habe mit seiner Erzählung vom armen Köhler, der einsam im Wald zur Christnacht seinen Kohlenmeiler hütet, verloren. Das sollte ihm eine Lehre sein! Denn Hahndorf habe folgende Geschichte erzählt: Ein Gefreiter wacht im Lazarett wieder auf – ohne Arme, ohne Beine, ohne Säcklein. Er kann nur noch innerlich Haltung annehmen, als der Leutnant an sein Bett tritt und ihn fragt: „Was wünschen Sie sich zu Weihnachten?" – „Ich möchte zurück an die Front."

Diese Weihnachtsgeschichte habe alle anderen Aufsätze aus dem Feld geschlagen. Aber Janssen hat daraus gelernt: Es genügt nicht, gut zu sein, auch nicht besser als andere, was wieder nur relativ wäre. Er würde der Beste sein – der Sieger. Man erinnere sich: Janssen kommt von der Napola, aus den für das

Tausendjährige Reich ausgebildeten Jahrgängen: die Endsieg-Generation. Nur war das Bildungsgepäck sehr schmal, um bis an die Spitze vorzumarschieren.
Im Grunde hat Janssen dieses Ziel immer im Auge behalten. Allerdings hat der alte Kinderwunsch, Sieger und um jeden Preis Erster sein zu wollen, manche Wandlung erfahren. Aber noch der souveräne Zeichner, der alles mit seinem Stift erfaßt und bezwungen hat, zehrt davon, wie auch die Rolle des Überlegenen, in der uns der späte Janssen entgegentritt. Diese Überlegenheit ist nicht nur die des besseren Zeichners, der in seinem Metier ein umfangreicheres Werk als jeder andere vorgelegt hat – es ist die eines Mannes, dem keiner etwas vormachen kann, der mehr als alles gesehen und mehr als alles erfahren hat, ein in den Fragen des Menschseins Beschlagener – ein Wissender, der den Kreis des Menschenmöglichen nach allen Richtungen ausgeschritten hat. Eine solche Überlegenheit läßt sich mit Feder und Pinsel allein nicht herstellen. Sie entsteht vor dem Hintergrund eines auf allen Altersstufen restlos ausgelebten Lebens und ist das Ergebnis einer auf die Spitze getriebenen, das eigene Selbst furchtlos durchdringenden Artikulation. Immer noch ist es die Sprache – die völlig ins Hier und Jetzt entbundene, die gesprochene Sprache, die dazu ermächtigt.
Aber wie dahin gelangen? Der Weg ist unendlich lang, der Weg vom Möchtegern zum sprachgewaltigen Weltzergliederer. Das abstruse Gerede vom Endsieg wird ihm wohl kaum dazu verholfen haben. Obwohl – daß es damals schon für den Jungmann Janssen die Hölle auf Erden gewesen sei, wie der ehemalige Mitschüler Hahndorf meinte und ihm später auch schrieb, möchte dieser wiederum nicht bestätigen. „Alles gelogen." Abgesehen von ein paar freilich ausgesucht bösartigen Peinigungen war die Napolazeit das, was man eine erlebnisstarke Jugend nennt. Janssen hat mit keinem Stück Leben auf Dauer gebrochen, aber genauso unmöglich war es ihm, *nicht* zu lernen. Eine Niederlage in einen Sieg zu verwandeln, sollte regelrecht seine Spezialität werden. Wie am besten zu schreiben wäre, ist damit allerdings noch nicht beantwortet.

Als er fünfzig Jahre alt geworden war, hat Janssen richtig zu schriftstellern angefangen. Früher lief es nur nebenher. Sein sechstes Lebensjahrzehnt wollte er – auch – dem Schreiben widmen. Endlich wollte er dem Schriftsteller ein eigenes Forum verschaffen. Zur Untermauerung seines Vorsatzes und damit jeder sehen konnte, daß er etwas zu sagen und schon viel notiert hatte, veröffentlichte er 1981 *Querbeet*,[3] eine chronologisch angeordnete Sammlung von eigenen Texten – stattliche 436 Seiten, die vor allem eines dokumentieren: Solange er zeichnete, hat er auch schon geschrieben, nicht in dem gleichen Umfang, aber immer beharrlich um Selbstklärung bemüht und – was am erstaunlichsten ist – in den verschiedensten literarischen Genres: Gereimtes und Ungereimtes. Auf diesem reichgegliederten Fundament wollte er aufbauen und selbstredend auf dem erfolgreichen Zeichner, der seinem eigenen Verständnis nach schon damals nicht weniger als drei Lebenswerke geschaffen hatte.

Wenigstens für seine bis über die Lebensmitte ausgedehnten Anfänge gilt, daß der Schreiber und der Zeichner nicht zu trennen sind. Janssen hat immer Geschichten erzählt, ob er malte oder schrieb. Es war das Element, in dem er sich leichthändig bewegen konnte – das einzige, in dem er sich frei fühlte. Das Problem war, daß schon damals – besonders damals – keine Geschichten mehr erzählt wurden. Mit dem Zusammenbruch Deutschlands schien sich die konstruktive Geschichte ein für allemal diskreditiert zu haben. Was macht der geborene Geschichtenerzähler? Er erzählt weiter – aber unter dem Aspekt, daß es keine Geschichten mehr zu erzählen gibt. Solche Antigeschichten sind von Janssen für die Zeit zwischen 1948 und 1959 überliefert.[4]

> Hier ist ein Pferd. Warum es gerade ein Pferd sein muß, weiß kein Mensch. Aber das stört das Pferd nicht. Außerdem ist es ein sehr begabtes Pferd und könnte jederzeit etwas anderes sein als ein Pferd. Pferd oder nicht […].[5]

Er handhabt die Form auf Anhieb gekonnt. Die anvisierten Pointen drückt er nonchalant weg, oder er bleibt sie ganz schuldig. Im Grunde ist es dasselbe Problem wie in der bildenden Kunst: Unter dem übermächtigen Druck der gegenstandslosen Malerei ist Mimesis, die Nachahmung einer Handlung, verpönt. Es ist der Witz, der Janssen beim Schreiben wie beim Zeichnen weiterhilft. Er ist die Folie, vor der sich alles noch einmal zitieren läßt – auch Figürliches. Der Witz schlägt augenblicklich ein, blitzt auf. Für Sekunden erleuchtet er die Szenerie. Keine Zeit kann seiner entraten. Eine Pointe, die sich ein Erzähler sparen muß, ist vielleicht keine Pointe mehr. Aber *wie* er sie sich verkneift, kann das durchaus witzig sein.

Der Witz ist nicht nur eine stark geraffte Geschichte – er ist der zündende Funke, in dem Geschichte weiterlebt. Davon hat Janssen Gebrauch gemacht, als seine Zeit – schreibend und malend – glaubte, an das Ende der Geschichte und aller Geschichten gekommen zu sein. Mit seinem Witz hat er den Geschichten wieder auf die Sprünge geholfen. Er hat es genauso als Schreiber wie als Zeichner getan und gleich die eigene Lebensgeschichte ins Spiel gebracht. Die Sprache hat ein Wort parat, das zwischen Zeichnen und Schreiben die Mitte hält: kritzeln. In Wort und Bild kritzelte sich Janssen in die Geschichte zurück, als er sich 1959 wieder auf einen Anfang hatte zurückfallen lassen, um nach dem ersten Erfolg seiner frühen großen Radierungen wieder von vorn zu beginnen. Für wenige entscheidende Wochen sah er in Birgit Sandner den rettenden Faden, der allein ihn noch mit dem Leben verband. An diesem Faden hing er. Alles drehte sich ausschließlich um Birgit Sandner. Wann immer sie nicht erreichbar war oder Janssen auf ihren Anruf wartete, spulte er in endlosen Briefkritzeleien seine momentanen Befindlichkeiten ab:

Sag mal, was ist? Oder laß es auch. Nachher, wenn Du anrufst, werde ich versuchen, Dich mit Gerda einzuladen oder wieder mal eine Einladung zu bekommen. Mit einer Roten + einer Gelben. Wer weiß.
Eben aus dem Fenster geguckt. 15.00. Hatte schon Bahnauskunft angerufen nach einem Zug. Dann Idee Wagnerstr. Wagnerstr. geht nicht. Uhlandstr. bist Du nicht. Bis zu Deinem Anruf, sind es noch Stunden. Ein wirklich idiotisches Befinden. Ich möchte Dir jetzt künstlich etwas vorheulen. Man läßt es besser. Aber ich könnte es prima im Moment + mich nicht von der Stelle rühren + Dich anglotzen. Dabei auch immer lachen. Das Lachen wäre gegen Dein ‚dickes Fell' gerichtet – das künstliche Heulen, falls Du evtl. doch keins hast. Daß ich nicht lache!
Steh doch nicht so draußen. Jetzt habe ich ein Telegramm aufgegeben. Bitte dringend um Anruf + nachher
fifat[6]

Typisch Janssen, wenn auch noch lange nicht der Janssen, den wir kennen. Bis zum nächsten Treffen mit Birgit Sandner muß er die Zeit totschlagen. Er ist viel zu ungeduldig und kann nicht warten. Daraus macht er eine Geschichte. Die Geschichte, die keine ist, hilft ihm immerhin die Zeit überbrücken. Sie ist damit sinnlos und sinnvoll zugleich.
Typisch für Janssen ist, daß er trotz Antigeschichte, trotz der wie unter Diktat heruntergehaspelten Kritzelei einen Weg findet, sich selbst zum Thema zu machen – etwa in dem Sinne: Ihm ist zum Heulen zumute, was er zum Lachen finden müßte, wenn Birgit nicht so dickfellig wäre. Es sind lauter Unterstellungen, die – wie die Welt – im Konjunktiv versinken müßten, wäre da nicht als magnetischer Gegenpol, der alles zusammenhält, das authentische Ich.

Dieses vor sich hin kritzelnde Ich ist die einzige, wenn auch schmerzhafte Gewißheit. In den manischen Sekundenprotokollen von 1959 läßt Janssen seinem Ich zum ersten Mal freien Lauf. Wie sich sogleich herausstellt, ist dieses Ich nicht aus einem Stück, sondern gedoppelt, gespalten, mit sich uneins und überworfen, kurz: im Widerstreit mit sich selbst. „Was soll ich machen. Ich bin gezwungen, nur immer zur Hälfte bei meiner Hälfte zu Besuch zu sein."[7]

Wie auf einen einzigen Faden gezogen, spult Janssen sein in eine Fülle verschiedener Gesichter geteiltes Ich aus sich heraus. Das ist der Zweck jener gedrängt kurzen Kritzelperiode, die auf den Holzschnitt und die frühe Radierung folgt und seinen Anfängen als Zeichner und Schreiber vorgeschaltet ist. Hier findet er zum ersten Mal eine Bühne, auf der er sich – ungebremst – entfalten kann: in den von den manisch Irren inspirierten Endloskritzeleien – halb Schrift, halb Bild.

Eine Zeitlang – für die Länge eines Wimpernschlages – hat dieses aus der Bedrängnis geborene und mit sich zerrissene Ich Anschluß an der europäischen Avantgarde. Aber es ist nicht das Ich, bei dem Janssen stehenbleibt. Er möchte sich selbst einen anderen Umfang geben, als ihm diese wehleidige Ausgeburt grassierender Zivilisationsmüdigkeit je einräumen könnte.

> Außerdem ist alles langweilig. Ich habe auch keine Lust mehr wie noch vor kurzem, allerlei Zeugs einzukaufen, herzurichten oder wieder wegzutragen. Ich bin halbwegs müde ohne Lust zum Schlafen. Beim Schreiben ohne Einfall, beim Kochen ohne jeden Witz vertrödel ich wirklich die Stunden.[8]

Ein solches Eingeständnis von Lustlosigkeit und Langeweile, eine derart lamentierende Klage wird es von Janssen nie wieder geben. Unproduktive Phasen und ihn anwandelnde Müdigkeit wird er als Einbruch seiner Vitalität erfahren und zur Krankheit, zu »seiner« Krankheit, erklären, über die er deshalb auch selbst verfügen möchte. Da ist dann der Alkohol in seinen diversen Rollen gefordert. Wenn ihn Lustlosigkeit befällt, wird er schon aus Angst, sie bloß über sich ergehen zu lassen, auf die Welt einprügeln und über „die Leute" und ihre „Läßlichkeit" herziehen. Alles wird er sich so zurechtlegen – zurechtmachen, daß er noch in den tiefsten Depressionen lieber eine Freundschaft oder Liebe zerstört, als es so zu lassen, wie es ist – ohne Einfall und Inspiration, einfach nur langweilig und entmutigend. Selbst ein Nietzsche gerät da ins Hintertreffen! Denn das geht noch über das rein proklamatorische

Ja zum Leben hinaus. Janssen will mehr: Wenn er schon leidet und sich in Schmerz und Trauer windet, will er auch das besser und überzeugender können als jeder andere. Es soll ihn gar nicht mehr geben als Normalausgabe des angepaßten und sich in seiner Bescheidenheit selbst zurücknehmenden Mitbürgers. Seine Schwächen, seine Fehler, seine Ohnmacht und sogar seine Feinde, die er zuerst unter seinen Freunden sucht – alles soll ihn immer nur stärker machen.

Deshalb ist Nietzsche doch einer von Janssens literarischen Ziehvätern, dem er in seinem apodiktischen Ton überallhin gefolgt ist und von dessen Elitegedanken er besonders in den frühen 70er Jahren angezogen wurde. Nur daß Janssen wirklich zu leben gewagt hat, was bei Nietzsche als die Überwindung des europäischen Nihilismus bloß ausgelobt wird: die fast grenzenlose Selbstermächtigung. Mit seiner in den 60er Jahren auf die Spitze getriebenen Zeichenkunst steht Janssen als lebender Beweis dafür, daß wir vom Größenwahn nicht immer nur klein zu denken haben. Um das auch öffentlich auszufechten, brauchte er ein zusätzliches Organ: das Schreiben.
Der Schauplatz, der für ein solches Spektakel erst hergerichtet werden muß, ist das Ich. Das gleiche Ich, das die meisten von uns als mittlere, gedämpfte Stimmungslage durch den Tag begleitet. Für dieses Ich hielt Janssen nach neuen Rollen Ausschau. Anfang der 70er Jahre versuchte er es mit einer Geschichte: *Der Garde-Ulan*, die er im Untertitel *Ein halbes Selbst* nennt.[9] Die Geschichte ist seinerzeit nicht veröffentlicht worden. In abgewandelter Gestalt ist sie zum Teil in das *Puppenfinale* eingegangen, das Janssen 1973 an das Ende seiner Textsammlung *Bettina* gerückt hat.[10] Unter dem Titel *Pathos für Felix Väterchen* (Bethmann Hollweg) taucht der *Garde-Ulan* dann in überarbeiteter Fassung unter den *Ergo-Texten* auf,[11] mit denen er 1979 die erste Retrospektive seiner Selbstbildnisse begleitet. Die frühe Textvariante von 1972 schieben wir hier ein, weil sie uns zeigt, wie Janssen nach einem Statthalter Ausschau hält, unter dem er mit seinem Ich gleichsam spielerisch expandieren kann. Es ist der vorläufige Versuch einer Ich-Figur. Letztendlich ist er freilich mit solchen künstlichen Erfindungen nicht an sein Ziel gelangt.

Mein Garde-Ulan reitet als Synonym für Elite in meinem Kopf herum. Verschieden von seinem animalischen Geschwister, dem Kosacken, schläft er abseits seines Pferdes und nicht wie jener mit dem Kopf auf den Flanken oder zwischen den Schenkeln des liegenden Tieres. Der merkwürdig ge-formte, aber für den Zweck vortrefflich geeignete Helm dient dem

Nietzsche, Zeichnung 8. 8. 1989. Bleistift und Aquarell (56 x 74 cm)

Ulanen beim Ruhen als Kopfunterlage und Stütze, ansonsten auch als Erkennungszeichen, und man kann sagen, daß der Ulan im Dienst sein Kopfkissen auf dem Kopf und damit sein gutes Gewissen als Helm trägt.

Mein Garde-Ulan sammelt keinen Besitz, er besitzt nur sein Pferd. Aber er achtet den Besitz anderer hoch, weil Besitz Gegenstand gewordene Wünsche sind. Denn die Wünsche des Menschen versteht er in ihrer elementaren Form als einen der Seele eigentümlichen Teil; er versteht die Wünsche als das wahre Eigentum und den Besitz als realisiertes Eigentum. [...]

[Die Liebe] ist die sublimste Form der Unterwerfung: Gottesdienst ohne Kirche und Humanität ohne die Krücke der Vernunft. Ihr Wesen ist gerade die Abhängigkeit von einem Gegenstand. Sie ist die tragische Figur. In ihr liegt der Schlüssel zu allem Tragischen. Alle Versuche, aus dem Wirken der Liebe und dem Wirken des Hasses und dem Wirken beider gegeneinander eine Tragik zu konstruieren, scheitern, wenn man nicht das wirklich tragische Geschwister hinzunimmt: die Treue.

Diese edle Leidenschaft bedarf also ihres Gegenstandes. In Ermangelung eines Besseren geht sie wohl auch eine Verbindung mit einer Institution ein – [einer] Institution, wie das Gesetz, das Vaterland oder irgendein anderer Codex. Und sind solche dünnleibigen Gegenstände nicht greifbar, begnügt sie sich gar und ziemlich verzweifelt mit einem Prinzip.

Ihre wahren Fähigkeiten entwickelt sie jedoch erst am Gegenstand fleischgewordener Institution. Und so kommt es, daß die Treue an die lächerlichste und unwürdigste Erscheinung gebunden ist: an den Menschen.

Der Souverain, gewöhnlich Gegenstand und Nutznießer der Treue, ist zwar selten, kommt und geht aber dennoch. Allein die Taten der Treue, die in seinem Namen getan wurden, liegen da noch ein Weilchen herum, wenn Schall und Rauch schon längst verweht sind.

Mein Ulan müßte in Anachronos herumreiten, gäb's nicht derzeit in Ermangelung eines anderen Mich. Und erkenne ich auch mit melancholischer Genüßlichkeit mein Schall-und-Rauch-Schicksal, so diene ich doch zugleich und in eigener Sache als mein eigener Garde-Ulan diesem Souverain Ich, weil's keinen souveraineren, würdigeren, ausgezeichneteren sich selbst zeichnenden Zeichner als Gegenstand für eine Ulanentreue gibt. Der Name, auf den mein Ulan geschworen hat, heißt also ICH und der Schwörende wiederum: Ich.[12]

Der Garde-Ulan – die literarische Figur – dient dazu, eine Reihe programmatischer Gedanken zu versinnbildlichen, die Janssen – 1972 – durch den Kopf gehen. Es sind die gegen die Zeit gerichteten Vorstellungen, eine Elite zu verkörpern, fremdes Eigentum zu achten und eine schon in Vergessenheit geratene Tugend zu bewahren: die Treue. Noch während sich Janssen zu diesen traditionellen Werten bekennt, ja, als ihr standesgemäßer Verfechter – als Garde-Ulan – auftritt, unterläuft er sie schon und verkehrt sie ins Gegenteil. Das erreicht seinen Höhepunkt, als er unter Wahrung des alten Bildes von dem über seine Untertanen herrschenden Souverän sein Ich zum alleinigen „Souverain" erklärt.

Er greift dabei auf eine Reflexionsfigur der Romantik zurück, der er sich parodistisch bedient: auf die in einem autonomen Akt sich selbst setzende und selbstbegründende Vernunft. Romantisch und antiromantisch zugleich ist deshalb der Versuch, sich in einem gewitzten Handstreich dem einzigen Herrn anzudienen, den Janssen über sich anerkennt: dem „Souverain Ich".

Wie wir sehen, leistet der Garde-Ulan als Figur und Bild alles nur Erdenkliche. Aber ist es genug? Verteidigt er zuletzt nicht doch Positionen, die schon gefallen sind? Wahrscheinlich ist es dieses Eingeständnis, das dazu geführt hat, den Text nicht unrevidiert zu veröffentlichen. Aber was im Zusammenhang des sein Thema suchenden Schriftstellers die wichtigeren Fragen sind: Taugt überhaupt irgendeine romantische Verkleidung dazu, das eigene Ich auf den Spielplan zu setzen? Soll Janssen weiter Geschichten erfinden, um in dieser Form von sich Mitteilung zu machen? Soll er nicht vielmehr in eigener Person und authentisch aus der Situation heraus sprechen – statt Symbole vorzuschieben? Ich sagen und nicht nur Ich meinen! Dann wäre er auch der Welt keine umständliche Selbstbegründung mehr schuldig. Er wäre der, der er jeweils zu sein behauptet, und er könnte seine ganze Kunst aufbieten, diese Behauptung hieb- und stichfest zu machen.

Daß die erfundenen Geschichten und das symbolische Dekorum der falsche Weg waren, zeigt sich auch daran, wie *Der Garde-Ulan* in der frühen, unveröffentlichten Fassung fortgesetzt wird:

> Der Lieblingsplatz meines Garde-Ulanen ist am Ufer des Styx. Ist er mal nicht im Dienst, ruht er, döst er und bedenkt er dies und jenes, was zu bedenken im Dienst unangebracht ist, weil im möglichen Zweikampf Bedenklichkeiten für ihn tödlich wären, so zieht er sich hierher zurück, denn der Aufenthalt in diesem Leben ist ihm nur angesichts und in Erinnerung dieses Bächleins sinnvoll und verständlich. Er torkelt, Militär der

er ist, nicht in einer ungeordneten Geographie umher – seine Wege und Umwege, Marschrouten, Attacken und Patrouillen bewegen sich sinnvoll auf die jeweilige Absicht gerichtet zwischen der Heimat und der ihr entgegenstehenden Fremde, zwischen Kaserne und Schlacht und zwischen Kindsbett und Grab. Und wie das Kindsbett das Ende des Keimes ist und die Kaserne bereits die Schlacht enthält und die Heimat selbst zur Fremde würde, wenn er die Fremde nicht von ihr fernhalten würde, indem er dieser entgegenzieht – so versteht mein Garde-Ulan den Tod als Anfang aller Wesen und nicht als zufällige Unterbrechung eines allgemeinen Unwesens.
Der Lieblingsplatz meines Garde-Ulanen liegt am Ufer des Styx. Hier döst er über's Wasser hin und wie's so ist, wenn man ins Nichts sieht: Es kommen ihm daraus Bilder und Töne entgegen – Bilder und Töne von Macht und Herrlichkeit.

Es folgt ein Brief:

Madmoiselle,
wenn ich nicht Ihres entzückenden, übermütigen und alles umwerfenden Gelächters sicher wäre, ich würde mich weit übers Kokette hinaus schämen, Ihnen hier einzugestehen: Ich liebe die Macht und die Herrlichkeit. Parbleu, so hör ich Sie lachen und fragen: Was ist mit Ihnen, daß Sie solchen Unsinn reden, der so garnicht in Ihre übliche Albernheit paßt? Und ich antworte auftrumpfend: Madmoiselle Roswitha, ich komme just von meinem Uferplätzchen und, hören Sie – wie soll ich's Ihnen glaubhaft machen – aus dem Nichts heraus kamen die Töne einer allegrettierenden Flöte des Herrn Mozart. Und ich will Ihnen auch dies sagen: Es war das Allegro aperto des Konzerts Nr. 2 d-Dur und die Tirade dieser Flöte überflutete mich und die ganze Welt. Das vorbereitende, schiebende, tragende und flankierende Orchester war zwar ein kräftiges und blitzendes Heer, aber Mann für Mann einzig und allein ein gemäßer und würdiger Schutz für diese Flöte – für diese Fahne in der Hand einer Undine auf dem hellsten aller Schimmel aller Heere diesseits und drüben. Madmoiselle – ich genoß für den Bruchteil der Sekunde das ganz wirkliche und unreflektierte Gefühl: diese Musik, solche Musik – eben Musik – diese Flöte ist die Macht und die Herrlichkeit. Und nun benutze ich die Pause in Ihrem alles vertreibenden Gelächter – Sie entzückendes Geschöpf, um Ihnen zu sagen: Jawohl – ich liebe die Macht und die Herrlichkeit und ich liebe die Macht,

die sich aus der Herrlichkeit produziert. Ich liebe das Unerreichbare und weiß, diese Sehnsucht wird das Letzte sein, was ich haben werde, wenn es garnichts mehr zu haben gibt. Wenn ich nicht im Rückgrat brechenden Elend, in Demoralisation, in Miesität und im Kleingeschmierten, in Gift und in alles auflösenden Schmerzen sterben sollte, dann werde ich sterben auf dem Höhepunkt der Gewißheit von der Existenz dieser Macht und Herrlichkeit.

Wenn ich irgendetwas tue, was man mir als Wohlverhalten ankreiden könnte, wenn es mir irgendwann, irgendwo einmal gelingt, eine Krankheit oder einen quälenden Wunsch aus der Welt zu schaffen – es wäre nur dies: Mein Abscheu vor der Demütigung durch das Unmögliche, durch eklige Umstände und durch Armut. Wenn ich etwas hasse, dann ist es die gedankliche Beschäftigung mit Krankheit, mit Kleinem, mit dem Unrecht und dem Unzureichenden, dann ist es die Beschäftigung der Gedanken mit Problemen, die man die sozialen nennt. Der Mensch, – so klingt diese Flöte – ist nicht da, um sich selbst zum Problem zu machen, er ist auch nicht zur Belustigung irgendwelcher voyeurenden Götter da, er ist schon allemal nicht für den Nächsten da – der Mensch, so flötet es mit herrlicher Macht von drüben herüber – der Mensch ist allein für den Tod gemacht. Er ist das Ziel, und der Marsch dahin ist eine gewaltige Gelegenheit des Lebens. Auf diesem ichbezogenen und gewalttätigen Weg gibt es nur eine Verbindung von einem Menschen zu einem anderen Menschen und das ist die Liebe. [...][13]

Das Bild verselbständigt sich und wird breit ausfabuliert. Tod und Liebe treten auf den Plan. Nie wieder wird Janssen so verallgemeinernd *über* die Bedeutung von Liebe und Tod sprechen wie in diesem unveröffentlichten Text von 1972. Ständig in Liebe, wird er aus ihr heraus seine besten Werke schaffen, aber doch nicht *über* die Liebe in derart allegorisierenden Verlautbarungen handeln. Immerhin schaltete er schon damals, um solchen Verallgemeinerungen teilweise wieder die Spitze zu nehmen, einen Brief an Roswitha Harting ein, in dem es programmatisch heißt: „Jawohl – ich liebe die Macht und die Herrlichkeit und ich liebe die Macht, die sich aus der Herrlichkeit produziert." Diesen Weg der Selbstermächtigung wird er weitergehen. Freilich wird er gerade als Schriftsteller den anti-sozialen Affront nicht durchhalten können: „Wenn ich etwas hasse [...], dann ist es die Beschäftigung der Gedanken mit Problemen, die man die sozialen nennt." Ausgerechnet mit Schriften über das

Grundgesetz und den Weltfrieden wird der Schriftsteller Janssen hervortreten. Aber damals – 1972 – war gerade die alle Opposition monopolisierende Studentenbewegung auf dem Höhepunkt, und es war die Zeit der Freundschaft mit Jobst Siedler und Joachim Fest. In ihren Köpfen spukte die Idee einer Gelehrtenrepublik herum. Janssen war der Vorreiter – der Garde-Ulan.

Als Janssen 1979 fünfzig Jahre alt wird, trägt Freund und Herausgeber Claus Clément die Selbstbildnisse für eine erste motivisch geordnete Werkübersicht zusammen: *Ergo* – wie die Sammlung heißen wird.[14] Janssen, der selbst das Layout besorgt, hängt sich mit einer Reihe selbständiger Texte an. Im Bildband finden sie keinen Platz mehr und erscheinen zusätzlich als Begleitbroschüre,[15] weil der Schriftsteller sich so in Fahrt geschrieben hat, daß er unbedingt dem Zeichner ebenbürtig den Autor zur Seite stellen muß. Dazu angeregt und gleichsam ermächtigt hat ihn die beeindruckende Folge von Selbstbildnissen, die ihn als einen der Großen seines Metiers ausweist. Das nutzt er aus, um den Blick aus einer Perspektive auf sich zu richten, die immer schon seine Stärke war, jetzt aber noch zusätzlich ungeahnte Kräfte freisetzt. Es ist die Perspektive dessen, der sich der „Allgemeinheit" erwehren muß. Alle wirken immer nur daran mit, ihn herabzuziehen, so daß es ihm fast unmöglich ist, sich zu der Kunst aufzuschwingen, derer er doch – wie in den Selbstbildnissen zu sehen! – fähig ist. Ließe man ihn doch bloß machen! Aber alle Welt zerrt immer nur an ihm und will den Künstler – ihn selbst – verhindern.
Als Meister seines Faches geißelt er die Gesellschaft um sich herum. An dieser Gesellschaft statuiert er ein Exempel:

Die Leute –
[...] Sie erklären mir meine gezeichneten Antworten auf meine ganz eigenen Fragen. Sie tun es zwar mit heuchlerischer Attitüde, mit einem fragenden Oberton in ihrer Stimme, aber sie erklären mir meine Chose, und nach 'ner Weile bin ich auch überzeugt, daß ich zwar hinreißend zeichnen kann, aber natürlich keine Ahnung habe, was das eigentlich ist. Ein Blinder sozusagen, dem man sein Nichtgesehenes abkauft.

[...] Nimm den Leuten ihre kläglichen Vereinbarungen weg – diese völlige Einstimmung + Einebnung auf den kleinsten gemeinsamen Nenner: Geltung unter (ihres) Gleichen. Kein Platz für Offenbarung, für Toleranz, Genuß, für Lust, die höher geht als bis zum Geschlechtsansatz. Numerierung der Erlebnisse, abruffertig, terminiert, in der Arbeit keine Liebe, in der Liebe keine Anstrengung und beide Trägheiten säuberlich voneinander getrennt und obendrauf die biblische Todsünde der Läßlichkeit.

[...] ... die fragen mich immer:
Wie fühlen Sie sich – was macht der Kopf – was macht die Leber [...] – Sie sehen blaß aus – denken Sie auch mal an mich. [...]

Ja, irgendwann. Vorher aber dies: Ich bin nich krank – Gott sei Dank – (geschrien)
Ich bin stinkgesund, ich habe die göttliche Leihgabe einer alles bewältigenden Gesundheit – im Kopf und in meinem gebeutelten Leib.
Die einzige Krankheit, die mich meint, ist um mich herum. Ein Kosmos aus Freundschaft: Viren, die an mich ranwollen, und wenn sie dran sind, reinwollen. Immer rein. [...]
[...] diese permanente Abwehr, dieser Kampf gegen die ..... Diese Fieberanfälle schwächen mich ungemein. [...] und jeder glaubt – er sei anders als die andern. Und sie sind so entsetzlich gleich in ihren Absichten und sie bringen nichts mit, außer Geld und Freundschaftlichkeit: Nichts – eine sprachlose Freundschaftlichkeit, die ununterbrochen von »uns« redet.

Nein, ich will nicht mehr; und ich könnte die Menschen so gut gebrauchen für die so nötige Kurzweil und wirklich jeweils für eine wirklich kurze Weile NICHTWIR. [...]¹⁶

In solchen Texten ist Janssen auf eine nicht zu überbietende Weise mit seiner Person präsent. Alles ist unter dem Einsatz seiner selbst am oberen Rand der Möglichkeiten formuliert. Es ist so authentisch, daß es eher gesprochen als geschrieben klingt. Janssen spricht sich in diesen Texten mit mehr als einer Person aus: als Opfer und Ankläger – wehleidig und selbstbewußt, rhetorisch geschliffen und pathetisch verstiegen, witzig und wortgewaltig zugleich. Eine auf dem höchsten Punkt jonglierende Geistesgegenwart hält die auseinanderstrebenden Positionen zusammen.
Seine Überzeugungskraft zieht der Text daraus, daß er nicht *über* die Gesellschaft redet und keine Beobachtungen anstellt. Alles kommt unmittelbar aus der Situation heraus – ist erlebt und am eigenen Leib erfahren. Deshalb ist keiner so wie der meisterliche Zeichner autorisiert, das auszusprechen und dabei auch sich selbst mitzuteilen – bis zu dem Grad höchster Erregung. Die Gesellschaft, die er geißelt, diese Gesellschaft von Freunden, Anhängern und

erklärten Liebhabern seiner Kunst wird ihm auf diese Weise zum Exempel der Gesellschaft überhaupt. Daran exekutiert er den Leerlauf vermeintlichen Miteinanders.

Das Verhältnis von Künstler und Gesellschaft ist so lange ein Thema, wie es Kunst gibt. Janssen gelingt es, das noch einmal ganz auf seine Person zuzuspitzen. Aus einer Position der Stärke, mit mehreren Lebenswerken im Rücken, denen der 60er und inzwischen auch der 70er Jahre, nimmt er sich das Recht heraus, das Geleistete auch als Bestätigung seiner selbst zu begreifen. Wie hätte er es sonst in seiner Kunst jemals zu dieser Meisterschaft bringen können – allen Verkleinerungen zum Trotz! Er braucht das Gefälle. Es spornt, ja, es feuert ihn an. Er kann dann mehr von sich zeigen. Das inspiriert ihn und macht ihn erst richtig produktiv. Das Gefälle zu den „Leuten", die er auf ihr gewöhnliches Maß zurückgestutzt hat – er läßt es für sich arbeiten. Wie einen Transmissionsriemen spannt er es für seine Zwecke ein. Es ist der Motor, der ihn an- und über sich hinaustreibt. Damit hat Janssen den Dreh gefunden, der ihn auch literarisch zur Höchstform auflaufen läßt.

Der Schriftsteller, der Janssen Ende 1979 sein will, hat den erfolgreichen Zeichner zur Voraussetzung. Beide schaukeln sich gegenseitig hoch. Der Vorteil dieser Art von Selbststimulation ist, daß Janssen auf keine Künstlermetaphysik zurückgreifen muß. Jede gelungene Zeichnung spricht für sich und bildet ein Argument, auf das der Schriftsteller – ohne „fremde" Hilfe – bauen kann. Auch ist die Gesellschaft, die „Allgemeinheit", auf die er so leidenschaftlich einprügelt, zuallererst der Kreis von Menschen, den er selbst um sich herumgezogen hat. Da fängt er an, da setzt er an, weshalb seine Gesellschaftskritik eine Art von Selbstkritik ist. Das ist überhaupt ihr stärkster Zug:

> [...] Natürlich sind diese Leute von der Art, die mich gar nicht lieben dürfen, obwohl ich unbedingt von ihnen geliebt werden will?!

> [...] In maßloser Wehleidigkeit und Selbstmitleid sehe ich die von mir gefüllten Schatzkammern meiner Freunde und Feinde: Händler, Käufer, Sammler – ich kann nicht mehr wahrhaft strafen – ich habe sie in den Stand gesetzt, mich jederzeit zu verlassen, ihre Kammern sind voll, sie haben genug, ... JA genau auf diesem Punkt liegt meine Krankheit, meine Schwäche, mein Desaster – ich kann nicht auf meine Feinde verzichten.[17]

Die Schläge, die er austeilt, prasseln auf ihn selbst zurück. Die von ihm verteufelte Welt ist sein eigenes Werk. Er hat genau die Gesellschaft um sich versammelt, die ihn jetzt im Würgegriff umklammert hält. Er hat sie sich selbst erzogen, erschaffen – die Freunde zu Feinden gemacht, sie verführt und korrumpiert und zu den Bosheiten ermächtigt, unter denen er nun leidet. Das ist es, was seiner Abrechnung mit der Gesellschaft ein Höchstmaß an Authentizität gibt und sie von falscher Moral freihält: Er ist ein Teil des Bösen, das er bekämpft. Bei dieser Meinung wird er bleiben. Die Ansicht kehrt auch später, obgleich in anderer Gestalt, wieder: In jedem Menschen steckt „AUCH ein Mozart", aber „in jedem Mozart potentiell AUCH ein Verbrecher".[18] Selbstredend wird Janssen nicht darauf verzichten wollen, beides und mehr zu sein. Weil das so ist, entspringt aber auch jede gelungene Zeichnung einem Akt der Selbstüberwindung. Wieder hat Nietzsche das Nachsehen, obwohl er für diese Figur der Vordenker ist. Als Phönix aus der Asche ist Janssen alles in eigener Person.

In den *Ergo*-Texten von 1979 hat sich Janssen als Schriftsteller endlich gefunden – im Spiegel seiner selbst. Der Zeichner hat ihm den Rücken gestärkt. Seine Erfolge sind das Polster. Vor diesem Hintergrund kann er in den vielen, rasch wechselnden Rollen auftreten, die erst den ganzen Menschen ausmachen.

Die vorgeschalteten Erzählungen von der *Lerchenstraße*[19] sind noch Literatur, aber was darauf folgt ist Janssen pur – mehr agierend und gestikulierend als schreibend: Janssen im Originalton. Nur müssen wir uns klarmachen, daß auch das Literatur ist – die Art von Literatur, die es in der Form erst mit ihm gibt: ein situatives Sprechen unter Bedingungen, die er in höchstem Maße selbst bestimmt und mit seiner Person dominiert. Diese Literatur geht nicht nur vom Ich aus, sie ist nicht nur autobiographisch, sie schreibt sich nicht nur in Briefen an die allernächste Gegenwart heran – in einem einzigartigen Prozeß der Selbstermächtigung bringt sie das Ich erst hervor, das nun mit all seinen Verlautbarungen Literatur *ist*. Janssen schreibt nicht über dies oder das, er bildet mit seinen Texten keine Wirklichkeiten ab, er gibt keine Stellungnahmen ab. Wenn er schreibt, wie er redet, und redet, wie er schreibt, dann ist das Literatur, und das Ich, das sich darin kundtut, ist eine von ihm selbst erschaffene Kunstfigur.

Es sind drei große Themen, denen sich Janssen ab 1980 stellt, noch bevor er mit dem Hauptgeschäft seiner Lebensbeschreibung beginnen wird: der gegenwärtige Kunstbetrieb, von ihm auch „Kunst-Strich-Handel" genannt; das Grundgesetz unserer Republik und die zu einem menschheitsbedrohenden Overkill überhitzte Atomrüstung.

Die Einlassungen auf „Kunst und Kommerz" unter dem Titel *Eine Quichoterie* sind früher schon Thema gewesen und werden hier übersprungen. Janssen ist da ohnehin in seinem Element. Er muß sich nur vorsehen, seiner Zunft nicht bei jeder Gelegenheit in den Arm zu fallen. Am liebsten möchte er immer gleich mit dem Stift vormachen, wie es „richtig" auszusehen hat. Vielleicht ist das der Grund, weshalb er die illustrierte Buchausgabe *Angeber ICKS*[20] nicht in Neuauflage gehen ließ.

In den *Anmerkungen zum Grundgesetz*[21] spielt das keine Rolle. Da ist keiner, der es besser weiß. Vor dem Gesetz sind alle gleich – nun erst vor dem Grundgesetz. Es wendet sich nicht an den Spezialisten, sondern an die Menschen dieser Republik, eigentlich an das sozialisierte Exemplar der Gattung. So grundsätzlich fühlt sich auch Janssen als Bürger unseres Landes vom Grundgesetz angesprochen, was ihm genau die Stellung einräumt, die er für seine Person sucht: über den Parteien stehend und im engeren Sinne in kein politisches Engagement eingebunden. Wenn er argumentiert, dann vom Standpunkt der menschlichen Verfassung, der conditio humana, aus. Sie gilt für alle. Daran will das Grundgesetz gemessen sein.

Die Rolle, die er als Kritiker des Grundgesetzes spielen möchte, könnte nicht besser gewählt sein: Er spricht nicht als Jurist, nicht als Politiker, nicht als Vertreter eines Berufsstandes, nicht als Künstler. Er tritt in keiner besonderen Rolle auf, nur als Vater zweier Söhne (eigentlich wären es drei), der sich um die Zukunft von Philip und Adam ernsthaft Sorgen macht – als aufgebrachter Zeitgenosse, satirischer Aufwiegler und vor allem als Moralist, der in seiner Empörung alle Register zieht.

Warum gibt sich der Mensch überhaupt Gesetze? Warum? Offenbar braucht er das Gesetz ebenso *für* seinen Schutz wie *gegen* sich selbst. Denn – das ist Janssens These – „alles ist Mordio!"[22] – „Mordio! sich aus dunkelster Vorgeschichte herauskristallisierendes Mordio":[23] seit dem „Anfang aller Anfänge, […] wo ein uns unbekanntes UR zerplatzte zu Billiarden, Fantastilliarden UR-teilen, die vom Zentrum weg und jedes von jedem wegstrebend, durch die Gegend sausen".[24] Gewalt – wo wir hinschauen: durch alle Zeiten bis in unsere Tage.

> Bei all dem handelt es sich um Mord, Modellmorde, Morde mit Verzögerungsmechanismen, normabweichende und besondere, in den Faden der Zeit geknüpfte Morde, derart gedehnt, daß nicht einmal die Beisitzer im Jüngsten Gericht solch einen Faden zurückspinnen können, um zu erkennen: Mord![25]

Der Schriftsteller 417

„Mordio ist überall ALLES von Anfang an."²⁶ Janssen walzt diese Hypothese in alle Richtungen aus, und die neuere Geschichte gibt ihm wahrlich recht: „Unsere Lieblingsbeschäftigung und unser Hauptanliegen, unsere eigentliche Arbeit ist das [Ab-]Töten organischen Lebens und das stets im Sinne irgendwelcher ideellen Beweggründe."²⁷ Gerade weil es für das Töten keine vernünftigen Gründe gibt, kann keiner ohne eine Begründung, ohne irgendeine Rechtfertigung morden. So entspringt das Töten aus demselben Hirn, auf das immerfort zum Zweck der Tötung eingeschlagen wird.

Die Brutalität, diese rasende, herkunftslose Brutalität trifft nicht nur das in sich schon wunde Hirn, sie schlägt auf eben das Hirn, aus dem uns alle Hingebung, zarte und leidenschaftliche Hingebung, alles Vertrauen, alle arkadischen Träumchen, alles Schöne und alles Gestaltende kommt; diese unerklärliche, noch unerklärliche, total unreflektierte Wut zerschlägt jede Sekunde dieser Welt auf dieser Kugel – der Orkus stülpt sich um – ein Universum an Liebe und Liebesfähigkeit und Sehnsucht.²⁸

Dieses in sich gespaltene Hirn ist die conditio humana – das Wesentliche am Menschen. Weil das so ist und aus dieser unserer beängstigenden Verfassung sonst kein Weg herausführt, brauchen wir das Gesetz:

Das Gesetz ist seiner Idee nach nicht Konstitution – das ist es AUCH. So ist das Gesetz nicht hilfreiche Technik in der Kommunikation – das ist es AUCH. So ist das Gesetz nicht Ordnungsfaktor für gerechte Verteilung der Rechte und Pflichten – das ist es AUCH. Das Gesetz ist seiner Idee nach keine Verordnung von oben nach unten oder von hier gegen dort, das ist es sowieso.
NEIN – NEIN – das Gesetz ist seiner Idee nach zuerst einmal ein winziger Trost, ein winziges Lichtlein gegen die Kinderangst der Menschen, die ja evolutionsgeschichtlich grad die Wiege verlassen. Das Gesetz ist ein ganz klein bißchen Kraft, aus der allein wir den Mut ziehen gegen diese ungeheure Angst: Dunkelheit. Gegen diese böse Dunkelheit auf dem Weg zur anderen, alles auflösenden Dunkelheit.²⁹

Vorweg ist schon mal sehr hilfreich, in den Stunden meiner Ängste, in den nervösen schlaflosen Nächten, in den Grauzonen gedanklicher Wirren und Verwirrungen – – – da ist das Erinnern erst einmal hilfreich und tröstlich, in einer Rechtsordnung eingebettet zu sein – in einer solchen, wie die unserer Republik.³⁰

Nachdem er die längste Zeit nur allzu bereit schien, dem menschenverachtenden Zyniker das letzte Wort zu überlassen, rettet sich Janssen am Ende in die Hoffnung. Sie ist das Licht am Ende des Tunnels. Was diesen Schritt trotzdem groß erscheinen läßt, sind die völlige Illusionslosigkeit, ja, die bis über die Schmerzgrenze hinaus getriebene Einsicht in das Desaster der Menschheit. Der über den Zyniker obsiegende Moralist hat keinen festen Grund unter den Füßen, aber die Aufklärung, die er betreibt, ist schonungslos entlarvend. Er ist spöttisch und querulatorisch und immer bereit, die schrecklichsten Peinigungen bis ins kleinste auszumalen. Janssen kann nicht weggucken – nicht in seinen Bildern und erst recht nicht in diesen Texten. Das ist anstrengend und auch quälend für den Leser, der in einer Atmosphäre ständiger Überhitzung lieber den Affekten nachgibt, als daß er die auf ihn einstürmenden Gedanken sortiert. Wir sollen uns vor der Übermacht des Faktischen geschlagen geben. Auch stilistisch sind die *Anmerkungen zum Grundgesetz* noch nicht auf der vollen Höhe der Janssendiktion: zu gedrängt, fast atemlos und dabei so verklausuliert und sophistisch in der Beweisführung, daß der in freier Anrede beginnende Sprecher das Wort immer wieder an den Schreiber und „Kausalisten" zurückgibt, der Janssen erklärtermaßen gerade nicht sein will.³¹ Wie kommt es zu dieser vertrackten Redeweise?
Es ist das erste Mal, daß sich Janssen an ein Thema von derart grundsätzlicher Bedeutung heranwagt. Nicht daß es eine Nummer zu groß für ihn wäre. Aber er ist sich seiner selbst nicht sicher genug. Der Schreiber/Sprecher ruht noch nicht in sich. Er ist zu aufgeregt, und so spielt er unfreiwillig das Spiel der anderen. Er will um jeden Preis recht haben. Die Gründe liegen nicht im Text als solchem, sondern in seiner weitläufigen Vorgeschichte. In den *Anmerkungen zum Grundgesetz* liegt ein früher Text verborgen, der sich nicht frei aussprechen kann. Er ist autobiographischer Natur. Es geht um das Gefängnis, das Janssen von innen gesehen hat – nicht so lange, wie er hätte fürchten müssen, aber doch lange genug, um ihm eine traumatische Erfahrung zu bescheren. Er hatte – 1953 – Judith Schlottau in einem Anfall von Verzweiflung und Eifersucht mit dem Messer angegriffen und später auch zu Protokoll gegeben, daß er die Absicht hatte, seine Geliebte umzubringen. Von dieser Absicht rückte er selbst bei der polizeilichen Vernehmung nicht ab und hielt auch noch daran fest, als ihm deshalb eine Anklage wegen Mord drohte. Als ihn das Gericht dann doch von der Mordabsicht freisprach und nur wegen Körper-

verletzung, obendrein im Zustand der Volltrunkenheit, zu einer Bewährungsstrafe verurteilte, blieb er zwar auf freiem Fuß, aber seinen persönlichen Prozeß hatte er verloren. Den Willen zum Töten, den er für den Moment auflodernder Leidenschaft ausdrücklich beteuert hatte, nahm ihm das Gericht nicht ab. Die Justiz mußte ihn gegen sich selbst verteidigen. Zu seinem Glück! – Diesen Prozeß rollt Janssen nun in den *Anmerkungen zum Grundgesetz* noch einmal auf, und er führt ihn so, daß er ihn diesmal auf ganzer Linie gewinnt.
Er *ist* der Mörder, der in einem Ausbruch von Raserei zu sein er schon damals bekannt hat – wie er auch der mit dem Zeichenstift begnadete Künstler ist. Beides liegt in der Verfassung des Menschen. Ganz Mensch ist er nur, wenn er sich zu diesen beiden Seiten seiner selbst bekennt: zu dem „Mozart" ebenso wie zu dem „Verbrecher", die beide „potentiell" in ihm stecken.[32] Auch wenn die staatliche Gerichtsbarkeit zum Vorteil des Angeklagten seinerzeit darüber hinwegsah, er – der Künstler – hat davon auszugehen, „daß die menschliche Verfassung das Öbberste ist"[33] und die Tag- und Nachtseiten – beide zusammen – erst den ganzen Menschen ausmachen.
Im Lichte jenes Prozesses von 1954, den er nur um den Preis einer persönlichen Niederlage zu einem für ihn günstigen Abschluß bringen konnte, ist auch der Vorspruch zu der Einleitung zu lesen:

> Für Eure Sehnsüchte gibt es die billigsten Fahrkarten. Wohlleben besorgt Ihr Euch durch Brutalität. Eure Dummheit kommt Euch aus tausend gestohlenen Intelligenzen. Ihr seid niedrig und die Wehen Eurer Mütter nicht wert. Eure Verlogenheit ist total; eventuelle Ängste sind unbegründet, denn Ihr werdet alle Prozesse gewinnen – den letzten nicht.[34]

Janssen muß gewinnen! Damals ist er auf dem schnellsten Wege – nach der überstürzten Eheschließung mit Marie – zum Künstler geworden, der mit Holzschnitten seine erste eigene Ausstellung bestritt. Jetzt – 25 Jahre später – rechtfertigt er sich noch einmal grundsätzlich dafür, daß er den Mörder nicht verdrängen muß. Er sitzt tief in seinem Innersten. Wenn er seinerzeit schon nicht von diesem Bekenntnis herunterkam und zu seiner erklärten Mordabsicht stand, dann ist das so wahr, wie daß er auf diesem und keinem anderen Weg ein großer Künstler geworden ist.
Der unter den *Anmerkungen zum Grundgesetz* verborgene Text – die späte Selbstrechtfertigung – bleibt natürlich unausgesprochen. Es wäre auch lächerlich gewesen, dreißig Jahre danach einen Prozeß gewinnen zu wollen, der für

Böller zündend (Foto Theo Rommerskirchen)

ihn damals nur deshalb glimpflich ausgegangen ist, weil er zu seinem Vorteil eine Niederlage hatte einstecken müssen. Aus dem Grund hat sich Janssen trotz selbsterteiltem Freispruch aber auch noch nicht wirklich freigesprochen in den *Anmerkungen zum Grundgesetz*. Seine Rede ist noch zu angestrengt und gewunden, als daß sie schon frei genannt werden könnte. Aber zum ersten Mal besteht das Büchlein, das er daraus macht, überwiegend aus Text, aus anspruchsvoller, wenn auch gedrängter Schreiberei. Der Zeichner begleitet es nur mit seinen Illustrationen. Sonst war es umgekehrt.

Das Pfänderspiel[35] zeigt uns – 1983 – den politischen Janssen, so wie er sich in dieser Rolle verstanden wissen wollte. Nicht als Politiker und erst recht nicht als Parteipolitiker, wie er schon vorher nicht als Jurist und auch nicht als Rechtsphilosoph auftrat. *Ein tagespolitischer Seitensprung* sollte es sein. Freilich würde er auch nicht einfach mal fremdgehen und seiner eigentlichen Kunst vorübergehend untreu werden. Er wollte seiner Zeit auf den Zahn fühlen und bis zum Nerv vordringen. Es sollte wehtun, weil auch ihm wehgetan wurde. Treffer wollte er nur dort landen, wo er selbst der Betroffene wäre. Das verlieh seiner Zeitgenossenschaft einen authentischen Zug, der ganz ohne die frühere und oft als anmaßend empfundene Aufgeregtheit auskommt. Hier drängt sich niemand ins Zentrum. Die Raketen sind eh schon auf ihn gerichtet.

Dennoch: Janssen reagiert nicht – er agiert. Sein Schauplatz ist die Sprache des Kalten Krieges, die uns einlullt und auf dem Höhepunkt des Wettrüstens vorgaukelt, der Status quo wäre ein erträglicher Ausweg. Der Status quo ist Anfang der 80er Jahre das Gegeneinander zweier waffenstarrender Systeme: hier die USA, die für die „ungeteilte Freiheit" eintreten, und dort die Sowjets, die der Menschheit zu ihrem „Glück" verhelfen wollen. Dazwischen liegt das alte Europa und inmitten darin – wie geschaffen als Bühne für ein letztes tödliches Kräftemessen – das geteilte Deutschland. Die Apokalypse, die uns droht, bedeutet aber nicht zwangsläufig den Weltuntergang – nicht für Janssen, der darin realistischer ist als das allgemeine Endzeitgeschrei. Die Welt wird nicht untergehen, die Menschheit nicht ausgerottet, der Planet Erde nicht unbewohnbar. Nur – unsere Kinder und Kindeskinder werden, wenn sie bei dem Erstschlag nicht zugrunde gehen, infolge der atomaren Verstrahlung zu Monstern mutieren.[36] Zu solchen „Monsterchen", die Janssen immer schon gezeichnet hat und weiter zeichnen wird.

Angst geht bei Janssen mit Genauigkeit einher, nicht mit einer die Sinne trübenden Flucht in voreilige Globalisierung. Da sieht er schärfer, schaut er erst richtig hin, kann er nicht weggucken. Was er ganz und gar nicht übersehen kann: Die atomare Auseinandersetzung auf deutschem Boden nimmt immer handgreiflichere Formen an, etwa in dem Sinne, wie sich das Militär von den strategischen Wasserstoffbomben weg- und zu den taktischen Atomgranaten hinbewegt – hin zu den „vernünftige[n] Klein-Schrecken".[37] Die der jeweiligen Situation angemessene Vergeltung macht den Krieg praktikabler und deshalb wahrscheinlicher. Schon soll das Nato-Hauptquartier „von Stuttgart nach bei London" verlegt werden.

Bei dieser 6-Uhr-Nachricht schrillen bei Janssen die Alarmglocken. Damit fängt sein Text an. Die leitenden Offiziere treffen schon Anstalten, die Stellung zu verlassen. Dabei funktioniert das System gegenseitiger Abschreckung nur, wenn jeder den anderen als Pfand fest im Griff hat – als ein Unterpfand dafür, daß die Regeln nicht verletzt werden – es sei denn um den Preis sofortiger Vergeltung. Aber längst sind aus den zwei unversöhnlichen Lagern „die kooperierenden Feinde" geworden.[38] Sie haben die Pfänder untereinander verteilt. Hamburg ist den Russen zur Zerstörung überlassen wie umgekehrt Dresden den Amerikanern. Janssen denkt das „Pfänderspiel" im Sinne einer Logik des Absurden weiter. Wenn schon jeder die großstädtische Bevölkerung der anderen Seite als Faustpfand im Würgegriff hat, wenn schon die Kulturmetropolen zur gegenseitigen Vernichtung bereitstehen und alles verabredet ist – warum dann nicht zwei Pfänder aus diesem Spiel herauslösen, zum Beispiel Hamburg und Dresden, und diese beiden Städte unzerstört lassen? Warum nicht die Absprache mit den „kooperierenden Feinden" über den toten Punkt hinwegführen und damit anfangen, Hamburg und Dresden zu verschonen?

Natürlich ist das nicht der Vorschlag eines Parlamentariers oder eines Spezialisten in Fragen der Abrüstung. Nicht einmal der politische Leitartikel in einer unserer vielen Zeitungen hätte sich damit bestreiten lassen. Der herrschende Sachverstand hätte es verboten. Aber gerade gegen diesen Sachverstand schreibt Janssen an – als engagierter Zeitgenosse und Querdenker. Jede andere Rolle wäre ihm zu eng gewesen. Wie er schon das Grundgesetz nicht als Jurist behandelte, sondern über die Verfassung des Menschen sprach, über das menschliche Gehirn, die „am höchsten und kompliziertesten organisierte Materie im Universum",[39] so redet hier der Nicht-Fachmann, der ja nach einem Wort von Janssen der ursprüngliche Entwurf des Menschen ist. Allein ihm fühlt er sich als Schreiber verpflichtet. Dafür schreibt er; während alle in ihm den Zeichner sehen, der auch noch zusätzlich schreibt. Wie recht er hat: Kein Sachverstand hätte jemals die Umstände herbeireden können, unter denen noch am Ende dieses Jahrzehnts die Teilung der Welt, Europas und Deutschlands zu Ende gehen sollte!

Die *Anmerkungen zum Grundgesetz* sind noch ein verschlüsselter und deshalb anstrengend zu lesender biographischer Text. *Das Pfänderspiel* und *Wenn es denn sein muß, laßt uns doch sterben*[40] sind Dokumente ihrer Zeit, einer im Rüstungswettlauf gefangenen, auf Tod und Verderben zurennenden Zeit. Es sind Epochentexte, in denen sich in Abgrenzung gegen politisches Spezialistentum der ums Überleben ringende Mensch ausspricht. Seit eh und je soll er für alles den Kopf herhalten und will das doch nicht ohne Kopfschütteln, ohne Einspruch über sich ergehen lassen. Janssen wehrt sich. Solche Texte werden noch gelesen, wenn sich der Fachverstand längst diskreditiert hat.

Janssen engagierte sich zu einem Zeitpunkt, als die Politik so viel Zündstoff angesammelt hatte, daß es unübersehbar geworden war. Europa sollte die verheerenden Folgen der Rüstungsspirale zuerst zu spüren bekommen. Hatte er nur auf den passenden Moment gewartet, um nicht länger abseits zu bleiben? War es die günstige Gelegenheit, dem subtilen Zeichner auch noch den politischen Janssen an die Seite zu stellen – gleichsam zur Komplettierung seines Künstlertums?[41]

Janssen war nie unpolitisch. Er hatte sich nur verkniffen, damit öffentlich zu werden, bevor die Bühne bereitet war – seine Bühne. Er wollte nicht unvorbereitet sein – sich nicht auf den Marktplatz zerren lassen. Als der Brecht-Schüler Egon Monk 1968 die Leitung des Deutschen Schauspielhauses übernahm und mit seinem politischen Engagement Theatergeschichte schrieb, malte Janssen die Plakate und gestaltete das Programmheft: *Über den Gehorsam.* 1973 hat er zur Tagespolitik die Feder ergriffen und in der Wienand-Steiner-Affäre den offensichtlichen Kauf einer Abgeordnetenstimme in eine beredte Klage *Über den Verlust der Lüge*[42] einmünden lassen. Goethes *Reineke Fuchs* stand Pate und verhalf Janssen dazu, eine grundsätzliche Frage zu erörtern. Auch er, der Künstler, wollte ja nicht auf Täuschung und Lüge verzichten. Das sind Fragen nicht zuletzt auch der politischen Kultur. In den *Dümmeleien eines Unparteiischen* von 1979[43] ist es wieder der Seiteneinstieg, der Janssen ins Zentrum der Sache führen sollte. Aus der Perspektive des Patenonkels, über den Kopf des kleinen Johannes hinweg, bändelte er mit dem Vater an, mit Hans-Ulrich Klose, dem Bürgermeister der Hansestadt Hamburg und späteren SPD-Fraktionschef und Vizepräsidenten des Deutschen Bundestages. Ihm liest er in aller Freundschaft die Leviten – nicht vom Standpunkt des politischen Gegners aus, sondern gleichsam en famille.

Um 1980 hatte Janssen die Freundschaften der 70er Jahre gegen ein Umfeld ausgetauscht, das nicht mehr annähernd so konservativ war und auch seine Zustimmung verweigert hätte, wenn wieder die alten Affekte gegen die Störungen durch die Politik, wie er es früher nannte, auf den Tisch gekommen wären. Mit Übertreibung: Der Kleinbürger Janssen, der in den 60er Jahren vom Adel eingenommen war und sich in die grandseigneuralen Gesten seines Schwiegervaters Felix von Bethmann Hollweg verliebt hatte, der auch noch in den 70er Jahren mit seinen großbürgerlichen Freunden Fest und Siedler um das rechte Verständnis eines über die Zeit zu rettenden Begriffs vom Konservativen gerungen hatte – dieser vom elitären Podest Stufe für Stufe heraussteigende Janssen war im Lager SPD-naher, mit den Grünen wetteifernder Kreise angekommen, als Helmut Schmidt von einer konservativ-liberalen Koalition abgelöst wurde und Helmut Kohl 1982 das Kanzleramt übernahm. Durch die veränderten Machtverhältnisse nach der Wende – nachdem sie jahrelang in führenden Positionen Regierungsverantwortung mitgetragen hatten – gerieten die Freunde Hans-Ulrich Klose, Manfred Bissinger, aber auch Frank-Thomas Gaulin vom Kunsthaus Lübeck und der Verleger Andreas Meyer immer tiefer in die Opposition, und Janssen konnte sich in seiner Lieblingsrolle üben: die Opposition der Opposition. Klose trat 1981 als Bürgermeister der Hansestadt zurück, weil die regierende SPD seine Politik gegen das Atomkraftwerk Brockdorf nicht mittragen wollte. Bissinger wurde 1981 Chefredakteur bei ›konkret‹ und wechselte 1984 zu ›natur‹. In beiden Magazinen veröffentlichte Janssen. Bissinger wurde zu einem der zuverlässigsten Vertrauten, der mit seiner Begabung zur Freundschaft und seinen glänzenden Verbindungen Sicherheit gab, worauf der über die parteipolitischen Grenzen hinausdrängende Janssen angewiesen war, der noch in jedem Lager das Widerlager gespielt hätte.

Ein übriges tat der Rüstungswettlauf, der fast schon außer Kontrolle geraten war und Deutschland als künftiges Schlachtfeld mit einem vielfachen Overkill bedrohte. Es ging gar nicht mehr um Politik, sondern ums Überleben. Nur daß Janssen nicht gleich die Existenz der Menschheit und die Bewohnbarkeit des Planeten in Frage gestellt sah. Er wollte bei sich selbst beginnen und einen neuen Anfang machen. Hamburg, wo er lebte und arbeitete und wo zu großen Teilen sein Werk versammelt lag, sollte bei dem Erstschlaggemetzel vorsorglich ausgeklammert bleiben. Das war sein Vorschlag – ein ganz und gar nicht selbstloser Vorschlag.

Ähnliche Linien zeigen sich im Wechsel seiner literarischen Vorbilder von Nietzsche zu Ernst Jünger und hin zu Lichtenberg. Nietzsche sah sich inmitten des alten, verderbten Europa auf vorgeschobenem Posten, und er wuchs mit der Zahl der Feinde, die er sich schuf, großartig über sich hinaus. Solange Janssen die Anmaßung in Person war, hätte er auf alles verzichten können, nur nicht auf seine Widersacher, an denen er sich am besten immer gleich – erklärtermaßen in diesem Augenblick – reiben wollte. Seine Rede war damals schon geschliffen, aber er schrieb sie nicht auf. Erst einmal sollte die Hitze heraus, er wollte sich auf- und abregen. Bei aller Prägnanz fehlte ihm lange der rechte Abstand.[44] Diese wohltuend kühle Distanz lernte er dann an Ernst Jünger lieben, aber auch an der eleganten Essayistik eines Wolf Jobst Siedler oder an dem historisierenden Gestus eines Joachim Fest.

Sein Lieblingsautor in den 70er Jahren war Ernst Jünger, mit dem er auch persönlich zusammentraf. Jünger hat sich wahrlich in Abenteuer gestürzt: *Das abenteuerliche Herz* erster und zweiter Fassung.[45] Bei allem Schrecken behielt er immer einen wunderbar klaren Kopf. Janssen tauchte in diese Sprache ein. Bis hin zu der *Nigromontanus*-Radierserie, ja, bis 1983 für das *Guardi*-Buch[46] schrieb er immer wieder Jüngers Texte eigenhändig ab. Er fand es in höchstem Maße nachahmenswert, das Ungeheure, das tagtäglich auf uns einstürmt, jedesmal wieder auf Distanz zu bringen und in Kostümen der Naturgeschichte oder der Vergangenheit zu spiegeln. Das verschaffte auch seinen *Kopien* eine neue Souveränität. Janssen befolgte damit nur, was er bei Ernst Jünger glaubte gesehen zu haben.
Georg Christoph Lichtenberg (1742 – 1799) war schon immer ein Geheimtip, aber eine richtige Karriere machte er bei Janssen endlich in den 80er Jahren, als dieser ihn allen anderen vorzog und eine seiner trefflichen Bemerkungen sogar mit auf den eigenen Grabstein nahm. Lichtenberg – das war die Zwiesprache mit einer Wahrheit, die, an keine Zeit und keinen Ort gebunden, das Dunkel blitzartig aufhellt. Der Aphorismus ist weder vernichtend noch wie das Argument schlagend und kommt ganz ohne Besserwisserei aus. Er bündelt das Licht inmitten der Finsternis und läßt sehen – augenblicklich erkennen. Als Janssen all die Widergängerei satt hatte, die nun einmal den politischen Menschen antreibt, schloß er sich Lichtenberg an. Er liebte den „Buckel »Göttingensis«",[47] der – im Hauptberuf Professor der Physik und nebenbei Verfasser der Sudelbücher – die Figur des einzelgängerischen Aufklärers wie kein anderer verkörpert. Janssen sah sich am Ufer eines Stromes sitzen. Der Strom ist die vorüberfließende Zeit. All die Jahre konnte ihm nichts und niemand den Buckel herunterrutschen. Er war immer gleich involviert gewesen. Aber im Alter wollte er gelassen dasitzen und aus dem Strom der Zeit mit dem Pinsel seine starkfarbigen Aquarellpfützen ziehen: „Im Rücken das Inferno MENSCH".[48]

Das Politische drängte sich in den letzten Jahren des Kalten Krieges mit einer gegenüber Hiroshima um das Tausendfache gesteigerten Sprengkraft auf. Aber es definiert nicht den Menschen, wie Janssen ihn verstand. Der Mörder *und* Mozart – beides steckt in ihm, wie er aus Erfahrung wußte. Dazu bekannte er sich. Wie Rembrandt, den er ausdrücklich für sich in Anspruch nahm, besah er „sich selbst in ununterbrochener Folge seiner Jahre, weil er alle Menschen, die er in sich wähnte, vereinigt sehen wollte, weil er alle Menschen – kurzum: DEN Menschen finden wollte".[49] Nichts sollte ihm fremd bleiben, weder die sublimen Erregungen noch die niedrigen Beweggründe, nicht das Labyrinth der Leidenschaften und nicht das Kalkül hinterrücks planender Vernunft. Er wollte es in seiner Person erprobt haben – und das nicht nur irgendwann einmal, sondern auf jeder Altersstufe neu und in wechselnden Verhältnissen. Alles, was sich überhaupt nur wissen läßt, sollte ihm zur Erfahrung werden. Dazu wollte er den Zweifel nicht nur in Kauf nehmen. Er suchte und lockte ihn hervor. Er ließ sich davon umtreiben. Die Zweifel sollten ins Fleisch pieken und die Einsichten direkt unter die Haut gehen. Wissen hätte ihm allein nicht ausgereicht.

Aber ohne ein profundes Wissen geht es auch nicht. Das wußte Janssen, der als Zeichner nicht eine einzige Gestalt durch ihre zahlreichen Metamorphosen hätte verfolgen können, wenn er nicht über ein riesiges eidetisches Gedächtnis verfügt hätte. Allein eine umfassende Bildung hat er nie erwerben können, in keiner Wissenschaft war er richtig zu Hause, nie hat er sich in einem einzelnen Fach durch die beschwerliche Systematik hindurchkämpfen müssen. Wie ein Trauma hing ihm das an, und die erste, schier unüberwindliche Schwierigkeit war gleich dazu angetan, ihm die Schriftstellerei auszutreiben, bevor es richtig angefangen hatte: die Rechtschreibung. Aus solcher Not geboren sind alle Verballhornungen, alle bis ins Schriftbild reichenden Wortverdrehungen, die ihn dann so vorteilhaft auszeichnen sollten. Er machte früh das Beste daraus. Die zuweilen sich über alle Regeln der Interpunktion hinwegsetzende, eigenwillige Zeichensetzung hat hier eine ihrer Wurzeln. Was er sich später als sprachschöpferische Leistung anrechnen konnte, war ursprünglich ein Problem mit der Sprache.

Die peinlichsten Niederlagen reichen bis in die Schulzeit zurück. Für sich selbst hätte er jederzeit einstehen können – für sein Tantchen nicht. Die Landeskunstschule feierte eines ihrer berühmten Kostümfeste. Tantchen erschien im Kimono, tanzte und drehte sich beschwingt, als ihr Adoptivsohn in die Tür trat und erstarrte. „Was hast du? Ich bin auch einmal ein junges Mädchen gewesen," lachte sie ihn an – und das unter den Augen seiner Lehrer!

Der neunzehnjährige Janssen hätte vor Scham in den Boden versinken mögen. Naivität konnte ihm den Mangel an Bildung nicht ersetzen. Wie nichts anderes fürchtete er auf diesem Gebiet die Bloßstellung. Da war er verletzlich. „Der Eber, der ein Keiler ist ..." Die auf eine seiner Illustrationen im Hamburger Abendblatt Mitte der 50er Jahre erfolgende Zurechtweisung in einem Leserbrief traf ihn wie eine schallende Ohrfeige. Als er schon ein gefragter Zeichner war, beeindruckten ihn die Bethmann Hollwegs besonders dadurch, daß auf ihrem Schloß Altenhof seit Generationen eine gesellige Bildung gepflegt wurde. Der Adel gab den Künstlern freie Kost und Logis. Gulbransson war zu Gast gewesen und wer nicht alles. Verena hatte selbstverständlich ihren Teil weltläufiger Bildung davon abbekommen. Sie saß mit einer Freundin beim Kartenspiel. Janssen muß einen Trumpf, den sie in der Hand hielt, verraten haben. Als er sich auch noch in ihr Gespräch einmischte, das sich um eine Romanfigur des 19. Jahrhunderts drehte, setzte sich Verena auf ihrem Stuhl zurecht: „Was – gebildet bist du auch noch!" Das saß tief – so tief, daß unmöglich Verena die Urheberin dieser öffentlichen Auspeitschung sein konnte. Es war das schmerzhaft empfundene Bildungsdefizit, das sich in die Erinnerung eingebrannt hatte.

Aber das war nicht einfach durch fleißiges Lernen auszugleichen. Es war überhaupt nicht aufzuholen – nur durch Erfahrung wettzumachen. Am besten, es stand völlig außer Frage, ob er gebildet war oder nicht. Er mußte das mit seiner Person in einer Weise verkörpern, die überhaupt keinen Zweifel aufkommen ließ. Das Pensum, das er sich da vornahm, war größer und umfangreicher als irgendein Wissensstoff. Das Gewußte, ja, alles Wißbare sollte in eine Körperstatur überführt werden – in ein Erscheinungsbild und in ein Auftreten, das gesättigt war von dem schmerzhaften Ringen um Erkenntnis. Die Erfahrung eines ganzen Zeitalters, das Wissen um den Menschen überhaupt – Janssen wollte es, für jeden unübersehbar, gelebt haben. So wie er es in Wort und Bild zeichnete, wollte er davon auch gezeichnet sein.

Tatsächlich legte er in den frühen 80er Jahren, als dieses Programm zur Vorbereitung seiner schriftstellerischen Arbeit lief, kolossal an Gewicht zu. Freilich nicht nur deshalb. Er gab sich und seinen Reden ein Gewicht, das sie vorher nicht hatten, eine Nachdrücklichkeit und Überzeugungskraft, für die er sich besonders anstrengte. Zum ersten Mal wollte er nicht nur nicht überhört werden, schrie er nicht nur lauter als die anderen – er wollte vernommen und verstanden sein. Wir sollten nun endlich auch auf ihn hören. Wenn solange eine sich überschlagende Erregbarkeit dem Fluß seiner Worte im Wege stand und es unmöglich machte, ihn ganz und richtig zu verstehen, wenn die Heftigkeit seines Engagements lange zwingender gewesen war als seine Argumentation, dann sollte sich das mit der Zeit ändern. Dazu war regelrecht ein Umbau der Psyche notwendig, dem sich Janssen Schritt für Schritt mit dem Einstieg in sein Alterswerk unterzog. Mit Beginn der 80er Jahre und schon in den Monaten davor legte er Wert darauf, alles Rechthaberische abzulegen, um endlich in der Sache selbst recht zu haben.

Die Freunde und Besucher, die er damals um sich versammelte und die an redseligen Tagen in seinem Haus den Müllhaufen bevölkerten, in dessen

Mitte er auf einem löchrigen Korbstuhl saß und sprach, fühlten sich nicht mehr überrannt und brüskiert. Sie ahnten nicht nur dumpf wie in den Jahren permanenter Überhitzung, worauf er mit seinem Reden hinauswollte. Sie folgten ihm neuerdings Wort für Wort. Sie ließen sich von seinen Argumenten mitreißen – immer in der Gewißheit, im engsten Kreis an einer Sternstunde teilgenommen zu haben. Kerstin Schlüter, die für die Macht der Männer auch dann ein Gespür hatte, wenn sie sich überzeugender Worte bediente, konnte das besonders auskosten. „Fein gemacht, Horsti", ließ sie sich anerkennend hören und holte damit wieder alle Zuhörer auf den Boden der Rumpelkammer zurück, die das Studium der Menschheit hatte wenigstens zeitweilig in den Hintergrund treten lassen. Damals gewöhnte sich Janssen an, solche heiklen Situationen mit einem Scherz zu quittieren: „Ich sage ungern die Unwahrheit. Manchmal gelingt es mir."

Wer steht denn heute noch für die Wahrheit ein? Wir beziehen in der Vielfalt der Meinungen einen Standpunkt, wir grenzen uns gegen andere ab, wir kleiden in Kritik und entdecken sogar, wie es „richtig" heißen müßte. Aber die Wahrheit? Wer nimmt denn noch in Anspruch, mit seiner Person für die Wahrheit einzutreten? Wir zucken davor zurück und geben uns bescheiden. Nur Janssen wagte sich auf dieses Terrain hinaus, und wie selbstverständlich bewegte er sich darauf, als wäre es nicht das brüchigste Eis.

Er wollte partout die Wahrheit verkörpern und unterstrich es noch dadurch, daß er sie gegen die Bildung ausspielte. Für die Bildung, die er sich zweifellos angeeignet hat und mit der er so ungemein beeindrucken konnte – sei es mit einem Aspekt der Hirnphysiologie, der Weltraumforschung oder bloß mit der „Calliphora vomitoria", wie die Schmeißfliege heißt[50] –, führte er den Nachweis, daß sie leicht herstellbar und für den Moment verfügbar zu machen wäre. Das beherrschte er meisterlich. Aber die Wahrheit – sie wird nicht gesagt, sie wird gelebt und in eigener Person verkörpert. Diese Anstrengung wollte er sich nicht nehmen lassen. Um keinen Preis. Denn aussprechen läßt sich die Wahrheit nicht – nur leben. „Wir – eine Wahrheit suchende Lüge,"[51] wie Janssen sagt, der gleich weiter behauptet: Um eine einzige Lüge einigermaßen glaubhaft zu machen, müssen wir wer weiß wie viele Wahrheiten erfinden. Geradeso setzt auch jede Täuschung auf die vielfältigste Weise Umsicht und Erfindungsgeist voraus. Dabei geht auf jeden Fall eine Anstrengung vor, und sie ist es, die ihre Wahrheit in sich hat.

In letzter Instanz ist für Janssen die zum Tagebuch gewordene Zeichnung die Wahrheit seines Lebens. Hier schließt sich der Kreis. Wenn es solch ein Gelingen gibt und dazu die Erfahrung, sich im Wechsel der Lebensalter dem

Jeweiligen immer besser einzuschreiben, dann kann nicht alles umsonst und verkehrt gewesen sein. Der Zeichner mit seinem die flüchtigen Augenblicke fixierenden Strich ist zuletzt die Wahrheit, die auch aus dem Schreiber spricht.
Gelebt haben – das wollte Janssen nun einmal wie kein anderer. Damit es wenigstens für eine Weile im Gedächtnis der Menschen bleibt, hat er es aufgezeichnet – in Bildern, die zuerst da waren, und dann auch mit seinen Worten.
Deshalb: Nicht mit einer Botschaft, sondern sichtlich mit dem Gewicht seiner Person und den Erfahrungen seiner Jahre trat Janssen vor das Publikum hin. Der 1. Januar 1986 war entschieden sein Tag. Er hatte längst mehr von sich gezeigt als jeder andere in Tausenden von Zeichnungen und Dutzenden von Büchern. Darauf baute an diesem Neujahrstag seine Rede auf: Sicher ist nur der Tod – todsicher.[52] Diese Wahrheit wäre kaum der Rede wert und hätte sich von selbst verstanden. Aber wenn ihm dieses Leben, das ein langsames Sterben ist,[53] dadurch streitig gemacht wird, daß er es nicht mehr in Bildern festhalten, daß er nicht mehr seinem „geliebten Tannewetzel" bildmächtig zu Leibe rücken soll – dann erhebt ein Janssen seine Stimme dagegen. Noch einmal erstreitet er den abendländischen Bildwelten ihr Recht.
Schriftstellern und Vortraghalten – für Janssen gehörte beides zusammen. In der Neujahrsansprache von 1986 entfaltete er seine stärkste öffentliche Wirkung. Frank-Thomas Gaulin vom Kunsthaus Lübeck hatte ihm die Tore der altehrwürdigen Marienkirche geöffnet. Er holte ihn gleichsam auf die Kanzel. In den 50er Jahren hatte Alfred Mahlau das vom Krieg zerstörte Glasfenster mit einem Totentanz erneuert. Notkes Lübecker Totentanz war ein Opfer der Flammen geworden. Freund Joachim Fest steuerte einen Text zum Thema bei und Janssen besondere Zeichnungen für ein Buch, das zu diesem Anlaß veröffentlicht wurde: *Der tanzende Tod*.[54]
Lübeck ist an diesem Tag nicht nur die Stadt Notkes und Mahlaus, Lübeck ist auch die Stadt von Thomas Mann, der seinerseits schon den Tannewetzel zitiert und bei altdeutschen Traditionen Anleihen gemacht hat. Aber es waren nicht dieser stattliche Rahmen und nicht das Auditorium von 2500 dichtgedrängt sitzenden und stehenden Zuhörern in der Kirche, die dem Vortrag unüberhörbar Größe gaben. Es war die Person Janssen. Der da die Kanzel erklommen hatte und sprach, war von ganz unten gekommen: ein unausstehlicher Trinker und streitsüchtiger Raufbold, den mancher der gebannt Lauschenden hatte früher in der Kneipe versacken sehen. Er war die Unperson gewesen, die sich vielen hanseatischen Gesellschaften förmlich aufgedrängt

Der Totentanz in der Marienkirche Lübeck, übermaltes Plakat von 1982

hatte, ohne daß die meisten von dem Heißsporn mehr als unverständliche Redensarten und ungebärdige Beleidigungen vernommen hätten. Er war der tobende, lärmende, nach Anerkennung kreischende Bastard, der sich hier zum sprachmächtigen Wortkünstler gewandelt hatte.

Um den langen Weg dahin, eigentlich um den Abgrund spürbar zu machen, der selbst noch den Janssen der mittleren Jahre von dem altersweisen Schreiber und wortgewaltigen Laienprediger trennt, sei hier ein Dokument eingerückt. Wir fragen nicht, ob sich genauso zugetragen hat, was da von dem Augen- und Ohrenzeugen berichtet wird. Auf den Eindruck kommt es an. Lähmende Ratlosigkeit herrscht vor. Die Empörung über das Vorgefallene wird stillschweigend vorausgesetzt. Wie ein ungezogenes Kind oder ein tyrannischer Despot die Nerven aller strapazieren darf, brachte Janssen 1964 eine Institution gegen sich auf: das gute, alte Lübeck – das gleiche Lübeck, das er am Neujahrsmorgen 1986 völlig für sich einnehmen sollte.

Alfred Mahlau bei der Arbeit an dem Totentanz-Fenster
in der Nordkapelle der Marienkirche 1953 (Archiv des Kirchenkreises Lübeck)

Vom 18. April bis zum 18. Mai 1964 zeigte das Behnhaus zum 70. Geburtstag von Alfred Mahlau Aquarelle und Zeichnungen, die seit 1945 entstanden waren. Die Ausstellung wurde durch Prof. Schmalenbach eröffnet. Dr. Hillard-Steinbömer hielt die festliche Ansprache. Der Pianist Riebensahm spielte eine Sonate von Beethoven.
Steinbömer ging liebevoll würdigend und in behutsamer Weise auf Mahlau und seine Arbeiten ein. Er betonte dessen Liebe zum Detail, seine Bevorzugung der kleinen Form. Daß er damit den Unwillen seines Lieblingsschülers, Horst Janssen, erregt hatte, konnte keiner der anwesenden Zuhörer ahnen. Es wurde offenbar, als ein kleiner Kreis nach dem Festakt zu einer Stunde des Ausklangs im Landschaftszimmer des Schabbelhauses beisammen war. Es ließ sich sehr heiter und freundlich an. Mahlau, damals schon krank, schien sehr zufrieden zu sein. Horst Janssen, der etwas später eintraf, setzte sich neben den Kunstkritiker Enns und fragte ihn: „Wer ist denn der da, der mit dem Schweinskopf?" „Das ist Hans Erich Riebensahm, der Pianist", flüsterte Enns. „Das also ist der Riebensahm? Was hat der nur mit der Beethovensonate gemacht!" erwiderte Janssen und fuhr fort: „Und wer ist der da hinten?"
„Das ist der Redner Dr. Steinbömer," sagte Enns. „Das ist ja sehr interessant. Den werde ich mir mal kaufen," bemerkte Janssen. Und schon erhob er sich und griff Steinbömer wegen angeblicher Ungerechtigkeiten an, die seinem geliebten Meister zugefügt worden waren. Er wurde ausfallend und schalt Steinbömer einen senilen Trottel, der von der Kunst keine Ahnung habe, weil er längst verkalkt sei.
Prof. Schmalenbach wollte Janssen zum Schweigen bringen mit der Drohung, die Polizei zu holen. Janssen, sichtlich unter Alkohol stehend, wurde noch heftiger und beschimpfte jetzt ultimativ auch Schmalenbach, der, aufs schlimmste herausgefordert, drohend zurückrief: „Nun ist es aber genug! Wenn Sie nicht sofort still sind, lasse ich Sie aus dem Saal weisen!"
Janssen wuchs nur noch weiter über sich hinaus und schrie Prof. Schmalenbach entgegen: „Das könnte Ihnen so passen, Sie halbseidener Schelm. Wenn hier einer rausfliegt, dann sind Sie das!"
Während des ganzen Aufruhrs blieb Mahlau still und teilnahmslos, er machte keinen Versuch, seinen Lieblingsschüler zurechtzuweisen. Man darf das heute nicht kritisch vermerken, denn Mahlaus Gesundheitszustand hielt solcher Belastung nicht stand.
Da erhob sich plötzlich Eva Lüders, die hochgewachsene Freundin Riebensahms. Sie trat hinter Janssens Stuhl. Begütigend legte sie beide Hände auf

seine Schultern und flüsterte ihm etwas ins Ohr. Es muß eine beruhigende Formel gewesen sein, denn Janssen wurde sofort lammfromm.
Die Gespräche waren indessen verstummt. Bestürzung und Beschämung zugleich lasteten auf der kleinen Gesellschaft. Jeder war damit beschäftigt, das aufgescheuchte Gemüt nach den unerwarteten Überfällen peinlichster Provokation zu beruhigen. Die Ratlosigkeit war allgemein. Sie wurde zum Signal für den Aufbruch.[55]

Der Janssen von 1964 brauchte keinen Anlaß, geschweige denn Gründe, um seine Aggressionen abzuladen. Wie ein Vulkan, der ohne Vorwarnung ausbricht, schuf er sich im Handumdrehen seine Opfer. Er war die Katastrophe, die wahllos über die Gesellschaft hereinbricht. Der Abstand zu dem in brillanter Rede überzeugenden Janssen von 1986 scheint unüberbrückbar. Wie war diese Wandlung möglich? Wie hat er es dahin gebracht?

Tatsächlich war es ein Programm, das Janssen durch Jahre verfolgt hat. Er selbst hat Stück für Stück daran gearbeitet. Er wollte, daß aus dem aufbrausenden, streitsüchtigen Kerl der allen überlegene Sprachkünstler wird. In dem Zusammenhang spiele auch ich eine Rolle, beileibe keine führende, aber doch so, wie es in sein Konzept paßte. Ich war und bin Germanist. Von einem Germanisten hatte Janssen ein besonderes Verständnis: Er ist für die Rechtschreibung zuständig, spricht fließend Latein und ist immer dann nützlich, wenn es gilt, mit Hilfe der Sprache die Ordnung der Dinge zu überprüfen. Alle im präzisen Wortlaut begründeten Vereinbarungen unter Menschen sollten durch den Germanisten abrufbar sein. Keiner dieser Rollen bin ich je gerecht geworden. Das war auch gar nicht nötig. Denn außer daß er nur sehr gelegentlich in jenem Sinne von mir Gebrauch machte, existierte ich vor allem als dieses trostreiche Bild in seinen Vorstellungen. Der Germanist konnte die sprachverfaßte Welt jederzeit wieder zurechtrücken. Auf diese Sicherheit wollte Janssen auf dem Weg vom Zeichner zum Schriftsteller nicht verzichten. So wollte er mich sehen, und daran hielt er fest, auch wenn schon wegen des Altersunterschiedes – ich gehöre einer jüngeren Nachkriegsgeneration an – kaum jemand das nachvollziehen konnte. Aber Janssen wußte immer am besten, was ihm nützt. Er hatte sich seine Väter selbst geschaffen. Warum sollte ihm das nicht auch mit seinen Söhnen gelingen! So unwahrscheinlich es klingt, war doch die Titelei nie ganz unwichtig. Wenn sie auch bei den vielen Zusammenkünften keine Rolle mehr spielte, meldete sich doch tief in seinem Hinterkopf immer mal wieder der Doktor und später der Professor zurück, als wollte Janssen sich selbst beruhigen: Irgendetwas muß ja „dransein" an der Universität!

Natürlich war ich längst ein gebranntes Kind, als ich Janssen begegnete. Von dem ersten selbstverdienten Geld hatte ich gleich eine Grafik gekauft. Mit der Regelmäßigkeit eines Uhrwerks strich ich an der Buchhandlung in der Warburgstraße vorbei, als mich Hermann Laatzen für einen der ersten Tage des Jahres 1977 einlud. Janssen wollte die freien Wände mit Radierungen füllen, bevor ein paar Tage später das Buch *Nocturno*[56] öffentlich vorgestellt werden sollte. Noch am Abend der Hängung zog er mich an die Alster ins Paolino, das inzwischen abgebrannt ist. Es dauerte gut ein halbes Jahr, in dem ich bei Hartmut Frielinghaus antichambrierte, der mich in den kühlen Räumen seiner Werkstatt herumstehen ließ, während er Christiane Berg auf seine Weise mit viertel- und halbgeöffneten Schubladen den Hof machte. Dann erst wurde ich in den Mühlenberger Weg gerufen. Zum ersten Mal öffneten sich vor mir das Gitter, die Tür unten und die Tür oben, und obwohl ich einen ins Halbdunkel getauchten, von allerlei Sachen überquellenden Raum mit einem zentralen Licht über der nur an dieser Stelle freigehaltenen Zeichenplatte betrat, tat sich mir eine Welt auf. Ich flog auf Janssen, wogegen er wehrlos war. Wohl deshalb hatte er viel Zeit vergehen lassen. Er wollte erst einen Platz für mich gefunden haben. Ich sollte Schack ersetzen, aber von mir ging keine Belehrung aus. Wenigstens war ich in dem Zwiegespräch mit Frielinghaus, das gerade intimere Züge eines Machtgerangels annahm, der Dritte im Bund – gleichsam die Außenperspektive, die sich zur Abwechslung einnehmen ließ, um dieses ineinanderverhakelte Freundschaftsverhältnis auch mal von der anderen Seite zu betrachten. Daß ich dazwischen nicht zerrieben wurde, sondern meinen Most daraus zog, muß ich meinen Talenten zurechnen. Ich saß bei Janssen nie in der ersten Reihe. Er liebte es hysterisch – besonders in der Liebe. Und obwohl er das auch von Zeit zu Zeit an mir ausprobieren mußte, blieb es die Ausnahme. Der Seelenhaushalt, in den es ihn mit seinen favorisierten Freunden und Frauen zog, konnte ihm nicht kompliziert und turbulent genug sein. Aber immer ließ er für mich einen Türspalt offen, durch den ich ihn beobachten konnte, als hätte er sonst keinen Spaß daran gehabt, all das Porzellan zu zerschlagen.

Wir besitzen Begabungen, von denen wir nie im Leben erfahren würden, weil wir sie für unsere eigentlichen Schwächen halten und sie lieber unter den Teppich kehren, bis, ja, bis einer kommt und gerade daran sein Interesse findet. So lernen wir uns von einer Seite akzeptieren, die eben noch unsere schwächste war. Ich bin penetrant und kaum zu beleidigen. „Das ist mir zu dumm! Ich

laß' das nicht mit mir machen! So billig bin ich nicht zu kaufen!" Solche krampfhaften Versuche, sich selbst zu ermannen, erklärte ich in meinem Fall für Wichtigtuerei am falschen Ort – für Janssen ein Grund, mir die allergrößte Tücke anzuhängen, was sein stärkstes Lob ist. Denn nichts anderes weckt seine Neugier.
Ich bin auch ehrgeizig. Hätte ich es nicht sein sollen? Sein höherer Ehrgeiz konnte auf einen Ehrgeiz wie den meinen auf Dauer schwerlich verzichten. Ich bin auch bestechlich. Eine gute Zeichnung hat mich immer bestochen. Mit meinen Vorlieben, unausgesprochen zwar, aber doch stets um Sprache kreisend, schien ich ihm ein Bild von sich selbst abzuverlangen, dem er gern entsprechen wollte. Er drängte ins Gespräch. Das Gespräch führte er. Aber auch ein Perpetuum Mobile wie Janssen braucht hin und wieder Zuspruch, einen Wink, ein Anzeichen von Verständnis. An sich war er genügsam. Um sich vernehmlich zu machen und nur um gegenanzureden, genügte ihm ein laufender Wasserhahn. Mit der Katze Lydia ließ er sich auf Dialoge ein, wie sie mit Frielinghaus nicht überliefert sind. Mit mir konnte er reden, wenn ihm sowieso der Mund überfloß. Wenigstens verhinderte ich den Fluß seiner Rede nicht durch geistesabwesende Zwischenbemerkungen und hilflose Gesten. Für einen, der seiner gerafften, immer das persönliche Kürzel einschaltenden Erzählung folgen wollte, stellten die Sprunghaftigkeit und das Stenogramm seiner Worte, auf die sich jeder erst einen Reim machen mußte, eine Art Gehirnwäsche dar. Deshalb war es unumgänglich und zuguterletzt auch kräftesparend, sich auf seine Sprache einzulassen und eine besondere Aufmerksamkeit für solche Punkte freizuhalten, wo es zur Sache ging.
Sprache gibt es nicht solo. Daran hängt das Leben – erst recht bei einem wie Janssen. Also richtete ich mich in seiner Sprache ein und machte mich in seinem Leben breit. Für Mißverständnisse blieb immer noch genügend Platz. Sie spornten Janssen besonders an. Schließlich gehörte ich so gut zum Haus am Mühlenberger Weg wie der Wasserhahn und die Katze.
Von da war es nur noch ein kleiner Sprung zum Biographen. Janssen war wirklich überrascht, als ich ihm 1979 eröffnete, daß ich im Leben draußen meine Schularbeiten gemacht hätte und eine neue Aufgabe suchte. Da ich meine Prüfungen mit Goethe bestanden hatte, war er auch ein bißchen geschmeichelt. Er hatte immer schon inbrünstig von sich erzählt. Von der Welt sprach er nie anders als von sich. Nun wurde ein Programm daraus, nur daß er mir, der ich mit meiner Kritzelschrift gar nicht so schnell seinen Erinnerungen folgen konnte, die Systematik überließ. Das Leben drängte sich bei ihm immer so vor und nahm ihn so in Beschlag, daß die Vergangenheit,

obwohl allgegenwärtig, en passant laufen mußte. Ich spielte ergriffen mit, und wenn er für mich eine Einladung bei alten Janssen-Freunden erwirkte, die ich interviewte, brachte ich Stichworte für neue Geschichten mit. Ich hatte eine Funktion, ohne die im Hause Janssen kein Bleiben gewesen wäre.

Damals fing Janssen an, seine Autobiographie zu schreiben. Nicht auf dem Papier, da hatte er längst mit den Kindheitserinnerungen begonnen, aber im Kopf. In dem Probelauf, den er extra für mich veranstaltete, legte er sich schon mal das Material zurecht – und nicht nur das: auch die Form, mit der er sein Publikum gewinnen wollte. Der sich bedingungslos auf seine Lebensgeschichte und seine persönliche Sprache, auf seinen Ton und seine Inszenierungen einlassende Leser, der wie gebannt seinen scheinbar intimsten Enthüllungen folgt – das bin ich. Einüben konnte es Janssen an dem Beispiel, das ich damals gegeben habe, ich, der ich alles bis ins einzelne wissen wollte, weil ich an seiner Biographie schrieb und mich von seiner mit Witz gewürzten „Allmächtigkeit" heftig beeindrucken ließ. Auch ohne mich hätte Janssen seiner autobiographischen Schreiberei in *Hinkepott I* und *II* diese oder eine ähnliche Gestalt gegeben. Aber da ich mich nun einmal in dieser Funktion in seinen psychischen Haushalt eingeschlichen habe, hat er seine Rolle – eigentlich ein Set von Rollen – auch besonders an mir ausprobiert.

Damals begann er aber auch schon gegen mich anzuschreiben – wieder nicht auf dem Papier, sondern mit der vorläufigen Organisation des Materials. In eine chronologische Ordnung wollte er seine Autobiographie nicht zwängen, nicht wie Goethe in *Dichtung und Wahrheit* mit der Konstellation von Mond und Jupiter am Tag seiner Geburt anfangen. Eher wollte er so schreiben, wie er auch immer gelesen hat: das Buch des Lebens an einer Stelle aufschlagen, sich da punktuell hineinvertiefen und alles, was dieser Moment hergab, so intensiv ausschöpfen und so plastisch wiedererstehen lassen, daß davon eine für die Lebenssituation, die Altersstufe, die Zeit exemplarische Wirkung ausgeht. Dem zur Pedanterie neigenden Epos wollte er von vornherein das im Ausschnitt entfesselte Drama entgegenstellen.

Deshalb hatte er doch ein Einsehen mit meiner die Lücken schließenden und Zusammenhang stiftenden Materialsichtung. Im Herbst 1979 setzte Janssen von einem auf den anderen Tag meine Besuche in Blankenese aus. Anderthalb Jahre lang hörten wir nur am Telefon voneinander. Ich sollte unbehelligt schreiben. Merkwürdigerweise war es im Herbst 1979 aber auch ziemlich genau die Zeit, als er selbst ins Schriftstellern kommen wollte. Offenbar mußte er sich dafür den Horizont freihalten – und das um so mehr, als er mich für manche seiner kleineren Texte gerade in die Rolle des Ersthörers oder Erst-

lesers gebracht hatte. Damals forderte er mich sogar zu Verbesserungsvorschlägen auf. Es ist vor dem Hintergrund zu sehen, daß er in seiner Entwicklung zum Schriftsteller niemals lektoriert wurde und es wohl auch durch einen Verlagslektor nicht zugelassen hätte. Gewisse Absicherungen brauchte er trotzdem. Damit sollte jetzt Schluß sein. Er wollte völlig freie Hand haben. Wohin hätte es auch führen sollen, sich von Einreden, und wären sie auch noch so germanistisch, abhängig zu machen!
Wie an früherer Stelle behauptet, hat sich Janssen mit den *Ergo*-Texten freigeschrieben, und das richtete sich auch gegen mich. Damals machte ich zum ersten Mal die Erfahrung, wie er seine Freunde an sich heranzieht und im nächsten Augenblick zurück unter „die Leute" schleudert – gerade unter die, die ihm ein Greuel sind: „Einer von vier Milliarden."
Als sich Janssen so ins Schreiben hineingesteigert hatte, daß er durch nichts mehr, auch nicht durch einen Mitschreiber zu bremsen gewesen wäre, war ich wieder bei ihm wohlgelitten – im Frühjahr 1981. Ich saß zwischen Gaulin und Bissinger und all den anderen, und ausnahmslos waren wir von seinen Texten entzückt, die er in der Regel umgehend zum Vortrag bringen mußte. Gleichwohl blieb es immer etwas Besonderes, daß ich an seiner Lebensgeschichte schrieb. Wie erfolgreich er das auch verdrängte, sich nie einmischte und auf eine bewundernswerte Weise stillhielt – da war einer, der an der von ihm erst noch endgültig literarisch zu traktierenden „Biomasse" herumdokterte! Unterirdisch arbeitete das Mißtrauen weiter.
Janssen hatte mich dazu ausersehen, ihn durch das Zeichenjahr 1982 zu begleiten. Ich hatte mir eine gewisse Zungenfertigkeit angeeignet, seine neu entstandenen Zeichnungen zu „besingen", was mir in den Tagen von *Basel Rot*, *Paranoia* und *Josefland* besonders leicht fiel. Wenn er auch selten ganz einstimmen mochte, konnte er doch in seiner Tonlage gegenhalten. Diese Wechselrede hätte ihn auch weiter unterhalten, wenn ich darüber nicht ans Ende meiner Schreiberei gelangt wäre. Die Veröffentlichung stand irgendwann bevor. Zwar hatte ich in dem Hamburger Verlag Hoffmann und Campe mit meinem Projekt auf Anhieb offene Türen eingerannt und Janssen damit leidlich ruhiggestellt. Aber ich hätte stutzig werden müssen.
Siegmund-Schultze, die Lektorin, wollte außer mit Janssen eigentlich lieber mit Frauen zusammenarbeiten. Nun war ich als Biograph so gut wie eine Frau. Nur stellte sich heraus, daß bei ihr die Frauen stark sein sollten. Die Brückner bekam ihre Janssen-Illustrationen für die *Ungehaltenen Reden ungehaltener Frauen,* und Viola Rackow bekam ihre Liebesbriefe noch einmal, aber nicht von Janssen, sondern gedruckt von Siegmund-Schultze.[57] Mich ließ

sie dagegen hängen, was mir mit Janssen zuguterletzt nicht passieren sollte. Er hängte mich zwar, aber mit ihm konnte ich wenigstens darüber streiten, ob der Gehängte auch der Gehenkte wäre. Auf solch ein Wortscharmützel ließ sich Janssen immer sofort ein, weil er das für Germanistik hielt. Jedenfalls ließ er mich nicht hängen, sondern machte mir zum 24. September 1984, dem Erscheinungsmonat der Biographie, eine Radierung: „Du 6-fach gehängter Freund – sei gegrüßt."[58]

Da hatte ich gerade das Schlimmste überstanden. Im Februar 1984 war mein Buchvorhaben gescheitert. Das Manuskript zu lektorieren hatte sich hingezogen. Janssen war nervös geworden. Hinter meinem Rücken liefen Gespräche. Er zog die Bereitschaft zurück, meine Veröffentlichung mitzutragen. Der Verlag schloß sich holterdipolter an, und ich stand vor der Frage, 600 Seiten Text in der Schublade verschwinden zu lassen oder in den Untergrund zu gehen und das Buch allein zu machen. Ich schrieb in meiner Verzweiflung Druckereien an und bat um Kostenvoranschläge. Konkurrenzlos günstig war ein Betrieb in der DDR, aber seine Offerte kam ein Dreivierteljahr zu spät. Da war ich zum Glück schon bei Hauschild in Bremen gelandet, wo man Horst Janssen nicht kannte und deshalb um so beherzter mein Buchprojekt realisieren wollte. Ich hatte inzwischen das Manuskript gestrafft und verbessert. Siegmund-Schultze war mir eine Lehre! Meinen eigenen Verlag nannte ich B. S. Lilo – ein Anagramm von „lieblos", wie Janssen die Rohfassung nach einer dreiminütigen Lektüre genannt hatte. Tausend Exemplare ließ ich, zur Minimierung des Risikos, drucken. Das erste Exemplar für Janssen gab ich Dierk Lemcke mit, der dafür am besten geeignet ist, weil er vor der Überbringung schlechter Botschaften einen noch größeren Bammel hat als ich.

Am nächsten Morgen, dem 2. September 1984, rief Janssen an: „Es liest sich flüssig. Meine Eigenliebe ist entzückt."

Das Ja zur Biographie entsprang auch einem Bedürfnis nach Selbstbeschwichtigung. Als mich dann DER SPIEGEL über sage und schreibe drei Seiten lobte,[59] war das ein starker Rückenwind für meinen kleinen Eigenverlag. Aber der erste Erfolg setzte mich bei Janssen sofort wieder der Kritik aus. Sein Haus stand mir erneut offen, aber es wurde ein Wechselbad der Gefühle. Für das „schnelle Geld" hätte ich einen Freund verraten. Drei Jahre früher – und die Biographie wäre für ihn tödlich gewesen. Besonders fürchtete er bei den Tierschützern durchgefallen zu sein. Daß er Tiere peinigen konnte wie sonst nur seine Freunde, erschreckte ihn selbst. Sonst reagierte er souverän. Der Erfolg der Biographie war auch sein Erfolg und nahm mich wieder gegen ihn in

Der Schriftsteller

Stefan – du 6-fach gehängter Freund. Radierung zum 20. 9. 1984 (16 x 11,3 cm)

Schutz. Aber was ich als sein erstes, 1946 gezeichnetes Selbstbildnis aufgenommen hätte,[60] sei die Arbeit einer Mitschülerin gewesen, vermutlich Francis Zuschke. Janssen wollte es nicht gemacht haben. Später stellte er es doch in der Reihe der Werkübersichten seinen Selbstbildnissen voran.[61] Er stand zu seinen Anfängen. Selbstverleugnung lehnte er ab.[62]
Auch ist bisher noch nicht ein zusätzliches Kind von ihm aufgetaucht, wie er vieldeutig in Aussicht stellte. Seinen ersten Sohn hat er selbst 1978 in der Fernsehsendung „3 nach 9" geoutet. Ich habe die Geschichten dazu nachgereicht und damit einen Familienzwist heraufbeschworen und eine fünfzigjährige Freundschaft gekappt. Janssen stand darüber. Nur daß ich die Radierung *Paulette* auf Paul Wunderlich bezogen habe und nicht auf den frühen Paul Klee, das ließ er nicht durchgehen. Überhaupt – zu Paul Wunderlich hätte ich unbedingt die Geschichte von der allerersten, sich in Säure auflösenden

Janssen-Radierung erzählen müssen. Das hat er dann zum 60. Geburtstag seines alten Freundes in großartiger Weise selbst getan. Man möchte meinen, so hätten wir uns die Arbeit geteilt. Ich bin aber immer von seiner Kunst des Erzählens nachträglich eher beschämt gewesen.

Wenn ich heute ungeschoren gelassen wurde, wurde ich morgen so aufgespießt, daß Frielinghaus wieder von den Pralinen zu naschen begann und Kerstin Schlüter noch begeisterter nach dem Pommery griff. Es stand der Janssen-Satz im Raum: „Wenn ich die ganze Auflage nicht gleich habe einstampfen lassen, ist das noch kein Präjudiz." Tief in ihm rumorte es weiter, obgleich er öffentlich nur mit einem Kritikpunkt herausrückte: „Über die Katastrophe in Permanenz", die scheinbar seinen ganzen Alltag ausfülle, sei die „selbstverfügte Ordnung" des Künstlers zu kurz gekommen.[63]

Offiziell hat Janssen die Biographie nie gelesen, weil – er wollte mein Freund bleiben, wie es etwas dick aufgetragen hieß.

Man stelle sich jemanden vor, der sein Leben nicht nur zu einer Geschichte, sondern zu der Geschichte aller Geschichten erst noch eigenhändig ausschreiben will, jemanden, der in allen Phasen das aufregendste und besonders ein in den Höhen und Tiefen exemplarisches Leben geführt haben will. So einem muß der Biograph das Material streitig machen! Noch dazu diesem Janssen, der sich Rivalitäten schafft und die Eifersucht anheizt, um sich selbst zu Höchstleistungen anzustacheln. Es war, als buhlten wir um dasselbe Mädchen.

1984 – in den Anfängen seiner Autobiographie im Anschluß an Mirjam Madlung – war ich ihm mit meinem Buch in die Quere gekommen. Im Herbst 1985, als er sich für das nächste Jahr vorgenommen hatte, richtig ins Schreiben hineinzukommen, flog ich im hohen Bogen aus seinem Haus. Nicht genug damit: Um für seine Arbeit völlig frei zu werden, mußte er mich und meinen literarischen Erfolg ungeschehen machen – hinter dem Horizont versenken. Für den Rauswurf hatte ich ihm noch den Anlaß geliefert, freilich nicht ohne mich von ihm anstiften zu lassen, der er mich kurzerhand entgelten ließ, daß er mich gerade mit einer Kleinstauflage von Radierungen gekauft hatte. Für den im Februar 1986 verfaßten Text *Wie mache ich mir einen »Biographen«?*[64] brauchte er keinen Anlaß mehr. Er entsprang aus dem strategischen Bedürfnis, unbelastet durch mich in sein Eigentliches – in *Hinkepott* – einzusteigen. Der kleine Aufsatz sollte mich persönlich treffen – vernichten, ausradieren.

Als hätte ich diese Entwicklung ahnen können, schrieb ich die ganze Zeit über an einer erfundenen Geschichte,[65] in der ich keinen Geringeren als Goethe

nach Hamburg reisen lasse, der nun – bei seiner sprichwörtlichen Idiosynkrasie gegen solchen tödlichen Ernst – mitansehen muß, wie Janssen stirbt. Heimlich fingierte ich also einen klassischen Vatermord, den ich mir dadurch erträglich machte, daß ich ihn rund 150 Jahre zurückverlegt habe. Es sollte sich schnurrig lesen. Janssen fand das ganz und gar nicht witzig. In einem Atemzug – und sei es dem letzten – zusammen mit Goethe genannt zu werden: wie peinlich! Nun erst recht in dem Augenblick, da er im Begriff war, der Welt seine eigene *Dichtung und Wahrheit* aufzutischen.
Als das Büchlein unter dem Titel *Alle Macht geht vom Auge aus. Goethe besucht Janssen* wieder überraschenderweise im Eigenverlag zum Herbst 1986 erschien, unterdrückte es Janssen nicht, obwohl er instinktsicher auf den Punkt losging, der es juristisch ohne weiteres möglich gemacht hätte. Ich hatte Zeichnungen von ihm ohne seine Einwilligung abgebildet.
Unterschwellig muß ich lange schon den Rachefeldzug gespürt haben, der die ganze Zeit über gegen mich lief und in der erst im Oktober 1986 bei dtv veröffentlichten Abstrafung des Biographen seinen Höhepunkt erreichte. Ich wollte Janssens Leben – wenigstens für mich selbst – zu Ende geschrieben haben. Ich konnte nicht erwarten, daß mir mein Held den Gefallen tat. Ich hatte mich so in seine Welt hineinziehen und von ihr aufsaugen lassen, daß ich meinerseits einen Befreiungsschlag führen und mich wie gegen eine Übermacht wehren mußte. Janssen war mehr als einnehmend, mehr als besitzergreifend. Den Abgrund, in den ich da blickte, hatte ich den Eindruck, mit meiner Person als Augenzeuge und Schreiber zu decken. Nicht daß er mir etwas vorgespielt hätte, was er nicht war. Aber wie er sich zeigte und gab, lag es auch an mir und meinen Aufzeichnungen. Es stachelte ihn an, ließ ihn über sich hinauswachsen und noch abgründiger erscheinen. Selbst dann machte er von mir keinen anderen Gebrauch, als er von der Welt überhaupt machte. Aber ich war ins Zentrum geraten, was auf Dauer nicht auszuhalten ist. Vielleicht mußte der Biograph ihn deshalb vorläufig sterben lassen.
Janssen fegte alles Literarische beiseite. Er griff spätabends zum Telefon. Ich soll das Tonband anstellen. Dann legte er los: „Weißt du, was ein Mord kostet? In dieser Republik kostet ein Mord zehntausend Mark. Das ist eine Zeichnung. Du liebst doch deine Tochter. Schau sie dir noch mal an, wie sie im Bettchen liegt. Ein Taxi wird beim Einbiegen in die Seitenstraße den Kinderwagen erfassen und überrollen. Das verspreche ich dir in den nächsten vierzehn Tagen. Du sollst in Angst und Schrecken leben."
Die Telefonfolter setzte er mit einem neuen Anruf fort: „Ich ruiniere dich, deine Frau, deine Kinder – die ganze Familie. Noch diesen Monat. Das schwö-

re ich dir. Am besten verschwindest du aus der Stadt. Als Reiseziel empfehle ich Indien."

In gewisser Weise ist dieser zum Diktat geronnene Wutanfall schon wieder Literatur. Nur daß daraus jede Distanz verschwunden ist. Es gibt keinen Ausweg. Bei solchem sein Ziel treffsicher ansteuernden Vernichtungswillen nicht wirklich gemordet zu haben, rechnete sich Janssen schon wieder als Leistung hoch an. Er ist dann so zwingend, als hätte es ihn als Gegenstand biographischen Interesses nie gegeben. Es gilt bloß noch das Leben – sonst nichts.

Ich war in Konkurrenz zu Janssen wie unter ein Trommelfeuer geraten. Niemand soll sagen, er hätte sich nicht gegen mich gewehrt. Er hat sich mit aller Macht gesträubt. Genützt hat es ihm nichts. Der Biograph, der unversehens selbst in die Geschichte eingetreten war, hatte einige wenige Monate Zeit, sich und sein Herz zu prüfen, dann meldete sich Janssen zurück: „Ich bin doch nicht die DDR und reagiere mit Ausbürgerung." Manchmal denke ich, daß ich der einzige bin, der solche Formulierungen richtig genießen kann. Wahrscheinlich war es das, worauf auch er nicht dauernd verzichten mochte. Ich konnte ihn zu dieser sprachschöpferischen Bildlichkeit anregen. Außerdem – und das wog in seinen Augen ungleich schwerer: „Du schreibst ja doch weiter!" Deshalb sollte ich gefälligst an Ort und Stelle erfahren, was sich Neues tat.

Das Neue war die Veröffentlichung seiner Lebensgeschichte im Herbst 1987 unter dem Titel *Hinkepott. Autobiographische Hüpferei in Briefen und Aufsätzen.*[66] Für die Niederschrift hatte er sich bei völliger Nüchternheit und Abstinenz vom Alkohol eine in allen Farben oszillierende Ich-Seligkeit verordnet. Er schrieb wie er radierte: zurückgezogen und allein. Mich hielt er auf Entfernung. Nur sollte ich ihm nicht verlorengehen, damit ich rechtzeitig an seinem Triumph teilnehmen konnte. Dazu lud er mich ein zu seinen Lesungen in den Hamburger Kammerspielen und anläßlich der Frankfurter Buchmesse. Von seiner Begegnung mit dem Literaturkritiker Reich-Ranicki, den er unbedingt und endgültig für sich einnehmen wollte, gab er mir folgende Schilderung: Man saß in großer Runde zusammen bei seinem Freund Joachim Fest. Obwohl bei solchen Anlässen Reich-Ranicki ungebremst das Wort zu führen pflegte, redete hier Janssen. Er redete – wie nur ein Künstler und nicht der Kritiker reden kann – über das, was er demnächst machen werde: zum Beispiel statische Wasserfälle. Aber das gäbe es doch gar nicht, habe sich Reich-Ranicki hören lassen. Das sei für Janssen das Stichwort gewesen, um den berufsmäßigen Besserwisser ins Gebet zu nehmen. Er solle mal am

Alpenrand entlangfahren. Was er da aus der Entfernung sehe, sei ein silbriges, im Bogen zu Tal führendes Band – eine helle Strähne vor dunklem Hintergrund, die nicht einmal glitzern und glänzen würde, so unbeweglich hielte sie sich in der Landschaft. Um solch einen statischen Wasserfall richtig sehen zu können, nützt alles Wissen der Welt nichts. Nur soviel zum statischen Wasserfall! Im übrigen sei es ja sonst an Reich-Ranicki, hier wie ein Wasserfall zu reden.

Das ist die mir von Janssen genüßlich unterbreitete Geschichte. Und gleich muß ich wieder sortieren. Denn wie ich auch hörte, sei er auf der Frankfurter Buchmesse am Stand von St. Gertrude schon vorher dem Ehepaar Reich-Ranicki begegnet. Dieser habe sofort den Zeichner, aber auch nur den Zeichner gelten lassen, worauf sich Janssen an Frau Reich-Ranicki gewendet habe: „Sie wollten doch gehen. Am besten gleich."

Hinkepott wurde ein großer Erfolg. Janssen hat sich viele begeisterte Leser hinzugewonnen. Die Kritik lobte das Buch hoch und zählte es unter die Unnachahmlichkeiten. Eine Singularität. Janssen hatte damit seinen Platz in der Literatur gefunden. Aber den Nobelpreis, wie er in seinem Übermut erwartet hatte, bekam er nicht. Als Helmut Schmidt mit dem ersten Band seiner Autobiographie größere Verkaufszahlen vorweisen konnte, neidete er ihm wie jedem Politiker die unverdiente Popularität.

Nun aber zu der eminent literarischen Leistung von *Hinkepott*: Sie liegt noch vor dem Text selbst, seiner Abfassung und seinem Sprachwitz. Sie liegt darin, ein Ich in Stellung zu bringen, das noch vor dem ersten geschriebenen Wort alle literarischen Genres – das gewörterte Porträt, die Landschaftsschilderung, die Litanei, die Haßtirade – so in sich aufgenommen hat, daß es sie wie aus dem Füllhorn eines „Himmel und Hölle"[67] auskostenden Lebens über den Leser ausschüttet. Es ist dieses zur Omnipräsenz gesteigerte Ich: seine „Allmächtigkeit". Es geht tatsächlich um die Macht, alles sagen und noch dazu treffend genau ausformulieren zu können, was hier auch heißt, nichts verstecken oder verbergen zu müssen. Denn nur dazu gehört Macht: nichts und niemanden über und außer sich zu fürchten. Dagegen ist keine Macht nötig, um ein Leben getreulich nachzuerzählen. Man muß nur irgendwie der Sprache mächtig sein.

Die Macht, die Janssen wie kein anderer verkörpert, sogar und erst recht in den Desastern und Niederlagen, auf den Tiefpunkten seiner Existenz, die er deshalb auch restlos bekennen kann – es ist die Macht des Erfolgs, die Macht des Erfolgs als Zeichner. Der Zeichner, der Alleskönner und Meister in seinem Metier geht dem geschriebenen Wort voran. Er sichert es ab, wo es sich

bekenntniswütig die Blöße gibt. Er stützt und trägt es noch über die tiefsten Abgründe hinweg, die er nur aus diesem Grunde ausloten kann.
Nirgends läßt sich aber auch besser nachvollziehen, daß es sich dabei um etwas Hergestelltes und über viele Stufen Erarbeitetes handelt – nicht bloß um ein exzentrisches, wahnwitzig übersteigertes Selbstbewußtsein. Denn der Zeichner und seine Erfolge sind das Resultat einer Lebensarbeit. Janssen hat wie kein anderer erst zeichnen gelernt und dann geschrieben. Aus der Beherrschung seines Metiers hat er sich die Freiheit zum Schreiben genommen. Diese Freiheit läßt sich nun wieder mißverstehen – das liegt im Wesen der Freiheit. So als hätte er geschrieben, wie ihm der Schnabel gewachsen ist: mal schnodrig und mal quasselig, ohne Rücksicht auf ein orthographisch gebändigtes Schriftdeutsch, ja, ohne auch nur im mindesten auf die Form zu achten. Er habe alles aufgeschrieben, wie es ihm gerade in den Sinn und über die Lippen gekommen sei. Hat er nicht! „Heute endlich schreib ich so, wie ich rede."[68] Dieses So-Schreiben-wie-Reden-können ist seine Kunst. Janssen hat sie Schritt für Schritt entwickelt. Wie ich behaupte, werden die Weichen dafür noch vor aller Stilistik gestellt: mit einer Selbstermächtigung, die das Wort, geschrieben wie gesprochen, nur unter anderem mit unter ihren Äußerungen führt.
Wie sehr das gesprochen-geschriebene Wort auf ein solches Unterfutter angewiesen ist, wird sogleich ersichtlich, wenn irgendwer so schreiben wollte, wie er spricht. Es führt zu nichts. Bestenfalls liest es sich so, wie sich der dreißigjährige Janssen anhörte, als er – wie früher zitiert – an Birgit Sandner stündlich, ja, minütlich schrieb. Erst fünfundzwanzig Jahre später konnte Janssen so schreiben, wie er redete, und auch das nur, weil er inzwischen so reden konnte, wie er schrieb. Das heißt, er hatte auch in seinem Reden und Sprechen eine enorme Entwicklung gemacht.
Literarisch kommt das gesprochene Wort am besten als Brief daher. Der Brief ist die persönlichste, zwangloseste, subjektivste Verlautbarung eines Ich. Er ist an jemanden gerichtet, hat also einen Adressaten. Mit der Anrede entfaltet sich ein Dialog, der nicht auf einer, sondern auf vielen Bühnen spielt und immer zugleich vor und hinter dem Vorhang. Janssen hat nicht nur alle diese Rollen erprobt – er drängt da hinein. Wo andere sich binden würden, fühlt er sich erst richtig frei, weshalb er seinen Verleger und am besten seine Geliebten zu Adressaten auserwählt, auch wenn sie die Briefe nicht immer empfangen haben. Das Zauberwort heißt Korrespondenz. Es steht für jeden Austausch von Meinungen wie auch besonders dafür, sich nicht bei allen gleich gut aussprechen zu können, sondern bei einigen wenigen um so mehr – gleichsam

Janssen am Pult vortragend, 1986

als der sich restlos entblößende Mensch und mit einer Präsenz, die für das Leben selbst steht. Stimmungen, Befindlichkeiten, auf den Punkt gebrachte Reflexionen – alles, worin sich Janssen völlig und erschöpfend aussprechen will, kommt deshalb am besten in Briefen zur Sprache.

Unter der Hand wird ihm der Brief zu einem „gewörterten Selbstbildnis", wie es noch keines gab: authentischer, einnehmender, spontaner, augenblicklicher als alle sich mühsam an das Hier und Jetzt heranschreibende Literatur. Es ist deshalb nur konsequent, daß Janssen nicht nur in und mit der Sprache sein eigener Schöpfer ist – er spielt wirklich Gott.

Wie das Beispiel zeigt, liegt das Gewicht abwechselnd auf „Gott" und „spielen":

Ich bringe Freund »Dickus« die Treppe runter, und da sitzt da draußen so 'n Schreihals vor der untersten Stufe – so 'n aufgerissener rautenförmiger, rosa Schlund mit noch 'nem niedlichen jungen Drosselkerlchen dran. Man kennt diese ebenso drolligen wie erbarmungswürdigen, dünnhälsigen Unglücksvögel, die aus dem Nest gefallen sind. Irgendwo in der Nähe die aufgeregten Eltern, die Alten: »tzück – tzschück – tschück – tschück«. Und der Kleine: »tschieb tschieb – tschiiib«. Und während Freund Dickus aufs Drollige abhebt und lachend sagt: »Na – dich Schreier haben sie rausgeschmissen, was!?« ist mein erster Gedanke – nein der Gedanke noch VORM Denken: »Wer um gotteswillen, besser meinetwillen bringt diesen Vogel bitte SOFORT um!?« Dieser Gedanke kommt derart prompt, daß nur ein zweiter ihn überdecken kann – am besten natürlich perfekt.
Was geht da vor in meinem Hirn? EBEN: Ungeduld. Da sitzt ein Problem. Das Problem? = Lydia! meine dickfellige, süße Katze, schnurrender Trost dunkler Stunden. Wo und wie bring ich diesen kleinen Schreier vor Lydia in Sicherheit? Und da gibt's keine Sicherheit außer: ich müßte 'ne Rettungsaufgabe übernehmen, die mich Tage und Wochen kostet und nur per größter Aufwendigkeit nicht zugleich vergebliche Liebesmüh wäre. Andererseits: laß ich diesen verdammten Vogel da sitzen, damit seine Eltern ihn weiterfüttern können – da würde ich dann oben am Tisch sitzen und lauschen. Würde angestrengt auf den letzten Glockenschlag seines Lebens warten. Oder aber ich läge da und ganz sicher käme mir sein Bild genau in dem Moment ins Hirn, wenn ich mein Schlafgift einnehme. Und wenn ich sage: »sein Bild« – dann ist es eben ein Bild von suggestiver »Wirklichkeit«. Mehr noch: dieser verdammte Vogel vergrößert sich dann in meinem Hirn auf die naturalistischste Weise zu einer Goya-Federbestie und seine eigentliche Hilflosigkeit verwandelt sich in beängstigende, drohende Forderung. Diese alberne Hysterie kommt mir natürlich aus dem Hirn des ZEICHNERS; eine plattitüde Anmerkung für solche, die immer verwundert sind, wenn so 'n Zeichner allesmögliche ziemlich »echt« aus der »Einbildung« rauszeichnet. Also – FACIT: TÖTEN! Und erst wenn ich mir diese Hysterie runtergedükert habe auf's »menschliche« Maß – aufs Normale, entläßt mich Vernunft in eine disziplinierte Gleichgültigkeit gegen dieses tierische Desaster.

Sagte ich: UNGEDULD? Ja – und Dulden steht hier AUCH in seiner zweiten Bedeutung. Und mit mir selbst treib ich's ähnlich. Versagen zum Beispiel in heiteren »gesunden« Zeiten, aus welcher »Zufälligkeit« auch immer, die Hab-Acht-Mechanismen des Alkoholikers, und läuft mir nur EIN einziger Schluck dieses ordinären Giftes durch den Schlund ... es »schmeckt« total nicht, es schmeckt geradezu widerlich und das gewisse Elend des nächsten Tages oder womöglich das Elend künftiger Wochen, es kommt mir im selben Moment überdeutlich ins Hirn! –– da könnte ich mir doch gut und gerne sagen: LASS ES! Dies EINE Glas drückst du weg, schwemmst du raus mit Kamille und Buttermilch oder mit waswißich: – Aber NEIN: WÜTEND auf mich über diesen einen winzigen Moment, der mir mein Willensgebäude umgeworfen und meine Tapferkeit gebrochen hat, wütend in solcher Wut, saufe ich gleich 'n ganzen Liter hinterher. NICHT: EINMAL IST KEINMAL, NEIN: JUNGFRAU DEFEKT! TÖTEN.

Weitaus peinlicher ist die Chose natürlich, wenn Disziplinlosigkeit UND eine miese, sprich tiefere Depression just Hochzeit feiern. Dann liefert sich ein krankes Hirn mit einem zwar ausgeleierten, aber »unheimlich« gesunden Leib eine wahre Vernichtungsschlacht. So ein Schlachtengemälde werd ich irgendwann mal wörtern. Worauf ich hier raus will: Krank im »bürgerlichen« Verstande war ich nie und darf ich nie werden. Kurierbare, durch geduldige Kur zu heilende Krankheit kann man in meiner Vita streichen. Es gibt – wenn man von meiner Krankheit »Leben« absieht – nur totale Gesundheit und Tod. Solche, die da glauben, gesehen zu haben, daß ich je über Monate kränkelte, denen sei gesagt: ich kränkelte nie! Nie laborierte ich in meinem jungen wie alten Leib geduldig und im Heilungssinne vernünftig eine Krankheit aus –– nein: Wann immer ich kränkelte, KADAVERTE ich. Meine Sehnsucht aufs Ende – auf Tod brachte mich jeweils bis genau auf jenen Punkt, von dem aus es »eigentlich« keine Rückkehr gibt. Und dies Definitive war und isses bisher, was meiner persönlichen Norne nicht paßte. SO hab ich die Alte vor Augen: Ziemlich verzweifelt über diesen für's Leiden und Dulden und Geduldigsein ungeeigneten Balg dreht SIE dann schließlich den »tödlichen Zustand« abrupt ins Gegenteil – legt ihren Liebling in eine Art nur für ihn ausgedachten Tiefschlaf von 48 Stunden und – DANN ist er wie NEU.

Dieses Schicksal ist die Quelle meiner Ungeduld. Mag der »Kadaver-Zustand« für Andere jeweils auch noch so langweilig und unumkehrbar erscheinen – für MICH ist es der *kürzeste* Weg zur »Wiedergeburt«. Auweh.[69]

Für die kleine Drossel spielt Janssen Gott – Gott, wie er sein müßte, wenn es ihn gäbe: den gnädigen Gott. Gleichgültigkeit ist seine Sache nicht. Er kann nicht einfach unparteiisch sein. Hier liegt eine der Quellen für sein Zeichnen, das ihn nur erlöst, wenn es die inständigste Parteinahme ist. Wir sind alle sterblich: Wie Janssen solche unspezifischen Verallgemeinerungen haßt! Er stirbt deshalb auch nicht, er ist nicht krank, erst recht kränkelt er nicht – er „kadavert". Das heißt: wenn schon sterben, dann richtig. Mit Verwesungsgestank, der in die Nase sticht, und nicht in Erfüllung eines unpersönlichen Gemeinplatzes.

Janssen sucht in allem die Steigerung: sein ureigenstes Stirb und Werde – und das von Anfang an. Deshalb erzählt er nicht eine Kindheit, sondern *die* Kindheit. Als Schüler will er nicht werden, sondern gleich *sein*. „Ich wollte nicht WERDEN, ich wollte (sofort) SEIN – nämlich zumindest des Lehrers Liebling!?"[70] Janssen umwirbt nicht die Frauen, sondern *die* Frau, diejenige, die auf jeder Lebens- und Altersstufe für ihn wie geschaffen ist.

In *Hinkepott* erzählt Janssen Geschichten aus der Kindheit, von der Napola, von der Kunstschule am Lerchenfeld, von Lieb- und Freundschaften bis in die Zeit seiner ersten Ehe mit Marie Knauer. Es gibt Enthüllungen und jede Menge Entgleisungen gegen den Zeitgeist, Belehrungen in Briefen, Unverschämtheiten, Zärtliches und Verspieltes, Aufschneidereien, Haß- und Neidtiraden, Peinigungen und Peinlichkeiten, Anwürfe und Ausfälle gegen Freund und Feind. Es ist das prallste Leben, das Janssen in seinen Erzählungen immer neu mit Spannung auflädt. Ein Leben, das wie der zündende Funke von Erfüllung zu Erfüllung weiterspringt und eine Kettenreaktion ungemessener Intensitäten auslöst.

Dieses in allen Höhen und Tiefen restlos ausgelebte Leben läuft auf eine Demonstration der Stärke hinaus. Sie richtet sich gegen „die Leute", „die Emsigen und Verhinderten", gegen die „Allgemeinde". Was wissen denn *die*, was Leben ist. Seht her – hier ist es aufgeschrieben. Das ist Leben – mein Leben! Die anderen reklamieren immer bloß ihr „Recht auf Leben". Wenn Janssen ihnen dieses Recht schon nicht absprechen kann, will er ihnen doch zeigen, was möglich wäre – was des Menschen ist!

Denn bei aller „Mich-Liebhaberei" – „meine Ich-Geschichten sind mir wirklich zum er- und begötzen meiner selbst"[71] – geht es Janssen immer um den ganzen Menschen, im Guten wie im Schlechten, um den Verbrecher ebenso wie um den Mozart, die beide in ihm stecken. Es geht darum, dieses einmalige Leben zum Kompendium aller menschenmöglichen Erfahrungen zu machen. Dieser universalistische Zug ist beim späten Janssen nur stärker geworden. Damit ist er ein echtes Kind des Abendlandes, und bewußt trägt er das Erbe weiter. Zwar weiß auch er keine Antwort auf die letzten Fragen; darauf, wie die Menschheit noch zu retten sei. Aber daß es nicht alles sinnlos gewesen ist, daß es der Vergänglichkeit zum Trotz den Widerschein erfüllter Zeit gegeben hat – dafür steht Janssen mit seinem Leben. Deshalb die autobiographische Schreiberei. Deshalb der im Zenit seiner Jahre immer wieder neu gestartete Anlauf, der eigenen Vergangenheit zu höchster Präsenz zu verhelfen. Wer es in seinen Bildern nicht schon sehen konnte, lasse es sich gesagt sein! Davon gibt *Hinkepott* überaus beredt Zeugnis mit seinen vor Leben übersprudelnden Geschichten.

Mehr als vom bildenden Künstler erwartet wird, hat Janssen das Rätsel unserer Existenz in Wörtern zu fassen versucht. Reden war ihm Lebenselexier. Wenn er längst nicht mehr zeichnen konnte – aus Müdigkeit, Schwäche, Erschöpfung, vergewisserte er sich redend, daß er noch am Leben sei. Reden war die Nabelschnur, die ihn mit dem Universum verband. Den nächsten besten ins Gespräch ziehen und bloß keine Pause eintreten lassen, das war ihm elementares Bedürfnis. Ungezählt sind die schlaflosen Nächte, in denen er auf seine schon halb besinnungslosen Frauen einredete.
1959 wurde der manische Redezwang offenbar: in seinen Briefen an Birgit Sandner. Mit seinen Antigeschichten nahm ihn Janssen künstlerisch in die Regie. Die Welt, die sich ihm als Irrenhaus darstellte mit einem quasselnden Insassen, der er selbst war, verwandelte sich in den folgenden Jahren zu einer Bühne, auf der sich ein einziges Schauspiel unablässig wiederholt. 1965 in einem Brief an Carl Vogel fand er zu einer vorläufigen und noch vom Alkoholrausch gedeckten Formulierung. 1965 sprach er noch zögernd aus, was ihm dann später zu völliger Gewißheit geworden ist. Weil sich der Anfangsverdacht wie ein roter Faden durch sein Leben zieht und immer weiter erhärtet hat, sei die Briefstelle hier noch einmal zitiert:

> Ichbezogen betrachtet, ergibt diese Situation [Mitte der 60er Jahre] allerdings den einzig ernstzunehmenden Vorwand, etwas zu tun, was ich als eine Art Buchführung über den Verfall eines im Zynismus erdachten perfekten B[r]imboriums betrachte (Romantik).[72]

1973 nimmt dieser Gedanke eine ganz und gar romantische Gestalt an. In einem seiner Erzähltexte für *Bettina* bastelt sich Janssen einen kleinen Soldaten – den Nachfolger seines Garde-Ulanen. Das mit so viel Liebe hergerichtete Spielzeug geht kaputt.

> Was hatte ich falsch gemacht [...] war es einfach die Tatsache, daß sich das Schicksal, um uns zu treffen, eben jene Unternehmungen als Objekt seiner Tücke auswählt, in die wir unsere höchsten Erwartungen setzen – in denen wir unsere Identität suchen? Oder, so überlegte ich dann, war mein Soldat vielleicht eben doch ein Meisterstück, gerade weil mir in die ganze Künstlichkeit und Perfektion eine animalische Verwirrung geraten war? ein göttlicher Fehler?[73]

1981 kehrt der Gedanke in anderer Form wieder:

> Man meint ja, daß die Dichter in der Zeit ihre Zeit spiegeln sollen. Ich sage, daß die Dichter außerhalb der Zeit sich spiegeln, und das meint: den spiegelverkehrt geborenen Menschen spiegeln, so, wie ein kleiner Gott in unserem Hirn gnädig für jeden von uns die Welt umkehrt, die ja fürs Auge kopfsteht.[74]

1986 münden solche Überlegungen in die Sätze:

> Ach, Ihr armen Seelen, die Ihr nach Wahrheit sucht. Ich weiß, wo sie ist und wo IHR sie nie finden werdet: Ihr müßt sie machen"[75]

– „bauen", „basteln" oder, wie er bei anderer Gelegenheit auch sagt, die Wahrheit *behaupten*. Denn: „Wir z. B. sind eine Lüge. Wir – eine Wahrheit suchende Lüge."[76]
Das Bewußtsein und Selbstbewußtsein, auf das sich der Mensch so viel einbildet, hielt Janssen für eine Fehlentwicklung und Sackgasse der Evolution. In *Johannes* spricht er das deutlich aus:

> Und da meine ganze Hoffnung darauf zielt, daß unser Bewußtsein eine Krankheit ist – eine Krankheit ohne Krankheitsverlauf, ohne Katharsis und also ohne Heilung – während ich so hoffe, zweifel ich schon an dieser niederträchtigen Lösung aller Probleme, was mein Bewußtsein zu noch »ärgerlicherer« Bedeutung aufblähen würde. [...]

> [...] ich werde eine neue Lehre vom Hirn basteln. Etwa: Wir sind DOCH Pflanzen. Sind wir doch sowieso im Nervösen vegetativ. Da behaupte ich, daß unser Geist (ist er Hirn?) wuchernde Flechte ist, die sich exzentrisch ausdehnt wie Ringe im Wasser, in das der Stein fiel. Ein Hexenring (aus wuchernden Kremplingen), der sich im Kreis erweitert und NICHTS einschließt. Wäre das nicht eine probate Metapher für den Forscherdrang unseres »Geistes« – Wissensdrang – Erkenntnis-Drangsal!? Aus seiner rasenden Expansion kommen uns längst schon nur noch Informationen, ohne daß aus den Informationen WISSEN wird und schon gar nicht »Erkenntnis«. [...]
> Also halte ich fest an den Trugbildern, die mir im Selbstbetrug ein Ego-Zentrisches Paradies sind. Ich will mir ein Geschwür bleiben, das NICHT exzentrisch wuchert. Ich mache mir in der Geschwulst mein Nest.[77]

Er konnte sich gut vorstellen, daß in absehbaren Zeiträumen ein Wesen auftritt, das diese Stufe überwunden und den Defekt hinter sich gelassen hat. Solange müssen wir mit der „Krankheit" leben. Der seiner selbst bewußte Mensch ist das kranke Tier, das von Angst beherrscht wird. „Es ist die Angst, aus der es kein Zurück gibt. Es ist die rasende Angst des »defekten« Tieres, vom Virus »Gewissen« infiziert."[78]

Mit solchen wie mit den vorigen Formulierungen sind wir schon mitten in der Lektüre von *Johannes*, dem zweiten Band seiner Autobiographie von 1989. Dorthin wollen wir auch gelangen. Es ist ein philosophisches Buch im Gegensatz zu *Hinkepott*, das durch eine schier grenzenlose Lust am Fabulieren für sich einnimmt.

Janssen glaubt nicht, daß der Mensch, dem seine Existenz zu einem immer undurchdringlicheren Rätsel geworden ist, von dieser „Krankheit" auch heilbar wäre.

> Diese Neu-Mode basiert auf unserer Vorstellung, daß in allen Rätseln AUCH alle Desaster und Ungeheuerlichkeiten versteckt sind und daß andererseits das Enträtseln eines Rätsels auch alle möglichen drin verborgenen Ungeheuer bannt. [...]
> Alle unsere »Krankheiten« kommen, geschopenhauert, aus dem Rätsel im Rätsel im Rätsel hoch Rätsel = aus des Schopenhauers geliebtem »ANSICH«. So ist auch jede »Heilung« einer Krankheit der Ursprung einer nächsten Krankheit einer Krankheit einer Krankheit, und die »endgültige« Heilung ist dann der Tod.

> Johannes, Johannes, Johannes
> oh geliebter Johannes – ich sitze auf dem »Dachfirst« – fast. (Vorsicht!!!)[79]

Wie es scheinen will, gibt es für Janssen nur *ein* Mittel gegen die Krankheit: Am besten bist du nicht krank, hast du auch keine Krankheit, sondern du verordnest dir die Krankheit wie eine medizinische Droge ausdrücklich selbst. Du nimmst dir die Krankheit, wie andere sich ihren Urlaub oder ein paar freie Tage nehmen. Für Janssen heißt das, sich „die Krankheit »Leben«" bewußt zu machen – und danach zu leben.

Das alles ist noch keine ausgearbeitete Philosophie – erst recht hat Janssen kein System –, aber es ist der rote Faden, an dem sich der Wahrheitssucher seit frühesten Tagen immer tiefer ins Labyrinth vorwagt. Es romantisch – gleichbleibend romantisch – zu nennen, hieße, den weitesten und schwärzesten Begriff von Romantik vorauszusetzen. Dann stünde die ganze Moderne in der Nachfolge dieser urdeutschen Bewegung. Alles wäre Romantik. Janssen hielt wenig von solchen FESTschreibungen:

> Ich habe zwar die verschiedensten und wechseligsten VORstellungen von diesem Leben, ja – und die größten Vergnügungen in den NACHstellungen der flüchtigen Erscheinungen dieser Welt – aber zu einer bestimmten + gewissen EINstellung bin ich in diesen Angelegenheiten noch nicht gekommen.[80]

Deshalb ist es besser, in diesem ein Leben lang durchgehaltenen Motiv rücksichtsloser Wahrheitssuche einen roten Faden zu sehen, der nun allerdings vieles aus der alten und neuen, ja, neuesten Zeit anzuschließen erlaubt. Vor allem schließt es die am weitesten vorgeschobenen Positionen von Baudelaire bis Cioran nicht aus. Er steht ihnen an Radikalität nicht nach. Immer ausführlicher zitiert er in dieser Zeit Baudelaire, und mit Cioran fühlt er sich des längerem schon freundschaftlich verbunden. In seiner Erkenntniskritik – wie es schulphilosophisch heißen müßte – ist Janssen an Schärfe schwerlich zu übertreffen. Fragt sich nur, wie er den Absprung schafft von der „Krankheit »Leben«" hin zu der „»Droge« Leben". Denn trotz allem – am Ende will er gelebt und sogar „mehr" gelebt haben als jeder andere.

Seine mit Beginn der 80er Jahre einsetzende Zeitkritik war gleich die hellsichtigste – die am deutlichsten wahrnahm, was auf uns zukommt:

> Nicht Krieg und Frieden ist unser derzeitiges Problem – schon gar nicht der Ewige Friede. Das Problem ist vielmehr unser Verhältnis zur Euthanasie. Denn nach dem europäischen Probierfall geht selbst hier das Leben weiter – nur werden – eben! – um das Inferno herum hunderttausende bestrahlte Mütter hunderttausende kleine, höchst originell geformte, komische Gamma-Monsterchen werfen, die ihrerseits durchaus fortpflanzungsfähig sein könnten: Lauter kleine Kretins mit einem Auge auf der Stirn, einer Kloake als Mündchen und doppelter Potenz zwecks Doppelschuß. DAS ist unser Problem.[81]

Solche bedrückenden Visionen hat Janssen seit Beginn der 60er Jahre entworfen. Er hat in seinen Bildern vorweggenommen, was die Zeit erst noch ausbrüten sollte. Die „Kloake als Mündchen" – sie gehört zu seinen frühesten Erfindungen, den *Sybillchen* und *Ingrids*. Inzwischen ist daraus drohende Realität geworden. Über die sich selbst erfüllende Prophetie ist niemand so erschrocken wie Janssen. Muß er doch mit ansehen, wie seine Monsterchen von damals eingeholt werden durch „das gammabestrahlte Bestiarium, das Mitteleuropa bevölkern wird".[82] Das Entsetzen verschafft sich Luft, drängt ins Wort und zur Sprache – will endlich ausgesprochen sein. Auch das war einer der Gründe, weshalb sich dem Zeichner ebenbürtig der wortmächtige Weltzergliederer an die Seite stellte.
Erst als mit dem Krieg der Sterne – dem SDI-Programm der Reagan-Regierung – die Gefahr vom Kriegsschauplatz Europa abgelenkt wurde, setzte bei Janssen langsam eine Entspannung ein. Nun kann sich zeigen, daß der Schriftsteller auch schon einem anderen Thema vorgearbeitet hat. Er nennt es wegweisend „die Anatomie eines Künstlers".[83] Es mündet in das literarische Hauptgeschäft der späten 80er Jahre: in die Abfassung seiner Autobiographie.
Bei aller Kritik, die der Schriftsteller für die Gegenwart findet – der Zeichner spricht von der Welt nie anders als emphatisch. Welt ist immer Welt aus vielen Welten – jede ein Universum möglicher Erfahrungen. Jede dieser Totalitäten nimmt den Zeichner so in Anspruch, daß er in ihr aufgeht und sich völlig von ihr einfangen läßt. Das sind die Phasen „innigster Versunkenheiten". Da verliert er sich selbst; er geht ein in die Welt der Architektur, der Botanik, des Karnevals oder in die Landschaft. Das Dilemma ist nur, „daß es nie EINE Welt gab, daß es eine Abfolge vieler gebildeter Welten war".[84] Auf seinem Weg rettet sich der Künstler von einer Welt in die andere, und jedesmal versinkt er darin ganz. So „bildet er sich Welten – Welten auf seiner Lebensstrecke von Abgrund zu Abgrund. Eingebildete Welten, die er derart dehnt + totalisiert,

daß die Abgründe hinter den Horizonten verschwinden, weshalb er dann eine solche Welt jeweils als die einzige, als die eine, als die unzerstörbare, heile Welt behauptet."[85]

Es sind besonders die 1984 und 1985 im Rückblick auf seine 70er Jahre entstandenen Aufsätze *Von Abgrund zu Abgrund* und *Brief an Lucie*,[86] in denen Janssen „die Anatomie eines Künstlers" weiter vorantreibt. Was den wenigsten in diesem Jahrhundert der Kritik und der fortschreitenden Dekonstruktion gelungen ist: Janssen türmt auch Wohlbefinden auf Wohlbefinden, Himmel auf Himmel. In der Lust sucht er die Steigerung und in der ihn wie eine Infektion anfliegenden Gesundheit die euphorische Hinwendung an das Jeweilige. Sich immer wieder über den Abgrund erheben und Welt auf Welt neu erschaffen zu können, ist eine Leistung, die Janssen uneingeschränkt für sich in Anspruch nimmt. In einem autobiographischen Text formuliert er das ausdrücklich zu einer lehrreichen Erzählung aus: *Der kleine Künstler*.

> Ein solcher Mensch musiziert nicht, falls er musiziert – ein solcher Mensch IST Musik. Ein solcher zeichnet nicht, falls er zeichnet – er IST Zeichnung. Und genau in diesem Punkt soll einleuchten, daß ein derartiges Individuum übers Individuelle hinaus ein *Modellfall* ist. Da alles, was wir sonst Fähigkeit nennen, in diesem Menschen *organisch* ist [...], ist dieser Mensch ein Modellfall, ein Modell vom außer-ordentlichen Menschen.[87]

Der Künstler als das „Modell vom außer-ordentlichen Menschen" ist eine Hypothese, mit der Janssen gerade im Rückblick auf seine 70er Jahre mit Vorliebe gearbeitet hat. Dieser Künstler schöpft das Menschenmögliche so vollkommen aus, daß es bei ihm und nur bei ihm Struktur ist. Es ist der Mensch, wie ihn der Schöpfungsplan vorgesehen hat.[88] In solchen Vorstellungen hat sich Janssen mit seinem heftig auflodernden Größenwahn immer wieder gefallen. Auch wenn es nur darum ging, sich selbst anzufeuern und zu größeren Taten anzustacheln – es roch leicht und besonders brenzlig nach jener Künstlermetaphysik, mit der bis in die Tage des Surrealismus das Übermenschentum einhergeht. Eine heftig vorgetragene Genietümelei war eine der Rollen, in der Janssen jederzeit und mit allen Anzeichen des unausrechenbaren, des außergewöhnlichen Menschen auftreten konnte. Um so bemerkenswerter ist, daß er 1989 – im zweiten Band seiner Autobiographie – ausdrücklich gegensteuert. Gegen den mißverstandenen Nietzsche eröffnet er sein Buch *Johannes* leitmotivisch mit dem Bild, das er nun gegen Ende seines Lebens für sich in Anspruch nehmen wird: Er ist das Kontrolltier.

»Kontroll-Tier« – DAS ist *meine* Vokabel, die ich den Religions- und »Geist«-Euphorikern, den Evolutions-Schlaumeiern und natürlich auch den Sinn-Suchern vorhalte, wenn ich *meine* für alle Gelegenheiten konstruierte »Bescheidenheit« demonstrieren will: Ich nehme MICH – setze mir einen Gott voraus und behaupte: ich bin sein Kontroll-Tier.[89]

Janssen als Laborratte der Schöpfung, als „Vorführ-Ratte" im Käfig der Philosophie[90] – das kann für das um sich selbst kreisende Denken nicht gut ausgehen. „Ach, vor lauter Spiegeln weiß man garnicht, wo man eigentlich grad' IST – oder ob man überhaupt IST."[91] Das Experiment scheitert, wie zu erwarten war, und endet mit einer Verbeugung vor dem alten Georg Christoph Lichtenberg:

MEINE Irrungen verneigen sich tief vor oder AUF dem Buckel »Göttingensis«. ER ist der Widerspruch in sich. ER ist der »VERSUCH ohne Resultat«. ER ist das FAST-Erkennen des Eigenen! IN IHM ist die »genüßliche« Sysiphus-Arbeit, wenigstens sich KLEIN-SELBST einen Turm auf den Buckel zu bauen, von dem aus ihm dann hin und wieder der (menschliche) Horizont sichtbar erscheint – »ERSCHEINT«. [...]
Mein lieber Freund! Dies würd' ich nicht runterkrickeln ohne Einsicht – – ha, ohne Einsicht in MICH. Ich bin abstandslos wie der neben, hinter, vor und über und unter mir. ICH bin der Mensch, wie beschrieben – ICH. DESWEGEN »weiß« ich es.
ICH bin die Anderen, nur (ein bißchen) »anders«.[92]

Wenn schon ein Janssen zu dem Schluß kommt: „Ich bin die Anderen, nur (ein bißchen) »anders«", kann man getrost davon ausgehen, daß es nicht bloß hingesagt ist. Er hat tatsächlich die Wahrscheinlichkeiten statistisch erwogen und ausgerechnet, daß es auf jeweils 40 000 Erdbewohner einen Janssen gibt – „einen wie mich. Er muß ja nicht Janssen heißen!" Was immer es bedeuten soll – rein demographisch ist es das Ende des Größenwahns. Die beseligende Wirkung, die es lange Zeit für ihn hatte, hielten wir schon immer nur für ein probates Aufputschmittel.

Das ist von der ersten bis zur letzten Seite der weitgesteckte Rahmen, den sich Janssen für den zweiten, den letzten vollendeten Band seiner Autobiographie vorgegeben hat. Wohl an die sieben Bände waren geplant. Johannes Gross ist der Freund, der dem Buch mit seinem Vornamen den apokalyptischen Titel gegeben und auch all die Briefe empfangen hat. Johannes Gross war – bis zurück in die Tage des Propyläen-Verlages – der unterhaltsamste Gesprächspartner gewesen und seit Jahren schon Herausgeber der Zeitschrift CAPITAL. Er war Vorständler bei der Lufthansa und anderen Gesellschaften, Autor vieler Bücher und im Fernsehen ein gesuchter Moderator. Er wohnte weit genug entfernt im Rheinischen, schrieb keine langen Briefe zurück, griff nur hin und wieder zum Telefon oder beschränkte sich auf Telegramm-Botschaften. Also ein bequemer Brieffreund; mit seinem über dem zierlichen Anzug etwas zu groß geratenen Kopf und seinem sachkundigen Witz ein zweiter Lichtenberg. Janssen hatte an ihm seine Freude. Nur einmal kam die Brieffreundschaft ins Stocken, als der Adressat, der so wenig Aufhebens von sich machte und auch weiter kein Sterbenswörtchen verlor, ins Krankenhaus eingeliefert und auf Leben und Tod einer Operation unterzogen wurde. Für kurze Zeit sah es aus, als würde Janssen der Adressat seiner Briefe unter den Händen wegsterben, ohne daß er es gemerkt hätte.

Korrespondenz ist mir MONOLOG. Ich korrespondiere eben mit MIR. *Und dabei sind dann* meine Gedanken bei Johannes![93]

Johannes Gross blieb ihm erhalten. Aber ein anderes Hindernis schob sich in den Weg. Ein Rechtsanwaltsbüro drohte noch während der Niederschrift mit einer einstweiligen Verfügung gegen das vor der Veröffentlichung stehende Buch. Die Kanzlei saß in Hamburgs vornehmster Einkaufstraße, dem Neuen Wall. Janssen war gewarnt. Er sollte die Kirche im Dorf lassen und nicht den Herrn Pastor, aber erst recht nicht Frau Pastor beleidigen. Dabei gab es ihn wirklich und gibt es ihn hoffentlich noch heute – den schwarzen Fleck auf der Wand neben der Schlafkammer im Mühlenberger Weg. Wie weiland der Doktor Martin Luther mit dem Tintenfaß nach dem Teufel geworfen hat, so sollte der Pastor das Böse bannen. Das war der Rat von Janssen, und die Kirche hat sich daran gehalten. Die ganze Geschichte, wie sie sich zugetragen haben soll, würde hier den Rahmen sprengen. Sie ist von vorn bis hinten so bizarr, als wäre sie für einen Roman erfunden. Unmöglich sich vorzustellen, daß einem unserer vielgelesenen Literaten das auch nur einmal im Leben passiert wäre. Für Janssen war das die gängige Münze, mit der im täglichen Verkehr gezahlt wurde. In seinem Haus herrschte der Ausnahmezustand. Im Nu waren alle Dämme gebrochen. Die Herzen quollen über. Jeder bekannte nur allzu freimütig, was er anderswo nie und nimmer hätte verantworten wollen. In diesem Reizklima gab es keine Zurückhaltung mehr. Janssen war

eine einzige Provokation und, wie manchen nachträglich schien, ein schlimmerer Versucher als der Teufel. Jeden Tag konnte er sich beweisen, daß die Welt so war, wie er sie sehen wollte.
Zur Rettung seines Buches machte er in diesem Fall einen Rückzieher. Auf anwaltlichen Druck hin schrieb er den Text um. Unter dem neuen Namen *Würfel* ließ er nun den Gottesmann aus der Schweiz anreisen. Sein Dorf war ihm zu eng geworden. Ingrid Siemers hatte daselbst die inkriminierten Manuskriptseiten hinterbracht, wie in dem Kanzleischreiben zu lesen war. Ingrid Siemers war mit Dickus Heitmann befreundet, und Janssen, der ihre Zungenfertigkeit in nächtelangen Gesprächen auf die Probe stellen konnte, hatte wohl nach einem Partner Ausschau gehalten, mit dem er seinen *Johannes* aus der Taufe heben wollte. Er brauchte eine vertraute Person, die ihm in die Hände arbeiten und seine handgeschriebenen Seiten maschinell absetzen konnte. Der Versuch war gescheitert, bevor er richtig angefangen hatte. Wie in den meisten Fällen weiblicher Solidarisierung mit den Opfern spielten auch andere Motive hinein. Aber in der Sache war es richtig, daß Janssen zurückgepfiffen wurde. Er hatte von dem Bekenntnisfuror, der in seinem Haus wütete und das Unterste zuoberst kehrte, hemmungslos Gebrauch gemacht. Ab jetzt mußte er einen „Zensor!" walten lassen.[94]
Nicht immer ist ein Anwalt nötig, um das Opfer vor Bloßstellungen zu schützen. Manche Sticheleien treffen ins Leere oder verpuffen wirkungslos. Janssen hätte zu gern den Bundespräsidenten in eine Brieffehde verwickelt. Wie schon die ersten Seiten von *Johannes* zeigen, nahm er mehrfach Anlauf dazu:

> »[...] Sie, mein Herr, seh'n für's Volk ›edel‹, groß und fast blond – ja geradezu offiziers-mäßig aus!! Kurzum ›deutsch‹«. DAS macht es! Und grad DESWEGEN – sag ich doch – soll grad »so einer«, ausgestattet mit solchem Überzeugungs-Zauber, mal etwas ungewöhnlicher daherreden – nicht immer diese Humanitäts-Arie.[95]

Richard von Weizsäcker wich beharrlich aus und ließ sich nicht herausfordern. Janssen machte auch der Frau des Bundespräsidenten seine Aufwartung – nach seiner Art mit gezeichneten Briefen. Irgendwo im Bild lag auch eine vom Baum gefallene Eichel herum, was Frau von Weizsäcker in einem freundlichen Antwortschreiben mißdeutete und dem Zeichner prompt Gelegenheit zu dem Kommentar gab: „Gnädige Frau haben wohl lange keine Eichel mehr gesehen."

Wie gesagt, ist der für *Johannes* fest eingeplante Briefwechsel mit dem Bundespräsidenten nicht zustande gekommen. So ist uns erspart geblieben, daß das höchste deutsche Amt Schaden nehmen konnte.

All diesen Verhinderungen zum Trotz ließ sich Janssen nicht davon abbringen, zwei Jahre nach dem ersten Band seiner Autobiographie einen zweiten folgen zu lassen. Pünktlich am 1. Januar 1989 begann er zu schreiben. Er beförderte mich kurzerhand zum Redakteur seiner Briefe, wenn sie, vom Merlin-Verlag auf Maschine geschrieben, in sein Haus zurückkehrten. Lange hatte es so ausgesehen, als wollte er die Biographie, die ich vorgelegt hatte und die allgemein Anklang fand, überflüssig machen – aus der Welt schaffen, wie er es nannte. So etwas spornte ihn an. Wie hätte er auch nicht eifersüchtig sein sollen auf jemanden, der schon die Pfunde zur Verteilung bringt, mit denen er erst noch wuchern wollte! Aber er bauschte die Konkurrenz nur solange auf, wie sie ihn anstachelte. Für *Johannes* brauchte er jemanden, der sich in seinem Leben und seiner Sprache auskannte. Er richtete mir im unteren Wohngeschoß seines Hauses, an der großen Platte vor dem Fenster, einen Arbeitsplatz ein, während er oben in seinem Atelier an den Briefen schrieb. Die zwei Wochen bis zum 15. August, dem endgültig letzten Termin, den er sich für die Fertigstellung seines Buches gesetzt hatte, saß ich ständig unten und wühlte mich in die Papiere hinein. Nur zum Schlafen fuhr ich nach Hause. Wieweit es geholfen hat, ist fraglich. Am meisten zählt, daß Janssen in den wenigen Monaten, die er sich – und kaum je ausschließlich – Zeit dafür genommen hat, mit seiner Schreiberei zu einem Abschluß gekommen ist.

Janssen ist nie lektoriert worden und hätte es auch nicht zugelassen. Ich beschränkte mich darauf zu achten, daß sich seine Unregelmäßigkeiten mit einer gewissen Regelmäßigkeit wiederholten. Unsere Zusammenarbeit war diszipliniert. Auf meine Vorschläge und Anmerkungen reagierte er ohne Rechthaberei. Die gegenseitige Abstimmung funktionierte ungefähr so:

Janssen: „Wir hatten da doch so ein Wort für die Einleitung gefunden."
Ich: „Ausgegoren?" (Diese halben Fragen waren typisch für mich, wie er denn auch schon analysiert hatte.)
Janssen: „Nein."
Ich :   „Ja."
Janssen: „Unausgegoren – ja, das war's."

Zwischendurch drohten immer wieder Rückfälle in den Alkohol. Nur zweimal konnte er nicht widerstehen. Dann nahm er einen Tag Pause. Er drängte mich

Auf dem „Söller" 1989 – von links nach rechts: Dr. Hartig, Janssen, Lemcke, Blessin

in die undankbare Rolle dessen, der ihn am Trinken hindern sollte, und gab mir gleich eine Kostprobe, wie er mich am Tag vorher ausgetrickst habe. Oben auf seinem Söller hätte ich hinter der Säurewanne in dem vom Regenwasser gebildeten Biotop ein Glas aufgestöbert, das mir verdächtig vorgekommen sei. Dagegen schienen die drei ineinandergestellten Gläser auf dem Tisch nur darauf zu warten, abgewaschen zu werden. Aber das mittlere war mit Wodka gut gefüllt. Nebenbei wollte Janssen eine Anwendungsfibel für Alkoholiker herausgeben.

Das dicke Ende kam wie immer am Schluß. Am 15. August sollte die Arbeit am Text beendet sein. Janssen hatte schon seinen Verleger Andreas Meyer herbeitelefoniert, als er gegen 17 Uhr aus fünf noch nicht fertig bearbeiteten Briefen einen hervorzog, den ich gar nicht redigiert hatte und nicht einmal aus seinen Vorlesungen kannte – jenen Brief, der die Schläge gegen Verena schildert, den Verlust der Unschuld und den Amoklauf, kurz, die Fortsetzung *Dr. Neidhardt*.[96] Im Grunde war es nur der Entwurf zu einem Brief, lauter Neuanfänge, die zu erkennen gaben, wie schwer sich Janssen mit diesen für sein ganzes Buch zentralen Passagen tat. Erschöpft saßen wir auf dem Söller. Ich machte den Vorschlag, noch einen Tag dranzuhängen. Da löste er mit einem Glas Schnaps den Knoten, ging wieder nach hinten an den Schreibtisch

und fing an, seinen Text zu zerschneiden und zu einer langen Papierrolle zu collagieren. In genau bemessenen Abständen holte er sich zwei Fingerbreit Schnaps aus der Küche nach. Er kannte die krampflösende Wirkung des Alkohols im Anfangsstadium und, hart am Rande zu einem Sturzbesäufnis, kalkulierte er sie genau. Am Ende war der Brief neu montiert. Zu diesem Finale hatte er sich mit der Droge Alkohol hochgeputscht und dabei noch so viel Kraft übrig, daß er auf meinen letzten Einwand hin nicht explodierte, sondern sich zur Räson rief: „Ich wollte nett sein zu dir."
Bevor Janssen das Manuskript abschloß und zu einer nächtlichen Sauftour mit Dickus Heitmann aufbrach, habe ich ihn im Seitenprofil gesehen: Das graueste, eingefallenste Gesicht. Gespenstisch. Im Umkreis der blutleeren, spitz hervortretenden Lippen war die Haut bis auf den zahnlosen Kiefer zurückgewichen. Fast schon ein Totenkopf.
Es hatte ihm schier unüberwindliche Qualen bereitet, auf seine Brutalitäten gegen Verena zurückzukommen – gegen seine gerade im Alter immer herzlicher respektierte zweite Ehefrau. Damals – im Delirium der 60er Jahre – hatte er nicht nur blindwütig auf Verena eingeschlagen, sondern auch auf den fünfjährigen Sohn, als dieser instinktiv seine Mutter gegen den prügelwütigen Vater verteidigen wollte.[97]
Obwohl Janssen Erklärungen und nachträglich verfaßte Rechtfertigungen verabscheute, mußte er unbedingt zur Aufhellung dieser dunkelsten Stunden beitragen. Es war ihm ein zwanghaftes Bedürfnis. Freilich – nur ein schlechtes Gewissen einzugestehen, hätte ihm nicht genügt. Lieber wollte er die Welt noch einmal erfinden, noch einmal zu dem Sündenfall zurückkehren – an den Ausgang des Paradieses. Der Mensch ist sich selbst Himmel und Hölle. Die Theaterbühne, auf der die Weltgeschichte spielt, ist das „Universums-Gehirn".[98] Janssen entwirft vom Aufbau unseres Hirns ein neues Bild, und der ihm dabei hilfreich zur Seite steht, ist ein Arzt, Dr. Neidhardt; eine literarische Fiktion, die er zu dem Zweck einführt, damit nicht alles, was aus Erzählermund kommt, als wahre und unbezweifelbare Autormeinung zu gelten hat. In der bedrängten Situation, in der sich Janssen immer noch fühlte, brauchte er den fiktionalen Spielraum, und er nutzte ihn für sein Thema.
Denn gesucht werden Antworten nicht nur auf schwierige und schwerwiegende, sondern auch auf sehr verschiedene Fragen. Gleich die erste Frage ist die, ob Janssen im pathologischen Sinne Alkoholiker sei. Die Antwort ist Ja und Nein. Es hängt davon ab, welcher Maßstab angelegt werde und – insbesondere – wie das Hirn physiologisch gebaut sei. Der Aufbau des menschlichen Gehirns entscheidet in dieser Frage deshalb, weil nicht pathologisch genannt

werden kann, was durch die Konstruktion vorgegeben ist. Dr. Neidhardt benutzt zur Verdeutlichung seiner These ein einfaches Bild: Unser Gehirn sei einem Mehretagenhaus vergleichbar, führt er erklärend aus. Oben herrscht das hellste Bewußtsein, unten – im Keller – tiefe Dunkelheit. Dazwischen liegen mehrere Stockwerke, und der Arzt ist bereit, dem Zeichner zusätzliche Etagen einzuräumen und für die gesteigerten Glücksmomente – „seine Euphorien" – gleichsam noch ein Dachgeschoß obendrauf zu setzen. Die Schwierigkeit liegt aber nicht dort und nicht in dem Verkehr zwischen den einzelnen Etagen, sondern tief unten im Keller, wie nun Janssen in dem fiktiven Zwiegespräch seinem Arzt zu erklären versucht:

> Die »Finsternis«, die des Kellergewölbes noch UNTERHALB der Einsichts- und Bewußtlosigkeit, in der Sie [Dr. Neidhardt] sicherlich die »Hölle« vermuten – GENAU DIE ist mir mein Paradies tiefster Einsichten. Die »geordnete« Welt liegt mir, vom (All)Tag her gesehen, jenseits der Bewußtlosigkeit. Es ist jetzt Übermut, mit dem ich nochmal durch's Treppenhaus Ihrer Konstruktion steige. Also: wo Sie in dem Dachkämmerlein die höchste Helligkeit = höchste Erkenntnismöglichkeit wähnen, da ist mein »Alltag«, wenn denn mein Alltag Gesundheit, wohlbefindliches Glücksgefühl, Balance und fleißiges Vergnügen ist. Da kritzel ich meine Chosen. Da, wo Ihnen Dämmerlicht ist – 'ne Etage tiefer im »Trance-Raum«, da bin ich ebenfalls im fleißigen Werkeln – NUR allerdings im gedämpften Vergnügen, was für mich (fast) KEIN Vergnügen ist: Kein ausgesprochenes Glücksgefühl; und Ablenkungen rütteln an meiner Balance. Das wäre also die Variante des Alltags. Und da, wo Sie schließlich die Einsichtslosigkeit bis hin zur Bewußtlosigkeit untergebracht haben, da bin ich MÜDE, mein bester Doktor: MÜDE! von Anstrengungen und Überanstrengungen müde bis zur »Bewußtlosigkeit« – offenen Auges blind, verwirrt und fast »außer mir«. Und in diesem »Außer-mir« beginnt die Treppe runter in mein Paradies, das erwähnte. In dieser »Finsternis« sind alle Vereinbarungen, alle Schlußfolgerungen der Vernunft, alle nach menschlicher Zweckmäßigkeit geordneten Kausalitäten aufgehoben – egal ob Sie das »Aufgehoben« in dem einen oder im anderen Sinne verstehen wollen. In meinem Paradies ist das Eine zugleich das Andere. In meinem Paradies ist die Folge der Ursache die Ursache der Folge, und letztere ist kongruent der Ursache, aus der die ursächliche Folge kommt. Alles nur Bilder! Durchsichtige Bilder, AUFEINANDERgelegt! Grad so wie ALLE brennenden Sterne keinen Platz mehr ließen für die Finsternis – wäre da nur ein göttliches Auge, um sie

auch ALLE in einem *einzigen* Augenblick zu seh'n. UNS aber erscheint der Raum, so wir in einem winzigen Schatten steh'n, pikenschwarz. Eben.[99]

Das Bild von dem Auge, das dort Nacht sieht, wo Helligkeit wäre, wenn es „richtig" sehen könnte, ist eines der schönsten. Aber ist es auch erhellend? Janssen nennt das Kellergewölbe ausdrücklich sein Paradies – ein Paradies tiefster Einsichten und durchsichtiger Bilder. Wie jedes Paradies ist es gefährdet. Janssens Paradies ist das am meisten gefährdete überhaupt – und das nicht nur „im Suff", sondern auch in Nüchternheit und immer von einem auf den anderen Augenblick. Hier sieht Janssen die Erklärung für seine plötzlich ausbrechenden Brutalitäten, die sich bekanntlich nicht nur gegen Verena richteten, sondern schon gegen Judith Schlottau und die vielen anderen. In der Frage, was das Paradies und, durch einen irreparablen Riß davon getrennt, was das zerstörte Paradies sei, nimmt Janssen für sich in Anspruch, den untrüglichen, den absoluten Maßstab zu besitzen. Dazu muß er das Paradies kennen – zweifelsfrei wissen, was das Paradies ist. Tatsächlich steckt es nicht nur in seinem Kopf als die zwischen den vier Seiten eines Papiers ausbalancierte Harmonie – er hat es richtig gesehen: in den unschuldigen Augen eines eben erst gestillten und mit der Welt zufriedenen Säuglings. Aber auch in den Augen Verenas und, wie er sich erinnert, in den Augen einer Kuh auf der Sommerweide. Es ist dieses zur Erfahrung gewordene Paradies, das ihn wissen läßt, wann die Unschuld auch nur den kleinsten Kratzer davongetragen hat, und sofort zieht er den Schluß: „Jungfau kaputt – alles kaputt."[100] Seine Enttäuschung ist gleich maßlos. Deshalb reagiert er auf den Verlust seines Paradieses spontan mit einem Amoklauf. Der Amoklauf gegen „die in SEINEM Verständnis ewig verdammte Menschheit"[101] – mit diesem Bild wirbt Janssen um Verständnis für seine alle Grenzen sprengenden Wutausbrüche.

Das Paradies, das Janssen nicht loslassen kann, gibt es das wirklich? Moral, Selbstkontrolle, Schuldgefühle – über alles setzt er sich hinweg. Es soll keine Macht über ihn haben. Nur auf das Paradies will er nicht verzichten. Ihm räumt er bei sich zu Hause – im hirnphysiologischen Bild des Mehretagenhauses – einen Stammsitz im Keller frei.

Hier sehe ich ein Stück privater Metaphysik. Sie dient der Entschuldigung. Die Erklärung für den amoklaufenden Janssen sucht sie in der Verfassung des Menschen. Er ist nicht anders als die anderen. Mit aller Welt teilt er dieselbe conditio humana. Sie ist das Haus, in dem wir wohnen. Nur möchte er mehr als jeder andere bei sich zu Hause sein und sein Haus – das „Universums-Gehirn" – durch alle Etagen bis in den letzten Winkel ganz und gar ausfüllen.

Wenn Janssen sich dagegen von einem auf den nächsten Tag seiner Sucht, dem Alkohol, wieder entziehen kann, dann allerdings unterscheidet er sich von den meisten. Er zeichnet dann weiter – ein anderes Thema, eine neue Serie, mit einer Ruhe und Konzentration, als wäre nichts gewesen. Er nennt sich deshalb ein Phänomen. Ihm sei „ein Herz und eine Leber gegeben gegen alle Gifte und Maßlosigkeiten".[102] Die Widerstandsfähigkeit und eine schier grenzenlos robuste Gesundheit seien ihm in die Wiege gelegt worden, um ihn „aufzusparen für eine höhere Krankheit": „die »beschützte« Straße zum WAHNSINN", wie er mutmaßt.[103] Das ist ein zentrales, in den Texten immer nur behutsam, aber in den Bildern offensiv angegangenes Thema des späten Janssen. Seine schriftstellerische Behandlung stellte er für *Hinkepott III* in Aussicht. Dort wollte er an seinem Mythos weiterarbeiten.

Er sieht sich selbst nicht als Opfer des Alkohols. Aber er sieht, wenn er zurückschaut, auch sonst keine Opfer, jedenfalls keine Leichen, die auf seinem Weg liegen würden. Es gibt von seiner Hand keine Toten, obwohl er – wie er bekennt – viele Male auf Vernichtung und restlose Zerstörung aus war. „Und wieso bin ich kein Mörder, wo ich doch töten wollte?"[104] Um dieses Rätsel zu lösen, beruft sich Janssen auf seinen „Schutzengel".[105] Ihm verdankt er nicht nur, daß alle möglichen Opfer mit dem Leben davongekommen sind. Er selbst wäre ohne seinen Schutzengel im Gefängnis gelandet. Das Gefängnis stand immer dicht an seiner Straße. Es ist sein persönlicher Schutzengel, der ihn davor bewahrt hat. Aber auch er selbst hat seinen Teil dazu beigetragen und vorgebaut. Wie wir aus den ersten Kapiteln diese Buches erinnern, hat sich Janssen beizeiten auf den „GEDANKEN-Mord"[106] spezialisiert.

> Die »mordende« Gedankenreihe, die sich in sich selbst zur *Planung* macht – IST der Mord. Die absichtsvollste PLANUNG über Stunden und Tage! – was ist dagegen die fast NICHT-Sekunde der gemeinen geistlosen Tat.[107]

Hier schließt sich der Kreis seines Lebens, den wir mit dem versuchten Mord an Judith Schlottau eröffnet haben – einem Mordversuch, der, wenn er wirklich seiner Planung, seiner Absicht entsprungen wäre, den vierundzwanzigjährigen Janssen unweigerlich ins Gefängnis gebracht hätte. Er wäre ins tiefste Loch gefallen, bevor es ihn auch nur als Künstler gegeben hätte.
In dem Buch *Johannes*, in dem so vieles steht, was richtig erwogen sein will, ist auch einmal von dem „Weltgefängnis" die Rede.[108] Es ist eine Wortschöpfung frei nach Goethe, den Janssen auch den „Weltspießer" nennt, obwohl er ihm

einen seiner Schlüsselbegriffe verdankt, den der „erlogenen Wahrheit" bzw. der „»wahrhaftigen« Lüge".[109]

Die Versenkung in Kunst und Konzentration – das ist sein Paradies. Ein Leben wie im Paradies. Auf der anderen Seite – nur durch eine Zehntelsekunde davon getrennt – ist sein Leben aber auch eine Aneinanderreihung von Ausbrüchen, einer heftiger als der andere – Ausbrüche in Raserei und Verzweiflung, blindwütige Ausbrüche nach vorn und immer gegen die, die ihm am nächsten stehen. Diese Ausbrüche hätten ihn irgendwann hinter Gitter bringen können. Außer einer dreimonatigen Untersuchungshaft 1953 und einem kurzen Aufenthalt in der Strafvollzugsanstalt Glasmoor 1955 ist ihm das Gefängnis erspart geblieben. Aber die Vertreibung aus dem Paradies – sie konnte sich jeden Tag, jeden Augenblick wiederholen.

Die plötzliche Gewalt spielt in seinem Leben eine so hervorstechende Rolle, daß es Janssen selbst unheimlich war. Dafür eine Erklärung zu finden, ja, mit seinem ganzen Künstlertum dafür um Verständnis zu werben, brannte ihm auf den Nägeln. Es ist deshalb kein Wunder, daß seine autobiographische Schreiberei in diesen Passagen von 1989 an ihr Ziel gelangt. Viel weiter wird er sie nicht fortsetzen. So ist es denn an der Zeit, eine vorläufige Würdigung des Schriftstellers zu wagen.

Sein Schreiben ist radikal autobiographisch. Janssen sieht sich als Versuchstier, als Laborratte im Käfig der Schöpfung – das „Kontroll-Tier". Er will durchaus Klärung in seine gelebten Brutalitäten und in die dunkelsten Seiten seiner Psyche bringen. Auf dem Weg die Treppe herunter in den „Keller", dorthin, wo er sein Paradies ansiedelt und wir die Hölle, schlägt unüberhörbar das Gewissen mit. Obwohl er jegliche Reue wie der Teufel das Weihwasser meidet – Scham und Schuld[110] begleiten ihn bei seinem Abstieg „noch UNTERHALB der Einsichts- und Bewußtlosigkeit".[111] Das Paradies, das er dort findet, macht aus ihm keinen neuen Adam. Er ist sowenig vollkommen, wie seinerzeit der Garde-Ulan vollkommen war und zu Bettinas Zeiten der selbstgebastelte F-Soldat. Bis in das Jahr 1965 reicht dieses von Janssen immer wieder beschworene Bild vom „Verfall eines im Zynismus erdachten perfekten B[r]imboriums" zurück. Solange er denken kann, trägt er diese Sehnsucht in sich, die er mal Qualität, Elite, Perfektion und später Harmonie, Unschuld, Paradies nennt.

Der Schriftsteller Janssen hat nicht mehr, aber ausdrücklicher und entschiedener als andere von sich reden gemacht. Nie hat er „etwas", immer hat er „sich" – das eine durch das andere – zur Sprache gebracht; was ja nur heißt, aus

Erfahrung und mit dem Gewicht der ganzen Person zu reden. In *Johannes* geht er noch weiter als in dem ersten Band seiner Autobiographie. In *Hinkepott* schreibt Janssen schon, wie er redet. Er nimmt den Leser mit seinen Geschichten, mit seinen Empfindungen und Empfindlichkeiten, mit seiner Person völlig ein. Das lesende Publikum wird zum Resonanzboden einer ebenso vielstimmigen wie volltönenden Existenz – der Janssenvita. Mit *Johannes* zielt er noch darüber hinaus: Alle Welt soll nun auch wie Janssen reden – sprechen wie er. Mitreden kann aber nur, wer sich auf seine Sprache – auf seine Art zu leben – völlig einläßt. Eigentlich wird eine intensiv auf Rede gestellte Freundschaft vorausgesetzt. Der Leser müßte Janssen am Tisch gegenübersitzen. Dann wäre die Rede immer schon auf ihn zugeschnitten. Weil das schlechterdings nicht vorauszusetzen ist, heißt das in letzter Konsequenz so schreiben, „daß nur ICH es vestehe".[112]

Daher rührt das „Insidermäßige", womit Janssen jeden Leser seiner Texte überfällt. Er zieht ihn nicht bloß in eine Geschichte, er zieht ihn Hals über Kopf in seine Vita und in seine von Leben gesättigte Sprache hinein. Das ist buchstäblich überwältigend. Nur nicht, wie aus der modernen Literatur sattsam bekannt, mit den Mitteln einer verklausulierten Formgebung. Bis zur Wehrlosigkeit vereinnahmend ist die umstandslos erzwungene Präsenz eines Autors, der in der Rolle des allmächtigen Erzählers zwar zu den bestgepflegten Traditionen der Literatur zählt, hier aber persönlich und auf eine kaum zu überbietende Weise mit seiner „Allmächtigkeit" auftrumpft: Janssen total! Janssen vom Kopf bis zum Schwanz. „Ich habe um 23.45 mein Schwänzlings-Köpfchen gewaschen."[113] Ich und ich und wieder ich. Oder wie es auf den ersten Seiten von *Johannes* in der nebenstehenden Abbildung heißt: „Heute bin ich dies auch, bzw. dies bin auch ich."[114] Janssen und kein Ende.

Was Janssen auf dem Höhepunkt autobiographischer Schreiberei zu Papier bringt, ist so von ihm durchdrungen – von seinem Sprechen, seinen Eigenheiten, seiner Vita –, daß davon der Text nicht zu trennen ist. Mit Janssen hält das sich restlos aussprechende Ich Einzug in die Literatur, wie es das ansatzweise auch schon gab, aber nie in diesem Umfang, mit dieser kecken Selbstverständlichkeit – nicht mit dieser für sich einnehmenden Präsenz. Es gehört ein Leben dazu, eine solche Kunstfigur zu schaffen. Janssen hat es fertiggebracht.

Umgekehrt ist der späte Janssen ein Stück lebendiger Literatur gewesen: der völlig ins Gespräch, in seine Art des Sprechens aufgelöste Text – der in Rede, Einrede und Widerrede verflüssigte Text. Und das beileibe nicht nur bei 1,5 Promille, wenn er, wie er von sich meinte, am besten Vortrag halten konnte. Bisweilen stockte denen, die ihn so erlebt haben, der Atem, als wollten sie, nur um eine Formulierung, eine besonders bildhafte Wendung noch einmal nachzuvollziehen, in dem Text zurückblättern. Aber es war kein Buch da. Es war ein Liveauftritt der Literatur. Literatur zum Anfassen. Literatur live. Deshalb ist noch lange nicht alles Literatur gewesen, was er irgendwann von sich gegeben hat.

Gleichsam mit mehreren Leben im Rücken sollten die späten Jahre für Janssen eine besondere Bedeutung haben. Für seine Person wollte er die vollkommen durchartikulierte Existenz verkörpern. Er hatte sich das für das Alter aufgehoben und deshalb der Arbeit an Texten in der letzten Zeit mehr Raum denn je gegeben. In und mit der Sprache verwirklichte er den Souverän, der er bis zu seinem Schlaganfall im März 1995 auch tatsächlich gewesen ist.

Der Gedanke, am Ende des Lebens mit Sprachlosigkeit geschlagen zu sein und neben der künstlerischen Leistung wie eine Karikatur seiner selbst ausgestellt zu werden, war ihm deshalb ein Greuel. Lieber wollte er dem alten Sokrates gleichen, der seine Athener ins Gespräch verwickelte, wo sie gingen oder standen – Sokrates, an dem kein Weg vorbeiführte. Janssens Straße hieß Dal Fabbro, der Italiener im Ortskern von Blankenese, wenn er nicht unterwegs bei Freunden war oder zu Hause offene Tür hatte. Freilich mußte er den sokratischen Dialog für sich selbst abkürzen. Bis zuletzt verlegte er sich mit Vorliebe darauf, zu provozieren und sein Gegenüber zu erschrecken. Janssen wollte immer auch sehen, woran er war. So erfuhr er mehr, als mancher je freiwillig zugegeben hätte. Am liebsten gab er den Menschen die Stimme zurück, die es ihnen – aus welchen Gründen auch immer – verschlagen hatte.

Weit zurück lagen die Zeiten, da sich Janssen erst freisprechen mußte und wie ein Ertrinkender um Artikulation rang, was die bessere Gesellschaft an der Elbe in früheren Tagen nie anders aufgenommen hat, als daß da einer, dem das Wasser bis zum Hals steht, wie wild um sich schlägt. Dieser über alle Maßen aufgeregte Janssen gehörte der Vergangenheit an. Er hatte ihn überwunden. Und wenn er sich auch selbst nicht dafür hielt, so hielten ihn doch viele, die ihm in seinen späten Tagen zugehört haben, für abgeklärt und sogar für weise. Bekanntlich ist das nicht eine Sache vieler Worte, sondern der Sprache. Die Sprache hatte er wie kein anderer in der Gewalt und führte das Wort, als hätte er jedes mit seinem Leben neu gewogen – die Janssendiktion.

Die vollkommen durchartikulierte Existenz – das ist Janssens Antwort auf die vielen Multitalente, die sich in seinem Fach tummelten und unter diesem Titel von den Medien jeden Tag neu ausgelobt wurden. Das übergroße Format, die

Installation, Happening und Performance – der rührige Aktionismus der Kunstszene ist unentwegt damit beschäftigt, Grenzen zu sprengen und das Gesamtkunstwerk „Mensch" in immer gewaltigere Dimensionen zu überführen. Janssen hatte eine unüberwindliche Abneigung, sein Künstlertum von einer Medienpopularität abhängig zu machen, die er letztlich nicht hätte steuern können. Er wollte zwar berühmt werden wie OMO und IMI, aber er wollte es seinem Werk und seiner Persönlichkeit und nicht den Machern und Medien verdanken. Seine Schriftstellerei ist deshalb der kontrollierte Versuch, sein überbordendes Fabuliertalent, das schon dem Zeichner zugute gekommen war, zur rückhaltlosen Darstellung seiner selbst zu nutzen – ein redlicher Versuch dazu, wie Schwarz auf Weiß in seinen Texten nachzulesen.

Fragt man aber, was denn nun den Schriftsteller Janssen so heraushebt, daß er nicht nur im Zusammenhang mit dem überragenden Zeichner, sondern selbständig neben ihm genannt zu werden verdient, fragt man nach seiner literarischen Qualität und der Faszination, die von seinen Texten ausgehen, dann ist eine Fähigkeit besonders zu nennen. Es ist die unfehlbar auf den Punkt kommende Formulierung – der treffende Ausdruck. Darin ist er den allermeisten überlegen.
Allerdings zählen der Aphorismus und die aperçuhafte Wendung nicht automatisch zu seinen Glanzlichtern, wie angenommen wurde. Die Sammlung, die da zusammengetragen wurde,[115] ist ein wahres Feuerwerk. Aber die unübertroffene Stärke von Janssens Formulierungskunst liegt in der Form. Auch in der Sprache ist er vor allem ein Formkünstler, und das heißt in diesem Fall wie bei der Zeichnung: die hellsichtigste Durchdringung und die genaueste Unterscheidung der vielen Formen und ihre vollkommen beherrschte Anwendung.
Form an sich ist eine nur selten hilfreiche und zu Mißbrauch neigende Verallgemeinerung. Denn was es gibt, sind die vielen verschiedenen Formen – in der bildenden Kunst wie in der Sprache, deren jede ihre eigene, besondere Leistung hervorbringt. In dem Sinne bedient sich Janssen nicht nur zielsicher der größten Vielfalt von Formen – er ist auch formvollendet, wie es das heute kaum noch gibt. Er bewegt sich formvollendet zwischen den einzelnen Genres und Gattungen.
Es gibt Gedichte, gereimte und ungereimte, Gedichte in Prosa, zum Wortspiel verdichtete An- und Abklänge, rondohaft sich steigernde Litaneien, im Stakkato und Stechschritt daherkommende Tiraden. Es gibt ein Erzählen, das in seiner Schlichtheit auf Johann Peter Hebel gestimmt ist oder auf das Pathos

der großen Epiker oder die hintergründige Eleganz eines Thomas Mann oder auf die Unduldsamkeit der Moralisten. All das und noch vieles anderes mehr sind Töne – Tonlagen, die Janssen so beherrscht, daß es erst auffällt, wenn er sie wechselt und – wie man sagt – von einem in den anderen Ton fällt. Sogleich wird ein Satz von Stilmitteln mit ausgetauscht. Jedesmal tut sich ein anderer Formwille kund. Denn Form ist alles – bis hinunter in die am stärksten typisierten Versatzstücke. Die Anrede und der Schluß sind in einem Brief reine Formsache. Aber was macht Janssen daraus! Welch ungeheure Variationsbreite! Sei es Titelei, Kosename oder bloß ein exponiertes Du – gleich definiert er das Rollenspiel und stellt sich und den Angeredeten auf eine Bühne. Gib Janssen eine Form, und er wird sie schier endlos abwandeln!

Vom Größten bis zum Kleinsten ist alles Form – formvollendet beherrschte und deshalb spielerisch zu variierende Form. Je griffiger und bestimmter die Form, desto offensiver der Gebrauch, den er davon macht. Wenn es darum geht, von einer Landschaft, von einem bestimmten Menschen, von einer Szenerie ein plastisches, wiewohl in Sprache gefaßtes Bild zu geben – Janssen kann es besser und zwingender als die überwiegende Zahl seiner Schriftstellerkollegen. Wie in der Zeichnung strebt er auch hier nach einer nicht mehr zu steigernden Endgültigkeit. Die Form schlägt durch bis auf das einzelne Wort – immer nach dem Grundsatz: „Die Wörter sind das Fleisch der Sprache."

Nennen wir es das pointenhafte Schreiben: Janssen setzt es ebenso zielsicher ein, wie er sich der kleinen Form vollendet bedient. Aus demselben Grund gibt es bei ihm aber auch nicht den langen Atem des epischen Erzählers, nicht die prosaische Großform mit dem gleichmäßigen Erzählfluß. Janssens Bücher sind, dem inneren Schreibgestus entsprechend, eher Kompendien von Redeanlässen und Textsorten. Auch wenn er seine Autobiographie schreibt, bricht er die in diesem literarischen Genre angelegte Überformung auf. Er erschafft sich aus der erlebten Gegenwart heraus tausendfältig Anlaß, immer wieder neu in seine Geschichte hineinzuspringen: *Hinkepott I* und *II*.

Die in der romanhaften Lebensgeschichte schlummernde Stilisierung hat Janssen wie einen falschen Spiegel zerschlagen. Er hat nicht Identität gesucht, sondern Intensität. Seine Wahrheiten ließ er immer nur „kaleidoskopartig",[116] in rasch wechselnden Bildern, aufblitzen. Aber einmal angefangen zu schreiben, konnte er schlecht wieder mit Schreiben aufhören. Schreiben machte ihm Spaß – war ihm Bedürfnis. Zuweilen lief er jeden Morgen briefeschreibend in die Welt hinaus. Aus wachsender Begeisterung am Schreiben oder auch nur,

Zwischen den Stühlen

um andere nicht zu Wort und womöglich „auf eigene Gedanken kommen" zu lassen,[117] hätte er bis ans Ende seines Lebens weiterschreiben mögen. Unweigerlich kam deshalb – schon 1986 – die Frage auf ihn zu, ob er eher Schriftsteller oder Zeichner sein will. Er hat sich für den Zeichner entschieden und sich einen „Immer-Zeichner" genannt. „Ich bin nur Zeichner und Zeichner und Zeichner."[118] Aber: „Was nicht zu zeichnen ist, *das* lade ich ab in meine Wörterkisten," und zur Erklärung fügt er mit einer seiner punktgenauen Formulierungen hinzu: „um mein Zeichnen frei zu halten von Gedanken-Wörter-Haufen".[119]
Sein Kucken und Zeichnen sollte von keiner „Denkelei" getrübt sein. Aber auch der „Immer-Zeichner" zeichnet nicht immer. Nicht alles läßt sich zeichnen. Sein Schreiben war dazu da, Janssen aus dem Spezialistentum des Ausnahmezeichners zu erlösen. Was den Künstlern seiner und der folgenden Generation die „soziale Plastik", der neu zu gewinnende, ungemessene Raum oder das ins Große und Ganze greifende Konzept war – für Janssen war es das Schreiben: ein kontrollierter und über das Zeichnen hinausgehender Versuch exemplarischer Selbst- und Welterkenntnis.

Der Witz

Aus allem, was wir lieben, möchten wir eine Welt machen – die einzige für Menschen bewohnbare Welt überhaupt. So haben sich kluge Köpfe in dem Witz anderer kluger Köpfe wohnhaft eingerichtet und daraus eine Arche Noah gezimmert, in der die Menschheit mit ihrem besten Teil überleben kann. Eine solche Monumentalisierung des Witzes nehmen wir hier nicht vor. Es geht einfach nur darum, in einigen Aspekten zu beleuchten, was der Witz für Janssen darstellt.
Zum Beispiel wollte Janssen immer schon einen Witz richtig erzählen können. Aber daran haperte es. Damit hatte er seine Schwierigkeiten, und deshalb übte er es an einigen Prototypen des Witzes regelrecht vor seinen Zuhörern. Das Gelächter war ihm sicher, aber es kam nicht immer ganz freiwillig. Janssen hatte es darauf angelegt und damit das Überraschungsmoment verfehlt, das unbedingt zum Witz gehört. Er war kein Erzähler von Witzen, kein Witzemacher, aber er war witzig, voller Witz, übersprudelnd vor Witz.
Der Witz ist seinem Wesen nach sozial. Allein und ganz auf sich gestellt ist bekanntlich derjenige, den sein Witz verlassen hat. Sein Witz hat Janssen nie längere Zeit in Stich gelassen. Auch als der Egomane, zu dem er sich bekannte und den er nach allen Regeln der Kunst auf die Spitze trieb, wollte er auf den Witz nicht verzichten. Im Gegenteil, je egozentrischer er auftrat, desto witziger war er – um so mehr brachte er seinen Witz ins Spiel. Wenn er auf dem Egotrip war und allein für sich eine Extrawurst braten wollte, dann wußte er sich erst recht auf einer öffentlichen Bühne. Die Rolle, die er da an sich zog, war die der Ausnahme, die zu ihrer Bestätigung nichts dringender braucht als die Regel. Dafür besaß Janssen das feinste Gespür. Je verstiegener seine Ausnahmestellung, desto mehr Witz war nötig: der Witz als Sicherheitsleine – als das Netz, das ihn vor dem Absturz in eine grund- und bodenlose Egomanie bewahrte. So gesehen, ist es kein Zufall, daß der ichbezogenste Mensch auch der witzigste ist. Beides trägt sich gegenseitig – ist überhaupt nur so erträglich. Denn es ist keine Kunst, bloß Egoist zu sein.
Auch Lichtenberg hat seine Hypochondrien – wie Jean Paul seine Ichsucht und Heinrich Heine seine Selbstverliebtheit – allein durch seinen Witz sozialverträglich abgefedert. Der Witz stellt das Gegengewicht dar, auch wenn er keinen richtigen Ausgleich verschafft. Was konnte sich ein Janssen nicht alles leisten, nur weil er witzig war, auch gewitzt und mit seinem Witz manche

Der Witz 471

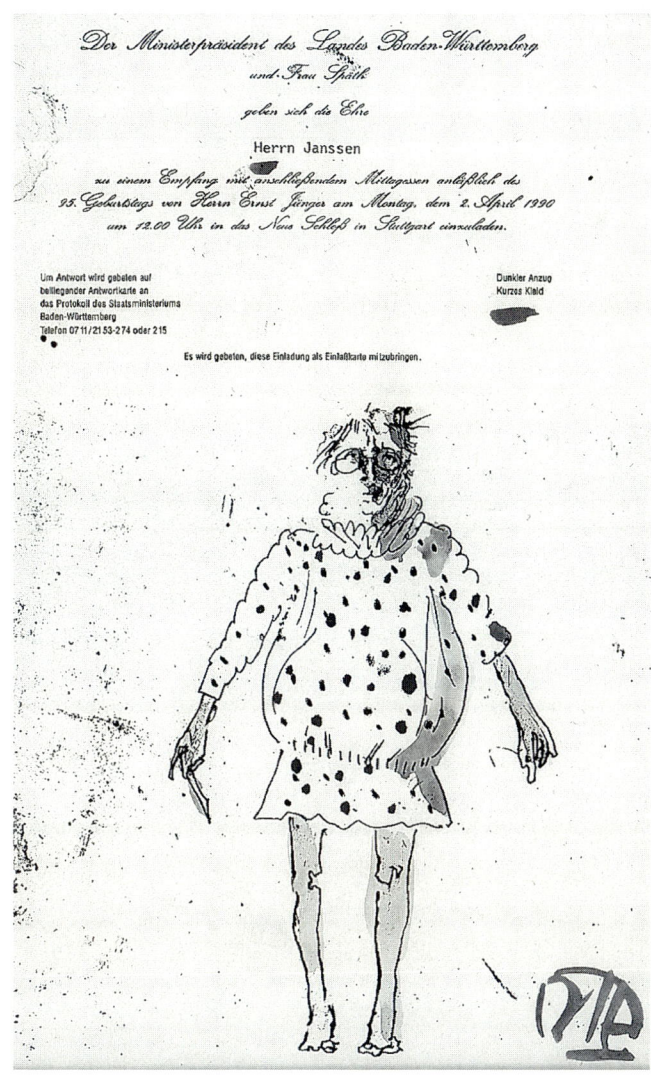

„Der Ministerpräsident des Landes Baden-Württemberg und Frau Späth geben sich die Ehre, Herrn Janssen […] einzuladen. Dunkler Anzug, kurzes Kleid."

Klage auffing, bevor sie sich gegen ihn erheben konnte! Im Zweifelsfall verfügte er über den größeren Witz. Ohne seinen Witz wäre er zweifellos das Opfer seiner Frechheiten und Provokationen geworden. Der Witz deckte ihn, und in seinem Schutz heckte er schon die nächste Bosheit aus. Denn es ist unmöglich, jemandem ernsthaft böse zu sein, über den wir gerade gelacht haben. Hinter das gemeinsame Gelächter führt so schnell kein Weg zurück.

„Schweine sterben / Ferkel erben". Kugelschreiber 10. 9. 1989

Es stiftet eine Art Komplizenschaft. Das machte sich Janssen tausendfach zunutze und sicherte ihm auf jeden Fall einen Vorsprung.
Aber der dem Magistrat der Stadt und seiner gerechten Strafe wieder einmal entwischende Eulenspiegel ist ja nur die harmlose Variante. Janssen verfügte über eine Strategie des Witzes, die ihm sogar gegen sich selbst half. Konnte er endlich wieder über sich lachen, war er gerettet und regelrecht unbezwinglich – eine nur durch sich selbst, durch sein eigenes heftiges Lachen zu erschütternde Festung. Deshalb machte er sich, wenn es irgend ging, Gutlaunigkeit zur Pflicht. In aufgekratzter Stimmung fühlte er sich wie ein Fötus in Weltmittelpunktslage. Ihm konnte nichts passieren. Alles, was um ihn herum geschah, wirkte auf seine reizbare, leicht entzündliche Phantasie wie ein gefundenes Fressen. Er griff danach, zog es an sich heran, und spielerisch stellte er die abstrusesten Verbindungen her. Spontaneität und Plötzlichkeit sind das Element, in dem sich der Witz frei entfalten kann. Niemand war geistesgegenwärtiger als Janssen. Für das Aufblitzen einer Wahrheit stellte er alle Bedenken zurück.

Wie es aussieht, ist der Witz auch das Modell für sein Kucken gewesen – für das jansseneigene Kucken, das er in den 70er Jahren vor der Natur und den

Gegenständen auf seiner Arbeitsplatte entwickelte: das unverbildete Kucken. Denn wenn uns etwas witzig vorkommt, lachen wir, und erst dann denken wir – vielleicht – darüber nach, warum wir gelacht haben. Das Lachen – Lächeln ist eine Wahrheit für sich: leibnah und unhintergehbar. Dagegen ist es zweitrangig, ob wir jemals auch wissen werden und formulieren können, warum wir gelacht haben. Genauso ist für Janssen das Kucken dem Denken vorgeschaltet.
Im Grunde hat er auch in der Kunst sein Naturell ausgelebt. Im höchsten Grade verletzlich und leicht zu entflammen, wie er war, hat er immer spontan reagiert und so viel Spontaneität wie möglich – den ersten Augen-Blick – in die Zeichnung hinübergerettet. Das ist dann der Witz an der Sache. Wahrheit, wenn es sie überhaupt gibt, liegt in diesem Aufscheinen, das für den Bruchteil einer Sekunde erhellend ist. Deshalb gibt es bei Janssen strenggenommen auch keine Ironie – nicht so wie bei den Romantikern oder einem Fontane. Die Ironie geht lange Wege. Vorzugsweise gibt sie sich erst nach Einsicht in die verwickelten Zusammenhänge zu erkennen, wenn sich das eine im Verhältnis zu einem anderen relativiert. Die hintersinnige und feingesponnene Ironie ist das weite Feld, auf dem sich der Epiker gütlich tut. Janssen sucht sein Heil in der Pointe, in der treffenden Formulierung. Unter dem Eindruck, sofort reagieren zu müssen, schlägt er erst einmal ein Gelächter auf, um sich seines Publikums zu versichern und des Spielraums, den er für eine Antwort hat.
Unter Freunden war Janssen allerdings nicht darauf angewiesen, daß seine Scherze immer gleich mit Gelächter quittiert wurden. Vor meinen Augen habe ich Zeichnungen und Texte entstehen sehen und erst mit einigen Tagen Verzögerung auf den Witz und das ganze Ausmaß seiner Anspielungen antworten können. Dann war es zu spät und meine Verlegenheit darüber, im tête à tête den zündenden Moment verpaßt zu haben, um so größer. Seinem Witz hat es nicht geschadet. Er war ohnehin auf längere Korrespondenzen eingerichtet. Verfallsdatum unbekannt.
Das Verschwenderische seines Witzes rührte auch daher, daß Janssen auf alles Problematische erst einmal mit einer umgekehrten Aggression reagierte – eben mit einem Witz. Seine Komik war der spontane Versuch, das Problem schon im ersten Anlauf wieder loszuwerden, sozusagen mit einem Lachen zu verscheuchen. War es dafür zu groß, machte er es extra klein. Am liebsten verlegte er es in die Kindheit. Er sann darauf, ob es nicht einen vergleichbaren Fall in der Kindheit gäbe und wie das Kind mit der entsprechenden Lage damit fertig würde. So fand er für das sprunghafte, ausdrücklich nicht-chronologische Vorgehen in seiner Autobiographie das alte Kinderwort „Hinkepott"

und war restlos glücklich, daß das Spiel auch mancherorts „Himmel und Hölle" heißt. Was paßte besser zu seinem Leben als dieser an das Menschheitsdrama rührende Kinder- und Stabreim!
Der überraschende, auf den ersten Blick nicht zu vermutende Vergleich ist eine der üppig sprudelnden Quellen des Witzes.[1] Alles, was irgendwie festzustehen scheint, wickelt Jansen von seinem Gegenteil her auf. Dadurch schafft er eine Spannung, die sich im Witz entlädt. Die weltbewegenden Fragen herunterspielen und ihnen zu einem Wiederauftritt als Kinderspiel verhelfen – darin ist er Meister. Was ist aufregender als Sex? Janssen hat noch immer einen Dreh gefunden, das Intimste auszuplaudern. Als Bühne genügte ihm eine Anspielung auf die Hasenschule, auf das Pennälerwerkzeug Bleistift und Anspitzer und ähnliche Possierlichkeiten. Nie bleibt er bloß in der Verniedlichung stecken. Im Gegenteil, seine Komik ist so anzüglich, daß einem die Luft wegbleiben kann. „Komm hair!" – dazu ein Büschel Schamhaar, mit Kugelschreiber gekritzelt. Wer wollte es dem ewig alten Faun verübeln!

Der Ironiker läuft Gefahr, ungeschützt, d. h. ohne heruntergelassenes Visier, nur noch Pathos zu verströmen, wie gelegentlich an Thomas Mann zu beobachten ist. Er versteckt sich hinter seiner Ironie und ist ohne sie leicht verwundbar. Janssens Witz ist ein Balanceakt – immer hart am Rande, schmerzhaft zu treffen, gar zu verletzen. Der Betroffene hat dann am wenigsten zu lachen. Mit Vorliebe sucht Janssen das Risiko. Davon läßt er sich mitreißen. Überhaupt hat er seinem Witz unendlich viel zu verdanken. Ja – ohne diesen Witz gäbe es nicht den Künstler, den wir kennen.
Der Behauptung nachzugehen wäre ein unendliches Thema. Es sei nur daran erinnert, daß es in den frühen Jahren des Aufbruchs – zwischen 1957 und 1962 – sein Witz gewesen ist, der ihm dazu verhalf, den abgerissenen Faden der Geschichte wieder aufzugreifen und neu anzuknüpfen. Nur weil er immer noch einen Witz obendrauf setzen mußte, konnte er das in der Neuen Figuration Gefundene weiterspinnen und noch Entdeckungen daran anschließen. So gesehen, sind das Groteske und Skurrile, wovon es in seinen ersten Radierungen und Zeichnungen nur so wimmelt, Absicherungen gegen das Scheitern im Figürlichen. Viele, die Ende der 50er Jahre – auch infolge der art brut – ebenfalls zu erzählen begonnen hatten, sind von der Figur später wieder abgerückt. Janssen lief mit seinem behenden, springlebendigen Witz allen davon.

Schon aufgrund seines Witzes nimmt Janssen eine Ausnahmestellung ein. Nur so ist er imstande gewesen, diese schwierigste aller Rollen durchzuhalten – die der Ausnahme. Denn ungemein viel Witz gehört dazu, sich der Trends und Ismen zu erwehren und nicht in das allgemeine Fahrwasser einzuschwenken – nicht abstrakt, nicht poppig, nicht fotorealistisch, nicht konzeptualistisch zu arbeiten, wenn das gerade angesagt ist. Denselben Witz wendet Janssen aber auch gegen sich selbst. Denn er hätte ja auch nur tiefsinnig, nur großmeisterlich, nur verspielt, nur poetisch auftreten können. Die Anlage zu jeder dieser Spielarten des Menschlichen war da. Er hätte nur eine von diesen Begabungen ausschließlich zu seiner Sache und seiner Welt machen müssen. Doch bewahrte ihn davor jedesmal sein Witz – diese subversiv gegen ihn selbst gerichtete Kraft, mit der er jedes seiner von Zeit zu Zeit übermächtig werdenden Talente wieder auspendelte.

Wir sind in Deutschland wahrlich nicht überreich mit Witz gesegnet. Lichtenberg, Jean Paul, Heine sind typische Außenseiter. Der Witz gehört nicht zur nationalen Grundausstattung der Deutschen. Allein schon deshalb ist Janssens unbändiger Witz ein Wunder – ein Wunder und ein Wink, dem wir um so lieber folgen, als es ja Kunst genug gibt, vor deren ausufernder Ernsthaftigkeit wir mit Sprachlosigkeit geschlagen sind. Bei aller Dunkelheit, die uns umgibt, ist und bleibt Janssens Witz erhellend.

Scheitern

Um es gleich vorweg zu sagen: Am Alkohol ist Janssen nicht gescheitert. Zwar hat er mitgeholfen, seinem Leben beizeiten ein Ende zu bereiten. Aber Janssen hat auch sonst Raubbau an seinen Kräften getrieben: durch restlose körperliche Verausgabung bei der Arbeit, durch Übernächtigung oder die jahrzehntelange Einnahme von Schlafmitteln. All das mußte selbst einer Pferdenatur, wie er sie besaß, auf Dauer schaden. Schließlich ist er aber auch nicht, wie die Ärzte ihm immer wieder auf dem Höhepunkt seiner Saufphasen unmißverständlich voraussagten, mit 35 oder 45 Jahren gestorben. Der Alkohol hatte in seinem Leben viele und viel zu viele Auftritte, aber immer in den unterschiedlichsten Rollen.
Janssen hat eine facettenreiche Literatur über seinen „Feind No. 1" hinterlassen. Er hat ihn unter die schlechten Angewohnheiten gerechnet und auch sonst jede Menge Entschuldigungen gefunden, wenn er sich, wie er gelegentlich sagte, „auf das Niveau der Leute runtersoff".[1] Auch seine Freunde konnte er phasenweise nicht anders als unter Alkohol ertragen. Aber Alkohol ist nicht gleich Alkohol. Schließlich gibt es Abstufungen nach Promillegraden, und auch dann hängt es von der Tageszeit, vom Lebensalter und der Situation ab. An markanter Stelle hat Janssen behauptet, daß er für die wirklich guten Zeichnungen nüchtern sein muß. Das ist im großen und ganzen richtig. Aber wieviele sehr gute Zeichnungen hätte es gar nicht gegeben, wenn er nicht die Anfangshemmungen mit einem Schluck Schnaps beiseite gedrückt hätte. Selbstredend durfte er dann bei der Arbeit nicht zügellos weitertrinken. Doch was heißt „zügellos" bei einem geübten Trinker? Er spielt völlig befreit auf, wenn bei gleichem Quantum anderen die Kontrolle entgleitet. Es gab auch bei dem späten Janssen alkoholfreie Zeiten, nur waren die Ränder und Übergänge fließender, weil die liquiden Mengen altersbedingt zurückgegangen sind. Er vertrug nicht mehr so viel und setzte sich auch nicht mehr mit derselben Gewalt wie früher unter Druck.
Es gibt nicht die eine Wahrheit über den Alkohol – es gibt viele Wahrheiten, und Janssen hat sie alle gelebt, weil er damit alt geworden ist.
Nicht leicht nachvollziehbar ist seine Mythisierung des Alkohols. In seinem Seelenhaushalt weist er ihm die unterste und die oberste Etage zu. In der Euphorie – meistens über eine gelungene Zeichnung – will er sein Glücksgefühl von 100 auf 101 % steigern, und dazu nimmt er einen ersten Schluck.

Es gibt auch andere Schlucke, aber nach diesem ist er total aus dem Häuschen. Das Haus hat auch einen Keller. Völlig am Boden, kommen ihm aus der tiefsten Dunkelheit die hellsten Bilder. Janssen nennt es sein „Para-Dies",[2] was uns daran erinnert, daß es zwei Arten von Ewigkeit gibt.

Abgesehen von dem Weltgebäude, das sich Janssen da zurechtgezimmert hat, abgesehen davon, ob es ihn gerade in den Keller oder auf den „Dachfirst" trieb – der privatmythologische Kern ist der, daß ihm der Alkohol nichts anhaben kann. Dafür gibt es seiner Meinung nach zwei Beweise: eine resistente Leber, die ihm seine Schicksalsgöttinnen mit in die Wiege gelegt haben, und daß keine Leichen auf seinem Lebensweg liegen.[3] Auch im besinnungslosen Vollrausch hat er keinen Mord begangen. Das ist wahr und genauso richtig, wie daß seine Leberwerte bis zuletzt – wenn auch im oberen – Normbereich lagen.

Zu diesen Tatsachen ist nichts hinzuzufügen, außer daß eine eher gewöhnliche Sicht der Dinge zu einem ähnlichen Ergebnis gelangt. Janssen hat gelebt wie eine Kerze, die an zwei Enden brennt. Ganz gleich, ob der Streß positiv oder negativ war, er ist immer extrem gewesen. Er hat einen Überdruck aufgebaut, der es gar nicht hätte dazu kommen lassen, das doppelte Lebenslicht gleichmäßig bis zum Ende abzufackeln. Solche Menschen sterben in aller Regel frühzeitig. Sie verzehren sich restlos vor der Zeit. Der Alkohol war das Ventil, um die Stauungen aufzulösen. Janssen wollte dann nicht soviel. Das Gehirn war immer noch überdreht, aber offenbar wickelte es sich von rückwärts wieder auf wie eine Feder, die sich neu spannt. Wie hätte er sonst aus dem Delirium auftauchen und – mit Übertreibung – von einem auf den anderen Tag frisch ans Werk gehen können! Ein anderes Thema, eine neue Serie! Was uns ruinös vorkommen mußte, war ihm Erholung. Denn zur Abwechslung hatte er den Schauplatz von innen nach außen verlegt. Es brodelte nicht mehr tief in ihm drin, sondern er tobte und berserkerte herum, warf seine Truppen nach draußen und führte Krieg mit der Welt. Sonst wäre er irgendwann unter den Pressionen verpufft.

So gesehen – es sind alles nur Bilder! – hat der Alkohol mitgeholfen, sein Leben zu verlängern. Schließlich ist Janssen 65 Jahre alt geworden – zu alt, um zu den frühverstorbenen Genies zu zählen, die ausgebrannt auf der Strecke bleiben. Er hat sich viele Rollen zugemutet – diese nicht.

Janssen ist nicht am Alkohol gescheitert, und dieser hat auch nicht sein Zeichnen beeinträchtigt und seine Hand zum Zittern gebracht, wie 1991 in der Zeitung stand.[4] Seine Schrift ist unter dem Trinken fahrig geworden[5] – nie zittrig. Die fließenden Bewegungen beim Malen, der rhythmische Schwung von Arm und Hand – sie kamen ihm aus dem unter runden Schultern gesammelten Körper, der jedes Motiv mimetisch mitvollzog. Natürlich ist späten Arbeiten gelegentlich auch Erschöpfung anzumerken.

Der Alkohol ist eine Droge, und Janssen hat den vielfältigsten Gebrauch davon gemacht. Auch wenn es aussah, als wäre er längst das Opfer, hat er ihn vor Schlimmerem bewahrt – so auch vor härteren Drogen. Der Alkohol ist die Krankheit, die sich Janssen leisten wollte und wie eine Medizin selbst verschreiben konnte. Die Umwertung aller Werte – er hat sie in diesem Grenzbereich vollzogen, der gewöhnlich gesunde von kranken Phasen, schöpferische Stunden von depressiven Wochen trennt. In diesen Wechsel mußte er eingreifen. Das Rad ist nicht anzuhalten, aber am Schwung läßt sich drehen. Die selbstverfügte Krankheit sollte ihm dazu dienen, aus der Gesundheit den exzessivsten Nutzen zu ziehen. Janssen hatte einen gesteigerten Begriff von Gesundheit. Gesundheit war ihm intensives Schaffen, selbstvergessenes Arbeiten – das reinste Vergnügen. Für eine solche Gesundheit, die den Namen auch verdient und nicht bloß ein unauffälliges Befinden ist, hat er die Grenze mit dem Alkohol scharf gezogen. Er mußte zum Vorteil seiner Kunst, die auf Steigerung aus ist, Glück und Gelingen selbst bestimmen.

Der Alkohol hat ihn nicht geschafft, wenngleich die Verkalkung der Gefäße längerfristig eine Folge davon ist. Auch an den Frauen – diesem anderen wunderbaren Lebenselexier – ist er nicht gescheitert. Zwar hat er eine Annette Kasper nicht wieder gefunden, an deren Jugend er sich so wegwerfen konnte, daß er es selber glauben mußte. Aber die Niederlagen, die folgen sollten, waren kalkuliert und deshalb nicht einschneidend, nicht zutiefst entmutigend. Das „Kompendium Frau" hatte er für sich so gründlich durchgearbeitet, daß jede Naivität und jeder Leichtsinn, die erst das Verlieben möglich machen, sogleich von seiner Übermacht erdrückt wurden. Er wußte alles im voraus und kannte das Spiel in- und auswendig. Die Rollen von Mann und Frau gleich gut zu beherrschen, bringt auf Dauer auch keinen Spaß. Die minderjährigen Mädchen, die sich wie auszuwickelndes Naschzeug ihm gegenüber in das Gästepolster legten, hat er gar nicht erst angerührt. Der alte Faun hätte sich liebend gern erpressen lassen. Aber doch nicht mit dem Strafgesetzbuch!

Etwas anderes war es mit Claudia Schunke. Sie war sehr jung. Sie wohnte bei ihren Eltern im nördlichsten Teil von Schleswig-Holstein und schloß gerade ihre Schule ab. Für die Abitursarbeit hatte sie sich als Thema Janssen ausgesucht, und zu diesem Zweck wendete sie sich Anfang 1987 an den Künstler persönlich. Der schrieb zurück, bat um ein Foto und übte schon mal für die

Scheitern

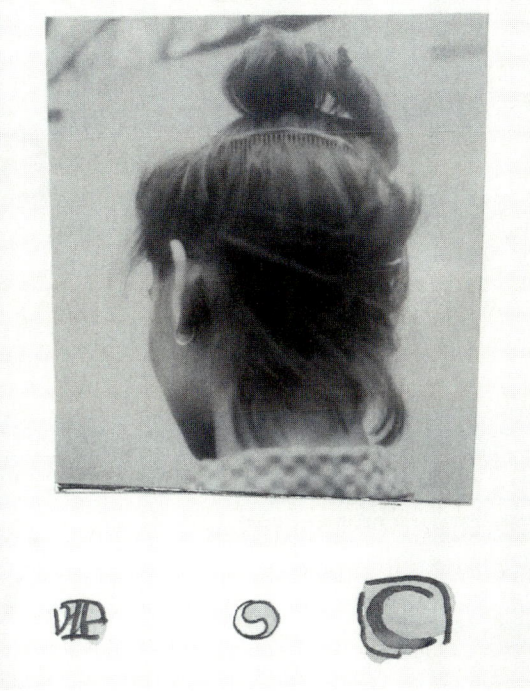

Postkarte „Claudia", St. Gertrude

Briefkopfzeichnungen ein C wie Cephir. Das löste eine Flut von Briefen aus. Beeindruckt von dem Briefbombardement – Janssen schrieb sich gerade für *Hinkepott* ein und lief zu großer Form auf –, gab die Abiturientin, die nach Abschluß der Schule das ganze Leben vor sich haben würde, zu erkennen: Mit so einem wollte sie auch mal! Sie hatte gerade damit begonnen, die Biographie zu lesen, und war erst bis Seite 15 gekommen, als sie diesen halben Liebesbrief hatte in den Postkasten fallen lassen. Sie las noch an demselben Abend weiter und die ganze Nacht hindurch. Am nächsten Morgen sei sie frühmorgens zum Briefkasten zurückgeschlichen, wie sie Janssen in einem ihrer nächsten Briefe gestand: „Nie war ein Kasten so verschlossen für mich!"
Für Janssen war es einmal mehr der Beweis, daß sein Biograph mit der „Horror-Schnulze" fast schon alles vermasselt hätte. Zum Glück konnte er das mit seiner eigenen Schreiberei wieder aus der Welt schaffen. Dazu waren seine Texte gut. Er wollte Claudia um jeden Preis gefallen, wenn auch vorläufig mit schön gezeichneten Briefen. Denn sie war blutjung und er ein „alter Kerl". Über die große Entfernung hinweg sollte sein Werben für Vorrat sorgen.

Es gab auch Hindernisse zu überwinden. Janssen hatte bald herausgefunden, daß der Vater in Claudias Kopf noch eine überlebensgroße Rolle spielte. Er hatte als Starfighterpilot bei der Bundeswehr gedient und sich nach der Entlassung auf Naturheilverfahren spezialisiert. Diesen Vater mußte Janssen bei der Tochter ausstechen. Die Rivalität schürte er und fuhr zu dem Zweck auch extra nach Leck, um das Elternhaus kennenzulernen und von dem noch sehr jugendlichen Vater Eindrücke zu sammeln. Womöglich hätte er die Konkurrenz über kurz oder lang für sich entscheiden können, wenn Claudia nicht gleich nach bestandenem Abitur in die weite Welt hinausgezogen wäre. Von südlichen Stränden schickte sie ihm Urlaubsfotos in den Mühlenberger Weg – Aufnahmen aus dem Robinson-Club: Claudia in kurzem T-Shirt mit aufgemalten Titten. „Das hätte ich besser gemacht, aber dies hier schaffe ich nicht mehr," zeigte Janssen traurig auf den in Badehose posierenden Tarzan, der neben Claudia stand.

Sie war eine ausgesprochene Schönheit und verdiente sich ihr Geld nebenher mit Modelling. Sie hätte gut in die Bacardi-Werbung gepaßt. Janssen verlegte sich geduldig aufs Warten und gab ihr bei einem ihrer kurzen Besuche in Blankenese für alle Fälle schon mal den Schlüssel zu seinem Haus. Das Turmzimmer war für sie reserviert. Für alles, was ihm da vorläufig entgehen sollte, hielt sich Janssen mit Briefen schadlos, die er zur Belehrung der nachwachsenden Jugend in seine Autobiographie einrückte: *Briefe an Claudia*.[6] Zwei Jahre später, für *Johannes*,[7] legte er ausführlich dar, wie er sich vorstellte, daß sie einmal zusammenleben würden – der alternde Künstler und das Mädchen. Das Exempel statuierte er in einem Brief, den er, obgleich es das in sämtlichen Briefen der Weltliteratur noch nicht gegeben hat, als *Formblatt* niederschrieb:

Gut'nmorgen Kleines – und weshalber ich »Kleines« sage ohngeachtet aller Vergangenheiten, hab' ich Dir mal, glaub' ich, liebevoll verklokfidelt. [...]
Vor Jahren sagte ich zu Dir: Kleines – WENN wir reisen, will ich neben Dir schlafen und zwar = kostümiert. Warum ich kostümiert?! – Ich habe in meinem Hirn ein Trallala für (fast) perfekte Schönheit. Als ich Judith Schlottau aquarellierte, glaub' es mir, war ich der absolut schöne Jüngling. Ich war dann noch 'ne Weile „schön" – nur nicht mehr absolut.
Soweit klar? Ja!
Jetzt Mühlenbergerweg 22:
    ich will, daß Du hier im Hemd rumläufst

ich will, daß Du meine Altersgeilheit überspielst mit fleischlicher Frechheit.
ich will, daß Du vor »Leuten« so auftrittst, als kämest Du just aus'm Bett, aus welchem auch immer
ich will, daß Du in Deinen Redensarten noch etwas frecher wirst –– obwohl Du in der Form *zu meinem* totalen Entzücken, 'n Riesensprung nach »vorn« gemacht hast, was Deine plappernde Schnute betrifft.
Ich will, daß Du – wenn Du HIER bist, die FRAU bist.
Nun – ich springe voraus
In der »Sanft-Zeit« über die Sanftheit weg nach ...
Hier höre nochmal her Kleines:
    ich liebe Dich und will von DIR verführt werden.
Wenn Du jetzt *das* denkst, *was* Du denkst –– nämlich: »Rückversicherung« ––– Du bist falsch gewickelt
weil: vor 100 Jahren war ich ein schüchternes Tier
      vor 50 Jahren war ich ein schüchternes Tier
      vor 10 Jahren war ich ein schüchternes Tier
      und in 10 Jahren werde ich noch ein solches sein.
Du bemerkst: Gleichberechtigung HIER? –– is nich
                    Die Frau führt.
Ich mache jetzt einen Hüpfer vom Fleischlichen zum »Moralischen«. Doppelpunkt:
1) Nur wenn Du es für Dich aus gesellschaftlichen sprich Karrieregründen für förderlich hältst, werde ich Dich heiraten bzw. laß' ich mich von Dir heiraten.
2) Da Deine Person an meiner Seite in jedem Fall DIE PR für mich (b)ist – bin ich PR-Heini sowieso »verheiratet« (ob Du in Paris, New York, Shanghai bist oder in Lüneburg oder Tirol = egal)
3) Solltest Du eines überraschenden Tages mir äußerlich »so nahe« kommen, wie Du es innerlich bist ––– habe ich sogleich eine »Forderung« (immer der Schwächere fordert)
   a) Ich bestehe auf einem Liebhaber, auf einem solchen, den ich nicht kennen will
   b) Weswegen?
   c) ... ob Du's glaubst oder nicht – ich war, wie Du, mal 20
   d) Ich wäre in meiner Zärtlichkeit zu Dir befangen – bzw. »ehrgeizig«, wenn mich nicht von irgendwoher Jugend »unterstützen« würde.

e) Ich liebe Dich
f) Zuständig dafür sind (siehe Briefkopf) meine Pfoten, meine Zunge, meine »Grillen« und das Marienkäferchen (unter Allem).

Das war die Moral. Zurück auf vorher: Du hast den Schlüssel – in doppeltem Sinn. Solltest Du mir an die Seite treten: SO – genau SO wie jetzt ist mein Haus DEIN Haus. Sodann »bräuchten« wir ein zweites Haus (wenn es nicht leck ist) weil: DU auf jeden Fall weißt, daß ich »seltsam« bin.[8]

Auch die Angeberei ist eine Form und will als solche formvollendet vorgetragen sein. Zielsicher umschifft Janssen alle anstößigen Klippen. Ja, es gelingt ihm, in der Selbstentblößung des späten Liebhabers noch Punkte für sich zu sammeln. Claudia sollte immer unerreichbar bleiben – reine Literatur.

Während er in Briefen die schöne Claudia hofierte, lernte er Britta Kerinnes kennen. „Unter Kerinnes" sind einige Blätter aus dem Jahr 1988 bezeichnet. Es soll klingen wie dereinst: unter der Herrschaft der Zarin …
Gern hätte sich Janssen von Britta beherrschen lassen, und bei der ersten Begegnung war er auch wirklich wie vom Blitz getroffen. Aber mit den vielen Versuchen, seine Unterwerfungslust auszutesten, stieß er bei Britta auf eine wachsende Leidensbereitschaft. Freilich ließ das ihr Gesicht mit den slawisch hochgestellten Wangenknochen nur noch schöner erscheinen.
Britta kam aus Bremen, und zwar ein paar Tage zu früh, bevor am 21. November 1987 in Oldenburg eine Ausstellung mit Janssen-Radierungen eröffnet werden sollte. Janssen hatte am Buß- und Bettag davor letzte Hand an die Hängung gelegt und verließ gerade das Ausstellungsgebäude, als ihm Britta Kerinnes entgegenkam und nicht glauben wollte, daß sie sich im Datum geirrt habe. „Das sagt ihnen der Künstler", der mit diesem entwaffnenden Argument schon wieder gewonnenes Spiel hatte.
Britta war noch keine 25 Jahre alt, ziemlich auf sich selbst gestellt, und sie studierte. Sie zog zwischendurch im Turmzimmer ein. Aber Janssen vergraulte sie immer wieder, weil sie sich, in die Enge getrieben, aufs Schweigen verlegte. Ein gewisses norddeutsches Phlegma hatte er an Verena und seiner alten Freundin Gatermann stets geliebt. Heute – auf dem Höhepunkt seiner schriftstellerischen Laufbahn – mußte er reden und wieder reden. Gerade hatte er sich ein für allemal die inquisitorische Feststellung zurechtgelegt: „Du kannst gar nicht lieben!" Er wollte selbstredend das Gegenteil hören, aber kein weibliches Opfer war dem gewachsen. Britta entwich jedesmal wieder nach Bremen. Nun sollte sie den Führerschein machen, den er bezahlen wollte. Er

mochte sich zu ihrer sofortigen Rückkehr nicht abhängig machen vom Fahrplan der Züge.
Janssen wollte auf Dauer niemanden um sich wissen, der nicht auf ihn angewiesen war. Auch die Freunde wollte er am liebsten bezahlen, den Lebensunterhalt ihrer Familien bestreiten und für alles im voraus aufkommen. Erst recht mußte er seine Frauen kaufen. Er führte dafür sogar eine neue Währung ein: „Wenn nicht mit Geld, dann mit Liebe", wie er einräumte. Wie alle seine Frauen war auch Britta nicht käuflich. Aber auf eine anrührende Weise hatte sie die ehrliche Absicht, für die Zuwendungen, die sie zum Studieren und fürs Tägliche erhielt, auch etwas zu tun und eine Gegenleistung zu erbringen.
Das sah dann so aus: Er nippelte am Pommery, und sie bestellte Branntwein, was ihn zum Stöhnen brachte: „Britta säuft mich noch zu Tode."

Geldgeschichten regelte er folgendermaßen: Janssen hatte sich im Sommer 1988 mit einer Siebzehnjährigen eingelassen, die seitdem regelmäßig in den Mühlenberger Weg kam. Sie hatte sich wieder einmal telefonisch angekündigt, und Janssen versammelte die Freunde um sich, weil er sie als Zeugen brauchte. Das Mädchen hatte sich gerade dazugesetzt, als er es kurz und bündig machte: „Ja – irgendwann haben wir im Bett gelegen. Ich war betrunken. Es war kein bürgerlicher Verkehr und nicht französisch, sondern ich bat dich, meine Brustwarzen anzufassen, und dabei habe ich onaniert. Mehr nicht. Seitdem kommst du und willst Geld. Das läuft auf Erpressung hinaus, egal ob du dir das schon klar gemacht hast oder nicht." Damit ist sie entlassen. Völlig unaufgeregt verweist er sie an Dierk Lemcke. Er soll ihr noch einmal tausend Mark geben. Die Bittzettel hat sich Janssen von ihr unterschreiben lassen und zu den Akten gelegt. Für alle Fälle.
Mit Britta zog es sich hin. Auf Papier und Radierplatten machte er in diesem Jahr 1988 einige schöne Porträtzeichnungen von ihr. Er wollte sie auch, wie er es von allen seinen Frauen plante und nur ausnahmsweise fertigbrachte, nach der Natur malen: Akte à la Schiele. Den passenden Spruch hatte er sich dafür schon zurechtgelegt: „Es gibt dann zwei Schiele, und davon kann der eine obendrein zeichnen wie Janssen." Es blieb aber beim Porträt – ein Thema, das er auch auf andere Personen seiner Umgebung ausdehnte, besonders auf den Postboten Heinz Adler,[9] der bei ihm auch gärtnerte, Fassaden anstrich und immer für einen mit Schnaps gewürzten Plausch gut war. Diese Porträts brechen aus der dem Zeichner so vertrauten Ähnlichkeit auf zweierlei Weise aus: in Richtung auf die Karikatur und in Richtung auf abstrakte Formationen, die zu dem charakterisierenden Strich ein Gegengewicht bilden.

Britta, Radierung 24. 4. 1988 (36,5 x 29 cm)

Beides wieder einzufangen und für die Person sprechend zu machen – vielleicht war das schon der Versuch, Schiele nicht zu übertrumpfen, sondern zu „relativieren". 1988 erscheint als der erste Band der Werküberschichten *Frauenbildnisse*.[10]
Britta hat er freilich in seinen Zeichnungen weniger gewaltsam als liebevoll „hingeschrubbt", wie er es nannte, wenn er ausdrücklich nicht pingelig ans Werk ging.[11] Er wollte sich an Britta binden und hatte doch Angst davor. Soweit war alles in Ordnung und wie immer. Nur daß die Welt seine Außerordentlichkeit nicht endlich erkennen mochte und selbst seine Feinde nicht an Format gewannen und er beides nicht wenigstens aus Liebe zu Britta übersehen und vergessen konnte – das machte ihn unruhig. Aber richtig perplex war er, als er nach einem Schulfreund von Alexander Schlüter fragte und aus Britta schließlich das Geständnis herauslockte: „Ja – im Turmzimmer." So

genau wollte er es denn doch nicht wissen, obwohl er sich schon seit fünfundzwanzig Jahren in der Rolle des alten Mannes eingerichtet hatte.

Im Sommer 1989 lernt Janssen wieder eine Abiturientin kennen. Sie möchte im Auftrag eines Presseamtes ein Interview mit ihm machen und erregt seine Aufmerksamkeit damit, daß er auch eigene Fragen beantworten könne. Das läßt ihn aufhorchen. Aber erst ein Satz selbstgeschossener Fotos öffnet ihr die Tür im Mühlenberger Weg. Seit dem Schulabschluß drängt Katja Töner aus dem Elternhaus heraus, und Janssen hilft ihr, eine eigene Wohnung anzumieten. Er ist erleichtert, daß seine Körperlichkeit sie nicht geradezu abstößt, erklärt aber vorsorglich, daß er „außer Liebe" sei. Katja läßt durchblicken, sie sei mit Maximilian Schell befreundet und ihre bevorstehende Reise nach Süddeutschland gelte auch einem Besuch bei ihm. Maxi müsse immer den kahlgeschorenen deutschen Juden schauspielern. „Weltstars haben es auch nicht leicht," findet Janssen, kann sich aber für eine Dreiecksgeschichte mit prominenter Besetzung nicht erwärmen und ist Mitte des Jahres 1989 viel zu sehr damit beschäftigt, die unterschiedlichen Projekte am Laufen zu halten, darunter die Fortsetzung der Autobiographie, Zeichnungen für New York, das Layout für das auf Hunderte von Bildern anschwellende große Landschaftsbuch, daneben täglich Postkarten für den Bürgermeister von Hamburg, für Antoine in Paris, Signaturen und Widmungszeichnungen für die von Brockstedt, Gaulin und der Griffelkunst neu herausgegebenen Bücher. Katja hat recht: Janssen ist förmlich von Männern umlagert, und so wirft sie sich aufs Schreiben, wobei ihr witzig formulierte Briefe gelingen, die Janssen amüsiert beantwortet.

Nein – an den Frauen ist Janssen nicht gescheitert. Zwar ist er auch mit sechzig Jahren immer noch nicht zur Ruhe gekommen und in keinen Hafen eingelaufen. Zwar sucht er für jede seiner künstlerischen Gipfelstürmungen immer noch nach der einen, der einzigen Muse, die ihn zu einem grandiosen Aufschwung beflügeln soll, damit die Verausgabung der letzten Kräfte auch ja nicht wie eine Anstrengung aussieht. Zwar läßt er nach wie vor die jungen Mädchen an sich herankommen, immer begierig darauf, daß sich eine als die Frau entpuppt, die ihn verführen und bezwingen kann. Wenn er *die* Frau denn doch noch nicht gefunden hat, keine, die ihn dauernd zu fesseln vermochte – an seinen Frauen lag es nicht. Von jeder Droge ließ er sich solange beherrschen, bis er, als wäre es nur ein Kapitel in seinem Lebensbuch, das Thema wechselte. Für Janssen war in den Frauen das Scheitern schon so programmiert, daß es fast kein Scheitern mehr war. Erst recht muß er sich im Alter davor hüten, sein Wissen und seine Übermacht nicht zu deutlich auszuspielen und womöglich selbst nicht mehr an das ihn verzehrende Feuer zu glauben.

Am Ende des sechsten Lebensjahrzehnts hat Janssen sein Werk vollbracht. Besonders das Jahr 1989 war eine Zeit der Ernte. Imposant ist die Zahl von Büchern, die in diesem Jahr und zu seinem 60. Geburtstag erscheint. Es sind nicht weniger als zwölf Bücher; Bücher, zu denen ihm die Texte und Bilder gerade erst aus der Feder geflossen sind oder für die er das Material beizeiten geschaffen hat, das nun zu seiner Feier veröffentlicht wird. Es sind auch die Früchte einer durch fast ein halbes Jahrhundert verfolgten Lebensplanung, deren Leistung gerade darin liegt, nicht an einem Plan festgehalten, sondern in einer unununterbrochenen Anspannung Plan auf Plan getürmt zu haben. So sind es lauter Vergangenheiten, die aus diesem Anlaß zu ihm zurückfinden; Vergangenheiten, die wie fremdgewordene Kinder und verlorengegangene Söhne wieder an seine Tür klopfen und ihn daran erinnern, was einmal war. Dafür rechtzeitig ein Haus bereitgestellt zu haben, das sich einmal zum Mittelpunkt der in alle Winde zerstreuten Tagebuchblätter macht, ein Archiv voll pulsierender Gegenwart, halb Werkstatt und halb Kalendarium – das ist den wenigsten gelungen. Kaum ein Künstler hat noch vor dem Einknicken seiner Lebenskurve so etwas wie den Gertrudenverlag auf die Beine gestellt. Janssen hat es geschafft – ein Haus, das ganz und gar auf seine Person, seinen Arbeitsrhythmus und seine Bedürfnisse zugeschnitten, ihm wie auf den Leib geschneidert war. Ein Haus, in dem sich alle Zeiten und alle Epochen, Welt aus lauter Welten, wieder einfanden. Hier – in den weitläufigen Räumen der ehemaligen Polizeikaserne in Hamburg-Altona – hat die auf elf Bände geplante lange Reihe der Werkübersichten, diese nach Motiven geordnete Retrospektive seines bildnerischen Lebenswerks, ihren Anfang genommen.[12] Nirgendwo sonst wäre das möglich gewesen. Es war auch ein offenes Haus, offen nicht nur für Begegnungen aller Art, sondern auch für seine Familien, die ihm nicht verlorengegangen sind, was auch immer inzwischen geschehen war. Janssen wollte das Leben, so unordentlich er es geführt hatte, am Ende ordentlich um sich versammelt wissen.

Alte Weggefährten, die zu Hause zu empfangen schwierig gewesen wäre, stellten sich im Verlag wieder ein. Wenn es auch so aussah, als ob auf dem Feuer, das da unununterbrochen brannte und „Janssen" hieß, jeder sein eigenes Süppchen kochte – er hatte das unter Kontrolle. Ein übriges taten die Freunde untereinander – aus Eifersucht. Einer verkauft signierte Schmuckblätter weiter, auch nachdem Janssen seine Unterschrift verweigert hatte. Niemand

wollte den geschäftsschädigenden Vorgang richtig zur Sprache bringe. Reihum druckste man herum. Janssen sollte selbst darauf kommen und bekannte freimütig, daß er die Erlaubnis erteilt habe. „Ich werde doch einen Freund nicht um ein Monatseinkommen von 3000 DM bringen. Irgendwann hagelt es dann wegen gefälschter Signaturen Klagen. Wenn ihr mir jetzt erzählt, daß die Falle schon zugeschnappt ist, dann ist das eine Erfolgsmeldung. Und die wollt ihr mir vorenthalten!"
Janssen hatte eine merkwürdige Scheu, einfach nur abzustellen, was falsch lief. Er ließ jedem die größte Freiheit, sich selbst zu entfalten. Auch wenn das ans Kriminelle grenzende Energien freisetzte, blieb er eher wie ein Botaniker still dabei sitzen und musterte die giftigen Blüten von allen Seiten. Ihm war selbstverständlich, daß sich Könnerschaft im Drucken seiner Radierungen oder der verlegerische Einfall eines Dierk Lemcke, der mit den *Frauenbildnissen* die großen Motivübersichtsbände auf den Weg gebracht hatte, nur bei völliger Autarkie herausbilden konnte. Dieses prinzipielle Gewährenlassen schärfte seine Skrupel so, daß er nur im äußersten Fall, dann allerdings skrupellos dazwischenfuhr und ein Strafgericht unmittelbar über die Person verhängte. „Beim Zerlegen des Lemmy" ist so eine in kalter Wut niedergeschriebene Formulierung, für die das Wort „Vivisektion" eine schöne Umschreibung ist. Lemcke stand mit seinem Verlag im Zentrum des Janssen-Imperiums. Die allermeisten Geschäfte liefen in seiner Hand zusammen. Janssen hatte ihn mit den größten Vollmachten ausgestattet. Wollte er ihn ärgern, mußte er schon ausdrücklich erklären: „an Lemcke vorbei". Auch bei freundschaftlichster Loyalität von seiten des Verlegers blieben die Zerreißproben nicht aus. Dierk Lemcke meisterte sie alle und stand seinen Mann. „Aber was muß er nicht alles in sich hineinfressen!" Das war ein gelinder Trost für diejenigen, die vergeblich darauf warteten, daß es endlich zum Knall kam. Der blieb aus. Janssen, der die Probleme seines Freundes auch nicht länger übersehen konnte, verordnete für sie beide ein Diät um die Wette: Jeden Morgen wollten sie nacheinander auf die Waage steigen.
Vielen ging die Vermarktung zu weit, und sie rümpften deshalb die Nase. Das ist immer noch die unverfänglichste Art, dem Künstler den Erfolg zu neiden, besonders wenn dazu der Verdacht ausgestreut wird, er selbst hätte die Kontrolle über die in seinem Namen getätigten Geschäfte schon aus den Händen verloren, sei es im Suff oder in übersprudelnder Spendierlaune. Janssen wollte den Konzern, der sich seinen diversen Talenten entsprechend um ihn herum gebildet hatte, und entgegen allen anderslautenden Vermutungen hatte er ihn fest im Griff. Nur, Janssen als Kalender – das wollte er nicht, noch

nicht. Sein Motto: „Ich muß einfach so gut sein, daß die anderen, wenn ich 1000 DM haben will, 10 000 DM daran verdienen; daß sie sich, wenn ich berühmt sein will, mit meinem Namen bekleckern."
Seine zu hysterischer Empfindlichkeit gereizten Antennen waren immer noch ausgefahren und arbeiteten wie eh und je als Frühwarnsystem. Vielleicht mußte er deshalb richtig abstürzen; er wäre sonst nie zu Fall gekommen.

Janssen ist nicht mit seinem Lebenswerk gescheitert, wohl aber mit Teilen davon. Es läßt sich freilich darüber streiten, ob die Ölmalerei zu seinem Œuvre gehört. Er hatte 1952 in Aschaffenburg mit Öl angefangen. Gefragt waren repräsentative Porträts von der Familie des Buntpapierfabrikanten Guido Dessauer, der die Rolle eines frühen Mäzens übernommen hatte. Janssen wollte in den späten 80er Jahren noch einmal mit Öl beginnen – wenigstens den Versuch machen. Dazu lud das Verlagsgebäude in der Goldbachstraße ein. Zwischen den zu Türmen und Blöcken aufgestapelten Büchern und Plakaten im ebenerdigen Lager war immer noch genug Platz, um eine Leinwand aufzustellen. Gerade das war ja die mit St. Gertrude neu hinzugewonnene Freiheit! Janssen versammelte am 17. März 1988 seinen Troß hinter sich. Die Farbtöpfe standen bereit. Für jeden Griff flogen vier Hände. Als Vorlage für das Gemälde diente ein Schallplattencover von Karajan. Auf der Leinwand erscheint dann natürlich nicht der Maestro, sondern Janssen selbst mit ausholender und Aufmerksamkeit heischender Armgebärde. Die Parodie erstickt in den quastig aufgetragenen Farben. Schon steht der Impresario vom Haus mit viertausend Mark in braunen Scheinen dafür gerade. „Für zehn Minuten Arbeit", grunzt Janssen zufrieden und mit einem Seitenhieb gegen den Staatsdiener, der dafür einen ganzen Monat arbeiten muß. Eine sehr alte Freundin – ihr Leitspruch: „Horst ist viel zu sehr Kavalier. Er nimmt die Schuld immer zuerst auf sich" – eilt herbei, ergreift seine Hände und säubert sie Finger für Finger mit einem Lappen. Damit fährt sie ihm auch noch ins Gesicht, denn der Junge hat gekleckert!
Die Ölmalerei scheitert an der nötigen Geduld für die technischen Erfordernisse des ungewohnten Materials. Die Farbe lief und tropfte auf den großen Leinwänden, wie sie und nur ausnahmsweise wie Janssen wollte. Auch als er sich mit einer Landschaft, einem Wasserfall à la *Hokusai's Spaziergang,* darauf eingestellt hatte, konnte nur der Kameramann zufrieden sein, der zu allem Überfluß hinzugerufen worden war. Im Laufe des Jahres 1988 brach Janssen das Experiment mit der Ölmalerei ab und setzte es nur gelegentlich im Haus von Dickus Heitmann fort.

Mit größerem Ehrgeiz machte sich Janssen später daran, Klavierflügel zu bemalen. Zu der Klavierhandlung von Jed Knauer bestanden verwandtschaftliche Beziehungen, und Eliza Hansen wartete immer noch auf ein würdiges Dekorum für ihr Cembalo. Auch hier sorgte die nicht mit letzter Sorgfalt ins Kalkül gezogene Erdanziehung dafür, daß sich schwielige Beulen bildeten, die platzten und den virtuos aufspielenden Paganini el-greco-haft in die Länge zogen.

Erfolgreicher war Janssen mit seinen Paravants. Sie waren als Vorstufe für große Tapisserien gedacht. Zu gern hätte er sich einen Malanlaß verschafft, wie ihn der späte Goya in der mit düsteren Szenerien gefüllten Ausmalung seines Privathauses gefunden hat. Immerhin kamen ihm die flach entrollten Japanpapiere besser entgegen als die Leinwand. Zu einer eigenständigen Werkreihe sind dennoch die Paravants nicht gediehen. Der Ausgriff auf solche Genres der Gebrauchskunst blieb in den Anfängen stecken.

Gescheitert ist Janssen auch, woran er mit ungleich größerem Engagement hing: an der Farblithographie. Die zusätzlich mit der Hand kolorierten und zu einem illustren Bilderbogen ausgeschmückten Lithographien sind noch nicht die von mehreren Steinen gezogene Farblithographie, die er im Kopf hatte und die ihm vorschwebte. Die mit wäßrigem Aquarell eingefärbten Lithographien lassen erahnen, was Janssen wollte, aber nicht erreicht hat. Freilich – eindrucksvolle Ausstellungen, wie 1993 im Heidelberger Schloß, ließen sich damit allemal bestreiten.

Auch das Schreiben hat er zurückgenommen. „Ich kann zeichnen, aber ich liebe die Sprache." Das Zeichnenkönnen und besonders, daß er alles, was ihn interessierte, schon mit dem Stift ergriffen hatte, war in den späten Jahren ein Problem, das ihn eigentlich der Schriftstellerei hätte in die Arme treiben müssen. Auch zehrte die rücksichtslos durcharticulierte Existenz, zu der er sich entwickelt hatte, von der Sprache, die er mit einer nicht zu überbietenden und jede Situation beherrschenden Treffsicherheit führte. Die gezeichneten Briefköpfe seiner letzten Jahre werden immer mehr zu Zitaten seiner selbst, als wollte er nur rasch und tiefer in den Text kommen, der ihn erst richtig herausforderte. Mehr denn je war sein Universum die vollkommen auf ihn zugeschnittene – *seine* – Sprache. Deshalb fiel es ihm auch schwer und bereitete regelrecht Schmerzen, daß er nicht weiterschreiben konnte. Er mußte seine Familien ernähren, die allfälligen Vorsteuern zahlen, den Betrieb am Laufen halten. Denn mit dem Schreiben war kein Geld zu verdienen. Es wirft zu wenig ab – für den Autor Janssen gar nichts, der nie einen Pfennig Honorar für einen seiner geschriebenen Texte genommen hat. Der dritte Band von

Paul Wunderlich und Horst Janssen
(Fotoarchiv Schleswig-Holsteinisches Landesmuseum, Schleswig)

Hinkepott, für den er schon den Titel „Abkotzen" gefunden hatte, blieb auch aus dem Grund auf der Strecke. Er mußte Geld verdienen. So stolz es ihn machte, auf die andrängenden Lebensfragen die passenden Antworten zu haben – er mußte sich das Aufschreiben verkneifen. Darin schwang auch immer ein Quentchen Resignation mit.

Nicht fertig geworden ist er schließlich mit einer Aufgabe, die er sich nach seinen eigenen Worten erst mit fünfunddreißig Jahren gestellt hat, nach der ersten Ausstellung in der Kestner-Gesellschaft in Hannover 1965, und die ihn nicht mehr losließ. Er wollte berühmt werden – er wollte weltberühmt werden. So wie ein Name für einen Aspekt unseres Universums steht, der sich

darin gleichsam erschöpft wie alles neugierige Abenteurertum in dem einen Wort „Kolumbus", so wollte Janssen in *einem* Atemzug genannt werden mit … ja – womit? Eben mit allem, was Janssen und keiner wie Janssen ist. Dieses wahnwitzige und in dieser Form wohl auch nur im Schoß des abendländischen Menschen heranreifende Ziel hat er nicht erreicht. Einen so sprechenden Namen hat er sich nicht gemacht, wiewohl schon diesen Plan zu haben mehr als alles für ihn spricht. Gescheitert ist er aber auch damit, bloß im öffentlich-allgemeinen Sinne des Wortes ein berühmter Mann zu werden.
Er fühlte sich körperlich unwohl, außer Haus nicht auf Anhieb als Janssen erkannt zu werden. Meistens kompensierte er es vor dem leicht zu überzeugenden Publikum mit einem Schnellehrgang in Sachen Extravaganz und exaltierter Berühmtheit. Er schiß auf den weißen Teppich – das war früher. Mittlerweile setzte er andere Zeichen: Er umgab sich öffentlich mit Freunden und um sein Wohlsein bekümmerten Frauen, die ihm, dem wandelnden Langzeitgedächtnis, kurzzeitig auf die Sprünge halfen und sagten, wo es gerade langgeht. Es ist die Aura des in anderen Welten beschäftigten Mannes. Janssen mußte das nicht spielen. Bei den wenigen, von ihm sparsam dosierten Auftritten ließ er sich auf diese Weise behutsam durch die Reihen des von seinem Erscheinen entzückten Publikums geleiten. Was ihn solche Anstrengungen ein Leben lang durchhalten ließ, war das unerschütterliche Vertrauen in den Satz: „Ich bin besser als ich spiele."
Aber Janssen konnte nicht überall sein. Alle Augen auf sich ziehend und witzig, wie er war, hatte er mit seiner Person, wenn er nur wollte, schon immer leicht gewonnenes Spiel. Als er im Sommer 1988 in Emden ausstellte,[13] verbannte er Henri Nannen während der Hängung in die Cafeteria. Danach saßen sie im großen Kreis auf dem Marktplatz. Ein Opa, vom Alter gebeugt, marschierte, die Nase fest am Boden, auf die Gruppe zu. Janssen legte einen Hundertmarkschein auf seine Route. Der Alte stößt darauf, bückt sich, rollt ihn zusammen und blickt unsicher nach der Seite. Janssen schleicht sich von hinten an ihn heran und tippt auf sein Schulter: „Sie haben eben hundert Mark verloren." Verdutzt wie er ist, steckt Opa auch diesen Schein ein und muß nun damit fertigwerden, wie es kommt, daß er zwei Hunderter gefunden hat. – „Billigste PR", sagt Janssen, „denn rechtzeitig zur Ausstellungseröffnung steht das dann in der Zeitung."
Nur waren seine Auftritte gezählt. Wenn er selbst gefeiert werden sollte, schloß er sich ein. Dabei arbeitete er die ganzen 80er Jahre an einem Erscheinungsbild, das es ihm möglich machen sollte, auch einer größeren Welt unter die Augen zu treten. Er verordnete sich regelrecht Öffentlichkeit wie zu den

Geburtstagsfeierlichkeiten von Willy Brandt. Überraschend tauchte er zu dem Hausfest einer mit St. Gertrude zusammenarbeitenden Werbefirma auf, und am Mikrofon imitierte er die heisere Stakkatostimme von Paolo Conti. Es waren Ausflüge in eine Welt, zu der er sich hinsehnte, für die er aber zu unberechenbar oder zu genant war.

Er selbst nannte sich populär und grenzte es scharf gegen den Ruhm ab, den er eigentlich wollte.[14] Dieser Zeit fehle ein Begriff von Ewigkeit, der die Voraussetzung für Ruhm wäre. Immerhin fühlte sich Janssen als Mann von seiner Popularität schon wieder so stark, daß er es mit Politikern aufnehmen wollte – am liebsten, wenn sie aus Hamburg kamen. Den Blick fest aufs Rathaus gerichtet, war Hamburg die Stadt, über die er verfügen wollte. Das war seine Machtbasis. Da war er zu Hause. Er – Janssen – wollte dem Direktor der Hamburger Kunsthalle sagen, ob es zu seinem 60. Geburtstag eine große Janssen-Ausstellung geben sollte – und er sagte nein.

Wenn er im Ausland ausgestellt wurde, hatte er – mit einer Ausnahme – sich nie überwinden können, dort auch persönlich zu erscheinen. Diese eine Ausnahme war Paris 1986, als er an der Hand von Annette Kasper und in freundschaftlicher Umarmung mit Antoine sich stark genug fühlte. Zur Eröffnung blieb er freilich weg und schlich erst zur Tür herein, als die Räume halbgeleert waren. Je unmöglicher es ihm war, sich draußen zu zeigen, desto mehr versteifte er sich auf die Provinz. Zu dem Zweck zitierte er sogar Caravaggio, der ihm im besten und handgreiflichsten Sinne Provinz bedeutete. Jedem sein Oldenburg!

Janssen blieb zu Hause, als 1985 Hilmar Kopper bis hinter den Ural nach Nowosibirsk fuhr, um feierlich eine Ausstellung seiner Bilder zu eröffnen.[15] Damals war Kopper allerdings auch noch nicht Vorstandsvorsitzender der Deutschen Bank. Geändert hätte es nichts. Extra für Moskau hatte ihm Birgit Jacobsen einen neuen Paß besorgt. Aber dorthin ist er auch nicht gegangen, obwohl er sich doch mit *Tocka* in die russische Seele hineingezeichnet hatte. Er setzte nur eine Grußadresse auf:

> [...] vielleicht haben Sie was ganz anderes erwartet! Ölbilder vielleicht! Große Gemälde. NUN – wenn ein Gemälde quasi eine Orchesterkomposition ist, dann ist die Zeichnung ein Lied für Viola, das Cello und die Flöte. Und während meine Kollegen international gewaltige Konzerte für 36 Pauken und 77 Tropeten schmettern, spiele ich das Lied vom Cello, der Viola und der Flöte. Haben Sie das wohl verstanden? Wenn ja – dann wäre mein Glück, bei Ihnen zu sein, ein doppeltes!

Leibhaftig aber liege ich zu dieser Stunde wahrscheinlich an eine Maschine zur Nierenwäsche angeschlossen. Sonst wäre ich hier! HEUTE an meinem 56. Geburtstag![16]

Das intime Format seiner Arbeiten: So heftig er es zu Hause gegen die Allerweltskunst verteidigte – draußen beschlichen ihn Zweifel. Würde er mit seinen sehr persönlichen Vorlieben dort bestehen können – hießen sie auch Leskow, Poe oder Baudelaire? Seit den frühen 80er Jahren, seit den überlangen Briefen – Brieffahnen – an den Verleger Volker Huber,[17] bastelte er an dem großen Format. Er versuchte, es für die Zeichnung verfügbar zu machen. Tatsächlich gibt es in diesem Jahrzehnt immer häufiger Ausflüge in die wandfüllenden Übergrößen, sei es im Plakat, in Öl oder Acryl, als konstruktive Zeichnung oder als Paravant. Häufig werden nur die Papiere größer. Das durchgehend große Format bleibt ihm versperrt. Seine Kunst ist am größten im Zirkelschlag vom Ellenbogen bis zur Feder- oder Bleistiftspitze. In solchen Abmessungen können sich seine Qualitäten am dichtesten entfalten.

Zwar sah es auch 1989 so aus, als arbeitete er unablässig für seinen Ruhm im Ausland – Radierplatten für Schweden und Norwegen, besonders farbkräftige Abzüge für die Pariser Kunstmesse, Ausstellungsvorbereitungen für Japan und nicht zu vergessen – New York. Aber er hätte sich dort auch zeigen müssen, um in der Welt zu Ruhm zu gelangen. Die Persönlichkeit – das Charisma – hätte er gehabt. Aber er stand sich selbst im Wege, und sei es auch nur, daß er glaubte, seiner je später, desto mehr in Sprache aufgelösten Künstlerexistenz in der Umgebung einer fremden Sprache nicht mehr mächtig zu sein.

Den Erfolg zu Lebzeiten hat Janssen wie kaum ein anderer durch Jahrzehnte hindurch gehabt. Er hat immer sofort erkannt, worin sich der Betrachter seiner Bilder verliebt hat. Wie er ihn auch in diesem heiklen Punkt belohnte oder enttäuschte, sein Ansehen ist darüber nur gewachsen. Am meisten wurde er von denen geliebt, die ihm so nahestanden, daß er von Zeit zu Zeit ganz unverhohlen auf sie losgegangen ist. Erfolg macht frei, und Erfolg macht frech. Beides hat Janssen über alle Maßen für sich in Anspruch genommen. Schließlich ist er nach Picasso der am meisten ausgestellte Künstler gewesen. Aber die große Fanfare, die den Namen Janssen so in die Welt hinausgetragen hätte, daß er von dem tausendstimmigen Echo ganz erfüllt und von dieser stärksten aller Drogen über sich selbst hinausgehoben worden wäre – diese alles übertönende Fanfare blieb aus. Weltruhm hatte er sich vorgenommen und es denn doch vorgezogen, zu Hause geliebt zu werden.

„Bilder für den Himmel" ist noch einmal eine jener von japanischem Boden ausgehenden Großveranstaltungen,[18] der sich Janssen mit einem eigenen Drachen anschloß. Seine Idee: ein nur aus der Janssen-Signatur gefertigter monumentaler Papierdrache. Er wollte den Himmel signieren! Die Ausstellung, die Janssen im Verein mit seinen himmelstürmenden Künstlerkollegen zeigte, hat es bis in die Deichtorhallen nach Hamburg geschafft. So weit, so gut. Geblieben ist davon eine Telefonkarte, Frielinghaus und Jens Burg zuliebe:

… und baute einen Riesendrachen
um die Menschen klein zu machen
– alle lachen!
        5. 4. 1989 bei Osaka[19]

Wir haben keinen Grund, darum verlegen zu sein, daß der Griff nach den Sternen mißlang. Denn der Vorsatz bleibt davon unberührt. Die Verwurzelung im eigenen Boden – der „Humus" – war für Janssen das wichtigste. Davon geht alles weitere aus, und das gilt auch für die Zukunft.

Amerika erobern – das ist auch ein immer wieder hinausgeschobenes und nicht richtig verwirklichtes Vorhaben geblieben. Am Anfang der 80er Jahre hatte Janssen in Chicago mit der Galerie Worthington eine engagierte Fürsprecherin.[20] Beste Kritiken auch von erstrangigen Museumsgrößen erleichterten ihm den Sprung nach Übersee. Aber käuflich zu erwerbende Arbeiten, die in den USA einen Markt für Janssen hätten schaffen können, gelangten nicht zügig dorthin, blieben vor ihrer Reise in die USA noch in Hamburg zwischengelagert, verteuerten sich deshalb und was derlei Querelen unter Galeristen sind.
Nach der Annette-Zeit kehrte Birgit Jacobsen wieder in das Haus von Janssen zurück, das von Zeit zu Zeit in Ordnung zu bringen sie sich zur Aufgabe gemacht hatte. Sie hob den ungeöffneten Brief einer New Yorker Galerie vom Fußboden auf, wo sich gerade wieder der Müll mehrerer chaotischer Wochen stapelte. Ihr Eigensinn kam Janssen zustatten, denn ohne lange zu fragen knüpfte sie Verbindungen zu der Galerie Claude Bernard an, einer Dependance des Pariser Hauses, und sprach auch persönlich in New York vor. Mikel Soskin hatte 1986 die Ausstellung in der Rue l'université gesehen und wollte eine vergleichbare Schau für die Kunstmetropole des 20. Jahrhunderts ausrichten. Als er im Gefolge von Birgit Jacobsen die Stufen des Hauses am Mühlenberger Weg hochstieg, hat sich Janssen, im Bademantel und wie

gewöhnlich barfuß, sehr zusammengerissen und sein bestes Englisch hervorgekramt. Er sprach mit einer großen, gewinnenden Ernsthaftigkeit, als wollte er diese Gelegenheit nun endlich auch nutzen.
Nach dem „verschlurten" Jahr 1988, wie Janssen es nannte, kam noch das Buch *Johannes* dazwischen, aber noch während der Arbeit daran wollte er für Amerika zu zeichnen beginnen. In der Tat hielt er bis Ende 1989 die selbstgesetzten Termine. Die Ausstellung sollte dann im April 1990 sein.[21]
Es waren nach dem großen Jahr des Pastells – nach 1982 – nicht mehr so viele ausdrückliche Profizeichnungen entstanden. Die meisten Arbeiten wie die für Paris oder später für Eberhard Rüden – *messages dessinés*[22] – waren ihm flüssig aus der Feder gelaufen, aber auf überwiegend kleinen Papieren. Die konstruktive, raumfüllende Zeichnung, wie die ins Hochformat aufgetürmten callot'schen Berge 1986 für Antoine,[23] die großen Baumarabesken von 1987[24] oder die über die ganze Fläche ausgespannten Erotika aus demselben Jahr[25] – nie mehr als fünf Blätter – war selten geworden für jemanden, der seinen Namen wie kein zweiter mit der Zeichnung verbunden hat. Auch die großangelegten Skelettbilder ab 1982[26] sind nur ausnahmsweise fertig geworden. Eher schon ging der sorgfältig aufbauende Strich in die Lithographie oder in die Radierung ein. Der Versuch, auf der Jahreswende 1987/88 noch einmal Spielzeug[27] und andere Stilleben, aber diesmal betont undramatisch und gleichsam altersabgeklärt, aufs Papier zu bringen, lief bald ins Leere. Das Tagebuch, gezeichnet oder geschrieben, brauchte weniger denn je die konstruktive, bildmäßige Zeichnung. Mit *Johannes* hatten sich jene die künstlerische Gesamtpersönlichkeit auspendelnden Gewichte deutlich in Richtung auf den Schreiber und Büchermacher Janssen verschoben.
Für Amerika legte sich der Zeichner noch einmal ins Zeug. Es entstand ein Potpourri aus Bildnis und Landschaft, aus Stilleben und Selbstporträt, aus Küstenarchitektur und Schädelstätte. Konzentriert durchgezeichnete Arbeiten, die auch in der Anwendung verschiedener Mittel eine späte und virtuose Meisterschaft selbstbewußt ausstellen. In einigen an den greisen Rembrandt angenäherten Selbstbildnissen blickt Janssen illusionslos auf ein Künstlerleben im Alten Europa zurück.[28] Die großen Eroberungen, die leid- und angstvoll umkämpften Höhepunkte – sie liegen alle hinter ihm. Die reichliche Ausbeute – sie kann sich auch in der Neuen Welt sehen lassen. Die Presse vor Ort hat durchaus die in der Ausstellung verklammerten Gegensätze erkannt, und die New York Times konstatierte bewundernd: „The work is as balanced as it is perverse." Aber das Interesse, das gerade die unaufgelösten Diskrepanzen und der unausgelotete Abgrund wecken, hätte Janssen nur mit seiner

Person, mit seiner Aura und seinem Witz, befriedigen können. Er hätte sich in New York zeigen müssen. Seine Tochter Lamme war extra aus Vancouver angereist. Er ist am 3. April 1990, dem Tag der Eröffnung, zu Hause geblieben, und da sein Blankenese in der Flugschneise liegt, hat er wenigstens dem Dröhnen der Linienmaschinen am Himmel gelauscht. Im Monat darauf ist er mit seinem Balkon vor dem Haus abgestürzt.
In einem Brief schon vom 5. Dezember 1986 schrieb Janssen an Mikel Soskin: „I am a proud provincial!"[29] Aber er war nicht stolz, und schon gar nicht bildete er sich etwas darauf ein. Er brauchte den Rückhalt und das Nestgefühl vor allem als Schutz gegen sich selbst, weil er sonst in die Krise geriet und leicht unberechenbar wurde. Er wollte sich die Zunge herausschneiden – Messer und Zange lagen schon bereit –, wenn er früher in solche Desaster abgeglitten war, den Mund zu voll genommen und Beleidigung auf Beleidigung ausgestoßen hatte.
Er brauchte zu seiner Sicherheit ein Nest, und das war seine „Burg" am Elbhang zwischen den Ahornbäumen. Ausgerechnet aus diesem Nest hat ihn das Schicksal am 19. Mai 1990 gestoßen. Es war ein Sturz aus heiterem Himmel und der Anfang vom Ende.
Aber noch einmal zurück auf New York und den Weltruhm. Wie ein Blick auf Matisse und Picasso und ihre dominierende Stellung im Museum of Modern Art lehrt: Das persönliche Drama ist von der Bühne verbannt. Zwar ist es nach wie vor das, was am meisten interessiert und die Menschen aufwühlt – das abgeschnittene Ohr des Vincent. Aber nicht van Gogh soll zu Lebzeiten ein Drama daraus machen, und schon gar nicht soll ihnen einer vormachen, was ein Drama – sein persönliches Drama – ist. Dieses Drama wollen sie selbst machen: die Ausstellungsmacher, die Publizisten und Verleger. Auch darin war Janssen zu eigen.
Wahrscheinlich hätte es schon genügt, wenn er die auswärtigen Galeristen, die er ja längst in sich verliebt gemacht hatte, nur mehr Geld hätte verdienen lassen. Aber es ist ihm nicht gelungen, weder Antoine Mendiharat in Paris noch Mikel Soskin in New York, noch Japan oder Oslo oder Schweden auch nur einigermaßen kontinuierlich mit marktfrischen Zeichnungen zu beliefern. Das meiste blieb in Hamburg, wo gerade das Drama lief, aus dem dann – wie hätte es anders sein können? – eine Zeichnung wurde. 1994 war Soskin wieder einmal in Hamburg zwischengelandet. Die Wände in St. Gertrude hingen voll mit den schönsten Landschaftsaquarellen. Soskin ging mit leeren Händen davon. Vorzugspreise besonders für New York – das war nicht möglich gewesen.

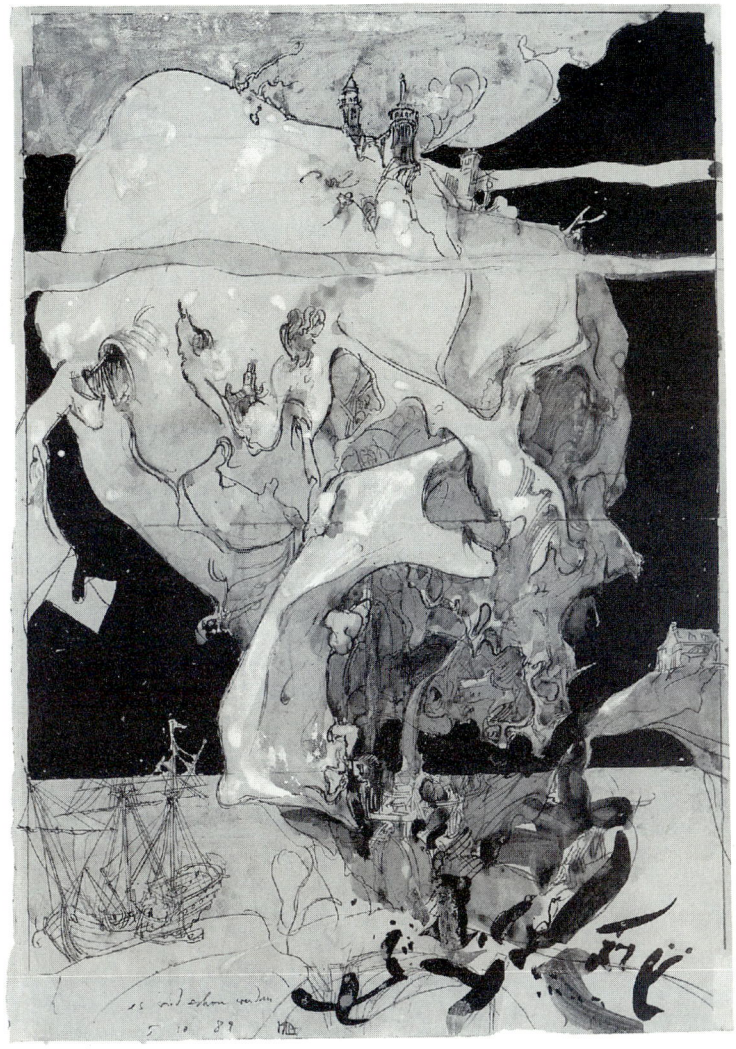

Es wird schon werden, Zeichnung für Claude Bernard/New York 5. 10. 1989.
Feder und Aquarell (61,7 x 42,8 cm)

Hamburg war seine Stadt. Auf dem Parkett fühlte er sich sicher, stand er fest, auch wenn er gerade wieder ausgerutscht war. Hamburg war daran gewöhnt. Hier kannte man ihn. Hamburg – das war ein Heimspiel. Er mußte schon sich selbst so im Wege stehen, daß er ernsthaft ins Straucheln kam. Das ist ihm auch gelungen – noch dazu im Jahr seines 60. Geburtstags. Ein Geburtstagsgeschenk sollte es werden. Die Stadt – das ist in diesem Fall auch das Land Hamburg – wollte ihm eines zum 14. November 1989 machen.

Für Janssen kam es so überraschend, daß er im ersten Moment sprachlos war – wie man in Norddeutschland sagt: platt, einfach geplättet. Er sollte ein eigenes Museum bekommen. Keine Wohnetage und nicht irgendein Haus – nein, den Katharinenhof im oberen Teil von Baurs Park! Sein Atelier und ehemaliges Kutscherhaus am Mühlenberger Weg lag auf halber Höhe am unteren Rand von Baurs Park, der sich als abschüssige Wiese gegen die Elbe neigt. Von seinem Balkon aus konnte er, nur durch ein im Sommer belaubtes Buchenholz behindert, fast auf den Katharinenhof in circa zweihundert Meter Entfernung blicken. Wenn man von der Elbchaussee Richtung Janssen einbog, lag das 1836 von dem Architekten Hansen im klassizistischen Stil erbaute Herrenhaus rechterhand oben neben der Straße – ein über der Stromägäis thronendes Propyläen und als Monument ebenso massiv und wuchtig, nur im Anstrich vergilbt und baulich im ganzen vernachlässigt. Wenn es nach dem Ersten Bürgermeister Henning Voscherau und dem Oberbaudirektor Egbert Kossak ging, sollte Janssen dieses stattliche, palaisartige Haus zum 60. Geburtstag als Museum geschenkt bekommen.

Nachdem man bei dem als schwierig bekannten Künstler vorgepeilt hatte, lag Ende April 1989 das Angebot vor. Janssen reagierte spontan mit einem freudig überraschten Brief an Voscherau. Schon am nächsten Tag saßen der Bürgermeister und der Oberbaudirektor ihm im Sessel gegenüber: „Wir hatten nur Angst, wie Sie den Vorschlag aufnehmen würden." Davon war nun gar nicht mehr die Rede, und Janssen stieg rasant in die Planung ein. Seine Idee war eine permanente Ausstellung seiner Grafik – an die tausend Radierungen blockartig und dauerhaft gehängt. Dazu wechselnde Ausstellungen mit seinen Zeichnungen. Unten sollte Frielinghaus eine Lithowerkstatt einrichten. Die Public Relations würde auf jeden Fall er selbst übernehmen. Ein ganz von seiner Person und seiner inszenatorischen Kraft durchdrungenes Museum war in Planung, für das er entwerfen, malen und sammeln wollte. Ein klassisches Ausstellungshaus, das, noch bevor daraus sein Vermächtnis werden würde, von seinen Aktivitäten, seiner turbulenten Geistigkeit und seiner Ästhetik erfüllt wäre. In übersprudelnder Vorfreude nahm Janssen schon quadratmeterweise Besitz davon. Wie er alles, was er berührte, in Geschichten und Dramen verwickeln mußte, wären später bestimmt aus jedem Winkel dieses weitläufigen Hauses eine abenteuerliche Begebenheit, eine lebendige Erinnerung zu vermelden gewesen.

So dicht wie sein Atelier davon entfernt stand und so oft ihm beim Einbiegen in seine Straße das „Weiße Haus" signalisierte: „Gleich bist du zu Hause," hatte er praktisch schon vom Katharinenhof Besitz ergriffen und spukte er

Der Katharinenhof in Baurs Park. Postkarte St. Gertrude (Foto Egbert Kossak)

darin längst herum. Was ihm immer vorgeschwebt hatte: ein Hafen für seine Kunst – er hatte es geschafft. Mit einem Schlag hatten sich alle Spekulationen erledigt, ob Janssen zum 60. Geburtstag einen großen Kulturpreis oder eine nationale Ausstellung erhalten würde. Es war auch keine Frage mehr, ob Janssen sich gegen den Avantgardismus der Baselitz, Penck und Kiefer, gerade auch gegen die raumgreifenden Ausmaße ihrer Kunst, auf Dauer würde behaupten können. Die Achse Mühlenberger Weg 22/Katharinenhof stand. Die Ausnahme Janssen hatte unübersehbar ihren Platz in der Welt gefunden. Alle in seiner Umgebung wußten: Das durfte er nicht wieder kaputtmachen. Aber was das Schönste war: Er dachte auch gar nicht daran! Im hellsten Licht erstrahlte seine nahe Zukunft, als er für *Johannes* die tiefsten Dunkelheiten seiner Seele auslotete.
Janssen ist nie ein Lebensziel direkt und auf gerader Linie angegangen. Höchstens lag es am Weg wie auch das „Weiße Haus". Zu allen Zeiten war er seiner Stadt kein Unbekannter geblieben. Bevor er 1986 an Bürgermeister Statt im Rathaus sprach[30] – Voscherau soll am lautesten gelacht haben –, war er längst stadtbekannt. Seinen Ruf als querköpfiger Weltzergliederer polierte er nicht nur mit dieser Rede auf. Lange schon hatte er sich dieser Stadt ins Gedächtnis gezeichnet: mit einer Störtebeker-Radierung, mit einem zum HSV-Fan und

-Maskottchen mutierten Hummel Hummel und bei vielen anderen Gelegenheiten. Die Bürgermeistergattin Frau Dr. Weichmann hatte er zwar vor Jahren noch auf die anstößigste Weise beleidigt. Aber die späteren Bürgermeister waren alle „ihren" Janssen in Blankenese besuchen gekommen. Voscherau stammte selbst aus einer Künstlerfamilie und ist ein strategisch kluger, ja, kunstvoller Redner. Seit sie aus Anlaß der Bürgermeisterrede ihre Ämter getauscht hatten, waren sich der Politiker und der Künstler nähergekommen. Janssen schickte seine Post immer direkt ins Rathaus an den „Ersten", „die No. 1", „die Nr. One" – schöngezeichnete Postkarten, nicht mehr und vor allem nicht größer. Oberbaudirektor Kossak war aus Gründen der Blankeneser Nachbarschaft und weil Architekten ohnehin Künstler sind und die Unordnung suchen, besonders wenn sie in Amt und Würden eingemauert sind, Freund des Hauses am Mühlenberger Weg. Seine jüngste Wohltat hat Janssen der Stadt damit erwiesen, daß er für sie „betteln" ging – genauer: für die Alsterarkaden und Wilfried Weber, Nachfolge Felix Jud, der mit seiner Buchhandlung am Neuen Wall durch einen Brand zu Schaden gekommen war.[31]

> Hoher Herr
> Lieber Richard v. Weizsäcker
> Alle 93 Jahre, also einmal im Leben komme ich Ihnen mit so'ner ziemlich verschämten Bitte daher: Ob Sie bitte unter die beigelegte Radierung ein paar Buchstaben oder gar Sätze plus Ihrer Unterschrift schreiben? für unsere kleine „Auktion" zum Trost des Wasser-Feuer-Geschädigten Wilfried Weber im Hause Felix Jud![32]

Nebenbei erzielte Janssen auf dieser „Auktion" für eine seiner Künstlerpostkarten 2500 DM und schuf damit eine neue Marktnotierung für das kleine Gefälligkeitsgenre. Was er machte, war nicht selbstlos. Aber er spekulierte nicht auf ein durchsichtiges Ziel, und erst recht wollte er sich nicht geradezu empfehlen. Deshalb war er so überrascht von dem Vorstoß des Bürgermeisters zu seinem Geburtstag, und mehr als einmal sagte er ihm: „Da haben Sie sich aber ein anachronistisches Ei ins Bett gelegt."
Janssen war selbst am meisten erstaunt. Damit hatte er nicht gerechnet und fing seinerseits zu rechnen an, womit nun ihrerseits die Stadt nicht hatte rechnen können. Zwar war Hamburg eine Kaufmannsstadt, aber von einem Künstler erwartete das niemand – erst recht nicht, daß er einen Teil der ihm zugedachten Huldigung selbst bezahlen wollte. Aber so war Janssen.

Katharinenhof
ÖKONOMIE:
Es ist meine Absicht, im Entrée (oder wo auch immer) ein Bücherkabinett zu installieren
a) 'ne Bibliothek aller Janssen-Bücher und buchähnlichen Publikationen zur allgemeinen Information (zwischen 100 und 120 Publikationen)
b) Buch- und Katalog-Verkauf.
   Diese Chose übertrage ich Dierk Lemcke, Verlag St. Gertrude Hamburg. Der Gewinn – nach handelsüblichem Maßstab – geht, wie die Eintrittsgelder, direkt an die Stadt.
c) Nach Langenhorner Vorbild – »Griffelkunst« – werde ich eine »Jahresgabe« einführen – eine »Katharinen-Jahresgabe«. So wie ich jährlich 5 Kupfer für Liselotte Kruglewsky und Rüggeberg mache, werde ich jährlich 5 Katharinen-Kupfer machen.
d) Ob ich im Katharinen-Bücherkabinett einen Plakat-Verkauf aufnehme ODER diesen in einem $^1/_4$ des Raumes der Bücherhalle aufziehe – das ist die Frage?! (nebenbei: die Bücherhalle hätte dann nicht zwei Besucher pro Woche, sondern hundert, die dann evtl. sogar lesen. Ich liebe Bücherhallen! Dies »nur so«!)

A a, b, c, d. Über den Gewinn aus Büchern und Plakaten wird Ihnen Dierk Lemcke die in etwa wahrscheinliche Notierung machen.

B Wenn ich aus rationalen Gründen die »Katharinen-Jahresgabe« direkt an die Griffelkunst Langenhorn binde = Kartei – Verteilung! etc. ---
könnte ich Ihnen den Gewinn nennen: Nach jahrelanger Erfahrung sind meine Einkünfte aus Langenhorn jährlich 100 000,-- DM. Da ich die Katharinenkupfer mit DM 100.-- (also etwas teurer als die Griffelkunst Langenhorn) auszeichnen werde, wären das jährlich ab 200 000, -- DM aufwärts.
Für jene, die in der Welt des Handels und der Kaufmanntei nicht so sehr bewandert sind: ... Ich habe, seitdem ich »auf dem Markt« bin, penibel daraufhingearbeitet, daß die Nachfrage immer höher ist als das Angebot. Dies allgemeine Träumchen ist in meinem Fall Wirklichkeit und gewährleistet durch wohldosierte »Verweigerung« UND durch den ständigen Wechsel der Art und Weise, WIE ich mache und kritzele. Modisch ausgedrückt: ständig NEUE Kreationen ohne Wiederholung des schon Gehabten.

C Wenn ich unterstelle, daß NUR 1000 Besucher monatlich den Katharinen-Hof besuchen, und ich von 5 Mark Eintritt ausgehe, sind das, nach unten gerechnet 50 000,– – DM pro Jahr. Man sehe, daß ich »nachdenke«! Ich hätte einfachheitshalber ja die Besucherzahl verdoppeln können.

D Das wären also, *EXCLUSIV* des Buchverkaufs und Plakatverkaufs, jährlich 250 000, – – DM, die an die Stadt zurückfließen – – WENN die Stadt einen schlauen Kontrakt mit IHRER (eigenen) Finanzbehörde schließt.
Hier bestehe ich darauf, daß ICH persönlich »Katharinen-mäßig« NICHTS mit der Steuerbehörde zu tun habe![33]

Als Janssen diesen „Entwurf" am 27. Juli 1989 niederschrieb, war die leidige Geldfrage schon auf dem Tisch. Die Renovierungskosten für die Villa waren inzwischen von 2 auf 5 Millionen DM hochgerechnet worden.[34] Das Blankeneser Sozial- und Meldeamt, das im Katharinenhof untergebracht war, mußte möglichst bis zum 14. November umziehen, ohne daß für die ungefähr fünfzig Mitarbeiter neue Räumlichkeiten zur Verfügung standen, geschweige denn die Kosten dafür aufzubringen gewesen wären.[35] Es gab vorderhand keinen Etat, aus dem die Kosten hätten bestritten werden können. Der Finanzierungsengpaß legte überdeutlich bloß, daß es sich um einen Alleingang des Bürgermeisters und des Oberbaudirektors handelte. In diese Kerbe schlug weniger die Opposition, als der in Hamburg mitregierende Koalitionspartner, die F.D.P.[36] Sie fühlte sich – mit Frank Michael Wiegand an der Spitze: „Womit will Herr Janssen das Museum eigentlich füllen?" – übergangen. Als Voscherau dann auch noch die für den sofortigen Behördenumzug notwendige Summe von 750 000 DM durch das Notparlament in Abwesenheit von Ingo v. Münch, dem F.D.P.-Senator und Präses der Kulturbehörde, am 23. August 1989 beschließen lassen wollte, verweigerte ihm der Bürgerausschuß die Zustimmung.[37] Erst einmal sollte ein Konzept für die Finanzierung und die Folgekosten des Museums vorgelegt werden. Auch aus den Reihen seiner SPD-Fraktion bekam Voscherau zu hören: „Gute Ideen schützen vor korrekter Abwicklung nicht."[38]
Janssen, der nun schon tagelang das Gerangel um das Museum in den Zeitungen verfolgen konnte und binnen kürzester Zeit vom Hamburger Künstler zum weltbekannten Zeichner aufgestiegen war, sagte am 26. August 1989 in einem Brief an den Bürgermeister ab. Er kam damit der öffentlichen Aus-

einandersetzung um seine Person zuvor. Sie hatte bisher genausowenig in Frage gestanden wie seine Kunst. Seine Absage war definitiv und setzte dem politischen Tauziehen sofort ein Ende.

26. 8. 1989

Hoher Herr
Lieber Nr. One
„… ich habe EINEN psychischen Schwachpunkt: ich mag Menschen nicht enttäuschen – nicht die, die mir vertrauen!" Erinnern Sie, – das sagte ich Ihnen, lieber Henning Voscherau – wo ich so beehrt wurde.
Zwischendurch hab ich Freund Kossak eine grobe „Finanzkonstruktion" aufgestellt, mit der ich der Stadt anzeigen wollte, daß sie eher die Hälfte des in etwa geplanten Jahresetats einsparen würde, als daß sie womöglich „aufstocken" müßte – wie das im allgemeinen heute so üblich ist.
In diesen Geldangelegenheiten liegt meine Empfindlichkeit. Entgegen dem mir von der Journaille verpaßten öffentlichen Image, erlaube ich mir in meiner Arbeit nicht den geringsten Schlendrian; und zu meiner Arbeit zählt unbedingt die Ökonomie. Salopp ausgedrückt: Ich habe noch nie einen Hunderter „im voraus" genommen – erst die Zeichnung = dann das Geld. Warum? = DIE Zeichnung würde eine schlechte Zeichnung, die ich als Schuldner kritzeln würde!!!
Und hier ist der Punkt! Sehen Sie, lieber Henning Voscherau: Ich bin Ihnen sehr herzlich verbunden ob Ihres Geschenkes – Ihrer Absichten – UND Ihres Standpunktes, den Sie für mich bezogen haben. Wirklich!
Aber wie's sich für MICH jetzt abzeichnet, werde ich in Zukunft nicht das Gefühl loswerden, bei der Stadt in der Kreide zu steh'n. Und das immer wieder irgendwann zwischendurch. Und das „Über den Dingen steh'n" werd ich bis zum letzten Gebet nicht erreichen. Ich bitte Sie also um ein Tauschgeschenk! Zürnen Sie nicht zu sehr – entlassen Sie mich bitte aus der Katharinen-Verpflichtung und geben Sie mir dafür einen unbeschwerten „Zeichen-Abend"! Im Ernst: „Ich kann es nicht!!!"
Demnächst werd ich Ihnen im nachhinein eine längere Epistel schreiben. Aber diese meine Absage, meine „undankbare" Absage nehmen Sie bitte als definitiv. Ich schreib dies auch an Egbert Kossak. Ansonsten aber enthalte ich mich jeden Kommentars!!! + bitte Sie, lieber Nr. One, also, dies bekanntzumachen nach Ihrer Facon.

In freundschaftlichsten Gefühlen
immer Ihr
Janssen[39]

Als eine seiner herausragenden Eigenschaften nannten wir, daß Janssen als Schriftsteller die Form beherrscht. Die Absage ist so eine Form, und Janssen hat sich ihr formvollendet unterzogen – gerade auch in dem, was nicht ausgesprochen wird und ungenannt bleibt. Denn eigentlich handelt es sich um einen Aufschrei, eine gewaltige Enttäuschung und womöglich um seine größte Niederlage. So gesehen, stoßen wir hier auf eine weitere, sehr persönliche Eigenart, die diesen alle Desaster peinlich registrierenden Janssen charakterisiert: Im Scheitern ist er unverzagt und ohne Wehleidigkeit. Seine heftigsten Enttäuschungen sind deshalb eher unbemerkt geblieben.

Mit seinem Brief an den Bürgermeister hat Janssen kurzerhand unterbunden, daß das Museumsprojekt weiterverfolgt wird. War das nötig? Die Gründe, die er nennt, sind ernstzunehmen und haben wohl auch den Ausschlag gegeben. Er wollte nicht dauernd in der Schuld der Stadt stehen und auch nicht für den Rest des Lebens das Gefühl haben, von der Politik im Gegenzug für den Katharinenhof immer mal wieder um eine Gefälligkeit gebeten zu werden. Tatsächlich war gerade wieder eine – freilich klitzkleine – Anfrage aus dem Rathaus an ihn ergangen; genaugenommen nur die Bitte um eine Signatur in ein Janssen-Buch für einen Staatsgast, also etwas, das er jeden Tag machte. Aber mit dem Geschenk – hätte er es angenommen – sah er sich ein für allemal in der Pflicht. Das machte ihn vor sich selbst unfrei.

Auf der anderen Seite: Hatte er nicht sein Leben lang Begehrlichkeiten geweckt und Umgangsformen entwickelt, um sich ihnen auch wieder entziehen zu können: seine berühmt-berüchtigten Brutalitäten, mit denen er alle Welt immer wieder auf Distanz zu sich gebracht hat? Keiner war darin erfolgreicher als er. Auch im Alter wäre er nicht zu müde dafür gewesen.

Die Sentimentalität gegenüber einem Freund, den er nicht enttäuschen könne – in diesem Fall dem Bürgermeister und Ministerpräsidenten des Bundeslandes Hamburg –, ist nur vorgeschoben. Lediglich ein Vorwand. Wahrscheinlich wollte Janssen, von allem politischen Hickhack unbehelligt, gerufen und per Akklamation von einer Mehrheit auf den Schild gehoben und weniger als Sieger denn unangefochten, mit breiter Zustimmung, ja, Zuneigung für seine künstlerische Lebensarbeit gewürdigt werden. Wie wir alle wollte er statt Diskussion und Politik die ihm zufliegenden Herzen. Daß es auch einem Michelangelo für die Ausmalung der Sixtinischen Kapelle nicht zuteil geworden war – erst Lendentücher machten die anstößige Nacktheit erträglich –, wußte er wohl. Trotzdem tut es weh, daß Werner Hofmann, Direktor der Kunsthalle, nachkartete und am 29. August von ihm in der Zeitung zu lesen war: „Ich glaube, daß es nicht zu den dringendsten Erfordernissen in Ham-

burg zählt, hier ein Horst-Janssen-Museum zu haben."[40] Zur Erinnerung: Dem Kunsthallendirektor hatte der Künstler gerade eine Retrospektive seines Werkes verweigert – mit den Worten: „Der Janssen, immer dieser Janssen – das hätte den Hamburgern nur zu bald zum Hals herausgehangen!"
Aber wo waren die Freunde? Seine Gesprächspartner? Die weitsichtigen politischen Köpfe? Warum hat ihm niemand beigestanden und klargemacht, daß Einhelligkeit in einer Republik nicht zu erwarten und in einer Demokratie auch nicht mehr zu erzielen ist? Einmütigkeit wird unter Bedingungen geteilter, ja, vielfach gebrochener Macht gar nicht mehr vorausgesetzt. Streit ist der politische Alltag. Alles muß verhandelt werden, auch die Kunst, wenn sie von der Politik geehrt werden soll. Das Ringen um das Janssen-Museum war ein normaler parlamentarischer Vorgang, und wie jeder andere auch war er schon bald aufgeladen mit in der Sache fremden Argumenten, die ihren Sitz in Personen, Parteien und ihren Animositäten haben. Es ist das Spiel um die Macht, und für die am Koalitionstropf hängende F.D.P. war es die Chance, den Bürgermeister vorzuführen. Voscherau hatte im ersten Anlauf eine Schlappe erlitten – mehr nicht. Die politischen Gremien hätten die Zustimmung nur verzögert, vertagt. Eine Entscheidung gegen das Museum oder gar gegen Janssen war nicht gefallen. Bei einer besseren Einbindung des Koalitionspartners stand dem Projekt nichts im Weg.
Das Museum ist nicht an dem ungeschickten Vorgehen Voscheraus gescheitert, der es, ohne Informationen weiterzugeben, frühzeitig zur Chefsache erklärte und sich damit verletzlich machte; es ist nicht an Indiskretionen und an der unsensiblen Behandlung der vom Umzug betroffenen Beamten, nicht am Geld und nicht am Bezirksamtsleiter gescheitert, der sich auch eine passendere denkmalpflegerische Nutzung des Katharinenhofes vorstellen konnte, auch nicht an der F.D.P. und schon gar nicht an der Opposition, der CDU – es ist an Janssen gescheitert, der keine Geduld mehr aufbrachte und für das Gerangel keinen Nerv besaß und seine Zustimmung zurückzog.
Wir haben versagt, die wir ihm hätten über die Krise hinweghelfen und klarmachen können, daß solche Zwangsläufigkeiten zum politischen Geschäft gehören – der übliche Hickhack, bis sich alles in „Wohlgefallen" auflöst. Keiner kommt in dieser Stadt zu Ehren, dem nicht gegen das Schienbein getreten wurde, wenn er nicht überhaupt stiefmütterlich behandelt worden ist wie Brahms und und und. Statt dessen wurden in Janssens Umgebung Stimmen laut, die vorrechneten, was ein Museum kostet. Eine Papierrestauratorin gehört natürlich auch dazu – ausgerechnet heute, da alle Dienste ausgelagert werden! – und das kostet und kostet ... Schneidermeisters Enkelsohn, der

er war: „Die Preise mache ich!" – ist das Kostengerede über den Kopf gewachsen.

Die Absage ist Janssen alles andere als leicht gefallen. Ein Traum – der Katharinenhof in engster Anbindung an sein Atelier – war geplatzt. Daß es nicht irgendein Traum war, zeigt sich auch daran, daß er schon längere Zeit mit der Erwerbung eines größeren Hauses gespielt hatte. Er wollte sich gegen Blankosignaturen auf großen Papieren das Geld vorstrecken lassen, um ein solches Gebäude in der Umgebung von Blankenese zu kaufen. An wen hätte er sich besser wenden können als an den Drucker Frielinghaus. Aber der lief nicht in die Falle! Auch später ist das Projekt nie ganz eingeschlafen.[41] Janssen wollte ja daran glauben, daß sich ein Museum zusammen mit der Sammlung Vogel in einem Lagerschuppen im Billehafen weit hinter den Deichtorhallen und in Sichtweite der Elbbrücken realisieren lassen würde, bis sich auch das 1993 zerschlug.[42] Nie vorher und nie nachher war Janssen so oft auf die Knie gefallen wie auf dem engen, verwinkelten Raum, den ihm die Hamburger Hafen- und Lagerhaus AG in der Speicherstadt, Bei St. Annen 1, anbot. Damals – 1993/94 – war er mit seinen Augen freilich noch in der Rekonvaleszenz, und doch ließ sich nicht übersehen, daß er mit seinen Bildern in gefährliche Nähe zum tideabhängigen Wasserspiegel der Elbe geraten wäre. Womöglich hätte er noch schwimmen lernen müssen.

Auf den Katharinenhof hat er nicht mehr spekuliert. Wenn er es sich auch nicht anmerken ließ, der Verzicht war ihm in die Knochen gefahren und ließ sich auch zeitlebens durch keinen der neu an ihn herangetragenen und von ihm sorgsam erwogenen Vorschläge wieder gutmachen. Das Verhältnis zu Voscherau blieb herzlich. Mit der „Journaille" wollte er sich noch einmal anlegen, wenn Zeit vergangen und auf seine akuten Schmerzen nicht mehr zurückzuschließen wäre.

Dieses kompakte Jahr 1989 mit über einem Dutzend, wenn auch teilweise „ferngesteuerten" Buchveröffentlichungen;[43] dieses in drei „Endgültigkeiten" geteilte Jahr: Schreiben für *Johannes*, Malen für Amerika und Layouten für das große Landschaftsbuch; dieses sechzigste Lebensjahr erreichte zum Geburtstag seinen Höhepunkt – in Abwesenheit von Janssen, der am Vorabend bei Dal Fabbro im kleinen Kreis angestoßen, sich aber dann den Feierlichkeiten wie immer entzogen hatte. Zu diesem 14. November würdigte das „Hamburg-Journal" ausführlich den berühmtesten lebenden Künstler der Stadt. Die Fernsehspätnachrichten von ARD strahlten landesweit ein Janssen-Feature aus. Mit den Bildern in den Tagesthemen wurde Janssen, was er längst

war: ein Stück Kulturlandschaft der Bundesrepublik Deutschland, das sich auch in diesen aufregenden Tagen des nationalen Aufbruchs und der Maueröffnung nicht aus den Medien verdrängen ließ.
Es ist mehr als bezeichnend, daß sich Janssen die bewegten Bilder, die da zur Ausstrahlung kamen, hatte regelrecht abpressen lassen. Die Ausschnitte stammten aus einem Film, den Peter Voss-Andreae gedreht hat und der aus Anlaß des 60. Geburtstags an diesem 14. November 1989 im Passage-Kino in der Mönckebergstraße uraufgeführt wurde: *Janssen – Ego*; ein Künstlerporträt von 110 Minuten Länge.[44] Peter Voss-Andreae, als Rechtsanwalt erfolgreich, hat an der Herstellung dieses Films aus eigener Initiative und mit eigenen Mitteln acht Jahre lang gearbeitet. Nur – er hat Janssen nicht acht Jahre lang mit der Kamera beobachten können, wie es in der Pressemappe[45] zu dem Film zu lesen ist. Das hätte dieser nicht zugelassen. Dazu war er viel zu mißtrauisch und wollte lieber nicht gestört sein. Vielleicht hat ihn Janssen vier- oder fünfmal, abgesehen von ohnehin öffentlichen Auftritten, mit der Kamera an sich herankommen und den Auf- und Abbau der ganzen Technik über sich ergehen lassen. Um so höher ist die Beharrlichkeit zu bewerten, mit der Peter Voss-Andreae sein Objekt belagert und ihm schließlich auch Termine abgerungen hat, zu denen sich Janssen endlich stellte, so daß die laufenden Meter belichteten Materials zusammenkamen, die dem Film das authentische Gepräge geben. Diese dem Künstler in seine „Burg" und in die Inszenierung seines Alltagsgeschäfts folgenden Bilder sind der Höhepunkt des Films und deshalb so kostbar, weil sie so selten sind. Auf die Weise ist daraus vor allem in der späteren, neugeschnittenen Fassung die aufschlußreichste Dokumentation geworden, die es über Horst Janssen gibt. Einige andere, besonders von Thomas Ayck und Tilmann Jens gedrehte Filme für das Fernsehen sind auch sehr informativ, aber aus gegebenem Anlaß nicht so ausführlich, nicht so eindringlich.
Insgesamt gesehen und daran gemessen, daß das Medium zu seiner Zeit voll und ganz verfügbar war, gibt es über Janssen und die verschiedenen Epochen seines Lebens zu wenig dokumentarisches Filmmaterial. Mitgeschnittene Reden können das nicht ersetzen. Auch damit ist Janssen gescheitert. Ideen dazu hatte er immer wieder entwickelt und fallenlassen. Auch nur ein entspanntes, unter Freunden geführtes Fernsehinterview, zum Beispiel mit Joachim Fest, kam nicht zustande. Ich selbst konnte mich in einer solchen Situation nicht anders als in der Rolle eines Stichwortgebers sehen. All die zwingenden, subversiven Redestrategien, über Jahre gegen die Übermacht Janssen eingeübt – vor laufender Kamera wäre davon nichts übriggeblieben.

So ist die gewaltige Lebensintensität dieses Menschen, der alle in seinen Bann zog und Welten um sich herum schuf, nur ausnahmsweise abgelichtet worden. Am besten noch in fotografischen Arbeiten von Karlheinz Grünke. Selbst die Videokamera, die seine Tochter noch anschaffen sollte, damit sie ihren Vater in Ruhe und ohne Kunstlicht beobachten konnte, ist meines Wissens nicht zum Einsatz gelangt. „Alles bloß gestellt", wehrte er verächtlich ab. Ihn sollte es vor allem auf seinen Bildern geben.[46]

19. Mai 1990

Richtig gescheitert ist Janssen aber dort, wo das Wort eigentlich seine Berechtigung verliert. Denn sobald wir von Altern, Krankheit und Sterben sprechen, kann von Scheitern nicht mehr die Rede sein. Hier wird die Schuld der Natur abgetragen. Aber so wollte es Janssen nicht sehen. Für sich hat er eine besondere, eine unverwüstliche Gesundheit beansprucht und sich sogar im Bündnis mit den Schicksalsgöttinnen – seinen Nornen – gewähnt, die ihm eine unzerstörbare Leber mitgegeben haben. Auch fehlte das kleinste „Symptom Raucherbein".[1] Er hielt sich nicht nur bis zu seinem Tod im Jahre 2020, wenn er 91 Jahre alt sein würde und dem „hübschen" Datum zuliebe sterben wollte, für unsterblich – es war auch Vorsatz und Programm. Daneben wußte er natürlich nur zu genau, daß der körperliche Verfall längst eingesetzt hatte. Aber solange es ging, wollte er das nicht wahrhaben. Deshalb begrüßte er so überschwenglich, wenn ihm die Ärzte noch jenseits der Sechzig attestierten, daß er eine „wunderbare Heilhaut" habe und auf ein neues Medikament sofort wie ein Rennpferd anspringe.

Als wir in unserer langjährigen Freundschaft wiedermal von vorn anfingen, sagte er im Januar 1988 programmatisch: „Mein Glück ist, bei *dem* Leben und *dem* Alkohol nicht krank zu sein und obendrein noch zeichnen zu können. Das ist ein Geschenk Gottes!" Zum Beweis für seine Bescheidenheit im Glück hängte er hintendran: Er hoffe um all der anderen Menschen willen denn doch nicht, daß es ein Geschenk Gottes sei. Der Rest der Menschheit wäre sonst verloren oder hätte umsonst gelebt.

Nein – er war nicht bescheiden, und was seine Gesundheit angeht, war er mit Kalkül vermessen. Er schrieb es sich förmlich als seinen besonderen Verdienst zu, daß ihm nicht passierte, was anderen widerfährt und wogegen selbst der Papst nicht gefeit sei, von dem gerade zu lesen war, daß er in der Badewanne ausgerutscht sei und sich eine Verletzung zugezogen habe. Auch Janssen steigt morgens – sogar regelmäßig – in die Badewanne. Aber er macht immer alles richtig, obwohl er sich der Gefahr auszurutschen durch eine extragroße Beimischung von Badeöl besonders aussetzt. Das schildert er seinem Freund Johannes Gross folgendermaßen:

> Ich schrieb Dir von der Säure-Schale auf meinem Söller! Nun müssen die großen Platten nach dem Säurebad – nach dem Ätzen ja in ein Wasserbad

– mit Wasser abgeduscht werden. Und dafür hab ich ja im Haus die Badewanne, und zwar die, die auch morgens meinen unsäglichen Leib aufnimmt. Will sagen: Klar doch reinige ich nicht sonderlich diese Wanne nach dem Plattenspülen. Sie enthält in ihrer Schmutzschicht also immer noch soviel »rauchende Salpetersäure«, daß 'ne Grüne drin vergehen würde – psychisch. Ich hingegen schütze meine Wamme, indem ich dem Bad jedesmal soviel Linola-Ölbad oder Cordes' Badeöl beigebe, wie für 'ne ganze Woche empfohlen ist – eigentlich. So angerichtet, tunke ich mich dann in Zeitlupe ganz langsam sachte in diese Wanne – grad so, daß meine Leibhaftigkeit wie mit einem Pariser aus Öl überzogen ist. Verstanden? Ja. Dies plauderte ich neulich einem Arzt. Der sagte drauf: »Und WIE, Herr Janssen, kommen Sie da wieder raus? Sie wissen doch: Ausrutschen = Knochenbruch, und sowas heilt in Ihrem Alter nur sehr langsam bzw. garnicht.«

Da sagte ich: » ... mein lieber Medicus – ich denke an den Tod – genau DA denke ich einfach nur so an den Tod. IHR glaubt, ich dächte aus feuilletonistischen Gründen oder vonwegen Philosofie immer an diesen Eternitas-Knochen. Äe Äe – ich denk dran, wenn Jener grad wohlmöglich lüstern auf mich ist – DANN hab ich ein Auge auf ihn. Wie das geht? SO: ich will also aufstehen – in der Wanne, der geölten. Da setz ich mich als erstes aufrecht, dann ziehe ich bedächtig die Hacken an den Sack ran – greife sodann mit der Linken den Wasserhahn und mit der Rechten fest den Wannenrand, beuge den Oberkörper nach vorn an die Knie ran und in gleichem Zeitlupentempo wie beim Eintauchen tauch' ich auf. So einfach. Mein Gedanke an den treuen Knochenkerl ist also lediglich Konzentration *auf's survival*. Ähnlich konzentriert gehe ich am Tisch das Papier an – damit die Kritzeleien auch noch 'ne Weile überleben.«[2]

Was ist diese selbstverliebt ins einzelne gehende Erzählung anderes als die zur Fanfare gesteigerte Behauptung: Ich passe auf! Ich gebe auf mich acht! Mir kann nichts passieren! Ich weiß, wie es geht! Niemand – kein Arzt – kann mir etwas vormachen!
Das Buch *Johannes* beginnt nicht nur damit, daß es Gesundheit demonstriert: „ – – Und wenn ich gesund bin, sieht's morgens so aus."[3] Der ganze Text läßt sich als eine einzige Beschwörung lesen, daß er – Janssen – gesund sei, obwohl von nichts anderem als seinen „Krankheiten" die Rede ist – vom Alkohol, von Schlaf- und Aufputschmitteln, von seiner Zerstörungswut und seinen Prüge-

19. Mai 1990

Der Balkon („Söller") vor dem Haus Mühlenberger Weg 22

leien, die ihm durch sein ganzes Leben zu schaffen gemacht haben. Sogar das Bewußtsein wird zu einer Krankheit erklärt – einer Krankheit, die es evolutionsgeschichtlich vor dem Menschen nicht gegeben habe und wahrscheinlich auch nach ihm nicht geben werde. Deshalb komme alles darauf an, mit der Krankheit zu leben und Gesundheit zu *behaupten*, vor allem aber keine Fehler zu machen. Für seinen Alltag heißt das: Aufgepaßt! Kein Tamtam! Nur das „Notwendigste"![4] Morgens ein warmes Bad und vorsichtig da heraussteigen und mit den ersten Schritten an die Luft und auf den Söller! Genau daran ist er gescheitert, als er mit seinem Balkon abgestürzt ist.
Niemand würde bei einem noch dazu unvorhersehbaren Unfall von Scheitern sprechen. Aber er selbst hat die Erwartungen so hochgeschraubt, daß er sich nun daran messen lassen muß. Eben – weil er um keinen Preis einen Fehler machen wollte, wie Hundertwasser richtig bemerkte,[5] hat er den einen entscheidenden übersehen – übersehen müssen. Denn beim Ätzen seiner Radierplatten war immer ein bißchen Säure abgeflossen, hatte sich mit dem Regenwasser vermischt und zu kleinen Pfützen gesammelt, die auf der Unterlage standen oder auf dem Holzfußboden seines Balkons. Auf diesem Balkon,

der vor der oberen Eingangstür auf hohen Pfosten eine Art Söller bildete, befanden sich, übereinandergestapelt, die Plastikwannen mit Säure – im Freien und nicht etwa im Haus, wo die Krebsgefahr auf Dauer zu groß gewesen wäre. Soweit hatte er Vorsorge getroffen, wie er ja auch an die fünfzig Zigaretten pro Tag nicht durch die Lunge zog, sondern bloß paffte. Außer daß er den Tod viele Male herausgefordert hatte, war er auch der vorsichtigste Mensch. Nur konnte er nicht damit rechnen, daß die in kleinsten Mengen abfließende Salpetersäure zusammen mit dem Regenwasser die tragenden Holzteile seines Balkons im Laufe der Zeit faul und mürbe machen würde.

Als er am Sonnabend, dem 19. Mai 1990, gegen 9 Uhr morgens vor sein Haus auf den Söller trat, um einen heiteren Frühlingstag zu begrüßen, brach Janssen mit dem Boden seines Balkons durch und stürzte dreieinhalb Meter in die Tiefe. Von einer auf die andere Sekunde hatte sich der ganze Bretterboden aus den Halterungen gelöst und war in einem Stück auf das Kopfsteinpflaster darunter gesaust, so daß gar nicht daran zu denken war, sich noch mit einem rettenden Griff an der stabilen Brüstung festzuhalten. Mit Janssen war das größte Gewicht zuerst aufgeschlagen. Alles, was sonst noch auf dem 2 mal 2 m großen Balkon gestanden hatte, folgte besonders von den Rändern her ihm nach, prasselte neben ihm oder auf ihn nieder wie die Eisenplastik, der mittelschwere Lithostein, Glasscherben, Stühle und eben jene Wannen mit verdünnter Salpetersäure, die über seinem Kopf zusammenschlugen und ganze sieben oder acht Liter über ihn ausgossen. Die Säure lief ihm die Stirn herunter und geradewegs in die Augen und Ohren hinein und wurde von Hemd und Bluejeans wie ein Schwamm aufgesogen. Das Kratzen und Beißen auf der Haut merkte er erst später, als das Schlimmste schon passiert war: die Augen verätzt! Er war blind. Fieberhaft suchte er nach einem Weg zum Wasser. Denn das hatte er schon von Paul Wunderlich gelernt: Nur Wasser hilft gegen Verätzung. Wasser verdünnt die Säure, wäscht sie aus den Augen. Wasser so schnell und so viel wie möglich!

Janssen rappelt sich hoch. Er ist draußen – vor seinem Haus. Er tastet die Wand entlang, findet die Außentreppe, schleppt sich die Stufen hoch, bringt die Augen unter den laufenden Wasserhahn, als neben ihm der Zeitungsjunge auftaucht, der eben hinter der Biegung der Straße verschwinden wollte, als ihn der ungewöhnliche Morgenlärm zurückrief. Ihm diktiert Janssen aus dem Kopf die Telefonnummer seines Hausarztes Dr. Hartig, der – wie der Zufall will – an diesem Sonnabend in der Praxis von seiner Sekretärin vertreten wird, die sich glücklicherweise nicht nur daran erinnert, daß der Doktor um diese Zeit auf dem Blankeneser Wochenmarkt ist, sondern ihn auch gleich an dem richtigen Stand findet. Dr. Hartig eilt in den Mühlenberger Weg und telefoniert den Facharzt Dr. Hallermann herbei, der seinerseits gerade auf dem Sprung nach Göttingen zu seinem alten Vater ist. Die Augenkapazität stand schon reisefertig „mit Koffer und Hut auf der Treppe".[6]

Was aber dieser Kette von Zufällen, die schließlich zur Rettung seines Augenlichts führte, vorausging, war ein Umstand, wie er glücklicher nicht ersonnen werden kann – ein Umstand, den Janssen dann auch triumphierend gegen sein Unglück ausspielte.

Er hatte an diesem Morgen schon aufgeräumt und den Küchenabfall in die Mülltonne gestopft, die außerhalb seines Grundstücks an der Straße stand. Dazu hatte er zwei Türen aufschließen müssen, die untere Treppentür und die Gittertür, die ihn vor den Zudringlichkeiten der Welt schützten. Diese Türen waren offen – nicht nur für den Zeitungsjungen, der sonst vor verschlossener Tür gestanden hätte. Janssen selbst hätte sich mit seinem Sturz ausgesperrt. Er wäre nie und nimmer rechtzeitig mit seinen Augen unter fließendes Wasser gekommen.

An dieser Stelle spricht der Biograph in einem eigens dem Unfall und seinen Folgen gewidmeten Buch *Aus dem Dunkel ins Licht* vom Glück im Unglück.[7] Wie man so spricht! Aber was macht Janssen daraus? Wie kostbare Perlen auf eine Kette gezogen werden, reiht er Zufall an Zufall. In dem Buch *Der Foliant* gibt er seinen eigenen Unfallbericht zu Papier. Er nennt es den weitaus größten Zufall, daß er ausgerechnet an diesem Morgen des 19. Mai 1990 schon zum Mülleimer gegangen ist und deshalb die Absperrungen entriegelt hat. Ein „verrückter Einfall"[8] – und wie bei jedem nur ausnahmsweise ordentlichen Menschen (immerhin erwartet er seine Freundin mittags!) kommt ihm das wie eine schicksalhafte Fügung vor. Fast möchte er an einen gnädigen Gott glauben; was auch das heimliche Thema in diesem nachträglichen Text ist, mit dem sich der Betroffene ausdrücklich von seinem Biographen abgrenzt. „Das war's – was WIRKLICH passierte (geschah)."[9]

Hier ist ein Plädoyer für den Künstler fällig. Er muß an sich glauben. Was hätte es auch bringen sollen, sich im nachhinein auszurechnen, daß ihn die Feuerwehr direkt und womöglich schneller hätte auf die Unfallstation einliefern und fachärztlicher Behandlung übergeben können. Wahrscheinlich wäre der Schienbein- und Beckenbruch nicht erst einunddreißig Stunden später entdeckt worden. Was soll's. Für den an sich selbst und seine Aufgabe glaubenden Künstler ist nur wichtig, daß sich alles zu seinem Besten fügt. Niemand soll sagen, daß das keine Kunst sei. Janssen hatte sich keinesfalls schon aufgegeben.

Gegen die banale Sicht der Dinge setzte er sich zur Wehr. Es hätte sein Scheitern bedeutet – das Eingeständnis eines Versagens, und sei es auch nur, daß er hätte einräumen müssen, gegen solche Unfälle nicht gefeit zu sein. So wie er es sah – sehen mußte –, meinte es das Schicksal noch einmal gut mit ihm.
Tatsächlich und daran gemessen, daß er immer alles richtig machen mußte, war er jedoch gescheitert. Schlimmer noch: Er war aus dem Nest gestoßen worden. Im eigenen Haus – seiner „Burg" – war er mit dem Balkon durchgebrochen: betriebsblind gegen die in seinen Arbeitsmaterialien lauernden Gefahren! Denn eigentlich ist es eine Art betriebsbedingter Unfall gewesen wie bei der Hausfrau, die irgendwann von der Leiter fällt, oder wie bei dem Bautischler, der perfekt mit der Kreissäge umgeht und ihr doch eines Tages seinen Finger zum Opfer bringen muß. Rein statistisch ist keiner so oft auf dem Balkon gewesen wie Janssen. Sein Sturz war der Anfang vom Ende. Ganz hat er sich nie wieder davon erholen können.
Instinktiv wehrte er sich gegen das Scheitern. Mit aller Macht stemmte er sich dagegen. Wie sich einer gegen übermächtige Kräfte behaupten muß, kämpfte Janssen dagegen an und versuchte ins Leben zurückzufinden. Die ihn zuerst an seinem Krankenbett im Mühlenberger Weg besuchten, überschüttete er mit Geschichten – Geschichten vom Sturz, aus der Arztpraxis, dem Krankenhaus, Geschichten um Birgit Jacobsen, die ihn betreute und angeblich zum hilflosen Patienten machen wollte, wogegen er sich aufbäumte. Das alles sind Geschichten, die ihm Zukunft geben sollen – Geschichten für *Hinkepott III*, für die Fortsetzung seiner Autobiographie. Die dunkelsten und wie manisch hervorsprudelnden Erzählungen stammen jedoch aus der augenlosen Zeit, während des Unfalls und kurz danach – aus dem Kerker durchlittener Ohnmacht, aus dem Gefängnis, in das er mit seinen angstgepeitschten Bildern eingesperrt war. Sie kehren in *drollerei* wieder.[10]
Auf die Weise arbeitete der überdrehte Patient nicht nur seinen Schock ab – er knüpfte umgehend an sein Werk an, wie er es immer getan hat, und rettete sich buchstäblich in seine Kunst zurück. Zehn Tage später fing er auch schon wieder vorsichtig zu zeichnen an.
Wenn das auch alles Zeugnisse für einen ungebrochenen Lebenswillen sind und es deshalb nur halb so tragisch scheint, was da vorgefallen ist, einschließlich der Platzwunde am Kopf, der gebrochenen Knochen und der lädierten Augen – in einem gravierenden Punkt übertrifft dieses Ereignis alle unsere Vorstellungen. Janssen hat den Tod gesehen, und zwar mitten im Leben und nicht erst an seinem Ende, wenn Nacht einkehrt. Nichtsehen-Können – das ist eine der Formen, unter denen sich der Tod dem Menschen zeigt – erst recht

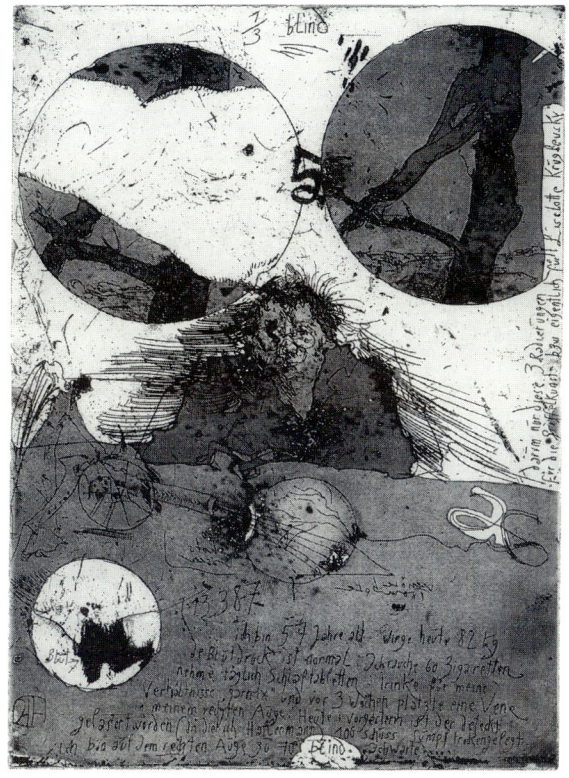

¹/₃ *blind,* Radierung 13. 3. 1987 (29,3 x 20,8 cm) –
„ich bin 57 Jahre wiege heute 82 kg der Blutdruck ist normal. Ich rauche 60 Zigaretten nehme täglich Schlaftabletten trinke für meine Verhältnisse ‚gar nix' und vor ca 3 Wochen platzte eine Vene in meinem rechten Auge. Heute + vorgestern ist der Defekt gelasert worden (Dr. Dietrich Hallermann) 100 Schuß. Sumpf trockengelegt. Ich bin auf dem rechten Auge zu 70 % blind. Ich warte …"

dem Augenmenschen, der nicht nur mit seinen Augen, sondern einzig aus diesem Grunde lebt, der „ganz Auge ist".
Das Augenlicht zu verlieren, ist die Urangst. Daraus erklären sich die gewaltigen Anstrengungen, mit denen der keine Ruhe gebende Patient Janssen zurück ins Leben will. In *Johannes*[11] erzählt er, wie der Fünfzehnjährige im Keller der Burchardstraße das Augenlicht verlor, bis ihn das Zweiminutenlicht erkennen ließ: Der Splitter, der ihm beim Holzhacken mitten ins Gesicht gefahren war, hatte ihn doch nicht ein für allemal blind gemacht! Dreißig Jahre später wird er die Geschichte einer Eule erzählen, die vor dem Unvermeidlichen die Augen verschließt, was ihn – den Autor – zu der Hoffnung berechtigt, einen Schritt beiseite zu tun, wenn ihm der Tod dermaleinst zu nahe treten sollte.[12]

Lebensbedrohende Krankheiten hat Janssen nie gehabt. Alle Unfälle gingen glimpflich ab. Dem Alkoholiker stand sowieso ein eigener Schutzengel zur Seite. Auch sonst wußte er sich immer zu helfen, wie ein Beispiel aus der Silvesterwoche 1985 zeigt. Er wollte nach langer Zeit mal wieder Hermann Sartorius besuchen, der neuerdings unten an der Elbe am Falkensteiner Ufer wohnte. Die Straße führt den Hang herunter und ist steil. Die Gummistiefel haften nicht richtig auf dem Glatteis. Janssen sieht unten im Tal ein Knäuel Autos und ein gelbes Warnlicht flackern, dem er gefährlich näher kommt, als er in den Laufschritt fällt. Hinter ihm trägt Dierk Lemcke einen Karton Sekt auf den Armen und hat keine Hand mehr frei, um ihn festzuhalten. Er kann nur noch hinterherrufen: „Zur Seite werfen!" Bei seiner Körperfülle einmal ins Trudeln geraten, wird Janssen immer schneller. Als es kein Halten mehr gibt, läßt er sich auf die Knie fallen und schlägt hart auf den Knochen unterhalb der Kniescheibe auf. „Natürlich habe ich mir nicht die Hände gebrochen," wird er später sagen. – Bei Sartorius beugen sich dann zwei Ärzte über seine blutigen Beine. Janssen ruft nach grüner Seife zum Auswaschen der Wunde, die es aber in dem Professorenhaushalt nicht gibt.

Obwohl es im Laufe seines Lebens immer mal wieder kurzzeitige Erkrankungen gab – am Blinddarm, ein schmerzhaft gereizter Nerv am Arm, der seine operative Verlegung notwendig machte, und neuerdings häufiges Nasenbluten -, drehte sich doch alles um die Augen, ohne daß er auf sie besonders achtgegeben hätte. Seine Brillen waren bis zur Lichtundurchlässigkeit verschmutzt und gingen bei Rangeleien regelmäßig zuerst zu Bruch. Im Frühjahr 1987 platzte im rechten Auge ein Blutgefäß. Er merkte es an den Kacheln in seinem Badezimmer: Das Gesichtsfeld war an einer Stelle aus den Fugen geraten und ließ sich auch nicht durch Augenreiben richtig ergänzen. Zum Glück lag die Verletzung im unteren Teil des Auges, wohin das Blut aufgrund der Schwerkraft ohnehin abgeflossen wäre, und sorgte nur dort für eine Trübung. $^1/_3$ *blind* heißt die Radierung,[13] die Janssen dem Vorfall widmete. Dr. Hallermann – schon damals der behandelnde Arzt – laserte das rechte Auge. Der Patient ließ den Eingriff furchtlos über sich ergehen. Als ahnte er schon, daß hier ein größeres und in seiner ganzen Tragweite erst noch zu ermessendes Thema vorlag, schilderte er die Laser-Kanonade ausführlich in *Johannes*: eine dreidimensionale Reise durch das Gehirn. Wie es sonst nur von Fernsehkanal zu Fernsehkanal möglich ist, zappte er durch das bilderlose Universum: „Weiß hoch weiß."[14]

Janssen war nach dem Unfall bei Dr. Hallermann in den besten Händen. Sie wurden Freunde. „Schließlich ging es um meine Augen," kommentierte der

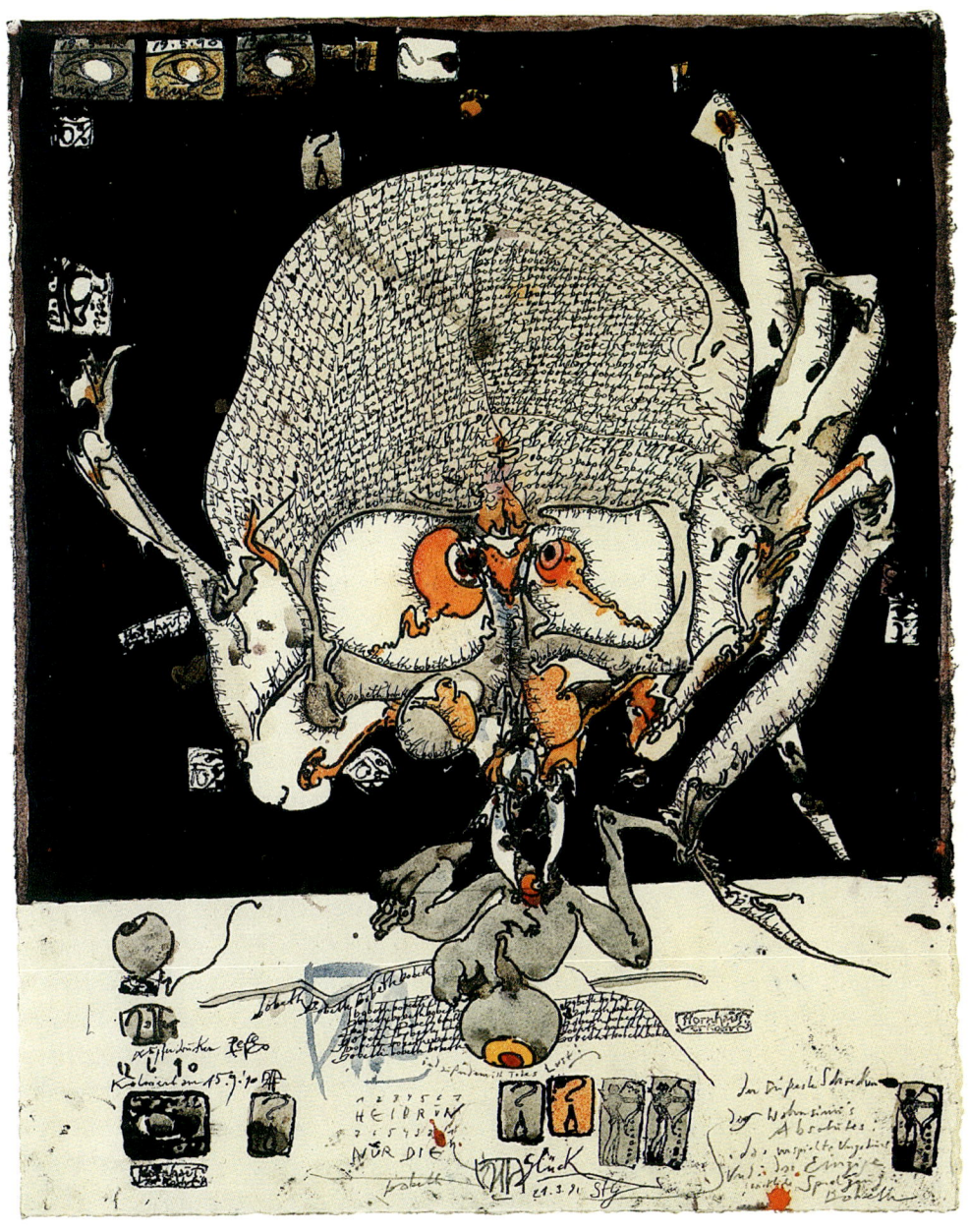

Hirnmolluske, Filzstiftzeichnung vom 12. 6. 1990 nach der Augenverätzung.
In Zink übertragen, koloriert am 21. 3. 1991 und mit Stempeln versehen (56 x 46,7 cm)

Künstlerpatient später, der gleich überaus dankbar dafür war, daß ihn der Arzt nicht ins Krankenhaus schickte, sondern in den Mühlenberger Weg entließ und sich auch bereiterklärte, ihn regelmäßig dort aufzusuchen und zu behandeln. Dr. Hallermann diagnostizierte nach dem Sturz eine Hornhautverätzung auf beiden Seiten, wobei das gesunde linke Auge schwerer betroffen war als das rechte gelaserte. Die „grau-weiße Eintrübung" war so stark, daß er in seinem Unfallbericht schrieb: „Beurteilung der rückwärtigen Abschnitte des Augapfels ist nicht möglich."[15] Ohne Zweifel – Janssen war blind und eine Besserung vorerst nicht erkennbar, wenn auch zu erwarten trotz der drohenden Gefahr einer Hornhauteinschmelzung. Um den risikoreichen Weg einer schrittweisen Heilung jederzeit kontrollieren zu können, pendelte Dr. Hallermann zwischen seiner Praxis in Othmarschen und Blankenese und ließ zur besseren Beobachtung dort auch bald eine Spaltlampe installieren.

Während die klaffende Platzwunde am Kopf schnell genäht und verheilt, der Gips vom Bein abgenommen und das Becken durch Ruhigstellung bald kuriert waren, zog sich die Genesung der Augen monatelang hin. Die zunehmende Verdünnung des Gewebes besonders im schwerer geschädigten linken Augen drohte, Löcher in der Hornhaut zu hinterlassen. Mit wohldosierten Kortisontropfen und hochempfindlichen Kontaktlinsen gelang es Dr. Hallermann schließlich, die Brennweite wieder auf einen Bereich zwischen 25 und 40 cm einzustellen, so daß Janssen im September 1990 – vier Monate nach der beidseitigen Hornhautverätzung – seine künstlerische Arbeit wieder aufnehmen konnte.

Erste Zeichnungen mit dem breiten Filzstift waren aber schon zehn Tage nach dem Unfall auf festen Pappen entstanden.[16] Janssen mußte in allen Phasen der Krankengeschichte ausprobieren, was noch oder wieder möglich wäre. Schon im Juni entlud sich die aufgestaute Angst in traumatisch anmutenden, gespenstischen Visionen: aus dem Schädel hervorquellende, wabernde Augen – eine von spitzen Fingern und Insektenbeinen fixierte Hirnmolluske. Erst Monate später erfolgte die Kolorierung. Sie machte daraus die ergreifendsten Dokumente von dem Ringen um sein Augenlicht. Zusammen mit den fotomechanisch auf Radierplatten übertragenen „Linienarabesken" bilden sie den Hauptteil des 1991 in Auflage gehenden *Folianten*.[17]

Nach dem ersten hektischen Aufbäumen und als sich herausstellte, daß sich die schwereren Wunden nur mit der Zeit heilen ließen, fiel Janssen in ein schwarzes Loch. Vorübergehend zur Untätigkeit gezwungen, glitt er in eine Depression ab, die er sich nicht anmerken ließ und ohne zu klagen durchstand, die aber nach der nervenzehrenden Begegnung mit dem Tod und der

Gefahr vorzeitigen Erblindens unumgänglich war. Durch dieses Tal, das sich den ganzen Sommer 1990 hinzog, begleitete ich Janssen. Seit *Johannes* – seit ich ihm bei der schwierigen Geburt dieses Buches beigestanden hatte, rieb er sich nicht mehr an mir. Die Konkurrenz war mit der vorläufigen Beendigung seiner Autobiographie erloschen. In all den Jahren hatte er unser Verhältnis immer wieder neu definiert. „Du bist die Anstrengung, der ich mich unterziehen will," hatte er einmal programmatisch gesagt, als er zu der Überzeugung gelangt war, daß Biographien nicht nachträglich, sondern am besten zu Lebzeiten des Opfers geschrieben werden. „Durch dich bin ich ja ans Schreiben gekommen." Das war auch so eine Behauptung, der ich nicht widersprochen habe, obwohl sie nur im weitesten Sinne richtig ist wie auch der Titel: „Animateur meines Schreibens." Neuerdings nannte er mich seinen Privatsekretär, als er bemerkte, daß ich intensiver als sonst an dem Tagebuch weiterschrieb. Solche Definitionen bauten ihn auf, inspirierten ihn, und sei es auch nur, daß er sie widerrufen konnte. Alles Definitive war ihm Spielzeug, das er irgendwann wie unter Zwang wieder zerstören mußte. Nur in diesem Sommer gab es nichts kaputtzumachen – er selbst war zu kaputt.

Das ließ mich eine Erfahrung machen, die zu den aufschlußreichsten zählt: Es ist unbedingt Gesundheit nötig, damit Janssen das leben konnte, was er seine Krankheit nannte: „das »Tier« – das mit dem kranken Anhängsel »Hirn«".[18] Von Natur aus war er das nicht. Erst energische Anstrengung machte ihn dazu. Er mußte gesund sein, um sich „seine Krankheit" verordnen zu können. Denn das ist nicht allein eine Sache des Begriffs, sondern des mit Leben gefüllten Begriffs – des zwingend zu höchster Glaubwürdigkeit gesteigerten Begriffs. Im übrigen war er eine Oldenburger Pferdenatur, die nicht kleinzukriegen war, sich am Riemen riß und durchhielt, wenn Disziplin gefordert war: kein Alkohol, der die Heilung beeinträchtigen würde, kein Selbstmitleid, keine Verzagtheit, die ihm überflüssigerweise Tränen in die Augen treiben würde, überhaupt keine Mätzchen, die auf Kosten seiner Genesung hätten gehen können. Er war der diszipliniertste Patient – zurückgenommen und „vernünftig".

Freilich hätte ihn das allein nicht wieder so rasch aus seinen Dunkelheiten auftauchen lassen. Die wahre Heilung kam ihm – wie sollte es anders sein – aus einem Mädchen, das er gerade rechtzeitig, sechs Wochen vor seinem Sturz, am 4. April 1990 kennengelernt hatte: Heidrun Bobeth – noch nicht dreißig Jahre alt und gerade resolut damit befaßt, sich von der diplomierten Bauingeneurin – ihrem erlernten Beruf – zur Journalistin weiterzubilden. Janssen machte sie zu seiner Muse. Die nicht sehr zahlreichen Begegnungen, die es gegeben hatte, bevor er ans Bett gefesselt war, sind doch schon so intensiv gewesen, daß ihm daraus Flügel erwuchsen und er, dieses Bild aufgreifend, noch im selben Jahr jubilierend ausrief: „Ich kann wieder fliegen."[19] Was sich da im Bild des arg gezausten Vogels frisch in die Luft erhebt und zu neuen Horizonten aufsteigt, das ist das Auge, das wieder plastisch sehen kann – das Auge des Malers. Denn vor allem sollte ihn seine Muse zu starkfarbigen Landschaften beflügeln.

Bis es aber soweit ist, muß Janssen erst wieder auf die Beine kommen. Heidrun Bobeth spielt dabei die zentrale Rolle. Sie löst am 16. Juni Birgit Jacobsen in der Pflege des Patienten ab, die vor ihrem Abgang noch dafür sorgt, daß der Balkon gründlich renoviert wird. Es dauert nicht lange, und er wird von allen Seiten mit Glas umkleidet, so daß ein in den Ahorn hinausgebautes, zusätzliches Balkonzimmer entsteht, das Janssen dann bevorzugt bewohnen und auch zum Arbeiten benutzen wird.

Heidrun Bobeth richtet Janssen wieder auf – „die cavalereske Heilung"[20] –, stellt ihn auf die Füße, humpelt mit ihm ums Haus herum und trägt ihm die Krücken in die Landschaft nach, die er in Vorfreude auf die noch zu malenden Bilder in großen Zügen genießt. Es sind wie immer nur wenige Ausflüge an die Unterelbe, aber Janssen bevorratet sich mit Eindrücken und stellt sich vor, daß dieses windgetuffte, mit Feuchtigkeit vollgesogene Land ihr Zuhause sein wird. Eine Landschaft, wie Bobeth sie sich wünscht. Er nennt sie liebevoll „Murmelauge" und „mein Bogenschütze".[21] Bobeth spannt den Bogen neu. Aber es dauert, bis er wieder treffen kann. Während er noch mit dem Stift halbblind herumstochert, grüßt er sie in den Briefen, die er zu kritzeln beginnt, nie anders als mit: „Dein Maler". Das will er sein, das hat er sich vorgenommen. So bringt er Bobeth in die Lage, ihm nicht nur die schönsten Landschaftsaquarelle abzuverlangen, sondern auch gleich noch die darauf folgende Serie der *drollereien*.[22] Ihrerseits ist sie energisch genug, die Herausforderung anzunehmen und die Spannung zu halten, auch wenn sie wegen ihrer journalistischen Ausbildung immer häufiger unterwegs sein wird, in Heide oder Frankfurt an der Oder und sogar bis in die ferne Türkei.

Janssen überbrückt die Zeit damit, daß er ihren Namen schreibt: „siebentausendmal Bobeth". Bobeth in allen Variationen – in weitschweifigen Arabesken, ohne hinzugucken, Zeile für Zeile, blattfüllend. Er will wieder sehen können, wenigstens sich auf dem Papier zurechtfinden. Dazu quält er die Augen mit der extrakleinen Fliegenschrift. Die Geliebte soll ihm buchstäblich ersetzen, was ihm die Augen schuldig bleiben: „Ich schreibe einen Namen."

Die gezielte Überforderung bringt den ersehnten Durchbruch. Er stellt sich überraschend ein, als Janssen am 21. August 1990 für seinen Optiker die *An-*

Ich kann wieder zeichnen, Zeichnung 23. 8. 1990.
Feder und Aquarell (75 x 63 cm)

merkungen zur Brille aufzeichnet, die er noch im Moment des Gelingens und wie zum Beweis, daß er auch feinere Nuancen wieder unterscheiden kann, in blutig-zarten Tönen aquarelliert.[23] Es folgen am 23. August zwei große, konstruktive Zeichnungen, wie sie auch einem Janssen nur alle Jubeljahre aus der Hand laufen – wenn ihn die Rückkehr in die Arbeit so überschwenglich glücklich macht wie nach seiner Hornhautverätzung. Die Kolorierung sparte er sich für später auf, wobei das dem *Folianten* – der Radierfolge – als Offsetdruck beigelegte Blatt noch von einem weiteren, zusätzlichen Unfall Zeugnis gibt.[24] Ein Großtrödler kippte im Verlag St. Gertrude einen ganzen Topf roter Farbe über die Zeichnung, als sich Janssen weigerte, für sein Hamburger Ladengeschäft die Außendekoration zu malen. Offenbar wollte sich da einer mit fremder Feder in die Geschichte der Stadt einschreiben. Später ist es ihm mit Schlagzeilen anderer Art gelungen – „o sopha".

Janssen war, als das passierte, längst wieder über den Berg. Er hatte mit hundert Landschaftsaquarellen einen späten vielbeachteten Triumph gefeiert – mit der Ausstellung im Dresdner Albertinum und dem von St. Gertrude herausgegebenen Buch.[25] Noch bevor Anfang September 1990 das erste Aquarell fertig war, stand der Titel schon fest: *Bobethanien*. *Bobethanien* – die Muse seiner wiedergewonnenen Augenlust *und* die Gegend, in der sich die endgültige Genesung vollzieht, zu einem einzigen Schriftzug vereint. Besser läßt es sich nicht ausdrücken: das Wunder seiner Heilung. Denn es grenzt schon an ein Wunder – dieser Ausbruch ins Licht und die Explosion in die Farbe. Es ist die Geburt eines Malers, wie er wohl immer schon in Janssen schlummerte, sich aber nie so befreit zeigen konnte.

Janssen hat immer eine Welt in Bewegung gesetzt, wenn er in ein Thema, in eine neue Epoche, in ein anderes Leben aufgebrochen ist. Darunter hat er es nicht gemacht. Aber dieser stark gegen das Ende vorgerückte Höhepunkt, diese späte Aufgipfelung übertrifft alle seine Inszenierungen, weil – es ist passiert, Knall und Fall geschehen, ein Sturz wie aus heiterem Himmel in die schwärzeste Nacht – die Rückkehr in eine nie gesehene Farbigkeit. So etwas läßt sich nicht inszenieren. Niemand kann sich so viel Abgrund wünschen, nur um so viel Licht zu gewinnen.

Das wiedergeschenkte Leben – das ist es eigentlich, was sich den Landschaftsaquarellen mit ihren in Wasser und Luft aufgelösten, hauchzarten Transparenzen mitteilt. Unwiederholbar – weil dem Tod abgerungen.

Im einzelnen ist die denn doch unter Rückfällen in den Alkohol und mit den für Janssen unverzichtbaren Dramatisierungen zustande gebrachten Serie hier nicht das Thema. In dem Buch *Aus dem Dunkel ins Licht* habe ich die Gele-

19. Mai 1990

Planken, Zeichnung 15. 2. 1994 in der Nachfolge von *Bobethanien*.
Feder und Aquarell (16,7 x 21,8 cm)

genheit benutzt, die Entstehung der Landschaftsserie tagebuchartig aus der Nähe zu verfolgen.[26] Da ist nachzulesen, daß auch *Bobethanien* nicht ein einziger Siegeszug gewesen ist. Nicht alles war übersprudelnde Entdeckerlaune, und wie immer reichen auch hier die Wurzeln weit zurück – zurück hinter die 1986 für Antoine in Paris gemalten Landschaften, hinter die atmosphärisch dichte *Eiderland*-Radierserie bis in die frühen 70er Jahre, als er zum ersten Mal gegen das Gitterwerk der Bäume die Tiefe des Raumes auszuspielen begann. Alles das versammelt sich jetzt leichthändig unter dem bewegten Himmel *Bobethaniens*.

Aber warum überhaupt bis in die allerletzten Lebenstage Landschaft? In der voluminösen Werkübersicht von 1989 liegt sie schon überaus abwechslungsreich vor uns. Warum diese sich immer weiter fortschreibende Beschäftigung mit der Landschaft, der gegenüber das Figürliche denn doch einmal an ein Ende kommt? Von allen Themen, die ihn umgetrieben haben, ist sie das unerschöpflichste – das, was kein Ende finden und ihn bis zum Schluß ausfüllen wird, bis zu dem *Tagebuch von einer Reise* 1994/95.[27] Warum?

Landschaft – das ist das Drama des Lebens, ohne daß darin der Mensch unmittelbar seinen Auftritt hätte. Er bleibt draußen. Ein Kampf der Natur und der Elemente – ohne Sieger und Besiegte. Die Landschaft ist das Leben, ohne es geradezu und in seiner persönlich aufdringlichen Form zu sein. Unter Ausschluß des Menschen ist sie der vollkommenste Spiegel alles Menschlichen. Sie ist das intimste Porträt und dabei völlig losgelöst von aller Porträtähnlichkeit. Es gibt überhaupt kein Gesicht mehr zu verlieren. Die Landschaft ist spontane Befindlichkeit.

Alle Landschaften haben im Auge des Zeichners Erinnerungsspuren hinterlassen. Jetzt gegen Ende, da sein Leben hinter ihm liegt und vor ihm in 25 bis 40 cm Abstand nicht viel mehr als ein Blatt Papier, ist es vor allem das Gedächtnis, das mit Landschaften angefüllt ist – Landschaften, die Janssen gesehen und gezeichnet hat und in denen er sich weiter unter wechselnden Himmeln bewegen wird. Deshalb nennt er sich auch den „Immer-Zeichner", der sogar im Schlaf weiterzeichnet. Das Kucken ist ganz nach innen gekehrt und fördert aus der Fülle des Gesehenen Bild auf Bild herauf.

Die späte Erfahrung verminderter Sehkraft bringt bei Janssen eine eigene, freilich ironisch gespiegelte Theorie von der Seele hervor. Die Seele – das soll nicht das ursprüngliche und unverwechselbare Ich sein, das wie der erste Funke Feuer in Ewigkeit weiterglimmt. Die Seele, die Janssen meint, ist der vollkommene „Rezeptor" und bildet sich mit der Zeit und mit der Welt, die sie in sich hereingelassen hat.

> Wir sind hauptsächlich Rezeptor. Ein Ausbund aus Milliarden Rezeptoren. Eine zauberhafte Rezeptionsmaschine. Selbst die feinsten, scheinbar autarken chemischen Abläufe in diesem physischen Kosmos bedürfen des Reizes von außen.
> Und unsere Netzhaut ist allemal eine einzige Empfangsstation aus Millionen Empfindlichkeiten. Ist es da abwegig, wenn ich da behaupte: ursprünglich habe ich gar keine Seele. Ich behaupte: Meine Seele wächst vielmehr nach und nach aus den Ablagerungen aller »Bilder«, die sich durch's Auge in mich reindrängeln.[28]

Das unverbildete Kucken, das Janssen früher als sein eigentliches Talent bezeichnete, verwandelt sich unter dem Eindruck seiner Augenverletzung in die mit allen möglichen Bildern ausstaffierte und sattsam gefüllte Seele.

> Ha – ich fresse die Welt mit den Augen und setze Seelenfett an.[29]

Um im Bild zu bleiben: Von diesem Fett kann der fast um sein Augenlicht gebrachte Künstler nun reichlich zehren, wenn er noch einmal in die Landschaft aufbricht.

> Da ich alter Kerl alle meine Tage zu einem einzigen Diarium zusammengezeichnet habe, hatte ich in diesen düsteren, grauen Stunden eine Natur IN mir, auf die nun mein Auge rückwärts gucken konnte – zur Kontrolle quasi.[30]

Die Erfahrung von Hunderten von Landschaften kommt ihm zur Hilfe und führt ihm gleichsam die Hand, wenn er mit Feder und Pinsel das Lichtschattenspiel auf einem Baumstamm nachzeichnet. Gelegentlich kokettiert Janssen damit, daß er das weite Feld zwischen Himmel und Erde blind bestellen und die Arabesken der Zweige automatisch niederschreiben kann. Auch wenn es in den Tagen der Dunkelheit naheliegt, so zu reden, ist das mehr als mißverständlich. Janssen selbst formuliert die schärfste Einrede dagegen:

> Ich komme aus der Gegend, wo die Gegend das bewußte Gegen gegen das Ich ist. [...] das Gegen ist Gesprächspartner – ein nicht vom Ich Erfundenes – ein anderes als das Ich. Ein Gegenüber im Zwiegespräch – zum innigen Zwiegespräch, damit jedes nicht alleine sei – daß beide ineinander übergehen, ohne einander aufzuheben.[31]

Wie die meisten seiner Landschaften ist auch *Bobethanien* nicht nach der Natur entstanden. Aber nie war die „Intensität, die aus der Sehnsucht nach der Welt greift",[32] größer als nach dem drohenden Verlust des Augenlichts, nach der sich über Wochen hinziehenden Dämmerung. Wenn Janssen im Herbst 1990 auch noch nicht wieder „ganz Auge" gewesen ist – die Hand schwelgte schon in Erinnerungen an ein langes Zeichnerleben und führte alles mit, was sich da im Laufe der Jahre angesammelt hatte. Anatomie, Burleske, Japanisches und die in die Tiefe stoßenden Horizonte der Niederländer – alles fließt in die Handschrift ein, die sich zügig auf das Papier legt. Diese überaus flüssig vorgetragene Handschrift scheint wie verliebt in die Widerstände, die sie sich selbst schafft, nur um länger draußen bei Licht und Luft, bei den Büschen und Bäumen verweilen zu können. Wenn Handschriftlichkeit jemals für Janssen ein Ziel gewesen ist – hier in den wie in einem Zug hingeschriebenen Landschaften erfüllt es sich.

Handschrift – das ist die körperlich aufgewogene Welt. In seinen 70er Jahren versenkte sich Janssen in eine Blume, in einen Frosch, in einen Birkenwald. Er lieh den Dingen seine Hand, die er sich dann in den 80er Jahren zurückholte: Aus Buchstabe wurde Baum, aus litera wieder natura. Die völlig ausgeschriebene Hand, die wir in *Bobethanien* finden, zitiert in *einem* Duktus entgegengesetzte Welten.

> *Im Vordergrund türmen sich Baumskelette und entwickeln gespenstische Figurationen. Der Totentanz ist auch hier das hintergründige Thema. Bisweilen ballen sich die Wolken, die Baumstümpfe und Strünke zu dramatischen Formen, die an die Phantome und Hügel in Goyas späten, schwarzen Bildern erinnern. Es spukt vielfach auf diesen Blättern. Östliches vermischt sich mit Westlichem: die bizarren Dämonen der altdeutschen Zeichner mit den Kobolden und Geistern der Japaner.*[33]

Die körperlich-sinnliche Vergegenwärtigung so vieler Vergangenheiten, wie den hier zitierten, ihre „suggestiv SINNLICHE Erinnerung"[34] ist nur in einer Handschrift möglich. Sie ist leibhafter Vollzug. „Das »Eigen-liche« meiner Zeichnerei ist die HANDSCHRIFT," notiert Janssen.[35] Natur und Geschichte haben sich ihr vollkommen eingeschrieben. Wie Systole und Diastole antworten bei ihm die späten auf die frühen Jahre, als er nach seinen ausschließlich der Kunst gewidmeten Anfängen die Natur entdeckte und sich darin verlor.

Bobethanien ist in jeder Hinsicht eine Befreiung: aus den Klauen des Todes und der Finsternis. Die Befreiung des Malers, der er immer schon war, nur daß er diesmal wie aus einem Gefängnis in die lichtdurchfluteten Räume seiner Aquarellpfützen und -farben ausbricht. Und es ist ein völliges Sich-Freischreiben vor dem Hintergrund einer langen Tradition der Landschaft – seit Paradiesestagen.

Es war lange her, daß Janssen eine so reich gegliederte, in Meisterwerken schwelgende Bilderfolge zusammengezeichnet hat. Es gab das zuletzt in der Radierung und lag auch schon Jahre zurück. Wohl in Erinnerung an die provokante Politiker-Frage, womit Herr Janssen denn ein Museum füllen wolle, hielt er die Blätter der *Bobethanien*-Serie zusammen und deponierte sie in einem Tresor der Deutschen Bank. Zum ersten Mal.

Mit der Ausstellung seiner aquarellierten Federzeichnungen im Dresdner Albertinum am 3. Februar 1991 machte Janssen schon wieder vergessen, daß

Hier grämt sich ein highländer, Zeichnung zu *drollerei* 23. 1. 1991.
Feder und Aquarell (34 × 21 cm)

er immer noch teilblind war. Wenn er selbst nicht so gebrechlich aufgetreten wäre – seine Rede mußte er mit Unterstützung einer besonders hellen Lampe ablesen –, seine Bilder hätten die Behinderung kaum ahnen lassen. So brillierten sie neben den in dem Grünen Gewölbe angesammelten Pretiosen. Janssen hat aus seinem Balkonsturz nicht nur das beste gemacht. Er hatte allen Beeinträchtigungen zum Trotz sich noch einmal selbst übertroffen. Es wäre ihm nicht gelungen, wenn er nicht immer schon – Phönix aus der Asche – seine besten Werke dem Scheitern abgerungen hätte. Nur weil er in seinen Niederlagen, die jeden anderen zu Boden geworfen hätten, so unverzagt und ganz und gar nicht wehleidig war, hat das niemand richtig bemerkt. Mit seiner selbstverfügten Unordnung, mit seinen Krisen und Krankheiten, die er sich – wie andere den Jahresurlaub – nahm, hatte er immer davon abgelenkt. Um nicht krank zu werden, spielte er lieber Kranksein. Er überspielte sein Scheitern, und es wäre ihm auch diesmal vollkommen gelungen, wenn die Augen nur mitgespielt hätten. Aber sie waren Anfang 1991 – nach *Bobethanien* – immer noch sehr in Mitleidenschaft gezogen und nur zum Teil wiederhergestellt. Zwar wechselte er fast übergangslos von der Landschaft in die Figur und strich auch heraus, daß bei solchen Zäsuren gewöhnlich die Krisen ausbrächen – nur nicht bei ihm, nicht bei einem Gipfelstürmer, wie er einer war. Aber die Unfallfolgen und der altersbedingte Verschleiß hatten ihn fest im Griff. Auch mit seinen *drollereien*[36] konnte er sich daraus nur sehr langsam befreien. Sie sind der verzweifelt komische Versuch, wieder in das figürliche Zeichnen zurückzufinden.

Die Figur verlangt eine gebändigte und über längere Zeit durchgehaltene Aufmerksamkeit. Die Kraft für eine nach der Natur gezeichnete Körperkontur hatte er aber 1991 noch nicht. Deshalb kam es ihm sehr gelegen, als er einen aufs Papier geratenen Klecks zu einem Kobold weiter ausformulierte, der ihm alle Freiheiten der Gestaltung ließ. Er brauchte sich nur daran zu erinnern, welche Gliedmaßen und Körperverrenkungen sich in den Arsenalen seines fast fünfzig Jahre währenden Zeichnens angesammelt hatten. Alle Farbkleckse und -kleckereien, die Mutwille und Zufall aufs Papier warfen, umwarb er fortan mit seinem erinnerungsgesättigten Strich. So entstand noch einmal ein erotisches und bizarres Panoptikum – eben seine *drollerein* oder Drolerien. Das Wörterbuch der Deutschen Sprache reichte ihm dafür prompt die richtige Bedeutung nach, die dann auch in der Titelei seines Buches Eingang fand: „... Drolligkeit (Wahrig, Deutsches Wörterbuch), Drolligkeit, Lustigkeit, Darstellung von Menschen, Frauen, Tieren und Fabelwesen im Chorgestühl [...]".[37]

Der Hunger auf Figur ist in den Klecksbildern unübersehbar. Eine übersprudelnde, purzelbaumschlagende Laune tobt sich darin aus. Anstößige Frechheiten kommen im Gewand farbenprächtiger Clownerie ganz unverschämt daher. Wie er auch durch Zufall und Schabernack gedeckt ist – Janssen weiß genau, was er sich schon wieder leisten kann und was noch nicht. Heidrun Bobeth legt er in den Mund, daß sie sich „solche drolligen Figurationen"[38] mehr als Blumen oder Spielzeug gewünscht hätte.

> Ich war so glücklich über dein Verlangen nach Figur und Groteske! Ich hatte Angst, du könntest dir »Stilleben« – Blechspielzeug, das du liebst – wünschen. Angst weil: Meine Kuckerchen haben doch noch die größte Schwierigkeit, nach der Natur zu zeichnen.[39]

Die *drollereien* sind nicht nur der entfesselte, von aller Heimlichtuerei befreite Eros, nicht nur die in quietschenden Farben genüßlich ausgelebte „Altersgeilheit", sie sind – bei aller Burleske – auch das verzweifelte Anrennen gegen Grenzen, die ihm durch seine Verletzung und das Alter gezogen waren. Als suchte er in den vor Übermut strotzenden Koboldereien nur einen Vorwand, läßt er seiner Wut und Häme und allen in ihm aufgestauten Rachephantasien freien Lauf. Die Gelegenheit ist nie wieder so günstig. Seine immer noch demolierten Augen sprechen ihn von den Maßstäben frei, die er sich in seinem Metier selbst gesetzt hat. Janssen nutzt die Chance, und mit einer Rücksichtslosigkeit ohnegleichen fällt er über die Welt her, die er so geliebt hat. Eine durch nichts zu stillende Wut gegen das schöne Geschlecht kann sich auf die Weise in seinen *Klecksbildern* noch einmal ungebremst ausleben. Es ist seine Art, Abschied zu nehmen, eher aber gleicht es einem Krieg – einem Krieg der verbrannten Erde.

Wären da nicht sein Witz und die Farbenpracht und ein das Detail sorgsam umschmeichelnder Strich – zum ersten Mal hätte sich Janssen vor unseren Augen völlig entblößt: die aufs Blut gereizte, gegen Tod und Verderben brutal anrennende Menschenkreatur. Aber so wie der Künstler es wendet, sind es doch wieder lauter *drollereien,* die ihm um so eher verziehen werden, als er mit seinen kaputten Augen gar nicht anders kann und sein Heil in solchen – zugegeben frechen – Koboldereien suchen muß.

Janssen ist nach wie vor auf der Höhe seiner Kunst. Es kann passieren was will, selbst eine beidseitige Hornhautverätzung: Die inszenatorische Kraft, mit der er sein ganzes Leben in die Regie genommen hat – sie ist noch immer so groß, daß ihm auch der Unfall zur Bereicherung seines Lebenswerkes dient, sogar in der Endphase der Heilung seiner Augen, die quälend langsam verläuft.

Nur das Leben hat darunter zu leiden – die Kunst nicht. Die Geschichte, die vor dem „drolligen" Hintergrund spielt, ist die Geschichte von Heidrun Bobeth, eine Liebesgeschichte, die letzte mit verheerendem Ausgang – ein Abschied von allem Abschied. Die Geschichte ist schnell erzählt. Mit *Bobethanien* hatte Janssen seiner Geliebten eine Welt zu Füßen gelegt. Anläßlich der Ausstellungseröffnung in Dresden brachte er sie am 3. Februar 1991 in die Öffentlichkeit, und noch am selben Abend strahlte das Deutsche Fernsehen sie landesweit als seine Muse aus, die den fast erblindeten Meister ins Leben zurück- und auf einen neuen, ungeahnten Gipfel seiner Kunst geführt habe. Die überstürzt abgebrochene Reise nach Svanshall zu Ostern 1991 glich eher wieder einem Desaster. Es wimmelte nur so von Gelegenheiten, sich endgültig zu trennen, und vielleicht ist Janssen dem nur mit einem Sturz zuvorgekommen, der ihn am Hang die Böschung hinabwarf, so daß er Heidrun noch einmal vor sich selbst als seine Stütze und den einzigen Halt in seinem Leben aufbauen konnte. Mehr denn je stemmte er sich gegen das Zerbrechen ihrer Beziehung. Nachdem er schon immer damit gelockt hatte, marschierte er nun geradewegs auf die Hochzeit los. Daß er es ernst meinte, hat er mit dem Ausbau seiner Wohnung im Mühlenberger Weg belegt, die im Untergeschoß seines Hauses zu ebener Erde lag und die längste Zeit ungenutzt war. Immerhin stellte das die größte bauliche Veränderung in seinem Leben dar, seit er von der Warburgstraße nach Blankenese gezogen war. Das mußte für die Ernsthaftigkeit seines Vorsatzes sprechen.

Am Ende wollte er mit Heidrun Bobeth zur Ruhe kommen. Nicht wie brave Eheleute, aber wenigstens auf getrennten Etagen im selben Haus: oben der „Handwerker", unten die berufstätige Frau, die abends an den Herd zurückkehrt, wie er schon wieder halbwegs ironisch formulierte. Ein Haustelefon war in Planung. Bobeth wünschte sich einen Hund. Aber er soll nicht älter als zehn Monate sein. Janssen denkt an seine Katze Lydia und will ihr eine Chance geben. Gegen die Krise kämpft er an, erteilt Heidrun die Vollmacht über sein Konto, angeblich überschreibt er auch die Wohnung auf ihren Namen. Sie zieht probeweise mit ihren Sachen ein. Aber schon am 18. Mai – einen Tag bevor sich der Balkonsturz jährt – ist er sich sicher, daß sie nie wieder zurückkommt. Gleich läßt er die Wohnung räumen. Drei Tage fährt Bobeths Leibwäsche im Kofferraum durch Hamburg, bis sie wieder an ihrem Platz landet. „Mit Bobeth ist alles längst wieder in Ordnung." Um die Angst vor der endgültigen Bindung zu beschwichtigen, forciert Janssen das Ehevorhaben, und am 25. Mai, nachmittags, bittet er den Brautvater förmlich um die Hand seiner Tochter. Das heißt, mit einem Schreiben bahnt er ein derartiges Gespräch an: „Lieber Frank Bobeth [...]".[40] Die Mutter war längst gewonnen.

Wer immer in die Verlegenheit kommt, in dem Brautvater einen jüngeren Mann vorzufinden, der seine einzige und bis dato unverheiratete Tochter einem Älteren in die Ehe geben soll, möge in dem formvollendeten Brief einen Leitfaden und Wegweiser sehen: von Mann zu Mann.

Die Planungen nehmen immer mehr Gestalt an. Die Kirche soll klein sein und auf dem Lande – „wo der Wind weht". Das Brautkleid ist eine „weiße Jacke, knielang, 31 Knöpfe".[41] Mitte Juni genügt dann ein einziges Wort von Heidrun Bobeth, und die Trennung ist endgültig. Janssen hat es ihr in den Mund gelegt: „Du mußt nur sagen, daß du mich nicht mehr liebst." Sie spricht es aus, und einen Tag später ist die Wohnung unten völlig leergeräumt. Auch der Inhalt des Kühlschranks geht zurück an Bobeth. Nur er habe gewußt, wie elend es ihr danach ginge. Aber sie habe trotzdem das entscheidende Wort gesagt! Worauf Janssen nachträglich besonderen Wert legte: eine Trennung ohne Prügel, ganz ohne Schläge. Daraus wird er folgern: Sie hat eine Verlobung gebrochen! In der Alkoholkrise, die darauf folgt – dem ersten schweren Suff nach der Augenverletzung –, wird er sich dazu versteigen, die Verlobungsgeschenke in Geldform zurückzuverlangen. „Dafür gibt es ein Gesetz im BGB. Die Eltern sollen schon mal ihr Haus verkaufen."

Nachdem er einmal verlassen worden war – von Judith 1953 –, hatte Janssen viele Abschiede erzwungen – diesen letzten hat er mit einer Brutalität ohnegleichen exekutiert. Zu dem Zweck holte er sogar die BILD-Zeitung ins Haus, die nun die ganze Republik – dem Sinne nach – wissen ließ: Halbblinder Maler weint sich die Augen nach seiner Muse aus, die ihn mutwillig in Stich gelassen hat.[42] Wie allen seinen Frauen hat Janssen auch Heidrun Bobeth keine Chance gelassen. Nur war sie stärker und – mit eigenem Beruf – in der besseren Position. Sie leistete den größten Widerstand, und genau das stiftete Janssen an, aus dem allfälligen Machtkampf noch einmal einen Krieg der Geschlechter zu machen. Das säuselnde Liebesgeflüster, das er – im Buch *drollerei* – anhand ausgewählter Passagen ihrer Briefe, in Handschrift und gleich als Faksimile, der Nachwelt überliefert hat, gibt nur die eine Seite von Bobeth wieder – die hingebungsvolle Frau. Sie hatte aber auch eine andere Seite, mit der sie um ihre Liebe kämpfen konnte, wenn Kampf gefordert war. Da war sie eigentlich erst in ihrem Element, wie auch Janssen im nachhinein erkannte: „Unsere Charaktere sind zu ähnlich."

Keines seiner jungen Mädchen hätte bei ihm jemals die Zügel so scharf anziehen dürfen wie Heidrun Bobeth, die ihn gesund gemacht, ihn zurück auf die Beine gestellt hat und bis nach Portugal gefahren ist, damit er ihr gemeinsames Träumchen – ein Refugium in der wind- und wasserquirligsten aller Landschaften – in Ruhe auf seinen Papieren zu Ende tuschen konnte. Diese Frau, die für ihn so viele Erfolge errungen hat, sie war die größte Herausforderung, damit er einen letzten Sieg – worüber? – erringen konnte.
Es gab in diesem Ringen auch ein richtiges Schlachtfeld. Das war der Journalismus – die „Journaille", „J'naille". Heidrun Bobeth hatte sich von der diplomierten Bauingeneurin zur Journalistin umschulen lassen. Als Redaktionspraktikantin hatte sie Janssen bei ihrem ersten Telefonat um ein Interview gebeten: „»[...] bin 29 Jahre alt und will ein Porträt machen« 4. 4. '90 23.00."[43] Anfangs hatte sie sich mit Händen und Füßen dagegen gewehrt, daß Janssen ihr bei neuen Anstellungen behilflich war. Später ließ sie es geschehen, als er schon gegen den Beruf die schärfsten Geschütze aufgefahren hatte. Bobeth sollte noch ein halbes Jahr in ihrem Job bleiben, wenn sie nach Blankenese gezogen war. Dann aber Schluß damit! Sie mußte ihm förmlich versprechen, aus ihrer journalistischen Karriere auszusteigen. Was hatte Janssen gegen den Journalismus? Die Geld- und Publizitätsgründe, die er immer zuerst ins Feld führte, einmal beiseite gelassen, war es besonders die eigene schlechte Erfahrung mit der schnellschreibenden Profession, die sich bei ihm – auch wegen der Pressekampagne um das geplante Museum – zu einem regelrechten Haß gesteigert hatte. Ausschlaggebend war aber auch das nicht. Im Kern geht es um das Vergessen – Vergessenwerden. Was hat der Künstler mehr zu fürchten? Nun erst Janssen, der genau registrierte: „Ich bin so populär, daß der Ruhm es schwer hat, dagegen anzukommen." Er hatte den Zeitgeist im Ohr, wie er sich geräuschvoll im Blätterwald hören läßt und alles andere übertönt. Der Lärm füllt die Zeit so völlig aus, daß jeden Tag ein anderer Avantgardismus Auferstehung feiern kann. Unter dem Gedröhn hat keine Vergangenheit und keine Zukunft mehr Platz – bis das Gehirn platzt wie unter dem ohrenbetäubenden Glockenschlag in dem spekulativ herbeigeführten Mordfall, von dem das Romanfragment in *drollerei* berichtet.[44]
Der alle Aufmerksamkeit ins Hier und Jetzt versammelnde Journalismus läßt so etwas wie Erinnerung, Geschichte, Tradition gar nicht mehr entstehen. Es sind die schlimmsten Befürchtungen, die den umtreiben, der im Hier und Jetzt kein Genüge findet und sich danach sehnt, dermaleinst mit seinem Werk

verstanden zu werden. Janssen wütet gegen dieses dem Tod vorgreifende Vergessen, und an Bobeth mußte er diese Wut auslassen. Sie sollte sich vom Journalismus lossagen.
Das war der Sieg, den sie ihm auch zugestanden hätte. Er sollte ja siegen! Nur knüpfte er daran die Bedingung, daß sie gleich ins Schreiben umsteigen sollte, wie er es von allen seinen Frauen gefordert hatte. Diesmal tischte er ein richtiges Thema auf: „Die Kanalisation" – eben alles, was gewöhnlich unter den Tisch fällt, das sollte Heidrun Bobeth in einem Roman schildern – sie, die berufserfahrene Ingeneurin, die Hoch- und Tiefbau von der Pieke auf gelernt und ausgeübt hatte und sich daran – doch bitte! – erinnern sollte.
Es war nicht nur ein hintersinnig ausbaldowerter Plan – Janssen ging wirklich zur Sache:

> Bist Du bisher von der Journaille in die Welt geschickt worden – jetzt schicke »ich« Dich in die Welt; in die Unterwelt. Und Egbert Kossak wird die Einstiege öffnen – in Hamburg sowieso, in Paris, in London, in New York und Wien. Das Stichwort: Kanalisation = der Orkus unter den Zentren der Zivilisation. Die Komposition des Buches, das Du machen »sollst«: Geschichte – Stadtgeschichte. [...] die Schickeria feiert Hochzeit. Und alles produziert WÄHRENDDESSEN Scheiße. Was aber Scheiße ist, ist nicht immer erkannt. Die Exkremente waren vordem süße Schnepfen, komisch-mächtige Keiler – geheimnisvolle Kräuter voller Wunderwirkung und Erdäpfel..."[45]

Zugegeben – ein faszinierendes Thema, und am liebsten wollte Bobeth auch einen Roman schreiben. Aber wie sollte sie das bewerkstelligen? Janssen hat das Thema erfunden, um sie daran scheitern zu lassen; wie auch das Buch *drollerei*, an dessen Ende er die Aussicht auf eine selbständige Schriftstellerinnenexistenz gerückt hat, nur zu dem Zweck von ihm begonnen worden war, um darüber ihr Verhältnis endgültig zum Scheitern zu bringen. Mit dem Hintergedanken, daß es seinem noch zu schreibenden Text zugute kommen sollte. Denn die Bilder waren alle längst fertig. Aber mit dem Schreiben – mit *seinem* Roman – haperte es. Das zog sich durch den ganzen Sommer hin. Wie schon viele Male und zuletzt bei Annette erprobt, wollte er durch die erzwungene Trennung der Geschichte von der Hinfälligkeit aller Liebe einen letzten authentischen Kick verleihen. Er wollte der Geschichte, die zu schreiben er sich vorgenommen hatte, das Nicht so einprägen, daß daraus die *Nicht-*

Geschichte wird – das endgültige Dementi auf alles, was vorgibt, sich noch einmal wie zu einer richtigen Geschichte einzufinden: *Bruder Hinrich. Collage, Fragment und Vorlage für einen Roman.*
Wie Janssen seinen letzten erzählenden Text inszeniert hat, war es ein ungleicher Kampf. Zwar war nach der Trennung das Buch bald fertig. Aber er mußte auch daran glauben, daß er der Verlierer war und niemand anders. Die Formel, die er dann rückblickend für seine gescheiterte Liebe fand, legt fast schon wieder nahe, daß er zu diesem Glauben gefunden hat: „Es hat nicht sollen sein!"

In diesen Zweikampf Janssen gegen Janssen – frei nach dem Motto: nemo contra deum nisi deus ipse – mußte ausgerechnet ich mit meinem dritten Buchprojekt geraten. Janssen hatte mich großzügig mit literarischem Stoff bedient. Ich wollte in Tagebuchform eine Nahaufnahme liefern: von der Unfallgeschichte, dem Genesungswunder und der Entstehung der *Bobethanien*-Aquarelle. Die weibliche Hauptrolle lag selbstverständlich bei Heidrun Bobeth, aber sie fühlte sich unbehaglich dabei. Selbst hatte sie zwar Öffentlichkeit gerade zu ihrem Geschäft gemacht, aber unzensiert darin erscheinen wollte sie nicht. Wir gingen gemeinsam den Text durch, der vom Steidl-Verlag zur Veröffentlichung angenommen worden war. Janssen sah das und fing wohlwissend zu unken an: „Sie wird nicht lockerlassen." Er hatte an dem zähen Widerstand seine Freude, und weil es gerade darum ging, Bobeth gegen ihn selbst und seinen eigenen Roman, der dadurch nur besser würde, stark zu machen, brachte er kurzerhand den „Blessin" zu Fall. Um den anmaßenden Ehrgeiz dieses Schreiberlings ins Licht zu rücken, wurde der Freund kurzerhand zum Professor degradiert – das Projekt gestoppt. „Brief an Steidl – Steidl »funktioniert« liebenswert."[46] Das war das Programm für den April. Im Juni 1991 sah es aber wieder ganz anders aus. Als er ultimativ die Trennung so forciert hatte, daß ihm Heidrun Bobeth den Abschied sogar schriftlich gab, griff er gleich zum Telefon und fragte mich: „Gibt es die erste unzensierte Fassung noch? Sofort veröffentlichen!"
Inzwischen hatte er Bobeth da, wo er sie haben wollte. Nun mußte er seine Rache auskosten, die aber so unersättlich war, daß ihn auch seine eigene obskure Planung bald wieder nur gelangweilt hätte. Lieber wollte er leiden und seinem unbändigen Schmerz ein Denkmal setzen. Daraus ist das Buch *drollerei* geworden – ein Buch aus zwei ungleichen Hälften, der Geschichte des *Bruder Hinrich* und der Geschichte seiner Liebe zu Heidrun Bobeth – verbunden durch ein *Nicht* –, ein Verdikt, dem endlich auch der zum Rivalen

auserkorene Siegmund Freud unterliegen sollte,[47] was auch wieder *nicht* restlos aufging.
Janssen stellte *drollerei* in eine Reihe neben *November* und *Svanshall verkehrt* – seinen den Frauenlieben gewidmeten Büchern. Mein Buch *Aus dem Dunkel ins Licht* erschien 1992 bei Steidl in der mit Bobeth abgestimmten Fassung.

Für die irrwitzigen und brutalen Turbulenzen der Jahre 1991 und 1992 gibt es nur eine Entschuldigung: die sich zum Ende qualvoll langsam hinziehende Heilung seiner Augen, die irgendwann vollbracht sein würde, aber nie wieder zu 100 Prozent. Das mußte ihn ungeduldig, ja, unleidlich machen. „Respektiert werde ich nur, solange ich zeichnen kann und die Macht habe." Das mußte sich Janssen beweisen – in diesen Tagen mehr denn je. Nicht er – die Welt war verrückt. Er saß bei seinem Lieblingsitaliener Dal Fabbro in Blankenese. Das Vorstandsmitglied eines Mineralölkonzerns führt seine aus Paris eingeflogene Freundin zum Essen aus und will zum Beweis seiner Jugendlichkeit mit dem verrückten Künstler gleichziehen, der aber schon dazu übergegangen ist, sich die Gläser voll Grappa in den Kragenausschnitt zu kippen. Der Vorständler füllt beherzt nach. Unten läuft ihm die Pipi aus dem Hosenbein. Alle sehen es, auch die junge Frau, deren Telefonnummer Janssen später aus der Innentasche seiner Jacke fingern wird – nur nicht der gar nicht mehr jugendliche Herr. Er prostet unverdrossen weiter in die Runde.
Janssen versteht sich als Katalysator des uns alle beherrschenden Wahnsinns, den wir nur nicht wahrhaben wollen, den es aber gibt, wie er in seiner Person zu beweisen nicht müde wird.
Da er den Menschen für einen Kretin hält, der sich hinter seiner „Kultur" verschanzt – „dies Wesen spreizt sich in »Geist« und versteckt das »Tier«" –, ist es für Janssen selbstverständlich, von allen der Wahnwitzigste zu sein. Er hat Erfolg, er ist begehrt – *seine* Zeichnungen werden gekauft. Dieser Wahnsinn – „das kulturgeile Getue" – regiert die Welt, womit sie sich selbst dessen überführt, was sie ist: der helle Wahnsinn.
Eine seiner Schlüsselerfahrungen dieser Tage ist: Stelle eine Behauptung auf – behaupte dich damit gegen den Rest der Welt, und sie wird dich zwangsläufig für das nehmen, was du zu sein vorgibst. Sie ist es, die zu deiner Erfindung das hinzutut, was aus dir mehr als eine Erfindung deiner selbst macht. Einer, der so aus der Behauptung heraus lebt wie Janssen, der das zu seiner Wünschelrute durch das Leben gemacht hat, einer, der sich immer wieder per Behauptung von der Welt versichern läßt, daß es sich wirklich so verhält, ist nicht nur ein ruheloser Wahrheitssucher – auch ein Quälgeist ohnegleichen. Nur wenig

Dickus Heitmann, Janssen, Dierk Lemcke (Foto Birgit Jacobsen)

trennt ihn vom Zyniker der Macht, der in allen seinen Machenschaften der Welt vormacht, wie sie es treibt.

Was allein ihn davon trennt, ist die Liebe, die er deshalb wie wahnsinnig sucht. Denn nur in der Liebe gilt der auf ihn selbst gemünzte Satz: „Spielst du sie aus – die Macht –, hast du sie schon verloren." Nur die Liebe – allein sie kann ihn nun allerdings restlos davon überzeugen, daß der Kampf um die Macht, den er wie unter Zwang immer wieder entfesseln muß, seine Leidensgeschichte ist. Seit Bobeth endgültig weg ist, weiß er genau, daß es etwas Animalisches ist, was sie beide verbindet. „Käme sie zurück – ich wäre ihr schon erlegen."

Dann schwingt er sich wieder zu der Überzeugung auf, daß es zwar das gesteigerte Leben in der Liebe gäbe, aber nicht auf Dauer, nur für den Moment gedrängter Intensität. Es würde immer nur kurz aufblitzen: Zusammen hätten sie im Auto gesessen, das mit Tempo durch eine Kurve gefahren sei, als beider Augen auf dasselbe Motiv gefallen seien und sie in dem Augenblick dasselbe

gesehen hätten! Diesen Augen-Blick hält der Künstler im Werk fest. Das ist sein Sieg über die Frau und seine Rache an der Frau, der nur die Reue bleibt, eine Liebe beendet zu haben, von der nur der Künstler gewußt hat, daß sie sich mit solchen Höhepunkten für sie im Leben nicht wiederholen wird. Originalton Janssen: „Mit 60 ist der Staat dein Papa – das ist es dann gewesen."
Er schafft sich die Realitäten, wie er sie haben will. Immer in Sorge, nicht die gemeinsten Beweggründe in Anschlag zu bringen, zerrt er die niedrigsten Instinkte hervor. So läßt er um sich herum eine Welt der Käuflichkeit aufleben. Das „schnelle Geld" ist die einzige Prämisse, die er dieser Tage gelten läßt. Dafür stellt er die Quittung aus. Bezahlt wird mit der Physis.
Frielinghaus, der zwischendurch an die Stätte peinlicher Auseinandersetzungen zurückgekehrt ist, läuft krachend in eine Ohrfeige, als er nur für den Bruchteil einer Sekunde und weil Dritte ihm in den Arm fallen, die Hände sinken läßt, mit denen er Janssen aus Notwehr an die Gurgel gehen will. Denn dieser brauchte nur die kürzeste Zeit, und schon hatte er den alten Weggefährten wieder bis aufs Blut gereizt: „Frielinghaus – Sie sollen Selbstmord begehen. Das erwarte ich von Ihnen!"
Der gehässige Realist ist unbeirrbar in seinen Beweisgängen. Alles hat sich verschworen, ihm recht zu geben. Nie und nimmer ließe die Welt ein Irrenhaus aus sich machen, wäre sie dieses Irrenhaus nicht immer schon gewesen. Ein Hamburger Auktionator zieht sich halbnackt aus, damit ihm Janssen eine Signatur auf bloßer Haut verpassen kann. Der Vertrag ist unterzeichnet, worauf der Designierte nichts eiligeres zu tun hat, als auf allen Vieren zum Klo zu krabbeln. Die Welt ist käuflich. Sie ist es in der Tat. Der Künstler hat eine Ware, die so gut wie bares Geld ist. „Und regiert werden wir sowieso von der Deutschen Bank."
Manchmal geht es wie auf dem Jahrmarkt zu: Ein männlich behaarter Oberkörper entblößt sich. Ein dichter Haarpelz kommt zum Vorschein, und auf die bloße Idee hin, diesen Urwald abzufackeln, ist auch schon ein Feuerzeug gezündet. Die Flamme steht steil von der Brust weg, wie auf dem Polaroid zu sehen ist, das auch Janssen im Hintergrund zeigt, einen Liliputaner auf den Knien wippend. Als wäre die Brandrodung nicht schon Schaustellerei genug, soll es auch noch gerochen haben, wie wenn ein Pferdehuf mit glühendem Eisen beschlagen wird. Alles *drollerei*.

Immer war es Janssen, der bei diesem Veitstanz den Reigen anführte. Von der aus den Fugen geratenen Welt hätte er uns in *Hinkepott III* die prallste Schilderung gegeben. Aber mit Schreiben war kein Geld zu verdienen.

Unglücklicherweise stellte das Finanzamt fest, daß er im Jahr seines Augenunfalls mehr Geld verdient hatte als je zuvor. Das wirkte sich auf die zu zahlenden Vorsteuern aus, die jetzt vierteljährlich mit 100 000 DM zu bedienen waren. Also mußte Janssen wieder radieren. Das Säuretrauma konnte er sich nicht länger leisten. Der Verlag St. Gertrude erleichterte ihm die Rückkehr in sein spezielles Geschäft, indem er ihm in Altona eine eigene kleine Radierwerkstatt zu ebener Erde einrichtete. Er profitierte auch am meisten davon, daß der Radierer den Rest des Jahres 1991 und die meiste Zeit 1992 in den Räumen des Verlags zubrachte. Nur ließ sich Janssen dort viel leichter ablenken als zu Hause. Der Wecker klingelte zwar, aber dann lief das Gespräch gerade so flüssig, und die lange Treppe herunter war beschwerlich, so daß er noch fünf Minuten dazugab, bis er die Platte aus der Säurewanne holen wollte. Nur fünf Minuten. Die Platten konnten es nicht immer, aber durchweg gut vertragen, besonders wenn die figürlichen Szenerien aus *drollerei* im Medium der Radierung fortgeführt wurden.[48] Die ruppige Ätzung war weit entfernt von den zart abgestuften Valeurs Anfang der 70er Jahre. Aber es paßte zum Thema: Torsi und Tortur.

Es sind Janssen ausgesuchte Beispiele lustvoller Marter gelungen, die auf dem Höhepunkt des Liebesspiels die Schmerzgrenze immer noch um ein weniges hinausschieben. Neben bizarr verrenkten Armen und Beinen gibt es solche Körperpartien, bei denen er seine lädierten Augen zu anatomischer Präzision gequält hat. So ein gestreckter Rücken mit den charakteristisch gewölbten Schultern, so ein in den Beckenknochen eingehängter Leib in geschmeidiger Drehung erinnert dann immer an Heidrun Bobeth. Mit ihrer beweglichen, durchtrainierten Physis ist sie in den Radierungen von 1991 und 1992 gegenwärtig. Er zeichnet sie, wenn er in dem sich windenden Leib der Frau sein von Wonnen gemartertes Glied darstellen will. Noch lange geht sie ihm nicht aus dem Sinn – trotz der Trennung. Auch prügelt er weiter auf die „Journaille" ein. *Einem Journalisten wird das Maul gestopft*[49] heißt eine späte, großformatige Platte. „Abkotzen" und „ausmisten" – wenigstens in der Grafik will Janssen keine Rücksichten mehr gelten lassen. Subtilere Techniken treten zurück hinter den beißenden, ätzenden Charakter der Radierung.

In den besten Blättern ist förmlich zu spüren, wie sich Janssen den Schmerz seiner späten Jahre mit Hilfe sadistischer Praktiken der Selbstgeißelung auszutreiben versucht. Es ist sein Abschied von der Frau – von dem „Prinzip Frau", wie es sich ihm zeitlebens darstellte. Das hat er sich nicht ausgedacht, genausowenig wie es sich die von ihm angefeindete Psychoanalyse hätte ausdenken können. In seinem Fall liegt es offen auf der Hand. Er ist immer

Kerstin die Jüngste, Farbradierung von zwei Platten 1. 10. 1991 (29,7 x 21 cm)

das verletzte Kind geblieben. Von klein auf ist Janssen bei seinen Großeltern aufgewachsen. Seine Mutter, die eine eigene Wohnung und Werkstatt unterhielt und zum Nähen auch aus dem Haus ging, hat ihn immer wieder dahin gegeben, so daß er sie nie festhalten und dauernd an sich binden konnte. Sie war der Schmerz der sich entziehenden Liebe. Das lebte er in allen Frauen weiter – er, der Bastard, den sich die ledige Martha gleich nach der Geburt gar nicht vorzuzeigen getraute, bis sich die Großeltern seiner annahmen.
Gibt es ein Leben nach der Psychoanalyse?

1991 ist auch das Jahr einer großen Ausstellungstournee seiner Bilder durch Japan und Norwegen. Janssen hatte die bis dahin umfassendste Werkauswahl selbst zusammengestellt. Løska Smith-Hald, Nao, Frielinghaus, Manfred Osten – viele Hände rührten sich für ihn. Eine gewaltige Organisationsmaschinerie lief im fernen Japan an, um ihn, den Sitten des Landes entsprechend, würdig zu präsentieren. Ein Katalog, unterstützt von der Tokyo Shimbun, einer der größten Zeitungen Japans, ging in Arbeit. Janssen war aufs äußerste gespannt, was aus seiner Kunst in fremden Händen würde. Noch nie hatte er es anderen so völlig überlassen, seinen Namen ins rechte Licht zu rücken. Um so überraschter, um so glücklicher war er, als er eines Tages den glänzenden Überblick seines Lebenswerkes seit 1970 im handlichen Taschenbuchformat überreicht bekam.[50] Nach Aufmachung und Stil völlig japanisch und doch der beste Janssen. Ein Grund, selbst nach Tokio zu fahren und sich der Weltöffentlichkeit zu stellen, war es freilich nicht. Wie bei so vielen ähnlichen Gelegenheiten blieb er zu Hause, zurückgezogen in seinen eigenen vier Wänden.

Desto größer war das Erstaunen, als Janssen, wenn auch nur in Hamburg, so doch nach Jahren und erst recht nach der Augenverletzung zum ersten Mal wieder in seiner Stadt öffentlich auftrat. Es war in den Deichtorhallen. Der alte Freund Carl Vogel eröffnete seinen Ausstellungsmarathon im August 1991 mit der Janssen-Sammlung. Im Gedränge der Gäste leuchtete zuerst nur das zerwühlte Grauhaar im Scheinwerferlicht silbrig auf. Er ist tatsächlich gekommen. Janssen ist da! Jeder Hamburger hat sein eigenes Janssen-Erlebnis. Aber richtig gesehen haben ihn zuletzt die wenigsten. Aus den Medien war viel zu hören, aus den Zeitungen alles mögliche zu lesen gewesen. Aber wie sieht er denn nun aus? Nachdem er sich jahrelang rar gemacht hat, ist Janssen endlich zurück: ein weißer Elefant, ein Fossil aus der Vorzeit, ein überlebender Dinosaurier. Es gibt ihn wirklich! Mitten unter uns!

Dieser Janssen hätte sonstwo in der Welt auftreten können. Es wäre überall die Botschaft von einem anderen Stern gewesen. Auch wenn man ihn nicht richtig verstanden hätte – wie übrigens auch an diesem Abend im launigen Duett mit Carl Vogel –, sein Erscheinen und seine Bilder hätten, wo auch immer, zu den aufregendsten Entdeckungen eingeladen.

Die Farbradierung

Die längste Zeit herrscht bei Janssen die schwarz auf weiß gedruckte Radierung vor. Nur ist diese Radierung nie einfarbig gewesen – einfarbig im Sinne der einen Farbe Schwarz. Es ist eine Binsenwahrheit, daß Schwarz nicht gleich Schwarz ist. Schwarz ist aller erdenklichen Steigerungen fähig – nicht nur von Blaßgrau bis Pikenschwarz, sondern auch innerhalb der tiefsten Schwärzen, je nachdem ob sie samtig oder fett und kordelig aufgetragen sind. Janssen hat sie alle genutzt, wie er auch – umgekehrt – die Helligkeiten so inszeniert hat, daß sie zu einer breiten Skala unterschiedlicher Töne auseinandertreten. Immer handelt es sich um denselben zugrunde liegenden Papierton. Aber wie ihn der Radierer in Szene setzt, springt er uns mal als Lichtblitz ins Auge, mal tritt er in die Fläche zurück und verkörpert Himmel und Hintergrund. Derselbe Papierton unterliegt den stärksten Wandlungen. Aus dem Kontrast heraus erschafft der Radierer eine Welt des gleißenden oder funkensprühenden Lichts, eine Welt wie Tag und Nacht. Alle Materialisierungen, deren das Licht überhaupt fähig ist, hat Janssen aus dem Gegensatz von Schwarz und Weiß gezogen. Das begründet seinen Ruhm als einen der größten Radierer aller Zeiten.
In diesem Spiel von Tönen und Zwischentönen, das keiner meisterlicher beherrscht als Janssen, ist die Farbe zunächst keine Bereicherung. Sie ist etwas Zusätzliches. So paradox es klingt – es bedeutet eher, sich festzulegen auf Rot und Grün, Blau und Gelb und sich darauf zu beschränken, was zwischen diesen Farben jeweils möglich ist. Es sieht zwar so aus, als würde der späte Janssen endlich nicht mehr nur schwarzweiß malen. Aber die Farbradierung läßt die Welt nur farbiger und bunter erscheinen – sie wird dadurch nicht reicher an Nuancen und auch nicht differenzierter. Richtig los geht es mit der von zwei Platten gezogenen Farbradierung erst 1988. Von Anfang an mischen sich das Nachlassen der Kräfte da hinein und die mit dem Alter einsetzende Vergröberung der Mittel, weshalb auch bei den annähernd sechzig Farbradierungen zwischen gelungen und weniger gelungen zu unterscheiden ist. Es geht schon sehr dem Ende entgegen, und die Augenverletzung hat Janssen obendrein unter Zeitdruck gesetzt.

Lange vor der Farbradierung hat Janssen schon Farbe in die Radierung gebracht, und der ihm dabei mit seiner großen Sammlung verschiedenfarbiger Papiere und diverser technischer Verfahren unterstützt hat, ist Frielinghaus. Er hat dem Schwarz ein Grün oder Rot beigemischt, das er dann mit seiner Kunst des Auswischens an den Rändern gleichsam hervorzupfen konnte. Er hat ein und dieselbe Platte unterschiedlich eingefärbt und so dem Einzeldruck vorgearbeitet, der sich dann teilweise auch innerhalb der Auflage durchzusetzen begann und eine Vielzahl von Interpretationen – den Seriendruck als Unikat – möglich machte. Bei der späten Janssen-Radierung entscheidet nicht mehr der zuerst und frisch von der Platte gezogene Druck über die Qualität, sondern die spezielle Behandlung der Platte, das extra aufgewalzte Papier, der mit Eitempera unterlegte Malgrund und was es da alles gibt.

Es ist möglich, von *einer* Platte durch das Auftragen verschiedener Farben einen mehrfarbigen Abzug herzustellen. Aus der *Evelyn*-Serie von 1980 gibt es aus der Hand von Jens Cords solche etwas bunt geratenen Drucke. Frielinghaus hat es erfolgreicher praktiziert, indem er mit seiner Vorliebe für das Dunkel-in-Dunkel-Drucken die Farben wieder versteckt hat oder nur hervorlugen läßt. Wir haben ausführlich den langen Weg beschrieben, auf dem Janssen in einem Zeitraum von über zehn Jahren, seit er die *Svanshall*-Radierungen mit Pastell einzufärbeln begann,[1] die Farbradierung vorbereitet hat. Daß er wirklich ans Ziel gelangt sei und realisiert habe, was ihm vorschwebte, läßt sich nur ausnahmsweise behaupten. Solche Ausnahmen sind dann allerdings großartig gelungen.

Die echte Farbradierung geht aus mehr als einer Platte hervor – aus zwei, drei oder sogar vier Druckplatten. Die erste Platte trägt die Zeichnung, alle anderen sind überwiegend Farbplatten. Heinz Spielmann hat darauf hingewiesen,[2] daß diese Anordnung auch dem japanischen Farbholzschnitt zugrunde liegt. Das japanische Element, dieser Zug ins Japanische, wird denn auch für Janssens Farbradierung – bis in die Wahl des Motivs – charakteristisch bleiben.

Nach einer langen Zeit der Naturfarben haben wir uns in den japanischen Farbholzschnitten an die synthetischen Kunstfarben so gewöhnt, daß sie zusammen mit dem zarten Linienwerk heute eine Einheit bilden. Vielleicht war das nicht immer so, und früheren Betrachtern stach eher noch die Künstlichkeit ins Auge. Janssen scheint extra hervorzuheben, daß die Farbradierung aus voneinander getrennten Teilen zusammengefügt ist – aus mehreren Platten und verschiedenen Arbeitsschritten, die so weit auseinanderliegen, daß sie nicht mehr in einem Zug entsteht – wie noch bei *Laokoon*, wo es kaum Zustandsdrucke gibt. Bei Janssen ist und bleibt die Farbradierung etwas Zusammengesetztes – ein Additum, allein schon wegen der hinzutretenden Farbe. In seinen besten Werken läßt er das auch thematisch werden. Er wendet es ins Bild, das nun auch motivisch, auf der Ebene der Darstellung, zu einer

Alter Mann träumt Landschaft, Farbradierung von vier Platten 10. 10. 1988 (59,8 x 49,5 cm)

Synthese aus Verschiedenem wird. Um gleich mit dem berühmtesten Beispiel anzufangen: *Alter Mann träumt Landschaft* 1988.[3] Es ist ein Zusammenspiel von Landschaft, Erotik und japanischen Schriftzeichen. Es ist reine Landschaft *und* der vor dem hellschimmernden Unterbauch aufgerichtete Penis, bedrängt von japanischen Schriftzeichen, die wie mit der Klinge in die Luft geschlagen scheinen. Das gebogene, ins Fleisch fahrende Rohr gleicht dem Schwert eines Samurai. Es hat gleichsam schon seine Spuren in der vertikalen Schnittkante hinterlassen, die mitten durch das Bild geht und senkrecht bis auf die Lebenswurzel vorstößt. Das Meisterwerk dreier Welten, von drei Platten gezogen. Solche unterschiedlichen Welten treten auch in den Sarah Kirsch gewidmeten Farbradierungen zusammen: Binsen, Spinnennetz und Feder, hier sowohl Schreib- wie auch Zeichenfeder.[4] Verbinden und Trennen – beides gegeneinander in der Schwebe gehalten. Das ist das ins Bild gehobene Thema seiner Farbradierung. Janssen will durchaus das Trennende und die in der Vereinigung arbeitenden Gegensätze hervorgehoben wissen. So löst er auch in der Reihe der Porträts, die 1988 den Anfang der Farbradierung bilden, die Gegensätze nicht völlig auf. Abstraktion steht neben gegenständlich Gesehenem. Der farbige Schatten, der auf *Annette Kasper* fällt, ist halb schon Maske.[5] Unter einem Liniengestrüpp, das nur entfernt an Haare erinnert, blickt vollplastisch und durchdringend blau das Auge von *Terry* hervor.[6] Dieses Ineinanderschieben gegensätzlicher Welten wird dann selbst wieder thematisch in den Rahmen, die Janssen um die Porträts von Heitmann – *Le crime* – und *Heinzi*, dem Postboten, legt.[7] Janssen kann und will die hinzutretenden Farben in diesen Radierungen nicht zu einer bruchlosen Einheit verschmelzen. Das spiegelt sich schon in der Anlage dieser Blätter wider – durch den Rahmen im Rahmen.

In der Farbradierung hat Janssen nie zu einer vollständig geklärten Technik gefunden. Jede Platte stellte ihn vor neue, unvorhergesehene Schwierigkeiten. Seine Drucker haben hier wahre Wunderwerke vollbracht und oft genug gerettet, was schon verloren war. Frielinghaus hat sich nach dem Bruch die Gunst von Janssen mit einer solchen Heldentat zurückerobert. Er hat den *Jittoku* zu Ende gearbeitet und einen zusätzlichen Farbeffekt dadurch erzielt, daß er die Plattenrückseite geätzt und mitgedruckt hat.[8] Das mußte Janssen im Jahr der Augenverätzung wieder versöhnen – freilich auch nur bis zum nächsten Eklat.
Eine Hauptschwierigkeit waren die übereinanderdruckenden Farben. Wie das von Fall zu Fall im Andruck aussehen würde, war auch für einen Janssen, der sonst alles kontrollierte, nicht recht vorhersehbar. Hier gab er sich ausnahmsweise in andere Hände, und das um so mehr, als nach der Hornhautverätzung der aus dem Haus und nach Altona verlagerten Arbeit mit der Säure die letzte Sorgfalt und das genaue Timing fehlten. Er ließ sich im Verlag zu leicht ablenken, so daß die Platten oft einige Minuten zu lange in der Säure lagen. Wenn dann auch noch im Lack zu viele Staubpartikel zurückgeblieben waren, konnte die Säure fast ungehindert angreifen. Auch solche Effekte plante Jans-

sen ein. Aber wegen der malträtierten Augen beherrschte er sie nicht mehr bis ins letzte. Dann galt es zu retten, was zu retten war. Im Druck entstehen so unruhig gemischte, merkwürdig unentschiedene Farbklänge, die auch nicht immer an den Rand der Darstellung zu drängen waren, wo sie – wie in der *Bergfrau Yamauba* 1988 – eine gute Wirkung hervorbringen.[9]

Nur ein Thema wollte Janssen unbedingt und trotz Augenverletzung und schwindender Kräfte zu einem gewissen Abschluß bringen: seine *Wiesen,* die er 1993 noch um das Ackermotiv erweiterte.[10] Seine schon 1988 auf Zink gezeichneten *Wiesen* waren auch zu großartig und vielversprechend, als daß er die für einen Zyklus von Farbradierungen vorgesehenen Platten hätte verlorengeben wollen. Die *Wiesen* sollten als eine großangelegte Serie farbiger Radierungen auf *Laokoon* oder *Die Bäume der Annette* von 1986 antworten. Womöglich würde ein Meisterwerk das andere überbieten. Letzte Aufgipfelung des grafischen Spätwerks. Im Gegensatz zu der hochdramatischen Baumarchitektur in *Laokoon* sollten aus den *Wiesen* seine Meditationstafeln werden: in sich beruhigte Farbflächen, durch die der Wind und die Gezeiten ziehen. Darin sollten Land und Wasser atmen im pulsierenden Rhythmus von Ebbe und Flut. Ein stärkerer Gegensatz zu den gewaltigen Baumarabesken *Laokoon* ist nicht vorstellbar als die in Farbe getauchten *Wiesen*.
Für acht *Wiesen* sind 1988/89 – deutlich vor der Augenverätzung – die Zeichnungsplatten entstanden, auf die dann die Farbplatten folgen sollten. Zwei Farbradierungen sind auf die Weise auch schon frühzeitig fertiggeworden. Die eine – 1988 – nennt Janssen in Anbetracht der Schwierigkeiten, die er damit hat, *1. Theorie einer Wiese;* die andere heißt *Wiese II* (1989) und signalisiert im Titel, daß sie ein weiterer Schritt in Richtung auf das Ziel ist.[11] Dieses Ziel rückte in weite Ferne, als Janssen am 19. Mai 1990 mit dem Balkon abstürzte und mit allen Anzeichen eines Säuretraumas vorübergehend blind wurde. Freilich sind die *Wiesen* nicht erst deswegen ins Stocken geraten, und wie wir sehen werden, war der Unfall sogar nötig, um wenigstens einige der Blätter zu vollenden. Das Problem steckte in der technischen Bewältigung der Farbradierung.
Wie er es gern tat, stimmte sich Janssen 1988 in einem Brief an seinen Drucker Hartmut Frielinghaus vollmundig auf seine *Wiesen* ein. Zu der didaktischen Vorzeichnung eines Wiesengrundes schrieb er:

> noch viel zu viel »Motiv«. Wasser muß weg und natürlich im Zink 370 mal so viel Strichelchen und schmutzig braun gedruckt und Grün obendrauf

als Hochdruck aufgewalzt und ins Runtergeätzte 'ne 2. Strick-Kordel ganz tief geätzt und dann noch Löcher durchbohren – als Wollgras oder sowas.[12]

Die Farbplatten für seine ersten, noch vor der Hornhautverätzung beendeten *Wiesen* stellte Janssen mit Hilfe von Pausen her. Er legte ein durchsichtiges Pergamentpapier auf die bezeichnete Platte, so daß es nicht verrutschen konnte. Auf die Weise versuchte er, die für die Farbplatte notwendigen Umrisse und Grenzlinien abzupausen. Es war eine kleinteilige und schematische Arbeit, von der er sich allzu gern weglocken ließ. Wenn dann noch das Pauspapier aus der Halterung geriet, ging alles von vorn los. Zwar konnte Janssen das Problem mit den Passern dadurch auffangen, daß er es für das eigentümliche Flirren des windbewegten Grases nutzbar machte. Aber auf andere Platten ließ sich das nicht übertragen. So kam es, daß ihm im Herbst 1988 die Schwierigkeiten über den Kopf wuchsen. Auf einer „japanisch" angefangenen Wiese notierte er deshalb am 12. Oktober 1988 den Aufschrei: „Ich möchte so gern Wiese sein – aber wo ist Friely?"[13] Darunter setzte er mit Ausrufezeichen: „4 Monate", was sich auf die Länge des von seinem Drucker in diesem Spätsommer angedrohten Urlaubs bezieht.
Es ist nicht der Urlaub gewesen, den sein Drucker auch in diesem Jahr nicht länger als sonst ausgedehnt hat, obwohl er gern die Zeit nutzte, um unter freiem Himmel eigene Skizzenbücher zu füllen. Janssen war in seiner Zusammenarbeit mit Frielinghaus an ein Ende gekommen. Zwar entstanden von den *Wiesen* auf edlen Japanpapieren noch einmal die stimmungsvollsten Andrucke – in *einer* Farbe.[14] Aber zusammen konnten sie die Schwierigkeiten der Farbradierung nicht lösen. Das sagt sich nur deshalb so leicht, weil dann mit Peter Fetthauer und infolge der Augenverätzung ein Verfahren ins Spiel kam, das es ermöglichte, einige der drängendsten Probleme auszuräumen. Noch vor Ablauf des Jahres 1990 hatte Fetthauer dem halbblinden Janssen – in demonstrativer Absicht – eine Radierung zum Geschenk gemacht, die er durch ein fotomechanisches Umdruckverfahren von einer Filzstiftzeichnung hergestellt hatte. Er wies den Weg, wie Janssen seine ersten manischen, auf Pappen gekritzelten Zeichenversuche nach dem Unfall zu Radierungen weiterverarbeiten konnte.[15]
Wenn sich jedes Bild – sogar ein Foto[16] – als Heliogravüre auf einer Metallplatte darstellen ließ, war Janssen auch nicht mehr darauf angewiesen, seine *Wiesen*platten umständlich durchzupausen. Das sollte die Rückkehr in den angefangenen Zyklus erheblich erleichtern. Das Verfahren war keine Erfindung von Peter Fetthauer. Sogar unter den früheren Janssen-Radierungen gab

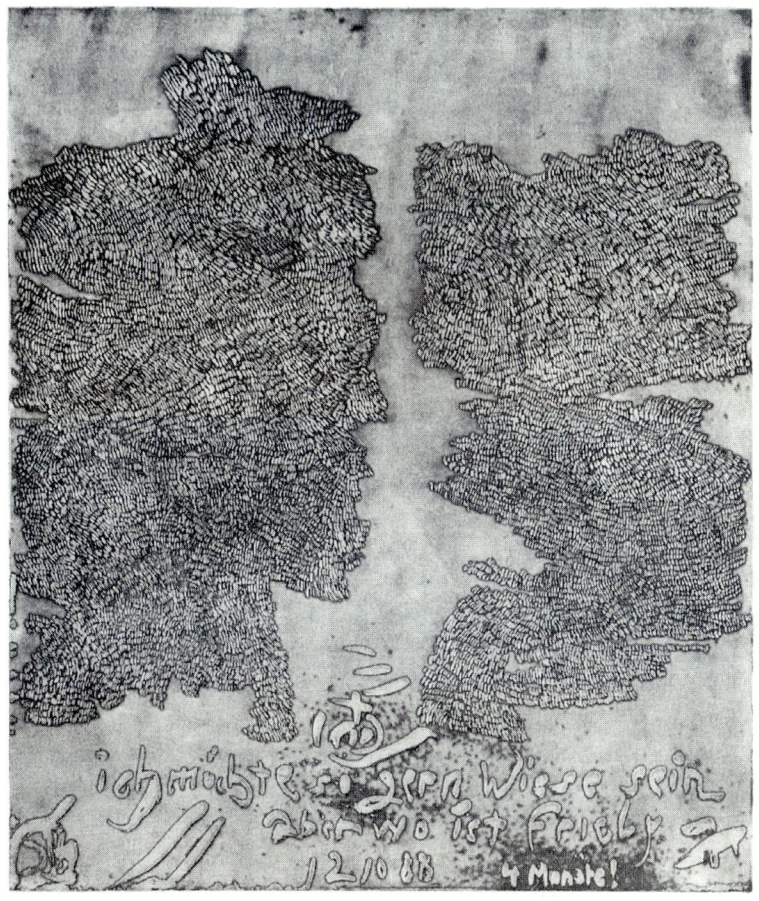

Wiese japanisch – „ich möchte so gern Wiese sein, aber wo ist Friely?"
Radierung 12. 10. 1988 (59,5 x 49,8 cm)

es schon Beispiele dafür, die Claus Clément beigebracht hatte.[17] Nur – unter Frielinghaus stand es nicht zur Verfügung.

Janssen hätte es nicht zum Bruch kommen lassen, er hätte sich auch unter den besonderen Umständen von 1989 nicht aus der Zusammenarbeit mit Frielinghaus zurückgezogen, wenn er sich für die Radierung noch weitere Impulse versprochen hätte. Immer ging das Werk vor, und nur wenn er überzeugt war, daß eine Freundschaft kontraproduktiv zu werden begann, löste er sie. Die Arbeit hatte für Janssen so unbedingt den Vorrang, daß er dafür sogar Hindernisse in Kauf nahm. Peter Fetthauer war ein verhaltener, schwer mitzureißender und nach Eigenständigkeit trachtender Partner. Er ließ sich nicht vereinnahmen. Dazu war er selbst zu sehr Künstler, hielt auf Abstand und arbeitete an dem Aufbau eines eigenen Lebenswerks. Die freundschaftliche Umarmung, die für Janssen immer ein Erfolgsweg gewesen war – bei Fetthauer griff sie zu kurz. Er entzog sich ihr nicht, er blieb nur er selbst. Eigen, spröde und maßvoll kritisch stand er beiseite. Janssen mußte schon seinen Mitarbeiter Cony Grüning aufmischen, um von einer anderen Seite an Fetthauer heranzukommen, der den größten Wert auf ein sachlich geordnetes Arbeitsverhältnis legte.

Früher hatte Janssen immer den ganzen Mann „kaufen" und von sich abhängig machen müssen. Erst das Alter räumte ihm einen größeren Spielraum ein. Die Vorteile waren auch zu offensichtlich. Fetthauer hatte schon 1972 für Janssen zu drucken begonnen – seinerzeit noch mit Loeding zusammen. Unter anderem hatte er die *Witzworter Miniaturen* auf teegefärbten Papieren abgezogen, die *Bettina*-Serie war durch seine Hände gelaufen. Das ging durch die Jahre hin, bis sich Fetthauer mit einem eigenen Druckatelier selbständig machte und in Cony Grüning einen kongenialen Partner fand. Der Verlag St. Gertrude wurde ins Leben gerufen. Die Buchproduktion dehnte sich aus und verschlang immer mehr Geld. Zum Ausgleich anfallender Kosten mußte Janssen nicht nur radieren – er war auch zusammen mit dem Verlag darauf angewiesen, daß die Auflagen zügig ausgedruckt wurden. Mit Fetthauer konnte Dierk Lemcke genaue Quotierungen absprechen. Nur noch die „Delikatessen" blieben in der Hand von Frielinghaus, der auch körperlich durch die Zahl und Größe neu entstehender Platten überfordert gewesen wäre.

Die Restauflage von *Nigromontanus*[18] und der überwiegende Teil von *Laokoon* waren schon durch das Atelier Fetthauer ausgeführt worden. Ab 1988 hatte sich der Auflagendruck fast ganz nach dorthin verlagert. Hinzu kam, daß sich Fetthauer durch die eigene Ölmalerei zu einem selbständigen Umgang mit der Farbe weiterentwickelt hatte. Er polarisierte die Farben stärker. Auch band er den Ausflug in die Farbe nicht immer gleich wieder an dunklere Töne zurück. Blau, Rot und Gelb behielten ihren Eigenwert. Janssen ging darauf ein und ließ sich überzeugen, daß es auch seinen Farbradierungen zugute kommen würde, die eh schon ein Aggregat aus verschiedenen Arbeitsschritten waren. 1989 überließ er Fetthauer zum ersten Mal auch den Andruck einer für ihn so wichtigen Radierung wie dem von vier Platten gezogenen *Wasserfall*.[19] Dabei sollte es bleiben. Alle Farben wurden künftig mit Fetthauer abgestimmt, der seine Vorschläge unterbreitete. Er ist der Drucker der späten Farbradierung und rückte als Janssen-Drucker nach, legte aber wert darauf, als Künstler mit dem anderen Teil seiner Person unabhängig zu bleiben.

Nach der Augenverletzung wurde die Farbradierung erst recht zu einem Experiment, das nicht in jedem Fall aufging. Manches blieb unvollendet liegen. Die Vorzugsausgaben für seine Bücher verschlangen die meisten Platten. Eine Reihe von Farbradierungen widmete er dem Kompendium *Eros Tod und Maske*. In zwei Schneelandschaften[20] gelangen noch einmal stark farbige Radierungen, die Janssen ermutigten, in sein Wiesenthema zurückzukehren, das er schon 1991 mit einem neuen Entwurf *Wiese und Baum*[21] wieder aufgenommen und dann doch fallengelassen hatte. Wenn irgend möglich wollte er – auch vom Alter gedrängt – 1993 seine *Wiesen* weiterarbeiten. Das fotomechanische Umdruckverfahren half ihm, wenigstens für drei *Wiesen* Farbplatten herzustellen. Zusätzlich entstand noch das *Kartoffelfeuer*, das von zwei Platten gezogen in Auflage ging, aber erst mit einer dritten Platte – in wenigen Abzügen überliefert – seine volle Wirkung erreicht.[22] Den *Kartoffelacker* hatte Janssen mit zwei konstruktiv angelegten Aquarellen vorbereitet.[23] Gerade der monumentale Zugriff auf dieses in der Radierung noch nicht behandelte Motiv zeigt, was ihm 1993 noch zu schaffen möglich war.

Innerhalb der überwiegend aus Einzelblättern bestehenden Farbradierung bilden die *Wiesen und Äcker* einen zusammenhängenden Komplex, der über den langen Zeitraum von 1988 bis 1993 entstand und das Auf und Ab dieser Jahre widerspiegelt. Nimmt man die *Wiesen* hinzu, für die keine Farbplatten zustande gekommen sind und von denen es jeweils nur wenige Probeabzüge gibt, treten die Umrisse einer aus zehn Blättern bestehenden Serie hervor, die als Gegengewicht zu *Laokoon* geplant war. Gegen die *Bäume der Annette*, in denen das Auge rastlos herumklettert, sollten die in sich beruhigten Wiesen mit ihren bis an den oberen Bildrand hochgezogenen Horizonten stehen. Das stupende, sich in wilden Arabesken ergehende Zeichentalent wollte Janssen noch einmal ausbalancieren durch Farben und Flächen, durch gleichsam abstrakte, großflächige Formationen.

Er wollte das Informelle und Serielle – die sogenannte Abstraktion –, die für die avancierteren Formen der Moderne charakteristisch sind, wieder dort verorten, wo sie in der Sache zu Hause und gewissermaßen bodenständig wären: in seinen *Wiesen*. Seriell und informell ist deshalb das Bauprinzip von zwei am 12. Oktober und am 1. November 1988 mit der Zeichnungsplatte fertiggestellten Radierungen.[24] Sie lassen am deutlichsten erkennen, wie weit sich Janssen auf den Avantgardismus eingelassen hat, um ihn mit seinen Mitteln und seiner Sicht der Welt wieder zu umwerben. Sie zeigen aber auch, daß es ein Kampf gegen Windmühlenflügel war und Janssen sich gleichwohl nicht scheute, daran zu scheitern. Auch aus Gründen nachlassender Alterskraft und weil die Augen noch nicht wieder verheilt waren. Janssen hat mit dem unvollendet gebliebenen Zyklus *Wiesen und Äcker* eines seiner ergreifendsten Alterswerke hinterlassen – ergreifend darin, daß er, der immer siegen wollte, sich noch einmal bis an die Grenze zum Scheitern vorgewagt hat.

Die Farbradierung ist nicht der Gipfel von Janssens Radierkunst. Auch nicht die Wiederholung bewährter Motive in Farbe und für Geld. Sie ist ein spätes Wagnis gewesen – eine letzte Illumination sich verdunkelnder Horizonte. „Ehe es dunkel wird, leuchten die Dinge noch einmal."

Lamme

Auf der Ausstellung, die Carl Vogel von seiner Janssen-Sammlung in den Deichtorhallen veranstaltete, hing, soweit ich sehen konnte, eine einzige Fotografie vom Künstler: der noch jungenhafte Janssen, wahrscheinlich aus Kunstschultagen und vor seiner Leidenschaft zu Judith Schlottau. Das Gesicht des gut Zwanzigjährigen war schön und sah beweglich und sogar anrührend aus. Wer die Gesichtszüge und das Mienenspiel auf solchen frühen Fotos ins Leben hinein weiterverlängert und bei sich denkt, wie wohl der 50- oder 60jährige aussehen wird, dem kommen vielleicht Bilder vom späten Max Ernst oder von dem hochbetagten Ernst Jünger vor das innere Auge: feingliedrige, ziselierte Alte, die in ihrem Leben viel gesehen und auch angestellt haben, die aber immer die gleichen, von der vulgären Welt unbehelligten Ästheten geblieben sind. Auch der von seinem Meisterschüler durch alle Zeiten sehr verehrte Alfred Mahlau, wenngleich später melancholisch umdüstert, gehört dazu. Der junge Janssen war aus demselben Stoff: auf der Napola einer jener penetrant zivilen Erscheinungen, wie sie sich zu allen Zeiten von ihrer militärischen und martialischen Umgebung abheben, obwohl er unbedingt dazuzählen wollte. Auf der Kunstschule am Lerchenfeld galt er unter seinen älteren Mitschülern fast mit seinem ersten Auftreten als der geborene Künstler. Seine „Auserwähltheit" muß so mit Händen zu greifen gewesen sein, daß ihn viele immer wieder gezeichnet haben – besonders im Kontrast zu dem unbedarften Jungen, der er auch war.
Aber was hat Janssen daraus gemacht? Was ist rein äußerlich aus ihm geworden? Alles Nur-Ästhetische hatte er sich gründlich ausgetrieben. Nur aus seinen Händen war es nicht zu verbannen gewesen, die unter einer Kruste von Farbe und Nikotin davon auffallend unberührt und gleichsam seraphisch heil geblieben sind. Als hätte Janssen – nicht Jünger, nicht Max Ernst – die beiden Weltkriege vom Anfang bis zum Ende miterlebt, war aus seinem Gesicht ein Schlachtfeld, ein Ort der Verwüstung geworden. Seine Gesichtszüge – ein malträtierter, durchgekneteter Klumpen Erde[1] wie jenes winzige Stück Landkarte bei Verdun, wo die feindlichen Armeen jeden verlorenen Meter wieder und wieder zurückeroberten und Hunderttausende ihr Leben ließen.
Der späte Janssen zeigte der Welt eine gewaltsam aus der Symmetrie gerückte „Visage". Ein verächtlich machender Zug war ihm durch die Schiefstellung des Mundes ins Gesicht geschrieben, und nur sein ständiges Reden – Reden-

müssen – erlöst ihn davon. Und natürlich das Zeichnen und Malen. Dann hing ihm die Altershaut in barocken Falten von der Nasenwurzel herab wie ein Gebirge aus Wolken über einer Landschaft aus Papier. Alles gesehen, alles erfahren haben – dieses Credo hatte sich tief in seine Züge eingegraben und sie völlig umgemodelt. Janssen war von der wahnwitzigen und auch gewaltsamen Anstrengung „Leben" gezeichnet. Vergessen war das Jungengesicht mit den leicht lasziven Lippen und den schön gerundeten Augenlidern, die den Augapfel gleichmäßig überdeckelten – wie nie gewesen. Als wäre der zartgliedrige Jüngling nur der formbare Ton, hat Janssen im Laufe seines Lebens einen anderen Menschen aus sich gemacht.

Als Lamme mit siebzehn Jahren zum ersten Mal wieder nach Europa zurückkam, geriet sie unversehens in das Chaos, das Janssen gerade um Bettina angezettelt hatte. Der Vater erinnerte sich denn auch später nicht mehr daran, daß ihn nach über dreizehn Jahren seine Tochter aufgesucht hatte. Es war ungefähr die Zeit – 1973 –, als der Vater von Bettina solche Briefe an Janssen schrieb:

13. Juni 1973

Ich rate Dir dringend, Dich für längere Zeit in psychiatrische Behandlung zu begeben. Ich weiß und habe beobachtet, daß sich Dein Zustand in den letzten Monaten sehr verschlechtert hat und dadurch für Deine Umwelt lebensbedrohliche Situationen geschaffen sind. Ich kann es in meiner Eigenschaft als Arzt nicht mehr vereinbaren, daß Du weiterhin nicht unter ärztlicher Aufsicht stehst.
Zur Sicherheit meiner Freunde und meiner Familie ist es Dir nach wie vor untersagt, mein Grundstück zu betreten.[2]

Prof. Sartorius schrieb das zum Schutz seiner Tochter. Janssen hatte dafür überhaupt kein Verständnis. Damals lief Joachim Fest in den Wald und suchte in der Dämmerung die starken, oberen Äste mit den Augen ab: Janssen könnte sich irgendwo aufgehängt haben. Lamme, die aus der nordamerikanischen Hippieszene kam und im Kreis der Blumenkinder ihren Joint geraucht hatte, fand die absurde Ernsthaftigkeit, mit der das alte Europa zu Werke ging, nicht so abstoßend. Sie wollte wiederkommen.

Am 2. November 1955 hatte Janssen die Arzttochter Marie Knauer geheiratet. Inzwischen war er genauso lange aus dem Gefängnis entlassen, wie die jungen Eheleute bis zur Geburt ihrer Tochter noch vor sich hatten: wenige Monate.

Im April wurde Lamme geboren, die eigentlich Kathrin hieß und den häuslichsten und strebsamsten Holzschneider zum Vater hatte, der das Familienleben ernstnahm, seiner Frau, damit sie ihre Fotos nicht draußen entwickeln lassen mußte, eine Dunkelkammer in der Wohnung einrichtete und der endlich selbst als Künstler öffentlich hervortreten wollte. Lamme sog dieses Ideal einer heilen Familie, das sich ihr Vater schon in Oldenburg ausgedacht hatte, wo er als uneheliches Kind aufgewachsen war, mit der Muttermilch ein. Das heißt, sie nahm es nicht besonders wahr wie auch nicht die in dunklen Farben glühenden Holzschnitte, die an den Wänden hingen. So selbstverständlich war alles für das munter-stillvergnügte Wesen, daß es wohl auch die Trennung gar nicht begreifen konnte, die Janssen 1959 mutwillig vollzog. Marie muß damals Gefahren für sich und ihr Kind vorausgeahnt haben. Nahezu fluchtartig kehrte sie Hamburg den Rücken, und über Skandinavien zog sie sich nach Kanada zurück, wo sie Verwandtschaft hatte. Lamme wuchs dort auf, ohne ihren Vater wiedergesehen zu haben. Marie heiratete in Vancouver einen David Berg, der als psychotherapeutischer Berater arbeitete. Zusammen hatten sie drei Söhne, für die Lamme die ältere Schwester war. Jahre später nahm sich David Berg das Leben, und Janssen, der auf Umwegen davon erfuhr und als selbstverständlich voraussetzte, daß Marie ihn nie vollkommen hatte vergessen können, zog seitwärts den Mundwinkel hoch: „Was bleibt den Männern übrig, die mich ersetzen wollen. Sie können sich nur aufhängen."

Lamme kehrte nach ihrem ersten Besuch schon bald wieder nach Europa zurück, als Janssen völlig von Birgit Jacobsen erfüllt war. Er konnte es ohne sie nicht aushalten und folgte ihr bis nach Paris, Rom und Wien. Aber zwischendurch hatte sich – 1975 – Lamme eingefunden, die mittlerweile zwanzig Jahre alt war, und alle zusammen machten sie einen Ausflug an die Oberelbe, auch weil dort eine Schwester von Marie wohnte. Eine kleine Karawane zog durch die Elbwiesen bei Lauenburg. Lamme stieß ihren Vater an und ließ sich von ihm spaßeshalber den Deich hochziehen. Oben auf der Krone fielen sie ins Gras, und wie sie in lachender Umarmung weitertrudelten, tauchten sie hinter dem Deich ab. Vater und Tochter waren kurze Zeit für alle anderen verschwunden. Als sie wieder eingeholt wurden, setzten sie den Spaziergang händchenhaltend noch eine Weile fort, was sich auch ein bißchen gegen Birgit zu richten schien. Es entstand ein Gerücht, das sich verflüchtigte, sobald Lamme wieder nach Kanada abgereist war.

Janssen hatte unversehens eine erwachsene Tochter geschenkt bekommen, die ganz unbefangen auf ihn zugestürmt war und ihn mit ihrem mädchenhaften Charme regelrecht überrannt hatte. Die Erfahrung war so überwältigend

gewesen und kontrastierte so ganz und gar mit Birgit Jacobsen, die sich ihm immer wieder entzog und in die äußersten Verstecke zurückwich, daß er es sich merkte und für später aufhob. Die Tochter sollte ihm nicht mehr verlorengehen – wenigstens sie nicht. Es war gut, daß es sie gab, und noch besser, daß sie da, aber in Kanada war. Die sichere Entfernung machte ihn auch ein bißchen übermütig, und weil er sich sofort gemerkt hatte, welche Art von Scherzen ihr erstes Abtauchen hinter dem Deich unweigerlich nach sich gezogen hatte, gab er sich in den Gesprächen, wann immer sie auf Kanada kamen, schon mal probeweise als ihr Liebhaber aus. In dieser Rolle gefiel er sich ungemein, ja, er richtete sich darin ein. Es war der Wechsel auf eine Zukunft, die er ganz allein schon mal vorkosten konnte. Am besten gelang es ihm, damit seinen Biographen zu erschrecken, der in völliger Überschätzung seiner Rolle sich vorsorglich einen Beruf daraus machte, solche Anspielungen nicht wahrzunehmen. Das wollte er am besten gar nicht gehört haben.
Janssen hielt das Thema am Kochen und verstieg sich im Laufe der Zeit zu immer kühneren Behauptungen, nur um zu testen, wie das auf einen größeren Kreis wirkte. Im Schutz des Alkohols ritt ihn schon mal der Teufel, so daß selbst Frielinghaus, der die Lust am Provozieren und gerade solche auftrumpfenden Angebereien kannte, ins Grübeln kam. Ich wollte mich trotzdem nicht für dumm verkaufen lassen und stellte schon mal im Vorwege klar, daß er sich nicht darauf verlassen könne, daß sein Biograph ihn auch tatsächlich verraten werde. Die Formulierung machte augenblicklich bei Janssen Furore. Für Sekunden war er mundtot, und ich hörte, wie es in seinem Kopf klickerte. Das war meine Chance, an diesem Tag zur Tür hinaus zu entwischen.
Am 15. Dezember 1985 sah ich Lamme, nachdem ich soviel von ihr hatte reden hören, zum ersten Mal. Es war auf der Ausstellung, die Dickus Heitmann von den frisch gedruckten Lithographien damals noch in seinem Haus am Tinsdaler Kirchenweg veranstaltete. Janssen war bis über beide Ohren in Annette verliebt, und seine angereiste Tochter war vollauf damit beschäftigt, ihren Bruder Philip kennenzulernen, dem sie offenbar zum ersten Mal begegnete und mit dem sie, wie sich sofort zeigte, nicht einmal die Muttersprache gemeinsam hatte. Lamme sprach nur englisch, was für Philip kein Problem darstellte. Sie waren einander auf Anhieb sympathisch.
Aufgekratzt von dem Empfang, war Lamme an dem Tag das große, fast dreißigjährige Mädchen, das alle im Sturm eroberte. Sie besaß das lebendigste Gesicht. Die Nase läuft im Bogen spitz aus wie bei der Mutter; die Augen gleichen eher denen des Vaters. Das Profil, zum Kinn abfallend, erinnert an Martha. Die Haare trug sie à la Woodstock immer ein bißchen ungezähmt in

Strähnen um den Kopf herum. Die Generation der Blumenkinder war ihr immer noch anzusehen, wenn sie inzwischen auch selbst Mutter einer Tochter geworden war. Schon mehrere Jahre verheiratet mit Ken Hemphill, mit dem sie in Vancouver, der Stadt am Pazifik, lebte, hatte sie eine umwerfende Frische bewahrt. Wie ein kleines Naturwunder war sie in den Kreis um Janssen eingetreten, den sie ihrerseits neugierig beäugte. Was für ein schönes Land muß Kanada sein!

Lamme war erneut nach Deutschland gekommen, weil ihr die eigene dreijährige Tochter immer rätselhafter zu werden schien. Sie wollte sie besser verstehen lernen und suchte deshalb ihren Vater auf, in dem sie die Quelle aller Eigenwilligkeiten vermutete. Janssen bekam dann auch bald, auf einer der nächsten Reisen, seine Enkeltochter zu sehen und freundete sich mit ihr an. Sie zeichneten um die Wette, denn im Malen wollte Kalyani, wie der kleine Blondschopf hieß, ihrem „Opapa" nicht nachstehen. Lamme kam jetzt häufiger – mit und ohne Tochter – zu Besuch und lernte ihren Vater besser kennen, der nach der Trennung von Annette Kasper in eine schwere Lebenskrise geraten war, aber nach dem Angebot von Mikel Soskin, in New York eine Janssen-Ausstellung auszurichten, in seiner Tochter die willkommene Botschafterin sah, die ihn in die USA begleiten, mit ihrer englischen Muttersprache seinen amerikanischen Auftritt absichern, ja, die ihm überhaupt den Weg dorthin ebnen konnte. Damit hatte Lamme eine Aufgabe, was für sie keinerlei Verpflichtung beinhaltete, aber für ihn ein Motiv darstellte, sich mit seiner Tochter intensiv zu befassen, sie an seine Kunst heranzuführen, kurz, sie zu erobern.

Das Zeichnen für New York setzte Janssen regelrecht auf den Terminplan und ließ dazu im Februar 1987 seine Tochter aus Kanada einfliegen. Die Begrüßung war mehr als herzlich, aber als Lamme am zweiten Tag bei Kerstin Schlüter in deren neuer Wohnung vorbeischaute, kam sie schon nicht mehr zu ihrem Vater ins Haus zurück. Sie stand vor dem verschlossenen Gitter, nichts rührte sich. Janssen hatte sich sturzbesoffen eingeschlossen, und Birgit Jacobsen nahm die irritierte Tochter für eine Woche nach Paris auf Reisen mit.

Damit war auch ein Besuch in Svanshall geplatzt, den Janssen in einer Reihe von Briefen vorbereitet hatte. Die Tochter sollte auf ihren gemeinsamen Wanderungen zum Kullen und am Strand entlang Polaroid-Fotos schießen. Ein Landschaftsbuch sollte daraus werden: von Lamme Hemphill. In den Briefen, die er zwischen Oktober und Dezember 1986 fast täglich nach Kanada gehen ließ, umwarb er nicht nur seine Tochter, was immer auch die Enkeltochter einschloß: „HERE your ›naughty‹ old childlike Ohpapa." Er freundete sich auch mit der englischen Sprache an und trotzte ihr in bester Janssendiktion die ersten Reime und Pointen ab: „You are the best animal = wifegirl for serious joy – you toy." Es war die Zeit, als Janssen eine seiner originellsten lithographischen Serien schuf, die er *Lamme-toy*³ nannte: Die schöne Europa, Tochter des phoenizischen Königs, wird von Zeus nach Kreta entführt, der sich zu dem Zweck in einen Stier verwandelt, der im griechischen Mythos weiß, bei Janssen aber tiefschwarz ist.

Das gute alte Europa, derart spielerisch und handgreiflich mit sich selbst befaßt – es hätte noch einmal die Welt erobern können. „In this my-new-year I will conquer the world – ha ha ha – so I feel – with my right hand – with my eyes. And I will show the New Yorker's *my* homeland." Das Schulenglisch noch aus englandfeindlichen Tagen hörte sich schon wieder recht gut an. Aber die Taten blieben aus. Die Augen waren größer gewesen als der Magen. Die „Welteroberung" mußte verschoben werden, nicht zuletzt weil er sich nicht vorstellen konnte, sich mit seiner Tochter in Svanshall immer nur auf Englisch verständigen zu können. Lamme nahm es nicht krumm, nachdem sie sich von der ersten Überraschung erholt hatte. In der Familie verzeiht sich ohnehin alles leichter.

Es zog sie auch in der folgenden Zeit immer häufiger nach Europa zurück, weil sie hier ihre Wurzeln wiederfand, besonders wenn sich ihr Vater, wie er es schon in seinen Briefen getan hatte, ihrer annahm und sie Schritt für Schritt in seine Welt einführte. Unbegreiflicherweise war Lamme in Kanada nicht zu einem längeren Schulbesuch als bis zur achten Klasse angehalten worden. Sie war in den Bildungsfächern ohne Unterricht geblieben, dabei aber in höchstem Grade bildsam, ja, geradezu wißbegierig und in allen Fragen, die Janssens Kunst betrafen, von einer unerschöpflichen Aufmerksamkeit. Es war, als entdecke sie in Europa ein von Anregungen nur so strotzendes Leben, das sie vor allem auch ihrer Tochter wünschte. Denn in der Ehe mit Ken Hemphill lief es immer schlechter. Ihr Mann arbeitete beim Film und gehörte zum technischen Stab. Er war für die bewegliche Kamera verantwortlich. Das erschien ihr mehr und mehr als ein Job unter vielen, der den Vergleich mit der aufregenden Künstlertätigkeit ihres Vaters nicht aushielt. In Hamburg war sie als Janssen-Tochter eine von allen Seiten umworbene Person. Besonders ihr Vater konnte nicht genug davon bekommen, ihre immensen schlummernden Talente hervorzuheben. Das heißt, wenn Lamme mit einer Bemerkung oder einer bloßen Reaktion wieder einmal instinktiv richtig lag, stellte er nur fassungslos fest: „Meine Tochter."

Mit sechzehn Jahren war Lamme mit einem Jungen in den kanadischen Urwald ausgerückt. Die Bären drangen nachts bis ins Zelt vor. Sie mußten sich nur totstellen, dann passierte ihnen nichts. Jetzt absolvierte Lamme – immer noch ganz furchtlos – den lebendigsten Anschauungsunterricht, den ihr keiner besser als ihr Vater erteilen konnte, der sich inmitten der Blankeneser Park- und Gartenlandschaft in seine Höhle zurückgezogen hatte. Wie in den Märchen war seine Pädagogik immer von Eros beflügelt. Er wollte nicht nur verstanden – er wollte geliebt und erlöst werden.
Alles, was seine Neugier anzog, umwarb er mit der gleichen unverhohlenen Erotik. „Wenn ich liebe, kaufe ich." Immer war er es, der bezahlen mußte, aber nie mit weniger als seiner ganzen Person. Auch die Spur seiner Tochter, kaum daß sie ihm zum ersten Mal wieder bewußt unter die Augen gekommen war, hat er gleich als Panerotiker aufgenommen und in dieser Rolle ins Leben hineinverfolgt. Freilich gab es da etwas, das ihm erlaubte, seinen panerotischen Interessen eine provozierende Wendung zu geben – etwas, das er nicht gesucht und nicht gefunden hätte, wenn es nicht angelegt und dagewesen wäre –, gleichsam eine Fährte, die ihn erst auf den Weg brachte. Als sechsjähriges Mädchen hatte Lamme aus dem Kindergarten, wo er als Erzieher und Therapeut tätig war, den Mann mit nach Hause gezogen, der in der Ehe mit Marie auch noch drei Söhne haben sollte. Lamme ist daran nicht zerbrochen und hat den späteren Selbstmord jenes David Berg auch nicht als Befreiung, Triumph oder nachträgliche Gerechtigkeit empfunden. Sie hat fassungslos mit ansehen müssen, wie dieser eher feinnervige Mann, der ihr beigebracht hatte, daß sie sich auch mal wehren müsse, am Ende in solch eine lähmende Niedergeschlagenheit geriet, daß er sich nicht einmal mehr entscheiden konnte, was er morgens anziehen sollte und ob überhaupt.
Auch wenn wir uns keinen Reim darauf machen können, weil die Psychoanalyse das nicht kennt: Lamme ist mit einer Stärke und einer solchen unverbrauchten Energie daraus hervorgegangen, daß sie es in jeder Hinsicht mit der Welt aufnehmen konnte. Besonders Männer haben ein feines Gespür für diese schier grenzenlose Belastbarkeit und wollen über den Abgrund getragen werden. Sie lagen ihr deshalb reihenweise zu Füßen. Immer waren es ihre umwerfende Natürlichkeit, dieser lachend gewährte Vorschuß an körperlicher Nähe, ihre arglose und herzliche Umarmung, womit sie alle gleich im Sturm für sich einnahm, was zuallerletzt ihrem Vater verborgen bleiben konnte. Er war aus demselben Holz geschnitzt. Er mußte sich deshalb an die Spitze der allgemeinen Begeisterung setzen und schon mal ihren zärtlichsten Liebhaber spielen.

Das ist die Quelle aller Mißverständnisse, die Janssen in der folgenden Zeit mutwillig herbeiführen und zu seinem Vorteil verklären sollte. Darin fand er den Stoff, den er für seine letzte große Inszenierung brauchte – die Inszenierung seines Todes. Er wollte sterben, wenn er auf dem Höhepunkt wäre, wenn er die Frau gefunden hätte, in der er endlich zur Ruhe kommen würde. In Lammes Armen wollte er sterben. Sie sollte seine letzte große Liebe und sein Todesengel sein – „die Brücke ins Jenseits". Er hatte sich so daran gewöhnt, von den Schwächen der Menschen, seine eigenen eingeschlossen, einen inflationären Gebrauch zu machen, daß er endlich alle Grenzen, alle Tabus überschreiten wollte.

Außer einem Publikum, das er mit letzten Bildern um sich scharen wollte, brauchte er zwar nicht mich, aber einen wie mich – einen, der Notizen machen und Zeugnis geben konnte. Ich stecke deshalb in dieser letzten Inszenierung mit drin und kann sagen: Janssen hat gelegentlich seinen Biographen mißbraucht – seine Tochter nicht.

Er hat mich mehr wissen lassen, als überhaupt nur möglich gewesen wäre. Denn eigentlich ging es ums Sterben, um Zuflucht vor diesem letzten Grauen, um menschliche Nähe im Angesicht des Todes, um Wärme, Schoß und Geborgenheit. *Vancouver Hamburg* heißt die eindrucksvolle Farbradierung,[4] auf der ein tief gebeugter Janssen den Tod auf dem Rücken nach Hause trägt. Es ist zu erwarten, daß dieses zu einem L = Lamme verschlungene Liebes- und Todespärchen über das Herz stolpern wird, das Janssen im Frühjahr 1993 solche Schmerzen bereitete, daß er meinte, es zum ersten Mal und in allen Einzelheiten zu zeichnen.

Im Herbst 1992 war in der Reihe der großen Werkübersichten der – gemessen an Weltfülle und Todesnähe – wohl gewichtigste Band erschienen: *Eros Tod und Maske*. Jedes dieser Themen wäre ein Buch für sich. Alle drei Themen zusammen in einem Buch – das ist noch einmal das große Welttheater, das entfesselte theatrum mundi, wie es das Mittelalter gelegentlich, die Renaissance programmatisch und der Barock in grandioser Übertreibung seiner Gegensätze kannte, der Moderne aber aus Mangel an sinnlicher Fülle verlorengegangen ist. Hier – in diesem von Janssen sorgfältig gestalteten Großband[5] kommt es noch einmal zur Aufführung: im tödlichen Ernst der Liebesspiele, in den Veitstänzen der Lust und der Koketterie mit dem Tod. Das Sterben hat viele Gesichter wie das Leben. Alles ist Verwandlung. Nur daß es hinter den Masken das wahre Selbst nicht gibt. Fast immer spielt Janssen auf mehreren Bühnen zugleich.

Vancouver Hamburg, Farbradierung von zwei Platten 19. 4. 1993 (59,5 x 49,8 cm)

Das Leben war ihm ein unablässiges Vorrennen in den Tod. Jetzt – im Alter war er das Tier, das wie kein anderes und erst recht nach der vorübergehenden Erblindung den Tod kommen sah. Diesen vorhersehbaren Tod mußte er mit der ihm eigenen Erotik umwerben. Er sollte zum Anfassen, ja, zum Streicheln sein. Bis es aber soweit war, hat er sich mit aller Macht gegen das Sterben-Müssen gewehrt.

In Heidrun Bobeth, in der Muse seines wiedergefundenen Augenlichts, hat er regelrecht einen Kampf um Leben und Tod ausgefochten. Bobeth war der Damm, den er gegen Lammes endgültige Rückkehr nach Europa errichtet hat – dagegen, daß sie ihre Rolle antreten und ihn in den Tod begleiten würde. Die Hektik und aufgesetzte Künstlichkeit, mit der er Bobeth und ihre Eltern auf eine schon bis ins einzelne vorbereitete Hochzeit einschwor – sie waren der angestrengte und verzweifelte Versuch, das Unvermeidliche wenigstens noch etwas länger hinauszuzögern. Daß sie – aller Vernünftigkeit zum Trotz – seinem Willen tatsächlich nachgab, ließ ihn noch einmal an sich selbst glauben. Das abrupte Ende konnte sie damit auch nicht vermeiden.

Wie zerrissen und mit sich selbst uneins Janssen war, geht auch daraus hervor, daß er im Sommer 1990 das untere Geschoß zu einer Wohnung für Bobeth ausbauen ließ, aber im November desselben Jahres auch Lamme endgültig zu kommen bat. Als sich das unglücklicherweise auf einen Termin zuspitzte, der eine Entscheidung unabwendbar machte, kam es zu einem für Janssen typischen Anfall von Panik, einem kleinen Amoklauf. Es war der Tag vor der Ausstellung seiner *Bobethanien*-Aquarelle in Dresden. Vor der langen Autofahrt wollte Bobeth die Nacht mit Janssen verbringen, als Lamme schon wie verabredet aus Kanada angereist war und ihrem Vater gegenübersaß. In den Tagen war ich besonders häufig am Mühlenberger Weg, und da ich eine Kollision voraussah, zog ich sie zum Essen aus dem Haus. Aber die zwei Stunden, die wir im Restaurant verbrachten, bewirkten bei ihrem Vater nur, daß er bei unserer Rückkehr und bevor sich die beiden Frauen richtig kennenlernen konnten, sofort explodierte: „Lamme bekommt 20 000 Mark und fährt auf der Stelle nach Kanada zurück."

Lamme hat dann bei meiner Familie übernachtet, zusammen sind wir nach Dresden geflogen und haben strikt vermieden, Janssen in die Quere zu kommen, als er am 3. Februar 1991 das Wunder seiner Heilung und Wiedergenesung öffentlich zur Schau brachte mit einer strahlenden Heidrun Bobeth an der Seite.

Letztenendes hat Janssen denn doch die untere Wohnung in seinem Haus am Mühlenberger Weg für seine Tochter – im Blick auf sie – ausgebaut. Heidrun hat nur die kürzeste Zeit darin gewohnt, solange er sie und sich mit einem Bund fürs Leben erpressen konnte. Als im Herbst 1992 Lamme einzog, wurde auch bald ein Zimmer für Kalyani eingerichtet. Der Platz dafür war schon vorhanden.

Lamme hat in Kanada mehr nicht als einen unsicheren Job in einer Bilderrahmenhandlung aufgegeben – zuzüglich je einer Stunde An- und Abfahrt. Die Ehe war schon kaputt. Ihre Übersiedlung nach Deutschland, in das Haus ihres Vaters, vollzog sich dennoch step by step, wie man sich nachträglich erinnerte. Amsterdam war solch eine Zwischenstation bei einer Freundin. Für längere Zeit war Lamme auch mit ihrer Tochter in einer Wohnung untergebracht, die jenseits von Baurs Park, wie ein Nest in den Baumwipfeln, hoch über der Elbe lag. Wenn sie in diesem Jahr 1992 nicht gerade in Kanada war und letzte Vorkehrungen für ihren Umzug traf, fuhr Lamme morgens ihre Tochter in die Internationale Schule und ihren Vater nach St. Gertrude in Altona. Dort holte sie ihn auch wieder ab, führte ihn zum Italiener aus oder begleitete ihn auf diesen oder jenen geselligen Anlaß, wo Fotografen nur darauf warteten, daß sie beide in zärtlicher Umarmung standen oder wild schwoften. Sie durften das. Fast dreißig Jahre lang hatte der Vater seine Tochter entbehren müssen. Nun war sie endlich zu ihm zurückgekehrt. So las es sich in den Zeitungen, die mehr noch als früher das „Zeichen-Genie" auf Schritt und Tritt verfolgten. Aber zu dem Zweck hatte man sich ja auch öffentlich sehen lassen.

Im Frühjahr hatte Lamme Besuch aus Kanada, mit dem sie sich gleich auf ein paar Tage nach Sylt zurückzog. Janssen nannte Mario, wie der weitgereiste Architekt mit Vornamen hieß, „ihren Indianer", frei nach dem Motto: Nur ein toter Indianer ist ein guter Indianer. Immer noch trauerte Janssen unentschlossen Bobeth hinterher. Gelegentlich wilderte er im Verlag. Die kürzeste Zeit hatte es jene Christine aus der Umgebung von München bei ihm ausgehalten. Er hatte den süddeutschen Wuschelkopf, der im hohen Norden Kunst studieren wollte, im selben Moment unten an das Klavier gesetzt, als Heidrun Bobeth das Haus verlassen hatte.[6] Er wollte nicht so einsam sein und hörte den zum Obergeschoß aufsteigenden Akkorden zu. Christine plagte sich mit allergischen Anfällen herum, aber unter der Atemnot entfuhr ihr ein Satz, den niemand sonst aussprach und den Janssen mit der Frage provoziert hatte: „Was magst du eigentlich gar nicht an mir?" – „Daß alle immer gleich springen, wenn du nur den kleinen Finger hebst."

Tatsächlich wollte jeder dem angeschlagenen Janssen sofort zu Gefallen sein, besonders wenn er selbst nicht wußte, was genau er wollte. Er quälte sich mit seinen immer noch nicht ganz ausgeheilten Augen. Die jüngere, bildhübsche Kerstin war gelegentlich zu Besuch, andere Gespielinnen auch, als sich Lamme in einen jungen Afrikaner aus Gambia verknallte, den sie gleich von der Sprachenschule mit nach Blankenese brachte. Janssen nannte ihn „Schuhbürste", weil er einen Irokesenschnitt trug und bis über die Schläfen glattrasiert war: „Aber du brauchst dich nicht zu bücken. Ich ziehe meinen Schuh aus." Er nannte Darboe, wie er hieß, auch „Darboven" und „future", weil – alle Leute sehen die Zukunft schwarz; was alles nichts daran änderte, daß Lamme mit ihm ging. Janssen konnte gar nicht genug Namen für ihn erfinden, küßte ihm die Hand und tat alles, nur um ihn nicht totzuschlagen.

In diesen Tagen übte er sich auch in einer anderen Rolle, die ebenso ungewohnt für ihn war. „Ich ziehe mich von den Menschen zurück," sagte er, wenn ihm eine Gesellschaft zuwider lief. „Ich bestrafe sie einfach damit, daß ich weggehe. Sie sollen schon mal ohne mich auskommen."
Selbstredend hielt er es nicht länger aus und war gleich wieder engagiert wie eh und je: Lamme war in Begleitung ihres Afrikaners und eines Griechen in einer Seitenstraße der Reeperbahn unterwegs – nach dem Motto: „Mit zwei Männern passiert dir nichts" –, als sie von einer Zivilstreife gestellt werden. Auf der Polizeiwache müssen sie sich nackt ausziehen: kein Heroin – gar nichts. Nach dreißig Minuten stehen sie wieder auf der Straße und wollen sich ausschütten vor Lachen. Aber für Janssen ist es damit nicht getan: „Die Polizei kann dir ja vorher die Heroinpäckchen in die Tasche gesteckt haben, die sie dann bei dir findet. Was machst du dann?" Wie immer beantwortet er seine Fragen am liebsten selbst: „Dann willst du telefonisch sofort mit dem Polizeipräsidenten oder mit dem Bürgermeister verbunden werden. Das ist auch richtig! Denn was denkst du, warum dein Vater das Stiftungsgeld für die Kunstpreise – Griffelkunst und Die Oldenburgische Landschaft – mit einem Teil immer an die Kasse für die Witwen im Dienst umgekommener Polizeibeamten weitergeleitet hat? Papa sorgt vor!"

In diesem Frühsommer 1992 kommt Janssen nicht richtig ins Arbeiten. Er sitzt nicht mehr an seinem angestammten Zeichenplatz. Die Aufräumarbeiten nach dem Balkonsturz haben ihm sein arg gelichtetes Chaos verleidet. Lieber klemmt er sich im Wintergarten, über eine wacklige Pappe gebeugt, den Bauch beim Zeichnen ein. Er weiß nicht, ob er Lamme mit ihrer Tochter jetzt schon ins Haus holen soll. Er hört Radio, flüchtet, von seiner Tochter kutschiert, in den Verlag und trinkt und nüchtert aus im Wechsel. In dieser Phase der Unentschiedenheit und hinhaltenden Beschäftigung verfällt er darauf, sich selbst „abzukupfern", wie er es abschätzig nennt, ohne dabei den Kern zu treffen.
Nach *Bobethanien* stand noch immer die Figur im Vordergrund. Zum ersten Mal erarbeitete er sich, einen früheren Entwurf variierend, neue Positionen und Haltungen. Was für die Geschichte der figürlichen Darstellung eine Selbstverständlichkeit ist und worauf auch die größten Meister nicht verzichten konnten – Janssen tastet sich in einzelnen Skizzen an die richtige Konturlinie heran. Das auf dem Widder sitzende Mädchen will erst einmal mit der charakteristischen Körperdrehung erfaßt sein. So entstehen Figuren, die er zu Gruppen zusammenstellt: *im Kloster, die Novizin, das Affenmädchen;*[7] merk-

würdige statische Arrangements, die wie ausgetüftelt wirken und mehr und tiefere Bedeutungen vorgeben, als sie ausdrücken können. Zum ersten Mal überhaupt, wenn auch nur kurz, wird Janssens Kunst symbolisch; was sie auch schon war, aber nie in dieser Weise aufgesetzt und ausschließlich. Es handelt sich dabei um eine Alterserscheinung, die auch an einigen Radierplatten zu beobachten ist, die er sich noch aus früheren Tagen wieder vornimmt und zu Großmetaphern ausgestaltet. Besonders der aus dem Panzer sich vorwagende Schildkrötenkopf symbolisiert unübersehbar eine Alterssexualität, die, zutraulich und ängstlich zugleich, bei aller Vorsicht doch wachgeküßt werden will. Wo er früher einen die Szene ausbalancierenden Witz erfand, schiebt er bloß noch Bedeutung vor – und die immer noch dafür herhalten muß, ist nicht selten Annette.[8]

So schleppen sich im Verlag St. Gertrude die Wochen im Juni und Juli dahin. Aus Sorge um ihre zarte Jugend hatte man gerade erst eine schützenswerte Mitarbeiterin aus dem Verkehr gezogen. Nun wurde eine neue Bürokraft gesucht. Mit den Bewerbungen kam auch das Foto einer dunkelhaarigen, sinnlichen Schönheit ins Haus. „Unmöglich," war einhellig die Meinung, der sich auch Janssen anschloß, der in Ruhe arbeiten wollte. Dagegen entsprach ein Fräulein Peterwitz allen Vorstellungen genau. Sie war jung, sah aber auf eine unnahbare Weise spröde aus. Eigentlich hätte man es besser wissen müssen: Solche Reserviertheit fordert natürlich niemanden heftiger als Janssen heraus. Mit einemmal spielte Zeit keine Rolle. Aus den in die Länge gezogenen Hinhaltungen wurde eine richtige Vorfreude, und ein größeres Vergnügen als die gespannte Erwartung konnte es gar nicht geben.

Plötzlich – nach Wochen schwergängigen Herumstocherns – ist Janssen wieder am Radieren. Auch das Zeichnen macht Spaß und beginnt mit einer kleinen Bilderserie für Klaudia Peterwitz – verspielte Briefaquarelle, in denen sich die wiedergefundene gute Laune austobt. Alles Nur-Symbolische ist wie weggeblasen und löst sich in lauter Anspielungen auf. Scherz, Satire und Ironie haben freien Auslauf: *(sich) Regen bringt Segen.*[9]

Lamme ist im Juli und August für einige Wochen in Kanada, wo auch Kalyani erst einmal bleiben wird, wenn die Mutter nach Hamburg zurückkehrt. Janssen hat viel Zeit gebraucht, um den Spielraum zu testen, den er neben seiner Tochter haben wird, und um an sich selbst zu beobachten, wie er auf die Freiheiten reagiert, die sich Lamme gegen ihren Vater herausnimmt. Ihre Reise nach Kanada dauert ihm schon zu lange, und er sehnt sich nach ihr. Im September zieht sie probeweise in das Haus am Mühlenberger Weg. Sie wohnt unten in den ausgebauten Räumen, die um ein Zimmer für Kalyani erweitert

werden. Oben haust er, ist aber eigentlich immer auf dem Sprung in den Verlag, wo Arbeit auf ihn wartet. Lamme ist ihm die völlig unängstliche, liebevoll ergebene Frau, wie er sie nie hatte und auch nicht an sich herankommen ließ. Bei Lamme braucht er nicht als Brutalität zu antizipieren, daß sie ihm weglaufen könnte. Sogar loslassen kann er sie – nach Budapest, wo sie eine alte Verbindung aus Kanada auffrischen wird. „Was soll ich machen", zuckt er mit den Schultern, aber es regt ihn nicht mehr auf.
Als Lamme schon wieder zu ihrer Tochter fahren muß, die abwechselnd bei der Großmutter Marie und bei ihrem Vater lebt, leidet Janssen an heftigen Schlafstörungen. Er hat eine panische Angst, nicht einschlafen zu können. Was wird aus den angefangenen Radierungen? Deshalb steigt er abends noch mal in die Badewanne. Er rasiert sich, zieht ein frisches Hemd an, und immer mit dem Gedanken, jeden Augenblick aus dem Haus gehen zu können, legt er sich ins Bett und schläft – angezogen – ein. Damit fünf Stunden daraus werden, nimmt er vorher – wie sein Leben lang – eine Schlaftablette. Auch seine tägliche Dosis wird Lamme herunterfahren.
Oder er will sich mit Gewalt eine Schlafgarantie verschaffen und legt sich vierzig Stunden hintereinander nicht ins Bett. Er geht sogar nachts in den Verlag, malt auf einen schwarz lackierten Klavierflügel ein virtuoses Trio und nickt auf dem Ledersofa in der äußersten Ecke des Büros ein. Gegen Mittag trudelt der Chef ein, der dieser Tage auch im ausgeschlafenen Zustand so aussieht, als doubelte er unentwegt Janssen. Er stutzt über die merkwürdigen Dekorationen, mit denen sich sein Hauskünstler gegen das einfallende Licht abgeschirmt hat.
Nur Lamme ist stark genug, es neben ihrem Vater auszuhalten, wenn er mal wieder nächtelang den Störfall Stade – ein auf der anderen Seite der Elbe liegendes Kernkraftwerk – in endlosen Tiraden beschwört. Sie taucht aus dem halben Dämmerschlaf erst wieder auf, als es plötzlich an ihrer Seite ruhig geworden ist. Dann schaltet sie das Licht und auch das Radio ab und schläft ein. Sie ist die starke Frau, die über Ressourcen verfügt, die selbst ihren Vater erschöpfen, der dazu übergegangen ist, mit seiner Tochter deutsch zu sprechen und ihr wenigstens nicht mehr auf Englisch erklären muß, was die „Versprödung des Materials" bedeutet. Lamme ist es auch, die wieder aus Kanada zurückkommt und den hartnäckigsten Schlafstörungen ein Ende bereitet.
Am 31. Dezember 1992 landet sie mit Kalyani in Hamburg-Fuhlsbüttel. Zwei sich Konkurrenz machende Verehrer holen sie vom Flughafen ab, Kossak und Konrad. Dazwischen treibt sich Janssen herum, der verzweifelt nach einer Kneipe Ausschau hält. Aber auf dem gesamten Flughafengelände ist kein

Alkohol zu bekommen – ausgerechnet wegen Silvester. Prof. Kossak muß das ganze Gewicht seiner staatsbürgerlichen Stellung in die Waagschale legen, um eine Flasche Korn zu erwirken. Unglücklicherweise eine unhandlich große Flasche, so daß Janssen ins neue Jahr schlafen wird. Aber vorher kommt es noch zu einer Donquichotterie. Janssen will aus dem Fenster der für Lamme hergerichteten Wohnung die Sonne himbeerfarben zwischen den Buchenstämmen untergehen sehen und wird dabei von der sich automatisch einschaltenden Flutlichtanlage gestört, die Elektromeister Martischewsky um das Haus herum installiert hat. Licht sofort wieder aus! Aber wo ist der Schalter? Janssen geht erst mit dem Besenstiel, dann mit der zur Ramme umfunktionierten Aluminiumleiter gegen die Halogenstrahler vor, die aber davon unbeeindruckt weiterbrennen, weil sie, wie sich später herausstellt, gerade gegen solche gewaltsamen Übergriffe gesichert sind. Lamme findet den Schalter, wie sie auch alle anderen Schalter in der modernisierten Wohnanlage finden wird. Nur das Radio soll sie nicht verstellen, wo der einzige Schalter ist, den Janssen blind findet, wenn er aus dem Schlaf hochkommt und gleich den Klassiksender hören will. Tapfer kämpft er, seit Lamme und Kalyani eingezogen sind, gegen seine Entmächtigung an.

Nachdem Lamme in demonstrativer Umarmung Klaudia Peterwitz weggeküßt hat, gibt es auf der Bühne am Mühlenberger Weg hauptsächlich noch zwei Personen: Vater und Tochter, dazwischen die elfjährige Kalyani und gelegentlich mich als Besuch. Janssen will dieses Jahr ins Zeichnen zurückkehren. Dazu richtet er sich unten bei Lamme, seitlich zu dem breiten Fenster, einen Arbeitsplatz ein, den er anfangs peinlich sauber hält. Oben das große Arbeitszimmer, in dem er fünfundzwanzig Jahre lang gezeichnet hat, ist verwaist, halb aufgeräumt, halb leer – wie fremd. Mit der konstruktiven Zeichnung eines großen Ackers wird er sich seinen neuen Arbeitsplatz endgültig erobert haben. Bis es aber soweit ist, hat er mit Frühjahrsdepressionen zu kämpfen, und er muß sogar eine schmerzhafte Rippenfellentzündung auskurieren, ohne daß er es seine Tochter hätte wissen lassen. Sie sind jetzt ausschließlich umeinander herum, und weil alles so ungewohnt ist und Janssen auch nicht auf Anhieb und nebenbei, wie er gehofft hat, in den Text für den dritten Band seiner Autobiographie findet, verlegt er sich aufs Fragen und Zweifeln und wieder aufs Fragen. „Warum?" ist so ein zwanghaft wiederholtes Reizwort, mit dem er seine Tochter in die Enge treiben muß, die es dann irgendwann nicht mehr auf dem Stuhl hält und die sich im Raum aufbaut, was ihn vollends in Harnisch bringt: „Und wenn der alter Kerl noch zwanzig Jahre weiterlebt – was ist dann?" Die Tochter braucht darauf nicht zu

antworten, was der Vater aber erst einmal lernen muß. Auch streiten will gelernt sein. Janssen fängt mal wieder in der ersten Klasse an.
Der Intensivkurs, den er ihr sowenig wie irgendeiner anderen Frau in seinem Leben ersparen kann, ist aber bald beendet. Übrigens auch, weil er einmal im hohen Bogen auf das Pflaster geflogen ist, als er der Statue, zu der Lamme ein letztes Mal erstarrt war, zu nahe getreten war und sie explodiert ist. Rein körperliche Überlegenheit hat Janssen immer akzeptiert. Lamme – das ist *Titania* auf einem der letzten Plakate.[10]
Seitdem ist sein Reden: Du erfährst nichts. Sie erzählt kein Wort. Du mußt sie schon erwischen, wenn sie sich mal verplappert. Was Janssen da an den Tag bringt – genauer, als er es schon kannte –, ist die Geschichte von der Tochter, die in der Fremde ohne Schutz erwachsen werden muß. Janssen geht damit ohne einen Anflug von Sentimentalität um: David habe sich nicht nur aus schlechtem Gewissen das Leben genommen – auch aus Verzweiflung an der Welt. Trotz allem sei David von der Art wie wir; sensibel, bis es nicht mehr auszuhalten gewesen wäre.
Dagegen bricht der Vater über die Szenen einer Ehe spontan in Empörung aus. Was Lamme sich alles hat gefallen lassen! Er hätte immer sofort bluten müssen. Marie sei noch über Schweden hinaus gleich bis nach Kanada geflohen, obwohl mit Etta Garrels in Worpswede nichts, aber auch gar nichts passiert sei. Ihn hätte man immer sofort und unnachsichtig abgestraft. Lamme ist inzwischen weit davon entfernt sich zu rechtfertigen. Sie ist wie sie ist: gelassen, schön – eine Frau, die jederzeit ihr Mädchengesicht zurückgewinnen kann. Wenn es ihr zu bunt wird, setzt sie sich schon mal gegen ihren Vater zur Wehr: „Du kannst jede Viertelstunde die Welt vernichten, aber ich darf nicht mal fünf Minuten traurig sein."
Janssen fängt an, das zu genießen. Mit den Zeichnungen, die immer besser werden und auch nicht länger zwischen allen möglichen Themen hin- und herpendeln, steigt die gute Laune. Mich empfängt er mit den Worten: „Hättest du gedacht, mich noch einmal ›in Familie‹ zu erleben? Ich habe wieder eine Perspektive, wie man in der DDR sagte." Er will hundertmal Lamme zeichnen – Lamme und kein Ende. Immer mehr Ähnlichkeiten mit seiner Tochter entdeckt er bei sich selbst. Umgekehrt nimmt sie beim Entkorken der Weinflasche prompt den Schluckauf vorweg, der Janssen – physiologisch zwangsläufig – befällt, wenn er an dem Tag zum ersten Mal das Glas zum Mund führt. Reiner Reflex – „genmäßig bedingt".
Solche Phänomene wie auch die mit juristischen Mitteln in die Wege geleitete Readoption des Janssen-Namens ziehen sein Interesse an. Darauf spitzt er sich

Naturally. Lamme, Zeichnung 4. 7. 1993. Bleistift und Pastell (59 x 42 cm)

wie auf die vielen Gemeinsamkeiten, die ihr Zusammenleben zutage fördert. Aber das größte Phänomen ist er selbst: Wie er sich in der Zeichnung seiner Tochter nähert! Nicht als der Vater, der er ihr ja auch tatsächlich nie gewesen war. Ein Ozean hatte sich dazwischengeschoben. Er wirbt um sie – die von weither Gereiste, wie er immer die Frau umworben hat. Der Arm hat es ihm angetan – seine Geschmeidigkeit, seine Körperlichkeit, die Kurvatur der Muskeln. In perspektivisch waghalsigen Verkürzungen steigert er seine Spannkraft. Tiepolo liegt dieser Tage mit einem opulenten Bildband zur Lektüre auf dem Tisch. So hat sich Janssen zeitlebens dem Körper der Frau genähert – seiner „Arm-Seligkeit" gefrönt. In Hunderten von Zeichnungen hat er sich der bedrängenden Schöne erwehrt. Es ist durchaus Lamme, die am Ende einer genealogisch langen, bis auf die Geliebten des Zeus zurückreichenden Reihe von Frauen ihren Vater erobert hat. Sie ist das Weib, und auch als Tochter geht von ihr die immer gleiche Botschaft aus: Sie kann einen Mann tragen – über den Orkus.

Was es in Jahrzehnten seiner „Arm-Seligkeit" nicht gab: Das starke schwache Geschlecht hat ein Gesicht – das Gesicht seiner Tochter Lamme. Nur sich selbst hat Janssen mit solchen Augen gesehen: Augen, die alles erfahren, alles durchgemacht haben. Augen, die von dem Grund der Seele den Schleier wegziehen und den ersten Schmerz und das ganze Elend sehen lassen. Die über siebzig in dem Buch *Lamme*[11] versammelten Bildnisse sind das Porträt dieser Augen – selbst dann, wenn sie wie im Schlaf geschlossen sind. Ihr Anblick tut weh und wäre nicht auszuhalten, gäbe es nicht – im Gegenzug – das unbesiegbare Fleisch und all die Preis- und Hingabe, die eines jeglichen Schuld aufwiegen soll.

In Lamme stecken so viele Geschichten, wie ein Mann allein sich nicht träumen läßt.

Die Zeichnungen, überwiegend des Jahres 1993, sind Alterswerk. Alterswerk heißt unter anderem auch: „Nix mehr beweisen müssen." Das schenkt Freiheiten, die sich der späte Zeichner alle zunutze macht. Auf „nacktem" weißem Industriepapier, das er früher abgelehnt hätte, „schrubbt" Janssen seine Zeichnungen mit grobem Stift „herunter". Alles ist Umschreibung und wieder Um-Schreibung, und nur an einer Stelle wird es ernst – geht es zur Sache. Da findet das Leben statt, das sonst bis an die Grenze zur Parodie früherer Meisterschaft Kunst und mehr nicht als Kunst ist. Diese in jeder *Lamme*-Zeichnung anders ausbalancierten Gegensätze sind auch ein Spiel mit der Ähnlichkeit, auf die das Porträt als Kunstgenre nicht verzichten kann. Janssen läßt diese Ähnlichkeit immer wieder fahren und wer weiß wohin entgleiten,

um sie in einem Punkt einzufangen und gleichsam zu stellen. Das ist dann die Stelle, wo der Betrachter, der inzwischen Lamme – ihr Gesicht – zu kennen meint, es neu und überraschend anders sieht. Das alles ist Kunst in höchster Potenz – wie beim späten Tizian oder Rembrandt. Man lasse sich nicht von der Grobheit der handschriftlichen Mittel täuschen. Sie ist nur scheinbar. Das Alter macht das möglich.
Aber mit dem Text zur Einleitung seines *Lamme*-Buches ist Janssen nicht zu Rande gekommen. Tagelang hat er gesessen und geschrieben. Am Ende sind nur einzelne und aus dem Zusammenhang gerissene Sätze stehengeblieben. Das liest sich sehr poetisch. Als sollte jemand anderes den zerstückelten Text ausschreiben und prosaisch in die Breite führen. Wer wohl? Freilich kann es noch etwas Drittes heißen, wenn der alte Janssen dem Zeichner so unbedingt den Vorzug vor dem Schreiber gibt. Möglicherweise ist es das Vermächtnis, daß am Ende der Zeichner Janssen mehr als der Schreiber zu sagen hat. Aber was heißt: am Ende?
Lamme ist der späte Höhepunkt eines den Frauen und dem siegreichen Eros gewidmeten Lebens. Am Ende holt ihn seine Tochter ein. Sie ist für ihn ein Glücksfall und eine letzte Herausforderung. Körperlich greifbar ist die Irritation über die nicht zu bändigende Weiblichkeit, von der sich noch jede Vätergeneration lustvoll hat besiegen lassen. In der Niederlage feiert das Alter seine heimlichen Triumphe. Janssen wäre nicht Janssen, ließe er uns nicht teilnehmen an dem unheimlichen Kräftemessen in seinem Haus, kurz bevor es sich in eine Bühne für den letzten Akt des Dramas verwandeln wird. Auf jeden Fall wird Lamme das letzte Wort behalten, wie der Vater ohne Resignation einräumt, der daraus ein geflügeltes Wort für den Hausgebrauch machen wird.

Am 16. August 1993 kehrte Kalyani aus den Sommerferien von Kanada zurück. Janssen hatte die *Lamme*-Serie – zeitweise jeden Tag ein Blatt, zu dem Lamme auch häufig Modell saß – zu Ende gezeichnet. Wie bei seinen Geliebten, kaum daß er zu ihrer Huldigung einen Arbeitsschub abgeschlossen hatte, ließ die Spannung nach. Die Zäsur, die darauf folgte, gipfelte aber nicht in einem Bruch, sondern wurde in etwas für Janssen Ungewöhnliches überführt: in ein fast normales Mit- und Nebeneinander, das wenigstens nicht jeden Tag neu umkämpft war, wenn es auch einzelne Aussetzer gab.
„Vergewaltigt wirst du hier jedenfalls nicht," sagte er zärtlich zu Lamme, „wie ich an meiner blauen Schulter sehe, wenn du mich gerade wieder an die Wand geworfen hast." Und im nächsten Atemzug: „Gut, daß ich meiner Tochter bei-

gebracht habe, wie sie mich über den Zaun schleudern kann. Ich hätte sonst kein Gegenmittel." Sie einigten sich darauf, daß sie bis zu seinem 70. Geburtstag zusammen im Mühlenberger Weg leben wollten. Zu seiner Entlastung drängte Janssen auf solche Verabredungen, und damit er Lamme richtig genießen konnte: „Mein Lebensentwurf, den ich ja nicht selbst gemacht habe – ich muß sagen: einfach genialisch! Da war ich nie richtig Vater, und heute kommt es mir zugute. Wäre ich Vater gewesen, hätte ich nie in ihr die Frau gefunden. So aber wird mir eine Frau geschenkt, die ich im Gegensatz zu allen anderen Frauen nicht verlieren kann: Sie ist ja meine Tochter!"
Dann kann man ihn wieder klagen hören: „Ich bin heimatlos und habe immer alles und mich ganz verschenkt. Eine Heimat habe ich vielleicht im Herzen meiner Tochter, aber auch das ist nur ein Wahn." – „Euer Herz blutet noch – meins schlägt nur noch!" Das mußte er in das Bild von einem Hund kleiden, der mit aufgeschlitztem Brustkorb über einer Schlaufe an den Hinterpfoten hochgezurrt ist. Neben dem abfließenden Blut hängt das Herz heraus und schlägt noch. So oder ähnlich sollen seine letzten Lithographien aussehen.

Mit Manfred Osten verbindet ihn seit seinen großen Ausstellungen in Japan eine ergiebige Freundschaft. Eine Ausstellung in Bonn hat Janssen zwar scheitern lassen: „Alles nur Sekt, Kaviar, small talk und für die Bilder keine

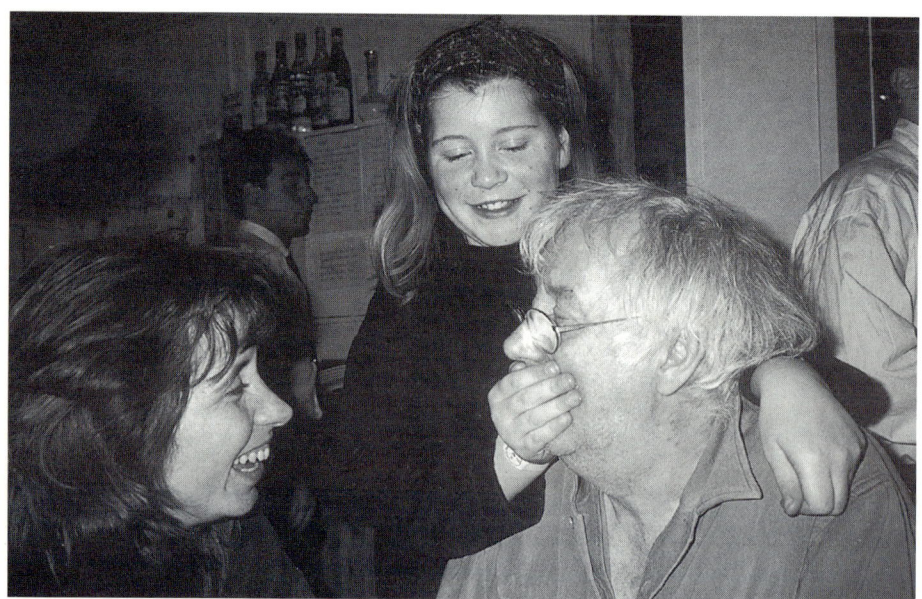

Lamme, Tochter Kalyani, Janssen (Foto Gunilla Ahlström)

Öffnungszeiten." Aber eine Sammlung von Gedichten *Der Baum der Reisenden*[12] versieht er in diesem Herbst 1993 mit kleinen Zeichnungen. Sonst entstehen in der Nachfolge von *Bobethanien* mehr als ein Dutzend Landschaftsaquarelle, die auch unter dem Titel *17th Straße* im Dezember im Verlag St. Gertrude zum Verkauf gelangen. *17th Straße* – das ist die Adresse von Ken Hemphill in Vancouver, der längst von Lamme geschieden ist, aber noch immer in einem Haus wohnt, das ihr mitgehört. Janssen will nicht, daß seine Tochter, und sei es auf dem Weg der Mietzahlung, von Ken abhängig bleibt – erst recht nicht, wenn dieser erst neuerdings wieder von jenseits des Ozeans alle Telefone am Mühlenberger Weg klingeln läßt und seine geschiedene Frau unter Druck setzt. Deshalb will Janssen den auf dem Haus in der *17th Straße* liegenden Kredit mit Zeichnungen auslösen.

Auch wenn es jederzeit sein Hauptinteresse ist, sich Ruhe zum Arbeiten zu verschaffen, Janssen lebt wie schon lange nicht mehr in Familie. Er ist der glücklichste Mensch, wenn sich Lamme bei ihm für seine Erziehungshilfe bedankt. Immer hätte sie mit der Erziehung ihrer Tochter allein gestanden. Zum ersten Mal sei das nicht mehr der Fall. Kola – nach Goya und Lydia die neue Katze im Haus – verliert beim Überqueren der Straße ein Auge. Das Entsetzen ist groß. Alle wollen helfen, Kalyani am meisten, die mit kindlichem Übereifer am besten weiß, was das Tier braucht. Als ihr die Heilung zu langsam geht, kommandiert sie den Kater herum: Zunge raus, Zunge rein! Das bringt Janssen hoch, der gleich grundsätzlich wird: „Wenn du die Freiheit willst – hier hast du sie. Willst du aber deinen Papa rufen, dann tu es gleich!"

Mit Kalyani haben Lamme und Janssen Glück. Denn obwohl sie bedenkenlos nervtötend und sogar auf subtile Weise eifersüchtig sein kann, was „Opapa" sofort durchschaut, ist sie nicht der hysterische Typ, sondern ruht in sich und ist auf eine unerschütterliche Weise lebensklug. Das brauchen die beiden auch. Denn sie sind nach wie vor mit der Zärtlichkeit zweier Menschen umeinander herum, die sich verloren und endlich doch wiedergefunden haben. Es kommt vor, daß Kalyani eine kleine Hexenlust anwandelt und sie ihrer Mutter ins Ohr flüstert: „Dann kann ich dich ja erpressen." Sie vergißt es aber im nächsten Augenblick, weil sonst alles in Ordnung ist. Sie verfügt über das geheime Wissen der Kinder, das sie so unbezwinglich erscheinen läßt, weil sie keinen Gebrauch davon machen.

Auf seine – freilich – nachdrückliche Weise hat Janssen die meisten Stationen des Familienvaters noch einmal nachgeholt. Denn der Schmelz der Elfjährigen verflüchtigte sich auch bei Kalyani, und die Pubertät machte aus ihr vorübergehend ein unleidliches Wesen, das ihren „Opapa" anraunzen und knuffen konnte, wie es keiner durfte. Dafür gab es dann das Vorbild der Adams-Family, und vielleicht war das überhaupt der Höhepunkt zwischen Kalyani und ihrem Großvater. Denn auch Familie spielte Janssen wie alles mit restlosem Einsatz.

So engagierte er sich auch bei seiner Tochter: „Alle geben ihr immer recht. Lamme glaubt tatsächlich, sie muß nur wollen, dann bekommt sie es. Aber sie muß lernen, daß sie als Frau das Entscheidende nicht bekommt." Alles, was ihm an Lamme außerordentlich gefällt, nennt er „genetisch". Er weiß sogar, wer der erste geklonte Mensch ist: der Liebende – er sagt nämlich: „Ich bin wie du." Allerdings der früheste Fall eines geklonten Menschen sei Gott. „Wir haben ihn einfach nach unseren Wünschen geschaffen." – „Die Frage aller Fragen," so Janssen, „ist freilich: Wird der letzte Geklonte sich einfallen lassen, wieder Individuen zu schaffen?"

Anfang Oktober 1993 fahren Lamme und Janssen über die Dörfer nach Frankfurt zur Buchmesse und auf einem Umweg, der sie fast bis nach Weimar in die neuen Bundesländer führt, wieder zurück nach Hause. Auf solchen Reisen ist es Lammes Spezialität, mit diversen Picknickkörben an der Hotelrezeption vorbei auf das Zimmer zu marschieren. Der Vater ist immer noch Oldenburger genug, um in einem Hotel wie Steigenberger, das seiner Meinung nach diese Art Selbstbedienung ausschließt, an solcher Peinlichkeit hinlänglich zu leiden. Dem Personal erklärt er: „Meine Tochter kommt aus Kanada. Wenn man da in den Wald geht, muß man auch immer alles mitnehmen." – Zur Nacht bei Familie Büttner war das überhaupt kein Problem. Da fühlten sie sich – einschließlich Wildschweinbraten – einfach sauwohl.[13]
Wenn er in diesen Tagen abzustürzen droht, kommt gerade rechtzeitig aus Amerika die Nachricht von einer außerordentlich wohlwollenden Würdigung seiner Kunst, oder im Rathaus von Hamburg wird einer seiner Paravants drei Tage lang ausgestellt und für das Kinderhilfswerk UNICEF hoch versteigert. Das fängt ihn auf. „Ich bin ein alter König und brauche nur noch gute Nachrichten." Er dreht die Stimme nicht mehr kreischend auf, wenn er sich in Hitze redet. Führt er Krieg, sind es nur noch Vernichtungsfeldzüge in Liebe, die er mit dem Satz beginnt: „Ihr haltet mich ja für einen alten Trottel und glaubt, ich sehe nicht mehr ... Aber ..." – „Alt bist du, wenn du es besser kannst und gleichzeitig weißt, daß du trotzdem unterliegen wirst." Vor ein paar Wochen hieß der Satz noch: „Ich mache so wenige Fehler, daß ich Toleranz nicht nötig habe."

Um Lamme versammeln sich auch die übrigen Halbgeschwister. Adam – Gesches Janssen-Sohn – leistet seinen Zivildienst in den Hüttener Bergen auf einem Bauernhof ab. Tine – seine Freundin – studiert in Wuppertal. Am Wochenende treffen sie sich auf halbem Weg in der alten Wohnung von Lamme an der Charitas-Bischoff-Treppe. Lamme drückt ihr neues Geschwister heftig an die Brust, und tatsächlich kehrt Adam zu seinem Wochenendurlaub auch immer früher an die Elbe zurück, als sich Janssen Tine vorknöpft: „Ich wünsche mir von dir ein Kind, nicht von Lamme."
Der Jahreswechsel ist wie immer eine kritische Zeit. Janssen will die entscheidenden Markierungen für das neue Jahr setzen, erst recht wenn Lamme noch einmal mit ihrer Tochter über Weihnachten nach Vancouver gefahren ist. Lange geschieht nichts, dann ist es plötzlich da: das Initial für 1994 – eine grandiose Landschaftsradierung mit so vielen Ätzstufen, wie er sie wohl lange nicht mehr zu Ende gearbeitet hat. *Lamme-Land*[14] soll die für Gunilla und Rune Ahlström geschaffene Platte heißen. Aber was das Schönste ist: Janssen hat schon sein Thema für das neue Jahr zu fassen: monumentale Innenräume aus Wald- und Baumarchitektur, die noch Piranesi übertreffen sollen.
Als die hochgesteckten Erwartungen nicht gleich in Erfüllung gehen, folgen unverzüglich die Krise und der Absturz. Wie in früheren Tagen will Janssen es noch einmal wissen. Um sich in panikartige Erregung zu versetzen, wirft er sich abwechselnd mit den Schlaftabletten Rohypnol und dem Aufputschmittel A 1 voll. Obendrauf kippt er Alkohol. Diesmal lähmt es ihn aber schlagartig, im Garten knickt er über die Seite ein und schlägt mit dem Kopf hart auf. Lamme kann ihm nicht rechtzeitig helfen, weil seine Wut sich auch gegen sie richtet. Angeblich würden sich in seinem Fach alle sogleich zu Experten aufwerfen, aber so schlampig ungenau darüber sprechen, daß wenigstens er, wenn er auch sonst in allem Unrecht habe, in seinem Metier Klarheit behalten müsse, sonst sei er verloren, könne gar nicht mehr arbeiten, überhaupt keine Konzentration mehr – alles sei nur noch Suff und Faktenriß!
Als er sich am 27. Januar 1994 in den Verlag schleppt, merkt er, daß er nicht mehr signieren kann. Der Bleistift sitzt nicht mehr fest in der Hand. Er lallt nur noch und ist schwer zu verstehen. Als er wieder über die rechte Seite abzustürzen droht, muß er aufgefangen werden. Zu Hause pflegt ihn Lamme in seinen oberen Räumen mit Milch und Gemüsesaft.
Am 3. Februar bin ich zu Besuch. Morgens beim ersten Aufwachen hat er gleich nach einem Stift gegriffen und „Janssen" geschrieben. Es ging wieder. Die Lähmung im rechten Arm möchte er am liebsten auf den Sturz zurückführen. Der Ellenbogen ist tatsächlich blaurot angelaufen. Die ganze rechte

oh Gott fall mich an und gib daß ich wenigstens reden kann,
Zeichnung nach Dürer 3. 2. 1994. Feder (20,3 x 32,2 cm)

Seite ist ziemlich taub. Er zieht das rechte Bein nach und stößt hörbar mit der Zunge an. Lamme hat morgens schon in Baurs Park mit ihm Gehen geübt. Um zu demonstrieren, daß alles wieder wird wie früher, zeichnet er mir eine Kopie nach Dürer. Die Vorzeichnung für die Radierung *Der verlorene Sohn* ist für Janssen ein Musterbeispiel, daß auch ein Dürer sich „verzeichnen" kann. An diesem Tag ist es für ihn das genau passende Alibi, um sich in freier Übersetzung leidlich aus der Affäre zu ziehen. Aber dazu schreibt er die hellsichtigen, im nachhinein erschütternden Worte: „Oh Gott, fall mich an und gib, daß ich wenigstens reden kann."

Als ihm die Federzeichnung gelingt und die Plauderei, wenn auch nuschelig, auf Hochtouren läuft, ist er schon bereit – nur um die Welt nicht länger im unklaren zu lassen –, von seinem ersten Schlaganfall zu sprechen.

65. Geburtstag und Tod

Wenn Janssen vor zehn Jahren klagte, hörte sich das so an:

Die pipi riecht/stinkt nach Diabetis. Die Ohren sausen – Bluthochdruck. Eine Art klarsichtige Verzweiflung umklammert die Seele und trüber Nebel überdeckt alle Gedanken. Und dennoch will ich noch nicht sterben.
28. 8. 1985[1]

„Es zählt zu meiner Gesundheit, daß ich zwischendurch sterben will."

Solche vitalen Lebenszeichen gehören inzwischen der Vergangenheit an. Jetzt läuft es auf Oldenburg hinaus. Oldenburg steht für Kindheit und Tod. In Oldenburg ist Janssen aufgewachsen, und in Oldenburg wird er begraben sein. Das kristallisiert sich immer deutlicher heraus. Eine Grabstelle neben Mutter Martha ist reserviert. Hamburg – die Stadt, in der er fünfzig Jahre gelebt hat, wird das Nachsehen haben. Oldenburg hat in den letzten Jahren immer nachdrücklicher um Janssen geworben. Seit das Ehepaar Meyer-Schomann 1978 die erste Plakate-Ausstellung im Stadtmuseum organisiert und bei Janssen eine Lawine von Plakaten losgetreten hat, gab es immer wieder Gelegenheiten, den berühmten und auswärts so erfolgreichen Sohn der Stadt zu zeigen. Die Ausstellung, die 1987/88 im Oldenburger Kunstverein unter der Leitung von Ummo Francksen den Radierer Janssen und den Drucker Frielinghaus vorführte, war eine von vielen Gelegenheiten. Später rissen die Anlässe gar nicht mehr ab. Der 60. Geburtstag wurde auch in Oldenburg feierlich begangen. 1990 folgte der Preis der Vereinigung „Die oldenburgische Landschaft". 1991 zeigte der Kunstverein „100 Landschaften". Am 16. Mai 1992 eröffnete Janssen mit einer Rede das „Deutsche Krankenhausmuseum". Im Kulturzentrum PFL erzählte er nüchtern, konzentriert und in bester Janssendiktion seine Unfallgeschichte, die er zu einer grundsätzlichen Reflexion über das Auge und sein spezielles Künstlermetier ausdehnte.[2] Es wird lange dauern, bis die Nation ein solches künstlerisches Vermächtnis aus ebenso berufenem Munde wieder hören wird. Eine Ausstellung seiner in Reaktion auf die Hornhautverätzung entstandenen Bilder rundete das Ereignis ab und war eine Empfehlung für weitere Ehrungen des offensichtlich in seine letzte Lebensphase eingetretenen Künstlers. Im Herbst 1992 trug ihm Oldenburg die Ehrenbürgerwürde der

Stadt an. Janssen, der ein ähnlich gerichtetes und von Rudolf Augstein persönlich initiiertes Ansinnen der Stadt Hamburg abgeschlagen hatte, nahm tiefbewegt an. Oldenburg war Provinz und Heimat. Da er als einer ihrer besten Söhne fast schon an die Nachbarregion und an das weitere Umland verloren war, wußte Janssen, daß er in Oldenburg am meisten begehrt und am besten aufgehoben wäre. Er dankte mit einem broschierten Heft *Kleiner Erdenbürger – Oldenburger Ehrenbürger*.[3] Unter den Radierbeilagen ragt das Porträt von *Opa Fritz Janßen* heraus – einem nach dem Foto gearbeiteten meisterlichen Bildnis.[4] Unter Opas Schneidertisch hat der kleine Horst viele Stunden spielend verbracht. Wenn er Glück hatte, gesellte sich Rolf Strehle dazu, ein Junge von nebenan, der genau wie Opa fast nicht redete, und nur wenn ihm Schneidermeisters Nähfaden von oben ins Gesicht baumelte und an der Nase kitzelte, sagte er kurz und beleidigt: „Ich will jetzt lieber nach Hause."
Als Birgit Jacobsen 1987 neue Informationen über den Familienstammbaum väterlicherseits beibrachte, bestätigte sich, was man schon vorher von jenem Gerhard Bauder mehr geahnt als gewußt hat: Er war aktiver Offizier gewesen und außergewöhnlich charmant. Er lebte als Kaufmann in Stuttgart, stammte aus einer weitverzweigten Familie und hatte einen hochdekorierten Baumeister zum Bruder, der die deutschen Ostgebiete mit Straßen durchzog. Aber Janssen interessierte sich nicht dafür – auch nicht, daß er einen im selben Jahr 1929 geborenen Halbbruder besaß und der Vater bis 1951 in zweiter Ehe mit einer Oldenburgerin – allerdings in Süddeutschland – gelebt hat. Das Kapitel Vaterschaft war für ihn abgeschlossen, die verwandtschaftlichen Verbindungen in den Raum Böblingen, ins deutsche Kernland Schwaben, blieben ohne Aussagekraft. Die Leerstelle hatte er selbst gefüllt mit Figuren, die er auf Zeit an Vater Statt angenommen hat, darunter Lebende wie Tote – zum Beispiel den Lehrer Mahlau, den alten Kunsthallendirektor Alfred Hentzen oder solche Altmeister wie Callot, Herkules Seghers und andere. Auch seinen eigenen Söhnen, die er immer nur zeitweise an sich herankommen ließ, diente er sich nicht in der Vaterrolle an, die ihn irritierte, wenn er sie spielen sollte, besonders als Clemens, der Sohn der Gabriele Gutsche, erst spät als erwachsener Mann und erfolgreicher Orchestergeiger wieder zu ihm stieß. „Soll ich auf meine alten Tage noch Vater werden?" wehrte er oft in Anspielung darauf ab, daß er vierfacher Vater war, ohne es je richtig gewesen zu sein.
So war ihm auch Oldenburg nicht Vaterstadt und nicht der symbolische Ort seiner Einfädelung in Karriere und Gesellschaft. Oldenburg war Humus und Nährboden, und er legte wert darauf, daß dieser Grund wie die heimatliche Kleie links und rechts der Hunte gut durchfeuchtet war. Überhaupt kehrte

Am Arbeitsplatz (Foto via Karlheinz Grünke)

dieses Land, das jedes Frühjahr unter Wasser steht, in seinen späten Aquarellen immer häufiger wieder. Land und Wasser sich gegenseitig die Landschaft streitig machend, von Wind und Wolken umtost – das ist das Thema seiner letzten Arbeiten mit Feder und Pinsel. Die Rückkehr nach Oldenburg, wo nach dem Winter die Wiesen bis dicht an die Baumreihen und Knickränder überflutet waren, hatte sich lange schon angebahnt. Eigentlich war er auch auf seinen Ausflügen in das Venedig Guardis zu einer Hälfte immer in Oldenburg geblieben – wenigstens in den Radierungen von 1982.[5] Jetzt fand er sich in der Erinnerung auch ausdrücklich wieder da ein, wo er angefangen hatte – in dem noch fast ländlichen Vorstadt-Oldenburg seiner Kindheit.

Die Wassermühle, die er gleich mehrfach zeichnete, ist so ein Stück Oldenburger Vergangenheit,[6] das sich ihm wieder aufdrängte. Sollte sie im Oldenburgischen nicht mehr anzutreffen sein, dann gibt es sie bestimmt im Münsterland, das er zusammen mit seinem Lehrer Wienhausen vor und nach

Kriegsende durchstreift hat. Doch wie dem sei – ausschlaggebend ist, daß sich Janssen als Kind solch eine Wassermühle selbst gebaut hatte und davon fasziniert war, die Elemente für sich arbeiten zu lassen – hier das über Schaufel und Rad geführte Wasser; ein Sinnbild für das sich seiner Zeichnung auf gebahnten Wegen bemächtigende Aquarell. Auf solchen Leitern stieg er zurück in die Kindheit.

Sieben Tage „nach dem Schlaganfall", den er unter dieser Überschrift gleich öffentlich machen mußte, hatte er Anfang Februar 1994 schon wieder mehrere solcher Landschaften unter den Pappen.[7] „Unsere tägliche Routine gib uns heute," sagte er spöttisch und war doch unverhohlen stolz, daß er sich von dem Schlag so schnell erholt hatte. Wie er meinte, würden seine späten Werke dadurch ja auch nur kostbarer werden. Zum Schreiben hatte er nun fast gar keine Zeit mehr. „Ich zeichne Geld."

Mehr denn je begleitete er seine Arbeiten mit Reflexionen, die in seine frühen Jahre oder tief in die Kunstgeschichte zurückliefen. Die Idyllen von Salomon Geßner seien im einzelnen genial, aber nicht in *einem* atmosphärischen Duktus hingeschrieben wie das Aquarell bei den Romantikern. Das 18. Jahrhundert – selbst noch der zeichnende Goethe – scheitert an den mythologischen Szenen oder an irgendeiner bedeutungtragenden Architektur. Das eine bleibt gegen das andere isoliert, bloß partiell, und ist nicht eingebunden in das Spiel sich gegenseitig aufschließender Gegensätze.

Unter den Lehrmethoden unterschied er zwei Wege. Den einen hätte sein Lehrer Mahlau bevorzugt. Ausgehend von der Natur wollte er durch Weglassen auf dem kürzesten Weg die Begabung – den Künstler – finden. Daneben gäbe es einen zweiten Weg, den er auch den sozialen nannte, weil er, von Drei- und Vierecken, von Farb- und Flächenverhältnissen herkommend, Kunst für grundsätzlich lehrbar hielt.

Janssen sah sich selbst unter Mahlau die kürzeste Zeit nach der Natur arbeiten und freilich auch schon keinen Akt mehr zeichnen. Das einzige männliche Modell hätte sein Lehrer mit einer Geige bewaffnet, damit bloß kein Akt daraus würde. Nach Mahlau und noch während seiner Schulzeit sei er gleich in die Kunst eingestiegen: Nach Munch und Kirchner habe er 1950 Holzschnitte für Gabriele gemacht. Auch später seine Oldenburger Farbholzschnitte – alles *ausgedacht* wie die „Susis" und andere groteske Figuren in den ersten Radierungen. Ebenso die Körperschatten in seinen Zeichnungen der 60er Jahre: alles Kunst! Erst danach – ab 1970 – habe er zur Natur gefunden. Das sei – auf das Ganze der Kunstgeschichte gesehen – ungewöhnlich genug. Denn normalerweise führe der Weg von der Natur zur Abstraktion, bis der

Künstler seine eigene Handschrift gefunden habe, die besonders im Alter immer mehr zu einer naturfernen Bildidee werde. Die Beispiele dafür seien Legion.

Sein eigener – Janssens – Weg hätte ihn von der Abstraktion zur Natur geführt; im Unterschied übrigens auch zu einem Egon Schiele, der sich von der Geometrie zur Natur hindurchgearbeitet habe.

So oder ähnlich, auf jeden Fall aber sprunghafter und um vieles anschaulicher waren die Gespräche, die Janssen in der späten Zeit mit mir führte. Mehr oder weniger war das auch schon in den historischen Aufriß der von ihm gestalteten Werkübersichtsbände eingegangen. Bis zuletzt nahm Janssen für sich in Anspruch, nach der Natur zu zeichnen und unbedingt dem Auge zu folgen – seinem unverbildeten Kucken. Was er das „Eingehen in die Landschaft" nannte, war der unablässig erneuerte Versuch, eins mit ihr zu werden – das „Pfützige" und „Feuchte" unmittelbar aus den Wasserfarben und ihrem nie ganz zu kontrollierenden Auftrocknen entspringen zu lassen. Die darunterliegende Zeichnung, mochte sie einzelnes noch so umwerben, war die Umschrift eines Wasser und Land in *einem* Atemzug ergreifenden Windes. Denn in der Natur gibt es keinen Strich und keine Linie.

Wie sich Janssen mit Feder und Pinsel bis zuletzt der Landschaft eingeschrieben hat, war das nicht nur das Psychogramm einer Seele, die sich mit all ihren Befindlichkeiten seismographisch kurzgeschlossen hat. Es war auch immer Auseinandersetzung mit der Moderne – mit solchen Erscheinungsformen der Moderne, die sich wie Irrläufer verselbständigt haben. Die informellen, ungegenständlichen, seriellen Elemente, die Beaucamp in seiner Rezension für die FAZ an den späten Aquarellen hervorgehoben hat[8] – Janssen fängt sie ein und bindet sie gleichsam an unsere fünf Sinne zurück, die, angeleitet von Jahrhunderten, gar nicht anders können, als auf den leisesten Wink hin Landschaft zu sehen, Landschaft zu spüren, Landschaft zu schmecken.

Janssen hat in den späten Jahren – nicht erst seit *Bobethanien* – das Malerische gesucht, um dem geborenen Zeichner, der er erklärtermaßen war, noch einmal eine Herausforderung zu verschaffen. Das Malerische lag nicht außerhalb seiner Möglichkeiten. Es gab in grafisch durchgestalteten Reihen immer auch ausgesprochen malerische Einzelfälle. Ein frühes Beispiel ist der Holzschnitt *Belästigung* von 1957.[9] Wenn die gekonnte Zeichnung die Regel war, dann bildete die außerordentlich malerische Wirkung die erwünschte und auch gesuchte Ausnahme. Janssen bediente in all seinen Epochen immer die Extreme sowohl in die eine wie in die andere Richtung. Als ein Zeichner von höchsten Graden konnte er auch mit dem Buntstift malen – erst recht

mit dem Pastell und sogar innerhalb der Skala von Schwarz und Weiß. Der malerische Effekt ist nicht an Farbe gebunden, wenngleich es gerade die Farben sind, die in Janssens Spätwerk immer deutlicher, ja, ungemischt und fast ungezähmt hervortreten. Die starkfarbigen Arbeiten sind geradezu ein Charakteristikum seiner Spätzeit, und es ist das Aquarell, das die Sehnsucht danach in viel größerem Maße auszuleben erlaubt als Stift oder Feder.
Janssens Kunst war nie anders als unter Voraussetzungen der Moderne möglich. Ihre Freiheiten waren auch seine Freiheiten, und er macht von ihnen den vielfältigsten Gebrauch, sei es im Spiel mit Schmutzspuren, ausgerissenen Papierrändern, Materialcollagen und mit was nicht alles. Die Moderne lag nicht vor – sie lag hinter ihm, nur daß er, statt sich von ihr mit- und forttragen zu lassen, sie immer wieder einer Überprüfung unterzog. Die zu ihrer unbeschränkten Verwertung entbundenen Freiheiten verfolgte er jedesmal wieder auf ihren Ursprung zurück – dorthin, wo sie die Erscheinungen dieser Welt ursprünglich besser und genauer sehen lassen. So werden auch die letzten Landschaftsaquarelle, die er bis zu seinem schweren Schlaganfall im März 1995 malen wird, immer freier, und manche sehen bloß noch wie „hingeschlurt" aus. Tatsächlich wagt er sich in diese Gegend so weit wie nie vor, obgleich er bis zuletzt, nur nicht mehr so ausdauernd, meisterlich zeichnen kann. Gerade auch in seinen freiesten Aquarellen sucht Janssen für die pulsierenden Farben – für ein wolkiges Rot, ein ausuferndes Grün – nach dem passenden Gefäß. Ein letztes Mal rücken wir näher heran an den Puls der Landschaft.
Der Maler, der Janssen gegen Ende seines Lebens zu sein beanspruchte, sollte nicht den Zeichner in den Schatten stellen – er sollte ihn zu einer letzten Weiterung und Überwindung seiner selbst herausfordern.

Mit gut zwanzig Landschaftsaquarellen im Rücken war Janssen von seinem ersten Schlaganfall Ende Februar 1994 schon wieder so genesen, daß er selbst nicht mehr daran glaubte und es inzwischen auch überstürzt fand, damit gleich an die Öffentlichkeit gegangen zu sein. „Bei dieser getürkten Sache habe ich sehr hoch gespielt, weil – es war ja die Wahrheit." – „Vom Tod haben wir bekanntlich keine Vorstellung. Nur die Vorstellung vom Sterben kommt mir noch komischer vor."
Eine Reihe von Ausstellungen läuft auch dieses Jahr wieder: in Cuxhaven, in Celle, in den Neckar-Werken bei Stuttgart,[10] Lithographien in Heidelberg, eine Privatsammlung in Leverkusen,[11] Erotisches in Freising bei München und *Lichtenberg* bei der Deutschen Bank in Luxemburg.[12] Hier und da taucht

auch Janssen an der Seite von Lamme auf – milde gestimmt und erschöpft von der langen Reise. Er will, soweit es geht, seine Tochter überall vorstellen als Sachwalterin seines Erbes. Sie drängt sich nicht vor, wird aber von ihrem Vater behutsam auf diese Rolle eingestimmt. Mit Rechtsanwalt Raabe sind diesbezüglich die wegweisenden Gespräche geführt worden, obgleich nicht in allen Fällen abschlußhafte Formulierungen zustande gekommen sind. Lamme wird testamentarisch als Universalerbin eingesetzt. Es sind weniger Sachwerte – Janssen schätzt an die drei Millionen, wovon er selbst noch einen Teil mit dem Verkauf der *Bobethanien*-Serie veräußern wird – als vielmehr Rechte auf die Verwertung von Copyrights und ähnlichem, an denen auch die anderen Janssen-Kinder partizipieren sollen, wenn sie sich nicht das gesetzliche Erbteil auszahlen lassen.

Das offizielle Hamburg will Janssen zu seinem 65. Geburtstag mit drei Ausstellungen in drei seiner führenden Museumshäuser ehren. In Vorbereitung darauf macht auch Direktor Schneede von der Kunsthalle einen Besuch am Mühlenberger Weg und stellt dem Künstler im Basement der erst noch fertigzustellenden Galerie der Gegenwart einen Raum in Aussicht. Janssen will sich durchaus der Konkurrenz stellen – „aber doch wohl eher in einem eigenen Saal?", wie er ausdrücklich nachfragt, als hätte er nicht richtig gehört. Für kurze Zeit zögert und schwankt er, ob er nicht noch einmal Liebe und Zuwendung erpressen soll – wie so oft in seinem Leben. „Weil ich populär bin, kann ich die Stadt unter Druck setzen." Dann besinnt er sich aber. Das Alter fordert seinen Tribut.

Als Lamme in der zweiten Junihälfte für drei Wochen nach Kanada fährt, fehlt sie ihm sehr. Das Alltägliche wird zu einem Riesenproblem. Bis er begreift, daß er den Schlüssel zu seinem Haus zweimal umdrehen muß, vergeht eine geraume Zeit. Auch beim fünften Mal findet er für seine Zigarette nicht die Flamme, die er mit dem Feuerzeug vor sich hält. Er gibt zu: „Das Leben ist nicht leichter geworden. Für die Leute ist es wie ein Abenteuerspielplatz. Alle sind geil auf Amüsement. Ich finde es schwierig." Früher stürzte es ihn in die Krise, wenn er nicht produktiv sein konnte. Jetzt sieht es so aus, als wenn er nicht arbeiten kann, weil er zu schwach, zu müde, zu krank ist. Herz-Rhythmus-Störungen machen ihm immer mehr zu schaffen. Nach Kanada jagt er an diesem Abend noch einige „Haßfaxe" – Lamme soll kommen!

Bei Dickus Heitmann in Rissen, mit dem er dieses Jahr noch einmal einen letzten Anlauf in die Lithographie unternommen hat, klingt seine Stimme wie aus weiter Ferne. Seine „Jünger" führen den üblichen Pennälerstreit auf, als er unter Aufbietung letzter Reserven dazwischenfährt: „Ich will nicht, daß

ihr verludert." Noch einmal setzt er die Akzente und sucht er – nach seiner Weise – das Bündnis: nicht mit den Unterlegenen, aber ausdrücklich gegen den Wichtigtuer. Er wird uns fehlen.
An dem doppelten Wodka, zu dem er sich aufraffen will, nippt er nur: „Die Schmerzen werden immer größer."

Neben den Landschaftsaquarellen gibt es ein anderes Thema, das Janssen bis zuletzt begleiten wird: Bilder für ein zweites *Lichtenberg*-Buch.[13] Der Entschluß war nach den Lähmungserscheinungen Ende Januar rasch gefaßt – wohl unter dem Eindruck, mit Collagen und Übermalungen länger arbeiten als mit der Hand zeichnen zu können. Anfang März hatte er den ersten Schwung Blätter fertig, um – wie bei den Landschaften – längere Pausen eintreten zu lassen, bis er genug Kräfte für einen neuen Schub gesammelt haben würde. Es sind weniger Bilder, die da entstehen, als philosophische Denkspiele, die den kürzesten Weg über das Auge nehmen. Lichtenberg war wie auch ursprünglich Goethe ein Anhänger des Physiognomen Johann Kasper Lavater, und wie dieser wandelte er sich zu einem erklärten Gegner, als bei dem Schweizer Theologen der Rückschluß von der äußeren Erscheinung auf das unabänderliche Wesen autoritäre Züge missionarischen Eifers annahm. In dem Sinne titelte auch Janssen auf einem seiner Papiere: „Als die Mutter ihr Kind erkannte, erfand La Vater die Euthanasie."
Solche Sätze gehen auf eine zentrale Erfahrung zurück, die sich für Janssen ein Leben lang immer wieder bestätigt hat. Sie zählt zu seinem geistigen Kernbestand und bildet bis zuletzt den Motor seiner kritischen Einlassungen:

„Alles, was bedingungslos auf Gesundheit abhebt, läuft auf Faschismus hinaus. Denn der Mensch ist ein krankes Wesen. Das vor allem mußt Du wissen."

Als Janssen zu schreiben aufhörte, hörte er doch nicht auf Bücher zu machen. Darin schloß sich der Schriftsteller gleichsam mit dem Auge kurz. Das sind die beiden Bücher mit *Lichtenberg* – 1988[14] und 1997. Buchstäblich mit Lichtenberg hat er bis zum Schluß geschrieben, als er sich unter dem Druck, für seine Kinder, Familien und den Verlag Geld verdienen zu müssen, aus der Schriftstellerei schon verabschiedet hatte. „Keine fünf Mark sind damit zu machen!" Malend und collagierend, mit Feder, Riß und Klebe schreibt er Lichtenberg weiter und erfüllt damit bis in seine letzten Hantierungen die Doppelexistenz, die er sich als Zeichner *und* Schreiber geben wollte.

Denn Janssen zitiert nicht etwa Lichtenberg so, wie uns heute alles zum Zitat geworden ist – zu einer historisch bedingten Perspektive, zu einem beschränkten Standpunkt. Janssen läßt – was es inzwischen gar nicht mehr gibt – die Wahrheit unmittelbar sprechen, die bei ihm einen Namen hat: Lichtenberg. Höchstens daß er ihr auf seine Weise mit Feder und Pinsel nachhilft. So steht es auch auf seinem Grabstein geschrieben – auf dem Gertruden-Friedhof in Oldenburg –, mit einem Lichtenberg-Satz, an dem auch nicht ein Jota zu ändern ist.

„Mir tut es allemal weh, wenn ein Mann von Talent stirbt, denn die Welt hat dergleichen nötiger als der Himmel."

Ebenso beim Wort genommen hat der Zeichner Janssen seinen Callot oder seinen Rembrandt.

Hinter dem im Alter immer wichtiger werdenden Lichtenberg, von dem Janssen ganze Passagen abschreibt und Seite für Seite mit der Hand füllt, steht als Freund und Verleger Tete Böttger. Er hat Janssen nicht mit Lichtenberg bekannt gemacht, ist auch selbst kein Lichtenberg, sondern eher ein ins Geheimnis gehülltes Irrlicht, weshalb sein Verlag auch Arkana heißt. Aber er kommt aus Göttingen und hat Verbindungen zu Gerhard Steidl, mit dem zusammen er die beiden *Lichtenberg*-Bücher verlegte. Tete Böttger ist ein umtriebiger Sammler, und seine Spezialität ist, zwischen den verschiedenen Weltenden die überraschendsten Kontakte herzustellen. Jahrelang kam er in dunkelblauen Maßanzügen aus Göttingen angereist, den „Buckel Göttingensis" gleichsam in Gestalt eines Baumkuchens im Gepäck mitführend. Nachdem er Janssen das schöne *Tocka*-Buch[15] entlockt und eine Seelenverwandtschaft mit den russischen Dichtern gestiftet hatte, veränderte sich mit dem Erfolg auch sein äußeres Erscheinungsbild. Nun sah er aus wie die Altpapiersäcke, die er immer aus dem Mühlenberger Weg mitnahm und – auf der Suche nach bekritzelten Papieren – noch im Zug während der Rückfahrt flöhte. Als das aufhörte, gab Janssen überhaupt keine mißlungenen Zeichnungen mehr in den Abfall.
Mit Tete kommt immer die feinste Gesellschaft ins Haus. Nie ist von weniger als der Welt im großen und ganzen die Rede, in deren Mittelpunkt – unaufdringlich und mit gebotenem Understatement – er selbst steht: „Wie ich Frau von Weizsäcker beim Tee überzeugen konnte, stammen die Pistolen, die der französische Ministerpräsident Mitterand dem russischen Generalsekretär

Gorbatschow anläßlich eines Besuches überreicht hat, wirklich aus dem Duell, das Puschkin mit einem Franzosen geführt und nicht überlebt hat."
Tete wäre nie zu solcher Form aufgelaufen, hätte ihn Janssen nicht dazu ermächtigt. Alle Charaktere mußte Janssen in beide Richtungen bestärken. Er hob entschieden ihre Leistungsbereitschaft, bis ein Drucker, ein Verleger, ein Schreiber über sich selbst hinauswuchs, *und* er kitzelte ihre schwachen Seiten so hervor, daß aus einer Anlage oder einer Marotte regelrecht eine Leidenschaft wurde. Janssen polarisierte den Menschen und war selbst am meisten überrascht, in den Freunden seine eigentlichen Feinde wiederzufinden. Das dient ihm dann zum Nachweis seiner zentralen These: „Nicht ich bin verrückt – seht um mich herum, die ganze Welt: alle sind sie verrückt!"
Zu solchen Verrücktheiten zählt, daß Tete Böttger – außer in der sibirischen Hauptstadt Nowosibirsk[16] – überall dort Janssen-Ausstellungen veranstalten mußte, wo ein weltpolitisch brisanter Krisenherd war:
in Beirut/Libanon (1987)[17]
in Damaskus/Syrien (1987)
in Tirana/Albanien (1989)[18]
in Taipei/Taiwan (1993).[19]
Das brachte Janssen in die Schlagzeilen. „Kunst im Bürgerkrieg" titelte die Zeitung.[20] Ein Rauschen ging durch den Blätterwald, als 1981 Bundeskanzler Helmut Schmidt ein von Janssen gezeichnetes Tolstoi-Porträt als Staatsgeschenk an Leonid Breschnew übergab. Mit Beuys' Filzhut wäre er dem Kreml-Chef auch allzu nahe getreten. Michail Gorbatschow erhielt 1987 aus den Händen des Bundespräsidenten von Weizsäcker ebenfalls als Staatsgeschenk ein Porträt von Puschkin. Beide Janssen-Zeichnungen stammten aus der Sammlung Tete Böttger, der es auch fertigbrachte, ihnen zu dieser Staatskarriere zu verhelfen. Wenn es – wie allseits zu hören – richtig ist, daß diese Staatsgeschenke inzwischen wieder in die Sammlung Tete Böttger zurückgekehrt sind, dann gibt es keine Zeichnungen von ebenso prominentem Rang. Tete macht's möglich – mit einer grenzüberschreitenden Kombinationsgabe, die einem Lichtenberg Ehre gemacht hätte. Wieder einmal kann Janssen sich bestätigt fühlen: „Ich bin in den Händen meiner Sammlerfreunde am besten aufgehoben."

An das Ende seines ersten *Lichtenberg*-Buches rückte Janssen einen Satz, der erst recht für das zweite gilt und besonders seine eigene hohe Wertschätzung der Sprache ausdrückt:

Um zwei Geister vorzüglich tut es mir wahrhaftig leid, daß sie nicht jedes Jahrhundert wiedergeboren werden: der Irre aus Sils Maria und der geistreiche Buckel Göttingensis, die „Fröhlichen Wissenschaften" und die „Milchstraße von Einfällen." [...] Und beide betreiben ihr Metier in selbstverständlichster Ich-Bezogenheit. Und beide gaben der SPRACHE die Ehre. Daraus ziehe ich den Trost in dunkelsten Stunden.[21]

Gefragt, warum er am Ende denn doch Lichtenberg vorgezogen habe, sagte Janssen: „Nietzsche schrieb für die kranken Hirne seiner Zeit, Lichtenberg für den gesunden Menschenverstand. Sonst ist alles gleich."

Im Herbst 1994 sind die Herz-Rhythmus-Störungen so stark, daß er zu sterben glaubt. Er verbietet seiner Tochter, einen Arzt zu rufen, wenn er einen Herzinfarkt bekäme. „Nur Lamme hält das aus. Sie ist stark genug," lobt er sich selbst dafür, daß ihn die richtige Frau in den Tod begleitet. Drei Tage trinkt und raucht er nicht. Als die heroische Phase überstanden ist, spricht er davon, daß er vielleicht in die Herzchirurgie nach Tübingen will, um sich einen Herzschrittmacher einsetzen zu lassen. Endgültig spielt er nicht mehr den alten Mann wie in den letzten zwanzig Jahren. Das Alter hat ihn mit seinen Gebresten eingeholt. Es geht auf den Rest.
Das hatte sich auf unterirdischen Kanälen auch in der Stadt Hamburg herumgesprochen. Gerade noch rechtzeitig hatten sich der Senat und die höchsten Museumsmänner der Hansestadt zusammengetan, um in einer konzertierten Aktion Janssen mit drei Ausstellungen zum 65. Geburtstag zu ehren. Brockstedt schloß sich mit einer dem Frühwerk gewidmeten Hommage an. Am 13. November abends öffneten drei Museen gleichzeitig ihre Pforten: das Altonaer Museum mit Landschaften, die Kunsthalle Hamburg zum Thema *Kopie* und das Museum für Kunst und Gewerbe mit Janssen-Briefen durch alle Epochen: *Selbst: gewörtert*.[22] Bürgermeister Voscherau warb in einer brillant intonierten Rede für Geschenke an das Janssen-Museum im neuen Ungers-Bau, was einigen Sammlern so ans Herz griff, daß sie sich dieses Ansinnens nur erwehren konnten, indem sie es schlichtweg unanständig nannten. Die Stadt hätte früher kaufen sollen. Die größte Tageszeitung erschien an diesem Geburtstag auf der Titelseite mit der Schlagzeile: „Hamburg ehrt sein großes Genie".[23] Janssen ließ sich indessen zu keiner Feierlichkeit sehen. Aber als ihm die Einladungskarte zugestellt worden war, auf der sich die drei führenden Institutionen der Stadt ihm zu Ehren vereinigt hatten, glotzte er darauf tiefgerührt wohl eine halbe Stunde. Das hat es in Hamburg noch für keinen gegeben!

Als er Ruhm schon für unerreichbar hielt, wollte er nur noch geliebt werden. „Manchmal gelingt es mir." Mit seinem 65. Geburtstag war ihm in seiner Stadt gelungen, was mehr wiegt als aller Ruhm der Welt. Janssen lieben – hieß immer auch die Kröte mitschlucken. Das hat er geschafft. Anders wollte er es auch nie haben. Es ist und bleibt ein unergründliches Phänomen: der Künstler und seine Stadt. Einerseits möchte man fragen, wie ausgerechnet einer wie Janssen es fertiggebracht hat, daß ihn die hanseatische Nomenklatura geschluckt *und* ans Herz gedrückt hat. Irgendwie muß Janssen dieser Stadt noch einmal ein Bild vom Künstler vorgelebt haben, das – abstoßend und anziehend zugleich – ihr gefiel. Andererseits fragt sich bei einem so hochgradig bildsamen Menschen wie Janssen, was aus ihm geworden wäre, wenn er nicht ausgerechnet dieser pfeffersäckischen Stadt hätte imponieren wollen. Wie gesagt – das ist ein weites Feld.

Den Eintritt ins Rentenalter kommentierte er mit dem Satz: „Wer hier 65 wird, hat noch einmal lebenslänglich vor sich, was in dieser Republik immerhin fünfzehn Jahre sind, wenn er nicht vorzeitig begnadigt wird."
Die Ehrungen und der Ausstellungskorso hatten ihn wieder so aufgebaut, daß er binnen neun Tagen – in einem dritten Arbeitsschub – zweiundzwanzig Landschaften aquarellierte: *Tagebuch von einer Reise*. St. Gertrude hatte zum 11. Dezember 1994 zu einem Weihnachtsmarkt eingeladen. Lamme war in den Verkauf einbezogen. Ihr Vater überließ ihr schrittweise die Geschäfte, die sie unauffällig erledigte. Eine Viertelstunde vor Beginn waren alle Arbeiten an den Wänden verkauft. Mit 44 aquarellierten Zeichnungen war es die größte Verkaufsausstellung in Hamburg seit – sage und schreibe – zehn Jahren; seit Brockstedt in seinen Räumen die *Phÿllis*-Begleitblätter angeboten hatte. So rar hatte sich Janssen in seiner Stadt gemacht, was immer ein Teil seines Erfolges war.
Lieber zerstreute er große Bestände seines Werkes unter den Freunden. So hatte er noch im Herbst Kerstin Schlüter auf eine ganze Serie von Landschaften scharf gemacht, die mit breiterem Pinsel in der monochromen Farbigkeit eines Callot gearbeitet waren. Im letzten Moment hatte er anderen den Zuschlag erteilt, und Kerstin Schlüter war erbost zur Tür hinausgestürmt. Janssen hatte es so eingerichtet, daß sich ihr Ärger besonders gegen seine Tochter richten mußte. Solche Rivalitäten unterhielten ihn bis in seine späten Tage. Dafür durfte Kerstin ihn, wann immer er in ihren Räumen mit Elbblick zu Besuch weilte, als einzige Person auf der Welt unmißverständlich auffordern, ihr die „Miete für den Monat" zu zeichnen: „Horsti, nun mal mal

schön." Ganz verständig-rationale Frau, die sie immer war, hatte Kerstin Schlüter auch ein Erklärung dafür: „Mit jeder Zeichnung, die er für mich macht, gebe ich ihm die Gelegenheit, glücklich zu sein. Denn – da mußt du mir recht gegen – er trinkt nicht, er raucht nicht, er sieht einfach glücklich aus, solange er malt." Lamme ließ deswegen keinen Streit aufkommen.

Vor Weihnachten verschlechterte sich sein Zustand so, daß er ins Krankenhaus eingeliefert werden mußte. Die Schmerzen am Herzen wurden jeden Tag stärker, er fand im Bett keine Stellung mehr, in der er durchatmen konnte, und erst morgens nach ein paar Gläsern Schnaps bekam er wieder Luft. Als er es nicht mehr aushielt und auch das Sterben Knall und Fall zu grauer Theorie verblaßt war, brachte ihn sein getreuer Arzt Dr. Hartig zu einem Herzspezialisten, der ihn ins AK-Altona überwies, wo Wasser in der Lunge sowie in den seit Tagen geschwollenen Beinen diagnostiziert wurde. Die medikamentöse Behandlung verschaffte ihm in wenigen Stunden Erleichterung, und in aufgekratzter Stimmung empfing er schon wieder Gäste am Krankenbett, die vor dem Fahrstuhl von Birgit Jacobsen und Kerstin Schlüter sortiert wurden. Aber wann war der Herzinfarkt vorgefallen, den die Routineuntersuchung festgestellt hat? Einen leichten Herzinfarkt, doch ziemlich frisch.
Sein Leben mußte er deshalb nicht grundsätzlich umstellen. Aus dem Krankenhaus brachte er noch vor dem Jahreswechsel eine Pillenbar und Rotwein – zur Blutbildung – mit nach Hause, ließ sich aber auf dem Weg dorthin schon wieder im Verlag absetzen: zum Signieren seiner Plakate. Die Erhöhung seiner Preise für die Signatur von 2 auf 4 DM – das war sein Verdienst an den Plakaten – stand bevor, war dann aber nur noch vierzehn Tage in Kraft. Janssen hat seine großartige Laufbahn als Radierer mit einigen schlechten Radierungen abgeschlossen, was sein Gutes hat. Man hätte sonst meinen können, diese schwierige, von ihm zu höchster Meisterschaft gebrachte Kunst hätte ihm keine Mühe abverlangt. Diese Kraft fehlte eben – ganz am Schluß.
Was aber auch nach dem Krankenhausaufenthalt flüssig weiterlief, waren Landschaftsaquarelle in stark pulsierenden Farben, die unter den Pappen bald schon wieder neue Stapel bildeten. Von seiner letzten Reise hatte er aus dem Hessischen den Reiz schindelartig gedeckter Häuser mit heimgebracht. Er ließ das in seine oldenburgischen Kindheitserinnerungen einfließen, die ihn schon vor Weihnachten bis zurück in sein Gitterbett in der Lerchenstraße getragen hatten. Nun erzählte er Lamme die Geschichte, die er vor Jahren aufgeschrieben hatte.[24] Das Kinderbett war für den kleinen Horst der sicherste Ort der Welt. Er konnte da herausklettern, wann immer er wollte, und auf

schwankenden Bohlen das Zimmer erkunden, er konnte aber auch mit der Decke über dem Kopf liegenbleiben, wenn über ihm ein Himmel aus sturmgepeitschten Ästen zusammenschlug. Das Gitterbett, das er Lamme auf dem Bild zeigte, war eine Schilfburg, die trutzig aus dem Wasser ragt.

Am 17. Januar 1995 bot sich die Gelegenheit, das Haus unterhalb seiner „Burg" mit Zugang durch die Panzerstraße zu kaufen. Janssen griff ohne Zögern zu. Er wollte immer schon das altmodische, unrenovierte, aus den Anfängen dieses Jahrhunderts stammende Wohnhaus erwerben, das er von seiner Schlafkoje und dem Küchenfenster aus sehen konnte. Er wollte es besonders für Kalyani herrichten, die jetzt vierzehn Jahre alt war und immer selbständiger würde. Die Forderung belief sich auf 950 000 DM mit dem Vorbehalt, daß schon Makler eingeschaltet wären, die vielleicht auch bereits Interessenten an der Hand hätten. Zum Leidwesen seiner immobilienerfahrenen Freunde, die alle den Preis gedrückt hätten, erhöhte Janssen „auf 1,1 Millionen und keinen Pfennig mehr," wenn der Vertragsabschluß von Montag auf Freitag vorgezogen würde. Wie er von dem Hauseigentümer Rieger erfuhr, daß dieser mit dem Geld seine Sammlung von Wehrmachtsfahrzeugen aufstocken und in Schweden ein Übungsgelände beschaffen werde, erklärte Janssen den Kauf zur Chef- und Kommandosache. Er wollte keine Schereien, und in der Hauptsache schien es überhaupt darum zu gehen, daß er nun weiterleben mußte, um den Kaufpreis abzuzahlen. So viel Geld hatte er in seinem Leben nicht ausgegeben. Als sich mehrere Finanzierungsmodelle zerschlugen und es auch in weite Ferne rückte, den Stapel Aquarelle auf Tischhöhe zu bringen, verkaufte er die in der Deutschen Bank gebunkerte *Bobethanien*-Serie an Brockstedt, was sich nachträglich als segensreich erwies. Denn nun mußte Brockstedt wieder mit Janssen Geld verdienen und setzte sich prompt an die Spitze des Marktes, nachdem er gegenüber dem Verlag St. Gertrude zehn Jahre lang mehr oder weniger das Nachsehen hatte. Brockstedt war mit einem Schlag wieder die erste Kaufadresse für Janssen.

Wenn er trotz solcher Investitionen in die Zukunft immer müder wird und sich auch tagsüber zum Schlafen in seine Koje zurückzieht, liegt es an seiner zunehmenden Herzschwäche, die die größten Ängste hervorruft und die Depressionen verstärkt. Davon erholt er sich immer nur zwischendurch. Dann ist er allerdings gleich wieder dabei, seine Verhältnisse zu ordnen: „Lamme brauche nur etwas Glück, um durchzukommen. Aber dieses Glück – das braucht sie schon." Er will, daß sie nach seinem Tod seinen Namen und sein Werk repräsentiert. Noch einmal macht er sich gegen seine Freunde stark: „Es

Tagebuch von einer Reise, Zeichnung 12. 11. 1994. Bleistift, Feder und Aquarell (36,5 x 52,5 cm)

genügt nicht, immer nur die halbe Wahrheit zu sagen, sich stets alle Türen offenhalten zu wollen und nur durch gezielte Ungenauigkeiten zu lügen." Ja – es gehe dem Ende entgegen, nur wolle er nicht als Trottel sterben. Wenn schon sterben, dann mit ungetrübter Übersicht! In der Nähe des Todes nimmt seine Souveränität noch einmal beängstigend zu. Zeitweise gewinnt er eine Hellsichtigkeit zurück wie in den besten Tagen. Vor allem ist aber zu spüren, wie er die Sprache und das Sprechen braucht:

„Ich tue alles für meine Gesundheit, was man draußen und dank meines Biographen nicht weiß. Seit Jahrenden lege ich nach zuviel Gift einen Ruhetag ein. Dann rauche ich auch nicht eine Zigarette. Meine Ausflüge ins Reformhaus sind die kostspieligsten. Ich löffel morgens eine Tasse Haferschleim aus, und sie schmeckt mir. Alles nur aus der puren Lust, berühmt zu werden."

„Totalisator – ich glaube, so nennt man das Wettbüro beim Pferderennen. Eigentlich ein Begriff, der erst noch zu entdecken wäre."

„Man soll gar nicht erst als Liebhaber seiner selbst anfangen, wenn man sonst nichts kann."

„Früher war ich flüssig – heute bin ich fast schon überflüssig."

„Tragik ..., damit gesunde Leute etwas zu weinen haben."

„Je sicherer ich sein kann, desto eher verschaffe ich mir das Vergnügen einer Existenzangst."

„Heute frage ich schon mal: Wie geht es weiter? – früher nie."

„Mach den Tod auf dich neugierig, und du lebst länger – intensiver."

„Die Zeit weilt eine lange Weile. Nur die Schatten wandern."

„Zu glauben, wir könnten die Welt zerstören – das nenne ich Größenwahn."

Jedes Frühjahr das gleich myriadenhafte Erwachen zu neuem Leben. „Natur – sie ist wie das altmodische Wort Phantasie: Sie muß alles durchspielen; sie kann nicht anders als alle Möglichkeiten ausprobieren."

„Ich habe aus meinen Ehen wenigstens etwas Anständiges gemacht – nämlich eine saubere Trennung."

„Alle meine Frauen haben mich verlassen. Logisch – ich habe dafür gesorgt, daß sie mich verlassen. Es gibt nur eine Frau: Lamme."

Lamme schreit ihren Vater an: „Warum hast du mich gefickt?" Was heißen soll: Warum hast du mich in die Welt gesetzt! – So wie die alten Griechen meinten, besser sei, nicht geboren zu sein. Damals war es mit Lammes Deutsch noch nicht so weither.

Auf einer Postkarte aus Kanada: „Du hasst Geld – ich habe keins."

Als der Bundestag zustimmte, daß Christo den Reichstag verhüllen darf: „Ärgert das Volk nicht. Es sind schon zur Hälfte Nazis."

„Das können sie nicht – die Beuys und Baselitz: kitschig sein. Ich kann es."

Lob an einen führenden Politiker: „Er ahnt, daß ich klüger bin als ein Künstler."

Janssen wollte immer ein Tonband mitlaufen lassen. Den Gefallen tat ich ihm nicht, weil ich mir nicht vorstellen konnte, wie mit soviel Bandkilometern umzugehen wäre. Statt dessen hat Eberhard Rüden mitgeschnitten, wann immer sich die Gelegenheit bot. Ich habe nur festgehalten, was ich auffassen konnte, wenn ich auch mit der Zeit ein spezielles Gedächtnis entwickelt habe.

Im März treten zum ersten Mal asthmatische Anfälle auf, und die Blutzuckerwerte sind stark erhöht. Sein Arzt – der befreundete Kinderarzt Dr. Hartig ist jetzt regelmäßig bei ihm. Er ist ein wahres Labsal, weil Janssen vor ihm noch einmal auftrumpfen kann. Sie kennen sich aus dem Effeff. Dr. Hartig läßt eine Andeutung fallen – von einem Liebesbrief, den er im Alter von neunzehn Jah-

Es ist das Licht, das zeichnet, bearbeitete Fotokopie

ren mit seinem eigenen Blut geschrieben hat. Er tippt die Geschichte nur an, aber Janssen, obgleich nach Luft ringend, steigt gleich so groß ein, daß der Arzt sie der Länge und Breite nach erzählen muß: witzig, mit Buster-Keaton-Gesicht und auf dem Höhepunkt so gedehnt dramatisch, wie das nur der geborene Humorist kann. Mit solchen Ablenkungsmanövern ist Dr. Hartig ein treuer Diener in der Sache: vorbildlich zurückhaltend und wahrhaft balsamisch. Wenn er sich mal geprügelt fühlt, lädt er das bei Frielinghaus ab. – Das Buch „Dr. Hartig" ist zwar als Fortsetzung von *Hinkepott* geplant, aber nicht geschrieben worden.

Als Janssen sich am 18. März zum ersten Mal seit Wochen nicht mehr arbeitsunfähig fühlt, fängt er wieder klein und buchstäblich von vorn an – mit übermalten Postkarten an seinen Arzt und an Peter Rühmkorf. Und er nimmt sich das *Lichtenberg*-Buch vor. Es ist faszinierend, wie sich gewisse Muster lebenslang durchhalten: Phönix aus der Asche. Nur daß nicht mehr zu übersehen ist, daß es zu Ende geht. Über Nacht verschlechtern sich noch einmal die Augen. Er braucht eine Lupe. Die Hand zeichnet zwar automatisch weiter, aber in ein Holzpuppengesicht die Augenwimpern einzutragen fällt ihm schwer. Gleich liegen wieder vier oder fünf Zeichnungen für *Lichtenberg* auf dem Tisch. Er stöbert in seinem Buch die passenden Zitate auf, und wenn er schallend auflacht, heißt das: Er ist fündig geworden. Am 22. und 24. März bin ich für mehrere Stunden am Mühlenberger Weg, und Janssen ist, auch wenn die Lupe zu stark vergrößert, wieder ins Arbeiten zurückgekehrt. Er ist endlich von seiner Frühjahrsdepression genesen. Dieses Bild hat auch Lamme vor Augen, als er sie am Sonnabend, dem 25. März 1995, um kurz vor 18 Uhr aus dem Arbeitsstuhl heraus so euphorisch anguckt, daß sie ihn fragen möchte, welche Glückspille er genommen habe. Auch als er schon über die rechte Seite zusammenbricht, möchte sie wissen, was er ihr denn diesmal vorspielen will. Erst als er spürbar hart auf dem Boden aufschlägt, greift sie zum Telefon. Dr. Hartig ist Minuten später da, mit ihm der Unfallwagen und eine Invasion orangefarbener Anzüge. Janssen wird mit einem schweren Schlaganfall ins AK-Altona eingeliefert. Auf dem Tisch blieb aufgeschlagen zurück, was ihn zuletzt beschäftigte: Lichtenberg und sein Anatomiebuch mit einer Doppelseite für das Gehirn.

Als ich ihn am Tag vorher besucht hatte, war er noch in mitteilsamer, ja, gesprächiger Verfassung gewesen. Eine Reihe von Arbeiten zu *Lichtenberg* war so weit gediehen, daß er sie unter meinen Augen abschloß. Vor allem wollte er reden, aber zur Einleitung überreichte er mir einen Brief an Brockstedt aus dem Jahre 1972, den ich vorlesen sollte. Darin entschuldigt er sich für ein nichtgehaltenes Versprechen mit Krankheit. Unter meinem Lesen kommen ihm die Tränen, die ihm Lamme abwischt: „Eigentlich war ich immer krank. Ihr habt es nur nicht gemerkt."

Wie immer war das Gespräch an diesem Nachmittag ein Potpourri und sprang von einem zum anderen: von Lichtenberg zu Ernst Jünger, den er dafür bewunderte, daß er den Wahnsinn dieses Jahrhunderts in andere Zeiten hinübergespielt habe: „Schon ist alles 600 Jahre alt." Von Heydrich und seinen „Spießgesellen" war die Rede, die die „Endlösung" ausgebrütet haben, was Oma und Opa nicht gewußt hätten. „Dazu mußte man schon Arzt oder Rechtsanwalt sein." Lamme war Thema wie ich auch und wie Kalyani, die in ihrem Zimmer blieb und etwas anderes als ihr „Opapa" wollte, worüber er sich mit ihr durch die Wand aussprach. Das spornte seinen pädagogischen Eros an. Es gab viel zu bereden an diesem Nachmittag, aber wie ein Leitfaden zog sich ein Motiv da hindurch: „Alles ist Licht und Schatten." Er habe in letzter Zeit über die Konstellation von Sonne, Erde und Mond nachgedacht. Da muß man anfangen, wenn man etwas verändern will: Alle Atombomben, alle Wasserstoffbomben auf das Dach der Welt. Der Himalaja dient als Rückstoßrampe. Das könnte die Erde um einen Zentimeter von ihrer Sonnenumlaufbahn so ablenken, daß es sie nicht gleich, aber doch merklich in das dunkle Universum hinauskatapultierte. „... wenn man denn unbedingt Veränderung will!" Solange man aber da nicht anfange, bleibe alles Licht und Schatten bis hinunter in die Mikroorganismen. Alles Leben kommt vom Licht her. Wo Licht ist, ist bekanntlich auch Schatten, und mit einemmal war er wieder bei seinen Landschaftsaquarellen und bei seiner Kunst, die sich ganz dem Auge verdanke.

Ich sann noch über den existentiell aufgeladenen Schauplatz seiner Lichtschattenspiele nach, als Janssen schon weitergesprungen war. So schnell konnte ich gar nicht folgen, wie er sich für ein australisches Insekt begeisterte: Siebzehn Jahre lang schlummert es in der Erde, um an einem einzigen Tag alles zu erleben – Aufsteigen, Lieben und Sterben.

„Wer das Gegenteil will, kopiert das Original," schrieb er über das Doppelporträt *Lichtenberg/Janssen*,[25] das er mir zu allem Überfluß an diesem Tag malte: ohne Vorzeichnung aus freier Hand und mit den plastischen Modellierungen, deren das Aquarell fähig ist. Am Tag vor dem Schlaganfall, der ihm für immer den Pinsel aus der Hand nahm! Es war der Entwurf für das Titelbild seines zweiten *Lichtenberg*-Buches und die Umkehrung der ersten Umschlagzeichnung: Licht und Schatten andersherum. „Wer das Gegenteil will, kopiert das Original."

Bei Janssen hatte sich offenbar im Gehirn eine Trombose gebildet, die die Blutzufuhr blockierte. Medikamente ließen sich nur so nahe wie möglich bei dem Gerinsel plazieren. Positiv war einzig, daß die die Verstopfung umgebenden Regionen die Durchblutung langsam wieder aufnahmen. Der Schlag war linksseitig im Gehirn erfolgt und hatte das Sprachzentrum und die Körpermotorik getroffen: Er war auf der ganzen rechten Seite gelähmt und litt unter Sprachverlust. Bald wollte er sich wieder erheben, drohte aber aus dem Bett zu fallen, weil er die rechte Körperhälfte überhaupt nicht kontrollieren konnte. Die globale Aphasie hatte zur Folge, daß er zwar ununterbrochen Laute ausstieß und sie auch zu einer lebhaften Mitteilung verkettete, aber alles blieb unverständlich. Lamme ließ ihn mit seinem Gebrabbel nicht allein. Sie kam ihm entgegen und sprach immer wieder aus, was er sagen wollte, aber nicht artikulieren konnte. Aber was wollte er sagen? Der Schlaganfall hatte ihn ausgesperrt. Er lebte neben uns wie im Gefängnis weiter, und die Frage war bloß, was er davon wußte oder auch nur mitbekam. So einer begeht auf alle Fälle keinen Selbstmord mehr.

Schon immer war es nur eine papierne Wand, die Janssen vom Wahnsinn trennte. Wer ihn im Mai oder Juni 1995 im Rollstuhl sitzen sah, schaute in dieses Gesicht, das altersgesättigt war und schwer in seinen Falten hing – ein Gesicht, das Leben aus Tausenden von Leben aufgesogen hat, und wie er sich freuen mochte, daß Janssen wenigstens noch lebte und sich mit seinem alten Gesicht zeigte, da war dieser hinter seinem Gesicht doch schon nicht mehr derselbe. Alles war wie früher und zum ersten Mal überhaupt wie um es völlig spannungsfrei zu genießen – und doch war es nicht mehr Janssen, nur noch die Hülle davon. Was aber dem Wahnsinn die Krone aufsetzte: Die motorische Beweglichkeit seiner behutsam arbeitenden Finger war gänzlich auf eine Schraube am linken Rad seines Rollstuhls fixiert. Die Mechanik ertastete er mit links so feinfühlig, als wäre es das in sich zurücklaufende Gewinde einer Schnecke, die er gleich zeichnen will.

Der Weg führte von der Intensivstation in die neurologische Abteilung, in die Reha-Klinik und im Rollstuhl zurück in den Mühlenberger Weg. Auch wenn es immer mehr nachließ – sein Aufbegehren –, auch wenn seine Wutanfälle immer leiser wurden und schon alles recht war und es fast keine Mißverständnisse mehr gab – ein schwaches Nachbeben jener einstigen großen Erschütterung, die sein Leben war, ließ doch glauben, daß er noch nicht ganz abgeschlossen hatte, daß da doch noch eine Ahnung ist, wer Janssen war.

Mit der Zeit sieht er manierlicher aus als der richtige Janssen: keine Nikotinfinger mehr, keine Tuschfarben im Gesicht, statt barfuß zu sein, trägt er end-

Lichtenberg + ich – „wer das Gegenteil will kopiert das Original."
Aquarell 24. 3. 1995 (29,5 x 21 cm)

lich seine Hausschuhe. In der Anstalt wären ihm wohl auch die Haare gekämmt worden. Es ist, als wäre wenigstens noch die äußere Hülle vorhanden, die aber täuschend ähnlich jenem Janssen, den du kennst. Gestik, Mimik, der ganze Habitus – alles ist wie früher. Auch muß er sich wie immer unablässig mitteilen. Selbst wie er unter dem Reden plötzlich die Augen auf dich richtet, als wollte er prüfen, ob du verstanden hast – auch das ist der alte Janssen, und natürlich beeilst du dich mit dem Kopf zu nicken und kehrst in den bekannten Tonfall zurück. Und dann dieses verschmitzte, wissende Lächeln, wenn er das Bündnis gegen die Frau sucht, die ihn gerade betüdelt, und er die Worte hören will: „Kümmere dich nicht darum, es ist sowieso nicht zu ändern" – dann, ja, dann ist es wie immer. In dieser Sekunde durchzuckt dich der Gedanke: Er spielt nur. Er weiß alles. Er versteckt sich nur hinter seinem Wahnsinn. Er genießt es sogar, wenn wir über ihn wie über einen Kranken sprechen. Längst hat er sich aus der Welt verabschiedet, in der alle immer noch auf Heilung hoffen und besonders Lamme nicht müde wird, Therapien zu ersinnen und alte Freunde herbeizuholen, damit sich die Spur einer Erinnerung auftut.
Solche Besuche beendete Janssen, wie aus einer anderen Welt kommend, damit, daß er sich brüsk in seinem Rollstuhl wegdrehte und nur noch gegen die Wand sah.

Wie wir alle war auch Frielinghaus auf der Suche nach einem tröstenden Wort. Er glaubte, etwas verstanden zu haben, rückte näher heran, folgte Janssen mit dem Ohr bis auf die Lippen: „… aber dann war es doch wieder nur ein Weihnachtslied". Frielinghaus hatte bei Janssen ein Comeback erlebt. Er sollte Lithographien drucken und hatte auch schon drei Steine von Dickus Heitmann aus Rissen abgeholt. Janssen hatte ihn Ende Januar 1995 gerufen und auch gleich briefliche Vereinbarungen getroffen, daß nun endlich die Restauflagen von den Steinen zu ziehen seien, die er schon 1985 und 1986 bezeichnet hatte. Es ging weniger um Geld als darum, sein lithographisches Werk in Ordnung zu bringen.
Anfang 1994 hatte Janssen einen neuen, soundsovielten Anlauf unternommen, mit Dickus Heitmann zu einem geregelten Auflagendruck zu gelangen. Jahrelang war er ihm für jeden Stein, den er in seiner Rissener Werkstatt bekritzelte, genau den Farbstein schuldig geblieben, der aus dem launigen Schlenker erst ein vollständiges Litho gemacht hätte. Lieber kolorierte er mit Aquarellfarben einen provisorischen Andruck, um anzudeuten, was auch auf dem Stein möglich wäre, als für eine lithographische Vorzeichnung die schon

eingeplanten Farbsteine zu Ende zu arbeiten. Zur Begründung sagte Janssen: „Ich soll ihm einen Stein beschmutzen. Die Folgekosten trage dann ich. Kommt nicht in Frage." Der Freundschaft tat es keinen Abbruch. Wenn es 1994 einen Neuanfang geben sollte, dann nur, weil er für das Geschäftliche seine Tochter vorschicken wollte. Selbst fühlte er sich dem liebenswerten Freund und seinen vertrackten Heimlichtuereien wehrlos ausgeliefert. Am 3. Januar wurde seit langem mal wieder das erste Auflagenlitho hundertfach durchsigniert: *Hase und Krähe*.[26] Im März war das Projekt vorläufig gescheitert. Janssen stellte fest: „Für den Künstler bleiben nur 15 %. Wir haben nicht mehr 1972. Ich bin Picasso." Die Anspielung auf Picasso war nicht aus der Luft gegriffen, denn inzwischen hatte er, wie der frühe Picasso in seiner Buffon-Serie, weitere Tiermotive auf Stein getuscht – eine kleine Serie sehr anrührender Tierdramen.

Nach wie vor bezahlte Dickus Heitmann Mitarbeiter, die pausenlos für ihn druckten. Janssen war das unheimlich. Denn er wußte ja, was er zum Auflagendruck freigegeben und was er signiert hatte. So zog sich die lithographische Arbeit das ganze Jahr in die Länge, ohne daß eine solide Regelung zustande kam. Der Plan, die alten Auflagen auszudrucken, war nur mit Frielinghaus zu realisieren. Hinzu kam freilich noch: Auch als Kunstdrucker war der Kaufmann Dickus Heitmann weniger erfolgreich als der Künstler Frielinghaus in der Rolle des Händlers und Kaufmanns. Frielinghaus beschränkte sich wohlweislich auf kleine Anteile an den Restauflagen. Für ihn war der direkte Kontakt am wichtigsten. Niemand kam an die erlesenen und ausgesucht schönen Japanpapiere so heran wie er. Von einigen handgeschöpften Papieren gab es manchmal nur hundert oder weniger Bögen. Über Nao hatte er den Zugriff darauf und sich im Laufe der Zeit ein kostbares Lager aufgebaut. Dickus Heitmann war dagegen wie die übrigen Drucker auf den gewöhnlichen Papierhandel angewiesen. Seine auf Industrie-Bütten gefertigten Andrucke inspirierten Janssen gar nicht.

Als Frielinghaus deshalb im Januar 1995 wieder die ersten Lithographien vom Stein zog – *Lamme-toy – wir haben so glückliche Tage* vom 25. November 1986[27] –, war das vor allem ein Erfolg seiner feinen Japanpapiere. Schon beim übernächsten Stein stockte die Arbeit. Erst ein zusätzlicher Farbstein hätte den Druck der Lithographie gerechtfertigt. Janssen versprach ihm, diesen Stein in seiner Werkstatt herzustellen. Seit vier Jahren hatte Frielinghaus am Falkenried eine lithographische Werkstatt extra für Janssen eingerichtet und ihn mit einem aufgeräumten und ausschließlich auf seine Bedürfnisse zugeschnittenen Arbeitsplatz sozusagen geködert. Endlich war es soweit. Frielinghaus sah

sich in seine alte Rolle zurückkehren. Als seine langjährige Freundin in diesen Tagen ihre Habseligkeiten aus seiner Wohnung abzog, spürte er kaum Schmerzen. Janssen war wieder für ihn da.
Der schwere Schlaganfall vom 25. März kam dann dazwischen. Frielinghaus sollte selbst noch in dem gleichen Jahr wie Janssen sterben, nur vier Monate später. Der Tod hat ihn mit erschreckender Geschwindigkeit hingerafft. Auf der Beerdigung von Janssen konnte man Frielinghaus sagen hören, daß ihm etwas vor dem Magen stünde. Als im September Krebs diagnostiziert wurde, war dieser so gefräßig, daß ihn keine Operation und keine Chemotherapie stoppen konnten.

Alle waren immer überzeugt, daß Frielinghaus sie überleben würde. Er lebte so genügsam – dünstete sich zu Mittag einen Lauch. Wer tut das? Eine Schale grüner Tee – am besten schon mal aufgegossen –, ein Müsliriegel und die Heizung nicht so weit aufgedreht. Er arbeitete gegen die Kälte an. Wenn er viel und ausgiebig gedruckt hatte, wurden die Risse in seinen Händen zu Tälern und Schluchten. Eine Urgebirgslandschaft tat sich in den Falten der Finger auf, aus denen die Zeit entwichen war. Irgendwie war er schon zu Lebzeiten mumifiziert, und es sah aus, als wenn der Tod nichts an ihm finden würde.
Die letzten Wochen waren dann ein Wettlauf mit der Zeit. Die Riesensammlung war unterzubringen – im ganzen und so, daß sie möglichst geschlossen erhalten bleibt. Das Vermächtnis seiner und Janssens Kunst.
Wer Frielinghaus kennengelernt hat, vergißt ihn nicht. Obwohl er sich gern versteckte – hinter Freundlichkeit, hinter Bescheidenheit und Nettigkeit, hinter jeder Menge Arbeit –, ging von ihm eine Intensität der Wahrnehmung aus, der sich niemand entziehen konnte. Wo er ging und stand, führte er eine Welt mit sich, und nur allzu gern ließ man sich in seine Welt entführen – am besten in seine Radierwerkstatt am Falkenried. Da lebte und werkelte er demonstrativ abgeschirmt. Es lag da immer so viel herum – wie zufällig und doch von einem undurchsichtigen Plan zusammengehalten –, so daß man nicht auf die Idee gekommen wäre, irgendetwas anzufassen oder aufzuheben. Nur kucken – das mußte man, und wie unter einem geheimen Zwang wurde das Auge auf die vielen kleinen Dinge gestoßen – manchmal nur auf einen Schnipsel Papier, eine getrocknete Blüte, eine plattgefahrene Dose. Und alles sah bei ihm viel interessanter aus als irgendwo sonst. Er war auch ein Meister der Dekoration und seine Werkstatt ein Kunstwerk.
Dabei roch es nach Arbeit. Alles diente der Herstellung, der Sammlung und Sichtung dieser wunderbar bedruckten kleinen Papiere. Er selbst inszenierte

sich in der Tradition des namenlosen Handwerks, das seine Wurzeln im Mittelalter hat. Die Schürze, die er beim Drucken über seiner blauen Latzhose trug und in der er seine von Druckerschwärze eingefärbten Hände vieltausendmal abstrich, ist für sich allein schon ein Museum der Arbeit. Ein bißchen war es auch der Vorwurf, womit wir denn unsere Zeit verbringen. Frielinghaus war immer beschäftigt.

Was er machte, machte er intensiv. Die Tasse Tee war ein Teezeremoniell, die Verabreichung eines Kandis oder eines Zwiebacks ein Ritual. Weil er immer nur kostete, wendete er eine besondere Aufmerksamkeit darauf und wußte auch in der Zubereitung der Speisen genau Bescheid, und wie selbstverständlich kannte er sich in den Gewürzen aus. Deshalb fand bei aller Kargheit immer der Genießer Bewunderung. Mit Jens Burg und seiner Kaffeerösterei verband ihn eine späte Freundschaft. Für ihn fuhr er als Teeverkoster in den Hamburger Freihafen.

Von Frielinghaus haben wir gelernt, was Papier ist. Wir haben gelernt, daß es ein Universum unterschiedlicher Papiere gibt – neue, alte Papiere, saugfähige und abstoßende, kurzlebige und dauerhafte. Unter seiner Anleitung haben wir uns richtig verliebt in besondere Sorten und wie sie geschmeidig durch die Hand laufen. Für diese Papiere ist Frielinghaus bis nach Japan gefahren – zu Nao in seine Papiermühle, und in England hat er manchen Lagerbestand aufgekauft. Unter seinen vielen Sammlungen ist die Sammlung von Papier eine der außerordentlichsten. Papier war ihm heilig, und keine Briefmarke und keine Eintrittskarte waren ihm bloß Papier.

Das Papier brauchte er zum Drucken. Er hat für viele Künstler gedruckt, was leicht vergessen wird. Für Jim Dine, David Hockney, Claes Oldenburg, die er in den USA aufgesucht hat und die immer mal angefragt haben, ob er nicht wieder für sie drucken wolle. Aber seit 1970 hatte er vor allem für Janssen gearbeitet. Es war die Zeit, in der dieser mit seiner Feinstrichzeichnerei gerade an ein Ende gekommen war. Frielinghaus war nicht der einzige, der Janssen in die Natur begleitete. Aber er war es, der den weiten Himmel in die kleinen Landschaften zauberte, der die Platten so auswischen konnte, daß Himmel und Erde vor einem hingeduckten, tiefen Horizont wie in der Schwebe waren. Mit seiner Zeichnung ist Janssen Frielinghaus in Gegenden gefolgt, die dieser mit seiner Druckkunst erobert hat. Die Beeinflussung war von vornherein gegenseitig. Frielinghaus hat sich selbst darin gefunden, wünschelrutenartig zu erspüren, wo Janssen hin will, und Janssen hat es ihm mit einer Freiheit gedankt, die aus Frielinghaus einen Künstler gemacht hat. Mit seinen diversen Papieren, mit seinen Farben und Tönen, mit seinem Einfühlungsvermögen und seiner Interpretationsvielfalt hat er ein neues Genre in die Reproduktionskunst eingeführt: den Einzeldruck. Denn jeder Druck ist anders – besonders –, und wer Janssen-Radierungen aus dieser Zeit sammelt, sammelt auch Frielinghaus, wenn er dem einen Druck den Vorzug gibt vor dem anderen.

Janssen war ein Meister in der aus der Luft gegriffenen Bezichtigung und ist seinen Freunden damit auf den Leib gerückt. Frielinghaus war ein Genie der Eifersucht, und jahrelang hat er dafür gesorgt, daß Janssen, wenn er einen Feind brauchte, nur ihn und immer wieder nur ihn hatte. So sind die beiden aneinander gewachsen. Sie haben sich gegenseitig alles abverlangt. Ohne Frielinghaus hätte es nicht die kleinen Landschaften gegeben, nicht die Stilleben aus Svanshall, nicht das Plakat – nicht in der Dimension, die sie im Janssen-Œuvre einnehmen, und es hätte auch nicht noch einmal den Ausflug in die Lithographie gegeben.

Ende der 80er Jahre fühlte sich Janssen jedoch von Frielinghaus so vereinnahmt, daß er es zum Bruch kommen ließ. Der Verlag St. Gertrude, der ihm bei seiner immensen Buchproduktion half, hatte dafür die nötigen Mittel flüssig zu machen und nach und nach die Geschäfte an sich gezogen. Den „Konzern", zu dem sich Janssen entwickeln mußte, um bei seinem Ausstoß von Büchern die künstlerische Unabhängigkeit zu wahren, hätte es nur mit Frielinghaus nicht gegeben. Als Janssen dann auch noch glauben mußte, über sein Lebenswerk als Radierer nicht mehr frei verfügen zu können, genügte eine künstlerische Krise – besonders die Stockungen in der Farbradierung –, und er trennte sich von seinem langjährigen „Freund und Kupferdrucker".

Frielinghaus sah instinktiv in der Lithographie eine neue Chance und eine Zukunft für sich und richtete in einer eigens dafür angemieteten Etage eine Werkstatt ein. Sie blieb die längste Zeit als lithographischer Arbeitsplatz ungenutzt, und so druckte er vereinzelt wieder Radierungen – sogar eine gleichsam verschollene Serie von 1972 – *nature morte*[28] –, die 1994 auf den Markt fand. Nachdem er Janssens Nachstellungen nicht mehr fürchten mußte, warb er als Fünfzigjähriger noch einmal heftig um Susanne Schill, die – unter seiner kundigen Anleitung – gerade in eine Bildhauerlehre aufbrach. Es waren köstlich genutzte Jahre – nur wenig getrübt davon, daß Frielinghaus auch seinen händlerischen Sachverstand an den Mann bringen wollte und in Jörg Hamer einen ergebenen Adlatus fand, der wie weiland er selbst sich auch mal von den Launen seines Meisters traktieren ließ. Frielinghaus wußte freilich immer am besten, was er bei allem Sentiment seiner gewaltigen Janssen-Sammlung schuldig war. Nach dem Ausbruch der Krankheit stand bald fest, daß er keine Zeit mehr haben würde, auch nur einen Bruchteil seiner Lebensarbeit selbst

zu verzehren oder zu zerstreuen und sonstwie aus der Hand laufen zu lassen. Das wenigste davon – auch weil es Janssen zu verhindern suchte – versilberte als seine rechte Hand Jörg Hamer, der sich dann selbständig machte und nur mit einer wöchentlich in der FAZ veröffentlichten Telefonnummer in den Handel einstieg.
Die Sammlung Frielinghaus war Ende 1995 vollständig beisammen, in reichgegliederter Fülle, vom Einkaufszettel bis zum soundsovielten Abzug derselben Radierplatte. Die Stadt Hamburg brauchte nur zuzugreifen. Frielinghaus hatte verzweiflungsvolle Wochen hinter sich, als Heiligabend der Erste Bürgermeister der Hansestadt Henning Voscherau, auch in seiner Eigenschaft als Notar, an seinem Krankenlager erschien. Er wollte eine Stiftung unter Dach und Fach bringen, der sich Frielinghaus aber widersetzte, weil er die in ihrem Auftrag Handelnden nicht für uneigennützig genug hielt. Darüber verstarb er 58jährig am 30. Dezember 1995. Er hatte einen eigenen Tresor im Krankenhaus und war einer der wenigen, der davon bis ganz zum Schluß regen Gebrauch machte.

Im Sommer 1995 hatte Oldenburg einen Veranstaltungsmarathon ausgerichtet, der dem Ehrenbürger der Stadt an vier verschiedenen Orten zu vier Werkkomplexen eine ausgedehnte Hommage bereitete.[29] Herausragend war die Ausstellung von Janssens Radierzyklen – nicht weniger als 47 Zyklen; eher sind es mehr –, zu denen auch im Verlag Manfred Meins ein Katalog erschien,[30] an dem Frielinghaus noch mitgearbeitet hatte. Janssen selbst war, im Rollstuhl von Lamme gepflegt, notgedrungen zu Hause geblieben. Ende August verschlechterte sich plötzlich sein Zustand, nachdem er in den Tagen davor noch einzelne Buchstaben nachzuschreiben gelernt und sogar eine lesbare Krakelzeichnung angefertig hatte, was ihn allerdings sehr erschöpfte. Lamme, die jetzt viel Unterstützung von Verena bekam, war auf die Fortschritte ordentlich stolz. Die Morgentoilette verlief noch wie gewöhnlich, als Janssen an diesem Sonnabend, dem 26. August, einen neuen – dritten – Schlaganfall erlitt. Die Familie stimmte einer abermaligen Überführung ins Krankenhaus nicht zu. Die Ärzte hatten ihrerseits nichts dagegen einzuwenden. Alle Medikamente wurden abgesetzt, auch weil dem Todkranken die Zunge häufig in den Rachen zurückfiel und er nicht mehr richtig trinken konnte. So wurde er, ohne an einem Tropf angeschlossen zu sein, unter Morphium gehalten und trocknete wohl langsam aus.
Während Janssen in dem unteren, von ihm ausgebauten Atelierraum im Sterben lag, war das Haus am Mühlenberger Weg Tag und Nacht in den

Händen der Frauen: Verena Janssen, Lamme, Mutter Marie aus Vancouver und zeitweise Gesche, die sich als seine von ihm oft beschworenen Nornen in seiner oberen Wohnung versammelt hatten und den Schicksalsfaden zu Ende spannen. Darunter lag röchelnd der Sterbende in den Kissen und wurde versorgt. Frielinghaus harrte zwei Stunden bei den Wärterinnen aus, bis er zu ihm vorgelassen wurde; bei mir ging es schneller. Der Kopf lag mit schweißverklebten Haaren weit zurück und sah klein aus mit an die Knochen gepreßter Haut, die vom spitznasigen Profil nach hinten wegfloh. Auch dafür hat er uns wie für so vieles das Bild gegeben: sein Tantchen auf dem Totenlager.[31] Am Donnerstag, dem 31. August 1995, starb er 2.00 Uhr nachts im Alter von 65 Jahren.

Die Republik[32] und besonders Hamburg nahmen an Janssens Tod Anteil. Er ist nicht als verkanntes Genie oder versoffener Maler abgetreten. Längst hatte sich die Meinung durchgesetzt, daß das Jahrhundert eine einzigartige Begabung verlieren würde. Da wurde nicht im Feuilleton Abschied genommen, sondern auf den Titelseiten der Zeitungen und im Innenteil als Fortsetzungsgeschichte[33] und auf einer solchen Breite, daß die ganze Stadt von den prominentesten Bürgern bis zum Taxifahrer hinter ihm zu stehen kam. Aus Hamburg war ein Stück Leben unwiederbringlich weggebrochen. Ein Ausbund an Sinnfülle – „Ein Genie – feinnervig, besessen, lustvoll".[34] „Ein Maler voller Maßlosigkeit, ein Moralist voller Scharfsinn".[35] Der spendable, mit Geschenken um sich werfende, der liebenswürdige, aber auch der schroffe, verletzende und sich einigelnde, sein Lebenswerk mit größter Disziplin verfolgende Janssen wurde beim Namen genannt. Alle Facetten seines widerspruchsvollen Lebens kamen zum Zuge. Keine Seite, und war sie auch noch so verquer, wurde unterschlagen oder heruntergespielt. Er hatte es fertiggebracht und in seiner Person die gegenteiligsten Anlagen so lebendig werden lassen, daß es sich allen mitteilte: ein Mensch, der auf keinen Nenner zu bringen war. „Ein Phänomen, das der Einfachheit halber als Genie bezeichnet wurde."[36]
Das war noch nicht die Würdigung seiner künstlerischen Leistung. Aber es war das Bild, das Janssen von sich selbst all denen gegeben hat, die ihn kennengelernt haben und die sich, so unterschiedlich sie nach Stand und Beruf waren, in ihm wiederfanden – ein nuanciert volkstümliches Bild; wenn man so will: ein letztes Selbstbildnis, nicht gezeichnet, sondern mit dem Leben geschrieben.
Die Trauerfeier fand am 8. September in Oldenburg in der St. Lambertikirche statt. Die Blankeneser Taxifahrer, die in Janssen ihren besten, weil großherzig-

Alles erfahren und alles gesehen haben (Foto Ingrid von Kruse)

sten Kunden verloren hatten, bildeten einen Konvoi von sechzehn Taxis. Mit Trauerflor an den Antennen und Trauergästen im Fond begleiteten sie den Leichnam ehrenhalber aus seiner Geburtsstadt Hamburg heraus und fuhren im Korso nach Oldenburg. Die Gedenkrede hielt Johannes Gross, die ebenso wie die Ansprache von Landesbischof Sievers mit dem Lautsprecher für die vor der Kirche Wartenden nach draußen übertragen wurde: „Wir werden nimmer seinesgleichen sehen."[37] In der Kirche war die Janssen-Gemeinde versammelt: die Familien, die Frauen und Freunde, die Bürgermeister Voscherau und Holzapfel, Politiker wie Hans-Ulrich Klose und Freimut Duve, Publizisten und Künstlerkollegen wie Bissinger und Grützke, aber auch mit schwarzem Schleier auf der Empore eine nichterklärte Verehrerin, sein Postbote und Gärtner Heinzi Adler, Domenica und der zwergenwüchsige Sebastian Drum. Über alle Köpfe hinweg wallte ein Schmetterling auf und nieder, während der Leichnam in einem hellen Eichensarg verschlossen lag. Sohn Clemens spielte die Bratsche, und Adam sah an diesem Tag wie sein Vater aus. Von vier Rappen gezogen, wurde der Sarg auf einem offenen Wagen durch die Innenstadt gefahren. Das gibt es nur in einer Stadt wie Oldenburg: Die mit Einkaufen beschäftigten Bürger wichen betroffen vor dem Trauerzug zurück und schlossen sich dem letzten Geleit zum Gertruden-Friedhof an. Gerhard Schack beugte am offenen Grab das Knie vor dem großen Künstler, und Frielinghaus hatte es schon vor dem Magen.

Um dem Laien einen Eindruck von der künstlerischen Hinterlassenschaft Janssens zu vermitteln, wurde dieser Tage in der Presse immer wieder die Zahl von zwanzigtausend Zeichnungen wiederholt. Janssen hat aber jeden Tag, jede Stunde, Tag und Nacht gezeichnet – ein homo pingens, wie Hildesheimer geschrieben hat: pingo, ergo sum.[38] Die Zahl dürfte also eher noch höher liegen. Wenn sie auch, nach den sogenannten Profizeichnungen gerechnet, wieder auf einen Bruchteil sinkt, zählt doch alles, jeder Schnipsel und jede Augenblickskritzelei, zu dem randvollen Diarium eines erfüllten Lebens.

Auch nach den Beerdigungsfeierlichkeiten kam Janssen nicht aus den Schlagzeilen heraus. Nachdem alle Versuche, ihm ein Museum in der Speicherstadt, im Billhafen oder auf dem Süllberg einzurichten, fallengelassen worden waren, kehrte im September als CDU-Initiative der Katharinenhof ins Gespräch zurück. Das war eine Reaktion darauf, daß Carl und Carin Vogel, weil sie in Hamburg keinen geeigneten Platz fanden, ihre rund zweitausend Blätter umfassende Janssen-Sammlung nach Oldenburg verkauft hatten an die Stiftung des Industriellen Claus Hüppe, der sie der Stadt als Dauerleihgabe überlassen wollte. Oldenburg sollte als Gegenleistung einen musealen Standort zur Verfügung stellen. Nachdem erst das Prinzenpalais favorisiert worden war, läuft es nun auf einen Neubau hinaus, der auch Horst-Janssen-Museum heißen soll. Hamburg geriet in Zugzwang. Die Kunsthalle, die Janssen zu seinem 65. Geburtstag die allererste Ausstellung gewidmet hatte, selbst nur dreißig Blätter und Optionen auf die Sammlungen von Schack und Hegewisch besaß, begann unter ihrem Direktor Schneede und offensichtlich auf Druck des Rathauses die Sammlung Frielinghaus zu umwerben. Einen Rundbrief mit dem vereinnahmenden Titel „Horst Janssen und die Hambur-

ger Kunsthalle" glossierte Frielinghaus noch im September am Rand mit der Bemerkung „alles peinlich", und erst nach dreiviertel Text fand er: „Ja endlich ein guter, richtiger Gedanke."[39]
Plötzlich sah man die Gefahr, daß wichtige Bestände von Janssens Kunst der Hansestadt verlorengehen könnten. Auch zwei Einbrüche trugen dazu bei und führten vor Augen, wie schnell sich alles in nichts auflösen kann. Schon im Mai war Lamme im Haus ihres Vaters empfindlich bestohlen worden. Wenn es auch keine auf Kunstraub spezialisierten Diebe waren – sie ließen den Paravant und alles unter den Pappen zurück, nahmen dafür den Kassettenrecorder mit –, so fehlten am Ende an die hundert Grafiken und einige unersetzliche Zeichnungen, darunter das für Lamme zum Geburtstag 1992 gefertigte *Warzenschwein*.[40] Der Diebstahl von sechs *Laokoon*-Blättern im berühmten Elbhotel ‚Jacob' hatte wenigstens den Vorteil, daß wieder einmal beträchtlich hohe Preise für Janssen-Radierungen in die Tagespresse gelangten.
Für ein eher freudiges Aufsehen sorgte die Entdeckung von Wandmalereien, die Janssen für eine Kneipe in der Kastanienallee – parallel zur Reeperbahn – Anfang der 50er Jahre gemalt hatte und die seitdem unter Lagen neuer Wanddekorationen verschwunden waren.[41] Auch am U-Bahnhof Farmsen wurde ein allerdings immer bekanntes Janssen-Relief neu entdeckt. So blieb er der Stadt erhalten und im Tagesgespräch – immer für eine Überraschung gut. Schließlich setzte sich eine ständige Janssen-Ausstellung im neuen Ungers-Bau – mit wechselnden Themen – durch. Für die einen ein Museum im Museum, für die anderen eine Abseite im Keller. Indessen spricht doch die Abstimmung mit den Füßen eine so deutliche Sprache für Janssen, daß auch Direktor Schneede sich für seine Kunst zu erwärmen beginnt.
Im Januar 1997 erwarb die Kunsthalle Hamburg nach zähen Verhandlungen mit den Erben die Sammlung Frielinghaus: 2200 Radierungen, 300 Zeichnungen, 200 Lithographien, 70 Holzschnitte und 380 Vorsatzzeichnungen in Büchern.[42] Die Sammlung, deren Wert auf ein Vielfaches geschätzt wurde, sollte – nach einer ominösen Formulierung aus dem Testament von Frielinghaus – nicht mehr als drei Millionen Mark kosten. So ist die Stadt also günstig da herangekommen. Fraglich ist freilich, ob dem Vermächtnis von Frielinghaus schon hinreichend gedient wurde. Denn da er von nahezu jeder Janssen-Platte mindestens einen Abzug besaß, reicht die Zahl von 2200 erworbenen Radierungen nicht einmal aus, um Janssens Radierwerk hinlänglich abzudecken, geschweige denn den Drucker Frielinghaus auf der Breite seines Könnens vorzuführen – mit all den Interpretationen, die er mit wechselnden Papieren, Farben, Techniken jeder einzelnen Platte abzugewinnen vermochte.

Es steht nicht schlecht um Horst Janssen: Drei Länder ringen um eine würdige Präsentation seines Werkes. Niedersachsen ist in Oldenburg engagiert mit der Vogel-Sammlung als Grundstock. Hamburg – die „Spröde", als Weltstadt der Weltkunst verpflichtet, kämpft um die Etatisierung einer halben – ($1/2$) – wissenschaftlichen Forschungsstelle. Schleswig-Holstein hütet im Landesmuseum Schloß Gottorf „das Mausoleum aus Papier", wie Janssen seine noch zu Lebzeiten reichlich nach dorthin abfließenden Schenkungen nannte. Thomas Gädeke setzt mit seiner Katalogisierung der Janssen-Bestände Maßstäbe,[43] denen Hamburg und Niedersachsen erst einmal etwas Gleichrangiges zur Seite stellen sollen. So belebt Konkurrenz bekanntlich das Geschäft, und das wird für den Jahrhundertkünstler Janssen, der er im Norden – neben Nolde[44] – ist, auf Dauer zum Vorteil ausschlagen.

Schluß

Janssen gehört in der zweiten Hälfte des 20. Jahrhunderts zu den bedeutendsten Künstlern. Er war zu seiner Zeit der größte Zeichner. Er hat der Zeichnung – besonders auch im Medium der Radierung – zu einer bildmäßigen Eigenständigkeit verholfen, wie das die Franzosen um 1900 für die Lithographie und der Expressionismus für den Holzschnitt geleistet haben. Mehr noch – die Zeichnung war ihm ein universeller Spiegel, mit dem er – wie mit einer Sonde – das Leben in seinen wechselnden Verhältnissen erforscht hat: ein Spiegel der Natur und der Geschichte unseres Sehens. Von der beiläufigen Kritzelei bis zu den überlangen Papierfahnen gibt es keinen Malanlaß, den Janssen nicht genutzt, kein Genre, das er nicht bedient hätte. Sein Werk ist weniger in den Museumsneubauten als in einigen großen Privatsammlungen präsent. Es sind ganz überwiegend Arbeiten auf Papier.
Keine Künstlergruppe, keine Schule, keine Stilrichtung, kein Trend oder Ismus trägt ihn. Dafür hat er eine weit gestreute Gemeinde von aufmerksamen Beobachtern und begeisterten Zeitgenossen, von Hildesheimer und Rühmkorf bis Martin Walser, hinter sich versammelt, aus der besonders eine Stimme viel zitiert wird, weil sie aus berufenem Mund und gleichsam aus der Mitte des Metiers kommt. Walter Koschatzky schreibt anläßlich einer Sammlung von Janssen-Plakaten:

> „Was vor mir liegt, ist eine beglückend fesselnde Abfolge einer Auswahl von gezeichneten und gemalten Plakaten Horst Janssens, den ich – und ich bekenne das uneingeschränkt – unter den Zeichnern unserer Zeit, treffender gesagt: weit darüber hinaus, ja sogar aller Zeiten, für eine der ausdrucksstärksten Persönlichkeiten halte, die je mit dem Zeichenstift, der Feder und dem lavierenden Pinsel umgegangen sind. Ein Könner, der oft zu frappieren vermag, verblüffen und erstaunen macht, allein das wäre zu wenig. Ein denkender Künstler ist er dazu, dessen literarische Äußerungen vielfach den gemalten nicht minder zur Seite stehen, auch das ist es allein nicht. Ein Mensch schließlich ist er, der leidet, Angst hat, getrieben wird, sich befreit und dennoch immer wieder an Grenzen stößt, ein Mensch eben: Damit berührt er vollends, erfaßt er den Betrachter, und gibt er seinem Werk die Kraft und Tiefe."[1]

Schon in den 70er Jahren, als er Bundeskanzler war, hat Helmut Schmidt auf die ausdrückliche Frage nach einem Genie nur eine Antwort gewußt: Horst Janssen. Längst ist er kein Geheimtip mehr und war schon zu Lebzeiten ein Klassiker. Neben Picasso der am meisten ausgestellte Künstler, was auch an seiner übersprudelnden Produktivität liegt und daran, daß sein Werk nicht nur einmal Geschichte gemacht hat, sondern alle Lebensepochen umfaßt und noch dazu ein selbständiges Alterswerk hat, was kaum noch vorkommt.
Janssen ist die Ausnahme. Was es nur alle Jubeljahre gibt, hat er mit nicht zu überbietender Selbstverständlichkeit für sich in Anspruch genommen: Er hat sein zeichnendes Ich zum Zentrum des Welterlebens gemacht und noch einmal die abendländischen Themen an sich gezogen. Er ist der Brückenschlag in die Vergangenheit und die lebendigste Zwiesprache mit den Meistern früherer Zeiten – in einer Vielfalt und auf einer Breite, die ihresgleichen sucht.

Horst Janssen wurde im Jahr der Weltwirtschaftskrise – 1929 – in Hamburg geboren und wuchs bei seinem Großvater in Oldenburg, dem Schneidermeister Fritz Janßen, auf. Seine ledige Mutter starb 1943. Auf der Landeskunstschule in Hamburg war nach dem Krieg Alfred Mahlau sein Lehrer. 1957/58 hatte er mit Farbholzschnitten und frühen Radierungen seine ersten durchschlagenden Erfolge. Der Zusammenbruch des Nationalsozialismus hatte Deutschland isoliert. Geschichte und Geschichten waren im höchsten Grade suspekt. Der Wiederanschluß an die internationale Kunstszene sollte in einer unverdächtigen Sprache erfolgen und wurde mit einer jahrelangen Vorherrschaft informeller und gegenstandsloser Kunst erkauft, als Ende der 50er Jahre von Hamburg die Neue Figuration ausging, deren bahnbrechender Wegbereiter – neben Paul Wunderlich und Reinhard Drenkhahn – Janssen war.
Die 60er Jahre brachten ihm den zweifelhaften Ruhm eines rauf- und sauffreudigen Zeichengenies, den er nie wieder ganz los wurde. In exzessiver Erfüllung aller von der Hamburger Gesellschaft an ihn gestellten Erwartungen schloß er diese Epoche seiner ebenso minutiösen wie maliziösen Feinstrich-Zeichnerei 1968 mit dem Internationalen Grafikpreis der Biennale von Venedig ab.
1970 zeichnete ein *anderer* Janssen nach der Natur und den Meistern der Vergangenheit. Er machte das von keiner „Denkelei" getrübte „unverbildete Kucken" zum Leitfaden seiner restlosen Verausgabung an Natur und Geschichte. Hier erschloß er sich die verschiedenen Welten – der Landschaft, der Erotik, des Stillebens, des Carnevale, des Totentanzes, der Architektur –

und gab sich an sie jedesmal mit solcher Intensität aus, wie das unter den Allerweltskünstlern seiner Tage ganz ohne Beispiel ist. Janssen wurde eine Ausnahmeerscheinung. Bloß auf eine dieser Welten festgelegt, wäre er sich wie eingesperrt vorgekommen. 1975 erhielt er den Schiller-Preis der Stadt Mannheim.
Ab 1980 – als das „alte Europa" vom atomaren Overkill am stärksten bedroht war – trat der Schriftsteller ebenbürtig und gleichberechtigt neben den bildenden Künstler. Er, der das Gefängnis am eigenen Leib kennengelernt hatte, brach nicht aus in Aktion und Materialität, in Raum und Performance, in das in die Wirklichkeiten entbundene „anything goes" und „all is pretty" – er fing mehr denn je zu schreiben an. Schreibend und zeichnend versuchte er, noch einmal der eigenen Biographie die modellhafte Bedeutung einer bis an die Grenze zum Wahnsinn vorstoßenden Ich-Weiterung zu geben. In bester Altersprosa:

Ich will nicht DAS oder DAS oder DAS – ich will ein »NUR« – und das bin ICH und solches ICH will ich NUR als ein Modell, als EINEN Fall trefflich, erschöpfend und vor allem durchsichtig – durchschaubar darstellen.[2]

Früher hatte er die ganze Welt dem Ich aufgeladen. Nun wollte er alles gesehen, alles erfahren, alles ausgesprochen haben. Ihm schwebte eine völlig durchartikulierte Existenz vor. Eine aus der Fülle seines Erlebens gespeiste „Handschriftlichkeit"[3] sollte Bild und Text einander aufschließen helfen. Unter den Bedingungen moderner Reproduktionstechniken wurde deshalb das Buch zu demjenigen Medium, in dem sich der erklärte Zeichner den Herausforderungen des Schreibers und auch noch denen des Malers stellte. Janssen ist am besten zwischen den Deckeln eines Buches aufgehoben.
Der 19. Mai 1990 bildete eine schmerzhafte Zäsur. Janssen stürzte mit seinem Balkon ab, trug eine beidseitige Hornhautverätzung davon und wurde vorübergehend blind. Mit den Augen wurden ihm auch das Licht und das Leben noch einmal wiedergeschenkt. Die Rückkehr in eine nie gesehene Farbigkeit, in Landschaft und Aquarell, schlägt den Bogen zurück zu dem „Immer-Zeichner", als der er sich zuletzt sah. Er ist der ruhelose Mensch, der ein Leben lang der „schrecklichen Lust des Auges" gefolgt ist und alles wie in einem Tagebuch aufgezeichnet hat, das er uns in mehr als hundert Janssen-Büchern hinterlassen hat.
Er war Mitglied dreier Akademien: Hamburg – Berlin (Ost) – München. Am 31. August 1995 starb er an den Folgen eines Schlaganfalls. Er hatte die

Frauen, den Alkohol, den Tod, jeden Augenblick seines Lebens *wie* eine Droge benutzt und einen unersättlichen Gebrauch davon gemacht. Alles wurde ihm zu unerhörtem Anreiz, und wie die gefährlichste Droge bescherte es ihm jedesmal zwischen Sieg und Niederlage ein gewaltiges Drama.

Einen wie seinesgleichen werden wir nicht wieder sehen – nicht mehr in diesen Abgrund aus Verzweiflung und Größenwahn blicken, nicht mehr hingerissen sein von dem Ausbund an Talent, von seinem Witz und dem Wechselbad der Gefühle. Dafür sind nun seine Bilder, Texte und Bücher da.

Anmerkungen

Der Stern * steht für Horst Janssen, wann immer er als Autor, Herausgeber, Initiator oder Freund an der Publikation beteiligt war. Zur leichteren Benutzung sind den Quellenangaben gelegentlich noch Angaben in Klammern beigefügt. Sie beziehen sich auf die beiden Sammelbände:
* *Querbeet. Aufsätze, Reden, Traktate, Pamphlete, Kurzgeschichten, Gedichte und Anzüglichkeiten.* Christians Verlag, Hamburg 1981.
* *An und für mich. Selbstisches, Briefliches, Poetisches, Hämisches, Deklamatorisches, Gesprochenes und alles Gedruckte 1981–1986.* Deutscher Taschenbuch Verlag, München 1986.

Diese Textsammelbände sind in der Regel besser zugänglich als die erstgenannten und oft weit verstreuten Quellen.
Die ausführlichen Quellenangaben befinden sich in der Bibliographie (s. S. 631 – 650), die nach Erscheinungsjahren geordnet ist. Das in den Anmerkungen stets mitgenannte Erscheinungsjahr soll das Aufsuchen der vollständigen Titelangabe erleichtern helfen.

Einleitung (S. 11 – 20)
1 * *Brief an Lucie* (Gertrudenformat) 1985 (* *An und für mich.* S. 225)
2 Stefan Blessin: *Horst Janssen. Eine Biographie.* 1984. Hier sind die frühen Jahre ausführlich geschildert.

Das Gefängnis – mehr als eine Metapher (S. 21 – 52)
1 Gnadengesuch für den Kunstmaler Horst Janssen von Dr. Herbert Ernst Müller an das Amtsgericht Hamburg vom 23. Februar 1955
2 Ebenda S. 6
3 Ebenda S. 6
4 Ebenda S. 3
5 Ebenda S. 2
6 Strafprozeß-Akte Horst Janssen. Strafanzeige 14. Oktober 1953. Blatt 13. Mordkommission S. 10
7 Dr. Müller an Horst Janssen 6. Juni 1955
8 Amtsgericht Hamburg 24. Mai 1955. „In der Strafsache gegen […] Horst Janssen […] wegen versuchten Mordes."
9 * *Über die Trauer + Hoffnung* 1969. – In: * *Querbeet* 1981. S. 58
10 Urteil im Namen des Volkes! In der Strafsache gegen den Kunstmaler und Grafiker Horst Janssen. 25. März 1954. Amtsgericht Hamburg AZ 138 Schö 28/54 II
11 Ebenda S. 3
12 Ebenda S. 4 – 8
13 Strafprozeß – Akte Horst Janssen. Mordkommission Blatt 13. S. 10
14 Ebenda. Blatt 15. S. 11 ff.
15 Urteil vom 25. März 1954. Rechtliche Würdigung. S. 8 ff.
16 * *Johannes* 1989. S. 287
17 Ebenda S. 201 ff.
18 Ebenda S. 199

19 Ebenda S. 200
20 * *Svanshall verkehrt* 1987
21 * *Johannes* 1989. S. 193 ff.
22 * *Svanshall verkehrt* 1987
23 * *Johannes* 1989. S. 200
24 Ebenda S. 199 f.
25 * *Der kleine Künstler*. – In: *Katalog lieferbarer Janssen-Plakate und -Schmuckblätter* 1985 (* *An und für mich* S. 238)
26 * *November 1975* (* *Querbeet* S. 278)
27 Ebenda (* *Querbeet* S. 282 f.)
28 * *Tagebuch einer Reise nach Pforzheim* 1986. Unveröffentlichter Entwurf. – Vgl. * *Laokoon. Die Bäume der Annette* (Gertrudenformat X) 1986. S. 37
29 * *Johannes* 1989. S. 49 ff.
30 * Unveröffentlichtes Manuskript vom 24. Dezember 1954 nachts
31 Ebenda
32 Vgl. Stefan Blessin: *Horst Janssen. Eine Biographie* 1984. S. 142 ff.
33 Urteil vom 25. März 1954. S. 4
34 Ebenda S. 4
35 * *Johannes* 1989. S. 295
36 Hundertwasser aus Neuseeland am 15. Februar 1996. – In: *Horst Janssen. Ich bin ganz Auge.* Hrsg. v. Wieland Schmied 1996. S. 4

Mit und ohne Mahlau (S. 53 – 77)
1 Seit 1988 erscheint im Verlag St. Gertrude die Reihe der Werkübersichten, die auf elf Bände geplant ist.
2 Stefan Blessin: *Horst Janssen. Eine Biographie* 1984. S. 48
3 Das sind Themen, die in der Zeit so oder ähnlich auch bei Janssen wiederkehren. Vgl. * *Landschaften* 1989. Abb. 8, 10, 11, 14
4 Peter Reindl: *Alfred Mahlau und seine Schüler* o. J.
5 Erich Lüth (Hrsg.): *Neues Hamburg. Zeugnisse vom Wiederaufbau der Hansestadt* 1951. Arbeiten von Janssen: S. 11, 20, 70, 84
6 * *Landschaften* 1989, bes. Abb. 9 – 14
7 * *Das Tier* 1995. Abb. 3
8 Ebenda bes. Abb. 13 – 35
9 Ebenda bes. Abb. 16 u. 17. * *Retrospektive auf Verdacht.* Hrsg. v. Spielmann 1982. S. 27
10 Stefan Blessin: *Horst Janssen. Eine Biographie* 1984. S. 81 u. 99
11 * *Freitag 14. Mai. Horst Janssen zum 14. November 1989* 1989
12 * *Alfred Mahlau – Der Zeichner und Pädagoge.* – In: * *Querbeet* 1981. S. 420
13 * *Frauenbildnisse* 1988, bes. Abb. 9 – 30
14 * *Landschaften* 1989. Abb. 12, 13, 15 – 19
15 * *Das Tier* 1995. Abb. 13-15, 22, 28 – 30
16 * *Gottorf. Der ausgedachte Schüler – eine unzeitgemäße Belehrung* (Gertrudenformat IX) 1986
17 * *Der kleine Künstler. Ein Fragment oder: Der Anfang einer Geschichte* 1985. – In: *Katalog lieferbarer Janssen-Plakate und -Schmuckblätter* 1985 (* *An und für mich* S. 237 ff.)
18 * *Landschaften* 1984. Abb. 26
19 * *12 aquarellierte Monotypien 1947. Horst Janssen zum 65. Geburtstag am 14. November 1994*
20 * *Das Tier* 1995. Abb. 23–35
21 Carl Vogel: *Über die Holzschnitte von Horst Janssen* 1996. Abb. 4. * *Retrospektive auf Verdacht* 1982. Abb. 38
22 Vgl. * *Das Tier* 1995. Abb. 13, 14, 22, 29, 30, 38
23 * *Retrospektive auf Verdacht* 1982. Abb. 9
24 Carl Vogel: *Über die Holzschnitte von Horst Janssen* 1996. Abb. 12
25 Ebenda Abb. 13
26 * *Retrospektive auf Verdacht* 1982. Abb. 43
27 Ebenda Abb. 27 u. 28. „Eifersucht" wird Janssen später einen der Holzschnitte betiteln. Ein von der Hamburger Kunsthalle 1948 erworbenes Bild von Kirchner trägt den Titel „Das Paar vor der Gesellschaft" 1923. 1950 lief dort eine Ausstellung mit Holzschnitten Kirchners.
28 Stefan Blessin: *Horst Janssen. Eine Biographie* 1984. S. 135 ff.
29 * *Radierungen 1957 – 1969* 1989. R. 33
30 * *Holzschnitte 1957 – 1961* 1987. Nr. 23, 19, 9, 13
31 Ebenda Nr. 4, 5, 22

32 Laszlo Glozer: *Westkunst. Zeitgenössische Kunst seit 1939* 1981. S. 500. – Vgl. Wieland Schmied in: * *Ausstellungskatalog Kestner Gesellschaft 1965/66.* Hrsg. v. Vogel 1965. S. 20. „Wie der Tachismus seinen entscheidenden Durchbruch in Frankfurt erlebte […]; wie Berlin in Werner Heldt der Künstler erstand, der aus der allgemeinen Trümmerballade die kühlen Strophen einer unzerstörbaren Stadt schuf; wie in Düsseldorf die Gruppe ›Zero‹ nach Möglichkeiten suchte, Naturkräfte, Licht, Feuer, Rauch, zu artikulieren […]; so ging von Hamburg in den Nachkriegsjahren eine Renaissance der Zeichnung und der Graphik aus."
33 Abgebildet in * *Holzschnitte 1957 – 1961* 1987

Die 60er Jahre: Mimesis an das Medium
(S. 78 – 115)
1 * *Paul Wunderlich. Vorbild, Lehrer und Gegensatz* (Gertrudenformat XI) 1987
2 * *Farbholzschnitte. Werkverzeichnis 1957 – 1961* 1987. Abb. 3
3 * *Radierungen. Werkverzeichnis 1957 – 1969* 1989. Abb. R 4
4 Laszlo Glozer: *Westkunst. Zeitgenössische Kunst seit 1939.* S. 500. Vgl. auch Wieland Schmied: *Notizen zu Horst Janssen.* – In: * *Ausstellungskatalog Kestner Gesellschaft Hannover 1965/66.* Hrsg. v. Vogel 1965. S. 20
5 * *Frauenbildnisse* 1988
6 * *Radierungen* 1989. Abb. R 24
7 Ebenda R 25
8 Ebenda R 37
9 DER SPIEGEL 36/1995. S. 213
10 * *Radierungen* 1989. Abb. R 63 und R 64
11 Ebenda R 65 bis R 94
12 * *Margaret oder das wahre Leben von Richard Hey* 1959. – In: *Ausstellungskatalog Kestner Gesellschaft 1965/66.* Hrsg. v. Vogel 1965. Nr. 340 a–i
13 * *Radierungen* 1989. Abb. R 35
14 Ebenda R 97 – R 111 und R 193 – R 210
15 Ebenda R 85
16 Vgl. ebenda R 321
17 Ebenda R 286
18 Ebenda R 273
19 Ebenda R 277
20 * *Radierungen* 1989. R 266, R 265, R 302
21 * *Plakate* 1978. Abb. 3, 6 – 9, 11
22 * *Paul Wunderlich* 1987. S. 28 f.
23 Stefan Blessin: *Horst Janssen. Eine Biographie* 1984. S. 220 ff.
24 Buchholz + Pyroth: *Horst Janssen, Katalog Frühjahr 1996.* Abb. 2 u. 7
25 Ebenda Abb. 8 u. 12
26 Ebenda Abb. 9
27 Hauswedell & Nolte: *Kunst nach 1945.* Auktion 319 am 6. Juni 1996. Nr. 175 u. 176
28 Stefan Blessin: *Horst Janssen. Eine Biographie* 1984. S. 298 ff.
29 * *Radierungen* 1989. R 113 ff. und R 158 ff.
30 * *Paul Wunderlich* 1987. S. 14
31 * *Frauenbildnisse* 1988. Abb. 83 u. 84. – * *Ich bin nur ganz Auge* 1996. Abb. 7, 15, 17
32 * *Zeichnungen* 1970
33 Ebenda
34 Ebenda
35 „Generalstaatsanwalt verteidigt das Schweigen" lautet eine Briefcollage an Ernst Buchholz von 1965. Ein nacktes Mädchen hält sich mit beiden Händen die Scham zu. Buchholz + Pyroth a.a.O. Abb. 11
36 * *Zeichnungen* 1970
37 Ebenda
38 * *Ausstellungskatalog Kestner Gesellschaft Hannover 1965/66.* Hrsg. v. Vogel 1965. S. 19
39 * *Zeichnungen* 1970
40 Ebenda *Tasche, Svanshall, Litze* 1969
41 Ebenda S. 9 (* *Querbeet* S. 61 f.)
42 * *10 Zeichnungen aus der Sammlung Poppe* 1966
43 Brief an Carl Vogel (1965) – unveröffentlicht
44 * *Zeichnungen* 1970. S. 7 (* *Querbeet* S. 61)

Die 70er Jahre: Natur und Geschichte
(S. 116 – 134)
1 * *Zeichnungen* 1970. *Mooreje*
2 Brief an Carl Vogel (1965) – unveröffentlicht
3 Ebenda
4 * *Zeichnungen* 1970. S. 7
5 * *Johannes* 1989. S. 304
6 Ebenda S. 305
7 * *Zeichnungen* 1970. *Karlsfält*
8 * *Johannes* 1989. S. 305
9 * *Hokusai's Spaziergang* 1972. S. 8 (* *Querbeet* S. 154)
10 Ebenda
11 * *Zeichnungen.* Hrsg. v. Koschatzky 1984 (* *An und für mich* S. 167 ff.)
12 **Brief an Lucie.* – In: * *Signatur.* Hrsg. v. Rommerskirchen 1985 (**An und für mich* 1986. S. 217 f.)
13 * *Zeichnungen* 1984 (* *An und für mich* S. 170)
14 Ebenda (* *An und für mich* S. 167)
15 Ebenda (* *An und für mich* S. 168)
16 Ebenda (* *An und für mich* S. 171)
17 * *Kestner-Gesellschaft Hannover.* Katalog 1973
18 * *Paul Wunderlich* (Gertrudenformat XI) 1987
19 * *Pforzheim* (Gertrudenformat VIII) 1986. S. 8 (* *An und für mich* S. 374)

Inszenierungen (S. 135 – 162)
1 * *Hokusai's Spaziergang* 1972. S. 9 (* *Querbeet* S. 154)
2 * *Norwegisches Interview* 1985 (* *An und für mich* 1986. S. 247)
3 * *Die Kopie* 1977. Abb. 13 und 14
4 * *Johannes* 1989. S. 306
5 * *Die Kopie* 1977. Abb. 7, 9, 60, 77. Schack nennt es „Kopie ohne Vorlage".
6 Ebenda S. 420
7 * *Radierzyklen* 1995. S. 126 ff.
8 * *Die Kopie* 1977. Abb. 31 ff.
9 Heinz Spielmann: »Ich und meinesgleichen«. Horst Janssen und seine Wahlverwandten. – In: H. Spielmann, J. Gross: *Zwei Oldenburger Janssen-Reden* 1996

10 *Verzeichnis aller Janssen-Radierungen des Jahres 1970.* Hrsg. v. Frielinghaus 1991. Nr. 42 u. 51
11 * *Die Kopie* 1977. Nr. 24
12 Vgl. * *Johannes* 1989. S. 257 ff.
13 Ebenda S. 302
14 Ebenda S. 298
15 Ebenda S. 259
16 * *Bettina* 1973 (* *Querbeet* S. 232)
17 Ebenda (* *Querbeet* S. 200 – 234)
18 * *Radierzyklen* 1995. S. 137 ff.
19 Ebenda S. 141 ff.
20 Ebenda S. 126 ff.
21 * *Bettina* 1973 (**Querbeet* S. 203 ff.)
22 * *November* 1975
23 * *Vriederich. Briefe an Viola* 1986. S. 86
24 Ebenda S. 14
25 Ebenda S. 14
26 Ebenda S. 32
27 Ebenda S. 60
28 Ebenda S. 66
29 Ebenda S. 68
30 Ebenda S. 87
31 * *Phÿllis* 1984
32 Die erste Serie soll charakteristischerweise der Satz von Viola ausgelöst haben: „Janssen, richtig aquarellieren kannst du nicht." – In: * *Phÿllis* 1984 – im Anhang über dem Impressum.
33 Ein dritter Schub erotischer Aquarelle ist Kerstin Schlüter gewidmet: * *Phÿllis* 1984. Besonders vom November 1978.
34 * *Hundert Plakate* 1991. S. 150 (* *Querbeet* S. 410)
35 * *Zeichnungen.* Hrsg. v. Koschatzky 1982 (**An und für mich* S. 107)
36 * *Rede zur Vorstellung des Buches »Die Kopie« am 31. März 1977.* – In: * *Querbeet* 1981. S. 308
37 Ebenda S. 313
38 * *Landschaft* 1974
39 * *Subversionen* 1972. – * *Mißverständnisse* 1973
40 * *Das Tier* 1995. Abb. 247, 253 ff.
41 * *Carnevale di Venezia.* Hrsg. v. G. Schack 1973
42 * *Svanshall* 1977

Moderne und Modernismus (S. 163 – 184)
1 Laszlo Glozer: *Westkunst. Zeitgenössische Kunst seit 1939.* 1989
2 Günter Metken: *Über die Antiquiertheit der Biennale.* – In: das kunstwerk 11 – 12 XXI. 1968. S. 34 f.
3 Wolfgang Hildesheimer: *Janssen und wir.* – In: * *Zeichnungen.* Hrsg. v. Koschatzky 1982
4 * *Minusio 24. 6. 1972* 1973
5 * *Nature morte* 1993. Abb. 58 ff.
6 Beispiel: * *Landschaften* 1989. Abb. 367
7 Abb. in Stefan Blessin: *Alle Macht geht vom Auge aus. Goethe besucht Janssen* 1976. S. 127
8 Texte zu * *Svanshall* 1977 (* *Querbeet* S. 288 ff.)
9 Vgl.: * *Über das Zeichnen nach der Natur.* – In: * *Hokusai's Spaziergang* 1972. S. 11 (* *Querbeet* S. 157)
10 * *Landschaft* 1974 (* *Querbeet* S. 187 f.)
11 Ebenda (* *Querbeet* S. 189)
12 * *Hokusai's Spaziergang* S. 10 (* *Querbeet* S. 155 f.)
13 *Reineke, Apel, Wienand und Steiner oder: Über den Verlust der Lüge.* – In: DIE ZEIT 1973 (* *Querbeet* S. 238)
14 Ebenda (* *Querbeet* S. 235 – 246)
15 Ebenda (* *Querbeet* S. 244)
16 * *Landschaften* 1989. Abb. 282 – 289
17 Vgl. besonders * *Nature morte* 1993. Abb. 17, 26, 29, 30, 36, 436
18 Hier ist die Nähe zu Ernst Jünger zu spüren, auf den auch die Inspiration zu dieser Zeichnung zurückgeht.
19 * *Zeichnungen.* Hrsg. v. Koschatzky 1982. Abb. 57; auch: * *Nature morte* 1993. Abb. 182
20 Das Blatt gehört zu den Zeichnungen, die Janssen zerrissen hat und die ihm um so besser gefielen, als sie wieder zusammengeklebt waren. Sonst hätte er es nicht in seiner Werkübersicht *Nature morte* unter dem Titel *Venedig* auf einer Doppelseite abgebildet. – Die Entstehung haben wir uns folgendermaßen vorzustellen: Janssen legt seinem Thema eine angefangene Architekturzeichnung zugrunde. Zwischen die im Umriß nur undeutlich erkennbaren Bauten plaziert er seine Apfelreste. Er unterbricht sich bei der Arbeit, die Zeichnung bleibt liegen, und er holt sie erst wieder hervor, als er einen Brief an den Verleger Michael Klett schreiben will: „Mein lieber Michael Klett, ich will nochmal in meinem kurzen Leben [...]" Weiter kommt er nicht, weil er das Blatt (in einem ihn anwandelnden Unmut?) zerreißt und die Teile achtlos auf dem Boden zerstreut. Als ich an dem Tag Janssen mittags besuche, sitzt Frielinghaus schon mit anderen Gästen da. Unter dem Geplauder gucke ich mich im Atelier um und hebe einen Schnipsel Papier auf, der Reste einer Zeichnung erkennen läßt. Janssen nimmt ihn mir aus der Hand, fügt mit dem Stift einen das Stück Papier diagonal schneidenden Zweig hinzu und schreibt darauf wie zur Begrüßung: „Tach dein Janssen." – Als ich im Laufe des Nachmittags andere Reste der Zeichnung um das Telefon herum liegen sehe, kann ich das Blatt fast vollständig wieder zusammensetzen. So hat eine Reihe von manipulierten und unmanipulierten Zufällen teil an der (Wieder-) Entstehung der Zeichnung. In Janssens Auge wird sie dadurch nur besser. Und es spricht für seine Ästhetik, daß sich auch das zur Begrüßung hinzugefügte Fragment eines Zweiges zwanglos da einpaßt.
21 * *An und für mich* 1986. Buchumschlag rückseitig
22 * *Kleines Geste-Buch* 1974
23 * *Fixierte Augenblicke* 1982. – Das in Zusammenarbeit mit Karlheinz Grünke entstandene Buch macht die mit Polaroid „festgehaltenen Augen-Blicke" zum Leitfaden einer Reise um und durch das Haus am Mühlenberger Weg. Vgl. *Wols, Janssen Gieraltowski. Drei künstlerische Aspekte der Photographie.* Staatliches Kunstmuseum Dresden 1989
24 * *Ergo-Texte* 1980 (* *Querbeet* S. 362)
25 Wolfgang Hildesheimer: *Janssen und wir.* – In: * *Zeichnungen.* Hrsg. v. Koschatzky 1982

Macht und Übermacht (S. 185 – 198)
1 * *Selbstbildnisse* 1994. Abb. 144
2 * *Ergo-Texte* 1980 (*Querbeet* S. 363)
3 * *Die Kopie* 1977. Abb. 46 ff.
4 Ebenda Abb. 48
5 Ebenda Abb. 135 – nach einer eher blassen Radierung des Monogrammisten L.D.
6 Friedensreich Hundertwasser am 15. 2. 1996. – In: * *Ich bin nur ganz Auge.* Hrsg. v. W. Schmied 1996. S. 4
7 * *Anmerkungen zum Grundgesetz* 1991. S. 3 (* *An und für mich* S. 14)
8 * *Brief an Lucie* (Gertrudenformat) 1985 (* *An und für micht* S. 225)
9 * *Kopie* 1985. – In: * *An und für mich* 1986. S. 272
10 * *Pforzheim. Joannes Reuchlin – studia humaniora* 1986 (Gertrudenformat VIII) S. 24 (* *An und für mich* 1986. S. 380)

Das Plakat (S. 199 – 209)
1 * *Plakate.* Hrsg. v. Helga u. Erich Meyer-Schomann 1978
2 Ebenda Nr. 1 und 2
3 Ebenda Nr. 6 – 11
4 Ebenda Nr. 16 – 24
5 Vgl. ebenda Nr. 30, 31, 39, 43
6 Ebenda Nr. 47 – 53
7 Ebenda Nr. 32 – 34
8 Ebenda Nr. 56
9 Ebenda Nr. 54, 58, 62
10 Ebenda Nr. 67 – 78. – * *Hundert Plakate.* Hrsg. v. Koschatzky 1991. Nr. 38 ff.
11 * *Hundert Plakate* 1991. Nr. 67
12 Ebenda Nr. 39, 48
13 Ebenda Nr. 64
14 Ebenda Nr. 56, 60, 68
15 Ebenda Nr. 76
16 Die Umschlagzeichnungen für das Heft *Umsoonst* ergeben ein Plakat: ebenda Nr. 50
17 Ebenda Nr. 38
18 Ebenda Nr. 48
19 Ebenda Nr. 56
20 *66 Janssenplakate* 1982. Nr. 63 – Quellen für die Beschäftigung mit dem Plakat sind auch: *Katalog lieferbarer Janssen-Plakate und -Schmuckblätter* 1984. *Plakat-Heft* 2. Aufl. 1988
21 *Plakat-Heft* 2. Aufl. 1988. S. 44 – 45
22 * *Hundert Plakate* 1991. Nr. 93
23 Ebenda Nr. 60

Die 80er Jahre im Überblick (S. 210 – 219)
1 * *Angeber ICKS. Eine Quichoterie* 1982 (* *An und für mich* S. 103)
2 Vgl. * *Pforzheim. Joannes Reuchlin – studia humaniora* (Gertrudenformat) 1986
3 *Frühe und beiläufige Arbeiten* im Kunstverein Hamburg 1979; *Angefangene Zeichnungen und Skizzen* in der Hochschule für bildende Kunst 1979; *Selbstportraits* im BP-Haus 1979; *Landschaften* in der Griffelkunst-Vereinigung 1979
4 DIE WELT vom 7. 1. 1980 (* *Querbeet* S. 330 ff.); vgl. auch *Mitteilung* 1980. – In: * *Mein Mausoleum aus Papier. Sammlung Gottorf.* Bearbeitet v. Th. Gädeke 1997. Nr. 16
5 * *Zeichnungen.* Hrsg. v. Koschatzky 1982
6 * *Retrospektive auf Verdacht.* Hrsg. v. Spielmann 1982
7 * *Paranoia. 40 Pastelle – 40 Zustände desselben Gegenstandes* 1982
8 * *Pastels, Aquarelles et Dessins* 1986; * *Aquarelles, Dessins et Gravures* 1981
9 Das richtet sich gegen den Präses der Kulturbehörde zur Zeit der Auseinandersetzung um das zu gründende Janssen-Museum 1989.
10 * *Ergo* 1979/80
11 * *Brief an Lucie* (Gertrudenformat) 1995 (**An und für mich* S. 213)
12 * *Die Litze – eine ziemlich lautlose Geschichte* 1984; * *Brief an Miryam* 1984. – In: * *Radierzyklen* 1995. S. 228 ff.
13 * *Zeichnungen.* Hrsg. v. Koschatzky 1982 (* *An und für mich* S. 108)
14 * *Guardi zu Lübeck* 1983
15 * *Briefe an Roge Blin* 1986. – In: * *Sammlung Gottorf.* Bestandskatalog I. Bearbeitet v. Th. Gädeke 1989. Nr. 120 – 122
16 * *Dosen und Steine* 1984. – In: * *Radierzyklen* 1995. S. 237 ff.

17 * *Postscriptum* 1984. – In: * *Radierzyklen* 1995. S. 224 ff.
18 Vgl. * *Selbstbildnisse* 1994. Abb. 71, 110, 189, 224, 227, 228
19 * *Eros Tod und Maske* 1992. Abb. 232, 233
20 * *Pfänderspiel* u. *Nihil ut umbra* 1983. – In: * *Radierzyklen* 1995. S. 211 ff.
21 Vgl. Zeichnungen zu: Joachim Fest: *Der tanzende Tod* 1986
22 * *Caprice 2* 1980. – In: *Radierzyklen* 1995. S. 193 ff.
23 * *Tocka. Schwermut* 1991
24 * *Freunde und Andere* 1996. Abb. 419 ff.
25 Den Höhepunkt bildet seine Rede in St. Marien zu Lübeck am 1. 1. 1986.
26 * *Zeichnungen.* Hrsg. v. Koschatzky 1982 (* *An und für mich* S. 108)
27 * *Der Foliant* 1992. S. 80
28 * *Guardi* 1982. – In: * *Radierzyklen* 1995. S. 208 ff.

Das Selbstbildnis (S. 220 – 257)
1 * *Hundert Plakate* 1991. Nr. 4
2 * *Selbstbildnisse* 1994. Abb. 5 u. 8
3 * *Eros Tod und Maske* 1992. Abb. 6. *Selbst mit Kopfschmerzen* 1950. Frühes Auftauchen der für Janssen charakteristischen Kurzform *Selbst.*
4 * *Retrospektive auf Verdacht.* Hrsg. v. Spielmann 1982. Nr. 27, 31, 36; – vgl. auch die Monotypie *Pan* 1950. – In: * *Eros Tod und Maske* 1992. Abb. 10
5 * *Radierungen. Werkverzeichnis 1957 – 1969.* 1989. R. 85
6 * *Selbstbildnisse* 1989. Abb. 22 u. 29
7 Ebenda Abb. 24
8 * *Ergo* 1979. S. 25 ff.
9 * *Tagebuch zum »Norwegischen Skizzenbuch«* 1971 (* *Querbeet* 1981. S. 100)
10 * *Selbstbildnisse* 1994. Abb. 19
11 Ebenda Abb. 41
12 Ebenda Abb. 36
13 Ebenda Abb. 16
14 Ebenda Abb. 19, 38, 39
15 * *Zeichnungen* 1970. S. 15 (* *Querbeet* S. 65)
16 Ebenda auf dem Umschlag und S. 5 sowie im Innenteil

17 * *Selbstbildnisse* 1994. Abb. 64, 65, 67, 68, 69, 72, 74
18 Ebenda Abb. 64 und 68
19 Ebenda Abb. 70
20 Ebenda Abb. 80 und 81
21 Ebenda Abb. 128, 159
22 Ebenda Abb. 52, 54, 186 – um nur einige frühe Beispiele zu geben
23 * *Hanno's Tod.* Hrsg. v. G. Schack 2. Aufl. 1997
24 *Verzeichnis aller Janssen-Radierungen 1976.* Hrsg v. Frielinghaus 1981. Nr. 142 – 152
25 * *Hanno's Tod* 1997. Abb. 24
26 Ebenda Abb. 12, 26
27 Ebenda Abb. 31
28 Vgl. Foto in * *Ergo* 1979. S. 76
29 * *Selbstbildnisse* 1994. Abb. 89, 96, 136, 204
30 * *Ergo* 1979. S. 67 u. 210
31 * *Selbstbildnisse* 1994, z. B. Abb. 94, 96, 217
32 Ebenda Abb. 217. Die Blätter dieser Reihe tragen ein Kreuz über der Datums-Vignette.
33 Ebenda Abb. 109, 110, 111
34 Ebenda Abb. 134 – *Selbst mit Schal* 23. 12. 1979
35 Ebenda Abb. 125
36 * *Ergo-Texte* 1979 (* *Querbeet* S. 359 f.)
37 * *Briefe an Vau-Ha* 1991
38 * *Angeber ICKS – Eine Quichoterie.* Hrsg. v. C. Clément 1982 (* *An und für mich* S. 64)
39 * *Briefe an Vau-Ha* 1991 – Brief vom 21. 11. 1980
40 * *Rede zur Buchpremiere von Ergo und Ergo-Texte in der Buchhandlung Felix Jud, Hamburg am 17. 2. 1980.* – In: * *Querbeet* S. 338
41 * *Briefe an Vau-Ha* 1991 – Brief vom 21. 11. 1980
42 Ebenda
43 Ebenda – Briefnotiz ebenfalls unter dem Datum 21. 11. 1980
44 Ebenda Briefe unter den Daten 10. 12. 1980, 13. 12. 1980 u. 16. 4. 1981
45 Ebenda Brief vom 17. 12. 1980
46 Ebenda Brief vom 21. 11. 1980

47 * *Angeber ICKS – Eine Quichoterie* 1982 (* *An und für mich* S. 67)
48 * *Briefe an Vau-Ha* 1991. Brief vom 17. 12. 1980
49 Ebenda Brief vom 13. 12. 1980
50 Ebenda – vgl. auch Brief vom 1. 2. 1981
51 Ebenda Brief vom 27. 12. 1980
52 Ebenda Brief vom 20. 12. 1980
53 Ebenda Brief vom 17. 6. 1981
54 * *Die Kopie*. Sonderausgabe für die Edition Huber 1981
55 Sein eigenes Programm für den Verlag anpreisend, versteigt sich Janssen gegenüber Volker Huber zu der Bemerkung: „Macht den Eindruck, daß Ihre Spedition nicht N.U.R. Klitsche ist." – Brief vom 13. 12. 1980
56 Hans Holländer: *Korrespondenzen*. – In: * *Briefe an Vau-Ha* (Einleitung) 1991
57 DIE ZEIT am 31. 1. 1986 (* *An und für mich* S. 105 f.)
58 * *Paranoia – 40 Pastelle – 40 Zustände desselben Gegenstandes – Selbst, nature morte* 1982
59 * *Selbstbildnisse* 1994. Abb. 211 – aus dem Munch-Triptychon
60 Ebenda Abb. 216 und 215
61 Ebenda Abb. 211 – 213
62 * *Der Foliant* 1992. S. 80
63 * *Eros Tod und Maske* 1992. Abb. 206
64 * *Selbstbildnisse* 1994. Abb. 129
65 Ebenda, nach Abb. 222
66 * *Paranoia* 1982 (* *An und für mich* S. 125 f.)
67 Ebenda. *Mit Geisha* vom 13. 7. 1982
68 * *Ergo* 1980. – In: * *Radierzyklen* 1995. S. 185 ff.
69 * *Munch-Triptychon*. – In: * *Selbstbildnisse* 1994. Abb. 211 – 213
70 * *Retrospektive auf Verdacht*. Hrsg. v. Spielmann 1982 – Abb. auf dem Umschlag
71 * *Selbstbildnisse* 1994. Abb. 147, 301, 314
72 Ebenda Abb. 340
73 * *Basel-Rot* 1989
74 * *Selbstbildnisse* 1994. Abb. 172, 174, 182, 195, 207, 213
75 Ebenda Abb. 311
76 Ebenda Abb. 240, 241, 242, 243, 309, 310, 317
77 Ebenda Abb. 242
78 Ebenda Abb. 317
79 Abb. auf dem Buchumschlag
80 * *Pastels, Aquarelles et Dessins* 1986; * *Selbstbildnisse* 1994. Abb. 218
81 * *Selbstbildnisse* 1994. Abb. 121, 124, 202, 246
82 * *Hinkepott* 1987. S. 119
83 * *Selbstbildnisse* 1994. Abb. 335 – 339, 345, 346, 352
84 Ebenda Abb. 339
85 * *Hinkepott* 1987. S. 116. – Die meisten seiner schriftlichen Äußerungen über das Selbstbildnis rücken den emotionalen Ausdruck und seine technische Herstellung weit auseinander. Die *Ergo*-Texte sind dafür ein beredtes Zeugnis, ebenso die kommentierenden Zusätze zu *Paranoia*. In den *Briefen an Claudia* – aus *Hinkepott* – erreicht das einen neuen Höhepunkt. Dem Anschein von Spontaneität setzt Janssen das Kalkül entgegen, seien es die sezierende Beobachtung – sein „Hinkucken" –, das stillebenhafte Arrangement der Gesichtszüge oder die affektsteigernde Beherrschung der Mittel.
86 * *Das Tier* 1995
87 * *Bettina* 1973 (* *Querbeet* S. 225) – *Fünf Tage Fünf Nächte*. – In: * *Svanshall verkehrt* 1987
88 „Ich schreibe einen Namen" – Bobeth und immer wieder Bobeth
89 Hans Holländer: *Korrespondenzen*. – In: * *Briefe an Vau-Ha* 1991. Einleitung
90 * *Drawings an Etchings* 1990. Nr. 30, 31, 35
91 * *Radierungen und Lithographien 1958 – 1989*. Griffelkunst 1989. Abb. 22. *Selbst für Griffelkunst* 1965
92 * *Radierzyklen* 1995. Nr. 34/27, 34/29, 34/30
93 * *Selbstbildnisse* 1994. Abb. 266
94 * *Die Kopie*. Sonderausgabe für die Edition Huber 1981 – Abb. auf dem Umschlag
95 Я-R – der kyrillische Buchstabe für Ja wie Janssen *und* R wie Rembrandt van Rijn

96 Hans Holländer: *Korrespondenzen*. – In: * *Briefe an Vau-Ha* 1991. Einleitung
97 * *Selbstbildnisse* 1994. Abb. 272, 333, auch 356
98 * *Der Foliant* 1992. S. 43 u. 68
99 Ebenda Abb. auf dem Umschlag
100 Stefan Blessin: *Horst Janssen. Eine Biographie*. 5. erweiterte Neuauflage 1993 – Abb. auf dem Umschlag
101 * *Selbstbildnisse* 1994. Abb. 353, 354, 355

Erotika (S. 258 – 309)
1 Ingeborg Sello hat Janssen in den 50er Jahren fotografiert. Vgl. Blessin: *Horst Janssen. Eine Biographie* 1984. S. 143, 159
2 * *Paul Wunderlich. Vorbild, Lehrer und Gegensatz* (Gertrudenformat XI) 1987. S. 31 f.
3 Ebenda S. 33 f.
4 * *Nana* 1959. – In: *Radierzyklen*. Hrsg. v. E. Gäßler 1995. S. 34 ff.
5 Ebenda Nr. 1/10. S. 34
6 * *L'heure de Mylène* 1962. – In: * *Radierzyklen* 1995. S. 47 ff.
7 * *10 Zeichnungen aus der Sammlung Poppe* 1966
8 * *Zeichnungen* 1970. S. 7. (* *Querbeet* S. 61). – „Das Sujet dieser Zeichnungen ist marktkonform. Es ist ausgewählt nach den Bedürfnissen jener Leute, die glauben, Bilder besitzen zu müssen, und dies auch bezahlen können. Und diese Leute lieben im Falle Janssen die etwas angekrüppelten Gnomen, die geilen Sybillchen und die aufgesperrten Katzengesichter und ähnliches. Nicht, daß dies Publikum von Beginn an eine Vorliebe gehabt hätte für solcherlei Darstellungen: ich selbst habe einmal vor Jahren aus Lustvergnügen in einer motivarmen Zeit solche Krüppelchen und Nymphen gezeichnet, und da es gefiel, identifizierte man mich mit diesen Zeichnungen gemäß dem allgemeinen Bedürfnis nach Markenartikel."
9 * *Brief an einen Kupferdrucker* 1970 (* *Querbeet* 1981. S. 67)
10 * *Zeichnungen* 1970 – z. B. *Abeneffi* 1969, *Älpchen* 1969, *Morgen Älpchen* 1969
11 * *Les bras* 1970. – In: * *Radierzyklen* 1995. S. 53 ff.
12 *Verzeichnis aller Janssen-Radierungen* 1970. Bearb. v. Frielinghaus 1991. Nr. 89 *Fimu*
13 * *Brief an einen Kupferdrucker* 1979 (* *Querbeet* 1981. S. 67)
14 * *Bettina* 1973 (* *Querbeet* S. 206)
15 * *Tagebuch zu »Hokusai's Spaziergang«* 1971. – In: * *Querbeet* 1981. S. 126
16 * *Frauenbildnisse* 1988. Abb. 62 ff.
17 * *Das Lummel*. – In: * *Svanshall verkehrt* 1987. – „Die fest geschlossenen Lippen, die den Schluck Milch halten, sind zu einer Rosette vorgestülpt und schieben sich als fleischiger Verschluß über die geschwollene Eichel – feucht und glitschig und sehr behutsam und konzentriert, daß nicht der geringste Tropfen der eingeschlossenen Milch dabei entweichen kann. […] Dies ist die Stunde einer pulsierenden und wabernden monströsen Felsen- und Himmelslandschaft […]."
18 * *Farbradierungen 1958 – 1995* 1997. Nr. 20
19 * *Bettina 1973 – 1975*. – In: * *Radierzyklen* 1995. S. 141
20 Ebenda S. 137 ff.
21 * *Bettina* 1973 (* *Querbeet* S. 203)
22 * *Frauenbildnisse* 1988. Abb. 164, 165
23 Ebenda Abb. 161, 162
24 * *Bettina* 1973 (* *Querbeet* S. 206)
25 * *Frauenbildnisse* 1988. Abb. 121 ff.
26 „Der Alp" – Variationen zu Heinrich Füssli 1973 – 1975. – In: *Radierzyklen* 1995. S. 126 ff.
27 Ebenda S. 137 ff.
28 * *Frauenbildnisse* 1988. Abb. 264 ff.
29 Ebenda Abb. 234 ff.
30 * *Phÿllis* 1984
31 Ebenda im Anhang über dem Impressum
32 * *Eros Tod und Maske* 1992. Abb. 151, 152, 164, 165, 167, 168, 170, 171, 173, 174
33 Ebenda Abb. 150, 153, 155, 156, 169, 180 – 183
34 Ebenda Abb. 154, 160, 161, 162, 168

35 Ebenda Abb. 163, 169 – vgl. auch * *Phÿllis* 1984 vom 29. 7. 1978; 26. 8. 1978; 28. u. 29. 8. 1978
36 * *Hundert Plakate* 1991. Nr. 64
37 *Janssenplakate*. Eine Auswahl aus den Jahren 1975 – 1988. Hrsg v. Frielinghaus 1989. Nr. 61, Text auf S. 28
38 * *Die Litze. Eine ziemlich lautlose Geschichte oder die Zeit der Kinder* 1984
39 * *Briefe an Mirjam*. – In: * *Hinkepott* 1987. S. 232 ff.
40 Mirjam Madlung: *Der alte Mann und das M*. (Gertrudenformat XII) 1987 – Vorweg von Janssen
41 Ebenda unter dem Datum 18. 10. 1987
42 Unveröffentlichtes Gedicht
43 Mirjam Madlung: *Der alte Mann und das M* 1987
44 * *Norwegisches Interview* (Gertrudenformat) 1986. S. 20 (* *An und für mich* S. 248)
45 * *Radierzyklen* 1995. S. 224 ff.
46 * *Phÿllis* 1984 im Anhang über dem Impressum
47 Mirjam Madlung: *Der alte Mann und das M* 1987
48 * *Eros Tod und Maske* 1992. Abb. 185 – 192
49 Ebenda bes. Abb. 191, 192, auch 157
50 *ÖFFKA XLIII* 1984 – Abkürzung für Öffentlichkeitsarbeit. Das sind als Postkarte gedruckte Einlassungen auf das Tagesgeschehen – hier zur *Litze*.
51 * *Genever + der Mond + die Geschichte von der schmerzigen Wolke* 1954. – In: * *Querbeet* 1981 S. 18 f. – Zur Fortsetzung dieser Geschichte vgl. Blessin: *Horst Janssen. Eine Biographie* 1984. S. 145 f.
52 * *Die Litze* 1984. S. 40 ff. (* *An und für mich* S. 193 f.)
53 Ebenda
54 * *ÖFFKA XLIII* 1984
55 * *Norwegisches Interview* 1986. S. 22 (* *An und für mich* S. 249)
56 Ebenda
57 * *Phÿllis* 1984 (* *An und für mich* S. 174)
58 Ebenda
59 * *Die Litze* 1984. S. 66 (* *An und für mich* S. 204)
60 * *ÖFFKA XLIII* 1984
61 Um das deutlich auszusprechen, schreibt Janssen im Herbst 1985 das *Norwegische Interview* nieder, für das er auch die Fragen selbst stellt (* *An und für mich* S. 244 ff., bes. S. 248).
62 Mirjam Madlung: *Der alte Mann und das M* (Gertrudenformat XII) 1987
63 * *Postscriptum* 1984. – In: * *Radierzyklen* 1995. S. 224
64 * *Hundert Plakate* 1991. Nr. 83, 84. – *Janssenplakate*. Hrsg. v. Frielinghaus 1989. Nr. 84, 85, 86 – S. 30
65 Mirjam Madlung: *Der alte Mann und das M* 1987
66 * *Frauenbildnisse* 1988. Abb. 368 ff.
67 * *Angeber ICKS* 1982. – Vorarbeiten gehen auf das Jahr 1980 zurück: * *Rede zur Buchpremiere von »Ergo« und »Ergo-Texte« in der Buchhandlung Felix Jud*. – In: * *Querbeet* S. 334 ff.
68 * *Anmerkungen zum Grundgesetz* 1981
69 * *Wenn es denn sein muß, laßt uns doch sterben. Brief an Marion Gräfin Dönhoff* 1983. – In: DIE ZEIT Nr. 45 vom 4. 11. 1983 (* *An und für mich* S. 150 ff.)
70 * *Svanshall verkehrt* 1987
71 * *Tinsdaler Steindruck*. Lithographien vom Sommer 1985 bis Herbst 1987 aus der Werkstatt von Dickus Heitmann (Gertrudenformat XIV) 1988. Nr. 48 – 56
72 * *Eros Tod und Maske* 1992. Abb. 382 – 385, 388, 390, 398
73 * *Svanshall verkehrt* 1987. – * *Eros Tod und Maske* 1992. Abb. 433 – 440
74 * *Svanshall verkehrt* 1987
75 * *Svanshall verkehrt* 1987. – In: * *Radierzyklen* 1995. S. 242 ff. – * *Eros Tod und Maske* 1992. Abb. 426 – 432
76 * *Landschaften* 1989. Abb. 414, 415
77 * *Eros Tod und Maske* 1992. Abb. 424, 425
78 * *Pforzheim. Joannes Reuchlin – studia humaniora* (Gertrudenformat) 1986. S. 10 ff. (* *An und für mich* S. 375 ff.)
79 Für einen Kalender
80 * *Hanno's Tod*. Hrsg. v. Schack. 2. Aufl. 1997. Nr. 41 u. 42

81 * *Plakate.* Hrsg. v. Meyer-Schomann 1978. Abb. auf dem Umschlag
82 * *Radierungen. Werkverzeichnis 1957 – 1969.* 1989. R 246, R 276, R 278
83 Ebenda R 39
84 * *Eros Tod und Maske* 1992. Abb. 219 – 228, 232, 233
85 Auch als broschierter Einzeldruck: * *Fünf Tage Fünf Nächte* 1988 – im Vorspann: „Im Sommer 1987 schrieb und zeichnete ich mir mal wieder einen ‚Abschied' zusammen – einen nachträglichen Abgesang auf eine (hoffentlich letzte) Leidenschaft."
86 Ebenda
87 * *Eros Tod und Maske* 1992. Abb. 376, 402, 403
88 Ebenda Abb. 401
89 * *Farbradierungen 1958 bis 1995* 1997. Abb. 13 u. 20
90 Vgl. auch *Das Lummel.* – In: * *Svanshall verkehrt* 1987
91 * *Lamme* 1994
92 * *Paul Wunderlich* (Gertrudenformat XI) 1987. S. 35
93 Vgl. Martin Walser mit dem letzten Satz seiner großen Rezension über *Eros Tod und Maske*: „Ich bin nicht gern so heftig belegt." – Martin Walser: *Dieser Blick über die Schmerzgrenze hinaus.* FAZ vom Dienstag, 8. Dezember 1992
94 * *Fünf Tage Fünf Nächte* 1988 – im Vorspann
95 * *Eros Tod und Maske* 1992. Abb. 127
96 Vgl. auch *Die Linde – Oldenburg* 1980. – In: * *Mein Mausoleum aus Papier.* Sammlung Gottorf. Bestandskatalog II. Bearb. Th. Gädeke 1997. Nr. 201

Die Lithographie (S. 310 – 319)
1 * *Tinsdaler Steindruck. Lithographien vom Sommer 1985 bis Herbst 1987 aus der Werkstatt des Dickus Heitmann* (Gertrudenformat XIV) 1988. S. 63
2 Blessin: *Horst Janssen. Eine Biographie* 1984. S. 135 ff.
3 * Katalog der Ausstellung in der Kestner-Gesellschaft Hannover 1965/66. Mit dem Werkverzeichnis der Grafik bis 1965 von Carl Vogel. 1965
4 * *Radierungen und Lithographien 1958 – 1989* Griffelkunst-Vereinigung 1989. Nr. 1 u. 5
5 * Katalog der Ausstellung in der Kestner-Gesellschaft Hannover 1965/66. Mit dem Werkverzeichnis von Carl Vogel. S. 163. Abb. unter Nr. 104
6 * *Tinsdaler Steindruck* 1988. Nr. 56
7 Ebenda Nr. 55
8 Ebenda Nr. 29 – 33
9 Ebenda Nr. 22 u. 23
10 Z. B. aus * *Eros Tod und Maske* 1992. Abb. 351, 353, 357, 363, 364
11 * *Freunde und Andere* 1996. Abb. 397
12 * *Tinsdaler Steindruck* 1988. Nr. 42
13 Ebenda Nr. 6
14 Ebenda Nr. 61 – 64
15 Ebenda Nr. 65 – 68 u. 83
16 Ebenda S. 63
17 Ebenda Nr. 48 – 57
18 Ebenda Nr. 65 – 68 u. 83

Die Zeit der Annette (S. 320 – 346)
1 * *Svanshall verkehrt* 1987 – ohne Seitenzählung. „Kritzelbrief" gegen Mitte des Buches
2 Ebenda
3 * *An und für mich* 1986. S. 256 ff.
4 Ebenda S. 290 ff.
5 Joachim Fest: *Der tanzende Tod* 1986
6 * *Zeitgenössische Graphiken und Zeichnungen aus der Bundesrepublik Deutschland* 1985
7 * *Aquarelles, Dessins et Gravures.* Berggruen et Cie 1981
8 * *Pastels, Aquarelles et Dessins.* Berggruen et Cie 1986
9 Unveröffentlichtes Tagebuch-Manuskript 1986
10 * *Pastels, Aquarelles et Dessins* 1986
11 Vgl. auch * *Landschaften* 1989. Abb. 440 – 453, 458 – 471
12 * *Svanshall verkehrt* 1987
13 Ebenda – gegen Ende des Buches
14 Ebenda
15 * *Landschaften* 1989. Abb. 442 u. 443

16 * *Pastels, Aquarelles et Dessins* 1986 – erste Abb.
17 „Ich bin PROVINZ – eine Provinz wie jene, die sich selbst unter Wasser setzte, als Herzog Albas Soldateska kam, um ein kleines Land zu demütigen. Das ist meine Affinität zum Holländischen 17ten!" – In: * *Svanshall verkehrt* 1987
18 Wolfgang Hildesheimer: *Ergo und Ego* 1980. – In: Hildesheimer: *Janssen und wir* 1994. S. 53
19 * *Johannes* 1989. S. 107
20 Ebenda S. 157
21 Aus einem unveröffentlichten Brief zu * *Johannes* 1989
22 * *Svanshall verkehrt* 1987
23 Ebenda
24 Ebenda
25 Ebenda
26 Ein Gertrudenformat widmet er der Antwort auf die Einflüsterungen von dritter Seite: * *… Kasper Janssen … »im Auftrag der Annette«* (Gertrudenformat) 1986.
27 * *Svanshall verkehrt* 1987
28 * *Laokoon. Die Bäume der Annette* (Gertrudenformat X) 1986.
29 * *Svanshall verkehrt* 1987. – In: * *Eros Tod und Maske* 1992. Abb. 433 – 440
30 * *Svanshall verkehrt* 1986. – In: * *Eros Tod und Maske* 1992. Abb. 426 – 432
31 * *Landschaften* 1989. Abb. 417 – 422 – auch: * *Pforzheim. Joannes Reuchlin – studia humaniora* (Gertrudenformat VIII) 1986. S. 33 ff.
32 * *Pforzheim* 1986. S. 45
33 * *Svanshall verkehrt* 1987. Im Gegensatz zu den „Bildern" ist die Geschichte nachträglich entstanden – besser: nachträglich aufgeschrieben worden.
34 * *Mein Mausoleum aus Papier.* Schloß Gottorf, Stiftung und Besitz, Bestandskatalog II. Bearb. v. Th. Gädeke 1997. Nr. 143 – 150
35 * *Laokoon. Die Bäume der Annette* 1986. S. 39
36 Ebenda S. 44 f.
37 Ebenda

38 * *Pastels, Aquarelles et Dessins.* Berggruen et Cie 1986
39 * *Eros Tod und Maske* 1992. Abb. 221 ff.

Die Radierung (S. 347 – 370)
1 * *Die Herstellung einer Radierung.* – In: * *Hokusai's Spaziergang* 1972. S. 17 ff. (* *Querbeet* S. 162 ff.)
2 Ebenda Nr. 9, 12 u. 14. Vgl. ferner Nr. 7, 11, 13, auch Nr. 5
3 Ebenda S. 40 f.
4 * *Svanshall* 1976. – In: * *Radierzyklen.* Hrsg. v. E. Gäßler 1995. S. 157 ff.
5 * *Evelyn* 1980. – In: * *Radierzyklen* 1995. S. 197 ff.
6 * *Hokusai's Spaziergang* 1972. S. 41 u. Nr. 9 u. 12
7 Ebenda Nr. 14
8 Vielfach nachgedruckt – auch in: * *Radierzyklen* 1995. S. 14 ff.
9 * *Paul Wunderlich. Lehrer, Vorbild und Gegensatz* (Gertrudenformat XI) 1987
10 * *Radierungen. Werkverzeichnis 1957 – 1969* 1989
11 * *Hartmut Frielinghaus. Der Freund und Kupferdrucker* (Gertrudenformat XIII) 1988
12 * *Froschland 1970 – 1973.* – In: * *Radierzyklen* 1995. S. 67 ff.
13 * *Caspar David Friedrich 1973/74.* – In: * *Radierzyklen* 1995. S. 145 ff.
14 * *Witzwort – Witzworter Miniaturen* 1973. – In: *Verzeichnis aller Janssen-Radierungen des Jahres 1973.* Bearb. v. Frielinghaus 1987. Nr. 127 ff.
15 Vgl. *Verzeichnis aller Janssen-Radierungen des Jahres 1972.* Hrsg. v. Frielinghaus 1988. Nr. 3 u. 4
16 * *Totentanz 1973/74.* – In: * *Radierzyklen* 1995. S. 137 ff.
17 * *Nigromontanus* 1980. – In: * *Radierzyklen* 1995. S. 188 ff.
18 Ebenda 32/12. S. 191
19 * *Hokusai's Spaziergang* 1972. Nr. 59
20 *Verzeichnis aller Janssen-Radierungen der Jahre 1977 – 1980.* Hrsg. v. Frielinghaus 1994. Nr. 174
21 Ebenda Nr. 97

22 Ebenda Nr. 122 ff.
23 Ebenda Nr. 191
24 Vgl. ebenda Nr. 49
25 Ebenda Nr. 79, 82, 84
26 * *Guardi* 1982. – In: * *Radierzyklen* 1995. S. 208 ff.
27 * *Caprice 2* 1980. – In: * *Radierzyklen* 1995. S. 193 ff.
28 * *Pfänderspiel* 1983. – In: * *Radierzyklen* 1995. S. 213 ff.
29 * *Nihil ut umbra* 1983. – In: * *Radierzyklen* 1995. S. 219 ff.
30 * *Postscriptum* 1984. – In: * *Radierzyklen* 1995. S. 224 ff.
31 * *Brief an Mirjam* 1994. – In: * *Radierzyklen* 1995. S. 228 ff.
32 * *Eiderland* 1985 (Gertrudenformat, Vorwort) 1985 (* *An und für mich* S. 297)
33 * *Dosen und Steine* 1984. – In: * *Radierzyklen* 1995. S. 237 ff.
34 * *Brief an Lucie und der Drucker Hartmut Frielinghaus* (Gertrudenformat) 1985
35 * *Farbradierungen 1958 bis 1995* 1997
36 * *Eiderland* 1985. – In: * *Radierzyklen* 1995. S. 250 ff.
37 * *Svanshall verkehrt* 1986. – In: * *Radierzyklen* 1995. S. 242 ff.
38 * *Laokoon. Die Bäume der Annette* 1986. – In: * *Radierzyklen* 1995. S. 264 ff. – Am deutlichsten zu erkennen in 44/23 und 44/24.
39 * *Laokoon. Die Bäume der Annette* (Gertrudenformat X) 1986, siehe Nachwort über dem Impressum
40 Ebenda S. 23, 33
41 * *Die Kopie.* Taschenbuchausgabe 1981. Abb. 28 – 41
42 * *Laokoon. Die Bäume der Annette* (Gertrudenformat X) 1986. S. 45
43 Ebenda S. 43. – * *Landschaften* 1989. Abb. 492
44 Stefan Blessin: *Horst Janssen: Wiesen und Äcker* 1996
45 * *Farbradierungen 1958 bis 1995* 1997
46 Eine Auswahl daraus in: Joachim Fest: *Eröffnungsrede zur Janssen-Ausstellung in der Kunsthalle Emden Juli 1988* 1988

47 * *Brief an Lucie und der Drucker Hartmut Frielinghaus* (Gertrudenformat) 1985 (* *An und für mich* S. 233)
48 Ebenda (* *An und für mich* S. 231)
49 Peter Rühmkorf: *Haltbar bis 1999. Gedichte 1979.* S. 28

Hartmut Frielinghaus (S. 371 – 398)
1 * *Hartmut Frielinghaus: Der Freund und Kupferdrucker. Kleine Einführung zur Ausstellung: Hartmut Frielinghaus 200 Meisterdrucke am Beispiel der Janssen-Radierung im Oldenburger Kunstverein 1987* (Gertrudenformat XIII) 1988. – * *Der Drucker Hartmut Frielinghaus. Vorweg für eine Ausstellung* (Gertrudenformat II) 1988
2 Ebenda S. 15
3 * *Svanshall* 1976. – In: * *Radierzyklen* 1995. S. 157
4 *Verzeichnis aller Janssen-Radierungen der Jahre 1977 – 1980.* Hrsg. v. Frielinghaus 1994. Nr. 102 – „von Kralle verlangt – für Kralle gemacht + geschenkt"
5 Ebenda Nr. 96 – 98
6 * *Lirum Larum* 1984. – In: * *Radierzyklen* 1995. S. 234 ff.
7 * *Wenn es denn sein muß, laßt uns doch sterben* (Gertrudenformat) 1984
8 * *Lirum Larum* 1984
9 * *Die Litze* 1984
10 * *Dosen und Steine* 1984 u. * *Eiderland* 1985. – In: * *Radierzyklen* 1995. S. 237 ff. u. S. 250 ff. – * *Der Drucker Hartmut Frielinghaus* (Gertrudenformat II) 1988
11 *Verzeichnis aller Janssen-Bücher bei St. Gertrude 1992* u. *1996/97*
12 * *Zeichnungen.* Hrsg. v. Koschatzky 1982
13 *Verzeichnis aller Janssen-Postkarten bei St. Gertrude 1996/97*
14 * *Postkarten.* Hrsg. v. Meyer-Schomann 1981
15 * *Tischkarten* 1983
16 * *Zinsel* 1983
17 * *Siebenundsechzig ÖFFKAS* 1990
18 * Blessin: *Horst Janssen: Wiesen und Äcker* 1996. S. 8
19 Unveröffentlichter Brief an Frielinghaus vom 9. 1. 1982

20 * *Eiderland* (Gertrudenformat) 1985 – nicht in der Mappe von 35 Radierungen enthalten
21 Nao traf 1983 zum ersten Mal mit Janssen zusammen. 1988 folgte die Ausstellung: „Draw + Print = Meeting with Japan Paper". – 1993 Ausstellung: „Horst Janssen and Paper" Oguni Machi 1993 – Katalog mit der am besten reproduzierten Janssen-Grafik
22 *Verzeichnis aller Janssen-Radierungen zusammengefaßt in Jahrgangsbänden. Bearbeitet und herausgegeben von Hartmut Frielinghaus* 1981 ff. – Folgende sieben Jahrgangsbände sind erschienen: 1970 – 1971 – 1972 – 1973 – 1974/75 – 1976 – 1977/80
23 * *Radierungen Werkverzeichnis 1957 – 1969* 1989
24 Ebenda siehe Beilage zur Eröffnung der Ausstellung am 6. 6. 1989
25 * *Farbholzschnitte Werkverzeichnis 1957 – 1961* 1987
26 Ersatzweise sind hier die Bestandskataloge I und II der *Sammlung Gottorf* heranzuziehen, bearbeitet v. Thomas Gädeke 1987 u. 1997
27 Unveröffentlichter Janssen-Brief vom 1. 1. 1989
28 Ebenda
29 Unveröffentliche Aufzeichnung von Frielinghaus vom 7. 11. 1989

Der Schriftsteller (S. 399 – 469)
1 * *Brief an Lucie* (Gertrudenformat) 1985 (* *An und für mich* S. 225)
2 * *Pforzheim. Joannes Reuchlin – studia humaniora* (Gertrudenformat XIII) 1986 (* *An und für mich* S. 384)
3 * *Querbeet. Aufsätze, Reden, Traktate, Pamphlete, Kurzgeschichten, Gedichte und Anzüglichkeiten* 1981
4 Vgl. Blessin: *Horst Janssen: Eine Biographie* 1984. S. 511 u. 205
5 Aus einer unveröffentlichten Bildergeschichte von 1959 – zitiert nach Blessin, a.a.O. S. 205
6 Aus einem unveröffentlichten Brief an Birgit Sandner vom Oktober 1959
7 Aus einem unveröffentlichten Brief an Birgit Sandner vom 21. 10. 1959
8 Ebenda
9 Unveröffentlichtes Manuskript, wahrscheinlich 1972
10 * *Bettina* 1973 (* *Querbeet* S. 222 ff.)
11 * *Ergo-Texte* 1979/80 (* *Querbeet* S. 372 ff.)
12 Unveröffentlichtes Manuskript (1972)
13 Ebenda
14 * *Ergo-Texte* 1979/80
15 * *Ergo-Texte* 1979/80 (* *Querbeet* S. 339 – 381)
16 Ebenda S. 362 – 369
17 Ebenda S. 365
18 * *Pforzheim* 1986. S. 24 (* *An und für mich* S. 379)
19 * *Ergo-Texte* 1979/80 (* *Querbeet* S. 339 ff.)
20 * *ANGEBER ICKS. Eine Quichoterie.* Hrsg. v. Claus Clément 1982 (* *An und für mich* S. 61 – 106)
21 * *Anmerkungen zum Grundgesetz* 1981 (* *An und für mich* S. 14 – 58)
22 Ebenda S. 9 (* *An und für mich* S. 15)
23 Ebenda S. 10 (* *An und für mich* S. 16)
24 Ebenda S. 9 (* *An und für mich* S. 15)
25 Ebenda S. 10 (* *An und für mich* S. 17)
26 Ebenda S. 16 (* *An und für mich* S. 22)
27 Ebenda S. 24 (* *An und für mich* S. 29)
28 Ebenda S. 24 (* *An und für mich* S. 30)
29 Ebenda S. 36 (* *An und für mich* S. 39)
30 Ebenda S. 34 (* *An und für mich* S. 37)
31 Ebenda S. 11 (* *An und für mich* S. 17)
32 * *Pforzheim* 1986. S. 24 (* *An und für mich* S. 379)
33 * *Anmerkungen zum Grundgesetz* 1981. S. 71 (* *An und für mich* S. 58)
34 Ebenda S. 3 (* *An und für mich* S. 14)
35 * *Das Pfänderspiel. Ein tagespolitischer Seitensprung* 1983 (* *An und für mich* S. 133 – 149)
36 Ebenda S. 7 (* *An und für mich* S. 133)
37 Ebenda S. 36 (* *An und für mich* S. 146)
38 Ebenda S. 40 (* *An und für mich* S. 147)
39 * *Anmerkungen zum Grundgesetz* 1981. S. 21 (* *An und für mich* S. 27)
40 * *Wenn es denn sein muß, laßt uns doch sterben. Brief an Marion Gräfin Dönhoff*

(Gertrudenformat) 1984 (* *An und für mich* S. 150 – 161)

41 Das anzunehmen legt Rolf Schneider nahe in seinem tendenziösen Artikel: *Zeichner Horst Janssen. Fleiß, Genie und Größenwahn.* – In: ART Nr. 9 vom Sept. 1996: „Gelegentlich versuchte er [Janssen] auszubrechen, indem er sich demonstrativ dem linken Zeitgeist beigesellte – zum Beispiel, als er für den Gifkendorfer Verleger Andreas Meyer die *Anmerkungen zum Grundgesetz* illustrierte. Aber lange hielt so etwas nicht, und sehr ernst war es wohl nicht gemeint."

42 * *Reineke, Apel, Wienand und Steiner oder: Über den Verlust der Lüge* 1973 (* *Querbeet* S. 235 – 246)

43 * *Dümmeleien eines Unparteiischen. Johannes [Klose] zum 21. 5. 79* 1980

44 Ein Beispiel wäre der alles andere als leicht verständliche Zeitungsartikel, mit dem Janssen 1967 die Partei für Wieland Schmied gegen E. W. Nay und Werner Haftmann ergreift: Horst Janssen: *Unsinn im Briefkasten.* DIE ZEIT vom 8. 9. 1967

45 Ernst Jünger: *Das abenteuerliche Herz.* Erste Fassung 1929 – Zweite Fassung 1938

46 * *Guardi zu Lübeck* 1983

47 * *Johannes* 1989. S. 344

48 Ebenda S. 346

49 * *Pforzheim* 1986. S. 24 (* *An und für mich* S. 379)

50 Ebenda S. 30 (* *An und für mich* S. 382)

51 Ebenda (* *An und für mich* S. 385)

52 * *Hommage à Tannewetzel. Neujahrsrede in St. Marien zu Lübeck* (Gertrudenformat) 1986 (* *An und für mich* S. 301 – 329)

53 Ebenda S. 7 (* *An und für mich* S. 303)

54 Joachim Fest: *Der tanzende Tod. Über Ursprung und Formen des Totentanzes vom Mittelalter bis zur Gegenwart* 1986

55 Unveröffentlichte Aufzeichnungen eines Augenzeugen

56 * *Nocturno* 1977

57 * *Vriederich. Briefe an Viola.* Hrsg. v. Jutta Siegmund-Schultze 1986

58 Radierung mit Text abgebildet auf dem Frontispiz der Taschenbuchausgabe: Stefan Blessin: *Horst Janssen. Eine Biographie.* Deutscher Taschenbuch Verlag, München 1986

59 DER SPIEGEL, Nr. 41, vom 8. 10. 1984. S. 232 – 234

60 Blessin: *Horst Janssen: Eine Biographie* 1984. S. 51

61 * *Selbstbildnisse* 1994. Abb. 2 „Erstes Selbstportrait 1945". – Ausschlaggebend schien ihm die Nähe zu einem frühen Dürer-Selbstbildnis.

62 Wie recht er hatte mit seinen Befürchtungen! Rolf Schneider nahm sich prompt diese Zeichnung des Sechzehnjährigen vor, um seine Anfänge zu kritisieren. Als hätte Janssen als ängstlicher Parteigänger des Sozialistischen Realismus begonnen! – Rolf Schneider: *Zeichner Horst Janssen. Fleiß, Genie und Größenwahn.* – In: ART Nr. 9 vom Sept. 1996. S. 27

63 Hamburger Abendblatt vom 27./28. 10. 1984

64 * *Wie mache ich mir einen »Biographen«?* 1986. – In: * *An und für mich* 1986. S. 343 – 345

65 Stefan Blessin: *Alle Macht geht vom Auge aus. Goethe besucht Janssen* 1986

66 * *Hinkepott. Autobiographische Hüpferei in Briefen und Aufsätzen* 1987

67 Wie *Hinkepott* im Untertitel heißt, siehe Umschlagzeichnung

68 Ebenda S. 9

69 Ebenda S. 133 – 137

70 Ebenda S. 131

71 Ebenda S. 9

72 Aus einem unveröffentlichten Brief an Carl Vogel (1965)

73 * *Bettina* 1973 (* *Querbeet* S. 232)

74 * *Angeber ICKS* (* *An und für mich* S. 103)

75 * *Pforzheim* 1986 (* *An und für mich* S. 385)

76 Ebenda

77 * *Johannes. Illustrierte Briefe. »Hinkepott II«* 1989. S. 124 f.

78 Ebenda S. 199

79 Ebenda S. 185

80 * *Brief an Lucie* (Gertrudenformat) 1985 (* *An und für mich* S. 213 f.)

81 * *Wenn es denn sein muß, laßt uns doch sterben* 1983 (* *An und für mich* S. 159)
82 Ebenda
83 * *Was man als Vielfalt apostrophiert, oder: Von Abgrund zu Abgrund.* – In: * *Zeichnungen.* Hrsg. v. Koschatzky. 3. erweiterte Auflage 1984 (* *An und für mich* S. 172)
84 Ebenda
85 Ebenda
86 * *Brief an Lucie* 1985 (* *An und für mich* S. 213 – 228)
87 * *Der kleine Künstler – ein Fragment oder der Anfang einer Geschichte.* – In: *Katalog lieferbarer Janssen-Plakate und -Schmuckblätter* 1985. S. 3 (* *An und für mich* S. 237)
88 Deshalb taugt er auch nicht für die Gesellschaft. Janssen nennt ihn 1985 emphatisch einen Parasiten: „Der Künstler aber parasitet nicht, er IST ein Parasit." Ebenda S. 238
89 * *Johannes* 1989. S. 45
90 Ebenda S. 98
91 Ebenda S. 339 f.
92 Ebenda S. 344 ff.
93 Ebenda S. 77
94 Ebenda S. 84
95 Ebenda S. 100
96 Ebenda S. 186 ff.
97 Ebenda S. 201
98 Ebenda S. 180
99 Ebenda S. 186 f.
100 Vgl. * *Hinkepott* 1987. S. 136
101 * *Johannes* 1989. S. 201
102 Ebenda S. 206
103 Ebenda
104 Ebenda S. 205
105 Ebenda S. 206
106 Ebenda S. 199
107 Ebenda S. 199 f.
108 Ebenda S. 189
109 Ebenda S. 160
110 Vgl. ebenda S. 224
111 Ebenda S. 186
112 * *Hinkepott* 1987. S. 10
113 * *Johannes* 1989. S. 9
114 Ebenda S. 8
115 *Horst Janssen. Die Welt ein Kugelsieb. Einfälle, Einblicke, Launen, Maximen.* Hrsg. v. Birgit Jacobsen 1995
116 * *Hinkepott* 1987. S. 10
117 * *An und für mich* 1986. Klappentext hinten
118 * *An und für mich* 1986. S. 7
119 Ebenda

Der Witz (S. 470 – 475)
1 *Selbst: gewörtert. Illustrierte Briefe von Horst Janssen.* Hrsg. v. Hornbostel 1995

Scheitern (S. 476 – 508)
1 Vgl. * *Ergo-Texte* 1980 (* *Querbeet* S. 364)
2 * *Johannes* 1989. S. 187
3 Ebenda S. 205 f.
4 BILD-Zeitung vom 27. 8. 1991. – Vorher schon: Playboy. Deutsche Ausgabe Nr. 9. Sept. 1990
5 Vgl. * *Brief an Ekkehard Storck zum 23. 11. 94* 1994. – Die Handschrift ist vor allem auch von körperlicher Schwäche gezeichnet.
6 * *Hinkepott* 1987. S. 102 ff.
7 * *Johannes* 1989. S. 263 f.
8 Ebenda S. 262 – 266
9 * *Freunde und Andere* 1996. Abb. 422, 438 – vgl. auch 275, 267, 396
10 * *Frauenbildnisse* 1988
11 Ebenda Abb. 358 – 364
12 Der ursprüngliche Plan für die ganze Reihe der Werkübersichtsbände in: * *Freunde und Andere* 1996. Innenklappe
13 * *Brief an Mynher Henri Nannen zu Emden. Hbg 28. 5. 88* 1988
14 Ein Beispiel seiner Popularität gab die Hamburger Morgenpost vom 5. 5. 1993, die unter dem Titel „Die 10 größten Genies" Horst Janssen als Nr. 1 nennt – unter „Hamburgs Genies".
15 * *Zeitgenössische Grafiken und Zeichnungen aus der Bundesrepublik Deutschland* 1985
16 * *An und für mich* 1986. S. 296
17 * *Briefe an Vau Ha* 1991

18 *Bilder für den Himmel. Drachenfest in Japan. Das Video zur Ausstellung. Ein Film* v. Markus Zöllner 1989
19 Plakat ARTES GALLERI. – In: *Janssen-Plakate* 1993/94. S. 4; Telefonkarte 6 DM. Dornbusch Verlag 1994
20 * *Watercolors* 1983. Worthington Gallery 1983; * *Master Drawings.* International Exhibitions Foundation, Washington 1980
21 * *Drawings and Etchings* April 3 to May 12, 1990. Claude Bernard Gallery, New York
22 * *Caprice. Messages dessinés à Antoine et Eberhard* 1989
23 * *Landschaften* 1989. Abb. 442, 443
24 Ebenda Abb. 512 – 516
25 * *Eros Tod und Maske* 1992. Abb. 376, 400 – 403
26 Ebenda Abb. 219 – 233
27 * *Nature morte* 1993. Abb. 432, 441 – 443
28 * *Selbstbildnisse* 1994. Abb. 272
29 * *Drawings and Etchings.* Claude Bernard Gallery, New York 1990
30 * *Wenn ich Bürgermeister wäre. Satyre im Rathaus* (Gertrudenformat) 1986
31 *Einladung* zur Versteigerung von Autographen unter Mitwirkung von Horst Janssen am Donnerstag, dem 19. April 1990, um 19 Uhr. Hamburger Bücherstuben Felix Jud & Co. 1990
32 Unveröffentlichter Brief 1990
33 * *Johannes* 1989 S. 247 ff.
34 BILD-Zeitung vom 7. 8. 1989
35 DIE WELT vom 21. 6. 1989
36 Hamburger Morgenpost vom 23. 8. 1989
37 Hamburger Abendblatt vom 18. 8. 1989; Hamburger Morgenpost vom 24. 8. 1989
38 Hamburger Morgenpost vom 24. 8. 1989
39 Unveröffentlichter Brief an Bürgermeister Henning Voscherau vom 26. 8. 1989
40 Hamburger Abendblatt vom 29. 8. 1989
41 Vgl. auch die Diskussion um das Janssen-Museum auf dem Süllberg: Hamburger Abendblatt vom 16. 1. 1995
42 Hamburger Abendblatt vom 25. 6. 1993; Hamburger Morgenpost vom 13. 7. 1993
43 Blessin, *Horst Janssen. Eine Biographie* 1993. S. 571 f.
44 *Horst Janssen – Ego.* Regie und Produktion Peter Voss-Andreae, Kamera Robert Berghoff. BRD 1982 – 1989
45 Pressemappe Impuls Film 1989
46 Den kurzen Eindruck eines Films, wie ihn Janssen selbst in Szene setzen wollte und wie er ihn schon mit Tom Eckhoff geplant hat, gibt das fünftletzte Foto in dem Buch: * *Fixierte Augenblicke* 1982

19. Mai 1990 (S. 509 – 540)
1 * *Der Foliant.* Katalog zur Präsentation des »Folianten« und zur Ausstellung anläßlich der Betriebseröffnung des Deutschen Krankenhausmuseums in Oldenburg 1992. S. 47
2 * *Johannes* 1989. S. 13 f.
3 Ebenda S. 11
4 Ebenda S. 18
5 Friedensreich Hundertwasser am 15. 2. 1996. – In: * *Ich bin nur ganz Auge.* Hrsg. v. W. Schmied 1996. S. 4
6 * *Der Foliant* 1992. S. 15
7 Stefan Blessin: *Horst Janssen. Aus dem Dunkel ins Licht* 1992
8 * *Der Foliant* 1992. S. 13
9 Ebenda S. 15
10 * *drollerei* 1991
11 * *Johannes* 1989. S. 117
12 * *November* 1975
13 * *1/3 blind.* - In: *Horst Janssen. Mein Mausoleum aus Papier.* Sammlung Gottorf. Bestandskatalog II. Hrsg. v. Th. Gädeke 1997. Nr. 153
14 * *Johannes* 1989. S. 118 ff.
15 * *Der Foliant* 1992, vordere Klappe
16 Ebenda S. 45, 46, 47; 38, 41, 42, 44
17 * *Der Foliant. Krankheitsbericht vom 19. Mai 1990 bis 20. Januar 1991.* Auflage Dreihundertdreißig numerierte und signierte Exemplare. 1991
18 * *Der Foliant* 1992. S. 91
19 Vgl. ebenda Abbildung auf dem Umschlag und S. 58
20 Ebenda S. 89
21 Ebenda S. 91, 97

22 * *drollerei*. Ätzungen nach Kugelschreiber und Filzstift 1991. – In: **Radierzyklen* 1995. S. 275 ff.
23 * *Der Foliant* 1992. S. 54
24 Ebenda S. 55. – Das andere Blatt vgl. Blessin: *Horst Janssen. Aus dem Dunkel ins Licht* 1992. S. 53
25 * *Bobethanien. Hundert Landschaften* 1991
26 Stefan Blessin: *Horst Janssen. Aus dem Dunkel ins Licht* 1992.
27 * *Landschaft 1984 – 1994*. Altonaer Museum 1994. – Katalognummern 226 ff.
28 * *Der Foliant* 1992. S. 23
29 Ebenda
30 Ebenda S. 73
31 Ebenda S. 21
32 Ebenda S. 20
33 Aus einer Rezension von Eduard Beaucamp in der FAZ vom Oktober 1991
34 * *Der Foliant* 1992. S. 81
35 Ebenda S. 80
36 * *drollerei* 1991
37 Ebenda
38 * *Der Foliant* 1992. S. 80
39 Ebenda S. 91
40 * *drollerei* S. 84
41 Ebenda S. 86
42 BILD-Zeitung vom 18. 1. 1991, vom 6. 7. 1991 und vom 27. 8. 1991
43 * *drollerei* S. 62
44 Ebenda S. 38
45 Ebenda S. 112
46 Ebenda S. 76
47 Ebenda S. 40
48 Vgl. * *Farbradierungen 1958 bis 1995* 1997. Nr. 25 und 29 ff.
49 Ebenda Nr. 41
50 * *Catalogue*. Edited and published by the Tokyo Shimbun 1991

Die Farbradierung (S. 541 – 550)
1 * *Svanshall* 1976. – In: **Radierzyklen*. Hrsg. v. E. Gäßler 1995. S. 157 ff.
2 * *Farbradierungen 1958 bis 1995* 1995. In der Einleitung
3 Ebenda Nr. 13
4 Ebenda Nr. 17 u. 18
5 Ebenda Nr. 5
6 Ebenda Nr. 7
7 Ebenda Nr. 8 u. 9
8 Ebenda Nr. 11
9 Ebenda Nr. 12
10 Blessin: *Horst Janssen. Wiesen und Äcker* 1996
11 * *Farbradierungen* 1997. Nr. 15 u. 16
12 * *Landschaften* 1989. Abb. 520
13 Blessin: *Horst Janssen. Wiesen und Äcker* 1996. S. 8
14 Ebenda
15 In einem begrenzten Umfang hat Janssen davon Gebrauch gemacht, bevor er schon 1991 wieder in die Arbeit mit der Säure zurückkehrte. Vgl. dazu den Brief an Eva-Maria Lüpfert, abgedruckt in: * *Der Foliant* 1992. S. 71 ff.
16 * *Farbradierungen* 1997. Nr. 28 *Pforzheim Connection*
17 *Horst Janssen. Sammlung Gottorf.* Bestandskatalog I. Bearb. v. Th. Gädeke 1989. Nr. 8 ff.
18 Nicht vermerkt in * *Radierzyklen* 1995. S. 188
19 * *Farbradierungen* 1997. Nr. 20
20 Ebenda Nr. 48 u. 49
21 Blessin: *Horst Janssen. Wiesen und Äcker* 1996. S. 15
22 Ebenda S. 21
23 Ebenda S. 5 u. 23
24 Ebenda S. 8 u. 11

Lamme (S. 551 – 574)
1 Frank Radmacher hat in Anlehnung an die *Paranoia*-Selbstbildnisse solche Skulpturen von Janssen gemacht.
2 Unveröffentlichter Brief von Prof. Sartorius vom 13. 6. 1973
3 * *Tinsdaler Steindruck* (Gertrudenformat XIV) 1988. Nr. 61 – 64
4 * *Farbradierungen 1958 bis 1995* 1997. Abb. 40
5 * *Eros Tod und Maske* 1993
6 Siehe letzte Abbildung in: * *drollerei* 1991
7 * *Eros Tod und Maske* 1993. Abb. 469, 470, 471, auch 474

8 Ebenda Abb. 467, 468. – Auch * *Pforzheim Connection* 1992. – In: * *Farbradierungen 1958 bis 1995* 1997. Abb. 28
9 * *Am Mönchsteich.* – In: *Janssen-Plakate. Eine Auswahl aus den Jahren 1973 – 1996.* 4. erweiterte Ausgabe 1996/97. Nr. 146
10 Ebenda Nr. 153
11 * *Lamme. 72 Zeichnungen zu einem Tagebuch. 24. Januar 1993 – 28. Februar 1994* 1994
12 Manfred Osten: *Der Baum der Reisenden* 1993
13 *Janssen-Plakate.* 4. erweiterte Ausgabe 1996/97. Nr. 163
14 * *Landschaften 1984 – 1994* 1994. Nr. 49

65. Geburtstag und Tod (S. 575 – 606)
1 Aus einem unveröffentlichten Brief an Frielinghaus vom 28. 8. 1985
2 Im Handel erschien davon eine CD unter dem Titel: * *Eine exhibitionistische Dokumentation der Unfallgeschichte* 1996
3 * *Kleiner Erdenbürger – Oldenburger Ehrenbürger* 1992
4 * *Freunde und Andere* 1996. Letzte Abb.
5 * *Guardi* 1982. – In: * *Radierzyklen* 1995. S. 208 ff.
6 * *Landschaften* 1989. Abb. 454
7 * *Landschaften 1984 – 1994*. Altonaer Museum 1994. Nr. 63 ff.
8 Eduard Beaucamp spricht am 1. 12. 1994 in der FAZ von den „informellen Landschaftsfetzen".
9 * *Farbholzschnitte 1957 – 1961* 1987. Nr. 25
10 * *Bilder zu Texten. Neckar-Werke* 1994
11 *Horst Janssen. Aquarelle, Zeichnungen, Holzschnitte. Lithografien. Radierungen aus den Jahren 1950 – 1987.* Bayer AG Leverkusen 1994
12 *Horst Janssen. Mit Georg Christoph Lichtenberg. Weitere Folge* 1994
13 *Janssen mit Lichtenberg. II und letzte Folge* 1997
14 * *Mit Georg Christoph Lichtenberg* 1988. *Mit Georg Christoph Lichtenberg.* Katalog der Zeichnungen 1989
15 * *Tocka. Schwermut* 1981

16 * *Zeitgenössische Graphiken und Zeichnungen aus der Bundesrepublik Deutschland* 1985
17 * *Beyrouth – Musee Sursock* 1987
18 *Janssen. Tirane.* Galeria kombetare e arteve figurative 1989
19 * *Zeichnungen und Graphiken.* Taipei Fine Arts Museum 1993
20 Hamburger Abendblatt vom 13. 3. 1987
21 * *Mit Georg Christoph Lichtenberg* 1988. S. 232 f.
22 * *Landschaften 1984 – 1994*. Altonaer Museum 1994. * *Zwiesprache. Anspielung und Kopie* 1994. *Selbst: gewörtert. Illustrierte Briefe von Horst Janssen* 1994
23 Hamburger Abendblatt vom 14. 11. 1994
24 * *Querbeet* S. 265 ff.
25 *Janssen mit Lichtenberg. II und letzte Folge* 1997. S. 143
26 * *Das Tier* 1995. *Der Winter kommt.* Abb. 422 u. vgl. auch 423 f.
27 * *Tinsdaler Steindruck* 1988. Nr. 65
28 * *nature morte.* – In: **Radierzyklen* 1995. S. 106 ff.
29 Horst Janssen: *Radier-Zyklen.* Stadtmuseum Oldenburg
   Horst Janssen: *Farbholzschnitte.* Augusteum
   Horst Janssen: *Lamme. 72 Zeichnungen zu einem Tagebuch.* Oldenburger Kunstverein
   Horst Janssen: *Original-Illustrationen „Bilder zu Texten".* Artothek der Stadt Oldenburg
30 * *Radierzyklen.* Hrsg. v. E. Gäßler 1995
31 * *Die Kopie* 1977. Abb. 168
32 Zum Beispiel: In der FAZ vom 1. 9. 1965 schrieb Joachim Fest unter dem Titel „Kunst heißt sterben lernen" zum Tod von Horst Janssen – im Börsenblatt des Deutschen Buchhandels 72/8. 9. 1995 Andreas J. Meyer unter dem Titel „Immer extrem" – in DIE ZEIT vom 8. 9. 1995 Wieland Schmied: „Der Selbstsucher und sein Schatten"
33 Hamburger Abendblatt vom 2./3. 9.; 4. 9. u. 5. 9. 1995
34 Hamburger Morgenpost vom 1. 9. 1995

35 Ebenda
36 Ebenda
37 Heinz Spielmann, Johannes Gross: *Zwei Oldenburger Janssen-Reden* 1996
38 Wolfgang Hildesheimer: *Janssen und wir.* Hrsg. v. Th. Garbe 1996. S. 55 (Erstdruck: FAZ vom 13. 9. 1980, Beilage)
39 *Horst Janssen und die Hamburger Kunsthalle.* Brief vom 21. 9. 1995. – Antwortbrief von Frielinghaus an Voscherau vom 27. 10. 1995 – unveröffentlicht
40 * *Das Tier* 1995. Abb. auf dem Umschlag
41 BILD-Zeitung vom 15. 3. 1997
42 Hamburger Abendblatt vom 15. 1. 1997; Hamburger Morgenpost vom 16. 1. 1997 – zur Präzisierung der in der Tagespresse gemeldeten Zahlen vgl. Petra Roettig: *Graphik und Zeichnungen von Horst Janssen. Die Sammlung Hartmut Frielinghaus in der Hamburger Kunsthalle* 1997. S. 7
43 *Sammlung Gottorf. Stiftung und Besitz.* Bestandskatalog I. Bearbeitet von Thomas Gädeke 1989. *Mein Mausoleum aus Papier. Sammlung Gottorf, Stiftung und Besitz.* Bestandskatalog II. Bearbeitet von Thomas Gädeke 1997
44 *Première Biennale Européene De L´Estampe. L´Allemagne. Nolde. Janssen.* Musée du Dessin et de l´estampe originale en L´Arsenal des Gravelines-Nord 1988

Schluß (S. 607 – 610)
1 * *Hundert Plakate* 1991. S. 6
2 * *Der Foliant* 1992. S. 80
3 Ebenda

Bibliographie

Eingerückt sind Veröffentlichungen, die nicht auf Janssen als Autor oder auf seine Mitwirkung zurückgehen.

1948

Seid ihr alle da? Kasperle-Bilder von Horst Janssen. Mit Versen von Rolf Italiaander. Hermann Laatzen Verlag, Hamburg 1948.

1951

> *Neues Hamburg. Zeugnisse vom Wiederaufbau der Hansestadt.* Herausgegeben von Erich Lüth. Mit vier Zeichnungen von Horst Janssen. Hammerich & Lesser Verlag, Hamburg 1951.

1965

Horst Janssen. Katalog der Ausstellung in der Kestner-Gesellschaft Hannover 1965/66. Mit dem Werkverzeichnis der Grafik bis 1965 von Carl Vogel. Texte von Horst Janssen, Wieland Schmied und Carl Vogel. Hannover 1965.

1966

Plakate und Traktätchen zu den Ausstellungen 1965–66 in Hannover, Hamburg, Darmstadt, Stuttgart, Berlin, Düsseldorf, Lübeck, Basel und München. Christians Verlag, Hamburg 1966.
10 Zeichnungen aus der Sammlung Poppe Hamburg. Verlag der Galerie Brockstedt, Hamburg 1966.
> *Horst Janssen.* Katalog der Ausstellung des Kunstvereins der Rheinlande und Westfalen. Text von Wieland Schmied. Düsseldorf 1966.
> *Horst Janssen.* Zeichnungen, Aquarelle, Grafik. Text von Wieland Schmied. Kunsthalle Basel 1966.

1967

Prosit Neujahr. Leporello. Mit einem handgeschriebenen Text von Horst Janssen. Christians Verlag, Hamburg 1967.
Zeichnungen Horst Janssen – Fotos Thomas Höpker. Verlag der Galerie Brockstedt, Hamburg 1967.

1968

Ballade vom Herrn Latour. Mit einem handgeschriebenen Text von Horst Janssen. Christians Verlag, Hamburg 1968.
Vive la Compagneia. Leporello. Christians Verlag, Hamburg 1968.
Has und Swinegel. Leporello. Mit einem handgeschriebenen Text von Horst Janssen. Christians Verlag, Hamburg 1968.
Horst Janssen (Interview). – In: *Der Widerrist.* Unabhängige Schülerzeitung für das Johann Rist-Gymnasium Nr. 2. August 68. Titelblatt und Zeichnungen Horst Janssen. Wedel 1968.
Über den Gehorsam. Szenen aus Deutschland, wo die Unterwerfung des eigenen Willens unter einen fremden als Tugend gilt. Eine Produktion des Deutschen Schauspielhauses in Hamburg (Autoren: Claus Hubalek, Egon Monk). Programmheft 1 der Spielzeit 1968/69. Titelblatt und Zeichnungen Horst Janssen. Hamburg 1968.
  Alfred Mahlau. Zeichnungen Aquarelle. Mit Texten von Carl Georg Heise und Horst Janssen. Herausgegeben von Günter Gatermann. Hamburg 1968.
  XXXIV. Biennale di Venezia. Padiglione Tedesco: Horst Janssen, Gustav Seitz, Richard Oelze. Christians Verlag, Hamburg 1968.
  das kunstwerk 11–12/XXI. 34. biennale venedig, documenta IV kassel. Kohlhammer Verlag, Stuttgart 1968.

1969

Ballhaus Jahnke. 48 Radierungen 1957–1965. Mit einem Text vom Wieland Schmied. Insel Verlag, Frankfurt a. M. 1969.
Die Schweinekopfsülze. Günter Grass – Horst Janssen. Leporello mit dem Gedicht von Grass. Merlin Verlag, Hamburg 1969.
Martin Walser: mit Janssen im Ohr; Horst Janssen: Eustachius grüßt Walser.

Zum Jahreswechsel 1968/69. Herausgegeben von „Wege und Gestalten". Dr. Karl Thomae GmbH. Chemisch-pharmazeutische Fabrik. Biberach an der Riss 1969.

Paul Wolf + die 7 Zicklein. Text und Bildchen von Horst Janssen. Merlin Verlag, Hamburg 1969.

Hensel und Grätel. Text und Bildchen von Horst Janssen. Merlin Verlag, Hamburg 1969.

Über die Trauer + Hoffnung. Folge von 7 Bilderbögen für Buchhandlung und Antiquariat Hermann Laatzen, Hamburg 1969.

Franz Josef Degenhardt: Spiel nicht mit den Schmuddelkindern. Mit 28 Illustrationen von Horst Janssen. rororo 1969

1970

Zeichnungen. Mit einem autobiographischen Text. Propyläen-Verlag, Berlin 1970.

Petty fauer. 20 guten Morgen + hast du gut geschlafen Gedichte. Verlag der Galerie Brockstedt, Hamburg 1970.

Ben Witter: Deutschland deine Ganoven. Protokolle aus der Unterwelt. Zeichnungen von Horst Janssen. Verlag Hoffmann und Campe, Hamburg 1970.

Drawings. Katalog der Ausstellung in der Galerie Marlborough Fine Art, London 1970.

Horst Janssen: Picture Book. A selection of 12 coloured drawings from the exhibition of Marlborough Fine Art, London 1970.

1971

140 neue Radierungen 1970–1971 (Zur Eröffnung der Ausstellung 100 Janssen-Radierungen). Mit einem handgeschriebenen Text von Horst Janssen: *Brief an einen Kupferdrucker.* Galerie Brockstedt, Hamburg 1971.

Radierungen 1970–71. Mit dem *Brief an einen Kupferdrucker* von Horst Janssen. Propyläen-Verlag, Berlin 1971.

Landschaften. Radierungen 1970. Mit einem Text über die Landschaftszeichnung von Horst Janssen. Propyläen-Verlag, Berlin 1971.

14 Biber. Leporello. Mit einem Text von Horst Janssen. Herausgegeben von Gerhard Schack, Christians Verlag, Hamburg 1971.

Paul Gavarni. Katalog der Ausstellung in Hamburg, Bielefeld und Osnabrück 1971–72. Abbildungen von 2 Zeichnungen und 5 Radierungen von Horst Janssen nach Gavarni. Herausgegeben von Gerhard Schack. Hamburg 1971.
    Horst Janssen: Raderinger Utstilling i Norge 1971. Vorwort von Jakob Brun. Oslo, Stavanger, Ålesund und Trondheim 1971.
    Horst Janssen: Etsningar. Katalog der Ausstellung in Göteborgs Kunstmuseum 1971.
    Horst Janssen: Radierungen 1970–1971. Katalog der Galerie Kornfeld. Zürich 1971.

1972

Hokusai's Spaziergang. Mit zwei Texten von Horst Janssen: *Über das Zeichnen nach der Natur* und *Traktat über die Herstellung einer Radierung.* Herausgegeben von Gerhard Schack. Christians Verlag, Hamburg 1972.

Tessin. Zeichnungen aus der Schweiz 1971. Mit einem Brief von Johann Wolfgang Goethe aus der Schweiz 1779. Verlag der Galerie Brockstedt, Hamburg 1972.

Subversionen. Leporello mit 20 farbigen Abbildungen übermalter japanischer und chinesischer Holzschnitte. Mit einem Text von Horst Janssen. Herausgegeben von Gerhard Schack. Christians Verlag, Hamburg 1972.

Fatter für Philip. Mit einem handgeschriebenen Text von Horst Janssen. Hower-Verlag, Hamburg 1972.
    Horst Janssen: Zeichnungen und Druckgraphik. Katalog der Ausstellung des Frankfurter Kunstkabinetts Hanna Bekker von Rath 1972.

1973

Horst Janssen. Katalog der Ausstellung in der Kestner-Gesellschaft Hannover 1973. Text von Horst Janssen und Wieland Schmied. Hannover 1973.

Norwegisches Skizzenbuch. September 1971. Mit einem Reisetagebuch. Propyläen-Verlag, Berlin 1973.

Minusio. Von einer Reise im Frühsommer 1972. Propyläen-Verlag, Berlin 1973.

Carnevale di Venezia. Mit Vor- und Nachzeichnungen zur Suite der Radierungen für Luigi Toninelli. Herausgegeben von Gerhard Schack mit

Unterstützung der Griffelkunst-Vereinigung. Christians Verlag, Hamburg 1973.
Horst Janssen – Paul Gavarni. Katalog und Vorwort zur Ausstellung am Dom von Gerhard Schack. Lübeck 1973.
Neue Zeichnungen. 1970 bis 1972. Propyläen-Verlag, Berlin 1973.
Mißverständnisse. Leporello. Übermalte Postkarten nach Bildern von Fra Angelico, Leonardo, Schiele etc. Text von Horst Janssen. Herausgegeben von Gerhard Schack. Christians Verlag, Hamburg 1973.
1 Ge-pferdte für Bettina. 10 Zeichnungen, 100-fach zu variieren – 1 Potenzello. Hower-Verlag, Hamburg 1973.
Der Wettlauf zwischen Hase und Igel auf der Buxtehuder Heide. Faksimile-Ausgabe der Zeichnungen von 1950. Neske Verlag, Pfullingen 1973.
Eliza Hansen: Meine Rumänischen Spezialitäten. Mit Zeichnungen von Alfred Mahlau und Horst Janssen. Christians Verlag, Hamburg 1973.
Bettina – eine Nachzeichnung in romantischer Manier. Hower-Verlag, Hamburg 1973.
Handzeichnungen und Radierungen. Zu den Zyklen Hokusai's Spaziergang – Die Kopie – Hanno's Tod – Die Landschaft – Carnevale di Venezia. Katalog der Ausstellung des Kupferstichkabinetts der Hamburger Kunsthalle 1973 und der Kunsthalle Bielefeld 1974. Mit Unterstützung der Griffelkunst herausgegeben von Eckhard Schaar und Gerhard Schack. Christians Verlag, Hamburg 1973.

Horst Janssen – Radierungen. Galerie Valentien. Stuttgart 1973.

Hanns Theodor Flemming: Horst Janssen und sein Werk in der zeitgenössischen Kunst. – In: Universitas 28. 1973. S. 871 – 878.

1974

Landschaft. Lavierte Federzeichnungen und Radierungen. Text von Horst Janssen. Mit Unterstützung der Griffelkunst-Vereinigung herausgegeben von Gerhard Schack. Christians Verlag, Hamburg 1974.
Kleines Geste-Buch. Herausgegeben von Gerhard Schack. Christians Verlag, Hamburg 1974.

Caspar David Friedrich. 12 Handzeichnungen der Kunsthalle Hamburg. Text von Eckhard Schaar. Hamburg 1974.

Peter Tomory: Johann Heinrich Füssli, Leben und Werk. Propyläen-Verlag, Berlin 1974.

Horst Janssen – Radierungen 1958 – 1974. Katalog der Ausstellung in der Galerie Pels-Leusden. Berlin 1974.

Horst Janssen – Radierungen und Zeichnungen. Katalog der Ausstellung im Kunstverein Ulm 1974. Mit einem Vorwort von Hans Kinkel. Ulm 1974.

Horst Janssen: Hanno's Death and other etchings. Katalog der Ausstellung in der Galerie Lefebre. New York 1974.

1975

November. Collagen, Fotos, Wörter, Texte, Kritzeleien, Zeichnungen. Propyläen-Verlag, Berlin 1975.

Selbstbildnisse zu Hanno's Tod. Mit dem XI. Kapitel aus den Buddenbrooks von Thomas Mann. Herausgegeben von Gerhard Schack. Christians Verlag, Hamburg 1975.

Gerhard Schack: Japanische Handzeichnungen. Mit Kopien von Horst Janssen nach Kyosei und Hokusai. Christians Verlag, Hamburg 1975.

Mannheim. Festrede anläßlich des Schiller-Preises der Stadt Mannheim 1975. Faksimile des handgeschriebenen Textes mit Collagen. Herausgeber Stadt Mannheim. Christians Verlag, Hamburg 1975.

Bücherkatalog Horst Janssen. Verzeichnis der Bücher und Kataloge 1948 – 1975. Buchhandlung Felix Jud & Co., Hamburg 1975.

Günther Wirth: Horst Janssen. Rede zur Eröffnung der Ausstellung „Horst Janssen – Graphische Zyklen" in der Hans Thoma-Gesellschaft. Reutlingen 1975.

Horst Janssen: Die graphischen Zyklen. Katalog der Ausstellung in der Hans Thoma-Gesellschaft, Reutlingen. Mit Texten von Alfred Hagenlocher, Horst Janssen und Gerhard Schack. 1975.

Horst Janssen: Disegni e Aquaforti. Katalog der Ausstellung der „Promotrice delle Belle Arti", Turin. Mit Texten von Luigi Carluccio und Wolfgang Hildesheimer. 1975 (2. erweiterte Auflage 1976).

Horst Janssen: Radierungen und Bücher. Katalog der Ausstellung in der Galerie Belle (C. J. Bolander), Vesteras (Schweden) 1975.

Verleihung des Schillerpreises der Stadt Mannheim (Mannheimer Hefte 2). Mit Texten von Ludwig Ratzel, Alfred Hentzen und Horst Janssen. 1975.

1976

Um Soonst. 2 Geschichten zu 19 Collagen. Hower-Verlag, Hamburg 1976.
Norsk Skissebok – Norwegian Sketches. Norwegisches Skizzenbuch (2. Ausgabe). Mit Text des Reisetagebuches auf Norwegisch, Englisch, Deutsch und Japanisch. Verlag Artes Galleri, Oslo 1976.
Zeichnungen und Radierungen 1969 – 1975. Erweiterte Ausgabe des Katalogs der Kestner-Gesellschaft von 1973. Mit Texten von Horst Janssen, Wieland Schmied und Gerhard Schack. Herausgegeben von Gerhard Schack. Christians Verlag, Hamburg 1976.
Gerhard Schack: Es konnte ein Mann aus Versehen. Limericks, Schüttelreime und andere Sprüche. Mit Abbildungen von Zeichnungen und Radierungen von Horst Janssen. Herausgegeben von Friedemann Bartning. Christians Verlag, Hamburg 1976.
    Horst Janssen: Das Werk des Zeichners. Katalog der Ausstellung in der Kunsthalle Mannheim 1976. Herausgegeben von Günther Ladstetter. Mannheim 1976.
    Horst Janssen: Zeichnungen und Graphik. Katalog der Ausstellung in der Galerie Vömel, Düsseldorf 1976.
    Horst Janssen: Graphic Work. Publikation zur Ausstellung der Cambridge Art Association. Herausgegeben von Carla Maria Casagrande. Cambridge (USA) 1976.
    Horst Janssen: „Caspar David Friedrich" – „Totentanz". Katalog der Ausstellung in der Gallerie Art-Difusio. Barcelona 1976.
    Johann Heinrich Füssli – Horst Janssen. Ausstellungskatalog der Galleria Blumen. Lugano 1976.
    Horst Janssen – 13 drawings. Ausstellungskatalog mit Text von Giorgi Soavi. Herausgegeben von Olivetti & C.S.p.A. Italien 1976.
    Horst Janssen: Einzelblätter – Graphische Zyklen. Katalog der Ausstellung in der Städtischen Galerie Albstadt, herausgegeben von Alfred Hagenlocher. 1976.
    Publikation zur Ausstellung der großen Radierzyklen im Mannheimer Kunstverein. Mit dem Text der Rede zur Verleihung des Schillerpreises von Horst Janssen. Mannheim 1976.

1977

Birgit Jacobsen – Horst Janssen: Nocturno. 30 Fotos + 30 Zeichnungen + Collagen. Text von Ernst Jünger. CC-Verlag, Hamburg 1977.

Horst Janssen – Hartmut Frielinghaus: Svanshall. Mit Texten von Horst Janssen. Christians Verlag, Hamburg 1977.

Janssenhof – Witzwort. Mit Texten von Horst Janssen und Theodor Storm. Herausgegeben von Claus Clément. CC-Verlag, Hamburg 1977.

Die Kopie. In Zusammenarbeit mit der Griffelkunst herausgegeben von Gerhard Schack. Christians Verlag, Hamburg 1977.

Japanske Handtegninger, Tegninger of Bøker av Horst Janssen. Katalog der Ausstellung im Henie-Onstad Kunstsenter. Hövikodden/Oslo 1977/78.

13 Zeichnungen von Horst Janssen. Christians Verlag und Olivetti, Hamburg und Mailand 1977.

1978

Plakate. Werkverzeichnis der Plakate von 1957 – 1978. Mit Texten von Wilhelm Gilly, Horst Janssen und Erich Meyer-Schomann. Katalog der Ausstellung im Stadtmuseum Oldenburg 1978. Bearbeitet und herausgegeben von Erich und Helga Meyer-Schomann. Verlag Manfred Meins, Oldenburg 1978.

1979

Frühe und beiläufige Arbeiten. Fünfzig und nochmal fünfzig zum fünfzigsten Geburtstag aus der Sammlung Carl Vogel. Herausgegeben vom Kunstverein in Hamburg. Christians Verlag, Hamburg 1979.

Angefangene Zeichnungen und Skizzen. Je fünfzig zum fünfzigsten Geburtstag aus der Sammlung Carl Vogel. Herausgegeben von der Hochschule für bildende Künste Hamburg. Christians Verlag, Hamburg 1979.

Selbstportraits. Fünfzig zum fünfzigsten Geburtstag aus der Sammlung Carl Vogel. Herausgegeben im Auftrag der Deutschen BP. Christians Verlag, Hamburg 1979.

Landschaften. Fünfzig davon zum fünfzigsten Geburtstag aus den Sammlungen Schack und Vogel. Herausgegeben von der Griffelkunst-Vereinigung Hamburg. Christians Verlag, Hamburg 1979.

Horst Janssen – Aspekte seiner Arbeit. Zum fünfzigsten Geburtstag anhand von Beispielen aus der Sammlung Carl Vogel. Herausgegeben von der Ständigen Vertretung der Bundesrepublik Deutschland. Christians Verlag, Hamburg 1979.
Ben Witter: Nebbich oder Löcher im Lachen. Zeichnungen von Horst Janssen. Fischer Taschenbuch Verlag, Frankfurt a. M. 1979.
Ergo. Mit Texten von Horst Janssen. Verlag Cotta'sche Buchhandlung und Nachfolger, Stuttgart, und CC-Verlag, Hamburg 1979/80.
    Zeichnungen und Radierungen. Text von Hans Kinkel. Ausstellungskatalog Jahrhunderthalle Hoechst 1979.

1980

Ergo – Texte. Ergänzung zum Buch *Ergo:* 151 Selbstportraits 1947 – 1979. Christians Verlag und CC-Verlag, Hamburg 1980.
Dümmeleien eines Unparteiischen. Johannes (Klose) zum 21. 5. 79. Mit Texten von Horst Janssen. Verlag der Galerie Brockstedt, Hamburg 1980.
Gerhard Schack: Gavarni. Aquarelle, Handzeichnungen und Lithographien von Paul Gavarni (1804 – 1866). Horst Janssen: Zeichnungen und Radierungen nach Gavarni. Christians Verlag, Hamburg 1980.
Alfred Mahlau. Der Zeichner und Pädagoge. Texte, Auswahl der Abbildungen und Zusammenstellung von Horst Janssen. Christians Verlag/CC-Verlag, Hamburg 1980.
Caprice 2. Hower-Verlag, Hamburg 1980.
    Horst Janssen, Paul Wunderlich. Ausstellungskatalog des Kupferstichkabinetts Dresden. Staatliche Kunstsammlung Dresden 1980.
    Drawings, Graphics, Poster. Text von I. v. Bethmann Hollweg. Ausstellungskatalog Worthington Gallery, Chicago 1980.
    Master Drawings. Texte von Alfred Hentzen und Annemarie Pope. Ausstellungskatalog Chicago Art Institut 1980.
    Winfried Maass: Ein genialischer Mensch. Das lüsterne Leben des Zeichners Horst Janssen. – W. Maass: Die Fünfzigjährigen: Porträt einer verratenen Generation. Hoffmann und Campe, Hamburg 1980. S. 89 – 104.

1981

Querbeet. Aufsätze, Reden, Traktate, Pamphlete, Kurzgeschichten, Gedichte und Anzüglichkeiten. Christians Verlag, Hamburg 1981.
Postkarten. Katalog zur Ausstellung im Kunstverein Oldenburg. Bearbeitet und herausgegeben von Erich Meyer-Schomann. 1981.
Die Kopie. Mit zwei Reden von Horst Janssen und einem Nachwort von Gerhard Schack. Für die Taschenbuchausgabe zusammengestellt von Ulrike Buergel-Goodwin. Deutscher Taschenbuchverlag, München 1981.
Anmerkungen zum Grundgesetz. Merlin Verlag, Gifkendorf 1981.
Tocka – Schwermut. Arkana Verlag, Göttingen 1981.
Nigromontanus – für Ernst Jünger zum 29. März 1980, *Caprice 2* – Kapriolen zu einem Weinetikett des Baron Philippe de Rothschild. Zwei Bände in einem Schuber. Christians Verlag, Hamburg 1981.
'76 – Verzeichnis aller Janssen-Radierungen zusammengefaßt in Jahrgangsheften. Herausgegeben von Hartmut Frielinghaus. Dornbusch Verlag, Hamburg 1981.
Horst Janssen. Katalog zur Ausstellung bei Berggruen et Cie. Mit einem Vorwort von Jean Clair. Paris 1981.

1982

Horst Janssen – Zeichnungen. Katalog zur Ausstellung in der Graphischen Sammlung Albertina, Wien. Herausgegeben von Walter Koschatzky. Mit einem Beitrag von Wolfgang Hildesheimer. Prestel-Verlag, München 1982.
Horst Janssen. Zeichnungen, Radierungen, Plakate. Katalog für die Ausstellung im Museum of Modern Art Kamakura, Tokyo, und im Munch-Museum, Oslo 1982.
Horst Janssen – Retrospektive auf Verdacht. Buchkunst, Plakate, Einladungen, bebilderte Briefe, dekorative Arbeiten, Photographien, Druckkunst. Katalog zur Ausstellung im Museum für Kunst und Gewerbe, Hamburg 1982. Herausgegeben von Heinz Spielmann. Christians Verlag, Hamburg 1982.
Angeber Icks – Eine Quichoterie. Herausgegeben von Claus Clément im CC-Verlag, Hamburg 1982.
Paranoia – 40 Pastelle – 40 Zustände desselben Gegenstandes – Selbst, Nature morte. Mit einem Text von H. Janssen. Verlag Galerie Brockstedt, Hamburg 1982.

Fixierte Augenblicke. 44 Photos aus der Ausstellung der Freunde der Photographie im Museum für Kunst und Gewerbe, Hamburg. In Zusammenarbeit mit Karlheinz Grünke. Mit einem Text von H. Janssen. CC-Verlag, Hamburg 1982.

Altonaer Rede. „Frische Texte" zur Eröffnung der Ausstellung Janssen-Postkarten im Altonaer Museum, Hamburg 1982. Hower-Verlag, Hamburg 1982.

66 Janssenplakate. 1978 – 1982. Lucifer-Verlag im Kunsthaus Lübeck, 1982.

Querbeet. Aufsätze, Reden, Traktate, Pamphlete, Kurzgeschichten, Gedichte und Anzüglichkeiten. Mit 96 Zeichnungen für die Taschenbuchausgabe. dtv-Verlag, München 1982.

100 x Horst Janssen. Lagerkatalog der Galerie am Grasholz. Verlag für Originalgraphik H. Küfner, Rottendorf 1982.

1983

Guardi zu Lübeck. 31 aquarellierte Federzeichnungen und 8 abgeschriebene Aufsätze aus „Das abenteuerliche Herz" von Ernst Jünger. Herausgegeben von Claus Clément. Lucifer-Verlag im Kunsthaus Lübeck, 1983.

Das Pfänderspiel. Ein tagespolitischer Seitensprung. Deutsch, Russisch, Amerikanisch. Merlin Verlag, Gifkendorf 1983.

Seid ihr alle da? Kasperle-Bilder von Horst Janssen. Mit Versen von Rolf Italiaander. Reprint der Ausgabe von 1948. Mit einem Text von H. Janssen. Verlag der Galerie Brockstedt, Hamburg 1983.

November. Mit einem Brief von Horst Janssen. 2. Auflage. Verlag Galerie Peerlings, Krefeld 1983.

Tocka – Schwermut. Postkartenbuch. Mit einem Text von H. Janssen zur Taschenbuchausgabe. dtv-Verlag, München 1983.

Horst Janssen. Zeichnungen 1979 – 1983 – Radierungen 1970 – 1983. Katalog der Ausstellung in sieben Städten der USA. Mit Texten von Horst Janssen. Vorwort Reinhold Heller. Verlag der Galerie Brockstedt, Hamburg 1983.

Janssen-Katalog. 2. Dekoratives: Plakate, Schmuckblätter, Tischkarten, Postkarten. Edition St. Gertrude, Hamburg 1983.

Hundert Hamburger Gedichte. Mit 16 Zeichnungen von Horst Janssen. Herausgegeben von der Lyrik-Werkstatt des LIT. Hamburg 1983.

En passant. Ausstellungskatalog der Galerie am Chamissoplatz, Berlin 1983.

1984

Horst Janssen – Zeichnungen. Katalog zur Ausstellung in der Graphischen Sammlung Albertina, Wien. Herausgegeben von Walter Koschatzky. Mit einem Beitrag von Wolfgang Hildesheimer. Dritte erweiterte Auflage mit zwei Texten und weiteren 18 Zeichnungen aus den Jahren 1978 – 1983 von Horst Janssen. Prestel-Verlag, München 1984.
Phÿllis. Verlag der Galerie Brockstedt, Hamburg 1984.
'74 und '75 – Verzeichnis aller Janssen-Radierungen zusammengefaßt in Jahrgangsheften. Herausgegeben von Hartmut Frielinghaus. Dornbusch Verlag, Hamburg 1984.
Die Litze – eine ziemlich lautlose Geschichte oder die Zeit der Kinder. Verlag St. Gertrude, Hamburg 1984.
Lirum larum. Allerlei Poeterei durch die Jahre aufgeschrieben, heute abgeschrieben für Mirjam zum 4. 5. 1984. Verlag St. Gertrude, Hamburg 1984.
Wenn es denn sein muß, laßt uns doch sterben. Brief an Marion Gräfin Dönhoff. Verlag St. Gertrude, Hamburg 1984.
„Ich komme weiter", sagte Laotse. Erweiterte Fassung des Katalogs zur 2. Ausstellung der Kestner-Gesellschaft von 1973. Mit Texten von Janssen, Wieland Schmied und Gerhard Schack. Christians Verlag, Hamburg 1984.
Watercolors 1983. (Ausstellungskatalog) Worthington Gallery, Chicago 1984.
   Horst Janssen. Eine Biographie. Von Stefan Blessin. Verlag B.S. LILO, Hamburg 1984.
   Nomi Baumgartl. Horst Janssen. Edition Christian Brandstätter, Wien 1984.

1985

Brief an Lucie + der Drucker Hartmut Frielinghaus. Verlag St. Gertrude, Hamburg 1985.
Eiderland. 35 Radierungen. Verlag St. Gertrude, Hamburg 1985.
Lissa. Ins Norwegische übersetzt von Jon-Alfred Smith. Ex Libris Forlag, Oslo 1985.
Signatur. Zeit. Schrift. Bild. Horst Janssen. Verlag Rommerskirchen, Remagen-Rolandseck 1985.
Horst Janssen. Zeitgenössische Graphiken und Zeichnungen aus der Bundesrepublik Deutschland. Ausstellungskatalog Nowosibirsk. Arkana Verlag, Göttingen 1985.

Katalog lieferbarer Janssen-Plakate und -Schmuckblätter. Verlag St. Gertrude, Hamburg, und Lucifer-Verlag, Lübeck 1985.
> *Müßiggang ist allen Glückes Anfang.* Von Ben Witter. Verlag Hoffmann und Campe, Hamburg 1985.
> *Ungehaltene Reden vor dem Deutschen Bundestag.* Hrsg. von Manfred Bissinger. Verlag Rasch und Röhring, Hamburg 1985.
> *Moderne Kunst.* Graphik – Gemälde – Handzeichnungen. F. Dörling. 115. Auktion. Hamburg 1985. (Mit Originalbeitrag von Janssen: *Zur „Zwischenbilanz"*)

1986

An und für mich. Selbstisches, Briefliches, Poetisches, Hämisches, Deklamatorisches, Gesprochenes und alles Gedruckte 1981 – 1986. Deutscher Taschenbuch Verlag, München 1986.
Hommage à Tannewetzel. Neujahrsrede in St. Marien zu Lübeck. Verlag St. Gertrude, Hamburg 1986.
Der tanzende Tod. Über Ursprung und Formen des Totentanzes vom Mittelalter bis zur Gegenwart. Von Joachim Fest. Lucifer-Verlag, Lübeck 1986.
Kasper Janssen ... 1 altes Herz kaspert für Annettchen. Verlag St. Gertrude, Hamburg 1986.
Pforzheim. Verlag St. Gertrude, Hamburg 1986.
Norwegisches Interview. Verlag St. Gertrude, Hamburg 1986.
Gottorf. Der ausgedachte Schüler. Eine unzeitgemäße Belehrung. Verlag St. Gertrude, Hamburg 1986.
Laokoon. Die Bäume der Annette. Verlag St. Gertrude, Hamburg 1986.
Vriederich. Briefe an Viola. Hrsg. von Jutta Siegmund-Schultze. Verlag Hoffmann und Campe, Hamburg 1986.
Eiderland und Gegensätzliches. Eine Wanderausstellung des Landes-Museumsdirektors und der Vereins- und Westbank in Schleswig-Holstein 1986 – 1988. Katalog und Redaktion Thomas Gädeke. 1986.
> *Charles Baudelaire. Die Blumen des Bösen.* Mit Zeichnungen von Horst Janssen. Verlage Steidl und Arkana, Göttingen 1986.
> *Stintfangsänger.* Von Thomas Ayck. Mit Illustrationen von Horst Janssen. S. Fischer Verlag, Frankfurt a. M. 1986.
> *Horst Janssen 1929 –* – In: Mizue, No. 939. A Quarterly Review in Fine Arts. Printed in Japan. Summer 1986.

L'Homme au crayon entre les dents. Par Denis Picard. – In: Connaissance des Arts. No. 410. Avril 1986.
Horst Janssen. Pastels, Aquarelles et Dessins. Ausstellungskatalog Galerie Berggruen, Paris 1986.
Horst Janssen – ausgewählte Farbholzschnitte, Zeichnungen, Aquarelle 1957 – 1986. Galerie Neumann, Düsseldorf 1986.
Alle Macht geht vom Auge aus. Goethe besucht Janssen. Von Stefan Blessin. Verlag B.S. LILO, Hamburg 1986.

1987

Hinkepott. Autobiographische Hüpferei in Briefen und Aufsätzen. Band I. Merlin Verlag, Gifkendorf 1987.
Svanshall verkehrt. Aufzeichnungen einer süßen Verwirrung. Verlag St. Gertrude, Hamburg 1987.
Mirjam Madlung. Der alte Mann und das M. Verlag St. Gertrude, Hamburg 1987.
Paul Wunderlich. Vorbild, Lehrer und Gegensatz. Verlag St. Gertrude, Hamburg 1987.
Farbholzschnitte. Werkverzeichnis 1957 – 1961. Verlag Galerie Brockstedt, Hamburg 1987.
Radierungen des Jahres 1973 – Verzeichnis aller Janssen-Radierungen zusammengefaßt in Jahrgangsheften. Herausgegeben von Hartmut Frielinghaus. Dornbusch Verlag, Hamburg 1987.
Horst Janssen. Beyrouth 1987 – Musée Sursock. Ausstellungskatalog. Verlag FF & Arkana 1987.
An einen geliebten Mann. Von Ingeborg Gergs. Svanshall-Verlag, Hamburg 1987.
Auskunft über Deutschland. Hrsg. von Manfred Bissinger. Verlag Rasch und Röhring, Hamburg 1987.

1988

Brief an Mynher Henri Nannen zu Emden. Verlag St. Gertrude, Hamburg 1988.
Joachim Fest – über mich. Verlag St. Gertrude, Hamburg 1988.
Fünf Tage Fünf Nächte. Verlag St. Gertrude, Hamburg 1988.

Hartmut Frielinghaus. Der Freund und Kupferdrucker. Verlag St. Gertrude, Hamburg 1988.
Tinsdaler Steindruck. Lithographien vom Sommer 1985 bis Herbst 1987 aus der Werkstatt Dickus Heitmann. Verlag St. Gertrude, Hamburg 1988.
Janssenplakate. Eine Auswahl aus den Jahren 1973 – 1988. Verlag St. Gertrude, Hamburg 1988.
Frauenbildnisse. Verlag St. Gertrude, Hamburg 1988.
Nolde. Janssen. Gravure Allemande Contemporaine. Première Biennale Européenne de l'estampe. L'Allemagne. Musée du dessin et de l'estampe originale. Gravelines 1988.
Horst Janssen Graphik. (Ausstellungskatalog) Städtisches Museum für Graphik, Machida 1988.
Mit Georg Christoph Lichtenberg. Verlage Arkana und Steidl, Göttingen 1988.

1989

Landschaften. Verlag St. Gertrude, Hamburg 1989.
Johannes. Illustrierte Briefe. „Hinkepott II". Merlin Verlag, Gifkendorf 1989.
Radierungen. Werkverzeichnis 1957 – 1969. Verlag Galerie Brockstedt, Hamburg 1989.
Radierungen und Lithographien 1958 – 1989 erschienen in der Griffelkunst-Vereinigung Hamburg. Hrsg. von Lieselotte Kruglewsky. Verlag St. Gertrude, Hamburg 1989.
Horst Janssen. Sammlung Gottorf. Stiftung und Besitz (Bestandskatalog I). Bearbeitet von Thomas Gädeke. Schleswig 1989.
Horst Janssen. Drache und Schmetterling. Zeichnungen und Radierungen nach japanischen Vorbildern. Von Gerhard Schack. Prestel-Verlag, München 1989.
Freitag 14. Mai. Verlag St. Gertrude, Hamburg 1989.
Die Elefantenführerin vom Mühlenberger Weg. Hrsg. von Claus Clément. Cotta-CC-Verlag 1989.
Radierungen des Jahres 1971 – Verzeichnis aller Janssen-Radierungen zusammengefaßt in Jahrgangsheften. Von Hartmut Frielinghaus. Dornbusch Verlag, Hamburg 1989.
Basel-Rot. 46 Zeichnungen. Verlag Kunsthaus Lübeck 1989.
Ernst Jünger. Sauts de temps. Traduit de l'allemand par Pierre Morel. Dessins de Horst Janssen. La Délirante, Paris 1989.

Bettina. Eine Nachzeichnung in romantischer Manier. In textlich gleicher, aber äußerlich veränderter Form als 2. Aufl. Hower-Verlag, Hamburg 1989.

Caprice. Message dessinés à Antoine et Gerard. Verlag Antoine, Berggruen, Paris, St. Gertrude, Hamburg 1989.

Janssen. Tirane. Galeria kombetare e arteve figurative. (Ausstellung anläßlich der ersten Kulturwoche der BRD in der Nationalgalerie Tirana, Albanien) Arkana Verlag, Göttingen 1989.

Horst Janssen. Dessins, Aquarelles, Estampes. (Ausstellungskatalog) Galérie Jacques Benador, Genève 1989.

Wols, Janssen, Gieraltowski. Drei künstlerische Aspekte der Photographie. Katalog zur Ausstellung im Kupferstich-Kabinett Dresden 1989.

1990

How to hang Janssen. Eine Anleitung. Verlag St. Gertrude, Hamburg 1990.

Horst Janssen. (Ausstellungskatalog) Claude Bernard Gallery, New York 1990.

Radierungen. Katalog der Ausstellung des Instituts für Auslandsbeziehungen. Von Gerhard Schack. Stuttgart 1990.

Querbeet / An und für mich. Geschriebenes 1950 – 1986. 2 Bde. Deutscher Taschenbuch Verlag, München 1990.

Rumänische Spezialitäten. Von Eliza Hansen. Mit Zeichnungen von Alfred Mahlau und Horst Janssen. 2. Aufl. Verlag St. Gertrude, Hamburg 1990.

Einladung zur Versteigerung von Autographen unter Mitwirkung von Horst Janssen am 19. April 1990. Hamburger Bücherstuben Felix Jud & Co., 1990.

1991

Horst Janssen. Catalogue. Edited and published by the Tokyo Shimbun 1991.

Horst Janssen. Claude Bernard Gallery, New York. 2. erweiterte Auflage, Verlag St. Gertrude, Hamburg 1991.

Bobethanien. Verlag St. Gertrude, Hamburg 1991.

drollerei. Verlag St. Gertrude, Hamburg 1991.

Der Foliant. 19. Mai 1990. Verlag St. Gertrude, Hamburg 1991.

Radierungen des Jahres 1970. Verzeichnis aller Janssen-Radierungen zusammengefaßt in Jahrgangsheften. Von Hartmut Frielinghaus. Dornbusch Verlag, Hamburg 1991.

Verzeichnis aller Janssen-Bücher bei St. Gertrude. Verlag St. Gertrude, Hamburg 1991.

Hundert Plakate. Hundertmal nur ICH für alle anderen. Deutscher Taschenbuch Verlag, München 1991.

Hundred Posters. (Englische Ausgabe) Verlag St. Gertrude, Hamburg 1991.

Cento posters. (Italienische Ausgabe) Verlag St. Gertrude, Hamburg 1991.

    Horst Janssen. Zeichnungen und Skizzen. Auktion X, Teil 3. Buch- und Kunstantiquariat Henner Wachholtz, Hamburg 1991.

1992

Eros, Tod und Maske. Verlag St. Gertrude, Hamburg 1992.

der foliant. Eine exhibitionistische Dokumentation der Unfallgeschichte. Verlag St. Gertrude, Hamburg 1992.

Kleiner Erdenbürger – Oldenburger Ehrenbürger. Verlag St. Gertrude, Hamburg 1992.

Briefe an VAU-HA. Edition Volker Huber. Offenbach am Main 1992.

    Horst Janssen. Aus dem Dunkel ins Licht. Von Stefan Blessin. Steidl Verlag, Göttingen 1992.

1993

Nature Morte. Verlag St. Gertrude, Hamburg 1993.

Der Baum der Reisenden. Gedichte von Manfred Osten. *Reisebegleitung Horst Janssen.* Verlag St. Gertrude, Hamburg 1993.

Horst Janssen: Zeichnungen und Graphiken. Herausgegeben von Taipei Fine Arts Museum, Taiwan 1993.

Horst Janssen and Paper. Oguni Geijutsumura Kaikan. Oguni-Machi 1993.

    Horst Janssen. Eine Biographie. Von Stefan Blessin. 5. erweiterte Auflage. Verlag B.S. LILO, Hamburg 1993.

    Reden über Kunst. Gedenken an Reinhard Drenkhahn. Von Erna Knöfel. Mit einem Vorwort von Horst Janssen. Verlag St. Gertrude, Hamburg 1993.

    Horst Janssen. – In: *Guten Tag* (deutsch-russische Zeitschrift) 4/1993. Reinecke Verlag, Hamburg 1993. S. 18–23.

1994

Selbstbildnis. Verlag St. Gertrude, Hamburg 1994.

Lamme. 72 Zeichnungen zu einem Tagebuch 24. Januar 1993 – 28. Februar 1994. Verlag St. Gertrude, Hamburg 1994.

Briefe an Ekkehard. Der ausgedachte Schüler – eine unzeitgemäße Belehrung aufgeschrieben für Ekkehard Storck. Deutsche Bank Luxembourg. Verlag St. Gertrude, Hamburg 1994.

Hundert Köpfe. Herausgegeben von Dierk Lemcke. Deutscher Taschenbuch Verlag, München 1994.

Horst Janssen – Bilder zu Texten. Herausgegeben von Neckar-Werke Esslingen 1994.

Horst Janssen mit Georg Christoph Lichtenberg. Weitere Folge. Mit einem Text von Joachim Fest. Arkana Verlag, Göttingen 1994.

Radierungen der Jahre 1977 – 1980. Verzeichnis aller Janssen-Radierungen zusammengefaßt in Jahrgangsheften. Von Hartmut Frielinghaus. Dornbusch Verlag, Hamburg 1994.

Selbst: gewörtert. Illustrierte Briefe von Horst Janssen. Herausgegeben von Gertraud und Wilhelm Hornbostel. Museum für Kunst und Gewerbe, Hamburg 1994.

Landschaften 1984 – 1994. Altonaer Museum. Verlag St. Gertrude, Hamburg 1994.

Horst Janssen. Zwiesprache. Anspielung und Kopie. Katalog: Gerhard Schack. Hamburger Kunsthalle 1994.

Horst Janssen. 12 aquarellierte Monotypien 1947. Galerie Brockstedt, Hamburg 1994.

Janssen-Plakate. Eine Auswahl aus den Jahren 1973 – 1993. Dritte erweiterte Ausgabe 1993/94. Verlag St. Gertrude, Hamburg, Kunsthaus Lübeck 1994.

Janssen und wir. Von Wolfgang Hildesheimer. Herausgegeben von Thomas Garbe. Hamburger Bücherstube Felix Jud 1994 (Zweite Auflage. Insel Verlag, Frankfurt a. M. 1996).

Horst Janssen. Aquarelle, Zeichnungen, Holzschnitte, Lithografien, Radierungen aus den Jahren 1950 – 1987. Katalog anläßlich der Ausstellung der Kulturabteilung Bayer, Leverkusen 1994.

Horst Janssen. 35 Radierungen. Galerie Lüpfert, Hannover-Isernhagen 1994.

1995

Das Tier. Verlag St. Gertrude, Hamburg 1995.

Radierzyklen. Katalog und Werkverzeichnis. Herausgegeben von Ewald Gäßler. Stadtmuseum Oldenburg. Verlage St. Gertrude und Manfred Meins, Hamburg und Oldenburg 1995.

Horst Janssen. Die Welt ein Kugelsieb. Einfälle, Einblicke, Launen, Maximen. Herausgegeben von Birgit Jacobsen. Deutscher Taschenbuch Verlag, München 1995.

Horst Janssen, Grafik und Plakate. Art House Tripolis Libyen. Arkana Verlag, Göttingen 1995.

1996

Freunde und Andere. Verlag St. Gertrude, Hamburg 1996.

Horst Janssen. Eine exhibitionistische Dokumentation der Unfallgeschichte. Rede anläßlich der Ausstellungseröffnung *Der Foliant* am 16. Mai 1992. CD und Textbuch, Mind Music 1996.

Horst Janssen. Ich bin nur ganz Auge. Zeichnungen und Radierungen 1957 – 1991. Herausgegeben von Wieland Schmied. KunstHaus Wien, Verlag St. Gertrude, Hamburg 1996.

Horst Janssen: Wiesen und Äcker. Mit einem Text von Stefan Blessin. Galerie siebzehn, Neumünster 1996.

Über die Holzschnitte von Horst Janssen. Von Carl Vogel. Verlag St. Gertrude, Hamburg 1996.

Kochbuch. Von Gerhard Schack. Verlag St. Gertrude, Hamburg 1996.

Horst Janssen. „Ich bin ein animalisch zeichnendes Ich." Galerie Lüpfert, Hannover-Isernhagen 1996.

Horst Janssen. Œuvre sur papier. Galerie Claude Bernard, Paris 1996.

Zwei Oldenburger Janssen-Reden. Von Heinz Spielmann und Johannes Gross. Merlin Verlag, Gifkendorf 1996.

Horst Janssen – Zeichnungen, Collagen, Druckgrafiken, Bücher. Buchholz + Pyroth, Hamburg 1996.

1997

Farbradierungen 1958 bis 1995. Mit einem Text und Bildhinweisen von Heinz Spielmann. Verlag St. Gertrude, Hamburg 1997.

Hanno's Tod. Herausgegeben von Gerhard Schack. 2. erweiterte Auflage. Verlag St. Gertrude, Hamburg 1997.

Mein Mausoleum aus Papier. Sammlung Gottorf. Stiftung und Besitz. Bestandskatalog II. Bearbeitet von Thomas Gädeke. Schleswig 1997.

Mit Lichtenberg Horst Janssen II. und letzte Folge. Verlage Arkana und Steidl, Göttingen 1997.

Verzeichnis aller Janssen-Bücher bei St. Gertrude 1996/97. Verlag St. Gertrude, Hamburg 1997.

Janssen-Plakate. Eine Auswahl aus den Jahren 1973 – 1996. Vierte erweiterte Ausgabe 1996/97. Verlag St. Gertrude, Hamburg 1997.

Verzeichnis aller Janssen-Postkarten bei St. Gertrude 1996/97. Verlag St. Gertrude, Hamburg 1997.

Graphik und Zeichnungen von Horst Janssen. Die Sammlung Hartmut Frielinghaus in der Hamburger Kunsthalle. Von Petra Roettig. Herausgegeben von der KunstStiftung der Länder – PATRIMONIA 141. Berlin 1997.

1998

Hokusai's Spaziergang. Herausgegeben von Gerhard Schack. 2. erweiterte Auflage, Hamburg 1998.

Das Portrait. Ausstellungskatalog Germanisches Nationalmuseum Nürnberg. Verlag St. Gertrude, Hamburg 1998.

Lagerkatalog 1 und 2. Galerie im Verlag St. Gertrude, Hamburg September und November 1998.

Horst Janssen. Eine Biographie. Von Stefan Blessin. 6. vollständig erweiterte Auflage. Verlag B.S. LILO, Hamburg 1998.

Register

Angeber Icks 218, 234 ff., 416
Anmerkungen zum Grundgesetz
  294, 416 ff.
Aquarell 153, 156 f., 202, 215,
  246 f., 277 ff., 285 f., 300, 305,
  489, 496, 524 ff., 577 f., 580,
  587
Architektur-Zeichnung 128, 162,
  176, 305, 343, 373
Auftragsarbeiten 24, 31, 47, 59, 68,
  489, 572, 605
Autobiographie 36 ff., 205 f., 217,
  219, 284, 436 ff., 453 ff., 458 ff.,
  499 ff.
Bäume der Annette 219, 340 ff.,
  345 f., 364 ff., 390, 396, 545, 605
Berlu 245
Bettina 146 ff., 270 ff., 308, 405,
  450, 548, 552
Bildergeschichten 60
Blumen-Zeichnung 158 f., 162,
  168 f., 175 f., 179, 204, 307
Bobethanien 332, 522 ff., 534, 560,
  581, 588
Brief 132 f., 141, 234 ff., 375, 391,
  402 ff., 445 f., 479, 480 ff., 503 f.,
  545, 585
Brief an Lucie 122, 389, 454, 489
Brief an Mirjam 213, 285, 290 f.,
  362
Briefe an Vau-Ha 206, 234 ff., 253
Buch 238 f., 385 ff., 429, 486, 609
Caprice 2 360
Carnevale 124, 162

Caspar David Friedrich 355
Collage 150 f., 162, 176, 202, 460
Der ausgedachte Schüler 64
Der Baum der Reisenden 571
Der kleine Künstler 64, 454
Dosen und Steine 214, 362
drollerei 514, 520, 528 ff., 537
Dümmeleien eines Unparteiischen
  423
Eiderland 310, 322, 364, 366, 389,
  392
Ergo 212, 218, 242
Ergo-Texte 405, 412 ff., 437
Erotika 82 ff., 104 ff., 258–309, 495,
  538 f., 543, 562 f., 568
Evelyn-Zyklus 218, 254, 360
Fabeltier 69, 162, 276
Farbradierung 216, 305, 538 ff.,
  541–550, 559
Fingerland 313, 317 f.
Fixierte Augenblicke 183
Foliant 513, 518, 522
Fotografie 152, 183, 508, 546 f.
Freitag 14. Mai 60 ff.
Froschland 355
früh-Stücke 245
Füssli 141, 148, 153
Gertrudenformat 389 f.
Guardi-Suite 360, 577
Hanno's Tod 130, 229 ff.
Hinkepott 219, 282, 442–449,
  451, 465, 468, 473 f., 490, 537,
  592
Hokusai's Spaziergang 348 ff.

Holzschnitt 20, 26 f., 44, 53 f.,
  66 ff., 69 ff., 73–78, 97, 311, 395,
  578, 608
Hommage à Tannewetzel 323,
  429 ff.
Janssen – Ego (Film) 507
Johannes 36 ff., 46, 145, 248, 450 f.,
  454 ff., 460–465, 476 f., 480 ff.,
  499 ff., 509 f., 519
Josefland 437
Klecksbilder 528 ff.
Kleiner Erdenbürger – Oldenburger
  Ehrenbürger 576
Kleines Geste-Buch 183
Kopie 64, 121, 136 f., 140 f., 144,
  150 f., 186 f., 189, 193, 214 f.,
  237, 251 ff., 273, 298 ff., 305, 343,
  360
Kucken 56, 64 f., 68, 170, 173 f.,
  177, 180, 472 f., 524, 608
Lamme 306, 566 ff.
Lamme-toy 317, 556, 597
Landschaft 161, 170 f., 353
Landschaft 64 f., 113, 118 ff.,
  123 ff., 127 f., 137 f., 173, 226,
  305, 308, 324 ff., 330 ff., 522 ff.,
  532, 543, 571, 577 f., 579 f., 587
Laokoon siehe *Bäume der Annette*
Leporello 183
L'heure de Mylène 87 f., 264 ff.
Lichtenberg 582–585, 592 ff.
Linolschnitt 69, 222
Lithograpie 71, 75, 78 f., 93, 219,
  224, 294 ff., 299, 310–319, 489,
  554, 556, 596 ff.
Litze 213, 281 ff., 323, 381
Mädchenzimmer 98
Magdalenengrüfle 245

Mannheimer Rede 609
Minusio 168 f., 174 ff.
Molière-Suite 229
Monotypie 66 f.
Munch-Triptychon 240, 349, 378
Nana-Mappe 87 f., 265
Nature morte 123, 129, 164 ff.,
  179 f., 242, 600
Neue Figuration 61, 75, 81, 474,
  608
Nigromontanus 218, 236, 356 ff.,
  378, 396, 425, 548
Norwegisches Skizzenbuch 137,
  171
November 40, 149 f., 152
Ölmalerei 47, 163, 182, 488 f.
Paranoia 211, 213, 239 ff., 437
Pastell 214 f., 231, 246, 329, 567 f.
Pfänderspiel 420 ff.
Phÿllis 285 ff., 365, 586
Plakat 28, 159, 199–209, 216, 280,
  377 f., 384 f., 390, 423, 501, 563,
  575, 587
Porträt 62, 107, 111, 200, 216, 219,
  294, 345, 443, 483 f., 544, 568,
  584
Postkarte 96, 161, 183, 390, 472,
  485, 500
Postscriptum 285, 291 f., 362
Querbeet 401 f.
Radieren 78 ff., 84 ff., 92 ff., 214 f.,
  224, 245, 311, 347–370, 501,
  538 f., 541, 573, 600 f.
Schreiben 61, 183, 210, 217 f., 234,
  322, 399–469, 479, 489, 519,
  533 ff., 569, 609
Schrift 208, 218 f., 252, 293, 348,
  364 f., 520, 525 f., 543

Selbstbildnis 14, 39, 87, 92 f.,
    158 f., 201, 220–257, 315, 324,
    445
Svanshall 373
Svanshall verkehrt 37 f., 270, 294 f.,
    302 ff., 320 ff., 336 ff., 343
Tagebuch 125, 134, 182 f., 229,
    325 ff., 604, 609
Tagebuch von einer Reise 332, 523,
    586
Tageszettel 37, 219, 298, 342
Tessin 119, 137, 139
Tocka 492, 583
Totentanz 15, 50 f., 148, 216, 256,
    270, 272, 290 ff., 302, 305, 322,
    346, 356, 362, 409 ff., 429 ff., 441,
    460, 495, 497, 558 f.
Traktat über die Herstellung einer
    Radierung 348 ff.
Über das Zeichnen nach der Natur
    65, 68, 122, 172
Über den Verlust der Lüge 172 f.,
    423
Viola tricolor 154 ff., 274 ff.
Vogel-Werkverzeichnis bis 1965 81,
    312
Von Abgrund zu Abgrund 122, 454
Vriederich – Briefe an Viola 153 ff.,
    437
Welttheater 16, 164, 174, 302
Wenn ich Bürgermeister wäre 324,
    445
Wiesen 368, 390, 545–550
Witzworter Miniaturen 354 f., 548
Zeichnen 13, 19, 54 f., 62, 67, 82,
    102 ff., 125, 127, 135, 164 ff., 173,
    178 f., 185, 197 f., 313, 358 ff.,
    443 f., 495, 607

Fotos:

Gunilla Ahlström
Nomi Baumgartl
Gerdt Einsmann
Birgit Jacobsen
Horst Janssen
Marie Janssen
Ingrid von Kruse
Theo Rommerskirchen
Günter Schlottau
Ingeborg Sello
Helga Sick

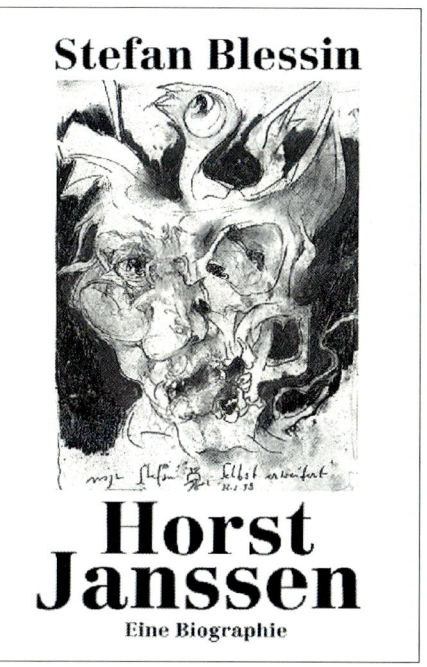

„Und da gibt es nun auch die Janssen-Biographie des Stefan Blessin: kurzweilig, gedrängelt voll Information, un-verschämt und (scheinbar) indiskret. Eine entzückende Aufreihung aller Desasterchen – ein bißchen so, als hätte Heine seinen Tanzlehrer nicht einmal, sondern jede Woche einmal aus dem Fenster geworfen, oder (Duplizität der Fälle), als hätte Händel seine Londoner Arien-Primadonna jeden Tag an seinem gestreckten Arm zum Fenster rausgehalten. Liest man die Arbeit in einem Zuge durch – und man ist sehr geneigt dazu, ist es ein Stremel von Auf und Ab in Zerfall und Auferstehung eines Monsterchens mit durchaus psychopathischem Einschlag. Liest man jedoch das sprichwörtliche ‚Zwischen-den-Zeilen', so ist es die Arbeit eines (halbwegs) unbestechlichen Freundes."

JANSSEN

Horst Janssen. Eine Biographie. 6. erweiterte Neuauflage,
624 Seiten, 90 Abbildungen, Efalin-Leinen mit farbigem
Schutzumschlag
B.S. LILO · 1998
DM 58,– / öS 423 / sFr 52,50
ISBN 3-89757-000-9

Das Buch ist zu beziehen über
B.S. LILO-Verlag, Postfach 20 25 11, 20218 Hamburg
oder über den Gesamthersteller
H. M. Hauschild GmbH, Hans-Bredow-Straße 7, 28307 Bremen

ISBN 3-89757-010-6